"十二五"国家重点出版物出版规划项目

中国海员史

(古、近代部分)

交通运输部海事局　编

人民交通出版社股份有限公司
China Communications Press Co.,Ltd.

内 容 提 要

本书分为古代篇与近代篇。古代篇包括从远古到隋唐五代海员职业的逐步形成、宋元海员的迅速发展与职务体系的完备和明清（中前期）海员发展的顶峰与变化，共三章。近代篇包括晚清时期中国传统海员的演变发展、北京政府时期中国海员的成长状况、南京国民政府前期中国海员的发展状况、抗战时期中国海员的艰难发展状况和解放战争时期中国海员队伍的状况，共五章。后附大事记、附录及后记等内容。本书适合航运从业者及相关人员学习参考。

图书在版编目（CIP）数据

中国海员史. 古、近代部分／交通运输部海事局编.
—北京：人民交通出版社股份有限公司，2017.11
ISBN 978-7-114-14187-4

Ⅰ.①中… Ⅱ.①交… Ⅲ.①海员-工作-历史-中国-古代 ②海员-工作-历史-中国-近代 Ⅳ.①U676.2

中国版本图书馆CIP数据核字（2017）第222933号

Zhongguo Haiyuanshi

书　　名	中国海员史（古、近代部分）
著 作 者	交通运输部海事局
责任编辑	陈　鹏　韩亚楠　朱明周
出版发行	人民交通出版社股份有限公司
地　　址	（100011）北京市朝阳区安定门外外馆斜街3号
网　　址	http://www.ccpress.com.cn
销售电话	（010）59757973
总 经 销	人民交通出版社股份有限公司发行部
经　　销	各地新华书店
印　　刷	北京盛通印刷股份有限公司
开　　本	880×1230　1/16
印　　张	26.5
字　　数	674千
版　　次	2017年11月　第1版
印　　次	2017年11月　第1次印刷
书　　号	ISBN 978-7-114-14187-4
定　　价	150.00元

（有印刷、装订质量问题的图书由本公司负责调换）

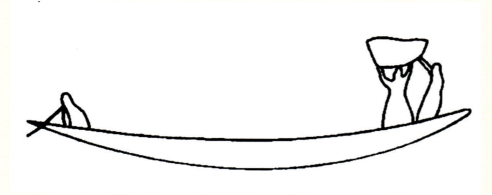

▲ 新石器时代独木舟岩画摹绘

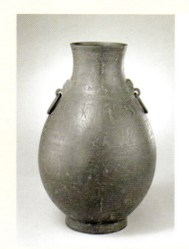

▲ 战国宴乐渔猎攻战纹青铜壶

▲ 战国时期的鄂君启节　　　　▲ 徐福像

▲ 秦汉时期（486年）的古"灵渠"（今广西桂林）。这是世界上现存最完整的古代水利工程，也是世界上最古老的运河之一

▲ 宋代泉州市舶司遗址

▲ 元代船舶碇石（1981年出水于日本鷹岛町海底元代沉船上）

▲ 宋代泉州九日山祈风石刻

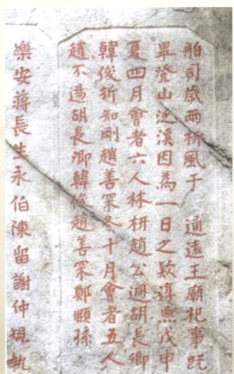

▲ 湄洲岛妈祖像

▲ 明朝嘉靖元年（1522年）供外国贡使和商人居住的怀远驿（今广州十八甫路）

▲ 清朝广州黄埔挂号口图（源自《粤海关志》）

▲ 双体画舫（见于东晋顾恺之《洛神赋图》，宋人摹本）

◀ 北宋楼船（见《武经总要·前集》）

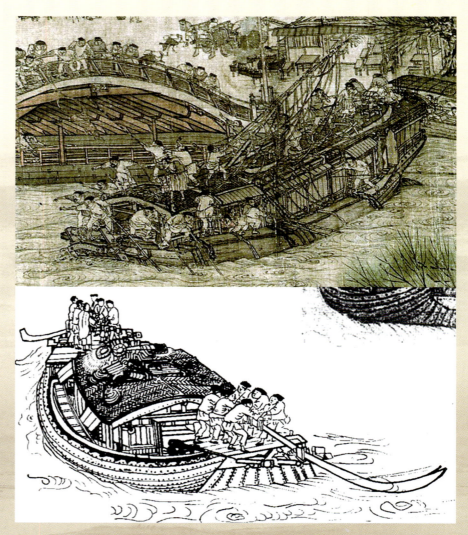

▶ 北宋汴河漕船（见张择端《清明上河图》）

▲ 大福船（见于《筹海图编》）

▲ 广船（见于《筹海图编》）

▲ 明代漕舫图（见于《天工开物》）

◀ 清代漕船图（见于清江萱《潞河督运图》）

▲ 郑和绘像

▲ 郑和宝船复原模型

▲ 刊刻于1420年的《天妃经》中描绘的郑和船队启航图

▲ 郑和行香碑

▶ "天妃灵应之记"碑。俗称郑和碑，现存于福建长乐南山天妃宫。明宣德六年(1431年)十一月，郑和第七次出使西洋，船队在长乐驻泊候风，刻碑置于南山天妃宫内。碑额篆书"天妃灵应之记"，碑文楷书31行1177字，详述七下西洋的时间及所经诸国

▲ 日本长崎藏清乾隆七年（1742年）浙江嘉兴平湖县给商船的示约（部分）

▲ 明代海道针经《顺风相送》

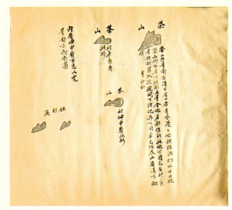
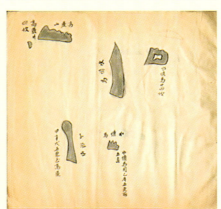

▲ 耶鲁藏《山形水势图》（部分）

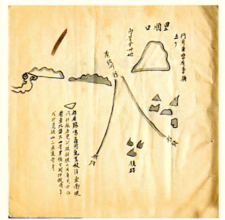

▶ 中国海员 John Anthony，第一个加入英国籍的中国人（中文名字不详）。出生于乾隆三十一年（1766年），广东人，11岁离开中国（疑为海盗后代），后加入东印度公司船队，1799年6月11日与艾丝特·格莱（Esther Gole）结婚，1805年正式加入英国籍

Colorado. In 1867 first Pacific Mail steamer to go to Japan and Hong Kong, Peabody Museum of Salem.

▲ "科罗拉多"号（Colorado）

▲ "大共和"号（Great Republic）。1867年1月1日，美国太平洋邮轮公司（Pacific Mail Steam Ship Company，PMSS）的"科罗拉多"号首航中国时，船上就有6名中国海员。10月"大共和"号首航中国时，船上有26名中国海员。12月4日，"大共和"号第二次航行时，船上的中国海员达到了108名。这些中国海员的主要职责是照顾船上的中国乘客

▲ "伊敦"轮，1872年轮船招商局成立后购买的第一艘轮船

▶ 蓝烟囱轮船公司(BL)"独眼龙"号（Cyclops）上的中国海员正在舱内休息（1906年）

▶ "民生"轮，1926年上海订造的民生公司第一艘轮船

▲中国最早的远洋轮船船长——陈幹青。1891年生于崇明，1911年考入清邮传部高等商船学堂，1914年毕业，1921年任三北轮船公司"升利"号船长，成为中国历史上最早的远洋轮船船长

▲轮船招商局最早的海轮船长——马家骏。邮传部高等商船学堂第二期毕业生，1921年任"肇兴"号、"和兴"号驾驶员，1928年7月升任轮船招商局"图南"号船长，被评定为甲级船长，是轮船招商局海轮最早的中国船长

▲1866年船政学堂鸟瞰（见沈岩《船政学堂》）

▲ 1911年交通部吴淞商船专科学校（见《百年风涛》画册）

▲ 1935年广东省省立高级水产职业学校（广东海洋大学档案馆提供）

▲ 1913年，孙中山乘坐"巴拿马丸"，与船上的海员合影留念

1913年	孙中山流亡日本，命令"地洋丸"号中国海员黄本、黄森、林来等组织"侨海联义会"	在横滨改名为"联义社"
1914年	陈炳生、赵植芝等在香港成立联义社	总社设在加拿大太平洋邮轮公司"满提高"号上，海外交通部则设在香港
1914年9月	"俄国皇后"号麦成事件	吴渭池等该船船员召开中国海员大会并通过了成立"海员公益社"的决议
1915年	筹备成立"中华海员公益社"	是继"俄国皇后"号后的第二个轮船"公益社"
1916年	成立由9艘邮轮组成的"海员公益社"	以"海员慈善会"的团体名称向当局登记注册香港最早的合法组织正式成立
1920年11月	孙中山乘坐"俄国皇后"号鼓励海员参加革命，组织工会	
1920年12月	以中华海员慈善会名义召集各馆口代表开会，商讨组织工会	会议选出林伟民等17人作为筹备委员以及常务筹备委员会并租到筹备处办公地点
	宣布成立海员工会筹备会	
1921年	海员工人成立工会香港民政务司批准注册	
1921年3月	海员工会筹备会召开干事会进行选举	将工会定名为"中华海员工业联合总会"
1921年4月	中华海员工业联合总会正式宣布成立	孙中山指示广州军政府内政部为工会注册

▲ 中华海员工业联合总会筹备及成立过程图

▶ 1922年3月7日群众集会庆祝香港海员大罢工胜利。经过艰苦的斗争，历时56天的香港海员大罢工取得了中国工人运动史上首个重大利。香港海员大罢工的胜利为中国工人运动史以及中国现代革命史上写下了光辉的一页

▶《中华海员工会组织规则》。1932年10月5日，国民政府行政院发布第2906号训令，公布了《中华海员工会组织规则》。其第二条规定海员工会的名称为"中华海员工会"

▲ 1942年1月22日中华海员工会澳洲分会成立大会暨委员会就职典礼

▶《交通部新订中国汽船舱面船员暨管机船员之资格及配额暂行章程》。该章程于1919年3月11日公布，共五章二十二条，规定了不同航线的轮船应该配备的最低船员标准以及使用船员的资质标准。这个章程是中国第一个关于轮船船员配备和资质要求的法规文件

法 规

船員檢定章程

民國二十四年三月二十六日部令公布

第一章 通則

第一條 本章程所稱船員係指在輪船上服務之駕駛員及輪機員而言。前項所稱輪船係指專用或兼用輪機運轉之船舶。

第二條 船員均須經交通部檢定合格發給船員證書始得服務。但駕駛員任不滿五十總噸之輪船及輪機員在不滿六十五匹實馬力之汽機輪船或三百七十匹鍋制馬力之油機輪船服務者其檢定章程另定之。

法　規　船員檢定章程

▲ 1935年3月26日交通部公布的《船员检定章程》。该章程共分五章三十八条,对船员的资历、考试和证书做了详细规定。至此,我国50总吨以上轮船船员的管理章程得到了正式确立

▶ 民生轮船公司总经理卢作孚。为了统一战时的交通运输,国民政府对交通行政机构进行了改组,1938年1月1日将交通和铁道部正式合并,原铁道部部长张嘉璈(公权)任交通部部长,卢作孚为常务次长

Pyrrhus 沉没地点（44°02'N, 10°18'W）遇难中国海员名单

姓名	年龄	职务
Chang Teh Sing	29	Fireman
Chen Kee Sung	33	Fireman
Chow Ah Zung	37	Donkeyman
Hong Ah Hao	25	Fireman
Ning Siao Sing	39	Fireman
Ong Sing Ching	22	Fireman
Wu Van Mwa	34	Fireman
Zai Ah Foo	36	Donkeyman

▲ "皮里斯号"（Pyrrhus）。1940年2月17日被德国潜艇U-37击沉，航线是：Glasgow — Liverpool (12 Feb) — Gibraltar —Manila。船上有86名海员，8名阵亡的海员全部为中国海员

▲ 1942年4月，上海海员王阿科正在练习使用路易士机枪（右二，Apu Cot Wong from Shanghai, firing a Lewis gun）

▶ 上海海员陈文业正在学习使用哈奇开斯机关枪（右前，Ven Yep Chen, from Shanghai, learning how to handle a Hotchkiss Gun）

▶ 1942年6月27日《新华日报》报道两万中国海员协助英国航运和中国驻英大使顾维钧参加海员俱乐部成立典礼

◀ 挪威商船"伍德加"号（Woolgar）上的中国海员与挪威海员合影（1940年）。"伍德加"号1942年2月在爪哇附近被日本飞机炸沉，船员们登上了两艘救生艇。一艘救生艇上的21名中国海员，有2人获救；另一艘上有7名挪威海员、17名中国海员，最终6名挪威海员获救，其他海员全部遇难

◀ 大英帝国勋章（British Empire Medal）获得者——潘濂。1942年11月23日，英国边航（Ben Line）的轮船"贝洛蒙"号（Benlomond）从帕拉马里博（Paramaribo）驶往纽约的途中，被德国潜艇U-172击沉，船上共有54人，仅有潘濂一人生还。潘濂独自一人乘坐救生筏，历经133天的千难万险，终于在1943年4月6日抵达巴西海岸，被渔民救下。英国国王乔治六世授予他大英帝国勋章，赞扬他"在木筏上的经历漫长、危险和充满巨大困难的日子里所表现出的罕见勇气、刚毅精神和克服困难的应变能力"。英国皇家海军将他的经历写成野外生存手册

◀ 二战鲁滨逊——中国轮机长沈祖挺。1944年8月12日，英国伦敦哈德利轮船公司（Hadley Shipping Co.Ltd, London）所属的"雷贝利"号（Radbury，3614吨）满载一船煤炭从莫桑比克的洛伦索马克斯港（Lourenco Marques）驶往肯尼亚的蒙巴萨港（Mombasa）。船上共55人，沈祖挺担任轮机长职务。8月13日，"雷贝利"号被德国潜艇U-862号击沉，船长和18名船员以及1名炮手遇难。沈祖挺是幸存船员中级别最高的高级船员，他领导和指挥幸存的35名船员，乘一艘救生艇漂流到一座荒岛——欧罗巴岛。在这荒无人烟、缺粮断水的小岛上，沈祖挺不畏艰险，组织船员生产自救，一直到10月27日才被英国皇家海军护卫舰"Linaria"号救起。英国政府授予他"大英帝国杰出官员勋章"（Officer of the Most Excellent Order of the British Empire）

◀ 呼吁收回航权和实施者——金月石。1928年，金月石与航海界人士一起筹立"中国商船驾驶员总会"，以维护航权、收回引水权、发展航海技术、联络同仁感情为宗旨。鉴于当时中国的商船船长多为外国人，并把持着中国航权，金月石大声疾呼：航海同仁团结一致，为收回航权和引水权而斗争。1947年11月，因外籍引水员罢工，金月石船长挺身而出，单独引进了两艘万吨轮，引出一艘万吨轮，迫使外籍引水员被迫复工。此举为国民政府收回航权、引水权做出了重要贡献

▲ 中国海员 John Amo Ong（前排左三）在英国的婚礼（1943年4月）

◀ 中国海员林阿卿与英国妻子

◀ 中国海员 Lee Ah Ding 和 Yee Chee Ching 在纽约港下船休息

▲ 利物浦中国海员遗孤寻亲会成员,图片中全部为中国海员的子女(摄于 2006 年)

TO THE CHINESE MERCHANT SEAMEN
WHO SERVED THIS COUNTRY WELL
DURING BOTH WORLD WARS

FOR THOSE WHO GAVE THEIR LIVES FOR
THIS COUNTRY - THANK YOU

TO THE MANY CHINESE MERCHANT SEAMEN
WHO AFTER BOTH WORLD WARS
WERE REQUIRED TO LEAVE

FOR THEIR WIVES AND PARTNERS
WHO WERE LEFT IN IGNORANCE
OF WHAT HAPPENED TO THEIR MEN

FOR THE CHILDREN
WHO NEVER KNEW THEIR FATHERS

THIS IS A SMALL REMINDER OF WHAT TOOK
PLACE. WE HOPE NOTHING LIKE IT WILL EVER
HAPPEN AGAIN

FOR YOUR MEMORY

23RD JANUARY 2006.

和平

永远的怀念　二零零六年元月二十三日

谨以此碑
献给曾经在两次世界大战中服务于这个国家的中国商船海员
我们不会忘记
那些献出生命的人们——请接受我们的感谢
我们更不会忘记
那些被要求离开的人们——他们不得不离去，在这个国家不再需要他们的时候
我们也不会忘记
那些永远也不知道丈夫下落的妻子们，还有
那些从未见过父亲的孩子们
让我们记住曾经发生过的一切
让历史不要重演

▲ 利物浦中国海员纪念碑碑文

▶ 2014 年英国的中国老海员合影（墙上的照片分别是三人年轻时的照片，右上一为 Woo，91 岁；中间下一为 Opera，89 岁；另一不详）

《中国海事史籍丛书》编纂委员会

主 任 委 员	许如清	陈爱平					
副主任委员	王泽龙	刘福生	寿　涛	李世新	李宏印	李　青	李青平
	李国祥	杨新宅	张双喜	陆鼎良	陈毕伍	林　波	郑和平
	徐国毅	徐俊池	徐津津	黄　何	曹德胜	梁建伟	智广路
	翟久刚						
顾　　问	刘功臣	何建中	沈志成	林玉乃	洪善祥	徐祖远	黄先耀
	梁晓安						
委　　员	马　军	马道玖	王士锋	王　勇	王　路	王　磊	邢士占
	曲义江	孙大斌	李大泽	李光辉	李欣元	李剑雄	李恩洪
	杨　文	杨　春	杨晓林	杨善利	邱　铭	宋永强	张九新
	张吉庆	陆卫东	陈德丽	林　浦	季求知	郝立志	胡锡润
	聂乾震	贾　琪	柴进柱	徐新中	曹　玉	鄂海亮	崔景波
	葛仁义	葛同林	董乐义	蒋青扬	韩　伟	程俊康	曾　晖
	谢笑红	谢　辉	鲍郁峰	戴厚兴			

办 公 室

主 任 张双喜 郑和平 徐津津

成 员 于树海 王如政 王志贤 王宝宏 邓少彪 田为民
 白　刚 宁　波 曲义江 朱可欣 孙大斌 苏本征
 杜国光 李文华 李恩洪 李雪松 杨善利 吴克彪
 邱　铭 宋永强 张九新 张志刚 张显平 张重阳
 陆立明 陈永忠 陈洪国 周　旻 赵凤龙 胡　伟
 段彦仁 钱　闯 徐斌胜 徐新中 曹　鹰 鄂海亮
 梁　军 葛同林 韩杰祥 曾　晖 戴厚兴

（注：人员依姓氏笔画排名）

《中国海员史》编纂委员会

主 任 委 员　郑和平
副主任委员　梁建伟　陈毕伍
委　　　员　杨　文　林　浦　陈　鹏　芦庆丰　宋　溱　李忠华
　　　　　　李恩洪　葛同林　朱可欣　王玉洋　修　建　章少平
　　　　　　郑乃龙　梁　军　李雪松　陈永忠　张显平　毛洪鑫
　　　　　　魏　薇　潘新祥　康盛忠　李志伟　郭　树

办　公　室
　　　　主　　任　杨　文　林　浦
　　　　副 主 任　李雪松　陈永忠　张显平
　　　　成　　员　白桂芳　冯小萍　劳　声　伍倩莹　贺文明

顾　问　组
　　　　组　　长　卓东明
　　　　成　　员　孙　继　朱临庆　孙光圻　王　娟　林文正
　　　　　　　　　吴昌世　朱锦昌　林天琪　李景森　龚　鎏
　　　　　　　　　袁明钊　王安翔　唐　越　沈邦根　杨懋修
　　　　　　　　　刘国基

评 审 组
　　组　　长　芦庆丰
　　成　　员　陈　鹏　李忠华　申春生　杨　哲　陈　煜
　　　　　　　刘建军　钱　闵　谭　鸿　韩亚楠　张征宇
　　　　　　　司徒尚纪　　　　陈　鹏　杨　波　吴　裘
　　　　　　　孙　波　龚艳平　杨新标　王　雷　张海蓁
　　　　　　　杨开强

编 写 组
　　主　　编　韩　庆　逄文昱
　　副 主 编　白桂芳　冯小萍
　　参编人员　于仁海　劳　声　伍倩莹

前　言

中华民族有着悠久的航海历史和灿烂的航海文明，从汉唐远洋航路的开辟，到宋元海上丝路的繁荣，再到明清民间航海的勃兴，中华航海文明长期居于世界领先地位。虽然近代中国航运业一度衰落，但中华人民共和国成立后，航海事业迅速恢复发展，短短几十年便重新跻身世界航运大国之列。如此辉煌功业的创造者属于一个古老而光荣的职业群体——中国海员。

然而，在以往的相关记载中，人们更多关注的是震铄古今的航海大事件和彪炳千秋的著名航海人物，而有意无意地忽略了航海历史和文明的真正创造者——广大普通的中国海员。这不能不说是一种遗憾和不公。

2012年，交通运输部海事局组织编撰《中国海员史》，这是一个非同凡响的举措，表明中国航运管理部门深刻认识到了中国海员的历史价值和现实价值。这是一个非同凡响的举措，表明中国航运管理部门深刻认识到中国海员的历史价值和现实价值。

在漫长的职业发展过程中，中国海员以万死不辞的勇气、坚强不摧的意志和不断精进的技艺，万里梯航，乘风蹈海，发展航运贸易，拓展生存空间，传播中华文明，维护丝路和平。

然而，这并不是中国海员存在的全部意义。

中国海员是先进生产力的代表，比如在海禁严酷的时期，他们为中国的发展顽强保留了一种必要的选择。中国海员又是社会变革的先锋力量，比如在中国近代史上，他们毅然投身革命大潮，为世界反法西斯战争的胜利和中华人民共和国的建立立下不朽功勋。

中国海员理应在史册上留下浓墨重彩的一笔。

当下，中国已是世界第一的海员大国，但却并不是公认的航海强国。在建设航海强国的过程中，我们既正要视差距，又不可妄自菲薄，中华航海先民传承下来的宝贵精神，已成为新一代中国海员的优秀基因。作为肩负着历史使命的当代航海人，我们有必要读一读关于中国海员的历史，吸取成功经验和失败教训，接受中华航海文明的熏陶和滋养，树立职业自信心和自豪感。

回顾历史，当代航海人豪情满怀：中国的航海事业大有可为，航海强国指日可待，中国海员的职业发展道路必将更加宽广。

编　者
2017年4月

凡　　例

一、本书以辩证唯物主义和历史唯物主义为指导思想，坚持以实事求是为原则，力求完整、准确地反映中国海员在各个历史时期的发展状况。

二、本书为《中国海员史》（古、近代部分），时限上自原始社会，下至1949年中华人民共和国成立前。

三、本书共分为八章，古代部分三章，近代部分五章，内容以时间为序，即采用章节体。

四、本书正文后附有大事记，以方便读者阅读和检索正文。

五、本书提及的古代地名，或有沿革，均以当时之称谓为准，并择其必要者加括号注明现代名称。鉴于古代外国航海地名的考证多存在争议，本书所标注的现代名称，或采用学术界主流意见，或为本书著者的观点。

六、本书正文中的纪年方法，古代部分采用帝王年号纪年，并加括号注明相应的公元纪年。近代部分或采用帝王年号加注公元纪年，或直接采用公元纪年，按行文要求酌处。

七、本书正文以标准宋体字编排（各级标题除外），成段引用历史文献者以楷体字独立编排。

八、本书引用文献较多，为方便读者查对原文，一律采用页下注。

九、附录中的公约、规则及条例，原文献均为竖版繁体编排，且部分未加标点。本书一律横排简体编排，未加标点者酌加标点，旧式标点改为新式标点。

目 录

绪论 ……………………………………………………………………………………………（ 1 ）

古 代 篇（远古—1840 年）

第一章 从远古到隋唐五代海员职业的逐步形成（远古—960 年）……………………（ 7 ）
　第一节 原始先民的航海探索与最早的船员 ………………………………………（ 7 ）
　　一、原始航行工具的产生 …………………………………………………………（ 7 ）
　　二、原始航海知识的探索 …………………………………………………………（ 8 ）
　　三、原始先民的航海活动推考 ……………………………………………………（ 9 ）
　第二节 夏、商、西周时期的船员角色固化 …………………………………………（ 12 ）
　　一、木板船与木帆船的操驾与船员角色固化 ……………………………………（ 12 ）
　　二、夏、商、西周的航海活动 ………………………………………………………（ 14 ）
　　三、"殷人航渡美洲"说 ……………………………………………………………（ 15 ）
　第三节 春秋战国时期船员职务的形成 ……………………………………………（ 17 ）
　　一、大型船舶的操驾与技术职务分工 ……………………………………………（ 17 ）
　　二、航海知识的奠基与总结 ………………………………………………………（ 17 ）
　　三、春秋战国时期的航海活动 ……………………………………………………（ 18 ）
　第四节 秦汉时期船员职务分工的明确 ……………………………………………（ 21 ）
　　一、航海技术的发展与船员素质的提高 …………………………………………（ 21 ）
　　二、船员分工愈加明确 ……………………………………………………………（ 22 ）
　　三、秦汉时期的航海活动 …………………………………………………………（ 23 ）
　第五节 三国、两晋、南北朝船员规模的扩大 ………………………………………（ 27 ）
　　一、造船业兴旺与船员规模的迅速增长 …………………………………………（ 27 ）
　　二、航海技术进步与船员专项技术提高 …………………………………………（ 28 ）
　　三、三国、两晋、南北朝的航海活动 ………………………………………………（ 29 ）
　第六节 隋唐五代船员职业体系的初步形成 ………………………………………（ 32 ）
　　一、造船业领先世界 ………………………………………………………………（ 32 ）
　　二、航海技术的发展与舟师核心地位的确立 ……………………………………（ 33 ）
　　三、航运事业的繁荣对职业船员的需求 …………………………………………（ 34 ）
　　四、隋唐五代以前船员的海神崇拜 ………………………………………………（ 41 ）

第二章 宋元海员的迅速发展与职务体系的完备（960—1368 年）……………………（ 45 ）
　第一节 宋元时期海员职业发展的背景及条件 ……………………………………（ 45 ）
　　一、商品性生产的发展对船员的需求 ……………………………………………（ 45 ）
　　二、开放的航海贸易政策 …………………………………………………………（ 46 ）
　　三、造船业兴旺与造船技术进步 …………………………………………………（ 47 ）

1

四、航海技术的突破式发展 …………………………………………………（50）
　第二节　宋元时期的近海与远洋船员 ……………………………………………（56）
　　一、海商集团的兴盛与海员体系的形成 …………………………………………（56）
　　二、宋元海员主导下的东北亚航线 ………………………………………………（61）
　　三、宋元远洋船员与海上丝绸之路的繁盛 ………………………………………（63）
　　四、元代北洋漕运与海漕船员 ……………………………………………………（68）
　　五、宋元海员的历史作用 …………………………………………………………（72）
　第三节　宋元时期的内河船员 ……………………………………………………（75）
　　一、宋元内河航运概况 ……………………………………………………………（75）
　　二、宋代内河船员构成 ……………………………………………………………（77）
　　三、宋代内河船员的报酬与营利活动 ……………………………………………（85）
　第四节　宋元船员的海祭习俗与妈祖崇拜 ………………………………………（89）
　　一、"前妈祖"时期的海祭 …………………………………………………………（90）
　　二、妈祖的起源 ……………………………………………………………………（92）
　　三、宋元妈祖信仰 …………………………………………………………………（93）

第三章　明清(中前期)海员发展的顶峰与变化(1368—1840年) ………………（97）
　第一节　明初船员的航海壮举——郑和下西洋 …………………………………（97）
　　一、郑和下西洋的历史条件和动因 ………………………………………………（97）
　　二、郑和下西洋船队与船员 ………………………………………………………（98）
　　三、郑和七下西洋的经过 …………………………………………………………（103）
　　四、郑和航海术与船员素质的提高 ………………………………………………（106）
　第二节　明代民间航海贸易与船员的发展 ………………………………………（107）
　　一、明代民间航海政策变化 ………………………………………………………（107）
　　二、明代从事民间航海贸易的海商与船员 ………………………………………（111）
　　三、明代海商、船员与倭寇、海盗的关系 ………………………………………（117）
　第三节　明代漕运与漕运船员 ……………………………………………………（123）
　　一、明代漕运的发展变化 …………………………………………………………（123）
　　二、明代漕运船员的组织、规模、待遇及生存状况 ……………………………（125）
　　三、明代运军的贩私活动 …………………………………………………………（129）
　第四节　清前期航海政策变化及海员的发展 ……………………………………（131）
　　一、郑氏集团的航海贸易活动 ……………………………………………………（131）
　　二、清前期的航海政策变化 ………………………………………………………（133）
　　三、康熙开禁后东西洋航运贸易的发展 …………………………………………（135）
　　四、上海沙船运输业的繁荣 ………………………………………………………（139）
　第五节　清前期漕运及漕运船员 …………………………………………………（143）
　　一、清代漕运的发展变化 …………………………………………………………（143）
　　二、清代漕运船员的规模、待遇及生存状况 ……………………………………（144）
　　三、清代漕运旗丁、水手的私货贩运活动及影响 ………………………………（147）
　　四、清代水手的结帮活动及其对社会的危害 ……………………………………（149）
　第六节　明清中琉封贡贸易与船员 ………………………………………………（151）
　　一、中琉航海贸易及其影响 ………………………………………………………（151）

二、"闽人三十六姓"与"琉球火长" …………………………………………（153）
三、中国船员使琉球的航海生活与海神信仰 ……………………………（155）
第七节 明清时期的航海科技文献 ……………………………………………（159）
一、航海地理与科技文献 …………………………………………………（159）
二、《舟师绳墨》及其航海教育价值 ………………………………………（161）

近 代 篇（1840—1949 年）

第四章 晚清时期中国传统海员的演变发展（1840—1911 年）……………（167）
第一节 中国传统帆船船员队伍的衰落 ……………………………………（167）
一、中国传统帆船航运业衰落的原因 ……………………………………（167）
二、中国传统帆船运输业衰落的状况 ……………………………………（169）
三、帆船船员为延缓衰落所做的努力 ……………………………………（171）
四、帆船海员仍活跃在沿海内河航线 ……………………………………（172）
五、"耆英"号帆船环球航行的壮举 ………………………………………（176）
第二节 中国近代新式海员职业的产生 ……………………………………（178）
一、首批外国轮船上普通中国海员的产生 ………………………………（178）
二、首批中国轮船上工作的新式中国海员 ………………………………（181）
三、创办中国轮船高级海员培养教育机构 ………………………………（182）
四、中国新式海员职业的特点与社会贡献 ………………………………（189）
第三节 海员管理体制的建立及其变化 ……………………………………（195）
一、最早的海员管理机构设置 ……………………………………………（195）
二、轮船海员管理制度的订立 ……………………………………………（197）
三、早期引水管理体制的确立 ……………………………………………（198）

第五章 北京政府时期中国海员的成长状况（1912—1928 年）……………（202）
第一节 一战前后中国海员队伍的变化 ……………………………………（202）
一、一战结束前中国海员队伍的壮大 ……………………………………（202）
二、一战后中国海员队伍迅速地萎缩 ……………………………………（206）
第二节 旧中国的海员管理体制之变化 ……………………………………（210）
一、北京政府收回航权的尝试 ……………………………………………（210）
二、海关仍旧把持海员管理权 ……………………………………………（213）
三、海员工会的创建与其活动 ……………………………………………（216）
第三节 中国海员在工人运动中的贡献 ……………………………………（219）
一、五四运动初显海员的力量 ……………………………………………（219）
二、香港海员工人大罢工 …………………………………………………（221）
三、上海海员工人大罢工 …………………………………………………（223）
四、海员参加省港大罢工 …………………………………………………（226）
第四节 中国航海教育办学的艰辛路程 ……………………………………（229）
一、吴淞商船学校被迫停办 ………………………………………………（229）
二、东北商船学校的创办 …………………………………………………（229）

三、创办集美高级水产航海学校 …………………………………………………………………（231）

第六章　南京国民政府前期中国海员的发展状况（1927—1937年） ……………………（232）

第一节　南京国民政府收回海员管理权 …………………………………………………（232）
一、南京国民政府收回航权的过程 ……………………………………………………（232）
二、中国自主海员管理体制的建立 ……………………………………………………（235）
三、全国海员管理工作的全面展开 ……………………………………………………（246）
四、国民党重新控制中华海员工会 ……………………………………………………（252）
五、恢复香港海员工会名称和活动 ……………………………………………………（255）

第二节　中国海员队伍的曲折发展 ………………………………………………………（256）
一、海员队伍曲折发展的原因 …………………………………………………………（256）
二、海员队伍发展规模的状况 …………………………………………………………（264）
三、海员工作生活的基本状况 …………………………………………………………（266）
四、中国海员的抗日救亡运动 …………………………………………………………（272）

第三节　高级海员教育培养和发展 ………………………………………………………（275）
一、吴淞商船学校终得复校 ……………………………………………………………（275）
二、东北商船学校因战乱停办 …………………………………………………………（276）
三、集美高级水产航海学校变革 ………………………………………………………（276）
四、创建广东省立高级水产职业学校 …………………………………………………（277）

第七章　全面抗战时期中国海员的艰难发展状况（1937—1945年） ……………………（280）

第一节　海员队伍的发展遭遇空前破坏 …………………………………………………（280）
一、全面抗战爆发后的中国航运业 ……………………………………………………（280）
二、卢沟桥事变后的海员队伍 …………………………………………………………（282）

第二节　全面抗战期间海员管理体制的概况 ……………………………………………（284）
一、国民政府战时海员管理体制的成立 ………………………………………………（284）
二、伪政权下的中国海员管理体制状况 ………………………………………………（288）

第三节　中国海员在第二次世界大战中的重要贡献 ……………………………………（290）
一、进行战争动员与抢运战略物资 ……………………………………………………（290）
二、发展川江航运保障政府生命线 ……………………………………………………（291）
三、投身爱国行动和拒为日伪服务 ……………………………………………………（292）
四、海员服务于盟国船舶支援第二次世界大战 ………………………………………（296）

第四节　高级海员教育发展的艰难岁月 …………………………………………………（302）
一、国立重庆商船专科学校 ……………………………………………………………（302）
二、伪满交通部高等船员养成所 ………………………………………………………（304）
三、福建私立集美高级水产航海职业学校 ……………………………………………（306）
四、广东省立高级水产职业学校 ………………………………………………………（307）

第八章　解放战争时期中国海员队伍的状况（1945—1949年） …………………………（310）

第一节　抗战后中国海员队伍空前壮大 …………………………………………………（310）
一、战后中国船舶数量快速增长 ………………………………………………………（310）
二、战后中国海员被大量遣返 …………………………………………………………（313）

第二节　国民党政府管理下的中国海员 …………………………………………………（313）
一、战后海员管理体制的变化 …………………………………………………………（313）

二、国民政府的海员管理工作 ……………………………………………………………（316）
三、国统区海员的重要活动 ………………………………………………………………（322）
四、中华海员工会的复员状况 ……………………………………………………………（327）
第三节　解放区政府管理下的中国海员 ……………………………………………………（327）
一、解放区海员管理体制的初步建立 ……………………………………………………（327）
二、解放区海员在解放战争中的贡献 ……………………………………………………（330）
三、香港海员在解放战争中的贡献 ………………………………………………………（338）
第四节　高级海员教育培养的恢复发展 ……………………………………………………（341）
一、国立吴淞商船专科学校 ………………………………………………………………（341）
二、辽海商船专科学校 ……………………………………………………………………（341）
三、集美高级水产航海职业学校 …………………………………………………………（343）
四、广东省立高级水产职业学校 …………………………………………………………（344）
五、其他有关航海教育机构 ………………………………………………………………（346）

大事记 ……………………………………………………………………………………（349）

附录 ………………………………………………………………………………………（371）

后记 ………………………………………………………………………………………（382）

绪　　论

中国航海历史悠久,据有关考古发现,最早可上溯至8000年以前。从第一批原始先民驾乘桴筏和独木舟泛海出洋的那一天起,中国海员这一古老的职业群体就已产生,并且不断发展壮大,凭借其勇气和智慧,创造着每一个时代的航海伟业。

为弘扬和传承历史悠久、内涵丰富的中华水路交通文化,交通运输部海事局组织编撰《中国海员史》,由广东海事局负责组织推进和落实编写任务。2013年,广东海事局和大连海事大学航海历史与文化研究中心合作,开启了《中国海员史》的编撰工作。毫不夸张地说,这是一项具有非凡意义的重大文化工程,开创了为一个特定的职业群体撰写历史的先河,是史学研究领域的一次有益探索。

关于中国航海历史的研究成果,百年来可谓汗牛充栋。然而却尚存缺憾:首先,过多关注航海事件,而忽略了事件的主导者——人的作用;其次,过多关注大人物,而忽略了航海历史真正的创造者——广大海员。《中国海员史》就是要对焦这些普通的"中国海员",探索其产生、发展的历史规律,阐述其对社会发展起到的推动作用,为当前和今后海员相关政策的制定,提供历史借鉴。尤为值得一提的是,在以往的中国史学界,尚不多见系统地为一个特定社会职业群体撰写历史的先例,因此《中国海员史》的编写可谓史学领域的一次大胆尝试,或能为历史研究提供一种新的思路和方法。

编纂《中国海员史》,首先应明确"海员"的概念及范畴。1999年上海辞书出版社出版的《辞海》对"海员"定义如下:"原指海船上的工作人员,即对海船驾驶人员、水手、轮机人员、客货运输服务人员等的通称。今泛指从事水上运输的船员,有时还兼指港口的某些工作人员。"本部史书中所谓的"海员",正是取其泛指,即既包括海船船员,亦包括内河船员以及引航员。从历史的角度来考察,内河船员不仅对中国航运事业的发展做出了巨大贡献,而且内河船员和海船船员在职务形成和职业发展上颇多联系,不可分割。

《中国海员史》全书分为古、近代部分和现代部分2册。古、近代部分共8章,以时间为序,分别介绍各个历史时期中国海员的发展状况、历史背景和航海业绩。

一、古代部分概述及研究成果

(一) 古代部分概述

古代部分3章,叙述从远古至1840年鸦片战争之前中国海员的发展历程,可细分为先秦、秦汉、三国两晋南北朝、隋唐五代、宋元和明清(中前期)6个历史时期。需要指出的是,在中国古代漫长的历史时期内,中国的航海事业一直位于世界前列,历代政府大多都致力发展航运事业,即使某些时期由于特殊原因实行"海禁"政策,却并不能阻止中国海员的规模扩大和职业发展。

先秦时期,原始先民的航海活动产生了最早的船员,夏商西周造船及航运事业的发展,使船员角色固化,春秋战国诸侯争霸,频繁的水上攻战,推动了船员职务逐渐形成。秦汉时期,徐福率船队东渡日本,内河漕运肇始,海上丝绸之路开辟,船员的分工进一步明确。三国两晋南北朝时期,船员规模迅速增长;法显从印度航海归国,见证了海上丝绸之路的持续兴旺。隋唐时期,大运河的开凿使漕运制度全面确立,漕运船员作为一个固定职业而诞生;海上丝绸之路全面繁荣,海员规模空前扩大;海神崇拜作为一种航海文化已经形成。宋元时期,中国海员迎来了职业发展的黄金时代。航海罗盘的应用使中国进入计量航海时代,产生了以火长为核心的海员体系;海外贸易成为国民经济的重要来源,海员的社会作用空前提升;漕运制度更加成熟,漕运船员对国家经济的正常运转贡献巨大;妈祖作为全国性海神的地位得以确立。明代与清代中前期(1840年以前),中国古代航海事业达到顶峰并走向衰落。郑和船队七下西洋,中国海员创造了震惊世界的航海壮举;民间航海贸易愈禁愈兴,民间海员在顽强图存中得以壮大;漕运制度完善,形成了巨大的漕运船员群体;沙船航运业繁荣,从业船员规模惊人;计量航海技术成熟,航海教育获得发展,船员素质普遍提高。然而,由于世界航海发展的大势所趋,中国古代帆船航业及帆船船员群体,不可避免地走向没落。

(二)古代部分研究成果

一是梳理出中国古代船员职务体系从简单到复杂的形成过程,展示了古代船员在各个时代的丰功伟业,强调了中国古代航海事业发展过程中人(即广大船员)的作用。

二是揭示了宋元时期中国古代第一个航海高峰形成的主要原因之一——航海罗盘的应用与火长(又称舟师,是我国古代海船上负责导航的高级航海技术海员)地位的确立。传统观点多将宋元航海繁盛的原因归结为朝廷政策的支持和造船技术的突破等。本文通过研究,论述了另一重要原因——航海技术的发展,特别是航海罗盘的运用以及由此带来的火长地位的确立。"航海罗盘和火长的出现,开辟了中国航海的新纪元,中国古代航海自此进入更为安全、快捷的定量航海阶段,宋元航海高峰的形成以及明初郑和下西洋的伟大壮举,莫不于此密切相关。"

三是基本理清了宋元明清海员与内河船员的职务体系,以及收入与待遇情况,展示了古代船员的工作和生活状态。

四是修正了明(中后期)清(前期)航海事业逐步衰落的传统观点。明代因为倭寇袭扰的原因,虽然大部分时间实行"海禁"政策,但民间贸易非但禁而不绝,事实上比宋元时期更加壮大,形成了诸多海商集团。清初为了打击郑氏而实行的"禁海"和"迁海"只持续几十年,收复台湾之后,政府即开放了民间航海贸易。虽然因为西方航海势力的侵入,中国商船失去了马六甲海峡以西海域的贸易机会,但对日和对东南亚贸易却长期占据主导地位。特别是沙船运输业兴盛,鼎盛时期船员达10余万,造就了一批资本雄厚的大海商。中国帆船航运业在明清时期达到的顶峰,只是没能赶上以轮船为标志的世界航运业发展潮流,而逐渐处于相对落后的位置。

二、近代部分概述及研究成果

(一)近代部分概述

近代部分按照时间顺序分为晚清、北京政府、南京国民政府前期、抗战时期和解放战争时期五个部分。晚清时期,随着鸦片战争以后外国航运势力大举侵入中国,轮船排挤了中国传统木帆船,并夺取了木帆船的航运业务。外国航运公司凭借获得的种种特权以及轮船在技术上所显示优越性能,对中国木帆船造成了强大的竞争压力,使中国传统帆船航运业受到了严重的影响,面临着被淘汰的危险,而与此同时,出现了首批在外国轮船上工作的中国海员。北京政府时期,中国民族航运业迎来了第一个发展的黄金时期,各大轮船公司纷纷成立,船舶吨位快速增长,对海员的需求也相应大幅增加。但随着一战结束,外国航运势力重新占领中国市场,加上国内政局动荡,军阀混战不已,民族航运业饱受摧残,海员待遇也相应下降。海员为了反对剥削和压迫,较早觉醒和走向团结,掀起了波澜壮阔的海员工人运动。南京国民政府前期,收回了包括海员管理权在内的大部分航权,先后制定和颁布了一系列法律法规,建立了较为完备的海员管理体制。这一时期,虽受世界经济危机的影响,但由于措施得当,中国经济快速发展,带动航运业的腾飞,海员队伍不断扩大,面对着日本帝国主义的步步侵略,海员的民族团结意识不断增强。七七事变后,抗战全面爆发,刚刚露出曙光的中国航运业面临空前劫难,广大中国海员夜以继日地战斗在抗战运输线上,付出了巨大的牺牲,表现出了高度的爱国热情。除了在国内战场支援抗战外,更有3万多海员奔赴欧洲,在英国、美国、荷兰、挪威、澳大利亚和加拿大等国家的商船上工作,为世界反法西斯战争的胜利做出了巨大贡献。抗战结束后,通过接收敌伪、美国拨赠及售予大量船舶,中国轮船吨位迅速增长,很快超过战前水平,对海员的需求也急剧增加,海员在国民政府复员工作中发挥了重要作用。但随着内战爆发,为了避免船舶用于军事运输,大量船舶停航,航运业的繁荣有如昙花一现,海员也因货币贬值、待遇下降,生活日益窘迫,进而加入到反内战的行列中,为中国人民的解放事业做出了突出贡献。

(二) 近代部分研究成果

一是首次展现了中国海员在国外工作与斗争的历史。由于种种原因,从19世纪末开始,中国最早的劳务海员在国外工作和生活,并参与一战和二战的历史被长期湮没不闻。在这次编史过程中,通过对国外相关史料的细致挖掘,基本还原了那段历史。

二是对中国海员在抗日战争和解放战争中的英雄事迹进行了较为系统的整理,弘扬了中国海员的爱国情怀和优秀品质,肯定了他们在反法西斯和推翻反动统治斗争中所做的历史贡献。

三是公正地评价了近代航海教育对中国历史发展的功绩。中国近代航海教育率先引进了西方的教育模式,促进了中国近代教育制度的诞生,同时在中国高等航海教育及航运发展史上具有十分重要的意义。

四是将中国海员与中国革命史较完整地联系在一起。中国海员在历次革命运动中总是冲锋在前,毫无畏惧,具有鲜明的无产阶级特征,成为推动中国革命的重要力量。

五是考证和纠正了相关文献的谬误。通过对史料的研究、分析和对比,考证了流传已久的错误记载,如香港海员工会成立的时间,以及德国潜艇攻击"雷贝利"轮的时间,伤亡数字等等。

六是对民国时期的海员管理法规作了较为系统的梳理,以此为据,全面阐述了民国时期政府对海员的管理概况,以及海员在国民经济中占据的地位。

古代部分由大连海事大学逄文昱副研究员主笔,近代部分由大连海事大学韩庆副教授主笔。最终统稿由广东海事局白桂芳和冯小萍负责,相关资料的收集、整理由广东海事局劳声和伍倩莹负责。此外,史书编写过程中,人民交通出版社给予了大力支持和悉心指导。

本书编著者虽从事中国古近代航海历史与文化研究工作,但由于时间和能力所限,挂漏之处在所难免,欢迎广大读者批评指正。

《中国海员史》编写组
2017年4月

古代篇

（远古—1840年）

第一章　从远古到隋唐五代海员职业的逐步形成（远古—960年）

从远古至隋唐五代的漫长历史时期，中华民族的航海事业经历了巨大的飞跃，从上古先民刳木为舟到楼船巨舰航行江海，从越人南海商贸探航到海上丝绸之路全面兴旺，从"飞刍挽粟"转输粮饷到内河漕运逐步建立。在取得这些辉煌成就的同时，我国古代海员职业逐渐形成，从业人数不断扩大，分工愈加细化，职务体系初步确立。

第一节　原始先民的航海探索与最早的船员

考古发现表明，中华先民的航海活动早在新石器时代就开始了。原始社会的航海活动，在航海历史中具有十分重大的意义，它是人类迈向海洋的第一步，显示了蒙昧时代人们的勇气和智慧。这种勇气和智慧代代传承，并发扬光大，成为历代中国海员共有的优秀基因，推动着这一群体不断创造着每一个时代的航海伟业。那些被求生欲与求知欲共同驱使而毅然投身沧海的原始先民们，可谓历代中国海员的典范。

一、原始航行工具的产生

毋庸讳言，促使原始先民走向海洋的首先必然是对生活资料的需求。原始人类傍水而居，在水边捡拾贝类，采集藻类，继而涉水捕捞鱼虾，逐渐认识到远离岸边的深水中蕴藏着更为丰富的食物，于是产生到达更远的水域乃至对岸的念头，涉水渡河便成为生存中必须面对的课题。江河湖海不仅给原始先民提供了生存所必需的水和赖以充饥的食物，还为他们的原始航行提供了试验场。

最初，人类的渡河手段也应是如其他一些陆栖动物一样的泅水。随着智力的增长，或许从漂浮于水上的树干、竹枝等得到启发，原始先民逐渐对水的浮性有了认识，开始借助某些可浮于水上的物体进行尝试性的航渡，继而有目的地制作浮航工具，从而使航行能力大为提高。

据有关上古传说和古籍记载以及通过对现代民俗学研究可以推测，最原始的浮水工具应是树干、葫芦之类可以直接取用、无须复杂加工的方便材料。《物原》上说，"燧人氏以匏济水"。"匏"即葫芦，人类始祖之一燧人氏借助葫芦的浮力完成了原始的航渡活动，具有极为重要的示范作用。由于葫芦重量轻，浮力大，便于携带，又不怕潮湿，因而在很长一段时间里成为原始先民非常理想的泅水工具。在长期的使用过程中，人们又慢慢将几个葫芦串接起来，以获得更大的浮力。除了葫芦等自然长成的浮具外，原始人类还用动物皮革制成皮囊，充气后作为浮具使用。皮囊可以折叠，更加便携，还可以根据需要改变体积，因而使用起来比葫芦效果更好，也更方便。

这种借助葫芦和皮囊等浮具的泅渡活动，从严格意义上讲还不是航行活动，因为身体处于半浸润状态，四肢也没有获得解放。只有到桴筏产生之后，人类的水上航行时代才真正开始。从"燧人氏以匏济水，伏羲氏始乘桴"的上古传说，或可推知桴筏的产生过程。处于泅渡阶段的原始人类，或许是从栖于水中漂木上的水鸟得到启发，从而产生了脱离水浸之苦，使身体获得解放的愿望。随着创造能力的不断提高，他们逐渐懂得将两根、三根直至更多的树干或竹竿捆扎起来增加浮力和稳定性的道理，同时又大大增加了承载面积，于是便可以像水鸟一样在水上自由活动了。经过了漫长实践中的反复试验，最早的水上航行工具——桴筏便诞生了（见图1-1）。桴筏相对于葫芦和皮囊更重要的一点进步是，使获得解放的双手可以使用长木棍、竹竿等撑划工具推动前进，并掌控方向，摆脱了完全依靠自然力的局限。人的力量成为航行工具行进的主导动力后，便产生了最早的船艺——撑篙划水。

桴筏的产生虽然真正实现了人类的水上航行，但还没有使航行者的身体完全脱离水浸状态。水还是可以从它的底部和四周随时涌上，装载量稍大整个筏身便会浸没。方排状的筏身的操纵性能和航行速度受到很大限制，对于进一步提高航行能力是很不利的。为了追求更理想的航行效果，原始先民于是"变乘桴以造舟楫"。

图1-1 桴筏

《世本》上说，"古者观落叶以为舟"；《淮南子》云，"见窾木浮而知为舟"①。原始先民通过对自然的长期观察，渐渐明白了卷翘的落叶和中空的"窾木"更容易浮起来的道理，于是开始了作舟的尝试。航海文明史上最早出现的是独木舟，它具备了船只应有的最基本的特征——干舷，从而使航海者完全避免了水浸之苦。对于远古人类来说，独木舟的制作工艺相当复杂，耗工费时。所谓"刳木为舟"，应该是这样的：将大树伐倒，剪除枝叶，留取主干。用石斧、石刀等原始工具在树干上开凿出一条长槽，再一点点凿削使其中空。由于树木坚硬，直接用石器凿削很难完成，他们便将需要保留的部分涂上湿泥巴，用火把需要挖去的部位烧焦，使凿挖变得容易些。如此循环烧挖，即"刳"，一艘独木舟就这样制成了。

关于我国上古最早的造舟者，文献记载不一。《世本》说"共鼓、货狄作舟"；《山海经》说"番禺始为舟"；《墨子》说"巧倕作舟"；《吕氏春秋》说"虞姁作舟"。此外还有"轩辕作舟""伯益作舟"等说法。这些看似矛盾的记载，恰恰反映了独木舟产生的实际情况，它是原始先民共同智慧的结晶。

二、原始航海知识的探索

原始航行工具是应原始先民航海实践需要而产生并发展的，同时，航海经验与知识的积累和探索也十分关键。最初的水上航行活动应该发生在近岸水域，原始先民凭借本能即可完成，对航海知识的依赖性还不强。随着航行工具的进步和航行能力的提高，人们逐渐向远离岸边的较深水域挺进，摸索和学习航海知识便愈发显得必要。远离岸边的航行，一定要有可靠的陆地标志作为导航依据，并且时刻保持在视线之中，以确保不致迷失方向，这就形成了最初的地文导航知识。同样，在航行路线的选择上，一定也是经过反复实践摸索获得经验，把避让水下的危险和恶劣水流的安全航道逐步牢记于心，这就是最初的水文知识。

由于生产和生活需要的进一步提高，原始航海者不断探索更深更远的陌生水域，当熟悉的地标地物于视线中消失而不可凭借，原始的天文定向导航技术就显得十分必要了。在远古时代，由于和生产生活密切相关，天文学一直是首先被探索的一门学问。从我国新石器时代的文化遗址来看，当时的人们已经掌握了某些简单的天文知识，并学会运用太阳、月亮等天体辨别方向。而原始先民在长期的航行活动中，通过反复观测，摸索出粗浅的天文导航知识。最初的远航是在白天进行，早上迎着太阳出航，傍晚背着太阳返航，慢慢懂得利用太阳辨别方向的道理。后来，或许由于在回航途中遇到麻烦而耽搁，没有在日落之前返回驻地，不得已进行夜航。这样的事情多次发生，人们逐渐了解了月亮或其他天体的运行规律，并学

---

①《淮南子》卷十六，说山训。

8

会参照它们的方位为夜间航行进行导航。

原始航海经验的总结和积累,使原始先民逐步扩大了航行区域,从内河到近海,甚或再到外洋。最早的船员们不断进行着伟大的航海实践,为后人做出了光辉榜样。

三、原始先民的航海活动推考

凭借着简易的原始航行工具和粗浅的航海知识和经验,中华先民开始了向海洋的不断深入。从基本上视界不脱离陆地的沿岸短航,到跨越半岛和岛屿的海峡横渡,甚或到远离大陆的海外漂航,原始先民小心翼翼,却又一往无前,以勇敢和智慧开辟了一个人类拓展生存空间的壮观历程。

(一)沿岸与跨岛的短距离航行

原始先民们在几千年前的沿海岸航行和跨越海峡的横渡,已被大量的考古发现所证实。

原始先民的航海起点,一定是从目力所及的近岸航行开始,渐渐到邻近岛屿之间的跨越。视界不能脱离陆地,是最初航海者遵循的定律,这从我国滨海地区古代文化类型考古结论中得到证实。考察辽东半岛及其沿海岛屿的新石器时代考古资料发现,一些隔海相望的陆岛或岛岛之间,往往同属一个地质文化层。而且,在一些文化类型遗址中,发现相当数量的巨型石坠网和深水鱼类骨骸。这表明,大约六七千年前,辽东半岛沿岸与附属岛屿之间存在着以捕捞或迁徙为目的的短距离航行活动。同样的情况也出现在庙岛群岛与山东半岛之间。庙岛群岛大钦岛东村遗址中发现的陶器,在器型、质地以及纹饰上均与同时期烟台地区白石村遗址下层酷似。这说明山东半岛与庙岛群岛之间早就通过航海而互相联系了。从地理位置上看,群岛南边的南长山岛与半岛北岸凸起的蓬莱头最短跨距仅 3.3 海里,群岛内各岛屿之间相距也最多不超过 5 海里,这为原始先民的短距离跨岛航行提供了便利条件。在东海舟山群岛沿岸,这种由原始航海所带来的文化传播现象也相当明显。舟山群岛上所发现的 30 余处新石器遗址中有三四处与浙江余姚河姆渡遗址的三四层相当,距今约六七千年;其余则与河姆渡遗址一二层相当,距今约 5000 年。这说明舟山群岛文化受河姆渡文化影响极深,是河姆渡文化重要的组成部分。而河姆渡遗址出土的船桨、陶舟以及大量深海鱼类遗骨等,足以证明当时沿海居民驾舟出海捕鱼成为生活常态。此后的良渚文化及钱山漾文化居民继承了这一生活方式。从地理条件看,舟山群岛与河姆渡一衣带水,从河姆渡沿岸西航至舟山群岛,其间岛屿星罗棋布,彼此相望,随处可以湾泊,极为便利。

(二)较远距离沿岸航行与海峡航渡

随着航海知识的积累和航海工具的改进,原始先民开始尝试向较远的水域推进,视界渐渐脱离陆域目标。这一过程无疑十分漫长,但每前进一步,都是中华航海史的重大突破。

根据新石器时代考古资料分析,大约距今五六千年前,我国北方黄海沿岸的文化已经延伸到海外他乡了。如朝鲜半岛的许多文化遗址所出土的器物样式,与辽东半岛和山东半岛文化遗址相应时期出土器物样式极为相似,甚至俄罗斯远东滨海地区文化遗址也出现了辽东半岛新石器文化特征。这些文化的相似性表明,辽东半岛和山东半岛的原始先民早在约 5000 年前就与朝鲜半岛以及俄罗斯远东海滨建立了航海联系。

而在距今约 5000 年前左右,原本彼此独立的辽东半岛与山东半岛文化也日益显现出融合的迹象。从出土器物来看,辽东半岛南部滨海地区已经开始吸收山东大汶口文化因素。如辽宁小朱山遗址中层、吴家村遗迹、旅顺郭家村遗址均出土了带有典型大汶口文化特征的陶器。辽东半岛南部滨海地区文化因素也渗入山东半岛北部滨海地区。如烟台白石村遗址、蓬莱紫荆山遗址的一些出土器物也具有小朱山文化的主要特征。至距今4000年左右,这种文化融合趋势更加明显,山东半岛龙山文化已经渗透到辽东半岛滨海地区。据辽东半岛与山东半岛古代文化相互渗透的地区分布来看,基本排除了环渤海陆路传播的可能性,而横渡渤海海峡传播的可能性却极大。这是因为,从地理条件看,辽东半岛与山东半岛隔渤海海峡相望,而海峡南部三分之二海面上散列着庙岛群岛,适合作为海峡航路上的天然跳板。而从庙岛群岛的古文化遗存来看,确实具有辽东半岛与山东半岛古文化的双重特征,在两地文化交流中的中介地位明显。几乎可以肯定地说,在距今5000年左右,原始先民横渡渤海海峡的航海活动已经相当频繁。

从山东龙山文化与我国东南滨海地区典型文化的比较分析,可以得出这样的结论:同一时期,我国整个东部沿海已经出现了较远距离的南北航行活动。龙山文化距今约4500年左右,以薄如蛋壳、光泽如漆的黑陶为代表,因此又称为黑陶文化。龙山文化发源于山东沿海,但分布及其广泛,包括豫、冀、陕、鄂、晋、皖等内陆地区,而在沿海传播更为活跃。北经庙岛群岛至辽南,南至江、浙、闽沿海,甚至越台湾海峡而至台湾省的台南、高雄、彰化、新竹等地。一路传播的同时,又与当地文化交融衍生出新的文化类型。而东南滨海以河姆渡文化为母系的新石器文化,在苏、浙、闽、粤沿海也留下了清晰的印迹,一是印陶纹,一是有段石锛。

上述考古证据充分反映了在距今5000年左右,我国东部沿海已经出现了较远距离的沿岸航行活动。而横渡渤海海峡和台湾海峡的航行或也已实现。

(三)"南岛语族"与原始先民远洋航行推考

2010年11月18日,一艘重4吨、长15米、宽7米的独木舟抵达中国东南的福州港。这艘仿古独木舟于4个月前由太平洋的大溪地出发,途经库克群岛、纽埃、汤加、斐济、瓦努阿图、圣克鲁斯群岛、所罗门群岛、巴布亚新几内亚、印度尼西亚、菲律宾,航行1.6万海里,完成了一次跨越数千年的回归。这是由法属波利尼西亚独木舟协会发起的"寻根之路"活动,几位"南岛语族"勇士沿着祖先当年从中国东南沿海迁徙至太平洋诸岛屿的路线,反向航行,回到福建寻根问祖,并开展文化交流。他们受到社会各界的热烈欢迎,媒体争相报道,成为2010年末新闻热点之一。

1."南岛语族"及其源流

一百多年前,欧洲学者发现,南太平洋诸多岛屿上的居民有许多相似之处:其一,虽然语言各不相同,但很多词汇却惊人地一致;其二,都具备高超的航海技能,使用的船舶和航海方式也别无二致;其三,面貌外形惊人地相似。据此,学者将这些岛屿居民统称为"南岛语族"。"南岛语族"分布地区东到太平洋东部的复活节岛,西到印度洋的马达加斯加,北到夏威夷和台湾岛,南到新西兰,主要居住地区包括我国台湾、菲律宾、马来西亚、印度尼西亚、美拉尼西亚、密克罗尼西亚和波利尼西亚,使用1000至1200多种语言,人口约2.7亿。

将"南岛语族"与中国福建沿海联系起来的是大量的考古发现。史前时代的航海和海外移民,虽然不可能有文字记载,但大量的考古资料表明,自新石器时代开始,百越先民的航海活动就非常活跃,跨越上百、甚至数百海里的远洋航行也有数千年的历史。

近年来,学者对福建平潭县壳丘头遗址、闽侯县昙石山遗址以及东山岛太阳纹岩画遗迹、晋江庵山遗址等重要史前文化遗址,与太平洋诸岛屿上相关遗迹进行了大量的比较研究,发现两者具有极高的相似性,并且传承次序明显。而此前,从人类学角度所进行的研究表明,波利尼西亚的关岛和夏威夷岛上发现的古人遗骨,与山东大汶口6000年前古人在颅骨畸形特征、身高平均值以及头骨上明显保留的拔牙风俗痕迹等方面都极其相似。

而最有力的证据是有段石锛的传播。有段石锛是一种形制奇特、制作复杂的石器,整体长而扁,刃口似刨刀状,背部与普通石锛不同,中部随刃口斜上隆起成脊,将背面分为薄厚截然不同的前后两个部分,看起来像似有两段,故称有段石锛。据专家林惠祥考究,这种石器适用广泛,在沿海和岛屿地方尤其需要。考古学家认为,这种工艺复杂而形制奇特的石器不可能在世界各地同步发生,一般是一地起源,再随着制造人的移徙而传播至其所到之处。而这种有段石锛恰恰在我国沿海地区有着广泛的分布。据林惠祥在20世纪50年代后期统计,浙江、福建、广东、江苏、江西、安徽均有发现。而且,在我国发现的有段石锛多为初级和中级的器物,高级者比较少。这一切应该能够证明:我国东南沿海地区是有段石锛的最早发源地。而这种发源于中国东南沿海的奇特器物,却在遥远的太平洋中诸多岛屿上被先后发现,而且多为高级阶段,最远甚至达到波利尼西亚群岛和新西兰等处。

波利尼西亚群岛是太平洋各岛中最早发现有段石锛的地区。据学者鉴定,这些有段石锛中脊很高,二段分明,段身也比较狭长,便于装柄使用,已达很高的发展阶段。有段石锛发现较多的地方是菲律宾。据菲律宾学者拜耶称,他所发掘的上万件石器,其中约一半为有段形状的石锛,后英国学者证明它们与波利尼西亚发现的有段石锛相同。此外,苏拉威西岛和北婆罗洲等地也都发现有段石锛,并与菲律宾发现的形制相同。这两地在菲律宾南方不远,并彼此邻近。而耐人寻味的是,在菲律宾西部和东部各岛上却鲜有发现。据此,国内外学者几乎一致认为,有段石锛肯定是在中国大陆东南沿海地区产生,然后由原始先民通过越海漂航,先传播到离大陆较近的台湾、菲律宾、苏拉威西与北婆罗洲等地,再传播到太平洋波利尼西亚群岛以及新西兰等处。至此,"南岛语族"发源于中国福建的学术观点得以确立。

2."南岛语族"与福建先民的航海工具

从航海技术的角度考虑,通过对"南岛语族"原始舟船文化和我国东南沿海原始舟船文化研究推断,边架艇独木舟最有可能是福建沿海原始先民移民太平洋诸岛的航海工具。

边架艇独木舟就是在单体独木舟一侧或两侧加装浮具,分别成为单边架艇和双边架艇。设帆的边架艇独木舟(见图1-2)是太平洋土著的主要航海工具,其中以单边架艇为主。单边架艇独木舟既保留了单体独木舟轻便、构造整体性强的优点,又大大提高了航行时的稳定性。土著波利尼西亚人驾乘这类帆舟一天可在海上航行145海里。号外,通过对我国东南沿海舟船文化和考古发现进行梳理,得到大量有关边架艇独木舟的线索。

图1-2 太平洋航行的单边架艇独木帆舟

其一,《裨海记游》《台海使槎录》等文献载有一种称"莽葛"①(或称"蟒甲")的独木舟②。《噶玛兰厅志》载明其制作方法:"番渡水小舟名曰'蟒甲',即艋舺也,一作莽葛。其制以独木挖空,两边翼以木板,以藤系之"③。民族学家凌纯声据此认为,"蟒甲"就是边架艇独木舟。同时,凌先生还指出,在语言学上"蟒甲"的发音和"南岛语族"的边架艇独木舟发音极为相似,说明清代台湾原住民还使用的"蟒甲"和"南岛语族"的边架艇独木舟是一个系统的舟船文化。④

其二,2001年浙江萧山跨湖桥遗址发现的距今8000年的独木舟,除两侧各有一只木桨外,还至少有6根与舟体平行的长木。发掘者据此推测,这可能是一艘边架艇独木舟。一侧还发现有竹篾编织的席状

---

① 郁永河:《裨海记游》卷中。
② 黄叔璥:《台海使槎录》卷六,北路诸罗番七,附载。
③ 陈淑均:《噶玛兰厅志》卷五下番俗六。
④ 吴春明:《史前航海舟船的民族考古学探索》,《海交史研究》,2009年第2期。

物,很可能是原始船帆。

其三,福建连江浦口鳌江河畔出土的西汉独木舟,两侧船舷靠近船首部位残留一对对称凹槽,类似于"南岛语族"边架艇独木舟舱内设置的捆扎横杆的结构。船尾下面还挖出10多截直径约6.5厘米的原木残段,或为边架艇浮材。

其四,广东化州鉴江东堤出土的6艘东汉独木舟中,2号独木舟内舱两侧各有7个左右对称的突起,右侧船舷自上而下斜排直径1厘米的7个小圆孔,似与捆扎边架艇横木或安装帆席支架有关。而广西钦州茅岭江先后打捞出的两艘独木舟亦有相似的结构设置。

3. 福建先民移民太平洋诸岛航线推想

虽然有了能够承担远洋航行的航海工具,但移民之路一定是万般凶险。不过从客观条件上看,却也并不是绝非可能:在有段石锛分布的主要区域内确实存在几条定向海流可供漂航。可以设想,上古先民们从中国东南海岸启航,趁着东去的洋流,逐岛向东漂航,历经千百年的岁月,终于到达波利尼西亚各岛甚至更远。从太平洋水文态势来看,最有可能赖以漂航成功的定向海流有如下两条:

其一是北太平洋海流。它位于北纬30°以北的西风带,长年向东流,流速是12海里。如果以北纬30°作为东西基准线,可以看到中国东南沿海的长江口和波利尼西亚群岛的夏威夷岛北端正好直对。而在夏威夷岛上出土有段石锛和与大汶口人特征类似的古人遗骨,似乎能够证明这条远古航线的存在。然而,两地航程在3600海里以上,顺水漂航需数月之久,且气候多变,海况恶劣,边架艇独木舟要屡经大风浪的考验,加之各种不确定因素,即使成功也一定是千难万难,代价惨痛。

其二是赤道逆流。它处于北纬3°~10°之间,也是长年向东流,在东经180°处与南赤道洋流相遇后分作两股:一股继续东流,另一股南下,又转向东流,再合于南太平洋的西风漂流。近代出土大量有段石锛的菲律宾棉兰老岛、苏拉威西岛和北婆罗洲北部的地理位置,正好在这条定向海流的必经之路上。这条远古航线似乎也可得到证明。但其穿越赤道后,海流流向不定,一样是极端凶险。

如果这样的推想确为事实或接近事实的话,我们的原始先民在航海知识极端匮乏、技术手段极端落后、航海工具极端简陋、续航能力极端薄弱的新石器时代,凭着勇敢无畏的探索精神和有去无回的赴死气概,终于征服了凶险万状的茫茫洋路,成就了人类航海史上最伟大的壮举。当然,另有人认为波利尼西亚人自古就定居于太平洋诸岛,才是传播与改进中国式有段石锛的主角,而中华先民只是承担了这场"太平洋大航海接力赛"的第一棒。即便如此,中华先民在中国东部和南部开放性海域上所进行的种种远航尝试,也足以成为世界航海史上的灿烂篇章。

第二节 夏、商、西周时期的船员角色固化

原始社会发展到父系氏族公社时期,随着生产力的发展,出现了剩余产品与社会分工,公有制逐渐走向解体,人类进入到阶级社会阶段。公元前21世纪,夏朝建立,继之以商朝和西周,共同构成我国历史上的上古三代。相对于原始社会来说,这是人类发展的一个巨大进步。广大国土的经略,社会财富的输纳,都对水运提出了更高的要求。

一、木板船与木帆船的操驾与船员角色固化

中国历史进入阶级社会,生产力发展水平的提高以及第二次社会大分工(即手工业从农业中分离出来)的出现,为造船技术的革命性进步提供了必要的物质保障、人力保障和技术保障。在这样的大背景下,至迟在商代,比桴筏和独木舟远为先进的木板船出现了。

(一)木板船的出现

诞生于原始社会的桴筏和独木舟,虽然为人类最初的水上航行活动提供了必要的工具,但其各自明显的缺点制约了航海活动的进一步发展。桴筏虽然稳定性较好,但其水密性和操纵性都较差;独木舟恰恰相反,虽然一定程度上解决了水密性和操纵性较差的问题,但稳定性又不好。此外,独木舟还要受到原株树木的局限,船体线形变化及空间范围较小,加之制作艰难费时,难以满足水上航运日益发展的需要。这些问题在航行实践中逐渐被发现后,人们又运用聪明才智开始了对航行工具的改造,将独木舟和桴筏分别改造为不同船底样式的木板船。独木舟演变为尖底或圆底木板船的过程大致是这样的:为了改善独木舟的稳定性,增大装载空间,人们开始在其四周加装木板。随着木板的不断加高,原本作为主体的独木舟实际上就成了船底板或龙骨。这时,费时费力的刳空工艺根本不需要了,一根原木树干即可取代独木舟成为木板船的底部结构,于是一艘尖底或圆底木板船就这样诞生了。桴筏演进为平底木板船的过程大致与此相类似,只不过先在桴筏上平铺木板,然后在其四周竖装木板,其底部木排形状决定其演变为平底木板船。

从商代起,中国历史开始有文字可考。殷墟甲骨文已经有"舟"的象形文字。从其字形分析,商代的船已经演进为木板船了。这种木板船左右对称、平底、方头、方尾、首尾略上翘,前后两端有甲板,并且有了横梁或横隔板结构。可以看出,商代的木板船已经形成了很成熟的形制,作为一种固定样式推广使用了。

(二)船员角色固化

由于木板船比桴筏和独木舟体积和载重量都大得多,操驾人员必然要大幅增加,操驾技术也要比桴筏和独木舟时代高超和复杂。据殷墟卜辞记载,殷人已经熟练掌握了划桨、撑篙、牵引等船舶驱动技术。甲骨文中的"盪"字,是"荡"字的古写,从字形上看像是一个人在荡舟;古饕餮鼎文的"盪"字,像一个人挑着贝币和货物立在船上,后一个人在荡桨。[①] 卜辞中的"枚舟"[②],郭沫若释为"盖犹言泛舟或操舟"[③],通俗地说就是撑篙,因"枚为木之幹,盖撑船以竿,即槔也"[④]。划桨和撑篙不仅能使船前进或后退,还可以实现转向。甲骨文的"般"字,从字形上看,像一个人持桨或篙使船转动,《说文解字注》释义为:"般,辟也,象舟之旋,從舟從殳,殳令舟旋者也"[⑤]。船只逆流而上需要牵引,卜辞中也有记载,如"乙亥卜,行,贞,王其纤舟于河,亡灾?"[⑥]船只顺流而下,殷人也已懂得借助水流之力,甲骨文中的"泛"字,即为二舟前后顺航之态。

而夏、商、西周时期频频进行的大规模远航活动,仅采用撑划与牵引的操驾方式还是获得不了足够的动力,因此必须寻求更有效能的动力来源,于是最古老的风帆与驶帆技术出现了。《物原》上载有"夏禹作舵,加以蓬、碇、帆、樯"的传说,《事物绀珠》上也有"禹效鲎制帆"之说,虽不可完全凭信,但其大致反映了船帆发明的过程——人们在自然实践中获得启发,逐渐学会利用面积较大的薄片状物采风作为动力的方法,并不断改进其材料和工艺,将其传之后世。殷墟甲骨卜辞中多次出现"凡"字,有关专家认为已有可以释义为"帆"了,比如"戊戌卜,方其凡"[⑦],又如"贞:凡,追"[⑧]。鉴于"在卜辞中又确有以'凡'为'帆'

[①] 席龙飞:《中国造船史》,湖北教育出版社,2000年,第28页。
[②] 《甲骨文合集》第11册,中国社会科学院历史研究所,1982年,第33690号。
[③] 郭沫若:《殷契粹编》,考释。东京文求堂,1937年。
[④] 温少峰、袁庭栋:《殷墟卜辞研究——科学技术篇》,四川省社会科学院出版社,1983年,第272页。
[⑤] 许慎撰、段玉裁注:《说文解字注》八篇下,六,上海古籍出版社,1981年,第1613页。
[⑥] 《甲骨文合集》第8册,中国社会科学院历史研究所,1981年,第24609号。
[⑦] 《甲骨文合集》第4册,中国社会科学院历史研究所,1979年,第8662号。可释读为:"戊戌卜问,要在船上张帆吗?"
[⑧] 《甲骨文合集》第7册,中国社会科学院历史研究所,1980年,第20575号。可释读为:"是否挂帆而追?"

者,故可知殷人行船已经用帆"①。

随着独木舟和桴筏演变为木板船甚或是木帆船,诸如划桨、撑篙、牵引、驶帆等操船技术越来越复杂,靠一个人或几个人分饰多角的原始操作方式越来越困难,每项技术都需要有专人负责,于是,船员角色逐渐固化。此外,在航海实践中,有关天文、水文和气象等与航海密切相关的经验和知识也在逐步累积和提高,相对于原始社会而言,船员的整体素质得到了极大提高。

二、夏、商、西周的航海活动

夏、商、西周时期,航行工具的变化,为航海活动开展提供了更多的便利。人们从捕鱼到征伐、迁徙、贸易,开始了较早的、成规模的海上交通活动。

(一) 夏代的航海族群——"东夷"

木板船与木帆船的诞生,以及航海知识的积累,大大推进了航海活动的发展,表现在航海区域更大、参与人员更多、组织性更强等方面,并出现了以航海为主要生存方式的滨海族群。夏时,少康"封于会稽",辖控东海,为后世越国国君之先祖。②少康传位子杼,子杼"征于东海",世居东海海滨的夷人纷纷出海逃避。"夷有九种"③,统称"九夷"或"东夷","巢山潜海"④而居,航海是他们固有的生存方式。后来,部分夷族臣服于夏。帝芒时,曾"命九夷,狩于海,获大鱼"⑤,可见其航海能力之强,已经可以组织较大规模的出海捕鱼活动。"东夷"之属的殷人,本居住在今东北西南部和河北省东北部,为扩大生存空间,越渤海南下,到达山东半岛,再进入豫、陕,已有能力进行横渡海峡的航行。甚至,夏代可能还依靠夷人开始了海外经略和航行。《诗经·商颂》载:"相土烈烈,海外有截。"相土为商汤的十一代祖,据有关专家推测,其统治区域可能跨山东半岛、辽东半岛和朝鲜半岛,靠海上航线进行有效治理。

(二) 商代的国家航运与夷人的航海活动

商朝建立后,统治者将航运作为立国大计之一。甲骨文中有关涉渡之辞颇多,如"王其涉河"⑥"涉羌于河"⑦"涉师"⑧等,不胜枚举。涉渡多用舟楫,卜辞中舟楫之用亦颇为常见,如"寻舟"⑨"出舟"⑩"乍王舟"⑪"省舟"⑫"析舟"⑬等,不一而足。商代水运利用广泛,包括征伐、迁徙、贸易等。商前期曾屡次迁都,舟船作为主要交通运输工具发挥了重要的作用,盘庚迁殷时就动用了大量舟船。

商代东海夷人的航海活动依旧活跃。帝乙、帝辛屡次"征人方"⑭。帝辛杀夷族首领"方伯",俘虏大量夷人作为奴隶,于是"东夷叛之"⑮。至于东夷叛逃入海后何以为生,殷墟出土的大量产于南海、东海和

---

① 温少峰、袁庭栋:《殷墟卜辞研究——科学技术篇》,四川省社会科学院出版社,1983 年,第 274 页。
② 《史记·越王勾践世家》。
③ 《后汉书·东夷传》。
④ 同上。
⑤ 《竹书纪年》卷上,帝芒。
⑥ 《甲骨文合集》第 3 册,中国社科院历史研究所,1929 年,第 5225 号。
⑦ 《甲骨文合集》第 1 册,中国社科院历史研究所,1982 年,第 536 号。
⑧ 《甲骨文合集》第 3 册,中国社科院历史研究所,1979 年,第 5812 号。
⑨ 《甲骨文合集》第 8 册,中国社科院历史研究所,1981 年,24609 号。
⑩ 《小屯南地甲骨》,中华书局,1983 年,第 4547 号。
⑪ 《甲骨文合集》第 5 册,中国社科院历史研究所,1979 年,第 13758 号。
⑫ 许进雄:《怀特氏等藏甲骨文集》,加拿大安大略皇家博物馆,1979 年,第 1456 号。
⑬ 《甲骨文合集》第 8 册,中国社科院历史研究所,1981 年,第 32834 号。
⑭ 《吕氏春秋》卷五,古乐。
⑮ 同上。

南洋一带的鲸鱼、贝类、大龟等海洋生物遗体或许能给出部分答案。它表明沿海居民已经开始与海外地区进行贸易。商代最令人兴奋的话题是航渡美洲说。

(三) 西周航运的发展与夷人航海习俗的形成

西周时期,水上交通随着生产力的提高而进一步发展。据《诗经》《尔雅》等古籍记载,舟船和水上交通已经渗透到统治者生活的各个方面。周文王出行,有庞大的船队,"淠彼泾舟,烝徒楫之,文王于迈,六师及之"①;文王结婚时"亲迎于渭,造舟为梁,丕显其光"②。舟船使用形成了严格的等级制度,"天子造舟,诸侯维舟,大夫方舟,士特舟,庶人乘泭"③。

周族崛起于黄土高原,本为内陆族群,建立王朝后积极向东南沿海发展。早在殷商统治时期,周太王长子太伯与次子仲雍自愿让位于三子季历,"乃奔荆蛮,文身断发,自号句吴"④。据《淮南子·原道训》,"九嶷之南,陆事寡而水事众,于是民人被发文身,以像鳞虫"。可见,"断发(被发)文身",是一种航海族群的图腾崇拜。越人逐渐形成"水行而山处,以舟为车,以楫为马,往若飘风,去则难从"⑤的航海习俗。同时,东部海滨其他的航海族群也积极开展海上航行活动。周初,周公东征平定管叔、蔡叔和武庚的叛乱,攻灭"熊盈族十有七国",夷人纷纷出海避祸。而据《周书》记载,"周成王时,于越献舟"。由此推断,其时东海至黄海沿岸部分航路已经开辟。而据后世文献记载,周成王时海外的"越裳氏"和"倭人"都曾在成王时来贡。若所载属实,则说明周初中原王朝与南方的"越裳"和东方的"倭国"之间的海上交通或已开通。

三、"殷人航渡美洲"说

关于夏、商、西周航海,有一个十分令人感兴趣的话题,即"殷人航渡美洲说"。其在中国航海史上最具传奇色彩,也最扑朔迷离,至今众说纷纭,莫衷一是。

(一) "殷人航渡美洲说"源起

关于远古时代中国人可能穿越太平洋到达美洲的讨论,早在两个多世纪前就开始了。1761年,"中国人最早发现美洲"的假说由一位法国汉学家最先提出。此后的200多年间,该假说引起了一些学者的浓郁兴趣,在中国从国学大师章太炎到著名学者朱谦之、邓拓等亦皆顺应之。

由于缺乏文字记载,这一假说的提出可谓捕"风"捉"影"——即以民间风俗和考古文物为主要依据。据国外学者从考古学、民俗学、文字学等方面的研究发现,在美洲(特别是墨西哥)有不少与中国商代风格酷似的墓碑、雕塑、石刀、壁画、建筑、文字、图腾、铜器、陶片、纹饰以及风俗习惯等。因而,一些欧美学者认为,以墨西哥为代表的美洲远古文化发端于古老的华夏文明。如委内瑞拉学者维亚弗兰卡认为,美洲前奥尔梅克文化是公元前1400年左右的商朝一批移民从黄河流域东徙,渡过太平洋在中美洲登陆后,将高度发展的文化在美洲传播的结果。至于中国商代的文化是如何传到美洲去的,学者们展开了想象:周灭商后,又几次以武力平定殷族复叛。3000多年前的某一天,一批惊慌失措的战败者逃到东部海滨,在后有追兵不舍、前方大海阻隔的绝境下,抱着绝望而又有一丝侥幸的心理,桴泛出海,随波逐流而去。绝大部分逃亡者被波涛凶险的大海吞噬,而一小部分幸运者漂泊到了美洲大陆。至于渡航美洲的海上航路,则设想为:由山东半岛南下或漂至台湾,再偶趁黑潮海流,北经琉球,沿日本列岛之东北,沿西风漂流,

---

① 《诗经·大雅·棫朴》。
② 《诗经·大雅·大明》。
③ 《尔雅·释水》。
④ 《史记·吴太伯世家》。
⑤ 《越绝书》卷八,越绝外传记地传第十。

过阿留申群岛,横渡太平洋北域至北美洲,然后再趁加利福尼亚海流至墨西哥。

假如果真如此,"殷人航渡美洲"不仅是中国航海史上的一次壮举,也将极大地改写世界航海史——发现美洲新大陆的将不是哥伦布而是中国人,而且时间早了2000多年。

(二)"新证"再掀热潮

经过200多年的争论,就在"中国人发现美洲"假说的热度逐渐消退时,20世纪70年代从太平洋彼岸传来信息,发现了中国先民可能横渡至美洲的"新物证"——两个表面附有2—3毫米锰矿堆积层的石锚。这个"新物证"的浮出水面,使中国古人航达美洲的讨论掀起又一轮高潮。

这两个石锚是1976年美国地质调查局的一支打捞船队在加利福尼亚南部的帕洛斯·维德斯半岛的浅海里发现的,一个是两件圆柱形和一件正三角形的人工石制品,另一个是一块中间有孔大而圆的石头,其上有层薄薄的锰矿外衣。美国圣地亚哥大学考古学家詹姆斯·莫里亚蒂和其同事皮尔逊考证后认为:"毫无疑问,这是一个来自亚洲的早期船碇"。其一,它约有两三千年历史——根据锰积聚率每千年一毫米计算;其二,北美太平洋沿岸从未发现过这类人工石制品;其三,在亚洲有此类石制品用作船锚的考古记载——李约瑟①在其著作中谈到,公元6世纪时中国人曾将农用和压路用的石磙移作船锚。

此后不久,部分中国和美国学者对石锚的岩样质地进行测定,认为石锚岩质不存在于北美太平洋沿岸,而同南中国海岸地区所产的灰岩一样。由此,莫里亚蒂和皮尔逊做出结论:在加利福尼亚南部先后发现的大石头是中国古代航海船只遗留下来的石锚和附具。

有关"石锚"的新闻传入国内后,中国学术界积极响应。以原交通部水运科学研究所中国航运史资深研究专家房仲甫先生为代表的一批专家、学者纷纷撰文,力证"殷人航渡美洲"说。

(三)学术界不同观点的争论

虽有石锚这个"重量级"的佐证以及重量级人物的力挺,但是关于殷人渡美的说法还是遭到了各方质疑。在美洲,此说遭到了某些学者釜底抽薪式的挑战。据美国加利福尼亚大学航海史教授弗罗斯特说,在帕洛斯·维德斯半岛附近海域12—20英尺深处水域发现一些带孔的石锚,"几乎肯定是蒙特里的页岩,这是加利福尼亚南部最常见的海岸岩层之一"。他还指出,丢下这些石锚的人是19世纪不断涌到加利福尼亚的来自珠江三角洲有捕鱼经验的华工。另一位加州大学人类学家阿门特奥特·马通过研究华人创始的加州渔业史及走访一些老年人后说,这些华人渔民在20世纪头几十年里还在使用这些石锚。

在国内,对"假说"及"新证"驳斥最为有力的是史学家罗荣渠教授。首先他通过对地理、物产、社会组织和风俗、宗教以及考古学和人类学材料等方方面面的研究,指出"扬帆美洲三千年"是"一种并无实现可能的航海可能论"。接着,他又推翻了"假说"的一个关键论证——"锰积率的快慢与石器在水下周围环境有密切关系",认识据此不能推断这些石锚沉海的时间。罗教授进一步指出,"在古代美洲文明中,的确可以找到与亚洲文明有某些相似和巧合的东西。但必须看到有更多不同的东西,这些不同带有本质性,是旧大陆文明所根本没有的。因此全面地看问题,古代美洲文明只能是土生土长的印第安人长期辛勤劳动的独立创造物,绝不可能是外来的。对某些相似与巧合的东西也要研究,具体地分析哪些是不谋而合的创造,哪些是间接渗透的影响,哪些是直接接触的产物,绝不能本末倒置,主次颠倒。"

由此看来,关于殷人航渡美洲之真相,似乎是一个永远的谜题,莫须有?或许有?它正隐藏在历史深处的某个角落,穿越三千年的遥远时光,透射出一种摄人心魄的神秘力量,不断地吸引我们去探寻远古大

---

① 李约瑟(Joseph Terence Montgomery Needham),1900年12月9日至1995年3月24日,英国近代生物化学家和科学技术史专家,著有《中国的科学与文明》,即《中国科学技术史》。

洋中那若隐若现的漂泊帆影。

第三节 春秋战国时期船员职务的形成

春秋战国时期,随着社会生产力的发展以及造船水平的提高,我国古代的航海事业逐渐形成,出现了依海做强的海上强国和大规模的海上运输,远洋探险及贸易活动也比前代更为频繁。船员在角色固化的基础上逐渐有了职务分工,船员技术职务名称开始出现。

一、大型船舶的操驾与技术职务分工

春秋战国时期造船水平获得了极大地提高,表现在以下几点:一是造船规模扩大,数量激增;二是船舶类型各异,用途不一;三是工艺先进,结构坚固;四是载重量增加,船体趋于大型化。

船舶数量的增加,需要大批操驾人员。这一时期,地处长江中下游的吴国和东南沿海的越国设置了专门的造船工场——船宫,表明船舶制造与驾驶开始角色分离。越称造船工匠为"木客",称操船者为"船卒",出现了专事船舶驾驶的人员。而船舶种类的多样化和船体的大型化,使操驾技术更趋复杂,协作要求更高,分工更细。

据《太平御览》引《越绝书》载,春秋时期吴国的战船有"三翼",其"大翼一艘,广丈六尺,长十二丈",可"容战士二十六人,棹五十人,舳舻三人,操长钩矛斧者四,吏、仆、射、长各一人,凡九十一人"①。"棹"为桨手,"舳舻"为船首尾的驾驶人员,"操长钩矛斧者"负责控制与他船的距离。这样算来,在一艘以作战为目的的"大翼"战船上,专门负责操驾的士卒就有 57 人,几近全船人员的 2/3。"大翼"战船应该是这样在水上行进的:船首船尾 3 人负责指挥,以控制航向和航速;50 个桨手分列船侧奋力划桨,为战船提供推进力;首、尾、两侧各一人持长钩、矛、斧等,根据需要在两船距离过近或过远时用钩、推等手段进行控制。在复杂的水文状况下和激烈的水战中,这几十人必须协调一致才能使如此大型船舶正常行进,对操驾技术要求很高。吴国还有一种战船名曰"艅艎",作为旗舰专供吴王乘坐,体势更加硕大,操驾更为繁难,"棹手"与"舳舻"等分工也更为细致。"棹手"与"舳舻"为我国古代船员技术职务名称最早的明确描述,表明当时的船员已有明确的技术分工。

这一时期,由于船型及结构等不同,操船技术也呈现出不同的特点。1935 年出土于河南汲县(今卫辉市)山彪镇的战国水陆攻战纹铜鉴,雕绘有清晰的水战画面。两艘战船相对,战士在甲板上互相厮杀,划桨手在甲板下的船舱内划桨。值得注意的是,划桨手皆采用立姿,以更好地发挥划桨手的体力,特别是腰部的力量。而且,划桨手划桨时均面向船舶前进的方向,表明中国划桨的传统方式至此已经定型。

二、航海知识的奠基与总结

春秋战国时期,由于大规模航海活动的频繁进行,需要大量富有经验和航海知识的船舶操驾人员。正是在这一时期,中国古代航海地理、海洋气象、水文以及天文导航等航海知识基础初步奠定,船员素质得到质的提高。

春秋战国时期,随着航海区域向远洋不断延伸,人们的地理视野不断扩大,逐渐改变以海为世界边际的狭隘认识,开始把目光投向海外,积累了最初的航海地理知识。这一时期问世的《山海经》《穆天子传》《尚书·禹贡》,以及《周礼·职方氏》等文献关于海陆地理的描写与阐述,表明当时的人们已经懂得"海中有陆"和"百川归海"的道理,并且开始了对近陆水域的划区和命名,比如今天的渤海称为"北海",今天

---

① 《太平御览》卷三一五,兵部四十六。

的黄海称为"东海",今天的东海称为"南海"。这些海陆认识为后来的海洋航行提供了重要的理论依据。

在海洋气象知识方面,这一时期也获得了重大进展。在商代已知东西南北四方风基础上,春秋战国时期又产生了八方风和十二方风的概念,并掌握了"风顺时而行"①的规律。由此推测,此时的航海者或许已经能利用风向恒定的季风进行长距离航海了。同时,气象预测也比前代大有进展。据《周礼》称,当时已有专管气象观测与预报的官员,"以观妖祥,辨吉凶"。《诗经》中有多处关于气象的描述,比如"七月流火,九月授衣"②"习习谷风,以阴以雨"③等。特别是将气象与天文联系起来的,如"月之从风,则以风雨"④"月离于毕,俾滂沱矣"⑤之类,对于海上预测尤为重要。"从该时期丰富的气象资料来分析,当时的海洋预测必定存在,至少是存在于船员的'口授心传'之中,否则,相当频繁的航海活动是难以正常进行的。"⑥

经过频繁的航海实践,春秋战国时期的航海者对海洋水文也有所认识。了解顺流和逆流,潮汐或高或低,航行难易程度适航情况等,对于海上航行不可或缺。同时,天文学也有了长足的进步。各诸侯国都很重视天文观测与研究,出现了石申、甘德等代表性人物,尤其对恒星与行星观测的定量化为航海天文定向与定位技术打下了坚实的基础。对于夜间航行定向价值最大的北极星,此时已经有了明确和较为科学的记载。《周髀算经》对北极星的运行轨迹做了准确的描述,反映了春秋战国时期对北极星的观测与辨认已经相当精确。《考工记》说的更加明确:"夜考之极星,以正朝夕。"值得注意的是,这一时期已能观测天体高度,相关技术很有可能已应用于航海天文定位中。

三、春秋战国时期的航海活动

随着船舶的大型化和航海知识的积累,船舶操驾人员——船员在航海中发挥着越来越重要的作用。

(一)各国"舟师"的海上争霸

春秋战国时期,诸侯割据,攻伐不绝,并且从陆地延伸到海上,甚至出现了齐、吴、越等几个"依海做强"的航海大国。海上争霸成为该时期航海活动的主要特征之一。公元前549年,"楚子为舟师以伐吴"⑦,"舟师"作为独立兵种自此而始。"惟三国(指齐、吴、越)边于海,而用其兵相战伐,率用舟师蹈不测之险,攻人不备,入人要害,前此三代未尝有也"⑧。公元前506年,吴军溯淮伐楚,五战皆捷。公元前505年,东夷人攻吴国,吴王阖闾出兵讨伐,"夷不敢敌,收军入海"⑨。公元前494年,吴王夫差率水师击败越国,囚越王勾践。前485年,吴王夫差北上争霸,派大夫徐承帅舟师"自海入齐",齐国以舰队接战,"齐军败之,吴师乃还"⑩。此为我国历史上第一次大规模海战。越国本为航海强国,"楼船之卒三千人"⑪。"习流二千"⑫。被吴国打败后,越王勾践"卧薪尝胆",十年崛起,公元前482年败吴舟师于淮水,取代夫差成为新的霸主。

---

①《太平御览》卷十,天部十。
②《诗经·豳风·七月》。
③《诗经·邶风·谷风》。
④《诗经·洪范》。
⑤《诗经·小雅·渐渐之石》。
⑥孙光圻:《中国古代航海史》,海洋出版社,2005年,第85页。
⑦《春秋左传·襄公二十四年》。
⑧顾栋高:《春秋大事表》卷八下。
⑨民国《太仓州志》卷十四,兵防,纪兵。
⑩《春秋左传·哀公十年》。
⑪《吴越春秋》卷十,勾践伐吴外传。
⑫《史记·越世家》。

各国海上交锋的场景,在1965年成都百花潭出土的镶嵌宴乐水陆攻战纹壶、北京故宫博物院藏宴乐渔猎攻战纹壶及河南汲县出土的水陆攻战铜鉴上描绘的非常生动:两层甲板的战船上,上层士兵挽弓操戈激战正酣,下层桨手奋力划桨全速冲撞。古代海战场面有如重现。

越国依靠强大的水师击败吴国称霸后,并未满足把势力范围仅局限于东南一隅,而是利用强大的航海能力向北推进。公元前473年,勾践挥师北进至徐(今山东省滕州),陈兵江淮,大会齐、晋等诸侯,于琅琊(今山东省胶南市)"起观台,周七里以望东海",并将都城从会稽迁到琅琊。至公元前379年,五世越王翳在位,越人以山东半岛为中心,以航海实力为依托,辛苦经营将近一百年。其时已值战国,各国先后变法图强,而越国国力却日渐衰落,终至无法立足,只得再次浮海南下,迁都于越故地。

不论是当初以胜利者的姿态挥师北上,还是后来不得已而浮海南下,越国两次迁都,航海规模之盛都是前无古人的壮举。仅第一次迁都时,"死士八千人,戈船三百艘",并使"二千八百人伐松柏为桴"①。其人员之多,舟船之众,物资之巨,军容之壮可以想见。

(二) 内河航运与"鄂君启舟节"

战国时期,内河航运也有所发展。秦国大将司马错攻打楚国时,动用"大船舶万艘",通过长江上游天然水道运输"巴蜀众十万"和"米六百万斛"②。而在楚国,民间水运贸易相当发达。前323年楚怀王曾赐给鄂地(今湖北鄂城)封君启的通关符节——鄂君启金节,作为水陆通关免税凭证。其中的"舟节",对水运贸易作出了若干规定,反映了政府对水上航运业已经进行有效管理。

鄂君舟启节由青铜制成,形似剖开的竹节,上有错金篆书铭文,记述水路由鄂至楚郢都所经过的城邑。其铭文反映了楚国严厉的关卡税制,对船舶数量、行程期限、所经城邑、运载物类等方面都有详细规定。

舟节有铭文165字,规定使用船只的限额是150艘,以3艘为一组,编队以行,自鄂出发,一年往返一次。航区涉及今汉水、长江、湘江、资水、沅水、澧水等。凭此节通过各处关卡可以免税,否则必须纳税,但如载运马、牛、羊入关则不可以完全免税。

鄂君启舟节作为水路通关免税凭证,反映了水运在国民经济中的重要作用,同时也反映船员在国家经济中的作用。150艘船组成的内河船队,以一船配备10名船员计,船员数量达到1500人之巨。而这还只是一个内陆诸侯国的一个封君的私人贸易船队的规模。

(三) 越人海外经略与台海航路的开辟

春秋时期的越人,开始有计划、有组织地主动进行海外经略,甚或对台湾施行行政管理。《越绝书》至少有4处关于"外越"的记载:"勾践徙治山北,引属东海内外越"③;"娄门外力士者,阖闾所造以备外越"④;"娄北武城,阖闾所以候外越也"⑤;秦始皇三十七年(公元前210年),"徙天下有罪谪吏民置海南故大越地,以备东海外越,乃更名大越曰山阴"。⑥

梳理这4处记载,可以得到以下两个结论:其一,所谓"东海外越",顾名思义当地处东海之中;其二,"外越"乃越国属地,和吴国与后来的秦王朝都是敌对关系。根据史实,春秋时吴越争霸贯穿始终,吴国

---

①《越绝书》卷八,越绝外传记地传第十。
②《华阳国志》卷三,蜀志。
③《越绝书》卷八,越绝外传记地传第十。
④《越绝书》卷二,越绝外传记吴地传第三。
⑤同上。
⑥《越绝书》卷八,越绝外传记地传第十。

自然要防备越国的海外大后方——"外越"来袭。后来"秦始皇并楚,百越叛去",战败的越人自然是逃到海外越地,即"外越"。据此产生一个大胆而合理的推论:"外越"或即台湾。

从地理条件来看,台湾海峡平均宽约 190 千米,最狭处仅 135 千米,附近海域还分布着澎湖列岛、钓鱼岛、赤尾屿等 100 多个岛屿,适为两岸海上交通的补给站和中途靠泊处。擅长航海的越人完全有能力把台湾岛、澎湖列岛等地变为海外属地。《太平御览》引三国时吴人沈莹《临海水土志》为《越绝书》的有关记载做了有力的佐证,其书载"夷州在临海东,去郡二千里,土地无雪霜,草木不死,四面是山,众山夷所居。山顶有越王射的,正白,乃是石也","人皆髡头","呼民人为弥麟"①。据史学家蒙文通考订,夷州即台湾,"越王射石"即其地曾为越王统治之象征,"人皆髡头"即越人"断发"之俗,"弥麟"即"闽"音之缓读。② 苟如所论,则《越绝书》中的有关记载已经明确透露了一个历史玄机:早在 2500 年前左右,生活在现今福建省境内的越人已经驾舟船频繁往来于台湾海峡了。

(四) 中日、中朝航路的开辟与海外移民

春秋战国,学术活跃,思想自由,百家争鸣。其时,盛传东海之中有"三神山",对于一些沿海居民有着极大的诱惑力,于是民间开始了频繁的寻找"三神山"航海活动。东部海域的远洋航行在这样背景下的得以展开,客观上促成了中朝、中日航路的开辟。

从考古发现分析,新石器时代晚期,由我国黄、渤海沿岸去朝鲜半岛的海上航行就已经开始了。周灭商,封箕子于朝鲜,为第一次较大规模的渡海移民。约成书于战国时期的《山海经》已经能够准确描述朝鲜的位置了:"东海之内,北海之隅,有国名曰朝鲜"③。这里的"东海"指日本海,"北海"指今"黄海"。以当时的航海能力,海船沿庙岛群岛与辽东半岛不难航达朝鲜北部海域。而在朝鲜半岛南部已多次发现具有中国战国特色的文物,说明中国航海者已经到达朝鲜南部地区了。以朝鲜半岛南岸和东南岸为中介,跨越朝鲜海峡即是日本列岛。根据考古结果,日本多地发现战国时期的中国铜剑、铜铎、钱币等,表明那时确有不少中国人抵达日本列岛,并定居繁衍。

从航海技术以及中国古代文化在日本列岛传播态势考虑,中国人从朝鲜半岛的渡日航路应该有如下两条:其一,从朝鲜半岛南岸至日本本州岛西岸的日本海左旋海流航路。这条航路循对马暖流和间宫寒流在日本海南部交汇而形成的单向左旋海流,自然漂流,省力方便,对于掌握高超驾船技术和航海知识的春秋战国船员难度不大。其二,从朝鲜半岛南部经对马、远瀛、中瀛横渡朝鲜海峡到达筑前(今北九州宗像)的航路,《日本书记》称之为"海北道中"或"道中"航路。这条航路距离短,但要横渡对马海流,对航海技术要求较高。考虑到春秋战国时期船员的航海能力,中日间当以此航路为主。

(五) 越人的海外贸易活动

春秋战国时期,越人航海不仅表现在军事上,在海外贸易方面也堪称典范。周隐王三年(前 313 年)"四月,越王使公师隅,来献舟三百、箭五百万及犀角、象齿"④。这中间的一些产地特征明显的贡品无疑来源于南洋诸地区,也只能靠航海贸易获得。越国被楚灭后,"越以此散,诸族子争立,或为王,或为君,滨于江南海上"⑤。这部分越人散居海上,依海图存,航海贸易成为必要的生存手段。秦始皇统一六国后,

---

① 《太平御览》卷七八〇,四夷部一。
② 蒙文通:《越史丛考》,人民出版社,1983 年,第 102 页。
③ 《山海经·海经·海内经》。
④ 《竹书纪年》卷下,隐王。
⑤ 《史记·越王勾践世家》。

兴兵征伐百越,目的之一就是"利越之犀角、象齿、翡翠、珠玑"①。位于珠江口的番禺是越人出海贸易的主要港口。《史记·货殖列传》载,"番禺亦其一都会也,珠玑、犀、玳瑁、果布之凑"。越人航船往来穿梭于南海海上甚或南洋各地的繁忙景象由此不难想象。

从世界古代航海史考察,地中海腓尼基人、北欧维京人、太平洋波利尼西亚人以及阿拉伯人先后各领风骚,表现了高超的航海能力,创造了辉煌的航海业绩。而我国春秋战国时期的越人也毫不逊色,以天生的航海家气质,一往无前的探索精神,在万顷波涛上书写了光辉灿烂的篇章,足以跻身最优秀的世界古老航海民族之林。

第四节 秦汉时期船员职务分工的明确

秦汉时期,中国的中央集权制度开始形成,社会生产力获得进一步解放,航海事业也得到了蓬勃的发展,沿海航线畅通无阻,远洋航线也已开辟,"海上丝绸之路"就开始于这个时代。随着造船技术和航海技术的重大突破,船员职业也得以发展,人数大幅增加,职务分工进一步明确。

一、航海技术的发展与船员素质的提高

秦汉时期航海事业的大发展,特别是远洋航线的开辟,"必然对航海新技术的应用提出了时代的新需求"②。而航海新知识与技术在船员中间的应用和普及,也为远洋航行提供了必要条件。

(一) 天文导航书籍的出现

秦汉时期的航海技术发展,首先体现在天文导航术的明显进步。《汉书·艺文志》所列载的汉代海上导航占星书籍有《海中星占验》12卷、《海中五星经杂事》22卷、《海中五星顺逆》28卷、《海中二十八宿国分》28卷、《海中二十八宿臣分》28卷、《海中日月慧虹杂占》18卷、总计多达136卷。虽然这些占星导航书籍久已散佚,但窥其名便可知其大略,很可能是当时的海员在航海实践中的天文手册。这些书籍的作者,无疑是当时具有一定数理学和天文学知识的航海精英人物。他们把天文知识、航海知识结合起来,撰成工具书,供广大航海者使用。从这些仅存的书名推测,当时航海家的航海天文知识和航海气象知识已经达到很高的水平,能够熟练利用各种星体进行定向导航了。

(二) 季风航海术的应用

汉代驶帆技术广泛应用于远洋航行,进而懂得利用随季节而变化的季风作为取之不尽用之不竭的动力。季风应季而至,风向亦应季而变,但又很恒定,对航海极为有利。西汉元鼎五年(公元前112年)和六年(公元前111年)武帝两次派兵远征闽粤,以及著名的汉使远航印度洋纪程,据专家考证就是利用季风航海很明显的例子。"可以确信,至迟至西汉时期,中国人对西太平洋及北印度洋上的季风规律已有所掌握,并将之应用于航海活动了。"③季风又被称为信风或舶棹风,到东汉年间已见诸文献记载。应劭在《风俗通义》中说"五月有落梅风,江淮以为信风"。后崔实在《农家谚》中直接称之为"舶棹风",即为驱动船舶的定期横向风。这种简易、直接名称的出现,从一个侧面反映了季风航海术在当时普遍应用的事实。

---

① 《淮南子》卷十八,人间训。
② 孙光圻:《中国古代航海史》,海洋出版社,2005年,第133页。
③ 孙光圻:《中国古代航海史》,海洋出版社,2005年,第135页。

(三)地文航海术的进一步提高

秦汉时期虽然开辟了远洋航线,但还是以近海沿岸航行为主,地文导航和陆标定位居于最重要的地位。据文献记载,汉代的地文导航术比前代有了显著的进步。首先是基于对航路的反复熟悉开始对航程与航期进行初步估算,如著名的汉使纪程就是以"月"和"日"为计程单位。其次是对海洋地理地貌有了新的认识。如东汉杨孚在《异物志》中说,"涨海(即南海)崎头,水浅而多磁石,徼外人乘大舶,皆以铁叶锢之,至此关,以磁石不得过"。这里的"涨海"和"磁石",准确地描述了南海的海洋地貌。可以说,地文导航术是当时所有船员必备的技能。

此外,秦汉时期(特别是东汉),人们对潮汐的认识有了突破。了解必要的潮汐涨落规律,既可以避免退潮时造成搁浅或触礁,又可以借助海潮进出港湾或快速航行。对潮汐规律的掌握是水文导航术的重要内容之一,使船员的行船技能进一步得到完善。

二、船员分工愈加明确

秦汉时期,由于航海事业大发展的需要,造船业空前兴盛,出现了很多造船中心,造船水平明显提高。汉武帝时,"治楼船,高十余丈,旗帜加其上,甚壮"①。另有记载,武帝"作豫章大船,可载万人,船上起宫室"②。虽不足完全凭信,但也足见汉船体势之大。这样的大船,需要众多的船员一起操驾才能行进。汉船的另一个特点是操纵与推进设备齐备,操纵方法更加复杂,因而船员分工进一步明确。

(一)划桨

桨是最原始、最古老的船舶推进设备,随着船舶形制的发展而变化,形态也不断改进和变化。最早的桨为短桨,即"楫"。由于短桨入水较浅,难以产生足够的推进力,人们就不断地将之加长加宽,使短桨变为长桨,而划桨的姿势也由坐姿变成站姿。由于长桨较短桨重,提在手里不方便,于是又在船舷设置了桨柄孔或支架作为支撑点,使长桨具备了杠杆的性质,划动时更加省力且高效。长桨可以推进大型船只,在秦汉时期应用十分普遍,从出土的西汉船模可以看得很清楚。在出土江陵西汉船模的墓葬中,还发现了一些竹简,其中一片上有"大舟皆□二十三桨"的字句。一艘船桨手就20余人,可见当时船员需求之盛。

(二)摇橹

橹是汉代船舶推进工具中的一项重大发明,比桨具有更高的效率。橹可以连续工作,避免了桨出水所做的虚功。东汉刘熙在《释名》中说:"在旁曰橹。橹,膂也。用膂力然后舟行。"③橹和长桨都须有一个支点,但使用上却不同。用桨时要"划",用橹却要"摇"。这是因为两者的力学原理不同,操作手法大相径庭,所谓"纵曰橹,横曰棹"。摇橹比划桨提高功效的同时,还能控制船舶航向。从文献记载可以推断,橹在秦汉以前就已出现,至汉代摇橹更是成为一种成熟且普遍运用的驾船术。

(三)驶帆

中国最古老的风帆始于殷商时期,经过春秋战国时期的发展演进,到秦汉时期已经十分成熟了。可以想见,秦皇汉武的海上巡游,徐福东渡日本以及海上丝绸之路的开辟,如果不利用风帆获取巨大的自然

---

① 《史记·平准书》。
② 《太平御览》卷七百六十九,舟部二。
③ 《释名》卷七,释船。

界动力是不可能完成的。《释名》对"帆"做了定义:"帆,泛也。随风张幔曰帆,使舟疾,泛泛然也。"①有学者明确指出:"最晚从汉代起,在中国就有相当成熟的驶帆技术,从而使中国的帆船能够跨越海洋,领先于全世界。"②风帆操纵技术复杂,需要专人负责。

(四)操舵

舵是控制和操纵航向的属具。在小船阶段,划桨手可以同时较为轻易地控制航向。但发展到多桨的大船阶段,众多桨手兼顾控制方向需协调完成,促使船舶推进和掌握航向出现分工,尤其是位于船尾专事操纵航向的桨手。长沙、广州和湖北江陵出土的3艘汉代船模,船尾都设有一名桨手,其作用就是控制和操纵船的航向。这种设于船尾用以控制航向的桨通常称为操纵桨。操纵桨不断演化,增加桨叶的面积便于控制航向,又逐渐产生了船尾舵。《释名》中对舵的位置和作用做了明确的说明:"其尾曰柂。柂,拖也,在后见拖曳也。且言弼正船使顺流不使他戾也。"③舵手职责重大,往往在舟师的指示下工作。

(五)用锚

船有行即有止,止则需用锚具。最早的锚为石锚,称为矴,以藤索之类绑缚石块,利用石块重量驻泊船只。秦汉时期,原始的石锚有所改进,木石锚在航海实践中逐渐产生。这种新型锚具以石块为锚体,缚以木棍为爪,入水后石块加速锚具沉底,木爪抓牢海底,能更好地稳住船舶。1976年广西贵县罗泊湾一号汉墓出土两件铜鼓,其中大鼓上有一船图纹饰,船下即有一长柄物体,头部菱形,首柄结合处有4根短棍状物并列两侧,向外张开,据专家考证为西汉初年的木石锚④(见图1-3)。此外,广州东汉陶船模船头下悬挂的也是木石锚,只是形制有所不同。这种木石锚在后世长期应用,直至明清。下锚与起锚技术要求较高,也是这一时期船员必须掌握的船艺。

图1-3 铜鼓船纹(广西贵县出土)

三、秦汉时期的航海活动

(一)国家航海中船员的贡献

1.漕运肇始与专职漕运船员的出现

嬴政扫灭六国,建立了我国历史上第一个统一的中央集权王朝——秦朝。秦帝国疆域辽阔,为保障军事和经济的需要,漕运作为我国古代一种重要的运输方式和经济制度自此开端。秦前期的漕粮大都来

---

① 《释名》卷七,释船。
② 席龙飞:《中国造船史》,湖北教育出版社,2000年,第90页。
③ 《释名》卷七,释船。
④ 王冠倬:《从矴到锚》,《船史研究》,1985年第1期。

自巴蜀和关中地区，采取水运和陆运相结合的方式，称为"飞刍挽粟"。秦后期，河南粮食转运至陕西。公元前214年，为开拓岭南，秦始皇命史禄自零陵（今湖南零陵）凿渠至桂林（今广西桂林），史称"灵渠"。灵渠的凿成，沟通了珠江水系和长江水系，方便了中原地区与岭南地区的交通运输，对有效管辖南方地区以及开发南海航运与贸易起到了重大作用。汉代对漕运更加依赖。楚汉战争之际，关中粮仓为刘邦集团所拥有，萧何源源不断地将粮食转输至荥阳前线，保证了军需供应。而包括今河南、山东两省，以及山西、河北南部的关东地区生产的粮食在国家经济上占有极其重要的位置，每年向京师提供的粮食公元前200年左右为几十万石，到汉武帝元丰元年（前110年）增加到600万石。① 因此，自武帝始就非常重视漕河水利的兴修。到两汉交替之际，河内地区（今河南省黄河以北地）成为重要谷仓，刘秀对河内太守寇恂说："河内完富，吾将因是而起。昔高祖留萧何镇关中，吾今委公以河内，坚守转运，给足军粮……"②

随着漕运的肇兴，一个专职粮运船员群体产生了，后世称之为"漕卒""运丁"等。他们在内河上对国家物资的及时转输与国家经济的正常运转起到了巨大的作用。

2.贯通沿海航路

秦始皇在位的12年间，为宣扬功德和显示武力，先后5次江海巡游，视察了芝罘、琅琊等北方重要港口，表现出发展航海事业的强烈愿望。西汉代秦后，随着国力的日益强盛，秦始皇发展航海事业的愿望变为现实。特别是汉武帝时期，航海事业得到全面迅速地发展。武帝曾7次巡游海疆并多次亲自出海航行，客观上对宣扬国威、推动航海事业的发展产生了积极的作用。

武帝时期，水师已初具规模，并有定制，出现了楼船将军、横海将军、戈船将军、伏波将军以及楼船卒、黄头郎等水军将士专用称谓。这支水师平时训练，战时出征，动辄数万人，甚至多达20万人，战舰2000艘，足见规模之盛。依靠着庞大的水军，汉武帝驰援东瓯，归辖南越，一统闽越，经略朝鲜，打通了我国东部沿海从南至北的全部航路。武帝扫清海道后，横渡渤海海峡的航行十分频繁，直至东汉末年为避祸来往于辽东半岛与山东半岛之间的士人络绎不绝。从长江口北上的沿黄海航路也畅通无阻，并与淮河、黄河等构成联运航线，往京城运输木材、粮食等重要物资。同时，东南沿海航运也十分活跃，"交趾七郡，贡献转运，皆从东冶（今福州）泛海而至"③。直至东汉末年，这条海路依旧畅达。

3.开辟远洋航线

汉武帝肃清海道还为开辟远洋航线创造了条件。为扩大汉王朝与海外各国的贸易和交通联系，汉武帝统一南越后，史籍记载的中国第一条至印度洋远洋航线诞生。这条航线以徐闻（今广东徐闻）、合浦（今广西合浦）或日南（今越南广治省）为出发地，可通达印度沿海和斯里兰卡，因所运货物以"杂缯"（各种丝绸织物）为主，并与陆路丝绸之路相对应，故后世称为海上丝绸之路。其实，这条航线早已为民间航海者所开辟。张骞初达西域时，在大夏国惊见筇竹杖和蜀布等中国货物，或是中国民间航海者由水路运达。《汉书·地理志下》以汉朝使者的视角记载了该航线情况，即著名的"汉使纪程"（见图1-4）：

自日南障塞、徐闻、合浦，船行可五月，有都元国；又船行可四月，有邑卢没国；又船行可二十余日，有谌离国；步行可十余日，有夫甘都卢国；自夫甘都卢国船行二月余，有黄支国，民俗略与珠崖相类。其州广大，户口多，多异物，自武帝以来皆献见。有译长，属黄门，与应募者俱入海，市明珠、璧流离、奇石、异物，赍黄金、杂缯而往。所至国皆禀食为耦，蛮夷贾船，转送致之，亦利交易。剽杀人，又苦逢风波溺死。不者，数年来还。大珠至围二寸以下。平帝元始中，王莽篡政，欲耀威德，厚遗黄支王，令遣使献生犀牛。自黄支船行可八月，到皮宗；船行可二月，到日南象林界。云黄支之南，有已程不国，汉之译使自此还矣。

---

① 李文志、江太新：《清代漕运》，社会科学文献出版社，2008年，第2页。
② 《后汉书·寇恂传》。
③ 《后汉书·郑弘传》。

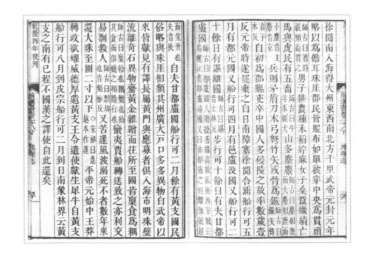

图1-4 《汉书·地理志下》关于"汉使纪程"的记载

据专家考证,都元国约在马来半岛东南部近新加坡海峡处,邑卢没国约在今缅甸南部锡唐河入海口附近的勃固,谌离国约在缅甸蒲甘城附近的悉利,夫甘都卢国约在今缅甸之太公城,黄支国约在今印度半岛东岸马德拉斯附近的康契普腊姆,已程不国约为今斯里兰卡,皮宗约在今马六甲海峡东头水域中的香蕉岛。

上述这条记载表明,中国至印度洋沿岸航路已经成熟。同时还表明,当时官方航海由皇帝派近侍内臣——黄门亲自执掌,并招募富有经验的民间海员一起出航。这也充分反映了民间的远洋活动必早于汉武帝时期。[①]

东汉时期,海上丝绸之路又有所延伸和发展。延熹九年(166年),"大秦王安敦遣使至日南徼外,献象牙、犀牛、瑇瑁,始乃一通焉"[②]。这被认为是大秦与中国建立海上交通联系的开端。三国时期成书的《魏略·西戎传》记载,"大秦道既从海北陆通,又循海而南,与交趾七郡外夷比,又有水道通益州永昌,故永昌出异物。"[③]据考,这段文字指出了大秦通中国的两条主要海道:其一"由地中海东部的大秦,经非、亚两洲间的古运河,又循红海而南,转向东方以通交趾七郡";其二"以今缅甸南部的海口为海行终点,再经伊洛瓦底江等河谷北上,以达我国西南部"。[④] 汉代开辟的海上丝绸之路为后世所继承,并不断发展,成为东西方海上交通的大动脉,增进了中国与东南亚、印度洋沿岸以及红海、地中海广大地区的经济、文化交流,具有重大的历史作用和深远的历史影响。

(二)民间船员的航海活动

除为海上丝绸之路的开辟做了事实上的奠基之外,秦汉民间船员所创造的非凡成就还体现在以下几个方面。

1.徐福东渡与移民日本

春秋战国时期,山东半岛和辽东半岛居民就有移居朝鲜半岛和日本半岛的。秦统一后,为躲避苛政,这种海外移民活动更加频繁。徐福及其船队就是在这种社会背景下东渡日本的。

---

①孙光圻:《中国古代航海史》,海洋出版社,2005年,第130页。
②《后汉书·西域传》。
③引裴松之注《三国志·魏志·东夷传》。
④章巽:《丝绸之路的西端——三世纪前我国对地中海东部地理情况的认识》,《世界地理集刊》,1981年第1集。

徐福又称徐市,生于战国末期的齐国,以方士为业。秦统一后,徐福利用自己的特殊身份,在秦始皇东巡时成功地接近了始皇,以入海寻仙山求神药为名,得到秦始皇的大量资助,率领数千人的船队出海,航达日本并定居下来。据史学家考证,徐福东渡航路充满智慧与艰辛。船队从山东半岛的琅琊起航,沿岸北上,经灵山湾、胶州湾,折向东北抵成山头,再沿山东半岛北岸向西驶达之罘港。船队修整后,继续沿山东半岛北岸航达蓬莱头,再经庙岛群岛渡渤海海峡抵达辽东半岛南端的老铁山。由老铁山沿岸东航,达鸭绿江口;候冬季顺风,沿朝鲜湾南下,绕过长山串,进入江华湾。继续缘岸南航,经扶南、罗州群岛,折东,绕过朝鲜半岛南端,航达半岛东南部沿岸釜山、巨济岛一带。趁北风拔锚南下,渡朝鲜海峡西海道而至对马岛,绕至东南继续向南,依次经冲岛、大岛,至日本北九州。至此,从航海史角度远航日本已然完成。后徐福船队在日本列岛继续航行,到达和歌山新宫町附近的熊野滩定居①。徐福船队抵达日本的航路虽然曲折绕远,但一路顺风顺流,体现了中国航海家高超的技艺和智慧,同时也体现了不畏艰险、一往无前的勇气。作为航海家的徐福以及他的船员,以他们的异域远航书写了中国古代航海史具有示范意义的光辉一页。

徐福之后,两汉时期移民日本的航海活动持续不绝。日本古籍称,"秦汉百济内附之民,各以万计"。据日本史料,仲哀天皇八年(199年),一位名叫"功满王"的中国人,把丝蚕从百济传入日本;应神天皇十四年(214年),被尊为"融通王"的"弓月君"率领来自一百二十个县的中国居民移居日本;二十年(220年),"阿知使主"率来自十七县的中国人航渡日本。另据载,应神天皇十四年(214年)与十六年(216年)间,有一批中国移民阻于新罗,日本方面派兵辟路迎接。②

2.最早的职业船员——"蛋民"形成

战国时期,越人失国后散居东南沿海,其中今广东省境内的越人称"南越"或"南粤"。其民"断发文身,错臂左衽"③,擅长造船与航海,在江海中从事捕鱼和贸易活动。

秦始皇统一后,即于当年(前221年)使尉屠睢率楼船卒五十万,发兵攻打百越。为解决军粮运输,开凿灵渠。秦军深入越人居住区攻杀越人,越人不肯投降,与秦军死战,"杀屠睢,伏尸数十万"④。秦始皇三十三年(前214年),诏命赵佗戍南越,从内地移民与越人杂居。越人逃入海上,逐渐适应了水上生活,世代以海为家,形成水居族群,就是"蛋民"的先辈。蛋民地位低下,在历代都遭受歧视和压迫,甚至故意将"蛋"字改为"蛋",视之为禽鸟之类。清朝人有记曰,"秦时,屠睢将五军临粤,肆行残暴。粤人不服,多逃入丛薄,与鱼鳖同处。蛋即丛薄中之遗民也。世世以舟为居,无土著,不事耕织,惟捕鱼及装载为业,吾民目为蛋家"⑤。蛋民可谓最早的职业船员。

3.张伯路海上起义与渤海航路的成熟

海盗,我国历史上多称"海贼",一般指以海岛为依托,在沿海及海上进行抢劫、走私活动,并与官府对抗的海上私人武装。客观地说,他们是特殊的船员团体。新莽时期,琅琊海曲(今山东日照西)暴发了吕母大起义,一时声势浩大。⑥而史书中最早关于"海贼"的记载见于《后汉书·安帝纪》:"(永初三年)秋七月,海贼张伯路等寇略缘海九郡。遣侍御史庞雄督州郡兵讨破之。"明年春正月,"海贼张伯路复与勃海、平原剧贼刘文河、周文光等攻厌次,杀县令。遣御史中丞王宗督青州刺史法雄讨破之。"而关于此事的来龙去脉,《后汉书·法雄传》的记载更加详细:

---

① 孙光圻:《中国古代航海史》,海洋出版社,2005年,第119—123页。
②《日本书纪·应神纪》。
③《战国策》卷十九,赵策。
④《淮南子》卷十八,人间训。
⑤ 范端昂:《粤中见闻》卷二十,人部。
⑥《后汉书·刘盆子传》。

永初三年,海贼张伯路等三千余人,冠赤帻,服绛衣,自称"将军",寇滨海九郡,杀二千石令长。初,遣侍御史庞雄督州郡兵击之,伯路等乞降,寻复屯聚。明年,伯路复与平原刘文河等三百余人称"使者",攻厌次城,杀长吏,转入高唐,烧官寺,出系囚,渠帅皆称"将军",共朝谒伯路。伯路冠五梁冠,佩印绶,党众浸盛。乃遣御史中丞王宗持节发幽、冀诸郡兵,合数万人,乃征雄为青州刺史,与王宗并力讨之。连战破贼,斩首溺死者数百人,余皆奔走,收器械财物甚众。会赦诏到,贼犹以军甲未解,不敢归降。于是王宗召刺史太守共议,皆以为当遂击之。雄曰:"不然。兵,凶器;战,危事。勇不可恃,胜不可必。贼若乘船浮海,深入远岛,攻之未易也。及有赦令,可且罢兵,以慰诱其心,势必解散,然后图之,可不战而定也。"宗善其言,即罢兵。贼闻大喜,乃还所略人。而东莱郡兵独未解甲,贼复惊恐,遁走辽东,止海岛上。五年春,乏食,复抄东莱间,雄率郡兵击破之,贼逃还辽东,辽东人李久等共斩平之,于是州界清静。

从这段完全站在官方立场上的记载中可以看到,张伯路义军几度跨越渤海,驰骋于山东半岛和辽东半岛之间。这表明汉代渤海航路已经十分成熟,跨越渤海海峡,来往辽东半岛与山东半岛之间的航行活动已经十分普遍。此外,它也表明了汉代民间航海已经达到了很高的水平。

第五节　三国、两晋、南北朝船员规模的扩大

三国、两晋、南北朝时期,由于政局持续动荡,军阀割据严重,经济与社会发展受到极大影响。就航海而言,虽然作为整体的国家事业失去了秦汉以来蓬勃上升的势头,但长期分裂的态势使南方政权有了自由发展的机遇,造船业兴盛,官方与民间的航海活动相当活跃。船员们在航行实践中得到了锻炼,规模逐渐扩大,专项技术得以提高,职务分工更加明确。

一、造船业兴旺与船员规模的迅速增长

三国时期,出于军事、政治乃至经济的需要,临海的曹魏和孙吴都对造船业的发展极为重视。在曹魏统治的山东半岛和渤海沿岸,设有多处海船建造基地。而东吴的造船业则更为兴盛,造船基地遍布东南沿海。吴国专门建造海船的工场称为"船屯",设置了管理造船的官员"典船校尉"。这些造船基地在严格地监督管理下,生产能力惊人,为吴国装备了一支强大的水师。各类战船各得其用:有攻守兼备的大型主力战舰"蒙冲""斗舰",有以快取胜的"走舸""赤马",有波涛如平地、以稳见长的"舫船",还有冲锋船"先登"和侦察船"斥候"等。大者体势庞硕,望之如山;小者结构奇巧,制作精良。至于孙权乘坐的"飞云""盖海"等御船,一般有数层甲板,最大的有五层甲板,"载坐直之士三千人"①,十分雄伟,装饰华丽,如水上宫殿。这种大船需要众多船员共同操驾才能行进。东吴的民间造船业也有很大发展,民船种类丰富,有舸、轻舟、艑艇、艑舟、舫舟、舲舟等。

西晋代魏,造船能力也维持了很高水准。灭蜀后,大将王浚在蜀中制造"大船连舫",以为灭吴之主力战舰。该船体势庞大,方百二十步,能容二千人。其他战船还有《晋令》中提到的飞云、苍隼、金舡、飞鸟等。东晋的造船业比西晋更为发达,湘洲七郡为当时重要的造船基地,"大艑所出,皆受万斛"②。孙恩、卢循起义时,"作八槽舰九枚,起四层,高十余丈"③,民间造船已经达到很高的水平和很大的规模。

南北朝时期,为与南方王朝抗衡,北朝各政权也保持了相当的造船能力。430年,北魏太武帝拓跋焘

---

① 郦道元:《水经注》卷三十五,江水。
② 《太平御览》卷七百七十,舟部三。
③ 同上。

为与南方的刘宋政权抗衡,"乃诏冀定相三州,造船三千艘"①。而这一时期,南朝各代的造船业也十分发达,沿江临海处遍布造船工场,仅"荆州作部"短期内便可造战船千艘。民间造船也很兴盛,以致引起后来隋文帝杨坚的担忧,所谓"吴越之人,往承敝俗,所在之处私造大船,因相聚结,致有侵害"②。南朝船舶大者可达二万斛。时人颜之推曾说:"昔在江南,不信有千人毡帐;及来河北,不信有二万斛船,皆实验也。"③南朝所造舰船航速也极快,如祖冲之造的"千里船"日行可达百余里。④

二、航海技术进步与船员专项技术提高

三国、两晋、南北朝时期,航海技术进一步成熟,突出表现在驶帆技术和导航技术上,船员专项技术因而得以提高。

(一) 驶帆技术

这一时期的船员掌握了可以利用除顶风外各种不同方向的海风驱动船舶的打偏与掉戗技术。三国时期,吴丹阳太守万震对驶帆技术有很详细的记载:"外徼人随舟大小,或作四帆,前后沓载之。有卢头木叶,如牖形,长丈余,织以为帆。其四帆不正前向,皆使邪移相聚,以取风吹。风后者激而相射,亦并得风力,若急则随意增减之。邪张相取风气,而无高危之虑,故行不避迅风激波,所以能疾。"⑤所谓"四帆不正前向,皆使邪移相聚,以取风吹",即利用侧向风的打偏使风技术。遇到偏风,须调解帆与风向的角度,使风吹到帆面上产生推进分力,并在舵的配合下克服横漂风力,以保持预定航向。"风后者激而相射,亦并得风力",是说利用风力反射与能量传递远离使行船获得额外动力的驶帆技术。"若急则随意增减之",是说按照风力的大小变化帆的面积,以保持稳定的航速。"邪张相取风气,而无高危之虑,故行不避迅风激波,所以能疾",总结了邪张驶风的优点。这样一来,船舶行驶于风浪较大的海域,既能保证速度,又能保证安全性。中国式古代邪张式硬帆比西式古代横软帆优点明显,但操作技术要求更高,需要船员经过长期实践才能掌握。

(二) 导航技术

导航技术也随着航海活动向陌生水域深入而不断成熟。船员们的地文航海知识的提高,主要反映在简陋的航路指南开始有所充实。航海者通过在某一条航线上数次往返,积累的经验越来越多,逐渐总结出一些指示航路的规律性文字——航路指南。最初的航路指南只是船员对航程与航期的简单记录,如著名的"汉使航程"。到这一时期,这种航路指南性质的文字不但有所增多,内容也有所充实,对航海活动和航程、航期的记录更加具体。如三国时吴国沈莹记:"夷洲在临海东南,去郡二千里,土地无霜雪,草木不死,四面是山。"⑥这段文字,标明了夷洲的方位、航行距离以及陆标地形等航路指南要素。又如《梁书·中天竺传》记:"从扶南发投拘利口,循海大湾中,正西北入,历湾边数国,可一年余到天竺江口。"这段航路指南更加详细,具备港口、地文、航向、航期等主要要素,对海上航行具有很强的实用指导性。在航路指南越来越充实、完备的基础上,中国最早的海图开始出现,虽然只是简陋的草图,但对于航行于该航路的船员来说指示作用不可低估。

---

① 《魏书·世祖纪上》。
② 《隋书·高祖纪下》。
③ 颜之推:《颜氏家训》卷五,归心篇。
④ 《南齐书·祖冲之传》。"千里船",指远洋船舶,并非日行千里之意。
⑤ 《太平御览》卷七百七十一,舟部四。
⑥ 《太平御览》卷七百八十,四夷部一,引《临海水土志》。

天文导航术也获得了进一步发展,屡见于当时文献记载,如"并乎沧海者,必仰辰极以得反"①,"大海弥漫无边,不识东西,唯望日月星宿而进"②等。这些记载说明天文导航术在当时航海中普遍应用,并成为常识。船员们已经懂得利用北极星、北辰星引导船舶顺利返航。在直航跨距较大的海域时,天体定向导航的作用尤为重要,甚至成为唯一可以依赖的技术手段。

水文与气象方面,当时的航海者认识逐步加深。晋代学者杨泉和葛洪对潮汐现象的解释较前代更加科学,显示了水文理论上的进步。对于信风的认识更加深入,不仅掌握了一般情况下的信风航行规律,而且能够分析出特殊情况下的信风变化。比如著名的赤壁之战孙刘联军取得胜利的关键因素就是利用了特殊天气条件下的风向变化。

由于掌握导航技术,"海师"成为远洋船舶必不可少的重要职务。南朝朱修之泛海前往东莱,"舫柂折,风猛,海师虑向海北,垂长索,舫乃正。海师视上有飞鸟,知去岸不远,须臾至东莱"③。东晋法显海路回国遇险,"天多连阴,海师相望僻误"④。可见当时远洋航行,全赖海师运用丰富的知识和经验为船舶导航。

三、三国、两晋、南北朝的航海活动

(一) 魏吴海上争霸与中朝航路

三国时期,东临大海的曹魏和孙吴政权充分利其地理优势,开展近海和远洋的军事和外交航海,争霸中原。蜀章武2年(222年)夷陵之战后,吴蜀重修旧好,孙权即把目光瞄向了曹魏的后方——辽东公孙渊政权,屡次遣使从海路带厚礼与其进行试探性接触。公孙渊也希望摆脱曹魏控制,积极回应,于是双方大规模的官方航海交往随即展开。东吴嘉禾元年(232年)春三月,孙权"遣将军周贺、校尉裴潜乘海之辽东"⑤,船队浮舟百艘循海北上,至辽东半岛南端的沓津(今辽宁大连)登陆,受到公孙渊的隆重接待。秋九月返航时,船队在成山附近遇到恶风,触礁沉没无数,又被曹魏水军伏击,主将周贺被斩杀。当年十月,公孙渊遣使东吴。次年春三月,孙权又趁送辽东使臣回国之便,派万人船队前往辽东,企图威逼利诱使辽东完全臣服。不料,公孙渊迫于曹魏压力,又觉得东吴"弱不足凭证",因此当东吴船队登陆后突发袭击。幸免于难的使臣逃到句骊,竟然说动句骊王来东吴称臣。经此,东吴意外地建立了与句骊的航海交往关系。后公孙渊为曹魏所破。虽然孙权与曹魏争夺辽东终归失败,但其与高句骊建立的海上交往具有重要的意义。在这一海上交往活动中,东吴开辟了从长江口抵辽东往朝鲜的航路,显示了其在北方海区的航海能力。

(二) 曹魏通航日本与中日航路

曹魏与孙吴争夺辽东胜利后,在北方海域进行航海活动,特别与日本列岛的航海交往开展得有声有色。魏景初二年(238年)六月,倭女王卑弥呼遣大夫难生米等来献"生口""班布",魏明帝诏封卑弥呼为"亲魏倭王",并赐给印绶以及金、珠、刀、铜镜以及各色丝绸织品。⑥ 两年后,魏帝遣使"奉诏书印绶诣倭

---

① 葛洪:《抱朴子·外篇》卷一,嘉遁。
② 法显:《佛国记》。
③ 《南史·朱修之传》。
④ 法显:《佛国记》。
⑤ 《三国志·吴书·孙权传》。
⑥ 《三国志·魏书·倭人传》。

国,拜假倭王,并赍诏赐金、帛、锦罽、刀、镜、彩物。倭王因使上表答谢恩诏"①。从238年到247年的10年间,魏国与倭国之间共有6次使节往来,可见当时中日航路已经很成熟了。关于这一时期的中日航路,文献记载颇详:"倭人在带方东南大海之中……从郡至倭,循海岸水行,历韩国,乍南乍东,到其北岸狗邪韩国,七千余里,始度一海,千余里至对马国……又南渡一海千余里,名曰瀚海,至一大国……又渡一海,千余里至末卢国……东南陆行五百里,到伊都国……自郡至女王国万二千余里。"②按其所述地望,中日航路为:从魏属带方郡起航,沿朝鲜半岛西岸南下,绕过西南端折而向东达釜山地区,再以对马岛和壹岐岛为中转横渡朝鲜海峡,抵达九州北部沿岸,最后分赴日本列岛各地。这条航路充分考虑了对马暖流的影响,使航行更加自主和便捷。

(三) 吴国东南航路探索与南洋贸易

与曹魏的北方海域争霸失利后,吴国致力于在东南沿海发展航海活动,以"舟楫为舆马",造就了一时航海之盛。黄龙二年(230年),孙权"遣将军卫温、诸葛直将甲士万人浮海求夷洲及亶洲"③。夷洲即台湾岛。东吴船队横渡台湾海峡到达夷洲,这是正史上第一次关于台湾海峡两岸通航的明确记载。赤乌五年(242年)七月,孙权又遣将军聂友、校尉陆凯讨珠崖、儋耳。④ 东吴舰队战舰300艘,士兵3万众,渡琼州海峡而南下,以加强对海南岛的经略。最值得称道的是,孙权还曾遣使远航南洋。据专家考证,朱应、康泰约在黄武五年(226年)与黄龙三年(231年)间出航赴南洋,历时一二十年,航迹相当广泛。回国后,两人将航行经历与异域见闻分别撰成《扶南异物志》与《吴时外国传》。可惜两本文献散佚已久,仅在《水经注》《通典》等文献中存有一鳞半爪。东吴所领属的交广一带,为海外商船与中国商船必经之地,珍珠、香药、象牙珊瑚、犀角、翡翠、鹦鹉、孔雀等南洋货品"奇物充备"⑤。魏国曾遣使东吴,用马交换南洋货物。据此亦可窥见彼时东吴与南洋航海贸易之兴盛。

(四) 孙恩、卢循海上起义与民间职业船员队伍的扩大

三国归晋后,中原地区战乱频仍,基本无暇顾及发展航海事业,以致秦汉三国以来开创的海上交通大好局面一度中断。东晋王朝偏安江南,依地为利,航海活动逐渐有所发展,与辽东半岛、日本列岛和朝鲜半岛的海上交往相继恢复。

东汉张伯路之后,海盗活动愈加频繁,往往举家为寇。延至三国,仅薛州(时为广陵郡治下)一地海盗就"万有余户"⑥;山东胶东湾海上,另有管承率领的海盗"三千余家"⑦。东晋末年,政治愈加腐败,民不聊生。隆安三年(399年)十一月,权臣司马元显滥征兵壮,引发东南百姓骚动,琅琊人孙恩趁时而起,"自海上攻上虞,杀县令,因袭会稽"⑧,各地纷纷响应,不过旬日聚众数十万。东晋朝堂震动,急忙调兵镇压。起义军退据海岛,择机出击,给士族豪门以沉重打击。元兴元年(402年)三月,孙恩兵败身死,起义军推举孙恩妹夫卢循为首领。卢循继续率部转战东南沿海,机动灵活地同官军对抗,然终因围剿愈烈,加之起义军内部出现分歧,于义熙七年(411年)失败。孙恩、卢循海上大起义前后坚持了12年,鼎盛时舳

---

① 《三国志·魏书·倭人传》。
② 同上。
③ 《三国志·吴书·吴主传》。
④ 同上。
⑤ 《三国志·吴书·薛综传》。
⑥ 《三国志·魏志·陈登传》。
⑦ 《三国志·魏志·武帝纪》。
⑧ 《晋书·孙恩传》。

舻千计,舟械甚盛,显示了民间航海力量的发展和壮大。

孙恩、卢循败亡后,其部众散居闽粤江海间,与蜑民为伍,奉卢循为先祖,成为水居族群。卢循部众的苗裔生活在闽江海者称"泉郎"(一名"白水郎"),又名"游艇子","居止常在海上,结庐海畔,随时移徙,不常厥所。船头尾尖高,当中平阔,冲波逆浪,都无畏惧,曰丫乌船"①。泉郎与蜑民一起,成为事实上的职业船员。

(五) 法显东归与南洋航线的繁荣

法显,俗姓龚,平阳郡武阳(今山西临汾县西南)人。据推考,其生卒年当在东晋咸康与刘宋景平年间。法显3岁时出家度为沙弥,史称"志行明敏,仪轨整肃",才识过人,世人观之莫不佩服。东晋隆安三年(399年),出于对当时佛教典籍"经法虽传,律藏未阐"的慨叹和忧虑,已过花甲的法显"与慧景、道整、慧应、慧嵬等同契",从长安出发,沿丝绸之路,从陆路"至天竺寻求戒律"。② 公元402年,法显进入北印度境内。在印度期间,法显学习梵语,抄写经律等大量佛教典藏。公元409年冬初,已是离开长安的第十一个年头,法显开始泛海归国。法显由印度东部海口的多摩梨帝国起程,"载商人大舶,泛海西南行",经过十四昼夜的航行,到达狮子国(今斯里兰卡)。在狮子国,法显居住了两年,抄写律经,瞻仰佛迹。411年八月,法显搭乘1艘载有200余人的大商船,由狮子国起程,拟横渡孟加拉湾回国。然而只顺利航行两天,便遇到持续大风大浪的恶劣天气,商船在海上漂泊了一百多天,到了一个叫"耶婆提国"的地方。在"耶婆提国"居住了5个月后,法显再次搭乘1艘载有200多人的商船,带了50日的粮食,离开"耶婆提国",向东北方向航行,目标是中国的广州。这次航行又遇不测风云,致使商船偏离正确航线,颠簸3个月左右,才在中国长广郡界牢山(今山东崂山)登岸。归国后,法显将其西游行止与东归历险经历记录下来,撰成《佛国记》,又称《法显传》。

根据《法显传》记载的从狮子国到"耶婆提国"一百多天的超长航期,一些学者衍生出"法显航达美洲"说。此说已经为学术界主流观点所批驳,不足凭信。而从航海史的角度,《法显传》让我们得以一窥当时南洋航线的情况。为了便于剖析,姑且把法显从"耶婆提国"起航归国的记载照录于下:

> 如是九十日许,乃到一国,名耶婆提。其国外道、婆罗门兴盛,佛法不足言。
>
> 停此国五月日,复随他商人大船上,亦二百许人,赍五十日粮,以四月十六日发。法显于船上安居。东北行,趣广州。一月余日,夜鼓二时,遇黑风暴雨,商人、贾客皆悉惶怖,法显尔时亦一心念观世音及汉地众僧,蒙威神佑,得至天晓。晓已,诸婆罗门议言:"坐载此沙门,使我不利,遭此大苦。当下比丘置海岛边,不可为一人令我等危验。"法显本檀越言:"汝若下此比丘,亦并下我!不尔,便当杀我!汝其下此沙门,吾到汉地,当向国王言汝也。汉地王亦敬信佛法,重比丘僧。"诸商人踌躇,不敢便下。 于时天多连阴,海师相望僻误,遂经七十余日。粮食、水浆欲尽,取海咸水作食。分好水,人可得二升,遂便欲尽。商人议言:"常行时正可五十日便到广州,而今已过其多日,将无僻耶?"即便西北行求岸,昼夜十二日,到长广郡界牢山南岸,便得好水、菜。但经涉险难,忧惧积日,忽得至此岸,见藜藿依然,知是汉地……

其一,"停此国(耶婆提国)五月日,复随他商人大船上,亦二百许人,赍五十日粮,以四月十六日发。"这段记载表明,法显离开"耶婆提国"时乘坐的大船,并非来时搭乘的那艘,而是"他商人大船"。可见,由"耶婆提国"去中国的航线来往船只很多,可载200余人的大船很常见。

其二,"商人议言:'常行时正可五十日便到广州尔,今已过其多日,将无僻耶?'"这进一步说明"耶婆

---

① 乐史:《太平寰宇记》卷一百〇二,江南道十四。
② 《出三藏记集》卷十五,法显法师传。

提国"往来广州的航线已经很成熟,正常航期50日左右。

其三,船上除搭乘法显及"诸婆罗门"等少数宗教人士外,多为"商人、贾客"。

其四,"于时天多连阴,海师相望僻误,遂经七十余日。"这里的"海师"即春秋战国时期出现的"船师"。其导航作用至为重要,一旦失误,就将给航行带来极大的困难。

综上可见,法显时期,南洋航线已经十分繁荣,其中中国船员作出了巨大贡献。

(六)南朝的海外交通与贸易

南北朝时期的航海事业主要由南朝的宋、齐、梁、陈所发展。南朝各代统治者因为经济、政治以及宗教等需要,对海外交通采取了积极鼓励的态度,与朝鲜半岛、日本列岛以及南洋诸国的航海交往日益频繁,并比前代有所进展。南北朝时期,朝鲜半岛处于三国时期,高句丽、百济和新罗为了各自利益,都想借重于南朝,遂主动开展航海外交。东晋末年,高句丽王高琏遣使奉表称藩,获得东晋皇帝加封,延至宋、齐、梁,海上往来不绝;百济也于东晋末年入贡,并累受东晋、宋、梁册封;新罗于梁时遣使与南朝通好。其时,日本列岛上大和国为了政治需要,也通过航海与南朝结交。从刘宋永初二年(421年)到齐建元元年(479年),倭王8次遣使通贡,且政治要求基本得到满足。南朝与朝鲜半岛及日本列岛的往来促进了新航路的开辟,从建康出长江口,循东海、黄海北上至山东半岛,再分赴朝鲜、日本各地,形成多条航路,便利了东北亚地区的海上交通联系。而关于南齐时慧深和尚"东渡扶桑"之谜虽至今仍未破解,但客观反映了东北亚航路的成熟。

南朝与南洋诸国的交往更具重要意义。刘宋立国后,林邑(今越南中部)、扶南(今柬埔寨)、呵罗单(位于爪哇岛)、师子国(今斯里兰卡)、天竺迦毗黎国等纷纷遣使贡献,进行通好与贸易活动。中国帆船航迹遍布北印度洋,开辟了由广州直达阿拉伯海和波斯湾的远洋航线。齐、梁政权继续与南洋诸国保持着密切的航海交往,海外贸易的发展使广州成为中国最大的贸易中心和港口,从广州起航直达南海与印度洋各国的商船络绎不绝。延至陈朝,虽然与南洋诸国的航海交往有所衰减,但仍未断绝。

第六节 隋唐五代船员职业体系的初步形成

隋唐五代,航海事业继续发展。特别是盛唐时期,由于国力强盛、经济富庶、科技文化发达,中国成为世界的中心,亚非各国争相与之往来交流,航海事业进入一个繁荣时期。当时,中国的造船业无论从数量、种类、吨位还是工艺上都远远领先于世界,近海和远洋航线频见中国帆影。船员的需求大量增加,一艘运输船动辄"操驾之工数百"[①]。在此背景之下,船员体系初步形成。

一、造船业领先世界

隋唐五代时期,在各种航海活动空前发展的背景下,造船行业十分发达,航海工具工艺先进,居于世界领先水平。

隋代统一后,为征讨江南,隋文帝杨坚令行军元帅杨素在永安大造战舰。到了炀帝执政时期,为满足巡游江南和东征高丽的需要,更在濒海沿江处大肆造船。大业元年(605年),隋炀帝"遣黄侍郎王弘、上仪同于士澄往江南采木,造龙舟、凤舸、黄龙、赤舰、楼船等数万艘"[②]。大业七年(611年),隋炀帝又派人在东莱海口,昼夜催督赶造海船三百艘,以为征高丽之用。隋代船舶体势之雄伟,足为当世之冠。杨素所

[①] 李肇:《唐国史补》卷下。
[②] 《隋书·炀帝纪》。

造"五牙"大舰,"上起楼五层,高百余尺",容战士八百人;而隋炀帝游幸江南所乘龙舟有四重,"高四十五尺,长二百尺"①。为增加龙舟的稳性,在舱底密排压铁以降低重心。

唐代的造船业更盛,造船基地遍布全国。政府设知官监督造船,对质量和工期进行有效管理,造船工场生产效率大为提高。唐太宗伐高丽时,发杭州、绍兴、临海、金华、丽水等江南十二州工匠一次性造大型海船数百艘。刘晏做江南盐铁转运使时,在扬子一地就设置了10个造船工场。舟船成为维系庞大唐帝国的主要交通工具,"且如天下诸津,舟航所聚,旁通巴、汉,前指闽、越,七泽十薮,三江五湖,控引河、洛,兼包淮、海,弘舸巨舰,千轴万艘,交贸往还,昧旦永日"②。

唐代的造船技术比前代有大的突破,居于世界领先地位。当时以及后来很长一段时间,航行于印度洋至中国南海航线的外国船主要是缝合式木船,不用钉榫,以橄榄糖灌塞船板缝隙,船体强度较差。而唐船已普遍采用"榫合钉接"技术,大大增强了船体的抗风浪能力。1960年江苏扬州施桥镇出土的唐代木船,所用铁钉长达17厘米,钉帽直径就有2厘米。1973年江苏如皋出土的唐代木船,亦采用钉榫工艺。钉榫技术又推动了水密隔舱技术的发展,从而进一步增强了海船的横向强度和抗风浪能力。由于船体结构更为坚固,可相应多设帆、桅,从而更适于远航。为了克服横漂,增加稳性,唐代一种叫"海鹘"的海船在船舷左右各置一块"浮板"。这在当时亦属先进技术。由于唐船体势高大,航行安全性高,航迹遍及东南亚及印度洋海域。

唐代船舶的高大与先进,必然需要更多的船员。刘晏所造漕运纲船,"每船载一千石"③,至为普遍。时人李肇记有一种叫做"俞大娘"的民间大型运输船,"居者养生、送死、嫁娶,悉在其间,开卷为圃,操驾之工数百"④,载重量超过万石。唐代,我国古代几种主要船型如沙船、广船、福船等均已定形,按照适航水域和用途,结构上各有不同。其中一种名为"苍舶"的远洋海船,"长二十丈,载六、七百人"。这里六、七百人绝大多数是各类船员。

二、航海技术的发展与舟师核心地位的确立

唐代,以舟师为核心的船员体系初步形成。舟师又名船师、海师,南北朝时期就已成为远洋海船上的重要职务,以积累的天文、地文、水文、气象等方面的经验和知识为船舶定向导航。随着远洋事业的发展,这一职务越来越重要,渐成一船的实际主宰者。隋代航行台湾,为船队领航的就是"海师何蛮"。唐代,舟师已经兼职负责礼仪性工作,"道南海,有舟师持酒脯请福"⑤,说明其地位之尊崇。舟师职掌与地位的愈发重要,是建立在航海技术发展的基础之上的。

首先,隋唐五代时期对季风的认识有了新的提高,并将之与航行活动紧密联系起来,"舟船之盛尽于江西……自白沙泝流而上,常待东北风,谓之潮信。"⑥当时的航海者对北起日本海,南至南海的广大海域季风变化规律也有准确掌握,并成功地用以指导航海实践。在日本海海域,舟师已经能够正确地利用秋冬季风与夏季季风,安全便捷地穿越该海域。在黄海与东海海域,以舟师为代表的中国船员经过实践摸索,掌握了季风变化规律,能够快速自如地航行于中日之间。对于南海海域季风的认识和利用,从义净和尚赴印度求法的往返航期即可了然。义净去时在广州启程,选择在冬季出发,东北季风盛行,一路顺风,两旬到佛逝;次年五月,当夏季西南季风盛吹时,再从佛逝穿越马六甲海峡西北行;最后于隆冬季节乘东

---

① 《资治通鉴·隋纪四》。
② 《旧唐书·崔融传》。
③ 《文献通考》卷第二十五,国用考三,漕运。
④ 李肇:《唐国史补》卷下。
⑤ 《新唐书·王义方传》。
⑥ 李肇:《唐国史补》卷下。

北季风驶入孟加拉国国湾,顺风顺流抵达目的港。返程时于夏秋趁西南季风一路顺流东归,顺利抵达广州。而对于印度半岛西面的北印度洋水域的季风规律,唐代船员也已掌握。不仅如此,唐代船员对台风等灾害性天气也有深刻的认识,已经注意到台风发生的主要海区及其气象征候。唐人刘恂曾记:"南海秋夏,间或云物惨然,则其晕如虹,长六七尺。此候,则飓风必发,故呼为飓母。忽见有震雷,则飓风不能作矣。舟人常以为候,豫为备之。"①李肇也有记曰:"南海人言,海风四面而至,名曰飓风。飓风将至,则多虹蜺,名曰飓母,然三五十年始一见。"②唐代航海者还对于一些异常的预警信息富有经验:"舟人言,鼠亦有灵。舟中群鼠散走,旬日必有覆溺之患。"③而对于"海市蜃楼"之类特殊的气象现象也有了较为科学的认识:"海上居人,时见飞楼如缔构之状,甚壮丽者。太原以北晨行,则烟霭之中觌城阙,状如女墙雉堞者,皆天官书所说气也。"④

其次,在地文导航方面,"航路指南"所载内容更加详细,实用意义更强。据《新唐书·地理志》载时人贾耽所述"广州通海夷道"可知,当时的远洋活动在某些区段之间的航向、距离与时间已相对具体,如"广州东南海行二百里至屯门山,乃帆风西行,二日至九州石",甚至航期已可精确到半日,如"……又一日行,至古笪国。又半日行,至奔陀浪州"。这较之前代的模糊纪程已是明显进步。同时,对航线所经地区的地理位置或地形特征,已有明确的地文定位描述,如"占不劳山,山在环王国东二百里海中"。而且,对海洋地形地貌的辨认与分类愈加细化,有"石、山、洲、硖、大岸"等种种。此外,唐代文献中已有明确的"岛"和"屿"的概念:"海中山曰岛,海中洲曰屿。"⑤"山、洲、岛、屿"等是海上航行非常明显和可靠的导航目标,这些概念的确定对于船员导航技术的提升有很重要的作用。尤其值得指出的是,贾耽的记载中首次出现了人工航标。如在"提罗卢和国"条,贾耽记道:"国人于海中立华表,夜则置炬其上,使舶人夜行不迷。"可见,当时船员利用人工航标导航已很普遍。

再次,唐代的天文学发展到很高的水平,著名天文学家僧一行于开元年间主持了世界上第一次对子午线的实测。这一时期天文学在航海方面的应用基本上仍处于定向导航阶段。但是远洋航海的发展,特别是连续几十天跨距极大的横穿某海域的航行,仅凭定向导航难以完成,于是天文定位导航技术已开始萌芽。唐代著名诗人沈佺期在《度安海入龙编》诗中说"北斗崇山挂,南风涨海牵",意即当北斗星运行到崇山上一定高度时,南海中的帆船可借风度安海进入龙编港。由此来看,唐代航海者似乎可以通过观测天体的高度进行定位导航了。这种在长期的实践经验积累基础上形成的目测定位方法,"尽管它缺乏较为精确的定量分析,但对于一位阅历丰富的海员来说,无疑是一种颇具价值并使用捷便的导航手段。"⑥

此外,唐代的海洋潮汐理论也有了新的提高,出现了《海涛志》《说潮》《海潮赋》等海洋潮汐理论研究专著。这些科学知识的传播对水文导航技术的进步与舟师导航手段的丰富具有重要的作用。

三、航运事业的繁荣对职业船员的需求

隋唐五代,特别是盛唐,由于经济富庶、政治安定、科技发达,中原王朝成为亚非各国向往之中心,以互通贸易和文化传播为目的的海外交往日益活跃。同时,以大运河航运为标志的南北河漕的形成和唐朝前期海漕的兴盛,开创了中国航海事业的新时代。航海事业的发展繁荣,需要越来越多的固定从事航运业的职业船员。

---

①刘恂:《岭表录异》卷上。
②李肇:《唐国史补》卷下。
③同上。
④同上。
⑤徐坚:《初学记》,海第二。
⑥孙光圻:《中国古代航海史》,海洋出版社,2005年,第269页。

(一)大运河的开凿与河漕船员体系建立

漕运自秦汉肇兴以来,由于主要粮食产地和历代都城都在北方,因而漕运区域也主要集中在北方,依靠渭河、黄河、济水等天然水道,漕运路线大体呈东西走向。而南方地区经过漫长年代的开发,至隋唐时已逐渐取代北方成为农业经济重心,导致南北漕运势在必行。事实上,早在东汉时期,沟通黄河与淮河的南北走向的汴渠就已开凿。东晋时期,又相继开凿了引洸(河)达汶(河)再引汶(河)至东阿,以及沟通长江至淮河的南北运道。581年,杨坚建立隋朝后,命宇文恺开凿大兴城西北到潼关的广通渠;后又开凿扬州山阳渎。炀帝继位后,一个更大的前所未有的工程得以实施。他征民夫百万,把原有的运河沟通相连,引洛(水)达于(黄)河,引(黄)河达于汴(河),开邗沟连通(长)江、淮(河),开通举世闻名的大运河。南北大运河南起余杭(今浙江杭州),北至涿郡(今北京西南),西至长安(今陕西西安),把江、淮、黄、海四大水系联成一个巨大的内河交通运输网,成为后世王朝漕粮运输的主要通道。

唐朝建立之初,全国大规模的物资征调尚未形成,"故漕事简",每年漕运粮食不过20万石。但唐高宗显庆之前,已开始从东南向京师调运漕粮。武则天当政以后,来自东南地区的漕运量不断增加。唐玄宗开元时,裴耀卿主持漕运,重点便是江淮一带,"凡三岁,漕七百万石"。安史之乱后,唐王朝对江南漕运更为倚重,大运河遂成为唐朝的生命线。江南漕粮及物资由扬州启运,经通济渠、永济渠,到今天天津西南的独流口折向西北,再通过永定河故道抵达涿郡(今北京)。随着江淮漕运量的扩大,水路变化与漕运方法之间的矛盾开始显露。唐初实行的是"直达法",即江南物资装船后直接沿运河运抵京师,然而,由于不同河段不同季节河水丰歉不同,漕船每每受阻,因此"计从江南至东都,停滞日多,得行日少,粮食既皆不足,欠折因此而生"。开元时,裴耀卿提出了改革漕弊办法,建议临河设仓,"使江南之舟不入黄河,黄河之舟不入洛口","节级转运,水通则舟行,水浅则寓于仓以待,则舟无停留,而物不耗失"。此即"转般法",实施后效果明显。唐代宗时,刘晏主持漕运,对转般法进一步加以改革。其一,明确分段运输规定,"江船不入汴,汴船不入河,河船不入渭",使船员在各自熟悉的河段营运,提高了运输效率和航行的安全性;其二,以盐利济漕运,雇募民夫行船,替代民怨极大的民户服役法。①

随着漕运的发展,管理必须加强。如前所述,唐初漕运规模不大,其差官多是临时性质。武则天以后,漕运发展迅速,而管理滞后,致问题百出。唐玄宗先天二年(713年),任命陕州刺史李杰充当陕州水陆运使,但仍然是临时性差遣。开元二年(714年),李杰再任水陆运使。开元二十二年(734年),唐玄宗又以裴耀卿担任江淮、河南转运都使,管理河南和江淮地区漕务。此后,转运使的设置逐渐增多。中唐以后,度支使、盐铁使、水陆运使及转运使等名目繁多,都兼管漕运,却没有独立完整的管理机构。

唐代前期,征调农民承担漕运任务,给予一定的运输费——脚钱。由于一般农民非专业船员,因此当漕船到达黄河时,"江南百姓不习河水,皆转雇河师水手,更为损费"②,所得脚钱不足转雇费用。唐玄宗开元年间,裴耀卿曾建议在危险运段不用江淮民户运输,而由官府雇募熟悉水情的船夫。唐代宗宝应二年(763年),刘晏主持漕政后,以盐利招募船夫,分派将吏随船押运,"每船受千斛,十船为纲,每纲三百人,篙工五十,自扬州遣将部送至河阴"③,组织了一支由职业船员充当骨干的运输队伍。唐代河漕逐渐形成了以河师、水手、篙工组成的船员体系。

(二)海漕兴衰与船员规模变化

除大运河航线外,唐代的海漕航线也十分重要。这条海路航线开辟的目的是保证北方的军粮供应。

---

① 《新唐书·食货志》。
② 《旧唐书·食货志》。
③ 《新唐书·食货志》。

唐代定都长安后,为抵御北方少数民族的侵扰,加之对高丽用兵,在京津一带的幽燕地区驻有重兵,所需粮饷数额巨大。然而大运河尚未全面利用,航线尚未形成,于是开海漕以输军粮。这条航线起于江浙沿海,沿岸北上,绕过山东半岛西行,经渤海的莱州湾和渤海湾,循沧州沿岸入今海河,至军粮城卸漕仓储,以待转运。杜甫《昔游》诗云:"幽燕盛用武,供给亦劳哉。吴门转粟帛,泛海凌蓬莱",说的就是这条航线。军粮城(今天津早期海港)因储藏大批由江南海道运来的军粮而得名。漕粮从军粮城运至幽燕边防,除选择北运河达范阳(今北京市附近),仍可由海路,沿渤海湾北上,或入鲍丘水(今蓟运河)至渔阳,或东北行滦河口至今唐山沿海。天宝十四年(755年),杜甫从军北上经幽燕沿海,写下诗作《后出塞》,诗云:"渔阳豪侠地,击鼓吹笙竽。云帆转辽海,粳稻来东吴"。唐代海运船只模型见图1-5。

图1-5　淮安中国漕运博物馆陈列的唐代海运船模型

唐代海漕起于太宗贞观年间,衰于玄宗天宝之后,前后100年左右,基本由军事需要所决定。贞观十七年(643年),唐太宗征辽东时,令太仆少卿萧锐筹运军粮。贞观十八年(644年),萧锐筹粮完毕,奏称:"海中古大人城,西去黄县二十三里,北至高丽四百七十里,地多甜水,山岛连接,贮纳军粮,此为尤便。"太宗诏"渡海军粮皆贮此。"①可见,当时海漕转输军需殊为平常。为加强海运管理,河北地区藩镇节度使多加"海运使"衔。后来随着北方用兵的减少以及大运河航线的兴盛,海漕才逐渐转衰。

唐代海漕鼎盛时规模相当可观,海员众多,运量极大。据载,"水道则沧、瀛、贝、莫、登、莱、海、泗、魏、德等十州,共差水手五千四百人,三千四百人海运,二千人平河,二年交替"②。可见彼时,海运船员的数量大大超过河运船员。开元十四年(726年)六月,"沧州大风,海运船没者十一二,失平卢军粮五千余石,舟人皆死"③。按这个损失比例计算,海漕总运量当在2.5万—5万石之间,已不亚于元代初开海漕时的运量。

(三)海师主导的台海航渡

隋朝至少三次派船队航达流求(今台湾),加强了台湾与大陆之间的相互认知和联系。史载,"流求

---

① 《册府元龟》卷四百九十八,邦计部,漕运。
② 《水部式》,唐敦煌本,据罗振玉1913年彩印本。
③ 《旧唐书·五行志》。

国,居海岛之中,当建安郡东,水行五日而至"①。照此方位与航期,流求当为台湾无疑。自三国时期吴国卫温、诸葛直船队到访台湾后,流求与大陆的民间航海应当一直存在。"大业元年(605年),海师何蛮等,每春秋二时,天清风静,东望依希,似有烟雾之气,亦不知几千里"②。海师,即航海经验丰富并掌握一定的天文、地文、水文、气象知识的导航员。隋唐五代以前是航海罗盘尚未得到应用的模糊航海时代,海师在船员中地位和职责最为重要,直接关乎航行是否成功甚至一船人的生死。海师几乎都来自民间,是在大量航海实践中脱颖而出的。"(大业)三年(607年),炀帝令羽骑尉朱宽入海求访异俗,何蛮言之,遂与蛮俱往,因到流求国"③。这是史载隋朝官方船队第一次航达流求。从"何蛮言之"等细节考究,显然以何蛮为代表的民间航海者早就到过流求,并且对航路非常熟悉。当然有何蛮为之导航,朱宽船队能顺利抵达。但因语言不通,他们仅抓捕一个土人而回朝交差。"明年(608年),帝复令宽慰抚之,流求不从,宽取其布甲而还"④。这是史载隋代官方船队第二次航达流求,但双方仍未能很好沟通。当时倭国使者来朝见,看了朱宽取回的流求"布甲"说:"此夷邪久国人所用也"⑤。"夷邪久"即"夷洲"的谐音,说明夷洲与流求都是今台湾的古称。流求人的两次对抗激怒了隋炀帝,大业六年(610年)又派虎贲郎将陈棱、朝请大夫张镇州率万余人第三次到流求,抚慰不从,并开始诉诸武力,"焚其宫室,虏其男女数千人,载军实而还"⑥。

虽然隋代第三次官方航达流求没有建立成和平交往的关系,但几个细节印证了其时两岸民间交往已十分普遍。陈棱船队自义安(今广东省潮州市)起航,"至高华屿,又东行二日至鼊屿,又一日便至流求"⑦,地望顺序和航期都很清楚。虽然这条航线比从福建建安郡起航要远,陈棱船队"月余而至"⑧,但表明当时粤人航渡台湾也很普遍。陈棱船队靠岸后,"流求人初见船舰,以为商旅,往往诣军中贸易"⑨,又表明大陆民间商船往来台湾亦是平常之事。"初,棱将南方诸国人从军,有昆仑人颇解其语,遣人慰谕之,流求不从,拒逆官军"⑩。"昆仑人"即当时移民中国的南洋群岛和印度半岛居民,能够听懂流求语,说明当时南洋地区与流求亦存在民间航海交往关系。

(四)东北亚航线的变化与晚唐民间航海的活跃

隋代已经建立了与朝鲜半岛和日本群岛的航海联系,迨至唐代航海交往更为密切,黄、渤海水域帆樯交织,一派繁忙景象。当时,唐朝与渤海国、黑水靺鞨以至堪察加半岛都建立了惯行航线。隋数征高丽失败后,高丽渐不尊王化。贞观十九年(645年),唐太宗亲自指挥海陆两路大军东征高丽。大将张亮统率4万水军乘战船500艘,由东莱启航渡渤海海峡,登陆旅顺口,往袭卑沙城(故址在今大连市大黑山)。然整个战局并不理想,唐太宗遂改变战术,不断游击辽东各城,于贞观二十一年(647年)和二十二年3次航海进击,战果显著。唐高宗即位后,继续对高丽用兵,并联合新罗讨伐百济以孤立高丽。总章元年(668年),高丽悉平。和与高丽的兵戎相见不同,唐王朝与新罗一直保持着政治、经济和文化的友好交往。新罗大海商张保皋成为唐、日、新罗间贸易的传奇人物。

---

① 《隋书·东夷传》。
② 同上。
③ 同上。
④ 同上。
⑤ 同上。
⑥ 同上。
⑦ 同上。
⑧ 《隋书·陈棱传》。
⑨ 同上。
⑩ 《隋书·东夷传》。

延续隋朝与日本的交往方式,唐朝中前期与日本的航海交往亦多为官方性质,体现在互相遣使上。据日本方面的统计资料,从舒明天皇二年(唐贞观四年,630年)到宇多天皇宽平六年(唐乾宁元年,894年),日本前后任命遣唐使19次。他们返回时,唐朝派使者护送并回访。其中唐咸亨元年(670年),为答谢日本遣使"贺平高丽",唐朝派出以郭务悰为首的2000人的庞大使团①。每次遣使,都要招募民间船员操驾船舶,这些船员在航线修正与探索方面发挥了重要作用。除了官方互相遣使外,民间航海家对增进了中日文化交流也做出了卓越的贡献,高僧鉴真就是其中杰出代表。鉴真东渡日本,前后六次才终获成功,历经九死而不挠,表现出中国航海家大无畏的精神和顽强的毅力。

唐代中期以后,以文化交流为特征的官方航海逐渐衰微。特别是安史之乱后,朝廷对东南沿海民间航海贸易已无力管束。于是,本就一直从事航海活动的中国海商和海员们得以大显身手,纷纷扬帆出航,民间贸易航海成为中日航线的主宰力量,遣唐使成为民间商船的搭乘者。中国海船的先进和船员的高超技艺令日本搭客惊叹。据不完全统计,从唐开成四年(839年)到唐末天祐四年(907年),中国民间商船几乎垄断了中日航线。晚唐著名航海家张支信等在中日经贸及文化交流上做出了卓越的贡献。唐朝帆船的部分绘制样式见图1-6。表1-1整理了唐后期中日航线上的中国航海家的一些主要事迹。

图1-6 敦煌石窟45窟壁画所绘唐代帆船

唐后期中日航线中国航海家事迹表② 表1-1

人　物	唐纪年	日本纪年	主要内容	资料来源
李邻德	会昌二年(842年)	仁明承和九年	由中国明州驾船赴日,日本遣唐僧人惠萼搭船回国	《圆仁入唐求法巡礼行记》
	会昌六年(846年)	仁明承和十三年	由日本返航,十二月间达到楚州。圆仁弟子性海随船入唐寻师	
李处人	会昌二年(842年)	仁明承和九年	八月二十四日由日本肥前国值嘉岛那流浦,驾自制楠木船起航,于二十九日到达中国温州乐城县王留镇	《安祥寺惠运传》
张支信、元净等(37人)	大中元年(847年)	仁明承和十四年	六月二十二日从明州望海镇出发,乘顺风于二十四日日本肥前国值嘉岛那流浦。随圆仁弟子性海入唐的日本人春太郎、神一郎搭乘返日	《安祥寺惠运传》《安祥寺惠运传·续后记》

---

① 藤家礼之助著,张俊彦、卞立强译:《日中交流二千年》,北京大学出版社,1982年,第88页。
② 源自孙光圻:《中国古代航海史》"唐代后期往返于中日之间的中国航海家大事简表",海洋出版社,2005年,第230页。原表参考木宫泰彦《日中文化交流史》有关资料制成。

续上表

人物	唐纪年	日本纪年	主要内容	资料来源
钦良晖	大中六年（852年）	文德仁寿二年	闰八月航达日本	《智证大师传》
	大中七年（853年）	文德仁寿三年	八月九日自日本肥前值嘉岛鸣浦起航，十五日抵达福州连江县，日本遣唐僧圆珍、丰智、闲静、丁雄万等搭乘入唐	《行历抄》《智证大师传》
秀英觉 陈太信	大中十年（856年）	文德齐衡三年	从广州开航驶达日本。日本入唐僧人圆珍托此船捎拐杖、琉璃瓶子等私人物品回日本	《智证大师请来目录》
李延孝	大中十二年（858年）	文衡天安二年	六月八日从明州港起航，十九日抵达日本肥前嘉岛旻美乐。日僧圆珍搭乘返国	《智证大师传》
李延孝等（43人）	咸通三年（862年）	清和贞观四年	七月二十三日航达日本	《三代实录》
张支信 金文习 任仲元	咸通三年（862年）	清和贞观四年	应真如法亲王入唐之请，张支信在肥前松浦岛造海船，并于九月三日驶离肥前值嘉岛，七日抵达明州石丹奥	《头陀亲王入唐略记》
张支信	咸通四年（863年）	清和贞观五年	四月从明州起航赴日，日僧贤真、惠萼、忠全等搭船返国	
詹景全	咸通四年（863年）	清和贞观五年	由日本回国。日僧圆珍捎信给长安兴善寺三藏智慧轮	《上智慧轮三藏决疑表》
	咸通六年（864年）	清和贞观六年	由中国航达日本	
	咸通六年（865年）	清和贞观七年	由日本返航中国	
李延孝等（63人）	咸通六年（865年）	清和贞观七年	由明州望海镇起航，七月二十五日抵达肥前值嘉岛。日僧宗睿搭船返国	《禅林寺僧正传》《三代实录》
张言等（41人）	咸通七年（866年）	清和贞观八年	由中国驶往日本	《三代实录》
崔及等（36人）	干符元年（874年）	清和贞观十六年	六月三日由中国航达日本肥前松浦郡	
杨清等（31人）	干符三年（876年）	清和贞观十八年	七月十四日由中国航达日本筑前荒津岸	
崔铎等（63人）	干符四年（877年）	阳成元庆元年	六月一日自台州起航，七月二十五日航达日本筑前，日商多安江搭船运香药等货物	
张蒙	中和元年（881年）	阳成元庆五年	受中国婺州人李达所托，将圆珍所求一切经阙本一百二十卷，随船送至日本	《上智慧轮三藏决疑表》《智证大师传》《唐房行履录》
	中和二年（882年）	阳成元庆六年	由日本返航中国。圆珍再托中国人李达送黄金及书信至长安兴善寺慧轮，求阙经；智证也派弟子三慧搭船入唐求阙经	《上智慧轮三藏决疑表》《智证大师传》

续上表

人　物	唐纪年	日本纪年	主要内容	资料来源
柏志贞	中和三年（883年）	阳成元庆七年	由中国驶日,捎去天台国清寺诸德及越州良谐和尚所遣弟子致圆仁的书信	《智证大师传》
王讷	景福二年（893年）	宇多宽平五年	受入唐日僧中瓘所托,到日本告知唐朝的凋敝景况	《菅家文草》
周汾等（63人）	景福二年（893年）	宇多宽平五年	七月八日自中国起航,二十一日抵达日本筑前博德津,捎回在日唐僧好真的牒文	《入唐五家传》
梨怀	干宁三年（896年）	宇多宽平八年	自中国航达日本,三月四日应邀抵日本京都	《日本纪略》
景球	天夏三年（903年）	醍醐延喜三年	自中国航达日本,献羊一头、白鹅五只	《扶桑纪略》《日本纪略》

（五）海上丝绸之路的拓展

隋朝与南洋各国的航海交往也有所发展。据《隋书·南蛮传》记载,隋朝与林邑（今越南东南部）、真腊（今柬埔寨）、婆利（今印度尼西亚巴厘岛,或为今加里曼丹岛）、丹丹（今马来半岛中部）、盘盘（今马来半岛北部）、赤土（今马来半岛泰国南部,马来西亚北部）等国都建立了航海通好关系。隋代在南洋的航海活动,为唐代海上丝绸之路的繁荣拉开了序幕。据唐代地理学家、官至宰相的贾耽（730—805年）归纳的"广州通海夷道"①,唐代中国与西亚、东非以及南洋地区的远洋航路基本可分为三段:第一段由中国广州出发,循中南半岛东岸下行,过暹罗湾,缘马来半岛东岸,至苏门答腊岛东南部,再至爪哇岛;第二段由新加坡西北行,经马六甲海峡,取尼科巴群岛,横渡孟加拉湾至印度半岛南端,再沿半岛西岸东北行,经霍尔木兹海峡达波斯湾,溯底格里斯河至巴格达;第三段由波斯湾复出霍尔木兹海峡,沿阿拉伯半岛南岸西航至红海口,越曼德海峡,南下至东非海岸。这条"通海夷道"将东亚、东南亚、南亚、波斯湾和东非等地区联结起来,无论航程之长还是航区之广均比汉代"海上丝绸之路"大为拓展,在中外航海史上占有重要地位。唐代海上丝绸之路的贸易通道性质更加突出,对其后的宋元远洋航海产生了深刻的影响。从航海学角度来说,在航海罗盘应用之前进行如此规模的远洋航行,确属难能可贵,也可见唐代远洋船员以导航技术为核心的航海技术十分高超。

唐代远洋航线的繁荣,催生了一个特殊的群体——搭客。他们以普通人的身份附着商船游历西亚以至东、北非各国,将见闻记录成书,从一个侧面真实地反映了唐代远洋航业的繁盛,如《玉海》所记的达奚通和《通典》所述的杜环。达奚通于武则天上元年间附商船到马来半岛的赤土国,继续西航沿途游历36国,达阿拉伯半岛南部的虔那,归国后著有《海南诸蕃行记》,惜失传已久。杜环为《通典》作者杜佑族人,作为士兵被俘,由陆路入西域,居留阿拉伯地区11年,曾游历北非摩洛哥一带,宝应元年（762年）搭商船出红海,沿印度洋航路归国抵广州,著有《经行记》一卷,亦已散佚,仅在通典中保留约1500字。

搭客中,赴西域求法的僧人占有极高的比例,其中最著名的是被武则天册封为"三藏法师"的义净。义净（635—713年）,俗姓张,齐州（今山东省历城）人,自幼出家,立志赴西域求法。咸亨二年（671年）义净从广州泛海南行,至证圣元年（695年）返回中国,历时20余年,游历东南亚、南亚多国,带回大量珍贵的佛教经典。据义净归来所撰《大唐西域求法高僧传》以及后来的《宋高僧传》,当时取海路去西域游历

---

①《新唐书·地理志》。

的中国僧人为数众多,法号、籍贯、行止清楚的至少有三十几位。他们所搭乘的船舶既有波斯船、阿拉伯船,也有中国船。这批人以特殊身份见证了当时南海以至印度洋一带航海贸易之盛,而中国远洋商船和船员是其中重要因素之一。

(六)东南沿海海贸习俗的形成

五代时期,北方战乱不休,无暇南顾,让东南沿海一些政权得到了一个相对安定的发展航海事业的黄金时期。北方移民不断涌入,和当地传统航海族群一起促进了闽南地区海贸习俗的形成,为宋元航海事业高峰的到来奠定了基础。

统辖今两浙地区的吴越政权,一直把航海贸易作为立国之策。其时,杭州在钱镠的整治下成为闽商海贾汇集的大商埠,"舟楫辐辏,望之不见其首尾"①。吴越政权为保一隅之安,频频由海路对中原政权进贡。以今江苏地区为统治中心的南唐政权,在航海贸易方面也表现不俗。南唐商人载丝、茶出长江口,北上与契丹进行海上贸易,换取羊、马。双方的航海交往还有政治联合的内容。而航海贸易最活跃的,还属今岭南地区和今闽南地区。

岭南地区南汉政权的立国者刘隐即出身于商人家庭,因此他和他的后人对水陆贸易颇为重视。在航海贸易方面,利用得天独厚的条件,"广聚南海珠玑",刘陟"起玉堂珠殿,饰以金碧翠羽"②。珍珠、碧玉和翠羽等皆南海出产,可见当时航海贸易之盛。但是南汉政权对民间航海贸易并不保护和扶持,反而进行压榨和掠夺。刘晟曾派军队"入海,掠商人金帛,作离宫游猎"③。在北宋军队兵临城下时,刘鋹"以海舶十余,悉载珍宝、嫔御,将入海"④。南汉政权覆灭了,但是当地的航海习俗保留了下来,为宋代发展航海准备了条件。

从9世纪末的分裂时代起,闽南虽然名义上附属于福州的闽政权,但实际上处于半独立状态。946年闽政权被南唐灭亡后,以泉州为核心的闽南地区完全独立,直到978年对宋朝降服。在此之前的近90年里,闽南地区事实上变成一个独立自主的海洋国家,能够根据地方经济的需要放手发展海外贸易。大批外国商船的到来,不仅使泉州很快超越广州成为东方第一大港,还开阔了闽南商人的眼界,开始熟悉国际海洋世界的市场状况和商业习惯。他们先是跟着回教海贸师傅在国际市场上训练学习,随着经验的积累逐渐转变成贸易师傅,并以同样的方式训练闽南学徒,让海贸事业传承下去。海贸习俗亦在闽南地区逐渐形成。⑤

四、隋唐五代以前船员的海神崇拜⑥

中华先民探索海洋、开发海洋的历史悠久,但面对茫无际涯、威力无穷的大海,往往"望洋兴叹",无能为力,必然产生崇拜心理。这种心理以神的形象具象化,于是产生了最早的海上保护神——原始海神图腾。随着航海技术能力的提高,人们对海洋的探索越发深入,海上活动愈加丰富,对海神的"要求"也越来越实际,抽象虚幻的原始图腾崇拜已经不能满足,于是海神逐渐"凡人"化。这个过程体现了海神崇拜的功利性和实用主义。

---

① 《旧五代史·钱镠传》。
② 《旧五代史·刘陟传》。
③ 《新五代史·南汉世家》。
④ 同上。
⑤ 张彬村:《宋代闽南海贸习俗的形成》,《海交史研究》,2009年第1期。
⑥ 参见逄文昱:《中国古代海神的凡人化演变及其原因》,《大连海事大学学报》(社会科学版),2014年第1期。

(一)原始图腾阶段

我国最早的海神记载见于《山海经》:"东海之渚中,有神,人面鸟身,珥两黄蛇,践两黄蛇,名曰禺䝞。黄帝生禺䝞(号),禺䝞生禺京(强)。禺京处北海,禺䝞处东海,是惟海神。"[1]《山海经》所描述的时代,人们对海洋的探索和开发还极其有限,因而"这一时期的海神信仰指向整个自然界,其心理基础是'万物有灵论'"[2],与对其他神祇(譬如山神)的崇拜并无不同,是一种较少功利性的单纯的自然崇拜,并没有很具体的祈福、消灾等意向。而《山海经》对东海神禺䝞(号)族属的描述,证实了最早的海神信仰具有图腾崇拜的典型特征。《大荒东经》说:"黄帝生禺䝞";《海内经》说:"帝俊生禺号"。此两说看似矛盾,但都反映了"祖先"崇拜的内容,正是原始图腾崇拜的一个重要特点。

(二)海洋生物阶段

从夏朝建立到秦朝败亡,随着社会的发展,人们对海洋的利用和认识日益深入。夏朝已经能够组织较大规模的航海捕鱼活动;商周时期已经进行了海外贸易的尝试;春秋战国时期出现了吴、越、齐等航海强国;秦皇屡次巡游海上。在航海事业飞速发展的同时,早期海神图腾的影响逐渐式微,代之以航海亲见或想象的鲲鹏、大鱼、蛟龙等海洋生物形象。庄子《逍遥游》中说:"北冥有鱼,其名曰鲲,鲲之大,不知其几千里也;化而为鸟,其名为鹏,鹏之背,不知其几千里也,怒而飞,其翼若垂天之云。"有研究者认为,庄子所谓的鲲鹏,实为鲸,尾鳍伸出海面,若大鸟状。《史记·秦始皇本纪》中的一段记载最能反映这一阶段海神信仰的特点:

> 三十七年十月癸丑,始皇出游,……北至琅琊……始皇梦与海神战,如人状。问占梦,博士曰:"水神不可见,以大鱼蛟龙为候。今上祷祠备谨,而有此恶神,当除去,而善神可致。"乃令入海者赍捕巨鱼具,而自以连弩候大鱼出射之。自琅琊北至荣成山,弗见。至之罘,见巨鱼,射杀一鱼。遂并海西。

由此可见,在航海能力和海洋知识大幅度提高情况下,人们眼中的大海不再那么神秘和神圣,是可以与之对抗甚至可以征服的对象。这一时期的海神是被人们置于对立面的,以海洋生物为原型的恶神形象。

(三)宗教人物阶段

自西汉以降,直至隋唐的1000多年时间里,我国古代的航海事业开创了一个新时代,主要的标志是海上丝绸之路的形成和兴旺,远洋航行成为一种常态。人们在远航中进一步领略大海的威力,因而重拾敬畏。这一时期,佛教传入中国并迅速繁盛,龙王和观世音等佛教神祇成为普遍性的海神。

龙、蛇本为中国早期传统海神形象。佛教传入后,其龙王与中国传统海神龙蛇相融合,成为新的龙神,并逐渐受到沿海渔民和船户、水手等的崇拜。唐玄宗天宝十年(751年)正月,朝廷首次对四海龙王进行了册封,"以东海为广德王,南海为广利王,西海为广润王,北海为广泽王"[3]。此时的龙王虽然在外部形象上保有龙蛇的特征,但其内在气质和行为方式却已经人化了。

而观音菩萨成为航海保护神更具典型意义。其一,作为佛教四大菩萨之一法力无边,并以解厄救难、普度众生为任;其二,其道场在南海普陀山,地缘上与航海者更近,便于临危救难;其三,其"慈眉善目"的

---

[1]《山海经·大荒东经》。按郭璞注《山海经》云:禺䝞也作禺号,禺京也作禺强。
[2] 叶澜涛:《试论海神信仰的功能性特征》,《广东海洋大学学报》,2007年第5期。
[3] 杜佑:《通典》卷四十六,礼六。

女性形象更具亲和力,因此很快便成为泛海者们共同信仰的海上保护神。随着佛教的愈加盛行和航海事业的愈加繁荣,观音作为全国性海神的地位得到了加强,在北方海域(特别是山东沿海地区)尤为明显。法显东归和鉴真东渡遇险,皆求观音庇佑。

(四)凡人海神阶段

在海神崇拜的发展历程中,海神形象逐渐由虚幻抽象变得真实具体,凡人海神逐渐受到崇拜。这是因为随着航海事业的发展,海员们对海神的诉求更为具体,需要一个更亲近、更真实的海神时刻给予庇佑,于是各自家乡的海神崇拜兴起。

据宋代以后的文献记载,早在妈祖成为全国性航海保护神之前,各地已经形成崇拜凡人海神的传统。值得注意的是,几乎同时,多地都有一个将"历史名人"奉为海神的现象。如《历阳典录》引《新齐谐》载:"无锡张宏九者,贩布芜湖,路过乌江,天起暴风,舟冲后上破矣,水灌舟中。舟人泣呼项王求救,忽有银光如一匹布,斜塞船底,水竟停涌,而人得登岸……"①道光《福建通志·台湾府》记载的名人水仙则更多:"水仙庙在西定坊港口,祀大禹王,配以伍员、屈平、王勃、李白。"②名人海神可以看作是宗教海神向凡人海神的过渡。

宋代以后文献记载的隋唐以前的凡人海神姑举几例:

孝烈灵妃

"南庙乃孝烈灵妃孝感侯庙。秦武陵令罗君用,因督铁运溺水死,其女挐弟寻父尸不获,遂相继赴水死。邦人哀而祀之,谓之'罗娘庙'。灵响寖着,凡有舟楫往还,祈之利涉。"③

柳冕

"灵感庙在(莆田县)礼泉里秀屿,以祀唐观察使柳冕。冕贞元间观察福建,……故老相传,柳氏兄弟尝职马政,殁而神灵,故莆人立庙于此。凡有求必祷之,舟行者尤恃以为命,或风涛骤起,仓皇叫号,神灵之变现,光如弧星,则获安济。其灵响与湄洲之神相望。"④

演屿神

"昭利庙,东渎,越王山之麓。故唐福建观察使陈岩之长子。干符中,黄巢陷闽。公观唐衰微,愤己力弱,莫能兴复。慨然为人曰:'吾生不鼎食以济朝廷之急,死当庙食以慰生人之望。'即殁,果获祀连江演屿。"⑤

鲍郎

"'灵应庙即鲍郎祠也,旧云永泰王庙。'⑥鲍盖曾任鄞县县吏,为官清正,深受百姓爱戴。东汉建兴四年,天闹灾荒,鲍盖私将公粮赈济灾民,由于难以向官府交差,遂投江死。百姓感其恩德,立庙祀之。"

---

① 陈廷桂:《历阳典录》卷二十三,杂缀二;袁枚:《新齐谐》卷八,项王显灵。
② 《道光福建通志》,坛庙。
③ 范致明:《岳阳风土记》。
④ 黄仲昭:《八闽通志》卷六十,祠庙。
⑤ 梁克家:《淳熙三山志》卷八,昭利庙。
⑥ 张津:《乾道四明图经》卷一,祠庙。

临水夫人

"临水神,姓陈,家世巫觋。祖玉,父昌,母葛氏。生于唐大历二年,神异通幻。嫁刘杞,孕数月。会大旱,脱胎往祈雨,果如注,因秘泄,遂以产终。诀云:吾死后不救世人难产,不神也。卒年二十有四。"① 嘉靖《罗川志》载,'(临水夫人)由巫为神,乡里祀之',其本以扶胎救产为主要职责,后又有了掌管江河、海上救难的职能。"

许大夫

"许大夫庙,在四十九都砚村。神名光大,五代周时为沿海都巡检。寇至,奋不顾身持短兵接战,谓乡人曰:胜则江水青,败则江水赤。既而殁于阵,江水如血者三日,尸随潮以归。乡人即其地立庙祀之,祈福祷灾其应如响。"②

这些凡人海神虽然生前地位不尊,甚至非常卑微,也未建立多大的功业,但却殁而成神,且在当地船员中影响极其深远。这是因为在航海事业的发展过程中,海难始终是船员生命的最大威胁,海员们需要的是一种更切实的心理庇护,因而各种虚幻的神灵逐渐被来自家乡的更真实、更亲切的神灵所代替。这些凡人海神为各地船员们在面对凶险万分的航海生涯时提供了巨大的精神力量。

综上所述,从原始社会至隋唐五代以前的漫长历史时期,随着造船技术和航海技术的进步,中国古代海员体系逐步形成,分工逐渐细化,规模不断扩大,成为推动社会进步与经济发展的重要力量,创造了模糊航海时代辉煌的业绩,为宋元航海高峰的到来奠定了坚实的基础。在航海事业不断发展的同时,以海神崇拜为核心的航海文化逐步形成,不仅为航海者提供了宝贵的精神力量,也成为凝聚中华民族血脉的重要精神纽带。

---

① 万历《古田县志》卷十三。
② 《福宁府志》卷三十四,杂志,霞浦坛庙。

第二章 宋元海员的迅速发展与职务体系的完备(960—1368年)

宋元两朝,中国古代航海事业迎来了第一个高峰。历届政府实行积极的航海贸易政策,将航海事业与国民经济紧密联系起来。与此同时,造船业继续领先世界,而航海技术更是取得了重大突破。航海罗盘的成熟应用,将中国带入计量航海阶段,此项技术比西方领先2—3个世纪。中国海员的活动范围空前扩大,遍及西太平洋及北印度洋。中国与东亚、东南亚、南亚、西亚、东非以及北非的许多地区建立了发达的航海贸易关系。同时,内河和近海漕运发达,运河沿线与沿海港口渐趋繁盛。

宋元时期广大船员以努力探索的精神和不畏风涛的意志创造了航海史上的辉煌,同时也获得了自身的职业发展。海员与内河船员各成体系,从业人数空前,为经济和社会生产、生活方式带来重大有益的影响。以妈祖为代表的海神成为广大船员的精神支柱,对航海事业的发展具有不可或缺的推动作用,并且形成了中华民族特有的海神文化,成为维系华人血脉的精神纽带。

第一节 宋元时期海员职业发展的背景及条件

一、商品性生产的发展对船员的需求

960年,赵匡胤发动陈桥兵变,推翻后周政权,建立北宋,并在此后近20年里完成了对中原及江南的统一,结束了五代十国以来的分裂局面。统一的局面符合广大百姓的意愿,人心既安,生产热情高涨,社会经济得以迅速恢复和发展。

(一)商品性农业的成长

唐末五代以来,北方长期战乱,大量人口南迁,给江南带去中原地区先进的农具及耕作技术,迨至宋代,江南的农业发展十分迅速。宋朝政府通过购买获得土地所有权,以实物地租取代徭役地租,鼓励农民"广植桑枣,垦辟荒田,止输旧租",并承诺"所垦田即为永业"①。在这样的政策下,"以桑麻、竹子、茶叶、水果、蔬菜、花卉等经济作物为主体的商品性种植业加速扩展,特别是在两浙路的太湖流域、成都平原和福建沿海地区,专业茶农、果农、蔗农、菜农大批涌现,他们与独立手工业者一道,开始向小商品生产者转化"②。商品性农业的发展使社会商品构成发生重大变化,粮食、茶叶、耕牛、农具等越来越多的生活资料和生产资料进入流通领域。原先主要为社会上层服务的、以奢侈品和土特产为主的贩运型商业,开始转变为以黎民百姓的日常生产和生活用品为主的规模型商业。据估算,北宋元丰七年(1084年),福建"建州(今建瓯)岁出茶不下三百万斤,南剑州(今南平)亦不下二十余万斤"③。元代继承了宋代的农业生产方式和生产技术,提升农民的生产积极性,使农业得以迅速发展,除麦、稻等粮食作物生产外,桑、茶等商品性农业生产也发展很快。江南茶园比比皆是,所产茶叶品质优良。宋元商品性农业的繁荣使得大量农

---
① 《宋史·食货志》。
② 葛金芳:《宋代经济——从传统向现代的首次启动》,《中国经济史研究》,2005年第1期。
③ 《宋史·食货志》。

产品需要运销海外。

(二) 商品性手工业的发展

与汉唐相比,宋元经济最突出的特点,就是商品经济成分在传统社会母胎中的急速成长,这在陶瓷业和纺织业上表现得最为突出。宋代陶瓷生产,无论在胎、釉的品质上还是在制作技巧上都进入成熟期,元代继承并又有所发展。北方的定州窑、磁州窑、钧州窑、耀州窑与南方的景德窑、越州窑、龙泉窑、建州窑并称八大名窑,所产瓷器极受海外客商欢迎,行销东南亚、南亚、西亚以及北非的众多地区,拥有广阔的海外市场。可以说宋元陶瓷业就其主体而言是进行商品生产。很多外贸商船采取合伙经营的方式,"商人分占贮货,人得数尺许,下以贮物,夜卧其上,货多陶器,大小相套,无少隙地"①。宋元的纺织业也十分发达。从宋代开始出现专以纺织为生的家庭作坊——"机户"。据专家估算,北宋各路约有 10 万机户②。这些机户生产能力很强,景祐时朝廷每年"和买绢二百万匹",庆历时"和买绢三百万匹"。及至南宋,虽然偏安一隅,但生产能力不减。绍兴末,东南及四川每年"折帛绢三百余万匹"③。随着纺织业的发展,专门收购机户产品的包买商出现了。他们将丝织品运到市场上,作为商品出售。甚至有的包买商向机户发放贷款,以扶持其进行商品生产。元代纺织业又有了新的进步。黄道婆从黎族带来的工艺及设备进一步促进了纺织业的发展。此外,制糖业、金属制品业等也在进行商品性生产。这些商品需要寻找广阔的海外市场,又进一步促使海员的职业发展成为社会经济发展的需要。

二、开放的航海贸易政策

商品性生产的繁荣对船员的职业发展提出了需求,而统治集团的政策则在很大程度上决定了船员职业发展的进程和方向。宋元政府着眼于现实,以活跃经济、稳固统治为目的,积极对外开放,制定了注重经济内涵的航海贸易政策,大力发展航海事业。政府一边鼓励造船,贩货出海,一边招徕远人,绥抚蕃商,在发展官方航海贸易的同时,也全力扶持民间航海贸易。

北宋立国之初,从隋唐五代以来逐渐形成的航海求利观念就已经深入民心。况且为筹措庞大的军费开支和日益增长的官僚俸禄,政府也有发展海外贸易的强烈意愿,在政策制定上便能够顺应历史潮流。开宝四年(971 年),北宋政府先在广州置市舶司,掌管岭南地区对外航海贸易。后又在杭州、明州分别置司,与广州市舶司并称"三司"。宋太宗"雍熙四年(987 年)五月,遣内侍八人,赍敕书金帛,分四纲各往海南诸蕃国,勾招进奉,博买香药、犀、牙、真珠、龙脑,每纲赍空名诏书三道,于所至处赐之"④。可贵的是,这种海外招商活动并非某个统治者的一时之举,而是延续和连贯的,并且理解逐步加深,措施逐步完善。宋神宗认为,航海贸易不仅可以"岁获厚利",而且能"兼使外蕃辐辏中国",即在经济和政治上达到双赢,因此要求臣下"创法讲求"⑤,以更深入地发展海外贸易。应该说,在以农业经济为本的传统社会里,具有这种改革思维和开放意识的政府及统治者是殊为难得的。

南宋时期,长期处于北方的巨大威胁之下,偏安一隅而不可得,国土日蹙,只能向南方寻求发展。为此,统治集团对于航海贸易有了更高层次的认识。宋高宗曾说,"市舶之利最厚,若措置合宜,所得动以百万计,岂不胜取之于民?朕所以留意于此,庶几可以少宽民力尔"⑥;又说,"市舶之利,颇助国用",因此

---

① 朱彧:《萍洲可谈》卷二。
② 漆侠:《求实集》,天津人民出版社,1982 年,第 148 页。
③ 李心传:《建炎以来朝野杂记》卷十四,甲集,财赋一。
④ 《宋会要辑稿》职官四四之二。
⑤ 《续资治通鉴长编拾补》卷五。
⑥ 《宋会要辑稿》职官四四之二〇。

"宜循旧法,以招徕远人,阜通货贿"①。在统治集团核心人物的高度重视下,招商贸易的基本国策得到了具体而有效的贯彻执行。绍兴年间,大食商人蒲亚里在广州娶妻定居,不再从事航海贸易,高宗即委派知广州连南夫"劝诱亚里臣归国,往来干运蕃货"②。

除了招诱外商前来贸易外,南宋历届政府积极鼓励有实力的豪族大姓,打造海船,招聘船员,前往海外经营。为了加快远洋船舶周转,宋孝宗于隆兴二年(1164年)制订了"饶税"奖惩政策,规定:"商贾由海道兴贩诸蕃及海南州县,今立限回舶……自给公凭日为始,若在五月内回舶,与优饶抽税;如满一年内,不在饶税之限;满一年之上,许从本司根究责罚"③。其时,中国与东亚的高丽、日本,与东南亚及南亚的三佛齐、阇婆国保持着密切的海上往来,商船络绎不绝。据《诸蕃志》记载,宋朝商人甚至带着大量的青瓷器到达了非洲的埃及和索马里。

元灭南宋后,全面接管了两宋开创的航海贸易事业,并使之得以继续保持繁盛的发展势头。至元十四年(1277年),江南初定,元世祖忽必烈即招降并起用南宋泉州提举市舶使蒲寿庚,利用其大海商的身份和在海外的巨大影响力,招诱海外商人前来朝贡和贸易。次年八月,忽必烈诏行中书省蒲寿庚、唆都等人,宣布了海外招商政策:"诸蕃国列居东南岛屿者,皆有慕义之心,可因蕃舶诸人宣布朕意,诚能来朝,朕将宠礼之,其往来互市,各从所欲。"④并令唆都奉玺书"诏谕南夷诸国"⑤。此后,亦黑迷失、杨廷璧、李罗、杨枢、周达观等频频代表政府出使南洋与印度洋地区,进行招商活动,取得了很好的效果。第一批来元通商的有占城、马八儿等国,南洋及西域地区诸国纷纷效仿,航海贸易很快繁荣起来。

同南宋一样,元朝在"请进来"的同时,也积极推行"走出去"的航海贸易政策。至元二十二年(1285年),元政府推出"官本船"赴海外贸易。所谓"官本船",即由政府准备船只并提供本钱,选择合适的民间船商到海外进行贸易。所得利润,官家取七成,船商得三成。这种"官民合作"的经营方式一直持续到元末,官僚贵族趋之若鹜,"巨艘大舶,帆交番夷中"⑥。然而政府从中并没有得到多少实惠,所获利润多为权贵私占。为此,元政府发布政令,"凡权势之家,皆不得用己钱入蕃为贾,犯者罪之,仍籍其家产之半"⑦。一些亦官亦商的航海巨头因此备受打击。相对而言,元政府对民间航海一直采取较为宽松的政策,虽然曾经几度罢禁,但旋即复开,并没有打断航海贸易的连续性。自至治二年(1322年)英宗"复置市舶提举司于泉州、庆元、广东三路"⑧之后,终元一朝再未罢禁,赴海外经营的民间商船越来越多。

三、造船业兴旺与造船技术进步

(一)宋元造船业的兴旺

1.宋代造船场与造船规模

宋元积极的航运政策促进了造船业的兴旺。宋代造船工场遍及内陆和沿海港埠,主要有两浙的温州、明州、台州、越州、严州、衢州、婺州、杭州、湖州、秀州、苏州、镇江、江阴等;福建的福州、兴化、泉州、漳州;江东的建康、池州、徽州、太平;广南的广州、惠州、南恩、端州、潮州;江西的赣州、吉州、洪州、抚州、江

---

① 《宋会要辑稿》职官四四之二四。
② 《宋会要辑稿》职官四四之二〇。
③ 《宋会要辑稿》职官四四之二七、二八。
④ 《元史·世祖纪》。
⑤ 《元史·唆都传》。
⑥ 陶宗仪:《辍耕录》卷五,朱张。
⑦ 《元史·食货志》。
⑧ 《续资治通鉴》卷二百零一,元纪十九,至治二年。

州;湖北的鄂州、江陵、鼎州、荆南;湖南的潭州、衡州、永州;四川的嘉州、泸州、叙州、眉州、黔州;淮南的楚州、真州、扬州、无为;华北的三门、凤翔、开封等。① 这些造船工场既有官营也有民营。官营船厂资金雄厚,管理严格,承担着战船以及大部分漕船的造修任务;而随着海外贸易的发展,南宋时期东南沿海地区的民营造船工场也逐渐发展起来,"漳、泉、福、兴化,凡滨海之民所造舟船,乃自备财力,兴贩牟利而已"②。对于民间造船,宋朝政府总体上采取鼓励的态度,一方面出于航海贸易的需要,另一方面出于"备边""防北"的考虑。有宋一代,尤其是南宋,北部边防压力很大,经常征调民间船舶以充军用,必然在政策上给予一定的倾斜。比如,针对地方州县对民间海船的"科敛"之弊,朝廷明令:"漳、泉、福、兴化等郡禁戢,沿海诸邑凡大小海船,除防北差使外,应干科敛无名色钱并行蠲免。如温台明等有海船去处,亦一例禁戢,毋得非法科取"③。

宋代造船场具有很强的造船能力。北宋真宗末年每年所造纲船近3000艘,其中江西路虔州(后改为赣州)和吉州即占三分之一强。至哲宗时期,温州、明州造船数量渐增,"岁造船以六百只为额"④。南宋初期,由于从直达纲又改为转般纲,纲船缺额较大,因而加大造船力度。高宗建炎二年(1128年)六月五日,发运副使吕源说,"近于江湖四路沿流州县打造粮船一千只,并潭、衡、虔、吉四州两年拖欠舟船八百三十九只,江东路打造未到船二百五只,乞限至年终,一切了毕;缘潭、衡、虔、吉四州今年年额又合打造船七伯(百)二十三只,共二千七伯(百)六十七只"⑤。八月九日,吕源又重申,"措置江湖四路打造粮船二千七百余只,责限来年六月了毕"⑥。仅江湖四路沿流20余州、军,不足一年的期限就须造船2700多艘,实在惊人。绍兴末年,江西路洪、吉、赣三州的官营造船场,"立定格例,日成一舟,率以为常"⑦。

2.元代造船业及其规模

元代造船业是在四方征服与开辟海漕过程中发展起来的。在与南宋、日本、占城以及爪哇的战争中,元朝政府除掠夺大量敌方船只外,自造船舶数量也十分惊人。早在至元五年(1268年),就诏命高丽"当造舟一千艘,能涉大海可载四千石者"⑧。与南宋战争爆发后,至元七年到至元十年(1270—1273年)南宋叛将刘整两次奏请并督造战舰7000艘,从基本装备上一举扭转了对南宋水军的劣势。平宋后,元朝政府亦开场造船,主要基地有扬州、广州、泉州、湖南、汴梁、赣州、襄阳等。从至元十一年(1274年)出兵日本到至元二十九年(1292年),共造船9900余艘。⑨ 其中包括,"至元十九年(1282年)九月壬申,敕平滦、高丽、耽罗及扬州、隆兴、泉州,共造大小船三千艘"⑩;至元二十二年(1285年),为济州河运粮,造漕船3000艘。至元三十年(1293年)海漕肇兴后,遂大量建造海船,船型有遮洋船、海运船、大福船、开浪船、沙船、钻风船等,其中以遮洋船和钻风船为海漕运输的主要船型。《海道经》载,"延佑以来,合造海船,大者八九千石粮,小者二千石","每橹需十人至三十人始得摇动之"。元代船舶构造、适航性和装载能力均为世界造船之冠。此外,元朝邮递业发达,大量开设水陆驿站,其中水站424处,共有邮递专用船5921艘。

---

①席龙飞:《中国造船史》,湖北教育出版社,2000年,第142-143页。
②《宋会要辑稿》刑法二之一三七。
③同上。
④《宋会要辑稿》食货五〇之四。
⑤《宋会要辑稿》食货五〇之九。
⑥《宋会要辑稿》食货五〇之一〇。
⑦《宋会要辑稿》食货四四之七。
⑧《元史·高丽传》。
⑨席龙飞:《中国造船史》,湖北教育出版社,2000年,第185页。章巽:《中国航海科技史》,海洋出版社,1991年,第79页。
⑩《续资治通鉴》卷一百八十六,元纪四,至元十九年。

（二）宋元造船技术的发展与成熟

在继承和总结前代的基础上，宋元两代的造船技术和工艺又有了新的提高，并已臻成熟。加之管理水平的提升和质量检验的严格，宋元对世界造船技术的发展做出了巨大贡献。20世纪七八十年代，全国以及境外相继出土了几艘宋元古船，包括1974年福建泉州湾出土的宋代海船，1978年天津静海县出土的宋代河船，1978年上海市嘉定县出土的南宋木船，1979年宁波出土的宋代海船，1976年韩国全罗南道光州市新安郡海底出土的元代海船，以及1984年山东省蓬莱县出土的元代战船等。从对这些古沉船的研究及参考文献记载，宋元造船技术与工艺的先进与成熟表现在以下几个方面。

1. 船体结构科学

宋代船舶船体巨大，海商之舰"大者五千料，可载五六百人；中者二千料至一千料，亦可载二三百人"①。时人又有记，"舟如巨室，帆若垂天之云，柂长数尺，一舟数百人"②。元代海船与宋船相比犹有过之，"每一大船役使千人：其中海员六百，战士四百"③，犹如水上殿宇。

宋船"舟大载重，不忧巨浪，而忧浅水也"④，适航性能极强。其结构设计科学合理，"上平如衡，下侧如刃，贵其可以破浪而行也"，稳性与速度兼得。之所以有如此优越的性能，与以下几个方面有关：首先，主要构件精选优质木材，比如对船舶纵向强度起决定性作用的龙骨，选用樟木或杉木，"以全木巨枋挽叠而成"⑤；其次，为保证船体坚固并具有良好的水密性，大型海船船体往往用二重甚至三重板加固，船板之间采用对接与鱼鳞式搭接相结合的结构，以钉榫连接，并用桐油、石灰、麻丝等捻缝；其三，采用水密隔舱技术，即使遇险破损几个隔舱，一般也无倾覆之虞，"抗沉性"大大增强，同时增加了船体的横向强度。

对于水密隔舱技术的优点，意大利旅行家马可·波罗有这样的描述："若干最大船舶有大舱十三所，以厚板隔之，其用在防海险，如船身触礁或触饿鲸而海水透入之事，其事常见……至是水由破处浸入，流入船舶。水手发现船身破处，立将浸水舱中之货物徙于邻舱，盖诸舱之壁嵌甚坚，水不能透。然后修理破处，复将徙出货物运回舱中。"⑥从出土古船看，马可·波罗所言不虚。

2. 工艺技术创新

宋元船舶在船体结构设计科学的基础上，其工艺和技术也有所创新。比如外板与舱壁的连接，起初采用的是木钩钉（或称舌形榫头），后来则用钩钉挂锔，工艺简单而实用。而更具代表性的工艺技术创新为船模放样造船和船渠修船法。

所谓船模放样造船，即是造船之前，先按照设计制作成比例缩小的船模，所有工艺和工序与欲造之船无异，工匠以此船模作为施工标准。这是我国古代造船工艺的重大创新。此前，宋代造船沿用传统的"按图施工"法。宋真宗咸平三年（1000年），"造船务匠项绾等曾献海战船式"⑦，这是将海战船的设计图样编缀成册，以供承造新船时使用。至金正隆年间（1156—1160年），张中彦创造了模型造船法，"舟之始制，匠未得其法，中彦手制小舟才数寸许，不假胶漆而首尾自相钩带，谓之'鼓子卯'，诸匠无不骇服"⑧。实际施工时，工匠按需要拆开船模各部，查看其工艺方法，然后按比例放大各部件尺寸，从而造成实船。与张中彦几乎同时代，宋朝处州知州张䴡，"尝欲造大舟，幕僚不能计其值，䴡教以造一小舟，量其尺寸，而

---

① 吴自牧：《梦粱录》卷十二，江海船舰。
② 周去非：《岭外代答》卷六，器用门（舟楫附），木兰舟。
③ 马金鹏译：《伊本·白图泰游记》，宁夏人民出版社，1985年，第490页。
④ 周去非：《岭外代答》卷六，器用门（舟楫附），木兰舟。
⑤ 徐兢：《宣和奉使高丽图经》卷三十四，海道一，客舟。
⑥ 冯承钧译：《马可波罗行纪》，商务印书馆，1936年，第619—620页。
⑦ 《宋史·兵志》。
⑧ 《金史·张中彦传》。

十倍算之"①,同样是运用了放样原理。这种船模造船法是造船工艺上的一大突破。

船渠修船法,是宋代在修船实践中创造出来的。宋神宗熙宁年间,为修复金明池大龙舟的水下部分,宦官黄怀信献计,"于金明池北凿大澳,可容龙舟,其下置柱,以大木梁其上,乃决水入澳,引船当梁上,即车出其澳中水,船乃于空中,完补讫,复以水浮船,搬去柱"②,然后再引船入金明池。这是我国古代干船坞造(修)船的开始。这一方法的产生或许是受了渠池泊船法的启发。宋太宗时,供奉官张平负责办理造船木料,兼管造船场,因河水湍急,新造船只常被冲走,"遂穿池引水,系舟其中"③。船渠修船法方便了船舶的修复,提高的船舶的利用率。

3.设备、属具的齐备与进步

宋元船舶的成熟还表现在设备和属具的齐备与进步上。首先在动力设备上,以帆和桡的改进最大。以普通海船(二千料)为例,"大樯高十丈,头樯高八丈,风正则张布帆五十幅。稍偏则用利篷,左右翼张,以便风势。大樯之巅,更加小帆十幅,谓之野孤帆,风息则用之"④。可见,为了充分利用自然动力,宋船帆和桡的设计复杂而科学,硬帆和软(布)帆配合使用,硬帆之上又加野孤帆,船行之时,"帆若垂天之云"⑤。元代"大船有十帆至少是三帆,帆系用藤篾编织,其状如席,常挂不落,顺风调帆,下锚时亦不落帆"⑥。毫不夸张地说,宋元海船将风帆使用到了极致。除风帆外,橹、桨、篙等人力驱动装置也有很大改进。元代大海船"船桨大如桅杆,一桨旁聚集十至十五人,站着划船"⑦。

除需要足够的动力外,行船还必须有效控制航向,并保证操纵灵活。宋代海船为适应不同水深,在船尾设"大小二等"的正舵和三副舵。舵的取材十分讲究,最好的是钦州出产的铁棱或乌婪木。而宋代出现的平衡舵,使转舵省力快捷,操纵航向更加灵活。

船有行则有止,泊船须下碇。宋代木石结合碇已经广泛用于海船,"下垂矴石,石两旁夹以二木钩"⑧。泊船时,放碇入水,"当石碇垂到海底时,如果任一木钩均未抓入海底泥土,则石碇必有一端支撑在海底并成为不稳定态势,只要碇索稍有摆动,则碇将翻转并必将使一只木钩抓入海底泥,碇石将有助于木钩抓泥并使碇是抓力增加数倍。"⑨宋代铁锚也已用于船上,"大者重数百斤"⑩。元代铁锚更为常见,《元典章·新集至治条例》记载了这样一个案例,贼人钱庆三纠合蒋阿三等,三次偷盗铁锚四个,变卖分赃。

宋元造船业的兴旺和造船技术的发展,为船员职业的发展和细化提供了最具决定性的基础条件。造船业的兴旺以及船舶大型化必然导致对船员数量需求的增加;而船舶设备的齐备与进步,使船员的分工更细,同时也促进了船员技艺的更新,提高了船员的素质。

四、航海技术的突破式发展

宋元航海贸易的发展使中国船员有了施展技艺的广阔天地。在繁忙的航海实践中,中国船员的航海技术得以充分运用。同时,在与各国船员的接触和交流中宋元航海技术不断创新,取得了具有世界意义

---

①《宋史》卷三七九,张愨传。
②沈括著,胡道静校正:《梦溪笔谈·校证》,上海古籍出版社,1987年,第954-955页。
③《宋史》卷二七六,张平传。
④徐兢:《宣和奉使高丽图经》卷三十四,海道一,客舟。
⑤周去非:《岭外代答》卷六,器用门(舟楫附),木兰舟。
⑥马金鹏译:《伊本·白图泰游记》,宁夏人民出版社,1985年,第490页。
⑦马金鹏译:《伊本·白图泰游记》,宁夏人民出版社,1985年,第491页。
⑧徐兢:《宣和奉使高丽图经》卷三十四,海道一,客舟。
⑨席龙飞:《中国造船史》,湖北教育出版社,2000年,第181页。
⑩周密:《癸辛杂识续集》。

的重大突破。

(一) 船舶操纵技术更加熟练

宋元船舶体势高大,结构复杂,属具齐备,操驾时需要各类船员分工协作。经过在航海实践中的不断磨练,宋元船员的驶帆、操舵、测深、用锚等船艺技术已达到很高的水平。

1. 驶帆

宋元海船之所以能够远渡重洋,主要依靠风力驱动。船员对驶帆技术极为重视,并总结出一套驶帆经验,互相传播和学习。一是能够迅速巧妙地测定风向,再施以不同的驾驶方法加以利用。"风有八面,唯当头而不可行",可见时人驶风技术的高超,除正顶头风外,其余七个方向的来风都可采而利用。如遇正顺风,"则张布帆五十幅",全力以进;如遇偏风,"则用利篷,左右翼张,以便风势"。① 所谓"利篷",是一种以篾席为帆面,以竹为桁的硬纵帆,操纵起来较布帆灵便。二是能因风浪态势,调整帆角和帆面,以确保安全航行和靠泊,"如遇顺风使帆之时,水势颠猛,便减帆幔,投奔港汊稍泊"②;有的海船,帆"常挂不落,顺风调帆,下锚时亦不落帆"③。

2. 操舵

宋元船工的尾舵操纵术较之前代更加熟练,能根据水深的不同选用相应的尾舵。据徐兢记载,船舶在近海航行时"随水深浅更易"操纵"大小二等"的"正柂",等驶入大洋后则须从船尾部"从上插下二棹,谓之三副"。④ 这种变舵操纵技术,不仅能在浅水区减少船体附具的阻尼作用并避免舵叶碰触船底,而且在深水区可将舵叶直接伸入船底以降低船尾涡流损耗,并减缓船体的横向漂移,增强船的操纵性。这已在泉州宋船(1974年)和宁波宋船(1979年)上得到证明。而且,宋代船工还掌握了平衡舵的操纵技术。所谓平衡舵,即"在舵杆之前也有部分舵叶面积","使转舵省力快捷,可保证操纵船舶航向的灵活性"⑤。北宋画家张择端《清明上河图》中的船舵、天津静海宋船(1978年)的舵都是北宋时期已出现平衡舵的实物证据。

3. 测深

海上行船,测量水深是航经浅险水道必要的航保手段,因为"海行不畏深,惟惧浅阁,以舟底不平,若潮落则倾覆不可救,故常以绳垂铅硾以试之"⑥。宋人朱彧也记曰:"以十丈长绳勾取海底泥,嗅之。"⑦宋人测深工具多用长绳系铅锤,而元人多用长竿。《海道经》记录了元代海运船工的测深保航场景:"点竿累戳二丈,渐渐减作一丈五尺,水下有乱泥,约一二尺深,便是长滩。渐渐挑西收洪,如水竿戳着硬沙,不是长沙地面,即便复回,望大东行驶。"这些资料表明,宋元船工在测量水深的同时,更加注重对海底质地的判别,并据此调整航向,或推测海港的远近以及适泊情况。

4. 用锚

宋代海船远航,途中或到港驻泊,离不开抛锚技术。宋代船工对锚地的选择已颇为讲究,"船未入洋,近山抛泊",既可避风,又可抓牢海底,不致走锚。在抛泊固位基础上,宋代船工还掌握了"游矴"技术,"若风涛紧急,则加游矴,其用如大矴,而在其两旁,遇行则卷其轮而收之"⑧,以改善船体在风浪中的摇摆

---

① 徐兢:《宣和奉使高丽图经》卷三十四,海道一,客舟。
② 《海道经》,准备缓急。
③ 马金鹏译:《伊本·白图泰游记》,宁夏人民出版社,1985年,第490页。
④ 徐兢:《宣和奉使高丽图经》卷三十四,海道一,客舟。
⑤ 席龙飞:《中国造船史》,湖北教育出版社,2000年,第181页。
⑥ 徐兢:《宣和奉使高丽图经》卷三十四,海道一,客舟。
⑦ 朱彧:《萍洲可谈》卷二。
⑧ 徐兢:《宣和奉使高丽图经》卷三十四,海道一,客舟。

性,保障航行安全。元代船工的用锚技术又有提高。其一,能够根据风力和风向选择抛锚时机,如遇"急猝暴风,奔港滩不及之时,急抢上风,多抛铁猫,牢系绳缆"①;其二,能够根据水流决定是否抛锚,如"水紧不可抛锚"②,否则有走锚和断缆的危险;其三,能根据海底之地决定用某种锚具,"滩山一般,铁矴可障,海中泥泞,须抛木矴。"③

(二) 航海知识的丰富

1.地文、水文航海的发展与航海用图的问世

宋元船工由于常年航行于西太平洋与北印度洋海域,对于一些海外国家和地区已有较为具体的认识,同时对海域的划分和命名更加细化,航海地理观念比前代有很大提高。宋元船员能明确区分洲、岛、屿、苫、礁等不同地貌,并能形象描述,使之更易于辨认。比如"海驴焦,状如伏驴"④,"槟榔焦,以形似得名"⑤,"兹山盘踞于小东洋,卓然如文笔插霄汉"⑥等。值得指出的是,元代已经开始在浅险航道设置人工陆标,看标行船成为船工的基本技能之一。

宋元船员的水文知识也比前代有很大提高,并能根据水的颜色和深度进行水文定位与导航。如徐兢在赴高丽途中,根据所经水域的水色与深浅,分别称"白水洋""黄水洋""黑水洋"⑦;"舟行过蓬莱山之后,水深碧,色如玻璃,浪势益大,洋中有石,曰半洋焦,舟触焦则覆溺,故篙师最畏之"⑧。这样的记载已经具有航路指南的性质。高明的舟师"相水之清浑便知山之近远,大洋之水碧黑如淀,有山之水碧而绿,傍山之水浑而白矣,有鱼所聚必多礁石,盖石中多藻苔,则鱼所依耳"⑨。

《海道经》的"占潮门"和"占海门"已经科学地总结了潮汐特点和规律,而且对于海漕航路的记录更为详尽和具体,包含的要素越来越广泛,可谓这一时期航路指南的代表之作。这些都是广大船员实践经验的总结。

在航路指南愈加丰富的基础上,航海用图随即问世。徐兢在《宣和奉使高丽图经》中称"神舟所经岛、舟、苫、屿而为之图"⑩,南宋赵汝适在其所著《诸蕃志》中说"阅诸蕃图"⑪,即为明证。早期的海图也许是具有一定文化水准的"舟师"随手画下的简略航路以及陆标轮廓,以作为航行时的大致参照和提示,即所谓"舟子秘本",一般秘而不宣,因此难以流传。而宋代的海图,已经是广为传布,令越来越多的航海者受益。到元代,海图应用更为普遍,绘制水平也更高。《海道经》保存有一份元人底本的《海道指南图》,描绘的是从长江下游至北洋海域的航路,航线清楚,所经港口和锚地分布明确,为当时北洋漕运船户所习用。

2.天文导航的发展

天文导航方面,定向导航依然是宋元航海技术的重要内容之一。鉴于宋代横渡印度洋的航路已经开辟,有理由相信当时的船工已经有人掌握了凭借观测天体高度确定船舶位置的定位导航技术。到元代,

---

①《海道经》,准备缓急。
②《海道经》,海道。
③《海道经》,占潮门。
④徐兢:《宣和奉使高丽图经》卷三十四,海道一,海驴焦。
⑤徐兢:《宣和奉使高丽图经》卷三十六,海道三,槟榔焦。
⑥汪大渊:《岛夷志略》,尖山。
⑦徐兢:《宣和奉使高丽图经》卷三十四,海道一。
⑧徐兢:《宣和奉使高丽图经》卷三十四,海道一,半洋焦。
⑨吴自牧:《梦粱录》卷十二,江海船舰。
⑩徐兢:《宣和奉使高丽图经》卷三十四,海道一。
⑪冯承钧校注:《诸蕃志校注》,中华书局,1956年,赵汝适序。

此种技术已见于明确记载了。马可·波罗乘坐中国海船航经"小爪哇岛"时记"此岛偏南方,北极星不复可见"①;在岛上的"须文答剌"国留居时记"在此亦不见有北极星及金牛宫星(bouvier)";经"马里八儿"时又记"在此国中,看见北极星更为清晰,可在水平面二肘上见之"②。此类仰观北极星的记录多次出现。这些记录表明,当时的天文定位导航已经应用的相当普遍,并已达到定量的阶段。

3. 航海气象知识的丰富与总结

宋元船员的气象知识已相当丰富和深刻。首先是对季风的认识更加科学、准确,尤其对西太平洋和北印度洋的季风规律相当熟悉,在航海中应用也更加娴熟。为了航行安全,宋代开始盛行"祈风"与"祭海"活动。"祈风"与"祭海"一般同时进行。这种仪式性极强的活动可谓对船员的一次心理疏导。其次,宋元航海者还善于进行气象预测,"审视风云天时而后进"③。其中技艺高超者,"观海洋中日出日入则知阴阳,验云气则知风色逆顺,毫发无差;远见浪花则知风自彼来,见巨涛拍岸则知次日当起南风,见电光则云夏风对闪,如此之类,略无少差"④。元代船工的气象预测知识更趋全面,《海道经》中的"占天门""占云门""占风门""占日门""占电门""占雾门"和"占虹门"皆是对海上气象预测经验的总结。比如"占风门"曰:

秋冬东南风,雨下不相逢,春夏西北风,下来雨不从。汛头风不长,汛后风雨毒。春夏东南风,不必问天公,秋冬西北风,天光晴可喜。长夏风势轻,舟船最可行,深秋风势劲,风势浪未静。夏风连夜倾,不昼便晴明。雨过东风至,晚来越添巨。风雨潮相攻,飓长难将避。初三须有飓,初四还可惧,望日二十三,飓风君可畏。七八必有风,汛头有风至,春雪百二旬,有风君须记。二月风雨多,出门还可记,初八及十三,十九二十一,三月十八雨,四月十八至。风雨带来潮,傍船人难避。端午汛头风,二九君还记。西北风大狂,回头必乱地。

这种简易通俗、朗朗上口的歌诀无疑来源于广大船工在航海实践中的积累,只是经过文人的加工整理而已。

(三)航海罗盘的应用与"火长"地位的确立

宋元航海技术获得突破的一个重要标志是航海罗盘(见图2-1)的应用。在罗盘未应用到船舶上时,船舶航行靠熟悉海道的舟师(海师)指引航向,但仅能作近岸航行。⑤ 舟师凭借所掌握的地文、水文、天文、气象等知识以及多年航海实践所积累的经验为船舶导航,此为模糊航海阶段。罗盘应用于航海,开创了定量航海的新纪元。

图2-1 清代航海罗盘(中国航海博物馆陈列品)

1. 航海罗盘应用于航海的过程

航海罗盘由两部分构成,一是指南针,一是表示方位的栻盘,即在标记方位的栻盘上安装指南针。栻盘为圆形,先以十二地支(子、丑、寅、卯、辰、巳、午、未、申、酉、戌、亥)将圆周等分,十二地支之间再取天干八字(甲、乙、丙、丁、庚、辛、壬、癸)和八卦四字(乾、艮、巽、坤)填入,即形成二十四方位罗盘。使用时

---

① 冯承钧译:《马可波罗行纪》,中华书局,1955年,第655页。
② 冯承钧译:《马可波罗行纪》,中华书局,1955年,第717页。
③ 徐兢:《宣和奉使高丽图经》卷三十四,海道一,梅岑。
④ 吴自牧:《梦粱录》卷十二,江海船舰。
⑤ 刘义杰:《"火长"辩正》,《海交史研究》,2013年第1期。

先以子、午定北、南,再看方位字以调整航向。这种复合型的指示方向的装置最早用于堪舆术。

罗盘和指南针相继发明之后,很长一段历史时期都是各自为用,结合使用见于明确记载是在五代末北宋初。堪舆大家廖瑀(943—1018年)在其传世的《地理泄天机》一书中描述堪舆定方时说:"四象既定,当分八卦。先于穴星分水脊上下盘针,定脉从何方来。次于晕心标下下盘针,定脉从何方去。又于明堂中下盘针,定水从何方来,何方去。"①这里所谓的"盘针"就是装配了指南针的堪舆罗盘。

稍晚,医家也在其著作中记录了针和盘组合起来应用的情况。中医寇宗奭于北宋政和六年(1116年)所著《本草衍义》中说:"磁石,色轻紫,石上皴涩,可吸连针铁,俗谓之燼铁石。……磨针锋则能指南,然常偏东不全南也。其法取新纩中独茧缕,以芥子许蜡缀于针腰,无风处垂之,则针常指南。以针横贯灯心(芯),浮水上,亦指南,然常偏丙位。盖丙为大火,庚辛金受其制,故如是,物理相感尔。"②这里的指南针显然也是装置在罗盘中的,因为只有与罗盘结合在一起,才会出现"然常偏丙位"的现象。

几于寇宗奭记录针盘结合应用于中医的同时,指南针应用于航海也见于明确记载。北宋宣和元年(1119年)朱彧在所著《萍洲可谈》中说:"舟师识地理,夜则观星,昼则观日,阴晦观指南针。"③宣和五年(1123年),徐兢随船队奉使高丽,后在其所撰《图经》中说:"是夜,洋中不可住,维视星斗前迈,若晦冥,则用指南浮针,以揆南北。"④南宋人赵汝适在《诸蕃志》中强调了指南针导航的重要性:"舟舶来往,惟以指南针为则,昼夜守视惟谨,毫厘之差,生死系焉。"⑤上述记载虽然只有针而未提到盘,是因为强调指南针的重要,并未涉及到航海罗盘的构造和使用方法。以实际推考,若指南针不安装于罗盘上是无法应用于船上的。针盘的结合见于另一个南宋人吴自牧的记载:"风雨晦冥时,惟凭针盘而行"。⑥ 元代,航海者对于针盘的依赖更甚,"子午针人之命脉所系"⑦,若"计(针)迷舵失,(人)舟就(孰)存?"⑧随着针盘的长期应用,元代导航人员已掌握从一地到另一地的转向针位点技术。这些针位点的集合,即针位航路,简称为针路。如周达观在《真腊风土记》有记,"自温州开洋,行丁未针,历闽、广海外诸州港口,过七洲洋,经交趾洋到占城;又自占城顺风可半月到真蒲,乃其境也;又自真蒲行坤申针,过昆仑洋入港。"⑨在北洋漕运中,也使用航海针盘导航,"……好风一日一夜,依针正北望,便是显神山;好风半日,便见成山;自转瞭角嘴未过长滩,依针正北行使,早靠桃花班水边。"⑩这种准确的、可定量的航路更为稳定、安全和便捷。自此,海上航行完全进入"惟凭针路定向行船"⑪阶段。这是中国航海史上的重大技术进步。

2.火长的出现及其地位的确定

针盘应用于航海,直接催生了船上的一个重要职事——火长。据吴自牧记述:"风雨晦冥时,惟凭针盘而行,乃火长掌之,毫厘不敢差误,盖一舟人之命所系也。"⑫可见,火长即是掌针盘之人,而且专业技术要求非常高("毫厘不敢差误"),地位非常重要("一舟人之命所系")。掌针盘之人称为火长,与罗盘上二十四方位分位法密切相关。从上述中可知,航海罗盘直接继承了堪舆罗盘的二十四路方位法。在二十

---

①廖瑀:《地理泄天机》,定八卦。转录自明徐善继,徐善述:《绘图地理人子须知》卷四之二,以八卦定穴。
②寇宗奭:《本草衍义》卷五,磁石。
③朱彧:《萍洲可谈》卷二。
④徐兢:《宣和奉使高丽图经》卷三十四,海道一,半洋焦。
⑤赵汝适:《诸蕃志》卷下,海南。
⑥吴自牧:《梦粱录》卷十二,江海船舰。
⑦汪大渊:《岛夷志略》,万里石塘。
⑧汪大渊:《岛夷志略》,昆仑。
⑨周达观:《真腊风土记》,总叙。
⑩《海道经》,海道。
⑪《永乐大典》卷一千五百九十五,经世大典,海运。
⑫吴自牧:《梦粱录》卷十二,江海船舰。

四方位中,"南方丙、丁、巳、午、未。丙,火也"①,午居正南方位,亦属火,天干的丙、丁与地支的巳、未故配属午的左右,都居于南方。堪舆家认为指南针之所以指南,是因为"火实为石之母"②,南方的"火"吸引磁石的指向。此外,堪舆术中的五行说以南方属木,"木火炎上"故色赤。我国传统指向南方一端的指针均涂以红色作为标记,以象征南方的"火"。由此,船上掌管指南针的人也就意味着"司南方之火",随其地位愈发重要,就被称为"火长"了。

针盘应用于航海之后,传统舟师并没有立即退出历史舞台。据南宋岳珂记载,金兀术当年入海追击宋高宗,遇大风浪,窘困恐惧,想要退兵却不好说出口,"遥望大洋中隐隐一山,顾问海师此何所,对曰:'阳山。'兀术慨然叹曰:'昔唐斥境,极于阴山,吾得至此,足矣。'遂下令反棹。"③此时航海罗盘已经在航海中使用了一段时间。随着航海罗盘成为海船导航的必备工具,舟师逐渐淡出,掌握新导航技术的火长地位不断提升。入元后,火长已与舶商、船主、纲首、事头并列。故依律法,如经营不法,"舶商、船主、纲首、事头、火长各一百七"④,从所受惩戒可以看出其地位的重要。

航海罗盘和火长的出现,开创了中国航海的新纪元。中国古代航海自此进入更为安全、快捷的定量航海阶段。宋元航海高峰的形成以及明初郑和下西洋的伟大壮举,莫不与此密切相关。

(四)宋元航海地理与科技文献

在我国古代漫长的历史时期,作为一项技术性极强、协作性要求极高的复杂人类活动——航海活动的有效进行及发展进步特别依赖于航海实践中的相互学习和对前人经验的传承。一些具有较高文化水平的航海参与者对这些知识和经验进行梳理和总结,著书绘图,成为航海科技文献。由此,中国海员航海技术学习逐渐从口传心授发展到有"本"可依。宋元时期,随着航海事业的空前发展,一些关于航海技术和航海地理方面的著作纷纷问世,例如北宋徐兢的《宣和奉使高丽图经》、朱彧的《萍洲可谈》,南宋周去非的《岭外代答》、赵汝适的《诸蕃志》,元代周达观的《真腊风土记》、汪大渊的《岛夷志略》、佚名所撰《大元海运记》等。

《宣和奉使高丽图经》为北宋徐兢所撰。宣和四年(1122年)路允迪、傅墨卿出使高丽,徐兢作为专职书记官和礼宾官随行,归国后著成《宣和奉使高丽图经》40卷。该书详细记载了高丽的城邑、山川、风俗、典章制度、礼仪风范、交通、海道等。尤其关于海道的记述,达6卷之多,甚为详尽。原书有文有图,但图已散佚,仅存其文。从航海的角度来看,该书具体描述了宋代先进的航海工具和航海技术,清晰记载了北宋末期我国东部海域从宁波通往朝鲜半岛开城的海上航路,而最后几卷实为现代意义上的航海日志。特别是关于指南浮针的应用及海图测绘的记录,在航海技术史上具有重要价值。

《萍洲可谈》为北宋朱彧所撰,成书于宣和元年(1102年),同3卷。卷二集中记载了宋代市舶管理、海道交通、海船人员结构、海船管理与经营方式、航海生活以及广州蕃坊和来华穆斯林等情况。其中"舟师识地理,夜则观星,昼则观日,阴晦观指南针",或为罗盘应用于航海的最早记载。

《岭外代答》作者为南宋人周去非,曾任桂林通判,致仕后因问岭外事者众多而倦于应酬,遂撰该书一并作答。该书共10卷,分20门,其中以相当篇幅记载了海外诸国地理、物产,反映了宋代中国船员的航行区域之广。与之类似的还有南宋赵汝适的《诸蕃志》和元代陈大震的《南海志》。

《岛夷志略》为元代民间航海旅行家汪大渊的纪实性著作,记载了亚、非、欧220多个国家与地名,生

---

① 萧吉:《五行大义》卷第二,第三者,论方位杂。
② 管辂:《管氏地理指蒙》,释中第八。
③ 岳珂:《桯史》卷五,阳山舒城。
④ 《元史·刑法志》。

动翔实。作为随船人员,汪大渊的著述更加直观地印证了元代中国船员的航海业绩。

元人所撰《大元海运记》,有了对针路簿的明确记载:"切见万里海洋,渺无际涯,阴晴风雨,出于不测,惟凭针路定向行船,仰观天象以卜明晦"①。由此可知元朝运粮海道凭针路为依据。后明朝人编辑元朝海漕故事,撰成《海道经》一书。其中的"海道"一章中也有"好风一日一夜,依针正北望"②的说法。可见,元朝时的海漕是依靠罗盘航海,并开创了远海的第三条黑水洋航路。《海道经》中的"海道"部分,除去长江航段外,海道的相当部分来源于《大元海运记》中所记的"漕运水程"这类针路簿,从结构上看都由水程,即海道(航路)和航海天文、地理及气象等组成。

元人周达观所著《真腊风土记》,记述了作者出使真腊的见闻。其中关于海路,有"自温州开洋,行丁未针。……又自真蒲,行坤申针"③的针位记载,应该来源于火长之针路簿,或海道针经。从中可以看出,针路簿经过南宋的酝酿,到元代已经成型并在航海家(火长)手中流传。这是针路簿开创之初时的情形,虽然都仅有片言只语,但针路簿的存在已经无可置疑了。

第二节 宋元时期的近海与远洋船员

宋元时期,在上述诸多因素共同作用下,中国远洋和近海航业空前发达,尤其沿海地区很多百姓投身于航海贸易,使汉唐以来的海上丝绸之路更加繁荣。这也是中国海员创造的古代历史上的第一个航海高峰期。

一、海商集团的兴盛与海员体系的形成

(一)海商集团的兴盛与海员的构成

中国民间海商得到较大发展是在唐中期以后,"原为国家所控制的对外贸易逐渐转入私人手中"④。五代时期东南沿海的航海贸易习俗逐渐形成,至宋代已经蔚然成风。由于航海贸易获利甚巨,"每十贯之数可以易番货百贯之物,百贯之数可以易番货千贯之物"⑤,因而吸引社会各个阶层都投入这场大航海贸易之中。上至公卿大将,下至农、渔、佃户,或独资打造商船,或与人合股租船,招募船员,赴海外经营。"海舶大者数百人,小者百余人,以巨商为纲首、副纲首、杂事","舶船深阔各数十丈,商人分占贮货,人得数尺许"⑥。在宋元的一些远洋商船上,纲首、杂事、火长等高级船员由船东出钱雇募,而普通船员往往由小海商充任。这些海商各自带货上船,以劳役抵扣船租。因此说,宋元海商往往即为海员。

在海商中,有"世为海贾"的"温州巨商张愿"⑦、"以泛海贸迁为业"的"四明人郑邦杰"⑧、"本以牙侩起家"的"建康巨商杨二郎"⑨等巨商大贾,但更多的是农户和渔户。浙江沿海一带,由于土地少而贫瘠,人们难以农业谋生,因而经商风气盛行,居民"籍贩籴者半之"⑩。而福建路更是人多地少,因此经商者更

---

① 《大元海运记》卷下,测候潮汛应验。
② 《海道经》,海道。
③ 周达观原著,夏鼐校注:《真腊风土记校注》,中华书局,2000年,总叙,第15页。
④ 朴真奭:《中朝经济文化交流史研究》,辽宁人民出版社,1984年,第35页。
⑤ 包恢:《敝帚稿略》卷一,禁铜钱申省状。
⑥ 朱彧:《萍洲可谈》卷二。
⑦ 洪迈:《夷坚丁志》卷三。
⑧ 郭彖:《睽车志》卷三。
⑨ 洪迈:《夷坚志补》卷二一。
⑩ 《至正四明续志》卷五,土产。

多,"漳、泉、福、兴化滨海之民所造船乃自备财力,兴贩牟利"①。两广向为航海贸易活跃之区,从事航海贸易的自然不少。

宋代海员的规模,从在籍海船的数量可以推考。南宋淳熙年间,明州"将海船五千八百八十七只结甲"②。而至嘉熙年间,明州在籍民间海船数量增至7916艘。而嘉熙年间温、明、台三州在籍民船梁宽一丈以上3833只,一丈以下15454只,总计19287只。③若再加上越州的海船数,浙东一路便超过两万艘。而宋代"海舟以福建船为上,广东西船次之,温明州船又次之"④。按此估算,南宋浙东、浙西、福建、广东、广西、淮南等沿海诸路,民间海船数量多时应超过10万艘。船员数量的配置因船只大小而增减。福建征调的民间海船,"一丈二尺至一丈三尺,梢工、招头、碇手各一人,水手一十三人;一丈四尺,梢工、招头、碇手各一人,水手一十五人;一丈五尺至一丈六尺,梢工、招头各一人,碇手二人,水手一十七人;一丈七尺至一丈八尺,梢工、招头各一人,碇手二人,水手二十人;一丈九尺,梢工二人,招头一人,碇手三人,水手二十三人;二丈,梢工二人,招头一人,碇手三人,水手二十七人;二丈一尺以上,梢工、招头各二人,碇手三人,水手三十三人。"⑤以每船20名船员计,10万艘海船所用船员当有200万名之巨。

统治集团中的一些人也参与航海贸易,他们或投资于海商,或者干脆自己出海。比如,郑公明知雷州时,"三次搬运铜钱下海,博易番货"⑥;南宋大将张俊曾派一老卒以50万贯本钱出海贸易,一年回来"获利几十倍"⑦。宋朝政府最初对于官吏、军将下海经商的行为是明令禁止的。但在巨大的利润面前,这些人置法令于不顾,甚至经商的军兵骚扰商贾之事时有发生。后来政府不得不作变通,"不许诸司别作名色,差拨下海,所有本军回易,止许就屯驻营寨去处开置铺席,典质贩卖,庶几不为商贾之害。"⑧

除此之外,一些僧道等宗教人员也涉足航海贸易。

(二) 宋元海员职务体系

宋元海员分工明确,各有职掌,形成了一个完备的海员职务体系。收录于日本史籍《朝野群载》中的北宋政府发给海商李充的出海贸易许可证——公凭,开列了全体船员的姓名以及所任职事(参见附文);《元典章》的《市舶则法》规定,商船请公验须开具"本船财主某人、纲首某人、直库某人、梢工某人、杂事某人、部领等某人、人伴某人"⑨。这两种文献对宋海员体系进行了较为集中的记载,参考其他文献,可将宋元远洋船员体系梳理如下:

1.管理人员

纲首:即一船之首领。据《萍洲可谈》,纲首以巨商任之,"市舶司给朱记,许用笞治其徒,有死亡者籍其财"⑩,权力很大。"朝廷若有宣索诸物,责令顺便番船纲首博易纳官"⑪,为朝廷管理海贸的第一责任人。宋朝规定,"诸市舶纲首能招诱舶船,抽解物货累价及五万贯补助以上者,补官有差"⑫。有"蕃舶纲

---

①《宋会要辑稿》刑法二之一三七。
②黄震:《黄氏日抄》卷六七,范石湖文。
③《开庆四明续志》卷六,三郡隘船。
④吕颐浩:《忠穆集》卷二,论舟楫之利。
⑤梁克家:《淳熙三山志》卷十四,版籍类五。
⑥《宋史·杜范传》。
⑦罗大经:《鹤林玉露》卷三。
⑧《宋会要辑稿》食货六七之二。
⑨《元典章》户部卷之八,典章二十二。
⑩朱彧:《萍洲可谈》卷二。
⑪《通制条格》卷十八,关市。
⑫《文献通考》卷第二十,市籴考一。

首蔡景芳",因"招诱贩到物货",使朝廷"收净利钱九十八万余贯",因而"特与补承信郎"。① 纲首有三种形式,其一本身为独资海船船主,权力最大;其二,合资海船的股东之一,权力稍逊;其三,船主或船东招募海商担任,直接向船主或船东负责,这种情况较为普遍,泉州大海商王元懋就曾雇募"吴大作纲首"②。有的海船上还设有副纲首一职。

杂事:协助纲首管理船上杂务,地位仅次于纲首和副纲首,同纲首、副纲首一样享有"市舶司给朱记",同属"体制内在编"船员。如果商船返回逃避政府抽买,"纲首、杂事、部领、梢工各徒二年,配本城"③。从其所承担的责任,可见属于管理层。

部领:即水手头目。部领在宋代即与纲首、梢工、杂事同为船上的重要职事人员,至元代地位也很重要,"海商贸易物货,以舶司给藉用印关防,具注名件斤数,纲首、杂事、部领、梢工书押,回日以物籍公验,纳市舶司"④。商船出海贸易,部领与纲首、杂事和梢工都需要在市舶司所给关防上书押,可见其责任不轻,地位不低。

直库:即仓库总管。见于元代海船,因其掌一船之财货,因此地位很高,往往仅列于纲首之后。"公验开具本船财主某人、纲首某人、直库某人、梢工某人、杂事某人、部领等某人、人伴某人","海商每船募纲首、直库、杂事、部领、梢工、碇手"⑤。

2. 技术船员

火长:船上司针盘为船舶导航的高级技术船员,出现于宋代,至元代地位愈发重要。上文述之甚详,姑不赘述。

梢工:即船尾掌舵之职。古代海船"深涉南海,径数万里,千百人之命,直寄于一柂"⑥,梢工责任重大,地位自然就高,与纲首、杂事、部领并列为高级职事。元代海船出海,梢工与纲首、杂事、部领同样要在关防上书押,共同承担责任。

招头:在船首以长桨协助梢工掌握海船方向的重要船员。

碇手:即管理碇、锚的船员。在茫茫大海抛锚泊船,需要审看水文地文,测量海深,因此技术和经验要求都很高。南宋朝廷经常征调民船充实海防。淳熙三年(1176年)正月七日,孝宗下诏对积极应召赴"明州摆泊诸处发到海船"给予犒赏,"押船主、梢、碇、招头、水手各给钱有差"⑦。碇手的赏格在招头、水手之上,仅次于船主、梢工,可见其地位的重要。元人曾有诗云,"碇手在船功最多,一人唱歌百人和,何事深浅偏记得,惯曾海上看风波。"⑧

3. 一般船员

水手:数量最多,职事最杂。南宋初,福建、广东沿海州军雇募防海民船分为三等,"上等船募梢工二人,水手四十人;中等募梢工一名,水手三十五人;下等梢工一名,水手二十五人"⑨。据《李充公凭》,水手分为三甲,共64人之多。水手除从事摇橹、扯帆等驾船工作外,还要从事各种杂役,比如负责船舶日常维修保养、船舶属具的管理以及为全体人员提供伙食等。

---

① 《宋会要辑稿》职官四四之一九。
② 洪迈:《夷坚三志己》卷六。
③ 三善为康:《朝野群载》卷二十,异国。
④ 《元典章》户部卷之八,典章二十二,课程,市舶,市舶则法二十三条。
⑤ 同上。
⑥ 周去非:《岭外代答》卷六,器用门(舟楫附)。
⑦ 《宋会要辑稿》兵二〇之三〇。
⑧ 贡师泰:《玩斋集》,海歌十首。
⑨ 《宋会要辑稿》兵二九之三二。

附:李充公凭(部分)

提举两浙路市舶司据泉州客人李充状,今将自己船壹只,请集水手,欲往日本国,转买回货。经赴明州市舶务抽解,乞出给公验前去者:

一、人船货物

自己船壹只

纲首　李充　稍工　林养　杂事　庄权

部领　吴弟

第一甲　梁留　蔡依　唐枯　陈富　林和　郡滕　阮佑
　　　　杨元　陈从　住珠　顾冉　王进　郭宜　阮昌
　　　　林旺　黄生　强宰　关从　送满　陈裕

第二甲　左直　吴凑　陈贵　李成　翁生　陈珠　陈德　陈新
　　　　蔡原　陈志　顾章　张太　吴太　何来　朱有　陈光
　　　　林弟　李凑　杨小　彭事　陈钦　张五　小陈珠
　　　　小林弟

第三甲　唐才　林太　阳光　陈养　林太　陈荣　林定
　　　　张泰　萨有　张武　林泰　小陈贵　王有　林念　生荣
　　　　王德　唐兴　王春

物货

象眼肆拾匹　生绢拾匹　白绫贰拾匹　瓷垸贰佰床　瓷堞壹佰床

一、防船家事　锣壹面　鼓壹面　旗五口

一、右刻本州物力户　郑裕　郑敦仁　陈枯三人委保

一、本州令　给杖壹条　印壹颗

……①

(三)宋元政府对海商与海员的管理

宋元政府虽然鼓励民间航海贸易,但同时也制定了严密的管理制度,对出海贸易的商人、船员进行严格管理,一方面是为了抽税方便,另一方面是为了防控海商、海员与海外诸蕃勾连而威胁海疆安全。

1.船户编籍与保甲制度

宋元政府对职业行船的民户另编户籍,称为船户。北宋元祐六年(1091年),在广南沿海的"广、惠、南、恩、端、潮"等州县率先实行船户编籍与保甲制度,"濒海船户每二十户为甲,选有家业行止,众所推服者二人,充大小甲头,县置籍,录生名、年甲并船橹棹数,其不入籍并橹棹过数,及将堪以害人之物并载外人在船,同甲人即(及)甲头知而不纠,与同罪"②。南宋时期,对船户的管理更加严格。建炎四年(1130年),由于海州、密州米价上涨,通、泰、苏、秀等州海船民户见有利可图,贩米去卖,但朝廷担心"若为金人所虏,定谋转海前来",于是将这几州船户"权行籍定,五家为保,不得发船前去,京来严立罪赏,许人捕告,候将来收复京东濒海州军,方许海船通"③。绍兴五年(1135年)五月十九日"以沿海人户五家结为一

---

① 三善为康:《朝野群载》卷二十,大宰府附异国大宋商容事。
②《宋会要辑稿》食货五〇之四、五。
③《宋会要辑稿》兵二九之一〇、一一。

保,不许透漏舟船出北界"①。至此,沿海船户保甲制度广泛实行。元代对沿海运粮、运盐船户立有各种禁约,违犯者须受刑罚。

2.出海登记制度——公凭、公验

两宋政府规定,商船出海贸易,须到市舶司请"公凭"。据哲宗元祐五年(1090年)刑部的解释,"商贾许由海道往外藩兴贩,并具人、船、物货名数,所诣去处,申所在州,仍召本土物力户三人委保"②。由上文所附《李充公凭》,可见的确如此。其中船员的职务、姓名必须开列清楚,以便有司掌握。若不请公凭而私自出海,要受到处罚。元代规定,舶商出海大船请"公验",小船请"公凭"。"公验开具本船财主某人、纲首某人、直库某人、梢工某人、杂事某人、部领等某人、人伴某人……","海商不请验、凭,擅自发舶船,并许诸人告捕,犯人断罪,船物没官"③。"公凭""公验"相当于出海贸易许可证,其中对船员的有关规定实际上是出海登记制度。

3.贸易周期限制

南宋政府为缩短贸易周期,从而多征商船税,并加强对出海船员的管控,对出海商船的返航期限也作了规定,"商贾由海道兴贩诸蕃,及海南州县,近立限回舶,缘其间或有盗贼、风波、逃亡事故,不能如期,难以立定程限,今欲乞召物力户充保,自给公凭日为始,若在五月内回舶,与优饶抽税,如满一年内,不在饶税之限,满一年已上,许从本司根究责罚施行,若有透漏,元保物力户并当坐罪"④。元朝规定,"如在番阻风,住冬不还者,次年回帆,取问同船或同伴船只人等是实,依例抽分;若便妄称风水不便,转指买卖,许诸人首告,依例断没,告人给赏"⑤。

4.贸易区域限制

两宋政府虽然总体上实行对外开放的贸易政策,但并非没有限制,海外一些国家或地区因被视为对中国有所威胁,所以不许商民前往贸易。起初,日本、大食、高丽皆在禁止之列,后因日本、大食并无实质威胁而解禁,"北界"的辽、金成为严禁之区,而高丽因与辽、金接界而被限制贸易,同样受限的还有交趾。宋仁宗时期规定,"客旅于海路商贩者,不得往高丽",神宗时有所放宽,元丰二年(1079年)规定,"自来入高丽商人财本及五千缗以上者,令明州籍其姓名,召保识,岁许出引发船二只往交易"⑥,绍圣元年(1094年)重申,"往高丽者,财本必及三千万贯,船不许过两只,仍限次年回"⑦。至政和年间,因为"防北"的需要,山东半岛的登、莱、密州都在禁止贸易之列,因"密州接近登、莱州界,系南北商贾所会去处,理合禁止蕃舶及海南舟船到彼"⑧。南宋时期,对北方金国的贸易禁令更严。由于淮河以北沦陷,绍兴年间,朝廷连出禁令,禁止南方商船往山东等地贸易。⑨宋朝政府还一直限制与交趾的贸易。北宋初,因"以濒海之民数患交州侵寇","止许廉州及如洪寨互市"⑩,若私自往交州贸易,"犯者决杖配牢城,随行赀货尽没入官"⑪。至南宋初,为防止"透漏生口、铜钱",对与交趾贸易的限制更为严格。元代虽然对贸易区域没有明确限制,但舶商在请公凭时须"明填所往是何国土经纪,不许越过他国",若"其元指所往番

---

① 《宋会要辑稿》刑法二之一〇七。
② 《续资治通鉴长编》卷四百五十一,元祐五年十一月己丑。
③ 《元典章》户部卷之八,典章二十二,课程,市舶,市舶则法二十三条。
④ 《宋会要辑稿》职官四四之二七、二八。
⑤ 《元典章》户部卷之八,典章二十二,课程,市舶,市舶则法二十三条。
⑥ 《续资治通鉴长编》卷二百九十六,元丰二年正月丙子。
⑦ 《宋会要辑稿》食货三八之三三、三四。
⑧ 《宋会要辑稿》刑法二之六二。
⑨ 《宋会要辑稿》刑法二之一〇六、一〇七。
⑩ 《宋会要辑稿》蕃夷四之二九。
⑪ 《宋会要辑稿》刑法二之一三。

邦国土,如有不能得到所指去处,委因风水打往别国,就博到别国物货,至回帆抽分时,取问同伴在船人等相同,别无虚诳,依例抽分;如中间诈妄欺瞒官司,许诸人首告是实,依例断没,告人给赏"①。可以看出,宋元政府对贸易区域的限制主要目的是防止出海船员与"蕃夷"勾连为祸,威胁海疆安全。就明代倭寇肆虐东南沿海的事实来看,宋元政府的所为也并非毫无道理。

二、宋元海员主导下的东北亚航线

宋元时期,中国与日本列岛、朝鲜半岛的航线经过上千年的航海实践探索已经十分成熟。在大部分时间里,东北亚地区局势稳定,官方友好往来和民间航海贸易十分频繁。在东北亚各条航线上,中国海商和海员凭借着强大的经济实力和高超的航海技术占据着主导地位。

(一) 女真对北宋的渤海贡马航线

女真族即靺鞨后裔,北宋时期长期处于辽政权的统治之下。辽朝为分其势,将一部分强宗大姓迁至辽南地区。这些女真人很快与北宋建立了航海联系。

据《宋会要辑稿》记载,"建隆二年(961年)八月,其国遣使嗢突剌朱来贡名马","十二月遣使使槐鹿猪泛海来贡方物"②,此后又接连来贡。女真所贡"方物",最为北宋需要的就是马。因此建隆四年(963年),宋太祖对登州地方官府下诏,"沙门岛人户等,地居海峤,岁有常租,而女贞远隔鲸波,多输骏(马),足当风涛之利涉,假舟楫以为劳,言念辛勤,所宜蠲复,自今特免逐年夏秋租赋、曲钱,及缘科杂物,州县差徭,止令多置舟楫,济渡女贞马来往,其在舟栈木,自前抽纳今复给与主驾人力"③。沙门岛地处庙岛群岛南部,女真贡马航线就是从辽东半岛经庙岛群岛到山东半岛横渡渤海海峡的直达航线。贡马需要有专造的马船,说明女真人的造船能力及航海水平不低。而北宋山东沿海船员,以沙门岛为接应站,接渡女真贡马,为此朝廷免除他们的各种赋税和徭役。其实,当时女真并未立国,所谓遣使贡马实际上是民间贸易。

乾德五年(967年)发生了一件事,"女贞来寇白沙寨,略官马三匹,民百二十八口",宋太祖于是下诏,"止其贡马者不令还"。不久,女真首领渤海郍三人入贡请罪,太祖下诏"切责前寇略之罪,而嘉其效顺之意,先留贡马,女真悉令放还"。④

太宗朝,女真人又屡次来贡。这引起了辽国的不满,"去海岸四百里置三栅,栅置兵三千,绝其贡献之路"。淳化二年(991年),女真首领罗野里鸡等上书宋太宗,提出联合出兵"共平三栅",太宗没有回应,"但降诏抚谕而不为发兵"⑤。此后,女真人转而依附高丽,真宗朝几次随高丽使臣入贡。天禧三年(1019年)十二月,女真"首领汝淳达等复至,自言昨各以本土马来贡,涂中淹久,皆已死失,诏特给其直"⑥。此后,再不见女真贡马的记载。

(二) 两宋与高丽航线

两宋政府虽然出于国家安全考虑,对高丽贸易进行限制,但并没有严格实行。一方面因利之所驱,海商不顾禁令铤而走险;另一方面,政府有时默许或授意海商,进行贸易下的外交活动。特别是元丰二年

---

① 《元典章》户部卷之八,典章二十二。
② 《宋会要辑稿》蕃夷三之一。
③ 同上。
④ 《宋会要辑稿》蕃夷三之一、二。
⑤ 《宋会要辑稿》蕃夷三之二。
⑥ 《宋会要辑稿》蕃夷三之三。

(1079年),宋神宗宣布允许"贾人入高丽"①以后,中国赴高丽贸易的海商、船员日益增多。高丽对此持十分欢迎的态度,不仅在贸易中给予中国海商极大的优惠,而且也派商船来中国贸易。朴真奭先生据高丽史统计,从1012年至1192年,宋海商往高丽贸易共117次,其中能确知人数的有77次,共计4548人。②

北宋与高丽往来的繁荣不仅表现在民间贸易,也反映在官方交往上。双方互派使节,来往频繁。据统计,两宋时期高丽遣使入宋达57次之多,宋使往高丽也有30次,其中"徐兢奉使高丽"因有著作流传而最为有名。

宋徽宗宣和四年(1122年)春,给事中路允迪和中书舍人傅墨卿奉命出使高丽。当年九月,尚未及成行,接报高丽国王王俣去世,使团便多了一项吊唁和封赐的使命。徐兢作为"奉议郎、充奉使高丽国信所、提辖人船礼物"随行。船队由两艘神舟和六艘客舟组成,在闽浙一带招募船员,于宣和五年(1123年)五月十六日从明州起航,北上东渡,历时近一个月,于六月十三日入高丽王城(今开城)。完成使命后,使团于七月十三日返航,由于风涛不顺,历时42天,八月二十七日才抵达定海。

徐兢归国后撰有《宣和奉使高丽图经》一部,不仅描述高丽城邑、山川、风俗、典章制度,而且也记录了此次奉使从航海工具制造,到航海实践亲历的全过程。其中对船员的各种祭祀活动的记述,比较全面地展现了当时海员的信仰情况。这在后文将作具体介绍。

徐兢使团所走的航线为宋与高丽之间的南路航线,始发港除明州(绍熙五年后称庆元)外,还有泉州、杭州、海门、江阴等处。其中泉州逐渐脱颖而出,时"高丽王城有华人数百,多闽人因贾舶而至者"③。据郑麟趾的《高丽史》统计,仅自北宋大中祥符八年(1015年)至元祐五年(1090年),由泉州出海抵达高丽者即有19起。不过,就当时而言,泉州航线还仅为明州航线的延长,泉州港的地位还是逊于明州港。

北路航线有二,其一由山东半岛的登州(今蓬莱市)出发,向东横渡黄海北部,抵朝鲜半岛西岸;其二由密州板桥镇(位于今胶州市)出胶州湾,东渡黄海抵朝鲜半岛西岸。北路航线航程短,"比明州实近便"④,为北宋中前期的主要赴高丽航线。但后来在辽国的军事威胁下,北路航线已不安全,加之部分海商为牟利私往辽国贸易,从而给国家带来隐患,因此熙宁后北路航线遭到政府严厉禁止。

(三)宋元与日本航线

唐代中晚期,海商已经取代官方使节成为中日航线上的主角。至宋代,中日航线更为繁忙,其中绝大多数为中国商船。据日本资料统计,从978年(宋太宗太平兴国三年、日本圆融天皇天元元年)到1116年(宋徽宗政和六年、日本鸟羽天皇永久四年),中国海商赴日本贸易有明确记载的即有70次之多,姓名见诸文献的有陈仁爽、徐仁满、朱仁聪、郑仁德、周文德、杨仁绍、林庭干、周世昌、曾令文(一作曾令久)、周文裔、陈文佑、慕晏诚、张守隆、林养(一作林表)、俊政(一作俊改)、潘怀清、孙忠、卢范、杨宥、尧忠、张仲、李佺、李充、孙俊明、郑清等。其中朱仁聪、孙忠、周文德、陈文佑、周文裔、李充等多次往返。这些赴日海商在贸易之外,还兼迎送赴日僧侣,为政府传递公文、附送物品等。⑤

当时赴日商船一般由明州等港起航,横渡东海,到达日本肥前的值嘉岛一带,再转往筑前的博德港(今北九州福冈县),风水顺便一周可达。⑥商船到港后,日本大宰府派人前来查验公凭、人员和货物,然

---

① 《续资治通鉴长编》卷二九六,元丰二年。
② 黄纯艳:《宋代海外贸易》,社会科学文献出版社,2003年,第99页。
③ 《宋史·高丽传》。
④ 《续资治通鉴长编》卷三四一,元丰六年。
⑤ 木宫泰彦著,胡锡年译:《日中文化交流史》,商务印书馆,1980年,第237—243页。
⑥ 孙光圻:《中国古代航海史》,海洋出版社,2005年,第298页。

后上报京师。京师接报,派出官员办理交易,一般先由官府交易,然后才准许民间买卖。日本官方对中国海商开始持欢迎态度,于鸿胪馆安置,供给衣食,后因来船渐多,不胜负担,便不再设馆接待,并且规定宋商赴日贸易必须间隔两年。但宋商很少遵循,往往以遇风漂至等各种借口提前贸易。

南宋初的30年内,因与金国和战未定,局势不安,故赴日本贸易商船很少,"记录上只有久安六年(1150年)宋商刘文仲来到日本"①。但此后,中日双方贸易迅速升温,并超过北宋。其原因有二,在宋由于与金国达成和议,放开航海贸易;在日由于以平清盛上台为标志的武士政权确立,采取积极的航海贸易政策。平清盛采取一系列措施方便南宋商船前来贸易,从而扩大了中日贸易规模。这一时期一个突出的特点是,中日航线不再是宋人唱独角戏,日本驶往中国的商船日渐增多,有时一年有四五十艘日船抵宋。南宋中叶以后,搭乘商船入宋的日本僧人确知姓名的就有120多人,宋僧赴日本的也很多,这也反映了双方航海贸易之盛。

元初日本对元采取敌对态度。忽必烈在至元十一年(1274年)和至元十八年(1281年)两次下令攻打日本,但均告失败。事实上,战争仅仅是元、日关系的一个方面,航海贸易一直存在。元朝宣布罢征日本后,双方航海交往迅速升温。以佛教为国教的元朝屡次派僧人赴日本通好,而日本商船也频繁来华贸易。应该说,元代中国商船赴日贸易较日船来华为少,这与倭寇开始对中国沿海进行侵扰有关。

三、宋元远洋船员与海上丝绸之路的繁盛

宋元时期,不仅东北亚近海航线的船舶往来十分繁忙,通往南洋、北印度洋甚至地中海区域的远洋航线更为繁盛。时人慨叹,"东西南数千万里,皆得梯航以达其道路","虽天际穷发不毛之地,无不可通之理"②。宋元的远洋航海,在时人的著作中记述颇为详尽,主要有宋人《岭外代答》《诸蕃志》和元人的《大德南海志》《岛夷志略》等。这些著作中详细记载了贸易货物、航路水程,以及所航达国家和地区的地理物产、风土人情等。在中国海员的积极参与并主导下,海上丝绸之路迎来了第一个历史发展高峰。

(一)宋代远洋航线

由于两宋政府实行了开放的航海贸易政策,加之航海罗盘的应用等相关因素,中国商船从广州或泉州起航,前往东南亚、南亚、西亚以及北非的远洋航行空前活跃。特别是南宋时期,中国商船频见于南洋及北印度洋海域。据有关文献③梳理,宋代的远洋航路有如下几条。

1.广州或泉州—三佛齐

三佛齐是宋代舶商在东南亚进行直航贸易的主要口岸。《岭外代答》载,"三佛齐,在南海之中,诸蕃水道之要冲也。东自阇婆诸国,西自大食、故临诸国,无不由其境而至中国者"④。又载,"三佛齐之来也,正北行,舟历上下竺与交洋,乃至中国之境。其欲至广者,入自屯门。欲至泉者,入自甲子门"⑤。《文献通考》也载,由三佛齐驶向中国,"泛海便风二十日至广州。如泉州,舟行顺风,月余也可到"⑥。这种由三佛齐到中国的航路记载顺序反映了一个事实——北宋时期三佛齐海商来华的居多。如太平兴国五年(980年),"三佛齐国蕃商李甫海商舶船载香药、犀角、象牙至海口,会风势不便,飘船六十日至潮州,其香

---

① 木宫泰彦著,胡锡年译:《日中文化交流史》,商务印书馆,1980年,第293页。
② 吴鉴:《岛夷志·序》。
③ 孙光圻:《中国古代航海史》,海洋出版社,2005年,第319—324页。
④ 周去非:《岭外代答》卷二,外国门上。
⑤ 周去非:《岭外代答》卷三,外国门下。
⑥ 《文献通考》卷三三二,四裔考九。

药悉送广州"①。雍熙二年(985年),三佛齐"舶主金花茶以方物来献"②。熙宁十年(1077年),三佛齐大首领兼大海商地华迦罗也航至中国,并出资修复广州天庆观,以祷佑"发舟同舶,跨洪涛之险,常德安济,无曩日之惊危"③。至南宋初期,这种情况已有转变,"泉州纲首朱纺,舟往三佛齐国,……舟行迅速,无有艰阻,往返曾不期年,获利百倍,前后之贾于外蕃者,未尝有是"④。自此,中国海商逐渐成为该航线上的主流。

2. 广州或泉州—阇婆

宋时,阇婆也是中国与东南亚通商的重要口岸。《诸蕃志》载,"阇婆国,又名莆家龙,于泉州为丙巳方。率以冬月发船,盖藉北风之便,顺风昼夜行,月余可到"⑤。据《宋史》,从阇婆出发,"西北泛海十五日至渤泥国,又十日至三佛齐国,又七日至古逻国,又七日至柴历亭,抵交趾,达广州"⑥。而据《岭外代答》,"阇婆之来也,稍西北行,舟过十二子石,与三佛齐海道合于拄屿之下"⑦。此航线向由中国海商主导。北宋初,福建"主舶大商毛旭"曾数次往返于这条航路上,阇婆于是借助毛旭"响导来朝贡"⑧。其后,航线上的渤泥国也学习阇婆,借北宋海商蒲芦歇为响导,来宋朝贡⑨。由于阇婆"胡椒萃聚,商船利倍莅之获",中国海商趋之若鹜,"往往冒禁,潜载铜钱博换。朝廷屡行禁止兴贩,番商诡计,易其名曰苏吉丹"⑩,足见当时中国海商往阇婆民间航海贸易之盛。

3. 广州或泉州—兰里—故临

《岭外代答》"故临国"条载"广舶四十日到兰里,住冬,次年再发舶,约一月始达其国"⑪。《诸蕃志》"故临国"条也载,"泉舶四十余日到兰里,住冬至次年再发,一月始达"⑫。兰里位于苏门答腊岛西北端班达亚齐,扼孟加拉湾与马六甲水道之咽喉,是中国商船前往南亚、西亚和北非的住冬博易场所,同时本身即为重要的贸易口岸。自兰里缘孟加拉湾沿岸西航,即达印度半岛南端的故临,其地有著名的马拉巴贸易海岸,中国和西方商船均在此贸易、歇泊。上述记载说明,至迟在南宋时,中国海商已经非常熟悉这条航线了。

4. 广州或泉州—兰里(三佛齐)—故临—大食

此航线是广州或泉州—故临航线的延伸。据《岭外代答》,"中国舶商欲往大食必自故临易小舟而往,虽以一月南风至之,然往返经二年矣"⑬,而"大食国之来也,以小舟运而南行,至故临国,易大舟而东行,至三佛齐国,乃复如三佛齐之入中国"⑭。大食是唐宋时期中国对阿拉伯地区的总称,汉唐以来一直通过陆上丝绸之路进行通商,航海交往也越发频繁。北宋时由于陆上交通需经西夏地界,因此仁宗天圣元年(1023年)规定,大食"今后只自广州路入贡,更不得于西番出入"⑮,海上丝绸之路遂成为中国与大食交往的唯一通道。中国与大食的航海贸易,要经故临中转,是因为中国海船体势大,吃水深,适宜在开

---

① 《宋史·三佛齐传》。
② 同上。
③ 《重修天庆观记》,广州博物馆藏。
④ 《福建莆田绍兴八年祥应庙碑记》,收于《闽中金石略》卷八。
⑤ 赵汝适:《诸蕃志》卷上,志国,阇婆条。
⑥ 《宋史·阇婆传》。
⑦ 周去非:《岭外代答》卷三,外国门下。
⑧ 《宋史·阇婆传》。
⑨ 《宋史·渤泥传》。
⑩ 赵汝适:《诸蕃志》卷上,志国。
⑪ 周去非:《岭外代答》卷二,外国门上。
⑫ 赵汝适:《诸蕃志》卷上,志国,故临。
⑬ 周去非:《岭外代答》卷二,外国门上。
⑭ 周去非:《岭外代答》卷三,外国门下。
⑮ 《宋会要辑稿》蕃夷七之二二。

阔洋面上航行,而在阿拉伯海与波斯湾作沿岸航行贸易则不够灵便,须转驳阿拉伯海区适用的三角帆小船。这说明中国至大食的贸易航线由中国船员和阿拉伯船员接力完成,而中国海船和船员主导了该航线的大部分航段。

5.广州或泉州—兰里—麻离拔

《岭外代答》载,"有麻离拔国,广州自中冬后发船,乘风北行,约四十日到地名兰里,博买苏木、白锡、长白藤,住至次冬,再乘东北风,六十日顺风,方到此国"①。《诸蕃志》载,"自泉发船,四十余日至蓝里,博易住冬,次年再发,顺风六十余日方至其国"②。麻离拔地处阿拉伯半岛南部的卡马尔湾头,为当时阿拉伯地区最大港口之一,是阿拉伯诸国对外贸易总站。中国远洋商船每年冬季趁东北风自广州或泉州等港出发,经40天到兰里博易住冬,等到来年冬天,再趁东北风横渡北印度洋,60天可达麻离拔。中国海船横渡直航距离达2 500海里的北印度洋,显示了航海罗盘应用于海船导航后中国船员航海水平的突飞猛进。

6.广州或泉州—兰里—东非

中国商船在唐代就已经到过东非。至宋代,中国往东非的航海贸易更为频繁。据考古发现,东非海岸索马里、肯尼亚和坦桑尼亚等地遗留有大量的宋代陶瓷。日本考古学家三上次男认为,"逐渐增长的对海上贸易的大量需求,在九至十世纪左右迸发了出来。从阿拉伯、印度方面,一只又一只的大船开进了广州、泉州、明州(浙江省宁波)、杭州等地,购得货物之后又西行归国,中国方面的巨舶也驶向南海大洋。海上贸易的兴起和当时航海术、造船术的进步有着密切关系。到了十一、十二世纪,中国已经能够造出可以运载数百人甚至上千人的大船,并将罗盘运用到航海方面了","总之,海上交通的发达使得沉重易损的陶瓷器的出口变得比过去更加容易了"③。除宋瓷外,东非海岸的摩加迪沙、布拉瓦、桑给巴尔岛、基尔瓦等地还发现了大量宋代铜钱,这是中国商船来此贸易的直接证据。

东非海岸丰富的宋代文物遗存表明,当时中国往东非的航海贸易切实存在,还至为繁忙。考其去程航路,不外乎三种可能:其一,至兰里后直航麻离拔,然后循阿拉伯海员惯行航线,过亚丁湾,沿东非海岸南下,随行贸易;其二,至兰里后先抵故临,再候顺风顺流西南直航东非海岸;其三,至兰里后经马尔代夫群岛横渡北印度洋达东非海岸。返程航路一般应有两种走法:其一,八月后沿东非海岸北上,过亚丁湾,先抵阿拉伯半岛,再乘东北季风驶往印度半岛南部,然后住冬候风,次年乘西南季风航返中国;其二,在六月初即乘西南季风驶离东非海岸,经马尔代夫群岛横渡印度洋直航兰里,再乘同一西南季风返回中国。

宋代远洋船员对横渡印度洋航线的开辟,不仅是中国航海史上的创举,而且在世界航海史上也具有里程碑意义。它标志着航海罗盘用于导航后,进入定量航海时代航海水平的巨大提升,在缩短贸易周期、加速商品流转、开拓海外市场以及提高航海安全性等方面都具有重要意义。

(二) 元代的远洋航海活动

元灭南宋后,远洋航海的鼎盛势头非但并未衰减,而且有了进一步的发展。虽然元世祖忽必烈曾对占城和爪哇两度用兵,但和平和贸易才是整个元代远洋航海活动的主流。即使两次以失败告终的军事航海,从航海发展的角度来看也不乏亮点:其一,远征水师船队规模巨大,少则百艘,多则上千艘,大型船队编队技术与组织能力惊人;其二,征爪哇失败后,元水师主将史弼率船队连续航行18天返回泉州,航期较宋代大为缩短,反映了元代海船航行能力和海员航海技术的全面提高。从元代标志性器物——青花瓷的海外行销状况,可以看出元代远洋贸易之盛。而在以和平和贸易为主题的远洋航行中,涌现出了诸多著

---

① 周去非:《岭外代答》卷三,外国门下。
② 赵汝适:《诸蕃志》卷上,志国,大食国。
③ 三上次男著,李锡经、高喜美译:《陶瓷之路》,文物出版社,1984年,第154页。

名的航海人物。

1.元青花的海外遗存与外销状况

元代远洋贸易航线,从以泉州为代表的东南沿海港口出发,经东南亚、印度半岛、阿拉伯半岛,达非洲东海岸,与宋时基本相同。特别到了元代中叶以后,蒙古诸汗国之间矛盾重重,战、和不定,陆上丝绸之路愈加阻塞,对外贸易主要依靠海运,促使元代的海上交通空前发展。据近几十年来的考古资料,东南亚、南亚、西亚以及东非都发现了大量元青花及其残片。

(1)东南亚

在菲律宾的苏禄群岛、宿务岛和棉兰老岛等地出土了很多元青花,其中既有至正型的大型精品,也有中型日常用品和小型的祭祀用品,而中小型器物的数量比大型器要多得多,特别是小型的瓶、罐、水注之类的数量惊人,①这说明航海贸易已是当地人的日常生活需求。

印度尼西亚的加里曼丹、苏拉威西、苏门答腊、爪哇等诸岛上也发现了大量的元青花。其中既有精美的大件器物,也有小件祭祀用品。爪哇岛的东部多罗是中国瓷器从海路销往西亚的中转站之一,位于该地的马加帕比特王朝宫都旧址出土了大量的元代中国瓷器,以青花瓷器为主,其中很多是典型的至正型元青花。② 此外,泰国也发现有元代青花瓷遗存。

(2)南亚

日本著名史学家、陶瓷学家三上次男说,"十四世纪以后的中国陶瓷,在印度也看到许多"③。其中北部地区出土的青花瓷和青瓷中少有日用的中小型器物,都是大盘和大碗。南部地区出土和传世的青花瓷更多。20世纪80年代,日本学者在印度南端的别利亚巴台那买港湾遗址,发掘了大约1000件13—14世纪中国瓷器,其中有龙泉窑青瓷、元青花和釉里红,多为日用品。这里自古就是东西贸易海路的大中转站,中国与西方商人在此汇聚贸易,印度民间对中国瓷器有海量的需求。

斯里兰卡也发现有14世纪前后中国越窑系瓷器残片,而其东南的马尔代夫发现的中国瓷器从12—13世纪到近代都有。

(3)西亚

伊朗阿尔德比勒灵庙因收藏了大量中国瓷器而闻名,其中元青花32件,包括盘、大钵、梅瓶、广口罐、葫芦瓶、扁壶等。位于波斯湾北岸的霍尔木兹岛是13—14世纪伊朗的主要贸易港口,发现了大量的元代青瓷和青花瓷。内陆的内沙布尔发现的元青花,即是从霍尔木兹岛或者是附近的地方运过去的。此外,在巴士拉、乌勒拉、希拉、吉舒等波斯湾北岸今属伊拉克境内的遗址也发现有元代的青瓷和青花。④

著名的土耳其伊斯坦布尔托普卡比博物馆收藏的一万多件中国瓷器中,有几十件大型元青花。在叙利亚发现了一件非常罕见的元青花大盘,三上次男先生认为大概是为了向中东输出而设计的。⑤

以红海入口处的重要港口亚丁为代表的阿拉伯半岛南岸的许多港湾遗址都发现13—14世纪的青瓷和青花瓷。也门北部的扎哈兰也发现14世纪的青瓷盘和元青花瓷片。

(4)非洲

在著名的埃及福斯塔特遗址出土的大约12000件中国瓷片中,包括200多件至正型元青花瓷片。在苏丹境内位于红海沿岸的废港阿扎布遗址收集了约40件元青花瓷片,其中还可以看到数片作为日常用品的中型钵的破片。埃塞俄比亚、索马里、肯尼亚、坦桑尼亚等国家的很多遗址发现了13—14世纪的青

---

① 彭涛:《元代景德镇青花瓷的外销及相关问题》,《南方文物》,2003年第2期。
② 同上。
③ 三上次男著,李锡经、高喜美译:《陶瓷之路》,文物出版社,1984年,第128页。
④ 彭涛:《元代景德镇青花瓷的外销及相关问题》,《南方文物》,2003年,第2期。
⑤ 同上。

瓷和青花。比如，在坦桑尼亚基瓦尔岛西北角的一个中世纪贸易中心城市废墟，发现了元代凤凰卷草纹的青花瓷；在肯尼亚的哥迪发现了元代釉里红彩绘花纹大瓶和龙纹青花。①

从东南亚、南亚、西亚到非洲的广大区域里，以元青花为代表的元代器物的大量遗存，清晰地勾勒出了元代的远洋贸易航线，显示了当时远洋贸易区域之广，贸易量之大，以及对当地生活、宗教以及艺术等影响之深。元代的远洋船员为东西方贸易的繁荣做出了卓越的贡献。

2. 元代远洋航海著名人物

在元代的远洋航海活动中，涌现出了一些著名的人物。他们或为朝廷使者，或为民间人士，以自身亲历见证了元代远洋航海贸易之盛。

（1）亦黑迷失

亦黑迷失是元初著名的航海家和水师将领，曾参与元朝两次对东南亚地区的军事行动，而最值得称道的是作为和平使者四次奉使南亚地区。至元九年（1272年）和至元十二年（1275年），亦黑迷失两奉元世祖忽必烈之命，出使八罗孛国（今印度半岛西南部），皆达成目的，其国两度派使节随亦黑迷失来元朝贡献。至元二十一年（1284年），亦黑迷失第三次出使，前往僧加剌国（今斯里兰卡）通好，以扩大元朝在海外的影响。至元二十四年（1287年），亦黑迷失第四次出使，赴马八儿（在今印度半岛东南海岸），因途中遇风，一年才到，返程时其国人随同来贡方物。亦黑迷失四下南亚，虽然主要是出于政治目的，但客观上起到了促进航海贸易的作用，所出使各国前来贡献方物的也都是民间海商。而由于其航海经历丰富，故忽必烈在征爪哇时将"海道事付亦黑迷失"②，可见其是一位优秀的航海家。

（2）杨廷璧

俱兰（宋称故临）位于今印度半岛西南，是南亚航线上的重要枢纽。为了贯通航路以利通商，至元十六年（1279年）冬元世祖派广东招讨司达鲁花赤杨廷璧出使俱兰。次年二月，杨廷璧抵达俱兰，带回其国同好文书。由于俱兰贡使迟迟未到，至元十八年（1281年）正月杨廷璧同宣慰使哈撒儿海牙于泉州登船再使俱兰，途遇季风转向，无奈往马八儿登岸，准备取道陆路前往，但因马八儿与俱兰关系紧张，未得通行许可，只得返航回国。同年十一月，杨廷璧率使团再往俱兰，称东北季风之便，于次年二月到达，受到热情欢迎。三月，俱兰遣使回访，随行的还有其他国使臣，返航途中又与沿途国家建立友好关系。杨廷璧成功出使俱兰后，南亚和东南亚10余个国家开始与元朝通好，航海贸易更为繁荣。

（3）周达观

真腊（即今柬埔寨）历来是中国通商之地，元代海商来此贸易更加频繁。为加强相互了解与友好，元政府多次遣使真腊。周达观是一位惯于海外航行、熟悉异域风土的航海家，元贞元年（1295年）六月奉命随使团出使真腊。

次年二月，船队从明州起航，"自温州开洋行丁未针，历闽、广海外诸州港口，过七洲洋，经交趾洋，到占城；又自占城顺风可半月到真蒲"，"又自真蒲行坤申针过昆仑洋入港，港凡数十，惟第四港可入，其余悉以沙浅，故不通巨舟"，"自港口北行，顺水可半月抵其地曰查南，乃其属郡也；又自查南换小舟，顺水可十余日，过半路村、佛村、渡淡洋，可抵其地曰干傍"，至此登岸陆行达真腊王城。在真腊停留一年后，周达观一行于"大德丁酉（1297年）六月回舟，八月十二日抵四明泊岸"③，来回共3年。

归国后，周达观写成《真腊风土记》一书，对真腊的风土民俗等进行了介绍。而书中对中国往真腊的海道和针路的记录，表明他是一位有着丰富航海经验和高超航海技术的航海家。

---

① 彭涛：《元代景德镇青花瓷的外销及相关问题》，《南方文物》，2003年第2期。
② 《元史·亦黑迷失传》。
③ 周达观：《真腊风土记》，总叙。

（4）杨枢

杨枢为元代官商的典型,本为中级海运官员。大德五年(1301年),杨枢率"官本船"赴西洋贸易,达波斯湾。返航时,伊利汗合赞遣使者那怀随杨枢前往中国朝贡。那怀回国仍请由杨枢护送,元朝即加封杨枢为忠显校尉海运副千户。大德八年(1304年),杨枢护送那怀等回航波斯,历时3年,于大德十一年(1307年)抵达忽鲁谟斯。返航时,他购买了大量当地土产,满载而归。杨枢死后,史官黄溍在为其撰写的墓志铭中说,"凡舟楫粮糗器物之须,一出于君,不以烦有司"①。杨枢利用官员的身份进行航海贸易,可谓一位精明的官商和航海家。

（5）汪大渊

汪大渊,字焕章,自幼喜好游历,二十岁时(元顺帝至顺元年,1330年)从泉州"附舶以浮海者,数年然后归",②时为元统二年(1334年)夏秋。至元三年(1337年)冬,他由泉州第二次出海,至正五年(1345年)归。汪大渊两次出海,足迹所达东亚、东南亚、南亚、西亚、印度洋与地中海广大区域的100多个国家和地区,成为元代伟大航海家之一。第一次航海归来,汪大渊即撰写了纪实性著作,第二次归国后,又进行了重大修订,最终写成《岛夷志》。至正九年(1349年),汪大渊再如泉州,适逢吴鉴编纂泉州方志——《清源续志》。吴鉴经汪大渊同意,将《岛夷志》附于郡志之后。次年,汪大渊返回家乡后,又将《岛夷志》单独刊印出版。

汪大渊的《岛夷志》所记之海外事物,都是其亲历亲见,"传说之事,则不载焉"③,写作态度极其严谨。其对所到南亚和西亚各地天时、气候、地理、风土的记录,为以后的航海者提供了很有价值的参考和指南。与前几位均有官方背景不同,汪大渊是民间航海家的杰出代表,反映了元代民间航海者的高素质和高水准。

上述元代著名航海人物代表了元代远洋贸易的三种主要形式,即使臣贸易、"官本船"贸易和民间贸易。亦黑迷失、杨廷璧等使臣不但负有通好海外的政治任务,还要"奉朝旨,飞舶浮海与外夷互市"④,以满足皇室对于海外珍奇的需求。"元朝派出的使臣交驰穿梭于海上,足迹遍及海外诸国,甚至远达东非和北非,航海贸易之盛在中国历史上是罕见的"⑤。使臣贸易不足以达到朝廷对海外贸易的垄断,于是朝廷又推行了"官本船"法:官方造船并出本钱,选择海商代理经营,所得利润七三分成,以图进一步控制海外贸易,杨枢即是其代表。然而,民间贸易的巨大需求毕竟不能禁绝。至治三年(1323年),元政府不得不宣布,"听海商贸易,归征其税"⑥,"官本船"法废止。总之,以上述著名航海人物为代表的远洋船员共同造就了元代远洋贸易之盛。

四、元代北洋漕运与海漕船员

北洋漕运堪称元代一项具有重大历史开创意义的航海活动。虽然通过海道调配粮食和物资至迟可溯至秦代,其后汉、隋、唐也偶有尝试,但规模小,仅为一时权宜之计。大规模有组织的,作为国家大计的海运漕粮则始于元代。由于元代海漕的经行海域为长江口以北,因此称为北洋漕运。

（一）北洋漕运的动因及概况

元代开辟北洋漕运,并非出于统治者的偶然冲动,而是历史的必然。忽必烈定都大都(今北京市)

---

① 黄溍:《海运千户杨君墓志铭》,《金华黄先生文集》卷三十五。
② 吴鉴:《岛夷志·序》。
③ 汪大渊:《岛夷志·后序》。
④ 吴莱:《渊颖集》卷五,论倭。
⑤ 廖大珂:《元代官营航海贸易制度述略》,《中国经济史研究》,1998年第2期。
⑥《元史·食货志》。

后,政权中心地区巨大的粮食供应是亟需解决的问题。经过连年战争,北方的农业生产遭到严重破坏,粮食供应更加仰赖于江南,因此忽必烈即位之初就很关心漕粮运输。元初,因循前朝的内河漕运发挥了很大的作用,然而随着时间的推移,问题日益显现。首先,需要转运的漕粮数量庞大,河漕不堪重负;其次,漕渠年深日久时常崩坏,或水源不足,或水灾淤塞,难以保持畅通。在这种情况下,丞相伯颜率先提出海运漕粮的动议。

伯颜的这一建议来自于此前一次海道转运物货的经验,"平江南时,尝命张瑄、朱清等,以宋库藏图籍,自崇明州从海道转入京师"①。于是,至元十九年(1282年),伯颜旧事重提,"以为海运可行,于是请于朝廷,命上海总管罗璧、朱清、张瑄等,造平底海船六十艘,运粮四万六千余石,从海道至京师"②。第一次海漕尝试虽然也遇到了较为复杂的情况,但最终顺利抵达京师,于是元政府下决心罢河漕,行海运。海运漕粮逐年增加,第二年即增至290500石;两年后几乎又翻一番,达到578520石;到至元二十八年(1291年),起运量猛增至1407400石。此后某个时段虽有所回落,但总体在增长,最高值达到至正元年(1341年)的380余万石,比最初的运量翻了80倍。北洋漕运几乎与元代共存亡,对元朝的立国意义重大。

(二)航路探索与航海技术运用

元代海漕路线并非一成不变,最开始的航路是,从刘家港放洋,循海岸北行,绕过海门县附近的"黄连沙头""万里长滩",再循盐城、东海、密州等县近海处北行抵胶州湾,稍作休整,从灵山放洋转投东北;经过月余的浅沙航路抵成山,转过成山西行,终达直沽杨村码头。这条航路"计一万三千三百五十里",道里悠远,多浅滩、暗礁,水文状况复杂,行船十分危险,多有沉溺事故发生,第一次运输就损失4000石,改进航路势在必行。至元二十九年(1292年),朱清、张瑄"踏开生路"③,"自刘家港开洋,过黄连沙,转西行使至胶西,投东北取成山",再转西行"一日夜至刘岛,又一日夜至芝罘岛,再一日夜至沙门岛,守得东南便风,可放莱州大洋,三日三夜方到界河口"④。这条航路便捷许多,但对气象条件依赖很大,顺风顺水半月可达,如果风水不便,则航期要在一个月或四十日以上,因此也还有改进的必要。至元三十年(1293年),海运千户殷明略大胆探索,带领船队"自刘家港开洋,至崇明州三沙放洋,望东行使入黑水大洋,取成山,转西至刘家岛,聚舟宗取薪水毕,到登州沙门岛,于莱州大洋入界河"⑤。这条航线相较以前有了明显进步。首先,离岸较远,避开浅沙暗礁,航行安全性大大提高;其次,航域内终年有黑潮暖流可以利用,对提高船速极为便利,顺风顺流,整个航期"不过旬日而已"⑥。此后,元代海漕多循此路。在航路的探索和选择上,朱清、张瑄等航海家起了决定性的作用。元代海漕航路示意图见图2-2。

而海运漕粮最终得以实现,还要靠广大富有经验和技术的船户和船工。如此漫长的航程和航期,面对复杂的水文、地文状况,气候的变幻莫测,航行困难和艰险可想而知。因此政府"高价召募惯熟梢工,使司其事"。在海运实践中,广大船员充分利用长期积累的航海技术和经验,并有所创新。这主要表现在以下几个方面:其一,航海罗盘导航,"惟凭针路定向行船";其二,天文导航,"仰观天象,以卜明晦";其三,气象、水文导航,将风、雨、雷、电和潮汐规律进行总结,并编成口诀供船员记诵,"虽是俗说,屡验皆应";其四,地文导航,对航路所经地理状况进行详细勘察记录,创造性地运用"点篙"测沙礁等技术。其五,航标导航与"引水"的初创。鉴于刘家港北沙浅水暗,至大四年(1311年)十二月由常熟州船户苏显提议,并

---
①《元史·食货志》。
②同上。
③《大元海运记》卷下。
④《元史·食货志》。
⑤《大元海运记》卷下。
⑥《元史·食货志》。

会同"老旧运粮千户"殷忠显、黄忠翊等提出导航办法:以苏显备私船两只作为号船,"抛泊西暗沙嘴两处,树立旗缨,指领粮船出浅",并画榜晓示,粮船须于号船两边绕过,观旗缨决定行止。因"江阴州管下"多处也有浅沙暗礁,延佑元年(1314)七月省府令江阴船户"袁源等充指浅提领,照依议到事理,预备船只旗缨,依上指浅施行"①。利用当地船户对航路地文、水文状况的熟悉为船舶导航的做法具有重要意义,可谓是后世引水制度的初创和萌芽。

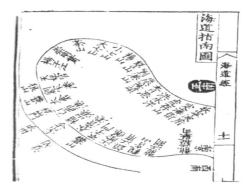

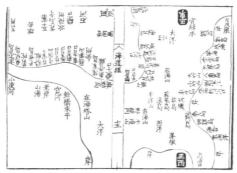

图 2-2 元代北洋漕运航路示意图

(三) 管理机构与制度

北洋漕运船队规模随着漕粮运量的增加而逐年扩大。初行海运时仅平底船 60 艘,到延佑元年(1314 年)"浙西平江路刘家港开洋一千六百五十三只,浙东庆元路烈港开洋一百四十七只",到至顺元年(1333 年)一直维持"用船总计一千八百只"②的规模,最高纪录是至正三年(1343 年)的 3000 余艘③。如此庞大的船队,必然要有一个高效的管理系统。

元代海运管理机构几经变化,逐渐完备。至元二十年(1283 年)首运成功,元朝即设立两所"海道运粮万户府",朱清、张瑄分别任中万户和千户。至元二十四年(1287 年),因海运地位提高,始"立行泉府司,专掌海运,增置万户二,总为四府"。至元二十五年(1288 年),"内外分置漕运司二",负责接运海道漕粮。至元二十八年(1291 年),"并四府为都漕运万户府二,止令清、瑄二人掌之,其属有千户、百户等官,分为各翼,以督岁运"④。

至元三十年(1293 年),朱虞龙任海道都漕运万户,提调香糯事,万户府增为三所。大德七年(1303

---

① 《大元海运记》卷下。
② 同上。
③ 吴风翔:《无锡县志》卷二三,祠宇。
④ 《元史》,食货一,海运。

年),因朱清、张瑄失势,三万户府又并而为一,开府于平江,设达鲁花赤一员、万户二员、副万户三员,千户按驻地共十一处。至大四年(1311年)又将原有的十一处千户所并为七处。①

海运管理的最高机构为隶中书省左司科粮房下设的"海运科"。江浙行省实施对海运万户府的直接领导,并派行省官员监收漕粮,提调海运。每次海运开航前,万户府须由正官赴港口点阅粮船,监督起航。各所千户则须分赴各仓监装漕粮,并轮番下海督运。为使各级漕运官员恪守本职,政府规定了相应的奖惩制度。每年年末,朝廷都要考核各官员任务完成情况,"运及额数者为'最',不及额数者为'殿'。当该运司官一'最'升一等,三岁任满别行迁转;一'殿'降一等,次年又'殿'则黜之"②。此外,如果损失粮食,押运官须负责赔偿。

(四)经营方式与船员规模

元代行海运之初,主要由军人、水手担任运输任务。首运成功后,即于至元二十一年(1284年)二月,"罢阿八赤河道,以其军人、水手及船,分与扬州、平滦两处运粮"。这批"水手、军人等二万,船千艘",其中"水手五千、军五千、船一千付扬州省教习水手运粮;余军五千、水手五千就驾平滦,船从利津海道运粮"③。军人处于管理者的地位。最初设立的两所万户府,除熟悉海道的朱清、张瑄分别担任中万户和千户外,"以忙兀䚟为一府达鲁花赤,余一府以万户之无军有牌者除充"④。忙兀䚟本为武将,而"余一府以万户之无军有牌者"亦即有武将万户职衔而未管军者。

至元二十一年(1284年)在调动阿八赤挑挖河道的军人水手承担海运任务的同时,又发动"近海有力之家"⑤造舟运粮。此后海运经营主要采取"雇佣包运"制,在江、浙、闽、广沿海各地和雇民间船只运粮,给予一定的雇直——"脚钱"。如江浙省官员曾向朝廷上疏称,"本省左丞沙不丁言,其弟合八失及马合谋但的、澉浦杨家等皆有舟,且深知漕事,乞以为海道运粮都漕万户府官,各以己力输运官粮。万户、千户,并如军官例承袭,宽恤漕户,增给雇直,庶有成效"⑥。除了和雇民船外,官府也建造漕船,招募水手起运。职业运粮的民户称为"船户",分属七处千户所,"凡数万人"⑦。如按明代海船每千石用水手15—20人的标准⑧推算,元代海运每年300余万石粮,水手应达6万余人,春夏二运平均每期3万余人。但至大前有一期春运,岁运额在300万石以下,用舟400余艘,水手竟达4万余人⑨。

为便于船队管理,对漕船进行编制。大部分年份里,全国漕船共分三十纲,"每编船三十只为一纲,船九百余只,运粮三百余万石,船户八千余户,纲官以常选正八品为之"⑩。

北洋漕运能够获得成功,除了忽必烈、伯颜为代表的统治集团的战略眼光,朱清、张瑄、殷明略等航海家的非凡胆识外,最基本的依靠还是广大船户和船工的付出。他们凭借经验和技术,在艰苦卓绝、危险万分的航海生涯中,以勇气和智慧,甚至是生命的代价成就了北洋漕运的辉煌。他们大多名不见经传,但所创造的海上航运重大业绩将永垂史册。

---

① 《大元海运记》卷上。
② 同上。
③ 同上。
④ 同上。
⑤ 柳贯:《柳先生文集》,附录,柳先生行状。
⑥ 陈邦瞻:《元史纪事本末》卷十二,运漕。
⑦ 朱德润:《存复斋文集》卷四,送海道镇抚莫侯北归序。
⑧ 邱浚:《大学衍义补》卷三四,漕挽之宜(下)。
⑨ 任士林:《任松下先生文集》卷二,江浙行省奏运海粮记。
⑩ 《元史·百官志》。

五、宋元海员的历史作用

宋元海员所开创的航海伟业,不仅体现在贸易和经济层面,而且在沟通信息、传播文化、加强对外交往等方面都发挥了重要作用,产生了重大影响。

(一) 主导海上丝绸之路

宋元海员最根本、最重要的贡献,还是体现在对外贸易上。他们凭借着先进的航海技术和冒险精神,活跃在东西洋贸易中,成为维护海上丝绸之路持续繁荣的最大力量。宋元海商所到之处,往往受到隆重的礼遇。如宋代商船到达渤泥国后,"其王与眷属率大人(王之左右号曰大人①)到船,问劳船人,用锦藉跳板迎肃,款以酒醴,用金银器皿、椽席、凉伞等分献有差"。等到贸易完毕,返航之日,"其王亦酾酒椎牛祖席,酢以脑子、番布等称其所施"②。这样的接待规格实在超高,充分说明宋代海商对当地社会生活的重要性,赢得其国人的恭肃和礼遇。

宋朝商船每到一地,就会掀起一次贸易高潮。有意思的是,他们在麻逸国还建立了信用贸易方式。船舶入港后,"蛮贾丛至",搬取货物,"乃以其货转入他岛屿贸易,率至八九月始归,以其所得准偿舶商,亦有过期不归者"③。宋朝海商的胸襟气魄可见一斑。因各种原因过期未回者基本不会一去不回,只是往往影响宋船返航日期。这种信用商业体系的建立也足见宋商在当地影响力之大、商业信誉之高。

宋元海商以雄厚的财力和万人称颂的商业口碑成为东西洋贸易的关键。他们不仅销售中国货物,还博买当地土产转贩至另外的地方销售。如以兰里、故临为中转站,把东南亚的苏木、白锡等转贩到西亚阿拉伯地区,再把东非、西亚、东南亚等地物产,包括各种香药、犀牛、象牙等运往日本、高丽等国销售。

宋元海商还为外商来华起到向导和中介的作用。宋元政府都实行招徕外商的政策,而外商及所办货物往往附中国商船前来,当然需付一定的租金。这也反映了宋元海商对丝绸之路繁荣的一个贡献,即印度洋、东南亚地区一些中小散商可以借助中国海商实现航海贸易。

(二) 推动国家外交活动

宋元海商以航海贸易获利,自然渴望有一个和平稳定的国际环境和以中国为主导的贸易秩序,因此他们利用熟悉外国情况、沟通方便等优势,积极帮助甚至推动政府开展外交活动。

熙宁八年(1075年),北宋欲联合占城进攻交趾,于是"募海商三、五人作经略司委曲,说谕彼君长"④。两国之间的军事联合应该说是最高机密,却委派给几个海商,说明中国海商在当地的影响之大,身份也易被接受。当然这种参与国家大事的机会毕竟是少数,海商在外交中的作用主要体现在以下几个方面:其一,利用熟悉海道的优势,为政府使节打前站。例如元丰元年(1078年)北宋派使臣出使高丽,"福建、两浙旧有贩高丽海商,知朝廷遣使,争谋以轻舟驰报"⑤。元丰六年(1083年),宋朝再派使者赴高丽,也是由海商先行,"试探海道以闻"⑥。其二,充任中外使节。宋代以前,国家层面的海外交往大都由政府派出使节完成。北宋立国之初,宋太宗就曾遣内侍八人"往海南诸蕃国勾招进奉"⑦。后来,由于海商的积极表现,政府专门

---
①此为原文夹注。
②赵汝适:《诸蕃志》卷上,志国,渤泥国。
③赵汝适:《诸蕃志》卷上,志国,麻逸国。
④《续资治通鉴长编》卷二七一,熙宁八年十二月。
⑤《续资治通鉴长编》卷二八九,元丰元年五月甲申。
⑥《续资治通鉴长编》卷三四一,元丰六年十一月己丑。
⑦《宋会要辑稿》职官四四之二。

遣使减少,沟通中外、传递信息的使命多委派海商承担。南宋时期,奉使者"多是市廛豪富巨商之子"①。元代许多官商同时也是政府使节。有的海商还被所到贸易国聘为使节,代表该国回使中国。例如北宋泉州商人傅旋曾作为高丽使节,"持高丽礼宾省帖,乞借乐艺等人"②。其三,搭载外国使节及贡品来中国。例如,乾道三年(1167年)福建海商陈应祥自占城贸易返回,"船五只,除自贩物货外,各为分载乳香、象牙等并使、副人等前来,继有纲首吴兵船人赍到占城蕃首邹亚娜开具进奉物数"③,日本使节也曾"附明州纲首以方物入贡"④。其四,传送政府牒文和信函。这在海商中相当普遍,特别是宋与高丽、日本之间的牒文和信息,多委海商传送。北宋密州商人平简因"三往高丽通国信"被授予"三班差使"⑤。北宋商人孙忠等也多次传送宋日间的牒文、赠品。⑥ 建炎二年(1128年)海商蔡世章将宋高宗即位诏书送达高丽;建炎五年(1131年)刘光世击败金军,宋高宗改元绍兴,海商卓荣将这些消息传到高丽;后海商吴迪、侯林等都传送过明州给高丽的牒文。⑦ 明州改庆元府后,"本府与其(高丽)礼宾省以文牒相酬酢,皆贾舶通之"⑧。其五,帮助政府恢复或建立邦交。天圣八年(1030年)后,宋曾与高丽一度绝交。熙宁时,神宗想恢复与高丽的友好关系,于是通过福建转运使罗拯遣泉州商人黄真等赴高丽通好。高丽正有此意,于是宋、丽中断了几十年的邦交因海商的媒介作用得以恢复。⑨ 原来与中国没有联系的国家,也有因海商而同中国建立了正式的外交关系。阇婆国因福建商人毛旭"数往来本国,因假其向导来朝贡"⑩;注辇国也因中国海商而知道宋朝的强大,因此上表遣使朝贡。⑪

(三) 促进中外文化交流

宋代海商还积极参与民间文化交流活动。他们把大量中国书籍传到外国,推动了当地文化的发展。北宋商人郑仁德把日僧奝然在宋求得的《大藏经》带到日本;孙忠把宋朝赠给日本的《法华经》和其他新译经书带到日本;朱仁聪将宋僧源清赠送日本比睿山的《法华示珠指》⑫带到日本,如此等等,不胜枚举。高丽也十分喜爱中国书籍,"每贾客市书至",其王"则洁服焚香对之"⑬。高丽甚至预付书款向中国海商订购书籍。福建商人徐戬即"先受高丽钱物,于杭州雕造夹注华严经,费用浩汗,印板既成,公然于海舶载去交纳",并且海商中"如徐戬者甚众"⑭。此外,交趾也十分热爱中国文化,但由于不能造纸笔,因此靠宋商输入⑮。

宋商向外输出书籍,还客观上起到了保存中国文献的作用。有些在中国已经佚失的版本,却在海外得以留存。《朱子类语》载,"高丽入贡时,神宗谕进先秦古书。及进来,有六经不曾焚者,神宗喜,即颁行天下"。《玉海》也载,"高丽献书多异本,馆阁所无"。日本也保存了不少中国古籍,"其国多有中国典籍,

---

①《建炎以来系年要录》卷一七一,绍兴二十六年二月丙子。
②《续资治通鉴长编》卷二六一,熙宁八年三月丙午。
③《宋会要辑稿》蕃夷七之五〇。
④《宋史·日本传》。
⑤《续资治通鉴长编》卷三四九,元丰七年十月癸未。
⑥木宫泰彦著,胡锡年译:《日中文化交流史》,日本和北宋往来一览表,商务印书馆,1980年,第241、243页。
⑦朴真奭:《中朝经济文化交流史研究》,辽宁人民出版社,1984年,第55页。
⑧《宝庆四明志》卷六,市舶。
⑨朴真奭:《中朝经济文化交流史研究》,辽宁人民出版社,1984年,第55页。
⑩《文献统考》卷三三二,四裔考九,阇婆。
⑪《文献统考》卷三三二,四裔考九,注辇。
⑫木宫泰彦著,胡锡年译:《日中文化交流史》,日本和北宋往来一览表,商务印书馆,1980年,第237-243页。
⑬《宋史·高丽传》。
⑭《苏东坡全集》卷五十六,论高丽进奉状。
⑮赵汝适:《诸蕃志》卷上,志国,交趾国。

奝然之来,复得《孝经》一卷,越王《孝经新义》第十五一卷"①。

宋代商人还把外国书籍传入中国。如日僧源信委托宋商朱仁聪将自撰的《往生要集》带到中国传布,又委托宋商杨仁绍将他所著《因明论疏四相违略注释》带给宋云黄山僧行迪等。

宋元海商还为中外僧人来往交流提供方便。奝然、成寻等日本僧人往返宋、日之间多乘坐中国商船,北宋海商郑仁德、孙忠等多次载日本僧人往来中日之间。南宋时期,日僧来华更多,确知姓名的就有120多人,绝大多数搭乘的是中国商船。元代,中日僧人交流不断。大德三年(1299年),元成宗派普陀山僧人一山一宁使日。而日本僧人赴元者更众,他们有的乘日本商船,有的乘中国商船。

(四)揭开海外移民的序幕

宋代之前,中国人绝少主动移民海外者,原因是"祖宗故土不能离"的乡土观念深入人心,更重要的是缺乏历史机遇和条件。宋元时期海外贸易的繁荣,让中国人眼界大开,观念逐渐发生变化,海外移民的条件已经成熟。宋代将移民海外者称为"住蕃"或"住冬"。至北宋中后期,海外移民潮已经形成。熙宁时,福建、广南就有很多海商"至交趾,或闻有留于彼用事者"②。而"自元祐后来,押贩海船人,时有附带曾经赴试士人及过犯、停替胥吏,过海入蕃,或名为住冬,留在彼国数年不回,有二十年者取妻养子,转于近北蕃国无所不至"③。为此北宋政府于元丰和政和年间两下禁令,"停替编配人"、"曾预贡解及州县有学籍士人不得过海"④。然而,移民潮终究阻挡不住,中国往高丽、日本以及东南亚各地移民者越来越多。至北宋末,高丽王城"有华人数百,多闽人因贾舶至者"⑤。而交趾国"相传其祖公蕴亦本闽人",并且"其国土人极少,半是省民"⑥。所谓"省民"即指两广等地的中国居民。其中有些是被诱骗转卖至交趾,"岁不下数百千人"⑦。此外,因海难而被动移民的也很多,即商船遭遇海难后,有幸存者漂至别国,其中有些在当地娶妻生子。

这些入蕃的华人有的住了七八年甚至一二十年后选择回国,但大部分终身不归。入蕃华人因文化水平较高或掌握工艺技能往往很受优待。高丽对于泛海而至的华人"密试其能,诱以禄仕,或强留之终身"⑧。交趾对"闽人附海舶往者,必厚遇之,因命之官,咨以决事"⑨。

元代中国商人侨居异域的也很多。他们开创事业,参与当地开发,促进经济发展,传播中国文化,成为沟通中外的桥梁和纽带。

(五)影响和改变国内生活与生产方式

宋元海商与蕃商一道,从中国向海外贩运丝绸、瓷器、茶叶等商品,从海外向中国贩运各种香料、金银、象牙等土产,从而深刻影响和改变了国内外的生产和生活。抛去对海外的影响不谈,这里单说宋元海商通过航海贸易对国内生产与生活的改变。

从国家层面来讲,宋元政府通过抽税的方式从航海贸易中获取巨额收入,其中由于中国海商的主导地位,所缴纳的税金占大半。市舶收入的增加令宋元政府财较为宽裕,用以养兵、养官以及满足统治集团

---

① 《宋史·日本传》。
② 《续资治通鉴长编》卷二三七,熙宁九年三月壬申。
③ 《宋会要辑稿》刑法二之五七。
④ 《宋会要辑稿》刑法二之五七。
⑤ 《文献通考》卷三二五,四裔考二,高句丽。
⑥ 《文献通考》卷三三〇,四裔考七,交趾。
⑦ 同上。
⑧ 《文献通考》卷三二五,四裔考二,高句丽。
⑨ 《文献通考》卷三三〇,四裔考七,交趾。

生活享乐。

从社会生活和生产层面来讲,海外贸易对上至达官显贵,下至寻常百姓都影响颇深。每年大量的海外商品输入国内,用于各阶层多种消费活动,形成巨大的进口商品消费市场,并衍生出进口商品加工行业。同时,中国商品在海外的畅销也促进了国内出口产品加工业的繁荣。

北宋时期,京城设有文思院,其职能之一就是对进口商品进行加工,以符合宫廷和官僚集团的消费要求。"文思院上下界金银、珠玉、象牙、玳瑁、铜珠、漆、皮、麻等诸作工料最为浩瀚"[1]。此外,徽宗时还在杭州设造作局,也有进口商品加工,"造作器皿,用尽其巧,牙角、犀角、金银、竹藤、装画、糊抹、雕刻、织绣"[2]。文思院和造作局从民间征调大量工匠。而普通百姓特别是京城和港口居民对进口商品消费的旺盛,也催生了民间的进口商品加工业。南宋时,"京城内外有专以打造金箔及铺翠销金为业者,天下数百家,列之市肆,藏之箧盝,通贩往来者往往至数千人"[3]。以南宋半壁江山,仅加工外来金翠饰品的就有数百家,规模可谓不小。而关于各种香料的加工,则频见于宋人文献。[4]

在长期的加工外来商品实践中,产生了很多技艺高超的工匠。《夷坚丁志》中记载了一位琉璃加工高手:宋徽宗曾命内监找工匠把10个"北流离胆瓶"用金属衬里,但是宫廷工匠都不敢承接,因为用坚硬的金属为脆薄易碎的流离托里,实在是难度极大。有一天,内监在市场闲逛,无意中看到一位锡工正在工作,手艺精湛,就抱着试试看的态度把琉璃瓶给他看,问他能不能衬里。工匠说明天来取。第二天内监来取,果然做好了。[5] 有这样技艺高超的工匠,说明民间进口商品加工行业的兴旺,从业者必然是个不小的数字。

而海外对中国商品的大量需求则促进了国内出口商品加工业的繁荣。商品性农业和商品性手工业均在海外贸易的带动下获得快速发展。以元代制瓷和丝绸业为例:仅景德镇一地就有民窑300座,工匠人夫不下数十万,昼间白烟蔽空,夜则红焰熏天,每年烧造瓷器堆积如山;仅丹徒一县就有织机户300余户[6],昼夜开工,轧轧的机器声传至数十里以外。这些瓷器和丝绸大都行销海外。

宋元海商和海员通过航海贸易,丰富了国内生活选择,提升了生活品质,更重要的是改变了行业结构,创造了从业机会,从而促进了社会经济的发展。

第三节　宋元时期的内河船员

宋元时期,不仅以对外贸易和北洋漕运为标志的海上航运发达,以漕粮转输为主要内容的内河航运也很发达。宋元内河航运,自成体系和规模,且有成熟的管理制度,内河船员对国家经济的正常运转具有重要意义。

一、宋元内河航运概况

(一) 宋代内河漕运

漕运始于秦朝,国家物资特别是粮食调运赖此以行,为后世历代统治者所重视。但在唐以前,无论从

---

[1]《续资治通鉴长编》卷四九四,元符元年二月庚寅。
[2]《九朝编年备要》卷二九,徽宗宣和二年十二月。
[3]《宋会要辑稿》刑法二之一三九。
[4] 黄纯艳:《宋代海外贸易》,社会科学文献出版社,2003年,第198页。
[5]《夷坚丁志》卷一七。
[6]《至顺镇江志》卷六,土贡。

运输规模、运输里程还是管理手段、组织体系等都处在发展阶段。而由国家统一调度、管理,规模巨大,组织严密的漕粮运输始于唐代。唐代漕运的成熟也是经过长期摸索。到唐代宗时,刘晏通过改革弊端,"以盐利为漕佣"①雇募民间船夫,以军将押运,将粮船十只编为"一纲",此即纲运的由来。刘晏根据各漕河通航能力不同,制订了"江船达扬州,汴船达河阴,河船达渭口,渭船达太仓,其间缘水置仓,转相受给"②的"转般法",保障了漕粮运输的顺利进行。

沿至宋代,漕运已成为国家调集物资的最重要手段,其中以粮饷运输为主。而随着经济重心的逐步南移,漕运的作用更加凸显,征调数量之大、涉及范围之广都远超过唐代,被视为"国计"。

北宋粮纲主要是通过4条河流运达都城开封,即汴河、黄河、惠民河和广济河(又称五丈河)。此外,蔡河、金水河、江南运河、长江等也承担相应的漕运任务。主要漕运路线有以下3条:其一,"自江淮、南剑、两浙、荆湖南北路,运每岁租籴至真、扬、楚、泗州,置转般仓受纳,分调舟船计纲,溯流入汴至京师";其二,"陕西诸州菽粟,自黄河三门沿流入汴,亦至京师";其三,"陈、颍、许、蔡、光、寿诸州之粟帛,自石塘惠民河沿沂而至(京师)"。③

宋初沿用唐代的"转般法"进行漕粮运输,称为"转般纲"。但由于都城东迁,且河道通航情况也发生了很大的变化,于是北宋政府重新设计了转般路线。宋代漕粮多仰给于江南各路,政府征收漕粮,水路运抵真、扬、楚、泗四州(今江苏仪征、扬州、淮安,安徽泗县等地)转般仓卸船,空船载食盐返回。再由汴河上的漕船到转般仓装船,运往京师。根据水程远近,一年四运或五运。这种分段运输的方法,大大提高了漕船的使用效率。

到北宋后期,转般法弊端渐现:一是转般仓多潮湿,漕粮不宜久存;二是经转般仓装卸,虽然不用"推舟过堰",但粮食损耗严重,"侵盗"事件屡禁不绝;三是设仓置官,政府开销非常大。因此,宋徽宗崇宁三年(1104年),"臣僚建言直达京师",开始尝试"直达法",即东南漕粮直接运至京师,而不再经过真、扬、楚、泗四大转般仓转般。到政和八年(1118年),"尚书省言:直达之法事法详备,有补无损,今妄有改,更徒为劳费"④,"直达法"遂成为北宋后期主要的运输方式。宋室南渡后,建都临安(今杭州),与漕粮产地距离大为缩短,"直达法"更为便利。而且,由于与金国交战,"淮南转般仓敖烧毁殆尽,其江湖粮纲,自合权宜,直达赴行在"⑤,南宋时期的漕粮主要通过"直达法"运输。

宋代内河航运的发达,也有赖于政府的重视和管理。由于内河行船受水文状况影响较大,为保障纲运的安全,政府采取了一系列措施:船只通过堰闸必须遵守秩序,依次而行;尽量顺风行船,既保证行速,又防止风水坏船;沿河州军排岸、催纲、巡检使臣须审看风色,以预防风浪之险;沿河道修建多处避风港澳,在水险河段派专人对漕船进行疏导;如有事故发生,排岸、催纲各官须招集附近民夫合力援救,并根据搜救货物多少予以奖励等。宋朝政府对漕河行船秩序与安全的有效管理,保证了河道通畅,使内河通航能力大为提高。

(二)元代内河漕运

元初,内河漕运继续发挥着巨大的作用。早在蒙哥汗时期,就因袭宋、金漕运制度和路径,建立了比较完备的漕粮征集运输制度;忽必烈统治之时,内河漕运成为为军队提供后勤保障的重要手段。这一时

---

①《旧唐书·食货志》。
②《资治通鉴》卷二二六,唐纪四十二。
③《宋会要辑稿》食货四六之一。
④《宋会要辑稿》食货四六之一三。
⑤《宋会要辑稿》食货四七之一六。

期,漕河运量逐步上升,从至元二十年(1283年)的24万石左右增加到至元二十六年(1289年)的30万石。①

元初江南漕粮北运的主要路线为:粮船从浙江杭州等地经江南运河汇集于扬州。再经运河淮南段过高邮,抵淮安,进入淮水。更转入黄河,逆流上行,直达中栾旱站。至此水路不通,须转为陆运,车载牛运北至淇门镇(今河南省卫辉市境)。重新入御河(今卫河),东北经临清,过直沽,再经白河漕渠到达通州。

虽然元初漕粮多仰给于江南,而西北黄河漕运也具有重要地位。元世祖称帝之初,即开始关注宁夏的粮食生产和运输。中统二年(1261年)七月,"命西京宣抚司造船备西夏漕运"②。从中统初年到至元初年,因朝廷逐步创造条件,黄河漕运逐步发展成熟。

元代在利用已有漕河的同时,又新开了一些运河,并在漕运中发挥了很大的作用。如山东省西北部的会通河,从至元二十六年(1289年)正月开凿,半年凿成,长250余里。次年开始修筑闸坝等设施,到泰定二年(1325年)终告完成,历时37年。会通河的凿成,使汶河和御河(今卫河)相连,漕运更加便利。另一条新运河是郭守敬所建议和设计的通惠河,从昌平白浮村引神山泉,西折南转,过双塔、榆河、一亩、王泉诸水,到大都和义门(今西直门)北入城,南汇为积水潭,东南出文明门(今崇文门),东到通州高丽庄,流入白河,总共164余里。至元二十九年(1292年)秋开凿,一年完成。通惠河通航后,免去了入京漕粮于通州陆运进城之苦。另外值得一提的是,终元一朝,御河漕运一直不废,河北地区税粮由此征调入京。

海上漕粮运输兴起之后,元代内河漕运逐渐萎缩,但作为对北洋漕运的补充和协运角色仍发挥着其不可或缺的作用。

二、宋代内河船员构成

由于内河漕运是宋王朝调集粮饷、物资的最重要手段,因而受到统治集团的高度重视。宋代漕运船员在不同时期有所变化。一般而言,由低级武官充当押纲人,舟卒随船,和雇民夫掌管操驾事宜,或悉由军运,或"军督民运"。因此,宋代内河船员由军官舟卒和民夫船工两个系统共同构成。

(一)军官舟卒

1.押纲军官

作为国家之大计,宋朝统治者十分重视内河漕运的正常运行,组织专门的押纲队伍,对内河漕运全程进行监督管理,以保证人、船、粮纲如期安全抵达。押纲人负有最高责任,如出现问题,则首当其冲被问责,所谓"及其欠折,但令主纲者填纳"③。宋代管押大规模纲船船队的押纲官称为押纲使臣,一般由从九品到正八品的低级武官充任,按其官阶又分为大使臣和小使臣;而小规模的纲船船队则由未入品阶的更低级武职军官或寄禄军官管押,如殿侍、军将、大将等。

军人押纲制度的确立有一个变化过程。宋初,"漕事尚简",粮米物资悉由官运。后来,民船也参与米纲运输。"开宝五年(972年),率汴、蔡两河公私船,运江、淮米数十万石以给兵食"。此时,民船参与纲运属于自愿性质或者临时征调,并非固定差役。至宋太宗太平兴国初,由于南唐和吴越国相继归附,江南漕运量突增至每年400万石,"所在雇民挽舟",但弊端很快显现,"吏并缘为奸,运舟或附载钱帛、杂物输京师,又回纲转输外州,主藏吏给纳邀滞,于是擅贸易官物者有之"。之所以出现这样的弊端,是因为

---

① 默书民:《元代的内河漕运》,收于《漕运文化研究》,学苑出版社,2007年,第52-78页。
② 《元史·世祖一》。
③ 《宋会要辑稿》食货四二之一。

"荆、湖、江、浙、淮南诸州择部民高资者部送上供物,民多质鲁,不能检御舟人。舟人侵盗官物,民破产不能偿"①。所谓"部民高资者"主要是服衙前役的民户,包括一部分地主。他们对粮纲负全责,若有损失,必须赔补,然而却缺乏管理权威和手段,才出现官吏、舟人共同作弊,盗卖官物的局面。押纲民户往往因此而倾家荡产,避之唯恐不及,哀叹"生民之苦无重于里正衙前",为避衙前役甚至改嫁孀母、弃田与人②。

针对此种局面,太平兴国八年(983年)开始,"乃诏牙吏部送"③。"牙吏"即"牙将",盖指非军事机构中的低级武职。又"诏自今荆湖诸州纲船,令三司相度合销人数,依江淮例差军将、大将管押。其江淮、两浙诸州一依前诏,不得差大户押纲"④。于是低级武职将吏开始部分地取代衙前役人管押纲运,并逐渐占据主导地位。⑤ 到哲宗时,到京纲船除招部分得替(任满待职)官员外,绝大部分都是"差使臣、殿侍、军将管押,其杂色及畸零之物差将校或节级管押"⑥。

但武职押纲施行之始也有弊端。使臣或军将、大将独掌一纲,权力很大,为其侵盗官物创造了方便条件。李溥出任淮南、江、浙、荆湖制置发运使后,针对此种弊端进行改革,"并三纲为一,以三人共主之,使更相伺察"⑦,收到了立竿见影的效果。大中祥符九年(1016年)四月,李溥上奏真宗说,"今以三纲并而为一,则监主之人加二,俾通管之则,纲船前后得人拘辖,可减盗窃,内奉职大将三人同押,当七十二纲粮斛四十九万石纳外,止欠二百石,窃取既少,则大减刑责"⑧。二百石的损失对于四十九万石粮纲来说,几乎可以忽略不计,因此李溥为押纲人"乞第赐缗钱"。

此后,朝廷订立制度,对于损失官物少的押纲武官均按官阶给予奖励。例如天禧二年(1018年)九月十八日,"诏三班使臣部,送益州纲运至荆南无遗阙者,自今每运赐钱十五千,三司军大将十千"⑨。不仅如此,对于累计押运达到一定额度者予以"引见酬奖"。所谓"引见酬奖",即指引见于皇帝,意为升职。例如,天禧二年"二月,诏御河押运三司大将、军将、殿侍,并见在本河押运人员等,并令于元定二十万物色上更添五万,共作二十五万,如三年前满得替,自能于装发去处,认数装般及得二十五万数,即依例引见酬奖;或内有元差诸处衙前请般物色,其押运大将、军将、殿侍等,只是管押纲船,不曾任(认)数装般官物,亦须及得三十万数,别无损湿、少欠、抛失、违程及杂犯罪怨,亦许依例引见酬奖"⑩。由此可见,按御河押纲人员累计运量升职制度分为两种情况:其一,如果押纲人既亲自去水次、仓库点数装船,又负责押运的,三年内运量达二十五万石即可升职;其二,如果由衙前役负责点数装船,武官只负责押纲的,运量达三十万石即可升职。但两种升职方式的前提都是"别无损湿、少欠、抛失、违程及杂犯罪怨"。

对于损失货物以及无故违程者,则给予各种不同的惩处,有差替(服差役)、冲替(贬职)、充重役、展磨勘(延长升迁考核期)等。如大中祥符六年(1013年)三月,诏"抛失重船一只,依旧条徒二年,二只递加一等,并罪止十一只;空船各减一等,押载押运节级降充长行,纲副勒充稍工,使臣人员并替稍工、㯢手,罪各有差"⑪。再如哲宗元祐六年(1091年),江淮荆浙等路发运使晁端彦上疏,"请应汴河粮纲,每岁运八千硕已上,抛欠满四百硕,押纲人差替,纲官勒充重役,满六百硕,军大将、殿侍差替,使臣冲替外,更展

---

① 《宋史》卷一七五,食货上三,漕运。
② 《文献通考》卷一二,职役考一。
③ 《宋史》卷一七五,食货上三,漕运。
④ 《宋会要辑稿》食货四二之一。
⑤ 参考陈峰:《北宋漕运押纲人员考述》,《中国史研究》,1997年第1期;王云裳:《简论宋代漕运与武职押纲队伍及舟卒》,《绍兴文理学院学报》(哲学社会科学),2010年第30卷第1期。
⑥ 《文献通考》卷一三,职役考二。
⑦ 《宋史》卷二九九,李溥传。
⑧ 《宋会要辑稿》食货四六之五。
⑨ 《宋会要辑稿》食货四六之六。
⑩ 《宋会要辑稿》食货四六之五、六。
⑪ 《宋会要辑稿》食货四六之四。

三年磨勘;若行一运已上、抛欠通及一千五百硕,除该差替、冲替外,更展三年磨勘;初运但有抛欠,仍无故稽程至罪止者,亦行差替重役"①。

关于对押纲人的奖惩办法,不同时期、不同地区以及根据运道难易不同往往各异,上述仅举个例而已。总之,太平兴国八年(983年)后,低级武官管押纲运渐成定制,并且订立了复杂的奖惩制度。

2.漕卒

漕卒,顾名思义,即从事漕运的士兵,又称为"纲卒""舟卒""运兵""运卒"等。他们听命于押纲武官,负责保卫漕运安全,以及从事一般船员的工作。漕卒与宋代漕运相始终,即使用部民押纲时,漕卒充运也没有间断过,因此才造成部民押纲人"不能检御舟人",致使"舟人侵盗官物,民破产不能偿"的局面。这里所谓的"舟人",部分即指漕卒。

不同时期,漕卒在纲船上的比重变化很大。宋初,上供京师的物资悉由官运,充当"舟人"的全部是漕卒。至太平兴国时,南唐、吴越相继平定和归附后,东南六路漕运量大增,漕卒不敷使用,于是"所在雇民挽舟",民间船员才开始参与漕运。不过,在很长一段时间里,漕卒都是纲运的绝对主力。起初,东南漕运具体由各转运司管理,但由于事权过于分散,"三路转运使各领其职,或廪庾多积,而军士舟卒不给,虽以官钱雇丁男挽舟,而土人惮其役,以是岁上供米,不过三百万"②。在这种情况,太宗命杨允恭为"江淮两浙都大发运",督理东南漕运。"允恭尽籍三路舟卒与所运物数,令诸州择牙吏,悉集,允恭乃辨数授之"③。杨允恭把三路漕卒全部集中起来,以牙将为押纲人,实行转般法,"江浙所运,止于淮、泗,由淮、泗输京师,行之一岁,上供者六百万"④。

真宗时,漕卒依然占居绝大多数,成为纲运主力。景德四年(1007年)五月,"诏河北沿河州军,纲运自今以军士充役,勿役部民"⑤。天禧三年(1019年),殿中侍御史王臻建言真宗下诏发运司,"自今粮纲十分人,七分差兵士,三分给和雇工钱"。真宗随即下诏,"今令多差军士相兼,勿得专雇人夫"⑥。可见真宗末期,漕卒仍占所有船员百分之七十以上。漕卒从事漕运过程中的各种工作,行船时充当稍工、水手,逆行或过堰时挽舟、推行,纲船抵达时下卸货物,当然还要负责漕船的安全保卫。

仁宗后,漕卒比例逐渐减少。嘉祐时,"汴纲多佣丁夫,每船卒不过一二人"⑦。到神宗熙宁八年(1075年),"纲船三百,用兵工几二千人"⑧,平均每只船上包括丁夫在内,总计不过六七人。徽宗时,以直达法取代转般法,东南上供粮物由六路转运司直接漕运京师,取消了汴河转般仓中的转运环节,漕卒数量也随之有所增加。如政和年间,"诸州所管厢军多寡以十分为率,每州岁差三分,配上粮纲牵驾行运,依条一年一替"⑨。南宋国土狭小,普遍实行直达法,漕卒又成为纲运主力。孝宗时,"每米一万硕差使臣一员,将校军兵十人,于装发州军取拨,坐押赴仓交卸"⑩。

由于漕卒从事漕运过程中的各种工作,因此非常辛苦。真宗大中祥符五年(1012年)之前,"淮南堰埭运粮挽舟军士,四时给役,颇劳苦",为此真宗下诏,"自今冬季并令休息"⑪。然而,鉴于实际情况,漕卒往往难以享受到这一假期。皇祐时,发运使许元奏,"江东西湖南三路,往时皆转运以本路纲漕斛斗,至

---

① 《宋会要辑稿》食货四七之二。
② 《宋史》卷三百九,杨允恭传。
③ 同上。
④ 同上。
⑤ 《宋会要辑稿》食货四二之三,另见食货四六之四。
⑥ 《宋会要辑稿》食货四二之六。
⑦ 《文献通考》卷二十五,国用考三,漕运。
⑧ 《续资治通鉴长编》卷二九七,元丰二年三月丁丑。
⑨ 《宋会要辑稿》食货四三之八。
⑩ 《宋会要辑稿》食货四三之九。
⑪ 《宋会要辑稿》食货四二之四。

真、楚、泗州转般仓,即载盐归,本路汴纲止漕三州转般仓物上供,冬则放漕卒归营,至春乃复集,近岁诸路因循纲多坏,乃令汴纲至冬出江,为诸路转漕,漕卒不得归息"①。多人附议许元,于是仁宗准奏,汴纲不得出江转漕。然而,"汴纲以出江为利,既不得出,兵梢讫冬坐食,而苦不足,皆盗拆船材以充费,船愈坏,漕年额又愈不及",而且"近岁粮纲多和顾夫儿,每船卒不过一二人,既少,至冬当留守船,又实无得归息者"②。因此,"治平三年,始诏出汴船七十纲,未几,皆出江复故"③。

总而言之,漕卒对宋代漕运贡献颇大,其身份可谓"国家船员"。

(二) 民夫船工

1. 梢工

梢工即艄公,也写作稍工,在船尾掌舵,控制船舶行进方向。在海船上,梢工是重要的技术船员,在内河漕船上地位更高。因为内河行船不需要火长掌针盘导航,众船员皆听梢工号令。值得一提的是,梢工有时也由漕卒充任,但大多数梢工都来自民间。

梢工的地位不仅仅体现在行船技术上,更重要的是对所运粮食和物资负有保管责任,并保证漕运物资按时运达。太宗朝即规定,如果损失官物,"管押使臣、三司大将、军将、州府军将、纲官、梢工、本纲部辖、节级,同认数请纳少欠"④。梢工和押纲武官共同负责赔偿所欠折官物,可见其责任之重。如果粮纲被水打湿,梢工也要同纲官一起受罚,"纲运载斛斗上京,内有湿润,即监锁梢工、纲官,摊干比元样受纳"⑤。然而梢工责任虽重,但往往却遭受不公正待遇。真宗时,淮南江浙发运使李溥曾经为梢工不平,"牵驾兵士不认折欠,仍给口食,梢工抱认折欠,陪纳官物,即不支口食,颇未均济",因此真宗于大中祥符八年(1015年)五月下诏,"诸州军差兵士充梢工主提纲船者,并依牵驾兵夫例支给口养"⑥。但"抛失官物"不仅仅是赔偿了之,往往还要遭受刑责。例如,仁宗天圣七年(1029年)规定:

"今后川峡行运布纲抛失官物,若全抛失,收救不获,其本纲梢工、檝手各断杖一百,配别州军牢城收管;纲官、节级各杖九十,押纲使臣各杖八十,并勒下不令押纲。或十分中收救得一分已上,依全抛例断遣;二分已上至四分已上,梢工、檝手、纲官、节级、使臣、殿侍、省员,每一分各递减一等断遣讫,梢工、檝手勒充军牵驾兵士,其纲官、节级已上并依旧押纲;或收救及五分已上,不满元数,梢工、檝手各杖六十,纲官、节级、人员各笞五十,使臣、殿侍、省员罚一月食直,断讫并依旧行运。所有纲官、节级、人员、使臣、殿侍、省员,如遇本纲更有抛失,据只数每一只加一等,罪止杖一百,其罚食直加入笞五十,仍并据抛失收救不获数目,勒本纲上下等第均摊,陪纳入官。若收救官物并足,不失元数,梢工、檝手各笞四十,纲官、节级已上并放……"⑦

由此可见,如果"抛失官物",梢工和檝手所受刑责比押纲官还重,而且官阶越高责罚越轻,这样的规定实在难言公正。不过,如果出色完成纲运任务,梢工在佣金(水脚钱)之外,会格外受到奖励。仁宗天圣八年(1030年),三司据广济河都大催遣辇运任中师奏议,规定从当年起,每年按照纲运里程和数量,给予酬奖:

---

①《宋会要辑稿》食货四二之一七。
②同上。
③《文献通考》卷二十五,国用考三,漕运。
④《宋会要辑稿》食货四二之一。
⑤《宋会要辑稿》食货四二之七。
⑥《宋会要辑稿》食货四二之五。
⑦《宋会要辑稿》食货四六之一二。

"省司检会编敕,运河押纲使臣人员等,一年之内全纲所般斛斗依得万数,候住运日,令发运司磨勘内,梢工支钱三千,纲官支五千,管押人本司具劳绩申奏,重将与转大将、使臣,大将即与引见酬奖。并年终住运,除全纲一年无抛失欠少,依前项施行外,所有一纲之中,内有梢工,至年终委实逐运别无少欠抛失,亦与据梢工人数支赐赏钱,其本纲人员纲官,即不得一例酬奖。如梢工接连三年各无抛失少欠,除支赏外,与转小节级名目,便充纲官勾当。若充纲官后,相接更二年全纲并无抛失少欠,支与赏钱一千,更转一资"①。

这个奖励规则分为两层:第一层,如果一年运量达到万数,纲官升职并支钱五千,梢工支钱三千。第二层,在第一层奖励基础上,一年内没有损失官物,梢工另获赏钱,纲官则不予奖励。如果连续三年不损失官物,梢工除了获赏钱外,还可以充任小纲官。如果充任纲官后,接连两年"并无抛失少欠",可得赏钱一千,并升一级。梢工和纲官能够一起获得酬奖,而且梢工还有格外奖励,足以说明其在内河漕船上地位的重要。

2. 篙手

篙手,也作篙工、樟手,即撑篙的船员。其职名最迟可溯至春秋时期。《越绝书》载,"篙舡者,当陵军之轻足骠骑也"②。晋左思《吴都赋》说,"篙工樟师,选自闽、禺"。在离岸近并且水浅的内河航道,撑篙对船舶行进与控制航向非常重要,所谓"水浅乃用篙"③。在水势湍急的河段,篙手的作用更加明显,"一槁失势,舟破碎漂没,入于涡盘矣"④。宋人有《舟中上水遣怀》诗云:"篙工密逞巧,气若酣杯酒。歌讴互激烈,回斡明授受。善知应触类,各藉颖脱手。古来经济才,何事独罕有?"⑤赞叹篙手操舟技术高超。

在宋代内河航运中,篙手和梢工为两大技术职务。《清明上河图》中即绘有篙师的形象。行运时,篙手专职专责,"往回更代,不许他役"⑥;停运时,为了节省开支,往往遣散其他船员,而"存留梢工、樟手各一名"⑦。篙手有时与梢工负有同等责任。例如,天圣七年(1029年)规定,"今后川峡行运布纲抛失官物,若全抛失,收救不获,其本纲梢工、樟手各断杖一百,配别州军牢城收管"⑧。但总体来说,篙手地位较梢工稍逊,责任也稍轻。宋代的"纲运令格"规定了船员各种职务犯罪的处罚办法,篙手减梢工一等,如"诸盐粮纲封印有损动者,梢工杖八十,篙手减一等"⑨,"诸权差主驾纲船人有犯,依梢工法,诸平河全沉失粮船,梢工徒三年,篙手减一等"⑩。

除了长距离的纲运外,宋代还在各大江大河渡口设有摆渡船,渡运客货过河。在摆渡船上,篙手的地位却高梢工一等。这是因为在这种短距离横渡中,由于要与水流方向成角度行进,篙手的技术对于行船更为有用。而在水流急、水势险的河段,篙手就更为重要了。如庆元六年(1200年)监察御史施康年说,"钱塘江潮水势湍险,异于他处,每日济渡往来,何啻千百。虽有巨舟,非得惯习水势篙手三十人,亦不克举"⑪。南宋人赵彦卫描绘了浙江东南一带内河船上篙手的操舟技艺,场面凶险万分:

---

① 《宋会要辑稿》食货四六之一六。
② 转引自《北堂书钞》卷一三八,舟部下。
③ 《太平御览》卷七六九,舟部二,叙舟中。引《吴时外国传》。
④ 屈大均:《广东新语》卷十八,舟语。
⑤ 罗大经:《鹤林玉露》丙编,卷之一,病柟诗。
⑥ 《宋会要辑稿》食货五〇之二四。
⑦ 《宋会要辑稿》职官四之三三。
⑧ 《宋会要辑稿》食货四六之一二。
⑨ 《宋会要辑稿》食货四五之九。
⑩ 《宋会要辑稿》食货四五之一二。
⑪ 《宋会要辑稿》方域一三之一五。

"自浙江东南溪行,而溪水浅涩湍急,深五七寸,碎石作底,小者如弹,大者不过盆碗,齿齿无数,五色可爱,行三五步一滩,即四边或上流;或拥起碎石,或如堆阜,或如堤堰,水势喷激怒如瀑。而舟人所用器,特与它舟异,篙用竹,加铁钻,又有肩篙拐篙,皆用木加拐,如到书某字于其上。每遇滩碛,即舟师足踏樯竿,手执篙,仰卧空中撑舟;忽翻身落舟上,覆面向水急撑,谓之身擷篙。舟师每呼'肩篙'、'头篙'、'转篙'、'身篙'、'抢篙',诸人即齐声和曰:'嗷!嗷!'诸人皆齐力急撑。所谓肩篙者,覆面向水用肩撑;所谓头篙者,覆面向水用头撑;转篙者,自身左移舟右转转;身篙者,或仰面即覆面,覆面即仰面云;抢篙者,舟尾有穴,每诸篙出水,即一人急用一大木梃抢船尾,盖恐舟复下也。一舟复数人自水牵挽,水深处亦不过膝。自处之青田至温州,行石中,水既湍急,必欲令舟屈曲蛇行以避石,不然,则碎溺为害。故土人有'纸船铁梢工'之语,言寄命于舟师也。厥惟艰哉!"①

这里所说的舟师、梢工,都是指篙手。因为在这样的河段行船,真正的舟师和梢工是没有用武之地的,以此来称呼篙手,或者是凸显其地位的重要,或者是舟师和梢工兼做篙手。

此外,有的海船上也有篙手的设置,因为在近海航行或靠港时需要篙手探测水深及海底情况,但其地位较内河要低。政和八年(1117年)五月十五日,明州知州楼异建言,"契勘高丽纲梢工每月支粮一石二斗,别无营运,欲乞于旧请外,添米一石,橹手添米六斗"②。可见,在海船上,篙手由于作用有限,待遇较梢工相差不少。

3.招头

内河航道多弯曲、急流,顺流行驶时,由于航速快,惯性冲力大,单用尾舵难以控制航向,必须用"头招"配合。"头招"置于船头,形状与桨、橹相似,执掌"头招"的船工即称为"招头"。使用时将"头招"架设于船头正中的招桩上,招叶向前斜伸入水中,与水平面保持适度夹角。"招头"手握招柄控制招叶入水深度,同时根据水流情况,与舵密切配合,向左或向右扳动招柄,协助舵手控制航向。无舵小船有首尾两招,以尾招代舵,而首招起主要作用。

宋人江休复云:"川峡呼梢工、篙手为长年三老"③,并引杜诗"长年三老长歌里,白昼摊钱高浪中"④。而杜甫另有《拨闷》诗云:"长年三老遥怜汝,捩舵开头捷有神"。将梢工、篙手称为"三老",似难说通,另一老应即为"招头"。陆游称,"招头,盖三老之长"⑤。川峡一带水路险急,正是招头的用武之地。南宋乾道六年(1170年),陆游赴任夔州通判,从绍兴老家乘船溯长江而上,临近四川地界时船主雇用一个叫王百一的当地人做招头,入川后又换了一个叫程小八的做招头,因为招头需要对所航江段非常熟悉。⑥ 江休复亦云:"峡江船,须土人晓水势行之"⑦。可见,至南宋时招头辅助梢工行船在川江航道已经很久了。

其实,由于宋代内河航运的繁荣,招头的地位一直不低,往往与梢工、篙手并列。南宋时期,朝廷往往征召民船参与北部江、海防务。建炎三年(1129年),"吏部郎官郑资之除沿江措置防托,监察御史林之平为沿海措置防托"⑧。郑资之建议从江西路、江东路和湖北路共招募二十纲协助江防,"十船为一纲,每船梢工、橹手、招头募三十人"⑨,招头与梢工、橹手一起负责驾船业务。

---

① 赵彦卫:《云麓漫钞》卷九。
② 《宋会要辑稿》蕃夷四之一〇四。
③ 江休复:《嘉祐杂志》卷下。
④ 杜甫:《夔州歌十绝句》。
⑤ 陆游:《入蜀记》卷五。
⑥ 陆游:《入蜀记》卷四。
⑦ 江休复:《嘉祐杂志》卷下。
⑧ 《宋会要辑稿》兵二九之三一。
⑨ 《宋会要辑稿》兵二九之三二。

在海船上也有招头的设置,地位也很重要。因为近海航道水文情况复杂,也需要招头辅助梢工控制海船航向。淳熙三年(1176年)正月七日,"诏明州摆泊诸处发到海船,令统制官林文犒赏一次,押船主、梢碇、招头、水手各给钱有差,以到岸日久故也"①。淳熙十三年(1186年)正月二十四日,"诏平江府顾迳港摆泊当番海船,适轻雪寒,可令守臣到岸,则例将总辖官、船主、梢工、招头、碇手等特与犒设一次"②。从这两次朝廷对应召海船船员的犒赏来看,招头在获赏序列中仅次于梢工,说明其地位要高于一般水手。

《淳熙三山志》记载了宋代福州关于沿海各县征调海船"防托海道"制度,船员报酬、犒赏标准,以及船员配备情况:

"……(淳熙)六年(1179年),州令:九县具旧籍及新收船数,赴州参考,登于都籍,后遇有损坏,须县验实报州,乃与销落;后有新造,即籍之。自后,岁遇防秋,率帅司前期檄州籍船。县按数以发,或分或并,听朝廷临时旨挥。起发日,令赴南台点集,给散钱米。钱于总经制、米于常平内支。船主有官人,给本等券钱;白身人,日给钱二百五十,米二升五合;梢工,日给钱一百,米二升五合;招头、碇手、水手,日给钱一百,米二升五合;起发日犒设及船主修船等钱,各随县措置。梢工,人一十五千;招头、碇手,人一十千;水手,半之。其合用梢手,各视船丈尺阔狭而增损之。一丈二尺至一丈三尺,梢工、招头、碇手各一人,水手一十三人;一丈四尺,梢工、招头、碇手各一人,水手一十五人;一丈五尺至一丈六尺,梢工、招头各一人,碇手二人,水手一十七人;一丈七尺至一丈八尺,梢工、招头各一人,碇手二人,水手二十人;一丈九尺,梢工二人,招头一人,碇手三人,水手二十三人;二丈,梢工二人,招头一人,碇手三人,水手二十七人;二丈一尺以上,梢工、招头各二人,碇手三人,水手三十三人。"③

按此记载,招头与梢工、碇手、水手日常待遇无差,均为"日给钱一百,米二升五合"。而起发日的犒设钱,招头与碇手均为"人一十千",比水手多一倍,但少于梢工的"人一十五千"。在人数配置上,招头为各类船员最少,在较大的海船上甚至比梢工还少。

4. 水手

宋代纲船上的水手一般都是临时雇募,停运期则遣散。水手的职事多样,如装卸货物、掌管缆索、维修堵漏、保养船体等,其中最主要的还是摇橹。内河行船,特别是逆水而上时,动力才是关键,因此需要雇人划桨摇橹。

南宋时期设有"川马纲",从四川地区购置马匹,用专门打造的马船循长江运至临安等地,作为战马使用。从上游向下游行船很容易,"盖下水载马,逐州交替不过三两日"。但是回船上行却很艰难,"或费八九日",这就需要临时雇人摇橹。宋代对这种临时雇佣的低等船员有个俗称——火儿。马船"每只用招梢四人,摇橹四枝,用火儿四名,贴差逐州回船军兵五人,举牵马人二十五人,同共摇橹。若是五百料以上船,用三只载马一纲,每船一只,合销梢工三人,摇橹两枝,用火儿二名,与回船军兵、牵马人同共摇橹。其和顾梢工、火儿若从多数,每马五十匹计一纲,用梢工八人,火儿八人,共一十六人"④。

《嘉佑杂志》载,"江南一节使,召相者,命内子立群婢中,令辩之,相者云:夫人额上自有黄气。群婢皆窃视之,然后告云某是。柂工火儿杂立,使辩何者是柂人,云:面上有水波纹者是。亦用前术。"⑤这个故事除说明相者的机狡外,也透露出柂工和火儿的区别。因柂工常年行船,所以相者才说其面上有水波纹,而火儿为临时佣工,因此面上看不到水波纹。

---

①《宋会要辑稿》兵二〇之三〇。
②《宋会要辑稿》兵二〇之三五。
③梁克家:《淳熙三山志》卷十四,版籍类五。
④《宋会要辑稿》兵二三之三二。
⑤江休复:《嘉祐杂志》卷上。

火儿的待遇与梢工也不能比。比如"利、阆、果、夔、归五州水路稍远,约计三日或四日可到,梢工往复各支钱引肆贯,火儿各支钱引两贯"。而"合、恭、涪、忠、万五州水路稍近,一日或一日半可到,梢工往复各支钱引两贯五百,火儿各支钱引一贯五百"①。

一般来讲,在马船上火儿的配置较梢工为少,"张真父帅夔,力言其不可,以为每纲三舟,舟安马十八匹。用梢、火一百二十人,每船梢公三十四人,火手六人"②。这也说明了火儿临时辅工的性质。

宋代海船上也有火儿。宋高宗绍兴三年(1133年)八月七日,"诏应水陆兴贩出界,其知情负载及随舡售顾火儿,并徒二年罪"③。盖因火儿不在海船公凭所列名数之内,为防止其透漏出海去往金国等地,因此规定商船不准随船售顾火儿。绍兴五年(1135年)规定,如果越界贸易,"贩物人并船主、梢工并皆处斩,水手、火儿各流三千里,皆刺配千里外州军牢城"④。梢工处斩,火儿和水手判流刑,说明火儿因地位低,刑罚相对也较轻。

总之,火儿是宋代对临时雇佣水手的俗称,作为船上的杂役和苦力,地位和待遇都很低。

5.牵挽人夫

牵挽人夫,即后来所谓的"纤夫",是船逆水上行或过急流险滩时在岸上或水中拉纤绳为船舶提供动力的人。牵挽人夫有的雇自民间,有的由军卒充任。宋代内河漕运发达,牵挽人夫的功劳不可抹杀。

牵挽人夫一般不随船,在需要牵挽的河段等候纲船,由所在州县给予粮米。但若牵挽的河段较长,往往出了本州县地界,因此其钱粮供给就成了问题。为此,大观元年(1107年)八月,徽宗下诏,"纲运舟船牵挽浮驾之人,既出本界,仰给沿流粮食,而州县以非本道人兵,抑而不支,致侵盗纲米,饿殍失所。可依发运副使吴择仁所奏,纲运管押人经过州县,合该请支,不即时勘支赶发,以违制论,不以去官赦降原职,发运司不按与同罪"⑤。为保证纲船顺利及时到达,宋代政府很重视对牵挽人夫的雇募。建炎二年(1128年),高宗下诏,"优支雇直,和雇其牵挽人夫,亦仰添支雇钱雇募"⑥。

南宋与金议和后,两国使臣频繁往来,须由兵夫牵挽舟船过淮河和长江,但最初只出劳役,并无报酬。为此,绍兴二十九年(1159年)二月五日,高宗下诏,"年例接送北使,浙路牵挽人夫,素无支请,尽夜暴露或至羸乏,可委两浙运司,自今遇接送,每船预给来米二石,或遇阻风及大寒、极暑,令各于人夫具牵挽人姓名,各日支米二升,炊饭俵散,候接送毕,具数申所属出豁"⑦。乾道元年(1165年)二月二十三日,两浙运判姜诜建言:"北使及接伴一行舟船,合用三十五艘,平江府报差,岸嵩(篙)、灯笼、牵挽计一千八百二十六人,虑人数稍多,欲将平江府所计人数为准,除牵挽一百人,仍旧差军兵仓乡外,于合用灯笼、岸嵩(篙)人数,量损百人,通实用一千七百二十六人,其余沿流州府亦乞依此裁损"⑧。孝宗采纳了这一建议。三十五艘船用牵挽军兵一百人,总人数及占所有接送人员比例均不算高。后来,一些士大夫也差使百姓为其牵挽舟船,扰民不轻。为此,乾道八年(1172年),孝宗"诏淮南转运司,下所部州县,今后除朝廷所差贺生辰正旦,及接送伴北使往还外,余并不许差雇应副"⑨。由于应差牵挽舟船,对民夫造成较大负担,为此庆元五年(1199年)新任温州知州毛宪上奏宁宗皇帝说,两国使臣来往牵挽舟船,过长江用百姓,而过淮河则用兵卒,每年劳役繁重,"乞行下两浙转运司,令浙西沿路州县,遇两国聘使及接送伴来往,并照淮

---

①《宋会要辑稿》兵二三之三四。
②李心传:《建炎以来朝野杂记》,卷十八,兵马,戎器舟车,纲马水陆路。
③《宋会要辑稿》刑法二之一〇六。
④《宋会要辑稿》食货三一之六。
⑤《宋会要辑稿》食货四三之五。
⑥《宋会要辑稿》食货四三之一五。
⑦《宋会要辑稿》职官三六之五二。
⑧《宋会要辑稿》食货五〇之二〇。
⑨《宋会要辑稿》食货五〇之二五。

河体例,止以兵卒牵挽舟船,却将每岁所给百姓雇直支犒,不得容令减克"①。宁宗准奏,此后两国使臣舟船牵挽过江都用兵卒。

牵挽兵夫虽不属于船上职事人员,但对宋代内河航运却不可或缺。

三、宋代内河船员的报酬与营利活动

宋代内河航运发达,为数众多的军士和民间船员以此为业,军士有月粮,民夫给脚钱,此为正当收入和酬劳。但除此之外,宋代漕运船员还进行一些营利活动,始终无法完全杜绝,官方往往采取默许的态度。

(一)水脚钱

水脚钱即宋代水运管理机构雇募船户和民间船员所支出的费用。由于宋代从事内河漕运的民间船员数量很大,因此国家支出的水脚钱也很可观。天圣六年(1028年),"纲副自雇船般运布每万匹,出雇脚钱百贯"②。直达法实行前,"其淮南转般旧制,岁备水脚工钱四十二万,米十二万硕"③。宣和三年(1121年),"舞阳县起纳万贯,不下脚钱六百贯"④,比例达百分之六。宣和六年(1124年),东南六路纲运"每年合桩水脚钱二十一万贯"⑤。南宋时期,乾道七年(1171年)规定,"今后广南市舶司起发粗色香药物货,每纲以二万斤正、六百斤耗为一纲,依旧例支破水脚钱一千六百六十二贯三百三十七文"⑥。同年,雇船从真州至鄂州运盐,"五千袋为一纲,水脚钱一万贯,火儿特支二百五十贯,上下河两次脚钱五百贯,管押官重难縻费钱七百五十贯,军员军典六十贯,总计钱一万一千五百六十贯文"⑦。

为保证内河漕运的顺利进行,宋朝政府以各种方式筹集水脚钱,以备招雇船户和船员使用。其来源有:从"酒课"中提取,"令于酒税课利内,以十分为率,每日以所收钱,拨一分专作水脚钱"⑧;"随苗钱"以及朝廷特别拨款等,绍兴二十八年(1158年),江西路"所起米一百七十余万硕,有逐州随苗收到水脚钱三千四万余贯,兼朝廷给降乳香套一千三万贯,并就拨经制总钱十七万八千余贯,应副装发"⑨。

南宋时期,为"革兵梢盗窠之弊"⑩,效法北宋招募民间有家业并无犯罪记录的船户押纲,"其自备人船,每硕三十里支水脚钱三百文"⑪,此外还可以免税夹运一定的私货。按规定,"合支雇船水脚钱以十分为率,先支七分付船户掌管,若有欠折并令船户管认,余三分桩留在元装州县,准备粜填"⑫。即是说,水脚钱先付给船户七分,余下三分等到纲运完成后再结算。如果有欠折,则从三分中扣除;如果没有欠折,则全部支付给船户。然而实际上,州县官吏却往往"迫勒船户,揽载七分钱既不全支,船户路费多是盗过米斛,三分钱又不解到,勒其陪备(补),无所取偿"⑬。也就是说,不但先支付的七分不全支,而且剩余的三分船户也拿不到。为此,船户不得不盗窃米斛作为路费,而欠折根本无钱赔偿。为此,绍兴五年(1135

---

① 《宋会要辑稿》职官五一之四三。
② 《宋会要辑稿》食货四二之一三。
③ 《宋会要辑稿》食货四三之七。
④ 《宋会要辑稿》职官四之二九。
⑤ 《宋会要辑稿》职官四二之四九。
⑥ 《宋会要辑稿》职官四四之二九。
⑦ 《宋会要辑稿》食货二七之三八。
⑧ 《宋会要辑稿》职官四二之四九。
⑨ 《宋会要辑稿》食货四四之五。
⑩ 《宋会要辑稿》食货四四之一四。
⑪ 《宋会要辑稿》食货四四之五。
⑫ 《宋会要辑稿》食货四三之二一。
⑬ 《宋会要辑稿》食货四四之一七。

年)规定,"其所属官司,不即支还脚钱,即许押人并船户、梢工经省部越诉"①;淳熙十六年(1189 年)重申,"其水脚钱即时支给,内留三分,候交纳足日,尽数支还船户,毋得给付押纲官或减克作弊,令本路漕臣常切觉察"②。

然而,虽有政府三令五申,但船户和船员往往依旧拿不到足额水脚钱。淳熙年间,湖广总领所从湖南、江西调运大量米、谷作为军粮。由于水路艰险,"所给脚钱比之平日曾征加益",从湖南衡州到湖北鄂州(湖广总领所所在地)水程,"以支脚钱除三分之外,例支铜钱交子",即到鄂州下卸,水脚钱还算够用。然而到鄂州后,大多数漕船还要"改拨"到襄阳,"所给脚钱不过支湖广会子而已,以今市直论之,二贯七百湖广会仅可换铜交子一贯行使,其折阅大概可知"。交子和会子均是宋朝政府发行的纸币,会子较交子的币值低很多。以会子支付脚钱,船户和船工实际上被严重剥削了。因此,"每纲至鄂而闻当改拨者,莫不张皇失措,以为必至于狼狈而莫能即归矣"③。这一段水程之所以费用高,是因为"逐纲至鄂改拨入襄阳者,自柁工以迄篙工,必更用识水程者为之,顾直不廉,倍有所费",而"脚钱既不敷,不过取办于官米,纲官明知船户盗粜而势不容戢,亦付之无可奈何"。面对这种情况,朝廷作出调整,"所有合支脚钱,且令本所(湖广总领所)先支一半,至鄂州再支一半,庶几以渐支使,不至泛用以耗脚钱"。此后,湖广总领所又作调整,"所有改拨襄阳、均州、光化之粮,自鄂州至交卸之地,一切水脚之费全系本所抱认"。具体做法是,原来以湖广会子支付的水脚钱部分改支交子,"比之时价每贯已多一贯七百",支给民夫的纲米也改"折价"为"本色",这样"每石暗有六升之增"。于是船户再不以"改拨"为难,侵盗官米的情况也减少了。④

总之,水脚钱是宋代政府部门付给船户和船工的常规报酬,但因故往往被克减,以致船户和船员事实上处于被剥削的地位。

(二) 搭运私货

宋代内河漕运机构雇佣民间船员支给水脚钱,押纲武臣及随船舟卒均按月发放口粮——月粮,这是民间船员和军籍船员的合法正当报酬。然而实际上,民间船员的水脚钱被克扣例为常见,而舟卒也往往"衣粮克折不全"⑤,于是生计便成了问题。在这种情况下,各种营私行为便不可避免地发生了,最常见的是贩运私货获利。

宋代纲船搭运私货一般包括两种情况:一是揽载商人货物,赚取运费;二是自己带私货上船,沿途贸易获利。宋初纲船搭载私货就很普遍。开宝三年(970)成都府钱帛盐货等纲船,"押纲使臣并随船人兵多冒带物货、私盐及影庇贩鬻,所过不输岁算",因此宋太祖赵匡胤下诏禁止,"自今四川等处水陆纲运,每纲具官物数目给引,付主吏沿路验认,如有引外之物,悉没官"⑥。然而,搭运私货既可免税,又免运费。受暴利诱惑,加之条件便利,押纲使臣、舟卒和梢工、水手等纷纷加入,置太祖禁令于不顾。宋太宗即位后,对此也颇感无奈,并认识到既然贩私行为根本不可能杜绝,也只能进行控制,"苟有少贩鬻,但无妨公,不必究问,冀官物之入无至损折可矣"⑦。于是,官纲夹运私货便呈半合法状态。自此,地方州县派遣纲

---

① 《宋会要辑稿》食货四三之二一,食货四七之二〇。
② 《宋会要辑稿》食货四四之一四。
③ 《宋会要辑稿》食货四四之二〇。
④ 《宋会要辑稿》食货四四之二一。
⑤ 《宋会要辑稿》食货四二之二〇。
⑥ 《宋会要辑稿》食货四二之一,另见食货四六之一、之二。
⑦ 李幼武:《宋名臣言行录(别集)》卷一,吕蒙正。

船上供京师,不但允许携带私货,还要求所过州县免征税算,只求"官物至京无侵损尔"①。大中祥符二年(1009年)四月,"江淮发运使李溥言,粮纲舟卒随行有少物货,经历州县悉收税算,望与蠲免"②,获得真宗批准。至仁宗天圣三年(1025年),官船搭运私货进一步合法化,"自今应请般小河运盐、粮人员,坐船许令只装一半官物,余一半即令乘载家计物色"③。庆历时,发运使许元将允许官纲搭载商贩明确制度化,"许私附商贩",且"所过税场不得检税"④。在转般法下,东南六路粮纲到真、扬、楚、泗转般仓下卸后,载盐回运,趁此机会,"舟人皆市私盐以归,每得厚利"⑤。

应该指出,官纲搭运私货逐步合法化、制度化并不完全是北宋政府的无奈之举,还因其对国家物资流通也不无裨益。元祐七年(1092年),时任扬州知州的苏轼给予了中肯的评价:"盖祖宗以来,通许纲运揽载物货,既免征税,而脚钱又轻,故物货流通,缘路虽失商税,而京师坐获富庶"⑥。但是,由于毕竟侵害了国家的税收,因此政府内部对运私贩私行为难以达成一致意见。治平四年(1067年)十月,神宗即位(未改元)后,掌管国家财政的三司曾欲禁止汴河纲运搭载私货,"许兵梢论诉,并依条断遣"。为此,江淮等路发运使沈特向皇帝建言:"乞约束应系纲运,今后不得大段搭载私物,及有税物到京,并尽数送纳税钱,如违犯并依条断遣。其近降许令兵梢首告指挥,乞不施行"。神宗下诏:"今后管押粮纲使臣人员等,所载私物并依旧施行"⑦,部分否决了沈立的提议,明确了私运合法的态度。同年十一月,权发遣三司使公事邵必又上言皇帝称:"近准朝旨,下江淮发运司,定到纲船梢工私载,并科违制之罪,人员、纲官知情即与同罪,物货没官,及给告人充赏",是"无故生事,创立法则","望赐追寝,且依旧法"⑧。神宗采纳了邵必的意见,再次确认载运私物合法。政和元年(1111年),徽宗皇帝批准了户部和发运司的奏请,"应诸路州军起发上供钱物,及附搭金银钱帛,不以多寡,并取所押人行程,当官逐一批上;如不即书及别给文据,即乞从收支官物、不即书历科罪"⑨。就是说只要如实登记,不论运载私货的数量多寡,都视为合法。政和二年(1112年)又规定,"逐路纲官、梢工连并两次该赏者,仍许纲船内并留一分力胜,许载私物"⑩。政和三年(1113年),两浙路纲船由于装载米斛不足,经转运司奏请,"许加一分力升,通旧二分附载私物"⑪。

南宋初,"于法许载二分私物",然而一些押纲官变本加厉,粮纲官船才四五百料,却私买千料以上大船,叫做随纲座船,全部用来揽载私货,以至汴河运道阻滞,纲船停运住岸,严重干扰了国家漕运的正常秩序。为此,高宗建炎二年(1128年)正月规定:"今后纲运随纲船不得过见押官船料,例止许置两只,如敢依前置买大料船只随纲,及置买过数,许所在官司觉察,没纳入官"⑫。五月,批准江南东路转运司的奏议,"本路纲运依旧例用二分私物力胜揽载,年额斛斗依和雇客船例,支给雇钱,更不揽搭客货;如押纲以辄更搭揽私货,即乞朝廷重立法禁","如已揽载额斛力胜外,更载私物因致稽滞者,于本罪各加一等"⑬。此后一段时间,二分力胜揽载私货即成定例。绍兴末,为避免兵梢盗粜官米,又雇佣民间船户押纲,除按

---

①《续资治通鉴长编》卷三五,淳化五年二月己酉。
②《宋会要辑稿》食货一七之一五。
③《宋会要辑稿》食货四二之一〇,另见食货四六之九。
④李廌:《师友谈记》。
⑤胡宏:《五峰集》。
⑥《文献通考》卷二五,国用考三,漕运。
⑦《宋会要辑稿》食货四二之二〇、二一。
⑧《宋会要辑稿》食货四二之二一。
⑨《宋会要辑稿》食货四三之六。
⑩《宋会要辑稿》食货四三之七。
⑪《宋会要辑稿》食货四五之四。
⑫《宋会要辑稿》食货四三之一四。
⑬《宋会要辑稿》食货四三之一五。

运量和里程支付水脚钱外,"许将一分力券装载私物,与免收税"①,作为水脚钱的补充。

在两宋的大部分时间里,允许限量地贩运私货,是对内河船员的一种政策性补偿,同时对稳定纲运队伍起到了积极的作用。

(三)违程贩易

贩运私货合法化有一个前提,即不能影响官纲运输。然而在利益驱使之下,押纲官兵、船户等往往擅自靠港,或驶离航线去别处贸易,致使纲船不能在规定时间到达,严重扰乱了纲运秩序。虽然政府对于在规定时间达到额定运量的押纲武官及梢工等给予酬奖,但远远不能与违程贩私所获利润相比,因此违程贩易便屡禁不绝。

仁宗天圣八年(1030年)七月,益州路转运司奏请添置催纲使臣,原因是每年自嘉州往荆南的布帛、牛皮纲,押纲军兵、船员等"逐处作弊,端坐贩卖物色",致使纲运阻滞。为此,朝廷派供奉官李蟠充任催纲使臣,前往催促该路纲运。然而"纲官、梢工、水手、兵士等,多是沿路住滞买卖兴贩,既被押纲使臣催赶,却言前路险峻,行船不得,及放船于滩碛上住泊,故要疏放,连累使臣枉坏官物,及不伏钤束",猖狂至极。仁宗于是下诏严办,"如有违犯,即送随处州府,勘逐情罪,依法断遣,情理重者配远恶州军牢城,押纲使臣等公然容纵,不切钤辖,致违元限,催纲司具职位姓名,申本路转运使,乞行勘逐"②。然而,严刑峻法依然不能杜绝住滞贩私的现象。

实行直达法后,漕运线路和时间都延长了,漕运机构对漕运过程更难控制,违程贩私活动愈发严重。崇宁时,江西转运判官萧序辰说,"道里既远,情弊尤多,如大江东西、荆湖南北,有终岁不能行一运者"③。宣和三年(1121年)正月,发运副使赵亿奏,"臣契勘诸路合发上供钱粮、金银、匹帛、杂物等纲,在路多是妄作缘故,住岸贩卖,百端作过,其催纲地分官司容纵,不行催赶"④,连催纲官司都通同作弊。宣和五年(1123年),发运司经过调查发现,"江湖路装粮重船,多是在路买卖,违程住滞"⑤,因此不得不立定违程期限。南宋时,情况依旧没有改观,押纲人"往往沿路移易官物,于所至州县收买出产物货,节次变卖,以规利息,至有一二年不到"。这还不算过分的,更过分者"其弊不可胜言",对此也只能"择其稽违之甚者,申户部所属曹分,行下本路漕司根治"⑥。

违程贩易作为不顾国家纲运大局而谋取私利的行为,对纲运秩序破坏极大,遭到两宋政府的严厉打击,然而受利益驱使,始终不能杜绝。

(四)侵盗官物

在宋代内河纲船上,一些船员因贪心不足或者情势所迫,利用职务之便侵盗官物,且相当普遍。侵盗官物分为两种方式,其一是在转般交装中营私舞弊⑦,其二是直接盗卖。

转般交装中的舞弊行为,在实行转般法时更为普遍,"良以屡载屡卸,故得因缘为奸也"⑧,即利用漕粮和物资在转般仓频繁交纳装卸的机会,采用以次充好、减缩斗面等手段,间接盗取国家物资。真宗时,

---

① 《宋会要辑稿》食货四四之五。
② 《宋会要辑稿》食货四二之一七。
③ 《宋史·食货志》。
④ 《宋会要辑稿》职官四二之四四、四五。
⑤ 《宋会要辑稿》食货四三之一一,另见食货四七之一〇。
⑥ 《宋会要辑稿》食货四四之六,另见食货四八之六。
⑦ 王云裳:《简述宋代漕运中押纲武臣和舟卒的营私活动》,《宁波大学学报(人文科学版)》,2009年第22卷第6期。
⑧ 《宋会要辑稿》食货四七之三。

"清河并江湖纲运,梢公盗取官物,却以他物拌和"。不仅如此,为防交装时事发,竟有人"故意沉溺舟船"①。为此,皇帝下诏告发给赏。仁宗时规定,"纲运载斛斗上京,内有湿润,即监锁稍工、纲官摊干,比元样受纳"②,如果是因"欺弊"所致,押纲殿侍、军将、大将都要受到刑罚。所谓的"欺弊",无非是盗取官米后,故意用水浸湿官粮以增加重量。南宋时实行直达法,运输里程和装卸次数都大为减少,但此类情状却未见好转,甚至在漕粮征收地装船时就有舞弊行为,"元装州军专斗等,意在拘收出剩米斛,作弊移易于交装之时,减缩斗面优量,及当来籴纳米斛,多有湿恶或米杂糠粞"。"元装州军"用容量比标准斗要小的"专斗"量米装船,并且还以次充好,这样就有好米剩下被其瓜分,而"其欠折止令押纲兵梢备偿",押纲兵梢就成了受害者。为了杜绝这种情况,政府不得不在装船时派专员"于交装仓分先次监视斛面,及封记过船"③。

转般交装中的舞弊毕竟还有所顾忌,更为大胆的是不加掩饰地直接盗卖官物。太平兴国时,江南诸州粮船至建安军交卸后,装盐回运出卖,"皆差税户军将管押,多有欠折,皆称建安军盐仓交装斤两不足"④,实则其中大部分是被他们盗卖,为此不得不在正常运量之外按比例增加折耗。北宋中期,曾对搭载私货收税,致舟人无利可图,于是便疯狂盗卖官米,并凿沉纲船灭迹。宋人李廌的《师友谈记》对此记载甚详:"所过税场有随船检税之滞,小人无所啖利,日食官米甚多,于是盗窠之弊兴焉。既食之,又盗之,而转般纳入者,动经旬月,不为交量,往往凿窦自沉以灭其迹。有司治罪鞭配日众,大农岁计不充,虽今犯人逐月克粮填纳,岂可数足?张文定为三司使日云,'岁亏六万斛',今比年不啻五十万斛矣,而其弊乃在于纲兵也。"崇宁三年(1104年)直达法实行后,问题更为严重。运输里程和时间延长,侵盗官物更加方便,"直达京师,致多拖失"⑤。南宋时,粮纲兵梢"公然偷盗,于沿路粜卖"⑥。

宋代政府专门制定法律以防止和打击种种侵盗官物的行为。比如《辇运令》规定:"诸盐、粮纲装讫,梁上置锁伏封锁,编用省印,押纲人点检。若封印损动,即时报随处催纲巡捕官司,限当日同押纲人开视讫,以随处官印封锁,批书本纲历照验。"又如《盗贼敕》规定:"诸梢工盗本船所运官物者,依主守法徒罪,勒充牵驾,流罪配五百里,本船军人及和雇人盗者减一等流罪,军人配本州,和雇人不刺面配本城,同保人受赃及已分重于知情者以盗论,非同保知而不纠及受赃者,各减同系人罪一等,受赃满二十贯者邻州编管。"⑦此外,押纲人、梢工、部纲兵级等纲运负责人如果对本纲人侵盗官物失察,也要获罪。但是,由于管理制度上存在着根本性的问题,靠严刑峻法难以杜绝侵盗官物的现象。

元代内河漕运,在开辟北洋漕运之后,规模要远逊于宋代,无论运量、里程还是的船员数量都与两宋不可相提并论。其体制与北洋漕运大致相同,已在上文论及,故此处不再赘述。

第四节 宋元船员的海祭习俗与妈祖崇拜

至隋唐五代时期,海神崇拜出现了明显的凡人化倾向,即某位普通凡人因某种机缘被民间航海者奉祀为海神,且这种情况多地并发,愈加普遍。宋元时期,航海活动较前代有了突飞猛进的发展,造船技术和导航技术的突破式提高使航海安全得到了更大的保障。即便如此,变化莫测、凶险万分的航海活动依

---

① 《宋会要辑稿》食货四二之五。
② 《宋会要辑稿》食货四二之七。
③ 《宋会要辑稿》食货四四之二,另见食货四八之一。
④ 《宋会要辑稿》食货四六之二。
⑤ 《宋会要辑稿》食货四七之八。
⑥ 《宋会要辑稿》食货四四之二。
⑦ 《宋会要辑稿》食货四五之一〇。

然时刻威胁着广大船员的生命安全,而且航海经历越多、航海里程越远对无法驾驭的茫茫大海越加敬畏。因此,宋元时期海神崇拜对于航海和船员的意义更为重大。而妈祖这一影响至今的全国性航海保护神的出现,自有其深刻的历史背景。

一、"前妈祖"时期的海祭

北宋时期,海祭已经成为普遍的航海习俗。祭神、祈风等习俗都起于民间,各地形式和内容均有所不同,且部分被官方所改造和采用。因此,这一时期的海祭活动即有官祭和私祭之分。官祭,即由政府组织和主持的海祭活动;私祭,指船主或船员在航海过程中进行的祭海活动。两者的目的都是祈求航行的顺利、安全和丰收。宣和四年(1122年),路允迪、傅墨卿奉诏出使高丽,在明州打造两艘神舟和六艘客舟,招募民间船员,组成奉使船队。福建建宁人徐兢以"奉议郎、充奉使高丽国信所、提辖人船礼物"的身份随行,归国后于宣和六年(1124年)撰成《宣和奉使高丽图经》,详尽记录并集中展现了北宋时期各种海祭的形式和具体内容。

(一)官祭

官祭一般选择在起航港附近的庙宇进行,规模较大,形式较为隆重,由朝廷直接派遣官员主持,以示重视。路允迪、傅墨卿出使高丽,朝廷即派专员主持祭神和祈风仪式。

1. 祭神

北宋时期,依历代惯例对岳镇海渎都加以封赐和祭祀,而东海和南海因航海活动的开展逐渐获得了朝廷的特别重视与褒封,祭祀仪式也愈加庄重。据徐兢记录,宣和五年(1123年)五月十六日,路允迪奉使船队从明州起航,十九日抵达定海。专门为此次出海举行祈神仪式的官员——中使武功大夫容彭年已先到定海,在总持院为船队做了七天七夜的道场,并到东海海神庙中上御香,为船队祈福。① 东海海神庙"在(定海)县东北五里,皇朝元丰元年,左谏议大夫安焘、起居舍人陈睦奉使高丽还,十一月请建庙,敕封渊圣广德王"②。可见这是一座专门为出使高丽建造的皇家庙宇。历次出使前,船队都要在此上香祈福;顺利返航后,神庙都会得到皇帝的封赐,以表彰其护佑之功。因此,路允迪使团依旧制,出航前首先到这座庙宇上香祭神。皇上亲自派专员主持仪式。

五月二十四日,船队正式起航,"八舟鸣金鼓,张旗帜,以次解发。中使关弼登招宝山焚御香,望洋再拜"③。这次祭神活动的主祭者关弼奉命专程从开封到明州,除为船队祭神祈福外,还"口宣诏旨赐宴"。

2. 祈风

五月二十六日,路允迪率使团主要官员乘小船到梅岑(即今之普陀山)举行传统的祈风仪式。"旧制,使者于此请祷。是夜,僧徒焚诵歌呗甚严,而三节官吏兵卒,莫不虔恪作礼。至中宵,星斗焕然,风幡摇动,人皆欢跃,云:风已回正南矣。"④可见,宋代使团出航时在普陀山举行祈风仪式由来已久,已成制度。而这种祈风活动在宋代颇为盛行。福建泉州九日山的祈风石刻所记录的祈风活动,与此基本类似。所不同的是,路允迪使团的祈风仪式在夜间进行,而九日山祈风石刻所记祈风仪式都是在白天进行。

五月二十八日清晨,船队终于等来了适合的风向,"八舟同发",真正开始航海阶段。此时,由朝廷官员主持的最后一次祈祷仪式在船上进行,"使、副具朝服,与二道官望阙再拜,投御前所降神霄玉清九阳总

---

① 徐兢:《宣和奉使高丽图经》,卷三十四,海道一,招宝山。
② 罗濬:《宝庆四明志》卷十九,定海县志卷第二,叙祠,神庙。
③ 徐兢:《宣和奉使高丽图经》,卷三十四,海道一,招宝山。
④ 徐兢:《宣和奉使高丽图经》,卷三十四,海道一,梅岑。

真符箓,并风师龙王牒、天曹直符、引五岳真形与止风雨等十三符讫,张篷而行"①。这个仪式应该是祈风仪式的延续。

其实,祈风活动与海神祭祀一样,都起自民间,后来被政府逐渐纳为一项国家制度,仪式也越发隆重。这是因为在帆船时代,风对于航海的成败关系重大。官方通过祈风仪式,想达到掌控航海活动的目的。南宋人真德秀在《祈风祝文》中说:"惟泉为州,所持足公私之用者,蕃舶也。舶之至时与不时者,风也。而能使风之从律而不忒者,神也。是以国有典祀,俾守土之臣一岁而再祷焉。呜呼! 郡计之殚至此,极矣! 民力之耗亦既甚矣。引领南望,日需其至,以宽倒垂之急者,唯此而已矣。神其大彰厥灵,俾波涛晏清,舳舻安行,顺风扬飘,一日千里,毕至而无梗焉。是则吏与民之大愿也"②。宋代官方对祈风仪式的重视,目的在于通过神的力量使航海安济,以增加收入和稳定政治。

(二) 私祭

宋代的海神祭祀,除隆重庄严的官祭外,更多的是形式灵活、内容各异的私祭。在海神逐渐凡人化的过程中,各地船员都有自己的崇拜神祇,也形成了各自祭祀形式。这在徐兢的记录中有着明显的体现。

1. 祠沙

宣和五年(1123年)五月二十五日上午,路允迪船队到达舟山的沈家门靠泊,下午风雨大作,船员们便在此进行了一次祭祀。徐兢对此做了完整的记述:"是夜,就山张幕,扫地而祭,舟人谓之'祠沙'。实岳渎主治之神,而佩食之位甚多。每舟各刻木为小舟,载佛经、粮糗,书所载人名氏,纳于其中,而投诸海,盖禳厌之术一端耳"③。这是由船员私下进行的海祭活动,场所不需讲究,就山搭个帐篷,清扫一下而已。所祝祷的神祇众多,除岳渎主神外,配食者也一并祭祀。仪式也有其特点,为每只船都做了一个小船模,里面装着佛经、干粮以及船员名册,投入海中,祈求各路海神保佑船员们航行顺利。海员之所以将这种私祭活动称为"祠沙",可以在"祠"的释义上找到根据。《说文解字》说,"春祭曰祠,品物少,多文词也"④。《礼记·月令》说,"仲春之月,……是月也,祀不用牺牲,用圭璧更皮币"⑤。可见,"祠"自古就是一种简单的、不用牺牲而多用告白的祭祀形式。可以看出,以徐兢为代表的官方对此颇不以为然,认为这种祭祀活动是船员的一种"禳厌之术",而实际上这才真正为民间航海者所信仰。

2. 祀沙

五月三十日,路允迪船队抵达黄水洋,"黄水洋即沙尾也。其水浑浊且浅,舟人云,其沙自西南而来,横于洋中千余里,即黄河入海之处。舟行至此,则以鸡黍祀沙,盖前后行舟过沙,多有被害者,故祭其溺水之魂"⑥。可见,"祀沙"也是一种私祭行为,是来自民间的船员们自发地为以往在黄水洋遇难的船员举行的祭奠仪式,祈求保佑的成分。"祠沙"与"祀沙"的不同在于,前者是为生者祈福,而后者是为逝者祈祷。另外,"以鸡黍祀沙",说明需用牺牲和祭品,但仪式也很简单。

3. 祈神

而恰恰就在黄水洋海域,路允迪使团船队返航时遭遇了最大的险情。徐兢于"黄水洋"条记载到,"比使者回程至此,第一舟几遇浅,第二舟午后三柂并折。赖宗社威灵,得以生还"⑦。后又在"礼成港"条

---

① 徐兢:《宣和奉使高丽图经》,卷三十四,海道一、海驴焦。
② 真德秀:《西山文集》卷五四,祈风祝文。
③ 徐兢:《宣和奉使高丽图经》,卷三十四,海道一、沈家门。
④ 许慎:《说文解字》,祠。
⑤ 《礼记·月令》。
⑥ 徐兢:《宣和奉使高丽图经》,卷三十四,海道一、黄水洋。
⑦ 同上。

详细记载了桅折遇险、祈神脱困与平安归来的整个过程:"比者使事之行,第二舟至黄水洋中,三桅并折,而臣适在其中,与同舟之人断发哀恳,祥光示现。然福州演屿神亦前期显异,故是日舟虽危尤能易他桅。既易,复倾摇如故,又五昼夜,方达明州定海也。比至登岸,举舟惧悴,几无人色。其忧惧可料知也"①。从徐兢的描述来看,他认为能够化险为夷主要是向神祈求的结果,一是"断发哀恳",二是福州演屿神显灵护佑。古人认为,身体发肤受之父母,不可轻易损毁。而在重大危急时刻,断发祈神为的是显示诚意,惟诚则灵。而福州演屿神在唐代即为福州船员所崇拜,危难时刻船员最为信任的自然是来自家乡的保护神,据此可知使团船队中福州籍船员当为数不少。

4.祭龙祠

六月十日,"申后,抵蛤窟,抛泊。其山不甚高大,民居亦众。山之脊有龙祠,舟人往还必祀之"②。船队抵达高丽海域,船员按惯例到当地龙祠祭拜。"龙神"在唐代获得册封成为正式的航海保护神,一直为民间船员所崇拜。宋代官方对于四海海神都有法定的祭祀仪式,但这里的拜龙祠是船员的私祭行为。

从徐兢所记路允迪使团奉使高丽的过程来看,海祭已经成为北宋末年航海活动不可或缺的组成部分。虽然官祭和私祭在规模、内容以及形式上各有不同,但其对航海的意义都同样重大,承载着航海者对航行安全的祈愿,并且给予他们战胜海难事故的巨大精神力量。

二、妈祖的起源

隋唐五代以来,随着航海事业的发展,各地逐渐形成了各自的海神信仰。入宋之后,远洋贸易与内河航运的进一步兴盛,使得各地船员有更多机会汇集在一条船上协作完成一次航行。他们在彼此学习航海技能、交流贸易经验的同时,各自的航海习俗也互相影响,逐渐融合,并逐渐形成了共同的信仰。妈祖就产生于这样的历史背景之下。

妈祖姓林,福建莆田湄洲屿人。其生卒年月自元代开始有多种不同记载,大多数研究者认为生于北宋建隆元年三月二十三日,卒于雍熙四年九月九日。③ 其父为都巡检,一个负责地方治安的低品级武官。妈祖早年在故乡莆田是作为女巫被膜拜的,宋人对此多有记载。廖鹏飞《圣墩祖庙重建顺济庙记》云:"世传通天神女也,姓林氏,湄洲屿人。初以巫祝为事,能预知人祸福,即殁,众为立庙于本屿"④。李俊甫《莆阳比事》云:"湄洲神女林氏,生而神异,能言人休咎,死庙食焉"⑤。丁伯桂《顺济圣妃庙记》云:"神莆阳湄洲林氏女,少能言人祸福,殁庙祀之,号通贤神女,或曰龙女也"⑥。黄岩孙《仙溪志》云:"顺济庙,本湄洲林氏女,为巫,能知人祸福,殁而次之"⑦。

妈祖起初因为能够预知人之祸福,被作为女巫而崇拜,其信仰仅限于乡里,与其他的"巫"并无什么不同。而她成为航海保护神,则因路允迪奉使高丽时的黄水洋遇险。最早记载此事的是绍兴二十年(1150年)廖鹏飞的《圣墩祖庙重建顺济庙记》:

"越明年癸卯,给事中路允迪使高丽,道东海,值风浪震荡,舳舻相冲者八,而覆溺者七,独公所乘舟,有女神登樯竿,为旋舞状,俄获安济。因诘于众,时同事者保义郎李振,素奉圣墩之神,具道其详。还奏诸朝,诏以'顺济'为庙额。"

---

① 徐兢:《宣和奉使高丽图经》,卷三十九,海道六,礼成港。
② 徐兢:《宣和奉使高丽图经》,卷三十九,海道六,蛤窟。
③ 李玉昆:《妈祖史迹研究》,中国文联出版社,2009年,第15页。
④ 《圣墩祖庙重建顺济庙记》,引自《莆田陇西李氏族谱》忠部。
⑤ 《莆阳比事》卷七,神女护使。
⑥ 《咸淳临安志》卷七十三,祠祀三,外郡行祠,顺济圣妃庙。
⑦ 《仙溪志》卷三,三妃庙。

嘉定二年(1209年),莆田人李俊甫的《莆阳比事》记载:

"宣和五年,路允迪使高丽,中流震风,八舟溺七,独路所乘神降于樯,安流以济,使还奏闻,特赐庙号顺济。"

绍定三年(1230年),又一莆田人丁伯桂在艮山《顺济圣妃庙记》中记载:

"宣和壬寅,给事路公允迪载书使高丽,中流震风,八舟沉溺,独公所乘神降于樯,获安济。明年,奏于朝,锡庙额曰顺济。"

此后,宝祐五年(1257年)黄岩孙在其所纂《仙溪志》中记载了"宣和间赐庙额"事,但没有言明原因。"八舟溺七"与当事人徐兢的记载不符,不可取信。此外,徐兢撰写于宣和六年(1124年)的使录,详细记载了沿途各种祭神活动以及黄水洋遇险断发哀告神灵庇佑的场景,并没有只字提及妈祖。其实,所谓的"演屿神显异",也不过是船员在绝望之际的心理暗示而已。福州船员祈祷演屿神,莆田船员自然会祈祷妈祖。当时妈祖还没有成为公认的全国性航海保护神,影响也仅限于莆田乡里,而各地船员都有自己信仰的神祇,徐兢不可能都有所了解。平安归航后,经过"保义郎李振"等莆田籍船员的陈述和努力,妈祖获得朝廷褒封,顺理成章。

路允迪归国之后,奏请朝廷对护航有功的各路神灵加以封赐。宣和五年(1123年),"风神封宁顺侯,雨师封宁济侯"[1],连江演屿神祠"诏赐庙额昭利"[2],还于定海县东北五里另建一座昭利庙,因"侍郎路允迪、给事傅墨卿出使高丽,涉海有祷,由是建庙"[3]。宣和六年(1124年),宁波灵应庙,即鲍郎祠因护佑"侍郎路允迪使高丽,蹈海无虞,奏请再加忠嘉二字"[4]。而莆田神女祠也于宣和五年八月获得封赐,"赐额顺济"[5],同时获得封赐的还有平城县神女祠。莆田神女即妈祖,此时还仅仅作为佑护路允迪航海的保护神之一而获封。

妈祖作为航海保护神首次被官方认可的意义在于,自此中国有了专门的航海保护神。正如明代丘浚所说:"中国地尽四海,自三代圣王,莫不祀事。在宋以前,四海之神各封以王爵,然所祀者海也,而未有专神。宋宣和中,朝遣使于勾丽,挟闽商以往,中流适有风涛之变,因商言之,赖神以免,使者路允迪以闻,于是中朝始知莆之湄洲屿之神之著灵验于海也。"[6]

三、宋元妈祖信仰

从护佑路允迪航海有功获得首次封赐起,妈祖频繁地被宋元两朝加以各种封号,从夫人、妃、天妃、天后到天上圣母,神格不断提升,信仰范围也不断扩大。

(一) 宋代妈祖信仰的传播与朝廷褒封

从北宋宣和五年(1123年)至南宋景定三年(1262年),妈祖连获朝廷褒封十余次,其信仰范围迅速

---

[1]《宋会要辑稿》礼二〇之一一一。
[2]《淳熙三山志》,卷八,昭利庙。
[3]《宝庆四明志》,卷十九,定海县志,卷第二。
[4]《宝庆四明志》,卷十一,郡志卷第十一,神庙。
[5]《宋会要辑稿》礼二〇之六一。
[6]《丘文庄公集》卷五,天妃宫碑。

超出福建向南北扩展。时人刘克庄说:"非但莆人敬事,余北边游,南使粤,见承楚、番禺之人祀之尤谨"①。丁伯桂在其《庙记》里也说:"神之祠不独盛于莆,闽、广、江、浙、淮甸皆祠也"。

妈祖从众多被封赐的地方民间神祇中脱颖而出,有两个关键因素:其一是妈祖在莆田民间有广泛的信仰基础,其二是宋代许多莆田人在朝为官。② 前者使其获誉于民间,后者使其声闻于庙堂,两个因素共同促成了妈祖地位的迅速提升。

在妈祖信仰传播过程中,妈祖被赋予各种功能。首要功能自然是海上救难。据洪迈的《夷坚志》记载,绍熙三年(1192年),福州人郑立之从番禺泛海还乡,到莆田境浮曦湾,有人来告近洋有贼船,于是舟师到崇福庙求庇护。出港后,果然与贼船遭遇,千钧一发之际,"忽烟雾勃起,风雨欲至,惊涛驾山,对面不相觐识,全如深夜。既而开霁帖然,贼船悉向东南去,望之绝小。立之所乘亦漂往数十里外,了无他恐,盖神之赐也"③。作为航海保护神,此类功能当为妈祖"主业",包括助官军舟师战胜金兵和擒捕海寇。此外,在遭遇瘟疫、水旱等灾害时,也会祈祷妈祖。朝廷也多次对妈祖加以褒封,丁伯桂的《顺济圣妃庙记》记载了嘉定十年(1217年)前宋朝对妈祖的褒封情况:

"宣和癸卯(1123年),给事路公允迪,载书使高丽,中流震风,七舟沉溺,独公所乘,神降于樯,遂获安济。归奏于朝,锡庙额曰'顺济'。绍兴丙子(1156年),以郊典封'灵惠夫人'。逾年,江口又有祠,祠立二年,海寇凭陵,效灵空中,风掩而去。州上厥事,加封'昭应'。其年白湖童、邵,一夕梦神指为祠处,丞相正献陈公俊卿闻之,乃以地券奉神立祠,于是白湖又有祠。时疫,神降,且曰:'去潮丈许,脉有甘泉,我为郡民续命于天,饮斯泉者立瘥。'掘泥坎,甘泉涌出,请者络绎,朝饮夕愈,甃为井,号圣泉。郡以闻,加封'崇福'。越十有九载,福兴都巡检使姜特立捕寇舟,遥祷响应,上其事,加封'善利'。淳熙甲辰,民艰,葛侯郛祷之;丁未旱,朱侯端学祷之;庚戌夏旱,赵侯彦励祷之。随祷随答,累其状闻于两朝,易爵以妃,号'灵惠'。庆元戊午(1198年),瓯闽列郡苦雨,莆三邑有请于神,获开霁,岁事以丰。朝家调发闽禺舟师平大奚寇,神着厥灵,雾瘴四塞,我明彼晦,一扫而灭。开禧丙寅,金寇淮甸,郡遣戍兵,载神香火以行,一战花靥镇,再战紫金山,三战解合肥之围,神以身现云中,着旗帜,军士勇张,凯奏以还。莆之水市,朔风弥旬,南舟不至,神为反风,人免艰食。海寇入境,将掠乡井,神为胶舟,悉就擒获。积此灵贶,郡国部使者陆续奏闻,庆元四年(1198),加'助顺'之号。嘉定元年(1208年),加'显卫'之号。十年(1217年),加'英烈'之号……"④

丁伯桂的这段记载可与《宋会要辑稿》、元人程端学《灵慈庙记》、清人林清标《敕封天后志》以及《八闽通志》等文献的相关记载互相印证。

此后,据程端学的《灵慈庙记》载,宋朝对妈祖的褒封有:嘉熙三年(1239年),因"钱塘潮决堤至艮山祠,若有限而退,封灵惠助顺嘉应英烈妃";宝祐元年(1253年),莆、泉大旱,米价暴涨,妈祖托梦广商,载米入兴、泉贸易,米价遂平,民借以不饥,商人也获利丰厚,诏封"助顺嘉应慈济妃";宝祐二年旱,祷之雨,封"助顺嘉应英烈协正妃";宝祐三年封"灵惠助顺嘉应慈济妃";宝祐四年封"灵惠协正嘉应慈济妃",同年又封"灵惠协正嘉应善庆妃";景定三年(1262年),助捕海寇,封"灵惠显济嘉应善庆妃"。⑤

---
①《后村先生大全集》卷一三五,谒诸庙。
②据肖一平《海神天后史略》(油印稿),宋代莆田出了6名状元,824名进士,9名恩赐进士。转引自李玉昆:《妈祖史迹研究》,中国文联出版社,2009年,第68页。
③洪迈:《夷坚志》,《夷坚志戊》卷一,浮曦妃祠。
④《咸淳临安志》卷七十三,祠祀三,外郡行祠,顺济圣妃庙。
⑤程端学:《灵慈庙记》,《四明续志》卷九,祠祀。

(二)元代妈祖信仰与朝廷褒封

元代,北洋漕运中的广大军人、船户将妈祖作为漕运保护神而加以崇拜。

元代的航海技术虽然已达较高水平,但海上行船依旧充满了危险。海漕航线道里悠远,多浅滩、暗礁,水文状况十分复杂,海难事故随时会发生。至元十九年(1282年)第一次海漕运输就沉溺粮食4000石。元人舍利性古在《灵慈宫原庙记》中描述了漕运遇险及妈祖救难的场景:"若乃纤云召阴,劲风起恶,洪涛腾沸,快帆摧撞,束手罔措。虽有紫荆乌婪之柁,如以一线引千钧于山岳震颠之地,重以冥礁浅滩,触即瓦解,千夫怖悚,命在顷刻。于是呼吁天妃,应答如响,光景赫然见于樯端,而舟中之人,如婴之睹怙恃矣"①。程端学记载:"天历二年(1329年),漕运副万户八十,监运舟至三沙,飓风七日,遥呼于神,夜见神火四明,风恬浪静,运舟悉济"②。据《天妃显圣录》载:至顺元年(1330年)春,粮船780只从太仓刘家港开洋,大风突起,数千人战栗哀号,"官吏恳祷于神妃,言未已,倏阴云掩霭,恍见空中有朱衣拥翠盖,伫立舟前,旋有火照竿头,晶光如虹。舟人且惊且喜。无何,风平浪息,七百余艘飘流四散,正集合整理篷桨解缆而进,又闻空中有语云:'可向东南孤岛暂泊',众即撑舟依孤岛旁。方抛碇,江上狂飙迅发,暴雨倒峡。舟人相慰曰:'非神灵指示,我等皆在鼋宫蛟窟矣!'次日晴霁,遂达直沽交卸"③。又据程端学记载,至顺三年(1332年),庆、绍等处海运千户所达鲁花赤纳臣公"押运至莱州洋,风大作,祷之,夜半见神像,转逆以顺,是岁运舟无虞"④。

妈祖因庇护漕运有功累获朝廷褒封和祭祀。《元史》载:"凡名山大川、忠臣义士在祀典者,所在有司主之。惟南海女神灵惠夫人,至元中,以护海运有奇应,加封天妃神号,积至十字,庙曰灵慈。直沽、平江、周泾、泉、福、兴化等处皆有庙。皇庆以来,岁遣使赍香遍祭,金幡一合,银一铤,付平江官漕司及本府官,用柔毛酒醴,便服行事。祝文云:维年月日,皇帝特遣某官等,致祭于护国庇民广济福惠明著天妃"⑤。

元代对妈祖的褒封最早见于至元十五年(1278年)八月,封泉州神女号护国明著灵惠协正善庆显济天妃。⑥ 至元十八年(1281年),"诏海外诸蕃宣慰使福建道市舶司提举蒲师文册命为护国天妃",诏书云:"惟尔有神,保护海道,舟师漕运,恃神为命"⑦。至元二十五年(1288年)六月,加封南海明著天妃为广佑明著天妃。⑧ 至元二十六年(1289年),以海运藉佑,加封显佑。⑨ 大德三年(1299年)三月,"以漕运遭风得助",加封护国庇民明著天妃。⑩ 延佑元年(1314年),封"护国庇民广济明著天妃"⑪。天历二年(1329年),加庙号曰"灵慈"。⑫ 至正十二年(1352年)十月,"加号海神为辅国护圣庇民明著天妃"。⑬

元代很多天妃庙的创建与漕运有关。比如,太仓刘家港因是漕船始发地,至元时建有周泾桥北灵慈宫和浏河北岸鲁漕东灵济宫。而天津作为漕运中转站,延佑时建有大直沽东天妃庙,泰定时被火焚毁,朝廷即拨款修缮,至正时再拨款加高庙基;又于泰定三年(1326年)在三岔河口西岸创建西庙。这些天妃庙

---

① 舍利性古:《灵慈宫原庙记》,弘治《太仓州志》卷十。
② 程端学:《灵慈庙记》,《四明续志》卷九,祠祀。
③ 《天妃显圣录》,神助漕运。
④ 程端学:《灵慈庙记》,《四明续志》卷九,祠祀。
⑤ 《元史·祭祀志》。
⑥ 《元史·世纪本纪》。
⑦ 同治《上海县志》卷十,祠祀。
⑧ 《元史·世纪本纪》。
⑨ 林清标:《敕封天后志》卷上,祭文。
⑩ 《元史·文宗》。
⑪ 程端学:《灵慈庙记》,《四明续志》卷九,祠祀。
⑫ 同上。
⑬ 《元史·顺帝本纪》。

的创建是为了满足漕运祭神的需要。北洋海漕将妈祖信仰从东南沿海传播到京津一带。

应该指出的是,妈祖成为全国性航海保护神后,各地船员依然有自己信奉的神祇。这种情况一致持续至今。

宋元两朝,中国古代航海事业迎来了第一个高峰。广大船员以努力探索的精神和不畏风涛的意志,创造了航海史上的辉煌,同时也获得了自身的职业发展。海员与内河船员体系初步建立,对国民经济和社会生产、生活方式带来重大有益的影响。以妈祖为代表的海神成为广大船员的精神支柱,对航海事业的发展具有不可或缺的推动作用,并且形成了中华民族特有的海神文化,成为维系华人血脉的精神纽带。

第三章　明清(中前期)海员发展的顶峰与变化(1368—1840年)

明清时期是我国古代航海事业及海员职业发展的一个新纪元。郑和下西洋将我国古代的航海事业推向顶峰,创造了我国古代海员最为辉煌的业绩。之后,虽然明清政府长时间实行禁海政策,但由于时代赋予了航海事业不可阻挡的发展势头,民间航海事业蓬勃兴起,广大海员有了更为广阔的发展空间。远洋贸易船员、近海沙船船员以及内河漕运船员各成体系并逐步完善,职责划分愈加细致,职务类别愈加丰富,达到了中国古代前所未有的水平。同时,航海教育的长期积累,使海员素质稳步提高。至此,"一个自我完备、独具特色的中国古代海员体系最终大功告成了"[①],其对社会发展的贡献和影响不可估量。然而,鸦片战争之后,随着西方轮船运输业的涌入,中国传统帆船业迅速衰落,中国海员随同中国航运业一起被时代裹挟着,走进历史新的一页。

第一节　明初船员的航海壮举——郑和下西洋

明初的郑和下西洋,在中国乃至世界航海史上,都是标志着帆船时代航海最高成就的重大事件。从永乐三年(1405年)至宣德八年(1433年),伟大的航海家郑和七奉钦命,率领当时世界上最庞大的远洋船队,遍航西太平洋与北印度洋的广阔水域,造访亚非几十个国家和地区,书写了人类航海史上辉煌的一页。郑和以其丰功伟绩永载史册,而成就郑和以及这一重大历史功绩的广大船员,也不该为历史所湮没。现在,我们就把目光投向这些默默无闻的历史创造者。

一、郑和下西洋的历史条件和动因

郑和下西洋并不是一个偶然事件,而是历史和航海事业发展的必然产物,它的出现缘于诸多历史条件的共同促成。

(一) 社会经济与造船业的发展

明初,朱元璋为恢复元末战乱对社会经济的破坏,采取了一系列措施。首先,重视农业生产,厚本抑末,轻徭役,招流亡,计民授田,奖励垦殖;大兴民屯,寓兵于农,且耕且战,在发展生产的同时,大大节省了政府的军费开支;组织农民兴修水利,改良土壤,革新技术和作物品种。这些措施有力地推动了农业的恢复和发展,至永宣年间,从京师到地方州县,俱是仓廪充积,赋入盈羡。其次,在手工业方面,打破元末"永役匠户"的规定,实行有一定期限的服役制度,而且匠户还可以出钱代替服役。这些措施使手工业者人身自由与生产自由得到了一定程度的解放,提升了他们的劳动积极性,从而使手工业生产有了较大的发展,在传统的纺织和制瓷业上进步尤为明显。农业和手工业的发展,为郑和下西洋提供了强大的经济后盾。在手工业发展的基础上,造船业更趋发达。明代造船厂遍及全国滨海临江地区,特别是明初都城南京,马船厂、快船厂、龙江船厂和宝船厂等,或并立或相沿,与有明一代相始终。明代所造船舶数量巨大,工艺先进,种类丰富,为郑和下西洋提供了最切实的基础条件和技术保障。

[①] 王杰:《中国古代海员职务略考》,《中国航海》,1992年第3期。

(二) 宋元航海文明的延续

宋元两代创造了我国古代航海事业的第一个高峰,明初与之相沿袭,因而自然继承了宋元的航海思维和航海文明遗产,这成为郑和下西洋的又一基础性条件。首先,宋元时代大量的航海实践,形成了较为深厚的航海习俗,延至明初,航海已成为滨海人民生产生活的一种自然选择。其次,宋元航海传统造就了一代又一代富有经验、惯熟航海的船工,驶帆、操舵、用锚等船艺愈加精湛。其三,航海罗盘的应用,开辟了定量航海的时代,针盘导航技术的运用也越来越熟练和广泛。其四,有关海外风土及航行指南书籍的大量出现,也为明初远洋航行活动提供了丰富的文字资料,等等。

(三) 统治阶级的政治需要

明初经济的恢复和发展,造船业的兴盛,以及宋元航海文明遗产,为郑和下西洋准备了必要的物质条件,而明朝官方组织如此规模的下西洋活动,还有其特定的历史动因。首先,明成祖朱棣推翻建文帝,夺取皇位,于宗法和伦理所不容,因此急于树立威望以证实自己的合法地位,而诏谕国外,营造万邦臣服的外交盛况是最好的途径之一,而且,中华帝王的"天朝上国"思想,在其制定国策时也发挥了重要作用。其次,建文帝的不知所终也一直是朱棣难除的心病,有传言建文帝蹈海而去,而访查建文踪迹也成为一项重要的政治任务。再者,北方蒙元残余势力威胁犹在,若南方安定,则会避免腹背受敌的局面。再次,海外的奇珍异物对统治阶级有着无穷的吸引力。总之,郑和船队是奉皇帝之命到海外进行重要政治、外交与经济活动的官方船队,因此能够得以毕集当时最好的航海资源,从而成就了这一航海壮举。

二、郑和下西洋船队与船员

郑和下西洋是由官方组织的、负有重大使命的航海活动,为此组建了当时世界上最为庞大的远洋船队,"其主要特点是:船员众多,建制完整,船舶巨大,种类齐全,编队严密,通讯便捷"①。

(一) 郑和下西洋船员规模及构成

郑和下西洋船队由大小海船 200 余艘组成,如此大规模船队的泛海远航,必须配备相应数量的船员以满足操驾、导航、护卫、后勤以及大型船队组织编队、通信联络等各类职事的需要。据相关史料,第一次下西洋船员人数达 27800 余人②,第三次为 27000 余人③,第四次为 27670 人④,第七次为 27550 人⑤。其余几次人数未见明确记载,估计也应在 27000 人以上。

郑和船队船员构成大致如下:"钦差正使太监七员,副使监丞十员,少监十员,内监五十三员,都指挥二员,指挥九十三员,千户一百零四员,百户一百零三员,舍人二名,户部郎中一员,鸿胪寺序班二员,阴阳官一员,阴阳生四名,医官、医士一百八十员,旗校、勇士、力士、军力、余丁、民梢、买办、书手共二万六千八百零三名,以上共二万七千四百一十一员名。"⑥按此记载,在人数占绝大多数的基层船员中,军籍船员和民间船员各占一定的比例,旗校、勇士、力士为正式军人,余丁为明朝卫所军士家属中成年男丁,正军死亡或老疾,由其递补入伍,民梢、买办等为船队征用的民间船员。另祝允明记载,最后一次下西洋的船员有

---

① 孙光圻:《中国古代航海史》,海洋出版社,2005年,第387页。
② 《明史·郑和传》。
③ 费信:《星槎胜览》前集,占城国。见冯承钧校注:《星槎胜览校注》,中华书局,1954年。
④ 马欢:《瀛涯胜览》,宝船与人员。见万明:《明钞本〈瀛涯胜览〉校注》,海洋出版社,2005年。
⑤ 祝允明:《前闻记》,下西洋。
⑥ 《郑和家谱》,随使官军员名。

"官校、旗军、火长、舵工、班碇手、通事、办事、书算手、医士、铁锚、木舱、搭材等匠,水手、民稍人等,共二万七千五百五十员名"①。可见,郑和船队的船员由军人和民人共同构成。

郑和船队各类船员配备齐全,建制完整,各有职掌,分工协作。反映下西洋史事的明代小说《三宝太监西洋记通俗演义》(以下简称《西洋记》)载有战船人员配置情况:"每战船一只,捕盗十名,舵工十名,瞭(缭)手二十名,扳招十名,上斗十名,碇手二十名,甲长五十名,每甲长一名,管兵十名。"②《西洋记》以神魔化手法演绎历史事件,其基本线索在相当程度上是真实可靠的。其所载战船人员配置,或参考了成书较早的《纪效新书》,只是按比例夸大了。《纪效新书》载,"每福船一只,捕盗一名,舵工二名,缭手二名,扳招一名,上斗一名,椗手二名,上用甲长五名,每甲兵十名"③。

郑和船队的所有人员,按其地位和职事,基本上可分为5类。

1. 指挥决策层

包括正使太监、副使监丞、少监、内监等,作为皇帝的亲信内臣,形成船队的指挥决策核心层,具有对船队一切事务的决定权,包括航行时间及航线的选择,贸易、外交决策,战斗指挥等。郑和作为钦差正使太监,是核心中的核心,船队最高决策者与指挥者。王景弘、侯显、李兴、朱良、杨真、洪保、杨庆等作为郑和的主要副手,分管航海业务、军事护航以及贸易外交等相关业务。

2. 航海业务人员

包括火长、舵工、班碇手、铁锚、木舱、搭材、水手、民稍等航海技术人员,这些人多为专门征雇的富有经验的民间船员。民稍即来自民间的稍工,负责掌舵、撑篙等职事,是船上重要的技术人员。而"选取驾船民稍中有经惯下海者称为火长,用作船师,乃以针经图式付与执领,专一料理,事大责重"④,可见,火长是在民稍中优选出来的。从宋代登上航海历史舞台以来,火长的地位愈发重要,至下西洋时,成为无可争议的技术船员之首。舵工与民稍的职事大致相同,部分舵工或由军卒充任,按火长指令操舵,控制航向。火长工作的岗位靠近舵手,以便就近下达口令,调整航向。班碇手负责靠泊和起航时下锚、起锚。铁锚、木舱、搭材等为铁匠和木匠,负责船舶及其辅具的日常维修与保养。水手负责摇橹、划桨、升帆、落篷以及船上日常杂务。

3. 外交贸易人员

包括鸿胪寺序班、买办、通事等。鸿胪寺序班为使团的外交礼仪官员,买办为进行贸易活动的中间人和经理人,通事是在对外交往和贸易时的翻译人员。这部分人属较低品阶的朝廷官员,但都具有一定的文化水平,例如马欢、费信、巩珍都是随使西洋的通事,归国后各有著述,为郑和下西洋之亲证。

4. 后勤保障人员

包括户部郎中、舍人、书算手、医官、医士等。户部郎中掌管船队财政及后勤供应事务,郑和下西洋除了政治意图外,也有经济目的,户部郎中即皇帝派驻船队的财政管家,其品阶与决策指挥层相当。舍人负责起草、誊写有关信牒、文件等文字工作。书算手负责会计出纳,管理账目。医官、医士负责疾病预防和救治。另外还有厨役等职事。

5. 军事护航人员

包括都指挥、指挥、千户、百户、旗校、勇士、力士、军士、余丁等武装人员,除余丁为尚未取得军籍的"预备役"外,其余各员均为军籍,主要负责船队的安全保卫工作。都指挥、指挥人的官阶甚至高于正使

---

① 祝允明:《前闻记·下西洋》。
② 罗懋登著,陆树仑、竺少华校点:《三宝太监西洋记通俗演义》,上海古籍出版社,1985年,第238页。
③ 戚继光:《纪效新书》卷十八,治水兵篇第十八,兵船束伍法。
④ 巩珍著,向达校注:《西洋番国志》,中华书局,1982年,自序。

太监、副使监丞,但却处太监决策层的领导之下,这是因为作为皇帝钦差,郑和等太监掌握着船队的绝对权力,各品阶各武官均需俯首听命。军事护航人员与航海业务人员从数量上共同构成了下西洋船员的主体。

明隆庆四年(1570年)以后兵部编录的《卫所武职选簿》(残存部分)[1],保留了大量下西洋武官的资料,经范金民等先生整理,有180人之多。其中参加1次者最多,为110人;2次者较多,为44人;3次者较少,为19人;4次者仅4人;数次者3人,共计大约将近300次。有些是子补父役,两代人前后下西洋,如朱大眼和朱秋奴、孙受和孙佛儿等。在这180人中,来自南京见设卫所亲军卫各卫者为67人,尤其是锦衣卫48人;南京五军都督府前军都督府各卫31人,左军都督府在京各卫8人,中军都督府在京各卫、中都留守司虎贲右卫19人,共125人,占全部人数的69%,说明下西洋部队将近三分之二来自南京及其周围地区。[2] 这些都是有品阶的军官,普通军卒不在《选簿》之列。而前后连续5次下西洋的传奇性人物——太仓卫副千户周闻[3],残存的《卫所武职选簿》无载。

附:《卫所武职选簿》下西洋军人名单[4]

亲军指挥使司亲军卫

府军前卫:刘和

锦衣卫:蒲青　田资　宁原　裴郁　郑忠

长陵卫:张中　吴受　杨林　高志　吕政　石青　杨旺　唐兴　缪信

羽林右卫:苏成　郑足　孙荣　杜诚　曹镛　蒋彦庄　王奈儿　张永

左军都督府

在京留守左卫:朱铭　张山　张犍儿　任添福

在京沈阳左卫:侯通　许胜

浙江都司定海卫:张清　王亚接

右军都督府

直隶宣州卫:朱真

广西都司柳州卫:张贵　孟祥

中军都督府

在京留守中卫:张荣　李清　辛忠　高俊

在京神策卫:彭成　王喜三

直隶苏州卫:朱喜　许兴　黄受　雷振

直隶金山卫:陈全保　陈兴　陆祥　孙闰　胡旺　张文言

直隶高邮卫:王舍保　钟得舒　龙亨

中都留守司虎贲右卫:汤子名

前军都督府

湖广都司黄州卫:罗旺　陈虎安

福建都司福州右卫:韩大　李隆成　蔡肃　夷得名　林拱　罗垒伍　万将军保　朱俊　陈真生　李

---

[1] 收于中国第一历史档案馆、辽宁档案馆编:《中国明朝档案总汇》,第49—74册,广西师范大学出版社,2001年。
[2] 范金民:《〈卫所武职选簿所〉反映的郑和下西洋史事》,《明代研究》2009年第13期。
[3] 见太仓市博物馆藏碑文拓片:《明武略将军太仓卫副千户周侯声远墓志铭》和《明故宜人张氏墓志铭》。
[4] 据范金民《〈卫所武职选簿所〉反映的郑和下西洋史事》之"《卫所武职选簿》下西洋人员表"整理,《明代研究》,2009年第13期,2009年。

进保　蒲马奴　郑受保　王忠

　　福建都司建宁左卫：金势美　祁义　王得保

　　福建都司建宁右卫：张福

　　福建都司汀州卫：许达　艾观音保

后军都督府

　　在京留守后卫：李成　董士中　杨春

　　直隶永平卫：汪清

　　直隶天津右卫：柳政

　　万全都司保安卫：王道官

　　山西都司振武卫：李源

南京见设卫所亲军卫

　　羽林左卫：章胜　王庄儿　张哲　郑信　冀斌　许旺　李添保　吕泰　李让　郭先

　　羽林右卫：舒鉴　岳泰　吴全　邹浩　汪诚

　　府军右卫：姚佛兴　童亮　张道保　俞涛

　　锦衣卫：何义宗　李满　张通　宗真　余复亨　钟海清　陈道祯　何得清　刘海　李真　钟二　沙舍班　陈兰芳　潘定远　刘定住　方荣　张贵　何玉　袁亨　萧汝贵　张文　徐兴　胡谦　刁先　郑兴　姚全　尹仲达　张政　昝成　高亮　王真　刘福才　张原　陈永革　沈友　李存钊　易刚　卢岷　张和　崔陆　刘受　刘春　张林　刘移　蔡荣　李青　陶亚住　张虑

南京五军都督府

　　前军都督府天策卫：童宣　单兴　李旺　尤真　阮清　李荣

　　前军都督府豹韬卫：甄广　史敬　王斌　朱大眼　朱秋奴　孙受　孙佛儿　张敬　廖兴　熊回保　张僧住　宫默　孙贵　郑佛儿　杨驴儿　屈冬儿　杨关保　危倍生　尤成

　　前军都督府豹韬左卫：傅良　余燧　王僧保

　　后军都督府鹰扬卫：哈只　金沙班　潘宅弟

（二）下西洋船舶种类及来源

远航异域，最重要的物质基础是船舶。郑和船队规模惊人，每次出航，都会组成各种海船200余艘编成庞大的船队。其中最重要的大型海船叫宝船，其"体势巍然，巨无与敌，篷帆锚舵，非二三百人莫能举动"①。第七次下西洋所用宝船63艘，"大者长四十四丈四尺，阔一十八丈；中者长三十七丈，阔一十五丈"②。除主力船型宝船外，还有其他辅助船型，如马船（兼作战、运输之用）、粮船（运输粮食与物资）、座船（指挥船）、战船（专司护航与作战）以及水船（汲取淡水）等。

明代官方设厂造船，上述主要船型均专厂专造。前三次下西洋，所用船只多为明初建造的各类海船，而这些船型显然不能满足远航海外多种用途的需要，于是，朱棣下诏建造专门用于下西洋的宝船，永乐六年（1408年）正月，"命工部造宝船四十八艘"③。而据刘义杰先生考证，宝船厂创建的时间应该是明永乐三年（1405年），并于永乐六年（1408年）开始奉命建造宝船，其地理位置应在南京城西三汊河（下新河）汇入长江的河口处。郑和第七次下西洋后，宝船厂被封存待用。嘉靖年间，宝船厂已经荒废，但仍有人看

---

① 巩珍著，向达校注：《西洋番国志》，中华书局，1982年，自序。
② 马欢：《瀛涯胜览》，宝船与人员。见万明：《明钞本〈瀛涯胜览〉校注》，海洋出版社，2005年。
③ 《明成祖实录》卷七五。

守。万历后期,宝船厂尚依稀可辨,可见宝船厂曾存在了200多年。①

第三次下西洋返回后,郑和船队经过了较长时间的休整,历时两年多,一个重要原因是等待永乐六年(1408年)开始建造的48艘宝船完工。这期间,郑和亲自参与宝船的督造事宜。一切准备工作就绪后,永乐十一年(1413年)冬十月,郑和再次出航,至永乐二十年(1422年)八月回国,又完成三次下西洋。随着郑和船队在海外的影响力愈大,西洋各国派出的使团人数愈增,所贡方物愈多,加之明廷向西洋各国大量采购香料等物,需要更多更大安全性更高的宝船来载运,因此,永乐十七年(1419年)九月,朱棣再次下诏"造宝船四十一艘"②。宣德五年(1430年)六月,郑和第七次下西洋船队规模达到最盛。

(三)郑和船队的编队与通信

如此庞大的船队,如此远距离的航行,必须建立严密的编队组织和统一的通信联络方式,以保证船队决策层的指令能够及时、准确地传达到每一艘船,使各船协调一致,不致出现混乱碰撞或离队漂散的局面。

1.编队形式

郑和船队的航行编队,史籍中鲜有记载,《西洋记》中的有关描写可作为参考:

> 每日行船,以四帅字号船为中军帐,以宝船三十二只为中军营,环绕帐外。以坐船三百号,分前后左右四营,环绕中军营外。以战船四十五号为前哨,出前营之前,以马船一百号实其后。以战船四十五号为左哨,列于左,人字一撇撇开去,如鸟舒左翼。以粮船六十号,从前哨尾起,斜曳开列到左哨头止;又以马船一百号实于中,以战船四十五号为后哨留后,分二队如燕尾形,马船一百号当其前。以粮船六十号从左哨头起,斜曳收到后哨头止,如人有左肋又以马船一百二十号实于中;以粮船六十号从右哨头起,斜曳收到后哨头止,如人有右肋,又以马船一百二十号实于中。③

据有关专家,这种编队方式与现代大型舰船编队的航行序列卫幕队形很相似。前卫、后卫和左右翼各类船舶拱卫由帅船与宝船组成的中军帐,中军帐发号施令,各船行动一致,又灵活机动。虽然上述编队中船舶总数实属夸大,不足凭信,但其所述队形,应有所据,完全符合大型船队航行与作战的实际需要。

2.通信联络方式

对于这样一个大型船队,若要实施有效的指挥调度,必须建立统一、便捷的通信联络信号。在没有无线电通信技术的15世纪,帅船向各船发送指令,以及各船之间的联络,只能靠旗帜、光以及音响等视觉和听觉信号,这就需要严密的组织和严格的纪律。据《西洋记》记载,郑和船队"昼行认旗帜,夜行认灯笼,务在前后相维,左右相挽,不致疏虞,敢有故纵违误军情,因而偾事者,即时枭首示众"④。

"昼行认旗帜",《西洋记》具体而言,各船均有"大坐旗一面,号带一条,大桅旗十顶,正五方旗五十顶"⑤,通过事先约定,形成相应旗语,这在明代航海中已普遍运用。"夜行认灯笼",即夜间通信以灯笼为号,这种联络方式也在明代编队航海中普遍应用。据《纪效新书》记载,"各船以灯火为号,中军船放起火三枝,放炮三个,悬灯一盏,各船以营为辨,前营船悬灯二盏平列,左营悬灯二盏,各桅一盏,右营大小桅各悬灯二盏平列,后营悬灯二盏一高一低,看灯听铳收舟宗。"⑥可见,灯火悬挂位置和盏数均各有意义,郑和船队夜行时讯号传递当与此相仿。

---

① 见刘义杰:《南京造船厂探微》,《海交史研究》,2010年第1期。
② 《明成祖实录》卷二一六。
③ 罗懋登著,陆树仑、竺少华校点:《三宝太监西洋记通俗演义》,上海古籍出版社,1985年,第239页。
④ 同上。
⑤ 同上。
⑥ 戚继光:《纪效新书》卷十八,治水兵篇第十八,遇夜洋行船。

如遇有雾、雨、雪等不良天气,海上能见度较差时,则用音响传递信号。《西洋记》中提到的"大铜锣四十面,小锣一百面,大更鼓十面,小鼓四十面"①等物件,除应用于指挥作战外,应亦可作为海上能见度不佳时传递信号之用。而据《纪效新书》,"看灯听铳收舟宗""遇夜泊,船听中军船招舟宗喇叭响,各船依序随舟宗安插,不许私求稳便远泊"②,可见鸟铳和喇叭也作为联络之响器。即使在正常天气,音响信号也有其广泛用途,如前进、后退、举炊、休息、集合、起碇、升帆、抛锚等统一行动,便皆以音响信号为准。

大型舰队的编队航行,对船员的纪律性、协作意识以及技术水平要求更高,从而促进了船员素质的整体提升,而高素质的船员队伍,是下西洋活动圆满完成最基本的保障。

三、郑和七下西洋的经过

从永乐三年(1405年)至宣德八年(1433年),郑和率船队七次下西洋,创造了我国古代航海事业的辉煌成就。仅从航海的角度而言,船队之庞大,航程之辽远,航路之复杂,航期之漫长,均可称为我国帆船时代之最。各种船员的分工协作,是下西洋活动得以圆满完成的基础。

(一)下西洋前的准备

明代多种史书载有在下西洋前的永乐二年(1404年),郑和曾率船队"下东洋"一事,梳理如下:
胡宗宪《筹海图编》相关记载有两处,第一处:

(永乐二年)上命太监郑和统督楼船水军十万,招谕海外诸番,日本首先纳款,擒献犯边倭贼二十余人,即命治以彼国之法,尽蒸杀之。今铜甑犹存,炉灶遗址在芦头堰。降敕褒奖,给勘合百道,定以十年一贡,船止二只,人止二百,违例则以寇论。"③

第二处:

永乐二年四月,对马(壹)岐倭寇苏松。贼掠浙江,穿山而来,转掠沿海。上命太监谕其国王源道义,源道义出师获渠魁以献。④

此处记载较前处简略,且省去了关键的要素——人物,但两相参照,显然是在说同一件事。
郑晓《吾学编》记载:

太监郑和等率舟师三万下西洋,日本遣人来贡,并擒献犯边贼二十人,即付人治之,缚至甑中蒸死。永乐二年使还,遣通政赵居任赐王冠服、文绮、金银、古器、书画,又给勘合百道……⑤

薛俊《日本国考略》记载:

永乐二年四月十八日,舡十八只寇攻茅(穿)山所,复应招来贡。是年,太宗文皇帝命太监郑和等兵舡十万,往四夷诸番,招抚入朝。日本先百番来贡,并擒献犯边贼人二十余名,就命来使治以其国之法……⑥

---

① 罗懋登著,陆树仑、竺少华校点:《三宝太监西洋记通俗演义》第十八回,上海古籍出版社,1985年,第239页。
② 戚继光:《纪效新书》卷十八,治水兵篇第十八,遇夜洋行船。
③ 胡宗宪:《筹海图编》卷二,倭奴朝贡事略。
④ 胡宗宪:《筹海图编》卷六,直隶倭变纪。
⑤ 郑晓:《吾学编》,卷上。四夷考。
⑥ 薛俊撰、王文光增补:《日本国考略》,国朝贡变略。

而嘉靖朝出使过日本的郑舜功在其所著的《日本一鉴》中记载：

永乐甲申，倭寇直隶、浙江地方，遣中官郑和往谕日本。①

另一处记载可与之相参证：

永乐甲申二年，中官郑和使日本，惟时倭寇浙江、直隶地方，故遣郑和奉敕讨贼……②

相关记载还见于一部佚名的明人著作《四夷馆考》，可见，明朝中后期，"下东洋说"曾颇为盛行。清代，顾炎武的《天下郡国利病书》因循之：

成祖文皇帝永乐二年四月，夷船一十一只寇穿山，百户马兴死之，寻寇苏松诸处。是年，上命太监郑和统督楼船水军十万，招谕海外诸番，日本首先纳款，擒献犯边倭贼二十余人。倭贼即治以彼国之法，尽蒸杀之，时铜甑犹存，炉灶遗址在芦头堰。③

而成书于清初的《明史纪事本末》则将此事件编进永乐十五年的概述中：

十五年春正月，倭寇浙江松门、金乡、平阳。冬十月，遣礼部员外郎吕渊等使日本。先是，帝命太监郑和等赍赏谕诸海国，日本首先归附，诏厚赉之……④

清代琉球人程顺则在其《指南广义》中的记载亦可佐证：

康熙癸亥年（二十二年，1683年），封舟至中山。其主掌罗经舵工，闽之婆心人也，将航海《针法》一本，内画牵星及水势山形各图，传授本国舵工，并告知曰：此本系前朝永乐元年差官郑和、李恺、杨敏等前往东、西二洋等处，开谕各国，续因纳贡累累，恐往返海上针路不定，致有差错，乃广询博采，凡关系过洋要诀，一一开载，以作舟师准绳。⑤

可见"下东洋"之事几可确论，其时间和目的也说得通。下西洋这样大规模的远洋航行活动，必须在各方面都做好充足的准备。永乐二年为郑和第一次下西洋的前一年，这一年郑和船队的出航应该带有"演习"的性质，目的是演练编队、校正航路。而郑和船队"耀兵"于东海，声势之大令日本震慑，于是献俘来贡，表示臣服。

（二）七下西洋历程

一切准备就绪，永乐三年六月十五日（1405年7月11日），郑和奉命第一次出使西洋，船队自刘家港启航，经福建休整，同年冬趁季风南下，历占城、爪哇、旧港（今苏门答腊巨港）、南巫里（今苏门答腊班达亚齐）、锡兰山（今斯里兰卡），最后抵古里（今印度卡利卡特）；返航途中，擒获海盗陈祖义，于永乐五年九月二日（1407年10月2日）回到南京。仅11日后，九月癸亥（十三日）郑和即率船队第二次下西洋，历时近两年，访问占城、爪哇、暹罗（今泰国）、满剌加（今马六甲）、柯枝（今印度柯钦）、古里等国，约于永乐七年（1409年）七八月间回国。第三次下西洋始于永乐七年秋九月（1409年10月），前期航路与第一次下

---

① 郑舜功：《日本一鉴》，穷河话海，卷六，流通。
② 同上。
③ 顾炎武：《天下郡国利病书》第三十四册，九边四夷。
④ 《明史纪事本末》卷五十五，沿海倭乱。
⑤ 程顺则：《指南广义》，传授航海针法本末考。

西洋大同,至锡兰山船队分〈舟宗〉,分别访问印度半岛沿岸各地;返航至锡兰山时,擒获屡屡作乱的国王亚烈苦奈儿,于永乐九年六月(1411 年 7 月)回京复命。前三次下西洋,间隔时间非常短暂,可谓马不停蹄,船不歇帆,刚刚返归,又奉诏命。此时在建宝船尚未使用,所用船只多为明初建造的各类海船。

由于前三次下西洋影响显著,郑和船队增加了接送和保护各国贡使的任务,原来的船只已经不能满足需要了,因此第三次下西洋返回后,郑和船队经过了较长时间的休整,历时两年多,一个重要原因是等待永乐六年(1408 年)开始建造的 48 艘宝船完工。这期间,郑和亲自参与宝船的督造事宜。一切准备工作就绪后,永乐十一年(1413 年)冬十月,郑和四下西洋,远航波斯湾、红海与东非海岸,于永乐十三年七月(1415 年 8 月)回国。永乐十五年(1417 年)冬,郑和五次出航,遍访南亚、西亚各国,于永乐十七年七月(1419 年 8 月)返回。永乐十九年正月(1421 年 3 月),为送各国使臣返国及至各国封赐,郑和第六次出使西洋,历时一年半,于永乐二十年(1422 年)八月回国。这三次下西洋,西洋各国派出的使团人数愈增,所贡方物愈多,加之向西洋各国大量采购香料等物,需要更多更大安全性更高的宝船来载运,因此,永乐十七年(1419 年)又造宝船 41 艘。

六下西洋之后,时隔 8 年,宣德五年(1430 年)六月,郑和再次奉诏,筹备最后一次下西洋。据《前闻记》载,船队于当年十二月六日龙湾起航,宣德七年(1432 年)十二月二十五日到忽鲁谟斯(今霍尔木兹海峡格什姆岛),八年(1433 年)二月十八日回洋,七月六日到京。① 在返航古里时,伟大航海家郑和与世长辞。

由于第一次下西洋在旧港擒获海盗陈祖义,第三次下西洋在锡兰山擒获作乱的国王亚烈苦奈儿,朝廷对这两次作战有功人员进行赏赐。永乐五年(1407 年)九月己卯,"赏使西洋官军旧港擒贼有功者,指挥,钞一百锭、彩币四表里;千户,钞八十锭、彩币三表里;百户、所镇抚,钞六十锭、彩币二表里;医士、番火长,钞五十锭、彩币一表里;校尉,钞五十锭、棉布三匹;旗军、通事、军伴以下,钞、布有差"②。永乐九年(1411 年)八月,赏赐第三次下西洋时锡兰山作战有功人员,"指挥,每员赏钞二百锭、彩币六表里;千户卫镇抚,钞百六十锭、彩币四表里;百户所镇抚,钞百二十锭、彩币三表里;御医并番火长,钞百锭、彩币一表里、棉布二匹;校尉,钞九十锭、棉布五匹;旗甲、军民、通事、火长、小厮、军匠、军行人,钞七十锭、棉布五匹;民医、匠人、厨役、行人、稍水并家人,钞三十锭、棉布二匹"③。

值得注意的是,这两次受赏人员中均有"番火长",而且赏格比火长高很多。所谓"番火长"应该是下西洋船上聘请的阿拉伯船师,他们的作用是在西洋海域为船队领航,并帮助校正针路。待本土火长熟悉了西洋航路,并且针路校正完成之后,"番火长"也就该功成身退了。永乐十七年(1419 年),第五次下西洋回国后,朝廷再次对有功人员进行赏赐,"上谕行在礼部臣曰:'将士涉历海洋逾十数万里,经数十国,盖亦劳矣!宜赏劳之。'于是,都指挥,人赏二十锭;指挥,人十八锭;千百户卫所镇抚,人十六锭;火长人等,人十五锭;旗军人等,十三锭"④。受伤人员中已经没有了"番火长",说明他们的使命在第五次下西洋前已经完成了。

规模浩大的下西洋活动能够圆满完成,除了赖于郑和这样魄力、勇气与才华兼具的航海家的领导与指挥外,广大船员通力协作——包括军籍船员和民间船员,中国船员和外国船员——才是最重要的基础和最可靠的保障。

---

① 祝允明:《前闻记》,下西洋。
② 《明成祖实录》卷七一。
③ 《明成祖实录》卷一一八。
④ 《明成祖实录》卷二一四。

四、郑和航海术与船员素质的提高

郑和下西洋船队规模庞大,船员人数众多,不经过严格选择和训练是难以完成七下西洋壮举的。特别是负责航海业务的船员,包括火长、民稍、舵工、班碇手、水手等,他们的技术水平,很大程度上决定了下西洋的成败。而根据下西洋所运用的航海技术和航海知识,可以看出当时船员的整体素质已达很高水准。

(一) 地文航海术

郑和下西洋时已经绘制了当时世界上很先进的海图,涉及范围广,所绘航线漫长;在绘制风格上,注重写实,一字展开;布局方面图文配合,因地制宜。《郑和航海图》在绘制方法上虽然存在着某些缺陷,但对于当时的航海者来说,一卷在手却是相当实用与方便的。

郑和下西洋时的航路指南更加明确和具体化,对航行途中的碍航物、山峰、岛屿、浅滩、礁岩、险狭水道、水深、底质、港口标志以及正确的定位与航行方法,均有明确提示。例如,在航经我国东南沿海时,《郑和航海图》中多有诸如此类的指示文字:"船取孝顺洋,一路打水九托,平九山,对九山西南边,有一沉礁打浪""东北有沉礁打浪,子细,内外过船"等等。远洋方面也多有这样的指南文字。在地文定位方面,除大量应用陆标对景定位技术外,《郑和航海图》中还出现了一种先进的三方定位技术。

郑和下西洋地文航海的重大进步,还体现在航迹推算与航路修正方面,出现了众多明文记载的具有航迹推算与修正意义的针路。这种针路不是以往两点之间单一航向的简单针路,而是叠加进地文、水文、天文、气象等诸多自然因素的内涵复杂、航向多变的综合针路。使用这种针路,必须要掌握精确的航迹推算技术。根据航迹推算以及陆标、测深、天文定位对航向加以修正,也是一种复杂而实用的技术。

(二) 天文航海术

郑和下西洋中传统的天体定向导航仍然得到足够的重视和应用,在此基础上,定量的天文观测与定位技术以及过洋牵星导航术的使用,代表了这一时期天文航海的发展水平。

郑和船队天文观测的定量化比元代更为精细,已使用了"牵星板"。这是一种专门观测天体高度的航海天文仪器,明人李诩在《戒庵老人漫笔》中有所记载:"苏州马怀德牵星板一副,十二片,乌木为之,自小渐大,大者长七寸余,标为一指、二指以至十二指,俱有细刻,若分寸然。"其使用方法是:一臂伸直,手握牵星板,眼望板上下边缘,如板的上边缘正好对准被测天体,而下边缘正好与水天交线相切,则此板的"指"数即为被测天体的高度。《郑和航海图》载有用此种方法对许多地名的测量"指"数,作为确定航位与修订航迹的依据。通过使用牵星板得来的各地天体定位数据进行定位导航,即为过洋牵星术。《郑和航海图》附有4幅过洋牵星图,按照图的提示,可以准确完成从一地到另一地的导航。正确使用牵星板和牵星术,至少是"火长"之类高等技术人员必备的技能。

(三) 季风航海术和航海气象知识

季风航海术和航海气象知识,同样是郑和船队顺利远航的重要保证。他们对西太平洋与印度洋季风规律已可熟练掌握并运用,这对于获取动力和规避危险十分有利,从而保证不误航期与航程安全。在航海气象方面,郑和船队中设有"阴阳官"与"阴阳生",专事占验海上风云变幻,如果发现异常,即向船队指挥中枢报告。

据明代文献可知,郑和船队中众多民间航海家的气象预测知识与手段已比宋元时期又前进了一大步,他们将经验性的成果编成歌诀形式,在船工中广为流传。比如《东西洋考》除了与元代《海道经》相类的占风、占日、占雾、占云、占电、占虹等各歌诀之外,又增加了"逐月定日恶风"等内容,说明当时航海者对常年规律性的气象态势也具有一定的预测能力。此外,郑和船队的水文航海术也具有很高的水平。

郑和下西洋所运用的航海术,都是普通船员在长期航海实践中逐渐积累和总结出来的,经过加工整理后,形成普遍的知识和规律,再传授给广大船员,促进了其整体航海技术水平的提高。

郑和下西洋是对宋元以来所形成的职业船员群体的航海能力和水平的一次集中检验,既体现了国家航海成就,也体现了民间航海成果,并在大船队远洋航行中,锻炼了船员的协作能力和纪律性,提高了船员的整体素质。可以说,郑和下西洋是在伟大航海家郑和的领导下,全体船员共同托起的航海壮举,它是对宋元以来官方航海的全面总结,也为此后民间航海发展提供了基础。

第二节 明代民间航海贸易与船员的发展

郑和七下西洋之后,明政府带有明显政治意图的"赏赐航海"急剧衰落,然而明代航海事业的发展势头并未就此戛然而止,代之而起的是民间海外贸易的兴盛。虽然在相当长的时间里,民间海外贸易遭到明政府的明令禁止和严格限制,但在不可逆转的历史规律下,民间航运贸易及船员艰难而顽强地发展壮大。

一、明代民间航海政策变化

有明一代,处于世界资本主义发展的重要时期,中国虽然远在东方,但因拥有漫长的海岸线,不可避免地受到这股潮流的裹挟,从16世纪起,葡萄牙人、西班牙人、荷兰人、英国人相继到来,用商品和炮舰频叩中国大门。在国内,资本主义萌芽以及宋元以来形成的强烈的航海意识和强大的航海能力,使民间发展航海贸易的呼声日益高涨。面对这样的形势,明代统治者的民间航海贸易政策随着时间的发展亦有所变化,明初在大力推行以郑和下西洋为标志的官方朝贡贸易的同时,对民间实行严格的"海禁",至隆庆朝,在各方条件共同作用下,不得不"开禁",但民间海外贸易依然要受到政府的严格控制。

(一)"禁海"的原因

明初实行海禁,主要有以下两方面的原因:其一,是"重农抑商"的需要。朱元璋认为,国家经济根本在于农业,因此须"厚本抑末,使游惰皆尽力田亩"[1],只有"令四民务在,各守其业"[2],才能保障国家经济的正常运行。其二,是强化君主专制与中央集权的需要。明王朝建立后,朱元璋采取了一系列强化中央集权与君主专制的措施,实行朝贡贸易与"海禁"正是其中的一个重要部分,一方面通过"海禁"使对外贸易完全控制在官方手中;一方面通过朝贡贸易维护明王朝对外藩的宗主国地位。其三,是"防海御倭"的需要。倭患始于元代,明朝建立后,陈友谅、张士诚、方国珍等所部水师败亡入海,盘踞海岛,与倭寇勾连,武装走私,并登陆劫掠,为祸日炽。洪武二年(1368年)四月,"倭寇出没海岛中,数侵掠苏州崇明,杀略居民,劫夺货财,沿海之地皆患之"[3];同年,广东潮州、惠州等地相继遭倭寇袭扰。洪武四年(1370年),海

---

[1]《明太祖实录》卷一七七。
[2] 同上。
[3]《明史纪事本末》卷五十五,沿海倭乱。

寇钟福全等,"挟倭船二百艘寇海晏、下川等地"①。一时间,"倭夷窃发,滨海一带皆被骚扰"②。面对此种形势,明太祖派汤和等大将加强海防,同时在沿海实行"海禁",以防止倭寇与民间的接触。此外,实行"海禁"还有防止金银铜钱外流等方面的考虑。总之,明初"海禁"政策的实施虽是多方面原因引起的,但从根本上说,是传统中国重农抑商的经济思想与盲目自大的"大国思维"在对外政策上的体现,表现了明代统治者面对国际、国内新时期、新形势的保守与落后。

至明朝中后期,"海禁"的实际功能是限制民间航海贸易。郑和下西洋以后,官方航海急剧衰落,而民间航海贸易虽然一开始就受到朝廷的严格限制,但却以不可遏制之势头蓬勃兴起。这是中国航海业与世界资本主义发展的必然结果,出海贸易几乎成了沿海地区全民的共同愿望。首先,农民在地主阶级剥削下日渐贫困,而宋元以来根深蒂固的航海习俗令他们自然地向大海寻出路;其次,权贵豪绅在掠夺大量财富后,亟需获得海外珍奇以满足其奢华生活的需要以及寻找更快增加财富的投资方向。因此,在"海禁"最严的洪武时期,也不能阻止"缘海之人,往往私下诸番贸易香货"③,而且,属于官僚集团的"福建兴化指挥李兴、李春,私遣人出海行贾"④。永乐、宣德间,朝廷大搞"赏赐航海"和"朝贡贸易",民间航海贸易也搭上了这条"顺风船",沿海官员军民,"往往私造海舟,假朝廷干办为名,擅自下番"⑤。从正统至正德年间,朝廷内部形成主张"海禁"和"开禁"的两种意见,虽然中央政府依然明令"禁海",但地方主张"开禁"的官员,听任沿海军民下海贸易。到嘉靖朝,民间海外贸易已经获得极大发展,形成了以王直为代表的多个海商集团,他们以武装走私的形式纵横海上,加之"倭寇"和"海盗"不时作乱,甚至登岸屠戮百姓,掳掠财物,明廷为应付此种局面,一再派兵进剿外,强化"海禁"。

(二)"海禁"的内容

明代的"海禁"集中体现在禁船、禁人、禁货三个方面。立国之初,朱元璋就规定"片板不许入海"⑥。这一政策可谓至为严酷,即禁绝一切航海活动。洪武三年(1370年),朱元璋下令关闭了太仓黄渡市舶司,具体海禁政策开始频繁出台。洪武四年(1371年)十二月乙未,朱元璋阐明"禁海"原因,"朕以海盗可通外邦,故尝禁其往来",并于几日后下诏,"籍方国珍所部温、台、庆元三府军士及兰秀山无田粮居民尝充舡户者,隶各卫为军,仍禁濒海民不得私出海"⑦,强令原来的船户改行充军。七年(1374年),撤销泉州、明州、广州三市舶司,彻底关闭官方海外贸易;十四年(1381年),又下令"禁濒海民私通海外诸国"⑧;十九年(1386年),废昌国县;二十年(1387年),强迁舟山岛及其他四十六岛(山)居民入内地;二十三年(1390年),再颁禁外藩交通令;二十七年(1394年),禁止民间使用和买卖番香、番货;三十年(1397年),再申禁令,"人民无得擅出海与外国互市"⑨;三十一年(1398年)四月,禁广东通番。可见,终洪武一朝,明太祖一直在厉申禁海,没有松动。

"禁海"令除了以政策的形式颁布外,明政府又在《大明律》中以法律的形式加以规定,如"敢有私下诸番互市者,必置之重法、凡番香、番货皆不许贩鬻,其现有者限以三月销尽";"番货到来,私买贩卖苏木、胡椒至一千斤以上者,……发边卫充军";"擅造三桅以上违式大船,将带违禁货物下海,前往番国买

---

① 郭棐撰,黄国声等点校:《粤大记》卷三十二,政事类。
② 同上。
③ 《明太祖实录》卷二三一。
④ 《明太祖实录》卷七〇。
⑤ 《明宣宗实录》卷一〇三。
⑥ 《明史·朱纨传》。
⑦ 《明太祖实录》卷七〇。
⑧ 《明太祖实录》卷一百三十九。
⑨ 《明太祖实录》卷二百五十二。

卖,……正犯比照已行律处斩,仍枭首示众,全家发边卫充军。其打造前项海船,卖与夷人图利者,比照将应禁军器下海者"等等。其中既有对"货"的规定,也有对"船"的规定,归根结底都是对"人"进行限制。

永乐时期,朝廷举全国之力大搞"赉赐航海",派郑和下西洋,创造了空前的航海盛举,然而对于民间航海依然"尊洪武事例禁治"①。永乐二年(1404年),明成祖朱棣发布诏令,"禁民间海船。原有民间海船悉改为平头船,所在有司防其出入"②。小型平头船因为抗风浪能力较差,不适宜远洋航行,这一改造,目的是从航海工具上禁绝海外贸易。宣德年间,沿海地区官员、军民"往往私造海舟,假朝廷干办为名,擅自下番",针对这一现象,宣德八年(1433年)宣宗皇帝"命行在都察院严私通番国之禁""榜谕缘海军民,有犯者许诸人首告,得实者给犯人家赀之半,知而不告及军卫有司纵之弗禁者,一体治罪"③。

正统、景泰、天顺、成化、弘治、正德六朝,统治集团内部对于民间航海形成两派意见,部分官员特别是沿海地方官员,主张开海禁,抽取市舶税收以充实国库,而保守派则力主严海禁,并且占据上风。针对"嗜利忘禁"的濒海居民,正统皇帝以严刑酷法禁止其下海贸易。而对于日渐凋零的海外"贡舶",依然按照"勘合贸易"的规定,对贡期、数量、所达港口、载运货物以及船舶本身严加管制,"凡番舡抵岸,备倭官军押赴布政司,比中勘和相同,贡期不违,方转与呈提督、市舶太监及巡按等官,具奏起送"④。

正德六年(1511年),葡萄牙舰队强行闯关,标志着所谓的"朝贡贸易"事实上破产。而另一方面,民间航海贸易在严禁下逐步壮大,以武装走私的形式,频繁活动于东南海疆,专事劫掠的"倭寇"和"海盗"也乘机为祸。为应付此种局面,朝廷一再强化"海禁",以整肃海疆。嘉靖三年(1524年),刑部官员奏议,对于"如会同馆内外军民例,揽造违式海舡私鬻番夷者""宜严定律例"⑤。四年(1525年)八月,诏"浙福二省巡按官,查海船但双桅者即捕之,所载即非番物,以番物论,俱发戍边卫。官吏军民知而故纵者,俱调发烟瘴"⑥。八年(1529年),针对有沿海备倭军官接受牙行贿赂,"纵令私船入海为盗,通易番货,劫掠地方"的事件,嘉靖皇帝"令巡视都御史亲诣地方勘审""并出给榜文,禁沿海居民毋得私充牙行,居积番货,以为窝主。势豪违禁大船,悉报官拆毁,以杜后患,违者一体重治"⑦。十二年(1533年),针对私自下番屡禁不绝的现状,又命"兵部其亟檄浙、福、两广各官督兵防剿,一切违禁大船尽数毁之,自后沿海军民私与市贼,其邻舍不举者连坐,各巡按御史速查连年纵寇及纵造海船官,具以名闻"⑧。及至嘉靖中期,随着"倭患"日重,"海禁"愈严,连一般的出海捕鱼与航运都不允许。然而,如此严酷的"海禁"并没有真正禁绝民间的航海贸易活动,甚至还有所发展。而官方的海外贸易却日渐萧条,已成为日常生活必需品的"番货"供应困难,因此不得不派人到沿海通番地方,设法从黑市购买。这说明朝廷事实上承认了"海禁"政策的失败。因此,官僚集团特别是闽、广地方官员中一直有人主张开海贸易。及至嘉靖后期,"倭患"逐渐平息,朝廷也有人主张开禁了。其实早在嘉靖中前期,"海禁"曾事实上一度松动,十五年(1536年)七月,兵部覆御史白贲条陈"备倭事宜"时建议,"居民泛海者皆由海门嵩屿登岸,故专设捕盗馆,宜令本馆置籍刻符,民有出海货卖在百里外者,皆诣捕盗官处,自实年貌贯址,以符给之,约期来销,使去有所由,归有所止"⑨。这说明当时出海贸易去百里之外,只要到捕盗馆登记领符,到期回来销符即为合法。嘉靖三十五年(1556年),兵部尚书赵文华奏,"宜令督抚等官,止禁通番大船,其余各听海道官编成排甲,稽察出

---

① 《明成祖实录》卷一〇。
② 《明成祖实录》卷二七。
③ 《明宣宗实录》卷一〇三。
④ 《明英宗实录》卷七三。
⑤ 《明世宗实录》卷三八。
⑥ 《明世宗实录》卷五四。
⑦ 《明世宗实录》卷一〇八。
⑧ 《明世宗实录》卷一五四。
⑨ 《明世宗实录》卷一八九。

入,照旧采捕"①。赵文华的奏议,虽然对海外贸易船只依旧禁止,但对采捕小船"编甲"管理后允许出海,表明"海禁"政策又开始松动。

(三)有限的"开禁"

隆庆元年(1567年),在福建巡抚都御使涂泽民等建言下,穆宗皇帝正式下令开海,明初以来的"海禁"政策至此告一段落。发生这种变化可谓大势使然,其一,"倭患"逐渐平息,海防形势好转;其二,明政府财政困难,需要新辟财源;其三,海外贸易禁之不绝,而且日渐坐大,不如因势利导;其四,国际航海贸易新秩序已然形成,中国不可避免地被裹挟其中。

然而,所谓"开禁",仍然只是有限的开放,民间海商并不可以自由赴海外贸易,一切都要在政府严格控制之下。因此有时人评价,隆庆"开禁",不过是"于通之之中,申禁之之法"②。

首先,限制航海贸易区域。规定"止通东西二洋,不得往日本倭国"③。而此时,北印度洋广阔水域及其沿岸地区已经被西方列强控制,中国民间海商难以抵达争利,如此,可通贸易者只有"东洋若吕宋、苏禄诸国,西洋若交趾、占城、暹罗诸国"④,均在马六甲海峡以东狭窄的南洋水域。

其次,控制出海商船数量。商船欲出海贸易,必须申请"引票"。引票上须写明海商姓名、籍贯以及前往贸易的地区,并互相保结。如未请引票而私自出海,则视为非法。隆庆时,官发"引票"才五十张,万历时才增至一百张,这对于广大海商来说无异于杯水车薪,因此,私贩者仍大有人在。为防止无"引"下海的现象,开海伊始,明廷将福建漳州的月港定为海商请"引"出海的唯一合法地点,商船要在这里经过盘验后才可放行。原属军事机构的海防馆,与海澄县治共同管理民间航海贸易。至万历初,海防馆易名督饷馆。督饷馆批准的出海商船还须"于厦门盘验,始放开驾"⑤,万历四十五年(1617年),通判王起宗以"厦门无驻扎处"为由,"议于圭屿再建公馆一区,于验船为便"⑥。

其三,限制贸易货物。对于船货,海商须填写"印信官单"送官查验,"如所报有差错,船没官;货物斤数不同,货没官",后为防止官员改单作弊,"将道印官单于请引时发下商人,令诸在船散商亲填货物多寡,如不能书者即写代笔某人,与主商梁头阔狭,备造官册,随送随验,隐报者如律究治"⑦。为防止漏货,还规定"入港先委官封钉",巡缉兵船"不许在商船边往来,倘商梢登岸,止用小艇渡载,而搜检有夹带货者究没"⑧。此外,明廷还规定"不得以硝黄、铜、铁违禁之物夹带出海"⑨。

其四,向海商征收各种税课。"开海"后,明政府对海商课税颇重,且名目繁多。一是"引税",即办理"出海许可证"所缴纳的税金。最初"东西洋每引税银三两,鸡笼淡水税银一两",其后分别加至六两与二两。⑩ 二是"水饷",即船税,"以船广狭为准",向船商征收。原本"以梁头尺寸为定,载在成册",后为防止船商"克减尺寸"的作弊行为,"以十月修船时,饷官躬诣,从腹阔处看量尺寸,编记天、地、玄、黄字号,以某船往某处给引,其同湾即照字号规则依纳水饷,不必复量梁头"⑪。万历三年(1575年),根据海防官

---

① 《明世宗实录》卷四四二。
② 许孚远:《敬和堂集》卷五,疏通海禁疏。
③ 同上。
④ 张燮:《东西洋考》卷七,饷税考。
⑤ 同上。
⑥ 同上。
⑦ 同上。
⑧ 同上。
⑨ 许孚远:《敬和堂集》卷五,疏通海禁疏。
⑩ 张燮:《东西洋考》卷七,饷税考。
⑪ 同上。

员议定,实施了《东西洋船水饷等第规则》,船税按船舶宽度逐级递增,"船阔一丈六尺以上,每尺抽税银五两,一船该银八十两;一丈七尺以上阔船,每尺抽税银五两五钱,一船该银九十三两五钱"以此类推,至"二丈六尺以上阔船,每尺抽税银十两,一船该银二百六十两"。这是贩西洋船的抽税标准,"贩东洋船每船照西洋船丈尺税则,量抽十分之七"①。三是"陆饷",即按照进口货物数量、种类、等级等,折成银两,向铺商征收。根据万历年间制定的《陆饷货物抽税则例》,万历四十三年(1615年),仅漳州府一地应征"东西二洋税额贰万柒千捌拾柒两陆钱叁分叁厘",经"恩诏量减"后,仍需征收"银贰万叁千肆百两"②。四是"加增饷"。针对从吕宋归国商舶只有银钱而无其他船货的情况,除征水陆两饷外,加征银两,叫做"加增饷"。开始"每船更追银百五十两",后因"诸商苦难",于万历十八年(1590年)"量减至百二十两"③。此外还有"菓子银""头鬃费"等各种名目。

二、明代从事民间航海贸易的海商与船员

尽管明政府事实上一直采取禁止或限制的政策,但是历史潮流不可阻挡,在遭遇种种压制和阻碍的情况下,民间航海贸易还是以其特有的方式顽强地发展起来,一部分人以此为生计,并且在很大程度上影响着明代社会的生产和生活。

(一)明代民间航海贸易兴起的原因

明代航海贸易的兴起,是历史发展的必然产物。首先,手工业和商业的发展需要广阔的国外市场。明初经过休养生息,农业经济得到了恢复和发展,手工业和商业也随之日益繁荣。大量的农业和手工业产品转化为商品在国内外市场上销售,并且具有相当强的竞争力。仅以福建沿海为例,"福之细丝,漳之纱帽,泉之兰,福延之铁,漳之桔,福兴之荔枝,泉、漳之糖,顺昌之纸",除了销售到国内各地之外,"其航大海而去者尤不可计"④。其次,闽、广等地悠久的航海传统使其成为明代民间航海贸易的前沿地区。福建沿海居民"素以航海通番为生",每年孟夏以后,汀州、漳州等处海商纷纷出海,"大舶数百艘,乘风挂帆蔽大洋而下"⑤;因为获利丰厚,官僚也参与进来,比如,"福建兴化指挥李兴、李春,私遣行人出海行贾"⑥。广东是民间海外贸易另一主要地区,特备是嘉靖以后,广东海商出海贸易者与日俱增,"粤民多挟峨舸入海与夷市";广州附近游鱼州的商人,每当番船到岸,就以瓷器、丝棉、私钱、火药等违禁货物到番船上与外商贸易,"满载而去,满载而还",官兵亦不敢过问。⑦

虽然巨额利润、航海习俗以及地缘优势是推动闽、广民间航海贸易发展的重要因素,但在明廷严酷的"禁海"令下,仍然甘愿"经风涛之险,受辱于关吏,忍垢于市易"⑧,有其各自更深层的原因。

明代,东南沿海人地相争的矛盾十分尖锐,"江、浙、闽三处,人稠地狭,总之不足以当中原之一省"⑨,其中以福建为甚。曾任福建巡抚的许孚远说,"闽之福、兴、泉、漳,襟山带海,田不足耕,非市舶无以助衣食,其民恬波涛而轻生死,亦其习使然"⑩。耕地所产无法养活本地人口,粮食供应便不得不仰赖外运。

---

① 张燮:《东西洋考》卷七,饷税考。
② 同上。
③ 同上。
④ 王世懋:《闽部疏》,序。
⑤ 张邦奇:《西亭饯别诗序》,收于《明经世文编》卷一四七,中华书局,1962年。
⑥ 《明太祖实录》卷七〇。
⑦ 霍与瑕:《上潘大巡广州事宜》,收于《明经世文编》卷三六八,中华书局,1962年。
⑧ 李贽:《焚书》卷二,又与焦弱侯。
⑨ 王世性:《广志绎》卷四,江南诸省。
⑩ 许孚远:《敬和堂集》卷五,疏通海禁疏。

福建的水运条件又及其方便,"福、兴、漳、泉四郡皆滨于海,海船运米可以仰给,在南则资于广,而潮、惠之米为多,在北则资于浙,而温州之米为多"①。浙、广两省商船向福建运米,正常情况可获利3倍,同时也保证了福建人民对粮食的供应,可谓共赢。然而禁海令下,从陆路运米入闽,运费比海运猛增20倍,米价随之昂贵,福建百姓无力负担,广、浙粮商也无利可求。② 在这种情况下,沿海居民无多得食,只能冒禁出海。正如张燮在《东西洋考》中所云:"顾海滨一带,田尽斥卤,耕者无所望岁,只有视渊若陵,久成习惯。富家征货,固得稛载归来,贫者为佣,亦博升米自给。"③

广东的情况与福建不同,潮州、惠州一带所产粮食尚能供应福建,可见并不存在人地相争的矛盾。但从土地对人口的承载力角度讲,广东不存在过剩人口,却存在过剩劳动力。④ 这些过剩的劳动力被从土地上挤出后,只能寻找其他出路,具有悠久传统的航海贸易则自然成为其首选。这些人资本有限,往往数百人聚集在一艘贸易船上,推选一个"豪富者为主,中载重货,余各以己资市物往",只能买卖便宜的日常生活用品。⑤ 从其资本及经营情况,可以看出他们是从土地上挤出的剩余劳动力。

(二)明代民间航海贸易的组织形式与船员构成

明代民间海外贸易的组织形式与宋代类似,基本上分为两种。一种是由财力雄厚的大商人、大地主或大官僚出资经营的商业船队,组成船队的商船,或由自己打造和购买,或向他人租用。作为财东,他们往往不亲自参与海外贸易活动,而是雇佣富有经验的海外贸易人员替他们经营。由于他们往往不亲自上船出海,因此需要一个可靠的"经理人",即船主——与宋元时期的纲首职事、地位相似——替他们管理船队航海和贸易的一切事宜。船主之下,还需雇佣负责贸易业务的财副、直库以及负责航海业务的火长、舵工等一干职事人等。此外,为防卫海盗劫掠或官府打击,还需组建一定的武装力量。这是明代民间航海贸易主要的组织形式,船队规模大,经营者资本雄厚,抗风险能力强,雇佣的船员也多。另一种是由小本商人合伙组建的"散商"船队,他们分别带货上船,并且同时担任船员,而一些重要的航海业务职事,比如火长、舵工等则需出资另雇。

由于明代实行严格的海禁政策,民间航海贸易不得已采取"走私"的形式。"隆庆开关"以前,民间海外贸易完全为法律所禁止,因而所有的民间海外贸易均为"走私";而"海禁"开放之后,由于各种限制,"走私"的现象依然大量存在。走私的形式多种多样,有官员利用或冒充"使臣"身份进行走私;有的则利用"执法"的便利遣人下海贸易;大地主、大商人潜通官府,组建商队赴海外贸易;而小本散商只能冒险犯禁或受雇于大海商,以"带货抵劳役"进行走私活动。但不管用什么方法,总为明朝禁令所不许,因而明代从事海外贸易的海商和船员要在茫茫大海的险恶风涛和政府严酷打击的夹缝中艰难求生。

(三)明代民间航海贸易发展过程与船员构成的变化

明代民间海外贸易大体可以分为三个阶段:艰难求生阶段(洪武至弘治时期)、曲折发展阶段(正德、嘉靖两朝)和"开禁"繁荣阶段(隆庆至明末)。与之相对应的是,每个阶段的活动方式各有特点,同时,海商和船员的构成也随之变化。

1.艰难求生阶段(洪武至弘治时期)

明初,太祖朱元璋即厉行海禁,"片板不许下海",并载之于《大明律》,而且这类海禁诏令每过二三

---

① 道光《重纂福建通志》卷八十七,海防。
② 李金明:《明代海外贸易史》,中国社会科学出版社,1990年,第86页。
③ 张燮:《东西洋考》卷七,饷税考。
④ 程方、陶亚敏:《明代海外贸易发展原因探析》,《聊城大学学报(社会科学版)》,2009年第5期。
⑤ 周玄暐:《泾林续记》卷三。

年就要重申一次。以后几朝的海禁虽偶有松动,但基本上执行了太祖的严禁政策,私人出海贸易十分困难。

然而,沿海地区宋元以来形成的航海贸易传统难以一禁而绝,人民以海谋生,久成习惯,实行海禁无异于断绝了他们的生路。为求生存,只有甘冒风险千方百计地违禁私出。因而,即使在海禁最严酷的洪武时期,民间海外贸易也未能禁绝。朱元璋频发海禁诏令,正说明私人出海禁而不止的状况。事实上,除普通百姓外,官僚、权贵以及海防将吏也不顾禁令,加入到航海贸易中来。

永宣时期,海禁有所松弛,私人出海贸易随之增多。而以郑和下西洋为标志的官方航海贸易的兴盛,也客观上带动了民间航海贸易的发展,一些人"住往私造海舟,假朝廷干办为名,攫自下番"①。而能够以"朝廷干办"为名出海者,或多或少都应有官方的背景。例如宣德时,广东市舶太监韦"与海外诸国相贸易,金缯宝玉犀象珍玩之积,鄙坞不如也"②。正统至弘治年间,福建、广东沿海一带私人贸易得到了较多发展。正统年间,"潮州府民滨海者,纠诱傍郡亡赖五十五人私下海,通货爪哇国"③,这是中小散商合伙组织出海贸易的典型事例。同时,在民间海外贸易中出现了一些较大的海商,比如成化时,"福清薛氏时出诸番互市"④;而汀州人谢文彬"以贩盐下海",竟然在暹罗"仕至坤岳,犹天朝学士"⑤。弘治时,"私舶以禁弛而转多"⑥成为当时民间海外贸易的普遍情况。《东西洋考》云,"成弘之际,豪门巨室,间有乘巨舰,贸易海外者"⑦,这说明当时大官僚、大地主、大商人因其商业资本的快速发展,逐渐成为民间海外贸易的主导者。

这一阶段,从事航海贸易的海商和船员的活动多与官方有着千丝万缕的联系。起初,中小散商私自行动,但由于海禁甚严,因而风险极大,成功率也低。随着官僚阶级向航海贸易的渗透,一些海商遂暗中与之联合,或通过行贿等手段,以获得出海机会和庇护。例如成化时,魏元"出为福建右参政,巡视海道,严禁越海私贩。巨商以重宝赂,元怒叱出之"⑧。海商公然行贿,可见此类事情已成为常态。一些"豪右大姓"因为有潜通官府的本事,中小散商逐渐投靠在他们周围,他们成为事实上的海商领袖。成化时,广东番禺王凯父子"招集各处客商,交结太监韦眷,私出海洋,通番交易"⑨。这些"豪右大姓"往往自造大船,筹集资本,雇人出海或亲自出海,同时分取中小散商的利润。明人周玄暐说,"闽、广奸商,惯习通番,每一舶推豪右者为主"⑩,可见这已成为当时对抗"海禁"的有效的组织形式。

2.曲折发展阶段(正德、嘉靖两朝)

正德、嘉靖两朝,朝贡贸易开始衰落,私人海外贸易得到明显发展。从国际背景上看,时值16世纪大航海时代,西方殖民者来到中国沿海,葡萄牙人租占澳门,他们对中国商品的迫切需求使中国获得了一个广阔的海外市场,吸引中国海商纷纷私出贸易。从国内形势上看,对朝贡贸易"抽分法"的具体实施,客观推动了私人海外贸易的发展。

明王朝在实行海禁的同时,只允许进行"朝贡贸易"。起初,贡使随船附带私物,明政府允许其自行交易,概予免税。弘治时,曾制定对贡使私物的抽分办法,但没有得到有效执行。到正德时,抽分法才开

---

① 《明宣宗实录》卷一〇三。
② 黄瑜:《双槐岁钞》卷九,奖贤文。
③ 《明英宗实录》卷一一三。
④ 《明史·何乔新传》。
⑤ 《明史·暹罗传》。
⑥ 《明孝宗实录》卷七三。
⑦ 张燮:《东西洋考》卷七,饷税考。
⑧ 《明史·魏元传》。
⑨ 《明宪宗实录》卷二七二。
⑩ 周玄暐:《泾林续记》卷三。

始真正落实。"也就是说,明王朝经历了一个半世纪之久,海关上才开始有了真正的税收。在明代海外贸易政策上,这显然是一个重大的改变。"①

抽分法的实行,不仅使官府增加了可观的收入,更大的意义在于,越来越多的私商听任抽分而进行贸易。明政府也很清楚,民间海外贸易本无法禁绝,与其任其暗中进行,还不如抽税以充实国库。其实来华使团中,海商居大多数,对外国海商实行抽分,对中国海商亦渐渐同法办理。因此,抽分法实行后,海禁政策虽未明令废除,实则已有所松动,民间海外贸易逐渐呈半公开状态。

葡萄牙租占澳门后,"闽、粤商人趋之若鹜",葡人不仅"越境商于福建,往来不绝",而且"岁招海滨无赖之徒,往来贩鬻"。② 这表明中外私商已然联合。而地方财政仰赖于此,如广东巡抚林富曾奏言,"粤中公私诸费多资商税,番舶不至,则公私皆窘"③。

然而这种民间海外贸易良好的发展势头在嘉靖初发生了逆转。嘉靖二年(1523年),在宁波发生了两个日本使团的"争贡之役",他们"所过焚掠",致使沿海振动。嘉靖帝十分震怒,依照夏言的奏议,认为"倭患起于市舶,遂罢之"④。这样,连原来合法的"朝贡贸易"也被禁止,海禁之严厉一时甚于以往。但习惯了航海贸易获利的沿海人民不可能因禁而止,而且这时他们的整体势力已经强大,因此纷纷"冒禁"入海,往来贩易不绝。为此,嘉靖二十七年(1548年),朝廷派朱纨巡抚浙江,兼提督福建军务。朱纨"革渡船,严保甲,搜捕奸民"⑤,对民间航海贸易采取极端手段。因触动了地方官僚地主阶级的利益,朱纨被江浙一带的官僚以"擅杀"的罪名参劾,迫于压力于嘉靖二十九年(1550年)服毒自尽。"自纨死,罢巡视大臣不设,中外摇手不敢言海禁事"⑥,这次交锋,以民间航海势力的胜利而告一段落,此后的几年,海禁大弛,私人海外贸易在原来的基础上迅速发展。

然而,民间航海贸易群体的迅速扩大难免鱼龙混杂,一些海盗和倭寇不时登岸劫掠,引起了明廷的严重忧虑,于是,海禁再次从严。嘉靖三十一年(1552年)复设浙江巡视,第二年(1553年)改巡视王忬为浙江巡抚,对民间航海严行稽查。此后,在朝廷官员的不绝争论中,市舶司时设时废,海禁亦随之时紧时松。

海商们原本"各自买卖",但随着规模的扩大,海上贸易渐至无序,强弱相凌,互相劫夺。为了适应这种弱肉强食的生存环境,加之对抗官军的需要,海商们便"各结舟宗,推雄强者一人为舡头,或五十只,或一百只,成群分党,占泊各港,纷然往来海上"⑦"闽、粤滨海诸郡人,驾双桅,挟私货,百十为群,往来东西洋"⑧,渐渐形成了一些大的海商集团。各海商集团势力越来越大,公然对抗官方的海禁,进行武装走私活动。据陈懋恒先生统计,自嘉靖元年至四十五年(1522—1566年),较大的武装走私海商头目不下130人。⑨ 许栋、汪直、徐海、陈东等是其中著名者。

海商集团势力的壮大让明朝统治者视为"今古至变",一些"倭寇"和"海盗"夹杂其中,为祸东南沿海。于是明廷倾全国之力进行镇压,结果,一些大的海商集团或被剿灭,或散遁海岛,民间海外贸易遭到了沉重打击。

---

① 晁中辰:《论明代的私人海外贸易》,《东岳论丛》,1991年第3期。
②《明史·佛郎机传》。
③ 同上。
④《明史·食货志五》。
⑤《明史·朱纨传》。
⑥ 同上。
⑦《明书》卷一六二,汪直传。
⑧ 康熙《饶平府志》卷十八,艺文。
⑨ 陈懋恒:《明代倭寇考略》,人民出版社,1957年,第11—16页。

3."开禁"繁荣阶段(隆庆至明末)

在嘉靖后期的持续打击下,"倭患"渐息,海防形势好转,民间要求开放航海贸易的呼声愈加高涨,官僚队伍中越来越多的有识之士认识到,"市通则寇转而为商,市禁则商转而为寇"①的道理。隆庆元年(1567 年),在福建巡抚都御使涂泽民等建言下,穆宗皇帝正式下令开海,明初以来的"海禁"政策至此被正式废止。虽然隆庆朝的"开禁"有诸多限制,但终归给予民间航海贸易以合法的地位。

海禁一旦解除,一直在压抑中艰难发展的民间海外贸易顿时呈现出一派繁荣景象。东林党人周起元在为张燮的《东西洋考》作序时写道,"我穆庙时除贩夷之律,于是五方之贾,熙熙水国,刳艅艎,分布东西路,其捆载珍奇,故异物不足述,而所贸金钱,岁无虑数十万,公私并赖,其殆天子之南库也",如实地描述了隆庆开放后海外贸易的盛况。万历朝,民间航海贸易进入繁盛阶段,"今之通海者十倍于昔矣,浙以西造海船,市丝枲之利于诸岛,子母大约数倍"②。

但官府发放的"引票"实在有限,根本满足不了广大海商出海贸易的需求,于是,海商们便采用各种办法出海。比如向市舶太监行贿,以取得额外引票:"榷采之中使,利其往来课税,便渔猎,纵令有司给符繻(古代出入关卡时的凭证,此即引票)与之"③。比如假造引票,蒙混出海:"奸民有假给由引,私造大舰越贩日本者矣,其去也,以一而博百倍之息其来也,又以一倍而博百倍之息"④。至于干脆不凭引票而私自出海者,为数更多,"其报官纳税者,不过十之一二而已"⑤。在海禁森严时期,官僚集团当然不会错过开海的机会,就有很多人不顾禁令出海贸易。因为他们掌握权力,根本不需要引票。如万历时福建税使高寀,"攫物之念愈动,遂造双桅二巨舰,诳称航粤,其意实在通倭。上树黄旗,兵士不得诘问"⑥。海瑞的孙子海述祖,卖掉家产,造了一艘"首尾长二十八丈"的大海船,"濒海贾客各三十八人,赁其舟,载货互市海外诸国,以述祖主之"⑦。

万历时,已涌现一批资本相当雄厚的海商,据外国学者记载,在 1615 年(万历四十三年),中国就出现了拥资达 5500 英镑到 7500 英镑的帆船商人。1602 年,荷兰东印度公司的最大股东赖迈尔拥资 8100 英镑,中国的大海商所拥资本与其相差无几。⑧ 明末郑芝龙的贸易船队更是资本更为雄厚,有的一艘船载货价值即达 30 万两白银。

明朝后期,民间航海贸易的繁荣,致使吕宋(今菲律宾)和日本的白银大量流入中国,使中国处于明显有利的出超地位。自隆庆五年(1571 年)西班牙占领吕宋后,吕宋遂成为中外海商进行贸易的重要场所。西班牙将美洲殖民地出产的白银运往吕宋,购买中国商品运回美洲,时称"大帆船贸易"。在这种贸易形式下,据王士鹤先生统计,从隆庆五年至崇祯十七年(1071—1644 年),从马尼拉输入中国的白银约 5300 万比绍。⑨ 这个数字与西方学者的记载相比明显保守。1602 年,西班牙驻墨西哥殖民当局向马德里报告,"每年从(墨西哥的)阿卡普尔科运往马尼拉的白银总计有 500 万比绍,1597 年高达 1200 万比绍",这些白银基本上都流入了中国⑩。隆庆开禁后,虽然依然禁止去日本贸易,但因"贩日本之利,倍于

---

① 许孚远:《疏通海禁疏》,收于《明经世文编》卷四〇〇,中华书局,1982 年。
② 丁元荐:《西山日记》卷上。
③ 谈迁:《国榷》卷八十一,万历四十年十月。
④ 顾炎武:《天下郡国利病书》,第二十六册,福建。
⑤ 周玄暐:《泾林续记》卷三。
⑥ 张燮:《东西洋考》卷八,税珰考。
⑦ 纽琇:《觚剩续编》卷三。
⑧ 田汝康:《15 至 18 世纪中国海外贸易发展缓慢的原因》,《新建设》,1964 年第 8—9 期。转引自晁中辰:《论明代的私人海外贸易》,《东岳论丛》,1991 年第 3 期。
⑨ 王士鹤:《明代后期中国—马尼拉—墨西哥贸易的发展》,《地理集刊》,1964 年第 7 期。
⑩ 转引自威廉·阿特韦尔:《国际白银的流动马中国经济》,《中国史研究动态》,1988 年第 9 期。

吕宋"①,因而中国商船趋之若鹜。日本物资贫乏,却盛产白银,17世纪初,从日本出口的白银每年可达150000到187500公斤,最终还是流到中国大陆。② 据梁方仲先生估算,从万历元年到明末,通过民间贸易而流入中国的银元,"至少远超过一万万元以上"③。综合有关材料保守估算,隆庆开关后流入中国的白银在一亿两左右,大体相当于嘉靖朝50年或万历朝25年的国家白银赋入。这充分表明明后期民间海外贸易的空前繁荣。

在民间海外贸易的发展过程中,经营方式也在悄然发生变化。明中前期,大海商招募船员,往往实行"以货代薪"制度,即为船员提供一定的舱位以储私货,在这种制度下,船员即是海商。或中小散商合伙租船出海,各自备货出力,共同承担航海和贸易风险,更是身兼海商和船员两种身份。而到明后期,商业资本愈加集中于大海商,新的雇佣关系开始出现。广东"沿海居民,富者出货,贫者出力,懋迁居利"④。福建濒海一带"富家征货,固得捆载而归;贫者为佣,亦博升米自给"⑤。可见,一些"贫者"和"富者"已不是商业合作关系,仅是雇佣关系。明末著名官员王在晋的记载更加清楚:"福清人林清与长乐船户王厚商造钓槽大船,倩郑松、王一为把舵,郑七、林成等为水手,金土山、黄承灿为银匠。李明,习海道者也,为之乡导;陈华,谙倭语者也,为之通事。于是招来各贩,满载登舟,……林清、王厚抽取商银,除舵手、水手分用外,清与厚共得银二百七十九两有奇"⑥。可见,在这条商船上存在着两种经济关系,船主林清、王厚与"招来各贩"是商业合作关系,而与把舵、水手、银匠、乡导、通事是纯粹的雇佣关系。林清、王厚向"各贩"收取舱位费,所得银两部分支付受雇人员工资。这些受雇人员不再进行贸易经营,成为身份单一的船员,而随船散商也不再从事船员的劳动。

(四)明代民间海外贸易对明代社会的贡献和影响

整个明代,特别是隆庆开关以后,民间海外贸易的繁荣对中国社会产生了深刻的影响。

首先,它极大地地促进了国内商品经济的发展。隆庆以后,中国海商更多地进入世界市场,贸易规模迅速扩大,需要大量的国内商品供应,因而必然对国内手工业、商业以及商业化生产的农业产生巨大的推动。而商品经济的发展催生了资本主义生产关系的萌芽。

其次,贸易出超地位带来的白银大量流入,不仅优化了中国在国际贸易中的资本结构,而且推动了商品经济的进一步发展。纸钞和铜钱由于价值低,不利大宗商品交易,而白银却是最佳的贸易货币。而且,白银储备的丰富也为万历"一条鞭法"的推行提供了基础条件。

其三,海外贸易促进了港口经济的发展和商业中心的形成。广州、福州、漳州、宁波等城市,既是对外贸易商港,又是重要的商业都会。而一些城市成为大的手工业生产中心和海外贸易商品供应基地,比如苏杭的丝织业,松江的棉纺业,湖州的养蚕和缫丝业都因海外贸易而发展迅速。

其四,民间海外贸易极大影响了明代的社会生活。一些原本属于奢侈品的海外商品逐渐成为日常用品,比如胡椒,在明初还是政府控制的垄断商品,而到李时珍编撰《本草纲目》时,已"今遍中国食品,为日用之物也"。海外贸易带来的丰富商品,大大提高了明代社会生活质量。

其五,民间海外贸易加固了中国与南洋各国的友好合作关系。洪武、永乐时期,中国就明确了与南洋各国和平、合作的发展原则,而随着朝贡贸易的衰落,民间贸易使得这一原则得以具体实现。民间海商长

---

①《明神宗实录》卷四七六。
②转引自威廉·阿特伟尔:《国际白银的流动马中国经济》,《中国史研究动态》,1988年第9期。
③梁方仲:《明代的国际贸易与银的输出入》,《中国社会经济史集刊》,第6卷,第2期,1939年。
④顾炎武:《天下郡国利病书》,第三十四册,九边四夷。
⑤张燮:《东西洋考》卷七,饷税考。
⑥王在晋:《越镌》,卷二一,通番。

期在南洋贸易,逐渐融入当地社会,而以各种原因移民南洋的中国人也逐渐增多。这些海商和移民成为联系中国和南洋的牢固纽带。

三、明代海商、船员与倭寇、海盗的关系

谈论明代的民间海外贸易,就绕不开两个敏感的词汇——倭寇和海盗。长期以来,明政府对所有违犯禁令私自出海的海商和船员概以"倭寇"、"海盗"论之,站在统治阶级的角度,这似乎可以理解,但从宏观的历史视角来看,这对广大从事海外贸易的海商和船员无疑有失公允。

(一) 明代的倭寇与海盗

倭寇和海盗,虽然很多时候互相纠合在一起,但其来源和成分,还是有很大区别的。倭寇是以日本人为主体的,专事劫掠的武装团伙,其行径与航海贸易相距甚远,而海盗则与海商有着千丝万缕的关系,盗或商,往往是个视角和立场问题。

1.倭寇的来源及构成

所谓"倭寇",顾名思义,即指日本海盗,主要由日本的武士、破产农民以及商人组成。自元代开始,持续对我国沿海进行骚扰、劫掠。有明一代,倭寇活动更为猖獗,北起辽东,南到广东,给中国百姓带来了深重的灾难。

倭寇从根本上讲,是日本国内战争的产物,主要来源于落魄武士,即浪人。长期以来,日本国内各军事势力进行了旷日持久的纷争和战乱,一些在战争中因失败而失掉军职的武士逐渐沦落为"浪人",靠抢劫以及其他非法手段来谋生。浪人和日本商人走向联合,部分原因是中国的海禁政策。明代中国与日本的贸易,除官方的"朝贡贸易"外,还有私人贸易。然而在海禁政策下,这两种贸易都不容易得到充分发展,甚至屡屡被禁止。于是,日本商人便勾结浪人,到中国沿海地区,不仅在海上抢劫商船,还深入内地进行烧杀抢掠的罪恶活动,这就形成了危害中国海疆安全的"倭患"。

倭寇大多来自于日本的萨摩、肥后和长门地区,往往乘坐一种"八幡船"出海,上岸后便开始疯狂地掠夺、杀人,对我国东南沿海居民犯下了罄竹难书的滔天罪行。如,"正统四年(1439年),备御渐疏,倭寇大嵩,入桃渚。官庚民房焚劫一空,驱掠少壮发掘冢墓;束婴孩竿头,沃以沸汤,视其啼号拍手笑乐;捕得孕妇,忖度男女,刳视中否为胜负;饮酒荒淫,秽恶不可名状。积骸如陵,流血成川,城野萧条,过者陨涕"①。这种让人不忍回顾的惨绝人寰的场面,在倭寇为祸东南的过程中比比皆是,其残暴手段与抗日战争时期日本侵略者对中国人民的屠杀毫无二致。

倭寇的成分除了浪人和不法商人外,在其发展过程中还有大量的日本破产农民加入其中。此外,还有一些中国人也裹挟进来,他们为了一己私利,甘愿给倭寇做引导,并伙同抢劫分赃,大大加深了"倭患"对中国的危害。

有明一代,为了消除在我国沿海一带长久肆虐的倭寇,明政府持续进行打击。最终在著名抗倭将领戚继光、俞大猷等人的努力下,到1565年,我国东南沿海的倭寇基本肃清。

综上可以看出,倭寇本是由日本浪人、奸商和破产农民勾结形成的赴中国沿海进行抢劫的暴力团伙,"即使中日间的贸易不受限制,中国的'海禁'没有那样严格,这伙盗匪还是要劫掠中国的,只不过在程度上或许有些不同而已"②。至于参加到倭寇团伙中的中国人,他们作为日本海盗的帮凶,对同胞犯下了不可饶恕的罪行,将永远被钉在历史的耻辱柱上。这些人虽然偶而从事航海贸易,但就其主要行为来看,是

---

① 黄俣卿:《倭患考原》。
② 张维华:《明代海外贸易简论》,学习生活出版社,1955年,第94页。

不折不扣的海盗,因此不应算作海商和船员。

2."海盗"的形成及演变

被明政府视为海上之患的,除了倭寇之外,还有"海盗",或称为"海寇"。与倭寇明显不同的是,"海盗"是以中国人为主体的海上武装力量。"海盗"虽偶尔登陆活动,但主要活动区域还是海上。由于大海茫茫无际,岛屿众多,便于隐蔽和掩护,因而"海盗"问题一直与明朝相始终。明代立国之初,拥有几十只船,几百人的"海盗"团伙就很多,至于那些时聚时散的小"海盗",更是不可胜数。明代后期,又出现了实力强大的"海上巨寇",他们拥有大量船只,以及成千累万之众,组织严密,行动有序,成为一时的海上霸主,如嘉靖年间的汪直,隆庆、万历年间的吴平、曾一本、林道干、林凤,明末的郑芝龙等。

那么,这些"海寇"是由何而来呢？起初,"海盗"的基本成员是沿海地区贫苦的农民和渔民,他们为了生计,不顾朝廷禁令而私自出海,即被官府视为"海寇"。明代的海禁,不仅有法令条文的规定,官方还组织了海上武装稽查队,对私自下海捕鱼、贸易的沿海居民,进行严密防范,残酷打击。这些人必然要采取对抗措施,因个体实力弱小,只能组织起来,推举一个有威望者为首,以武力对抗官军的缉捕,这就形成了"海盗"团体。而他们以航运和贸易为业,具有商业集团的本质特征。如此看来,"海盗"与"海商"是一个硬币的两面。连明代统治阶级都承认,"市通则寇转而为商,市禁则商转而为寇"①。

既然明代"海盗"的形成与海禁政策密切相关,那么隆庆开关后,"海盗"是不是就消弭了呢？实际情况非但没有如明统治者之愿,反而出现了更多大规模的"海盗"集团。这是因为,其一,隆庆开关只是有限的开禁,无法满足大部分海商正常贸易的需要,因而武装走私仍然是海外贸易的重要方式。其二,朱明政权愈加腐朽,由于财政困难,加重了对广大人民的剥削,农民起义、矿工起义、少数民族起义以及官兵哗变等层出不穷,失去生计和流亡的人更多了,其中一部分就加入了"海盗"组织。因为在反抗朱明专制政权上,"海盗"与这些受压迫人民的诉求是一致的,因此在江、浙、闽、广一带,出现了"海盗"与沿海人民合流的现象。其三,葡萄牙、西班牙、荷兰等西方势力的侵入,加重了民间航海贸易的危险和困难,中国商船不仅在南洋各地时常遭遇劫掠,就是在中国近海也难保安全。为了对抗这些外来威胁,中国商船只能武装自卫。

综上所述,明代"海盗"集团与民间航海贸易密切相关,"海盗"与"海商"可以说是站在不同立场上对同一群体的不同称谓。应该指出的是,武装海商集团之间不免偶有互相攻劫的现象,但这种"海盗"行为并不占主流,或者说,以抢劫其他商船为目的的"海盗"团伙在以航海贸易为业的海商集团中并不占主流。

(二) 明代海商的代表人物——汪直

明朝中后期,随着大的海商集团的形成,涌现出一批民间航海贸易的领军人物,由于其势力强大,活动范围广,长期以武力对抗官军,被明政府视为"海上巨寇",如许栋、徐海、吴平、林凤、林道干等,而汪直是其典型的代表人物。汪直的典型性在于,作为商业资本雄厚的大海商,与当时几个著名的海商(亦或称"海盗")集团领袖许栋、徐海、陈思盼等有着直接的联系,同时,因其与日本的商业往来,不可避免地与倭寇发生某种程度的纠葛。对汪直的剖析,可以从一个侧面审视海商、海盗与倭寇之间的复杂关系。

1.不可否认的海商身份

长期以来,关于汪直"是商是盗"的问题一直争论不休。笔者以为,评价一个历史人物,应该跳出当

---

① 许孚远:《疏通海禁疏》,收于《明经世文编》卷四〇〇,中华书局,1982年。

时的历史局限,站在今天的立场上,从社会发展的大趋势来考查。从这个意义上说,汪直的海商身份和其存在的历史积极意义毋庸置疑。

汪直是安徽歙县人,早在做海外贸易之前就开始了经商活动。《天下郡国利病书》载,"徽歙奸民王直、徐惟学先以盐商折阅,投入贼伙"①。汪直开始做的是贩私盐的生意,但由于"国中法制森严,动辄触禁"②,汪直于是与同伙转而做起了明政府一时鞭长莫及的航海走私贸易。汪直的海外贸易一开始就取得了巨大的成功,显示了超人的商业才能和胆识,"嘉靖十九年(1540年),时海禁尚弛,直与叶宗满等之广东,造巨舰,将带硝黄、丝绵等违禁物,抵日本、暹罗、西洋等国,往来互市者五六年,致富不赀"③。自此,汪直开始了终其一生的航海贸易生涯。

后为寻求庇护,汪直投入大海商许栋集团。许栋集团以浙江宁波的双屿为基地,不断发展海外贸易,汪直凭借才干逐渐成为其中的重要人物。嘉靖二十七年(1548年),浙江巡抚朱纨以"佛郎机国人行劫"为由,对许栋集团发起攻击,"击擒其渠李光头等九十六人,复以便宜戮之"④。随即,官军捣毁了许栋集团的大本营,"筑塞双屿而还";不久,又在九山洋"俘日本国人稽天,许栋亦就擒"。许栋集团遭到重创,却给汪直带来了发展的契机,"栋党汪直等收余众遁"⑤,由是汪直集团兴起。

需要说明的是,朱纨先前实施"革渡船,严保甲,搜捕奸民"的海禁政策时,就遭到民意的强烈反弹,"闽人资衣食于海,骤失重利,虽士大夫家亦不便也,欲沮坏之"。可见海外贸易已经成为当时福建沿海居民的生活手段和倚靠,朱纨的海禁举措是不得民心的。及至朱纨攻破双屿后,"集贸市场"被摧毁,更是引起民怨沸腾,"势家既失利,则宣言被擒者皆良民,非贼党"。于是御史陈九德"劾纨擅杀。落纨职,命兵科都给事杜汝祯按问"。嘉靖二十九年(1550年),官方经过调查给出结论,"奸民鬻贩拒捕,无僭号流劫事,坐纨擅杀"⑥。朱纨最终于狱中自尽。

关于朱纨进剿许栋集团的起因,时人王士骐记载颇详:

海上之事,初起于内地。奸商汪直、徐海等,常阑出中国财物,与番客市易,皆主于余姚谢氏。久之,谢氏颇抑勒其值。诸奸索之急,谢氏度负多不能偿,则以言怒之曰:"吾将首汝于官"。诸奸既恨且惧,乃纠合徒党番客,夜劫谢氏,火其居,杀男女数人,大掠而去。县官仓惶申闻上司,云倭贼入寇,巡抚纨下令捕贼……⑦

从这段记载可以获知真相:汪直、徐海等通过余姚大户谢氏与番商贸易,后谢氏赖账不还,并威胁告官,于是汪直和徐海等对谢氏一家进行了报复性抢劫。谢氏及当地官府谎称倭寇来袭向上报告,于是朱纨下令进剿。厘清这件事的真相,可以得出这样的结论,汪直等对谢氏家族的抢劫仅是出于对自身商业利益的维护,与倭寇无关。

汪直继承了许栋的地位后,"仍招集倭夷,联舟栖泊岛屿,与内地奸民交通贸易"⑧,并于嘉靖三十一年(1552年)"移巢烈港"⑨,重建了贸易基地,势力很快壮大起来。作为商人的汪直崇尚商业诚信和公平

---

①顾炎武:《天下郡国利病书》第三十四册,九边四夷。
②张海鹏:《借月山房汇钞》汪直传。
③张海鹏:《借月山房汇钞》汪直传。
④胡宗宪:《筹海图编》卷二十五。
⑤《明史·朱纨传》。
⑥同上。
⑦王士骐:《皇明驭倭录》卷五。
⑧顾炎武:《天下郡国利病书》第三十四册,九边四夷。
⑨胡宗宪:《筹海图编》卷五。

交易,因此"夷人大信服之"①。对此,明人周楫有详细记述:"(汪直)只因极有信行,凡是货物,好的说好,歹的说歹,并无欺骗之意。又约某日付货,某日交钱,并无迟延。以此倭奴信服,夷岛归心,都称为五峰船主。"②汪直后来在写给胡宗宪的信中也曾表明,自己只是"卖货浙、福,与人同利"③。可见,汪直因海外贸易而获得巨大利润,是公平、诚信的海上贸易秩序的积极创建者和维护者,使用暴力与对抗官府绝非其主观所愿,只是维护正常贸易秩序的必要手段。

嘉靖三十二年(1553年),烈港遭到俞大猷舟师的包围和突袭,汪直突围后去了日本,在萨摩洲淞浦津(今平户)再建贸易基地。

汪直在日本的经商活动,日本文献《大曲记》有这样的记载,"道可君(松浦隆信④)系福禄、武运具昌之人,故有五峰(汪直)者自大唐至平户津,于今之印山旧址建唐式宅而居。用其所长,而大唐商船不绝于途,甚至南蛮黑船亦初泊平户津。唐与南蛮之珍货年年充盈,京、堺诸国商人亦云集于次,有西都之称"⑤。汪直以其超凡的影响力和卓越的经营手段把平户打造成了一个国际贸易港。

2."海盗"、"倭寇"与"海商"身份之辨

汪直一生最为诟病的便是其大规模的入寇内地行为。据史书载,起因是汪直配合官兵擒杀大海盗陈思盼后,"乞通互市,官司弗许",于是"(嘉靖)三十一年二月,王直令倭夷突入定海关,移泊金塘之烈港,去定海水程数十里,而近亡命之徒,从附日众,自是倭船遍海为患。是年四月贼攻游仙寨,百户秦彪战死,已而寇温州,寻破台州、黄岩县,东南震动"⑥。接下来,"三十二年三月,汪直勾诸倭大举入寇,连舰数百,蔽海而至。浙东西、江南北,滨海数千里,同时告警。破昌国卫。四月犯太仓,破上海县,掠江阴,攻乍浦。八月劫金山卫,犯崇明及常熟、嘉定。三十三年正月自太仓掠苏州,攻松江,复趋江北,薄通、泰。四月陷嘉善,破崇明,复薄苏州,入崇德县。六月由吴江掠嘉兴,还屯柘林。纵横来往,若入无人之境。……明年正月,贼夺舟犯乍浦、海宁,陷崇德,转掠塘栖、新市、横塘、双林等处,攻德清县。五月复合新倭,突犯嘉兴,至王江泾,……余奔柘林。其他倭复掠苏州境,延及江阴、无锡,出入太湖……"⑦

如果上述"入寇"行为确为汪直所为,称其为"海盗"实不为过,然而并没有证据表明汪直直接参与"入寇"行为。有文献记载,"汪直南面称孤,身不履战阵",既然没有直接参与"寇掠"行动,其"海盗"之名就难以坐实。至于说汪直是煽动者、组织者和指挥者,也找不到有力的证据。汪直被认为主使和策划了这些"入寇"事件,只是缘于总督胡宗宪的主观臆断,"胡公前按浙时,见贼进退纵横皆按兵法,知必有坐遣者,且贼酋来者,皆直部落也,而不闻直来,其为坐遣无疑"。胡宗宪认为汪直是一系列"倭患"的主谋,基于两点考虑:一是"贼"的组织性很强,所以必有幕后指挥;二是来的都是汪直的属下,而汪直本人却从未现身,所以汪直必是那个幕后主使。这个推理不但逻辑上缺乏严密性,而且从来也没有得到证实。入侵的"诸倭"也并没有都打着汪直的旗号,"每残破处,必诡云某岛夷所为也"。只是因为汪直的影响力太大,或者明政府出于"抗倭"政治的需要,因此把这些事件全都算在汪直头上,"故东南虽知汪直之叛,而不知受祸之惨皆由直者"⑧。可见,就当时的民间舆论而言,并没有认为汪直为祸首。

---

① 张海鹏:《借月山房汇钞》汪直传。
② 周楫:《西湖二集》,胡少保平倭战功。
③ 采九德:《倭变事略》。
④ 松浦隆信(1529—1599年):日本豪族,以肥前国南、北松浦郡为中心,因拥有贸易港平户而具有很强的经济实力。
⑤ 木宫泰彦著:《日中文化交流史》商务印书馆,1980年,第629页。
⑥ 顾炎武:《天下郡国利病书》第三十四册,九边四夷。
⑦ 《明史·日本传》。
⑧ 张海鹏:《借月山房汇钞》汪直传。

事实上,对于汪直被指为盗,稍后的著名科学家徐光启就曾提出不同看法:"王(汪)直向居海岛,未尝亲身入犯,招之使来,量与一职,使之尽除海寇以自效。"①其后又有人说:"王直者……颇尚信,有盗道,虽夷主亦爱服之。而其姓名常借他舶,以是凡有入掠者,皆云直主之,踪迹诡秘,未可知也。"②汪直被诱下狱后,也曾极力自辩,"绝无勾引党贼侵扰事情,此天地神人所共知者",并且供述了事情的真相,"连年倭贼犯边,为浙直等处患,皆贼众所掳奸民,反为响导,劫掠满载,致使来贼闻风仿效,纷至沓来,致成中国大患",还透露了一桩"入寇未遂"事件:"旧年四月,贼船大小千余,盟誓复行深入,分途抢掠;幸我朝福德格天,海神默佑,反风阻滞,久泊食尽,遂劫本国五岛地方,纵烧庐舍,自相吞噬。"③由此可见,汪直被指为"盗",并没有充分而翔实的证据。

况且,汪直集团从航海贸易中获得了巨额利润,根本不存在"弃商从盗"的理由,而其具体行为也与"海盗"有着本质的区别,更不符合"倭寇"的定义。

在缺乏直接证据的情况下,指汪直为"倭寇"和"海盗"首领,是出于剿倭的政治需要,汪直是被树立起来的一个靶标。

3.汪直的"互市"理想

汪直建立自己的武装,和官军之间必然存在着武力对抗,也不能否认部分成员有掳掠行为,但基本都出于自保的需要。武装对抗只是手段,其目的非常明确,就是开通"互市",取消海禁。

事实上,汪直集团也屡遭海盗抢劫,海贸秩序受到极大扰乱,因此也希望打击海盗,在这一点上和明政府是一致的。嘉靖三十年(1551年),汪直与官军配合,剿灭了大海盗陈思盼,其过程颇能说明此次事件的性质。

后有一王船主,卒领番船二十只,陈思盼往迎之,约为一伙,因起谋心,竟将王船主杀害,夺领其船。其党不平,阳附思盼,将各船分布港口,以为外护,而潜通五峰。五峰正疾思盼之压,已而沥港往来,又必经横港,屡被邀,贼乃潜约慈溪积年通番柴德美,发家丁数百人,又为报之宁波府,白之海道,差官兵但为之遥援。询知其从船出掠未回,又俟其生日饮酒不备,内外合并杀之。④

陈思盼杀人越货,又屡屡打劫从他地盘经过的汪直船队,是十足的海盗行为。汪直杀陈思盼,固然是出于维护个人利益和集团利益,但也明显得到了官府的授意。而在此前剿灭卢七集团的过程中,这种官府主导下的合作关系更加明确,"比有卢七、沈九诱倭入寇,突犯钱塘,浙江海道副使丁湛等移檄王直等拿贼投献,姑容互市。王直胁倭即拿卢七等以献"⑤。汪直在擒杀陈思盼后,又"计擒其侄陈四并余贼数十人送官"⑥,更是进一步表明了双方的合作关系。

汪直与官府合作,其目的就是为了"互市",即贸易合法化,而官方也以此向汪直许诺。剿除大盗陈思盼后,在官府的默许下,汪直得到了一段时间的贸易自由,"番船出入,关无盘阻,而兴贩之徒,纷错于苏杭,公然无忌"⑦。

此时的汪直,达到了人生的一个高峰,不仅赚取了巨大的商业利润,也获得当地百姓的拥戴,同时还和官府中人交游甚密,"近地人民,或馈时鲜,或馈酒米,或献子女,络绎不绝。边卫之官,有献红袍玉带

---

①徐光启:《海防迂说》。
②佚名:《嘉靖东南平倭通录》。
③采九德:《倭变事略》。
④万表:《海寇议》,前编。
⑤郑舜功:《日本一鉴》卷六,流通。
⑥万表:《海寇议》,前编。
⑦万表:《海寇议》,前编。

者,如把总张四维,因与柴德美交厚,而往来五峰,素熟,近则拜伏,叩头甘为臣仆,为其送货,一呼即往。"①

然而不久,随着新任巡视浙江都御使王忬以及参将俞大猷的到来,汪直突然遭到沉重打击。嘉靖三十二年(1553年),"俞大猷驱舟师数千围之,直以火箭突围"②。王忬与俞大猷固然是坚定的"抗倭派",然而根据《日本一鉴》的记载,此事别有隐情:"时有贼首萧显等,诱倭入寇上海县。贼首王十六、沈门、谢獠、许獠、曾坚,诱倭焚劫黄岩县。参将俞大猷、汤克宽,欲令王直于黄岩拿贼受献,而贼已遁,乃议王直以为东南祸本,统兵击之于烈港。"③按此记载,俞大猷起初也想倚仗汪直,不过还没来得及有所动作,诸"贼"已经逃跑,于是汪直成了俞大猷推卸责任的替罪羊。

汪直突围后去了日本,并达到了人生的又一个高峰,"据居萨摩洲之松浦津,僭号曰京,自称曰徽王,部署官属咸有名号,控制要害,而三十六岛之夷皆其指使"④。

虽然身居海外,显赫为王,但汪直一直没有放弃"互市"梦,所以当胡宗宪巡按浙江,采取诱降策略后,汪直很快入彀。

胡宗宪先是将已被收押在监的汪直的母亲、妻子和儿子提取到自己府上供养起来,又于嘉靖三十四年(1555年)派宁波生员蒋洲、陈可愿出使日本,和汪直及其养子毛海峰接触。得知亲人无恙,汪直大喜,说"俞大猷绝我归路,故至此。若贷罪许市,吾亦欲归耳"⑤。又在蒋洲等的一番说辞鼓动之下,汪直"始有渡海之谋"。于是派遣部下叶宗满、毛海峰、汪汝贤等送陈可愿回国,"投赴效力,成功之后,他无所望,惟愿进贡开市而已"⑥。可见,汪直心里一直想的是"许市"与"开市"。

其实,对于胡宗宪的招抚,汪直一直没有放松警惕。这期间,汪直及其部下积极配合官军,使得"两浙倭渐平"⑦。在胡宗宪一再催促和诱惑下,汪直终于"决策渡海",但出发前还对部下强调,"俞大猷吾尝破之列表,泊岸时须谨备之"⑧。而对于招抚最可能的结果,汪直也非常清醒,所以当其子在胡宗宪授意下写信催促时,汪直说:"儿何愚也!汝父在,厚汝;父来,阖门死矣。"⑨然而,"互市"的诱惑实在太大,又以为配合胡宗宪平定两浙"倭寇"有功,所以汪直心存侥幸,不惜拿身家性命赌一把,"昔汉高祖见项羽鸿门,当王者不死,纵胡公诱我,其奈我何!"⑩然而与官僚相比,汪直还是过于天真了,虽然胡宗宪也曾力保,但结果不存在任何意外,"直论死,碧川(叶宗满)、清溪(汪汝贤)戍边"⑪。随着汪直"论死",东南沿海最大的一个海商集团覆灭了。

汪直终其一生都在努力实现他的"互市"理想,所有的活动都是围绕建立"互市"而展开,目的性非常明确,他无疑是当时海商群体的领袖和精英,其商业意识超出了那个时代,代表着先进的生产力,是16世纪中国尝试发展资本主义的先锋人物。然而,在强大的中央集权制度下,汪直也注定不为那个时代所容,他的败亡是必然的。汪直所建立的海上贸易帝国和航海贸易秩序,为当时海员群体的职业发展提供了广阔的平台。

---

① 万表:《海寇议》,前编。
② 张海鹏:《借月山房汇钞》汪直传。
③ 郑舜功:《日本一鉴》卷六,流通。
④ 张海鹏:《借月山房汇钞》,汪直传。
⑤《明史·胡宗宪传》。
⑥ 张海鹏:《借月山房汇钞》,汪直传。
⑦《明史·胡宗宪传》。
⑧ 张海鹏:《借月山房汇钞》,汪直传。
⑨《明史·胡宗宪传》。
⑩ 张海鹏:《借月山房汇钞》,汪直传。
⑪《明史·胡宗宪传》。

第三节　明代漕运与漕运船员

一、明代漕运的发展变化

明代漕运兼有河漕和海运。明初由于实行严酷的禁海政策,较大规模的近海航线的海运,都是由政府组织的,主要是为了承运军需物资。后由于民生的需要,海运于是承担起漕粮转输的任务。但海运常发的漂没事故,令明政府决心罢海运,行河运。至永乐十三年(1415年),内河漕运正式取代海运成为明代漕粮的主要运输方式。

(一) 明代海运漕粮的发展变化

朱元璋定都南京,由于有长江的便利,各地运船均由长江抵达京师,但为了向北方输送军饷,从洪武元年(1368年)就开始兴办海运。终洪武一朝,大规模的海运有11次,起运量少则数万石,多则七十余万石,很多重要将领都担任过提督海运之职,"先后转辽饷,以为常"①。明成祖迁都北京后,北方地区对江南的漕粮需求更多,"永乐元年(1403年),平江伯陈瑄督海运粮四十九万余石,饷北京、辽东"②。

但由于海道艰难,常有漂没事故发生,随着年运量迅速增加至百万石,明政府开始筹备内河漕运事宜。永乐四年(1406年),议定海陆兼运,"命江南粮一由海运,一由淮、黄、陆运赴卫河,入通州,以为常"③。"永乐六年(1408年),令遮洋海船运粮八十万石于京师,其会通河、卫河以浅船转运"④,河海兼运施行。"十年(1412年),尚书宋礼以海船造办太迫,议造浅船五百艘,拨运淮、扬、徐、兖等处岁粮一百万石,由会通河攒运,以补海运一年之数"⑤,河运已为海运的必要补充。"十二年(1414年),令湖广造浅船二千艘,岁于淮安仓支运,赴京交纳"⑥,内河漕船数量和运量大大增加。"十三年(1415年),始罢海运,增造浅船三千余艘,一年四次,悉从里河转运"⑦,至此,内河漕运已经取代海运,成为明代漕运的主要方式。

然而大行河运后,海运并没有完全废罢,"惟存遮洋一总,运辽、蓟粮"⑧。正统七年,(1442年)五月,"命南京造遮洋船三百五十艘,给官军由海道运粮,赴蓟州等仓收贮"⑨,海运还承担着蓟辽地区部分军粮的运输。至正统十三年(1448年),登州卫海船由百艘锐减为18艘,已不足原有五分之一,"以五艘运青、莱、登布花钞锭十二万余斤,岁赏辽军"⑩,其作用几近于无了。成化弘治年间,以丘浚为代表的一批有远见的大臣力求恢复海运,但未被皇帝采纳。"嘉靖二年(1523年),遮洋总漂粮二万石,溺死官军五十余人"⑪,这更给了保守派废罢海运的理由,于是"五年(1526年)停登州造船"⑫。此后,总河王以旂、辽东巡抚侯汝谅等,一再建言恢复海运,朝廷也有所松动。嘉靖四十五年(1566年),顺天巡抚耿随朝主持勘

---

①《明史·河渠志》。
②同上。
③同上。
④席书、朱家相:《漕船志》卷六,法例。
⑤同上。
⑥同上。
⑦同上。
⑧《明史·河渠志》。
⑨《明英宗实录》卷九十二。
⑩《明史·河渠志》。
⑪同上。
⑫同上。

测海道,得出了可以恢复海运的结论,起初朝廷已经同意其建议,但由于以御史刘翾为代表的反对派声音过于强烈而终究作罢。而且,"是年,从给事中胡应嘉言,革遮洋总"①,连最后的一个海运机构也革除了。

隆庆四年(1570年),河决宿迁,损失八百艘漕船,次年,徐州、邳州河段淤塞,河漕遭遇危机,在给事中宋良佐建言下,"复设遮洋总"②,表露出恢复海运的意向。同时,山东巡抚梁梦龙趁机极论海运之利,得到批准,就地筹集漕粮12万石,以海运达京师,获得成功。隆庆六年(1572年),御史王宗沐再督运12万石漕粮自淮入海,运抵京师。然而万历元年(1573年),海漕船队在山东即墨福山岛洋面发生事故,"坏粮运七艘,漂米数千石,溺军丁十五人"③,反对派借机大肆攻讦,明廷又罢海运。直至万历四十六年(1618年),山东巡抚李长庚从辽东战局考虑奏行海运,朝廷批准"特设户部侍郎一人督之"④,而海运仅在渤海水域小范围恢复。崇祯时,也曾试行南北海漕,但终究王朝大势已去,明代海漕和河漕一起走到了尽头。

(二)明代内河漕运的发展变化

《明史》记载,"自成祖迁燕,道里辽远,法凡三变。初支运,次兑运、支运相参,至支运悉变为长运而制定"⑤,说得很清楚,明代漕运制度经过三次变化,开始行"支运",然后"兑运"和"支运"并行,最后"支运"全部改为"长运",即"兑运"。运输制度的变化带来了运输责任人即漕运船员的变化。

1.支运时期

永乐初年会通河疏浚后,大量南方漕粮由运河运往京师,"时淮、徐、临清、德州各有仓。江西、湖广、浙江民运粮至淮安仓,分遣官军就近挽运。自淮至徐以浙、直军,自徐至德以京卫军,自德至通以山东、河南军,以次递运,岁凡四次,可三百万余石,名曰支运。支运之法,支者不必出当年之民纳;纳者不必供当年之军支。通数年以为衰益,期不失常额而止"⑥。这段记载包括两项内容:其一,各地民运漕粮到指定的官仓,再分遣官军就近挽运,以达京师,每年四次,可运粮三百余万石,名曰"支运"。其二,官军从各仓支运的漕粮,不一定是当年入仓的,当年入仓的漕粮,也不一定供当年的军支,而是根据几年内库存增减情况通盘计划,只要保证漕运常额就行了。可见,支运法下,担任主要运输任务的是军人,而粮户则需要运输漕粮到就近的水次仓。

支运法的实行并非一帆风顺,"不数年,官军多所调遣,遂复民运",然而民间承运能力毕竟有限,因而"道远数愆期"。宣德四年(1429年),总督漕运的平江伯陈瑄和户部尚书黄福建议恢复支运法。于是,"乃令江西、湖广、浙江民运粮百五十万石于淮安仓,苏、松、宁、池、庐、安、广德民运粮二百七十四万石于徐州仓,应天、常、镇、淮、扬、凤、太、滁、和民运粮二百二十万石于临清仓,令官军接运入京、通二仓。……淮山东、河南、北直隶则径赴京仓,不用支运。寻令南阳、怀庆、汝宁粮运临清仓;开封、彰德、卫辉粮运德州仓。其后山东,河南皆运德州仓"。恢复支运法后,"民粮就近入仓,力大减省"⑦。

2.兑运、支运并行时期

虽然在支运法下,民运负担较轻,但由于民间运力有限,仍觉负担较重。南直隶、江西、湖广、浙江等地,须分别到徐州、临清或淮安上仓,路程尤其遥远,既劳民,又误生产。为此,宣德六年(1431年),陈瑄

---

①《明史·河渠志》。
②同上。
③同上。
④同上。
⑤《明史·食货志》。
⑥同上。
⑦同上。

又建议改行兑运,"令民运至淮安、瓜州,兑与卫所。官军运载至北,给与路费耗米,则军民两便"①。而据《明实录》和《国榷》的相关记载,江南地区民运漕粮并非全在淮安、瓜州交兑,而是就近为便。

所谓兑运,可总结为以下几点:其一,南直隶及江、浙、湖广等地区,民粮不必再到原指定的官仓交纳,而是就近兑与卫所官军,运载至京;其二,粮户交兑时,根据路程远近,给与官军一定的耗米做路费,每石湖广八斗,江西、浙江七斗,江以南六斗,江以北五斗,如果粮户自运粮到淮安,每石只加四斗耗米;其三,除加耗米外,另给官军"轻赍银",作为洪闸盘剥之费用;其四,如有兑运不尽,仍令粮户自运到原定官仓交纳;其五,不愿兑运者,听其自运。可见,兑运法实行后,并没有强制取消支运,而是兑运与支运并行,"正统初,运粮之数四百五十万石,而兑运者二百八十万余石,淮、徐、临、德四仓,支运者十之三、四耳"②。

3. 改兑时期

兑运法实行后,虽说"兑运者日多,而支运者日少",但正统初北运京师的四百五十万石漕粮中,尚有七十万石粮系支运。此外,还有兑运不尽,而民仍须自运粮到淮、徐、临、德四仓者。因此,还有支运改为兑运的必要。于是,"至成化七年(1471年),乃有改兑之议。时应天巡抚滕昭,令运军赴江南水次交兑,加耗外,复石增米一斗为渡江费。后数年,帝乃命淮、徐、临、德四仓支运七十万石之米,悉改为水次交兑。由是悉变为改兑,而官军长运遂为定制"。到成化八年(1472年),四百万石漕粮定额中,"其内兑运者三百三十万石,由支运改兑者七十万石"③。

滕昭所说"令运军赴江南水次交兑",特指其巡抚地区江南诸府而言,不是泛指包括江西、湖广、浙江在内的广大江南地区。后来任河道总理的王恕即明确指出,"查得成化七年,奏准将江南应天府并苏、松等府,该起运瓜州、淮安二处水次常盈仓粮,俱拨官军过江,就各处仓场交兑,每石除原定加耗外,另加过江水脚米一斗。所以军得脚价,民免远运,彼此有益,交相称便"④。

户部采纳滕昭之议后,官军过江水次交兑不只行于江南诸府,也推行于广大江南地区。

综上,所谓改兑,就是将支运全部改为兑运,而且广大江南地区粮户也不必运粮过江至瓜州、淮安,而是由运军上门收兑,这样,由运军统一运输的里程加长了,因此亦称为"长运"。

二、明代漕运船员的组织、规模、待遇及生存状况

明前期支运漕粮,各地粮户运输漕粮到指定的官仓,再由官军挽运至京师,粮户承担一定的运输任务。行兑运法后,南直隶及江、浙、湖广等地区,民粮不必再到原指定的官仓交纳,而是就近兑与卫所官军,粮户的运输负担大为减轻。成化七年(1471年)滕昭提出"改兑之议"后,运军过江上门收兑,几乎彻底了解除了民运负担。由此可见,终明一代官军始终是漕运的主力,漕粮军运也是明代漕运的一个主要特征。

(一)明代运军的组织及规模

明代由卫所军转运漕粮,原本为"寓兵于漕之意"⑤,即"漕运之制,军驾运漕原意,行则撑挽,止则操练,一旦地方有变,保此漕粮于无虞也"⑥。然而,随着漕运的发展,挽运漕粮逐渐成了卫所运军的主业,

---

① 《明史·食货志》。
② 同上。
③ 同上。
④ 王恕:《议事奏状·查核钱粮》,收于《明经世文编》卷三十九,中华书局,1982年。
⑤ 马从聘:《兰台奏疏》卷二,摘陈漕政疏。
⑥ 王在晋:《通漕类编》卷四,漕运。

其"军兵"身份逐渐淡化,实际上成为了职业船员,只是始终使用卫所军兵的编制而已。

卫所军运粮之初,编制并不固定,管理也相对混乱。加上调动频繁,兼役过多,运军人数变动很大。永乐年间,大抵内河运军42卫,共127000余人。永乐二年(1404年),设漕运总兵之职,"掌漕运河道之事"①。永乐十三年(1415年)增设漕运参将,宣德二年(1427年)又设副总兵。总兵官原为世袭,宣德后多为流官担任。

至宣德五年(1430年),负责漕粮运输的共有120余卫,来自各卫的分遣队拥有自己的管理机构和船只,仍然作为一个独立的建制。6到19只分遣队组成1总,共12总,即南京二总、湖广总、江西总、浙江总、中都总、江北二总、上江二总、下江总、山东总(另有负责海运的遮洋总),设把总12名,每总督率官军万余人。宣德六年(1431年),运军约为13万人,次年,因疾病、逃亡等原因,增至16万人,②为明代运军历年人数之最,而通常大体维持在12万人上下。

永乐末年和正统末年,曾两次大规模抽调漕军,致使漕伍废弛,军运停止,这种状况持续了60多年,严重影响了漕运的正常进行。成化七年(1471年),额定运京漕粮为400万石,至成化八年(1472年)十一月户部奏报,"尚有未到者一百一十余万石"③,成化九年(1473年)十二月,户部又奏"南北直隶及山东、江西、浙江、湖广等处九十余卫所岁运粮储皆过期不至"④,京师粮储频频告急。同时,由于漕军被抽调过多,无法及时进行补充,"各卫拨补皆老弱余丁,及有畏难而逃者"⑤,这对运军自身的健全和发展也极为不利。成化年间,随着"改兑之议"的落实,漕军也实现了整编定制,进入了稳定的发展时期。漕军定制确立后,有关漕运组织的编次、漕运人员的选补等都有了明确的管理制度。

漕军组织在基本沿用卫所制的基础上,根据漕运的需要,形成了新的建制,设置了与指挥使、指挥、千户、百户、总旗的功能相对应的把总、帮长、甲长等官职。把总通常由都指挥使担任,主要负责督促各指挥、千户、百户,选补旗甲,负责修造船只等事务。把总之下设帮长,帮长由卫指挥或千户担任,有的为选举推用,有的为轮番充任。帮长要求具备较纯熟的驾运技术及对运道的了解,其职务一般世袭担当。帮长之下设甲长,1名甲长管运船5艘,运军50名⑥。每船设小旗1名,一般辖9名水手,"中推一老成者纲领之,谓之纲司,次纲司者又有拦头、扶柁二人,相协持之"⑦。此外,明政府针对中途逃亡和死亡的情况,专门制定了漕军的金补制度,以保证运军人数的稳定。

(二)明代运军的收入及待遇

明代运军是以卫所军制编制的职业船员,他们终生为国家转输漕粮,劳役非常繁重,工作环境十分艰苦,然而所得报酬微薄,难以满足自己口粮和养家糊口的需要。

运军虽属职业军人,但在明初并没有完全脱离农业生产。运军与其他卫所军一样,都有一定数量的屯田,在交纳完"子粒"(税)后,每月可有一石米的收入以维持生计。后来,由于运军长期从事漕运任务,无暇耕作屯田,国家遂发给漕运军兵月粮和行粮两项以代替屯田收入。月粮每月1石,全年共12石,作为运军安家口粮;行粮每年2—3石不等,作为运军驾船转输漕粮时的口粮。此外,明政府不定期地给予运军一些"赏钞"和布匹棉花,但数额有限,对改善运军生活起不到多大的作用。

---

①王琼:《漕河图志》卷三,漕河职制。
②《明宣宗实录》卷九五。
③《明宪宗实录》卷一一〇。
④《明宪宗实录》卷一二三。
⑤《明宣宗实录》卷五五。
⑥王伟:《论明清时期漕运兵丁》,聊城大学硕士学位论文,2007年。
⑦孙承泽:《天府广记》卷一四,仓场。

实际上,作为运军安家费的月粮经常不能足额发放,或者推延发放日期,运军生活时常因此而遭遇困境。宣德时,月粮即被削减为8斗。行粮的发放则因所处时期和里程远近而标准不一,详见表3-1。

明代漕军行粮发放标准[1]　　　　　　　　　　　　　　　表3-1

时　　间	行　粮　发　放　标　准
洪武二十六年	海运官军,自三月十五日至九月十五日,每人日支二升
洪武二十七年	每人日支四升
永乐十三年	不分远近,年支三石
宣德元年	年支二石
正统元年	浙江、湖广、江西、中都留守司、南直隶卫所官军,年支二石七斗;山东、河南、北直隶卫所路近不增
景泰七年	扬州以南卫所运粮军,每名年支三石;淮安以北卫所运粮军,每名年支二石
成化三年	浙江、湖广、江西、江南直隶、南京各卫年支三石;江北凤阳等八卫并直隶庐州、安庆、六安、滁州、泗州、寿州、仪真、扬州、高邮、淮安、大河、武平、宿州及河南颖州卫等,年支二石八斗;徐州、徐州左、归德卫年支二石六斗;山东官军及天津等九卫,年支二石四斗;遮洋船、南京水军左等八卫,年支三石
成化十七年	南京运粮官军行粮,每米一石,增水脚价有斗五升

这种薪俸水平究竟如何,可根据当时社会的日常生活需要进行横向比较。万历时漕运总督王宗沐曾做过调查,运军出运时,每人每天的行粮只有"九合有余",而常人一日须"一升五合而饱",而且还要支付浆洗、薪盐、医药等花费,因而对于整日辛劳的运军来说,这点口粮实在微薄。而作为安家费的月粮,也远远不敷使用,并且还往往遭到克扣和拖延,"仰给月粮,而今有拖欠不时给者矣"[2]。

对运军待遇起决定性作用的是针对漕粮征收的各种额外费用:属于沿途车船费用的,有"船钱米""水脚银""脚价米""过江米""变易米""轻赍银";属于助役补贴费用的,有"贴夫米""贴役米""加贴米""盘用米""使费银";属于铺垫装包费用的,有"芦席米""松板楞木银""铺垫银";属于防耗防湿费用的,有"两尖米""鼠耗米""筛飏米""湿润米"等[3]。起初这些额外费用不论是以粮食还是以银子的形式征收,都全部交给漕军,支付沿途花销之外,还有可观结余。然而正德七年(1512年)以后,轻赍银不再直接拨给运军,先是经有关官员清查后转发,后逐渐被明代宫廷占用,即所谓"颇入太仓矣",只有少量发给运军,运军丧失了一笔必要运输经费和津贴,"遂为漕运官卒之害"[4]。

更为严重的是,根据漕运法规,一旦漕粮出现损失,运军不仅要受到相应刑罚,还要负责赔偿。运军只能以行粮、月粮作为赔补,如果无力赔偿,则被发往极远边卫充军,因而运军往往借债赔偿,"其所称贷,运官因以侵渔,责偿倍息"[5],生活状况于是越加恶化。这种情况十分不利于漕运的稳定,开明官员屡次向皇帝奏闻运军的痛苦遭遇。多次请求后,朝廷采取了一些措施,比如,弘治五年(1492年),孝宗皇帝发布上谕,准许现役漕军申请向国库借款,一年内还款,不收利息。但这种不触及实质问题的所谓措施终究于事无补。正德十四年(1519年),漕运总督丛兰上奏武宗皇帝,一名漕运百户长上吊而死,一名指挥剃度出家。武宗皇帝令户部研究解决,户部提出计划,准许负债漕军回程时从政府购买食盐运回本地出售[6]。但很难说这一措施多大程度上解决了运军的窘困。

---

[1] 引自王伟:《论明清时期漕运兵丁》,聊城大学硕士学位论文,2007年。原表据《明会典》卷二七,户部十四,会计,"运粮官军"而制。
[2] 王宗沐:《乞优恤运士以实漕政疏》,《明经世文编》卷三四三,中华书局,1982年。
[3] 李文治、江太新:《清代漕运》,社会科学文献出版社,2008年,第12页。
[4] 孙承泽:《天府广记》卷一四,仓场。
[5] 李洵:《明史食货志校注》,食货三,中华书局,1982年。
[6] 陈九德:《皇明名臣经济录》卷二二。

(三)明代运军的生存状况

1.运军的工作状况

明代运军在其微薄的薪俸收入下,工作却异常之艰苦,劳作时间长,劳动强度大,工作环境恶劣而危险。这都是由当时漕运的基本条件所决定的。唐宋以降,全国性的粮食调运都是由南而北,然而中国的地形特点却是北高南低,这就意味着满载漕粮的漕船在绝大部分运河河段都须逆流而上,因而运军一项重役劳动就是拉纤。而且,长江以北的运河水位非常不稳定,遇到枯水期,漕船行进就大受影响,尤其是天津至通州段,经常出现水浅的状况,给运军带来了很大困难,只有雇佣当地民夫拉纤,"动经旬日,或百夫拼力牵挽不行"①。在完全靠人力的条件下,漕船负重逆行2000余里,仅仅靠每船10名运军,完成400石粮食的运输,其劳动强度可想而知。而运军的工作条件也是相当恶劣的,北上南返全程在船,风餐露宿,缺吃少用,疲病交加,甚为凄惨。仁宗皇帝也体恤道,"官军运粮,远道劳勤,寒暑露暴,昼夜不息"②。运军每年的劳作的时间很长,特别是实行长运法后,一般十二月就要驾船到各水次收兑漕粮,随后开帮北运,大约到次年的十月才能返回,一次出运往返达10个月以上,稍作休整,即开始又一次出运。如有临时差派,连休整时间都没有。正所谓"经年劳瘁还家,席未暖而官司已点新运矣"③。

运军面对的不仅是经年的劳累,还有潜在的危险。隆庆五年(1571年),黄河溃坝,泛淹运河,一次毁坏漕船800多艘,溺死漕军近千人④。至于"损粮船二十三只,米八千三百六十石,淹死运军二十六人"⑤,这样的"小事故",不胜枚举。

2.运军遭受的压榨与反抗

由于运军不仅负责漕粮运输,还要负责漕粮足额完纳入库,由于他们掌控一定的经济资源(漕粮和各种附加费),因此也成了盘剥的对象。

运军从收兑漕粮开始,到抵京交纳漕粮结束,几乎全程都要遭到贪官污吏、土豪劣绅的各种盘剥。这也成为明代漕弊中的突出问题之一。收兑之时,各纳漕地区府县的官吏,经常以恶米、掺水和沙之米兑于运军,以致"蒸湿浥烂",漕军为此赔累不堪。⑥ 从江南水次起运赴京的过程中,一路上押运官、领运官、闸官坝吏和仓场官吏,无不借机勒索。万历时,巡漕御史朱阶指出,行船时,"饷银之(不)时给,帮官、把总之科派,沿河委催之扰害,各关税棍之诈吓";入仓时,"内外奸胥恶役,层层剥削"⑦,使运军不堪忍受。其中尤以仓场官吏的勒索最为严重,交纳之际,官吏"多过收及百计勒银"⑧。

在如此严酷的生存条件下,一些运军进行了反抗。运军第一选择就是逃亡。万历二十三年(1595年)漕运总督李蕙和漕运总兵官郭𬭚联名上奏指出,直隶到南京一线漕军共有60支,在这些建制中,有14000或15000名漕军逃跑,不得不雇佣流民和乞丐弥补空缺。除了逃亡之外,以偷盗、折卖漕粮和漕船最为常见。在明代,漕军偷盗、转卖漕粮的问题一直非常突出。漕军在偷盗粮米后,经常采取掺杂沙土的办法维持重量,"所运粮多抵换挽和,以致亏损"⑨,或者盗后在船舱内填土,表面覆以米⑩,或者将好米盗

---

① 马卿:《攒运粮储疏》,《明经世文编》卷一六九,中华书局,1982年。
② 《明仁宗实录》卷六。
③ 王宗沐:《乞优恤运士以实漕政疏》,《明经世文编》卷三四三,中华书局,1982年。
④ 王宗沐:《条例漕宜四事疏》,《明经世文编》卷三四三,中华书局,1982年。
⑤ 朱国祯:《涌幢小品》卷二七。
⑥ 《明宪宗实录》卷一二〇。
⑦ 《明神宗实录》卷五三七。
⑧ 《明宪宗实录》卷二六九。
⑨ 《明宪宗实录》卷一七二。
⑩ 王宗沐:《乞优恤运士以实漕政疏》,《明经世文编》卷三四三,中华书局,1982年。

卖,再低价收买粗米充数。如果偷盗过多无法换假,则干脆凿沉漕船,谎报险情,以图蒙混过关,"自知粮数缺少,往往自没其舟,再以遭遇风火报失"①。而针对这些"欺弊",朝廷有着严厉的处罚措施。但运军为了度过眼前的危机,往往还是铤而走险。

三、明代运军的贩私活动

明代运军劳役强度大,报酬低,生活窘困,这些情况朝廷是了解的,因此允许他们在出运过程中,可以携带一些私货,称为"土宜",以贸易获利作为一定的经济补偿。

(一)贩私活动的发展过程

明代运军的私货贸易始于洪武年间的海运,并且得到朝廷许可,"洪武中海运给辽东,凡役官军八万余人,运军悉许附载私物资私用"②。至仁宗时,南北漕运贯通,漕船数量剧增,因而官船夹带私货也成了大问题。沿河漕运管理机关时常拦截漕船,没收运军夹带的私货,有些官吏借机对运军大肆搜刮,"搜盘求索虐行,虽流涕哀乞,终不恻悯""甚至有将官军行李、衣鞋,公然挟制盗取,不敢言端"③,这就造成了运军和沿河管理机构的对立。洪熙元年(1425年),朝廷下诏,"今后除运正粮外,附载自己什物,官司毋得阻挡"④,但并未得到很好的执行,税务机关拦阻漕船,没收私货的事件依然时有发生。正统三年(1438年),户部根据英宗皇帝敕谕会商后发布命令,允许运军顺带"土货以为盘费",严禁沿河官司"生事阻挡"⑤。成化元年(1465年),明政府又免除"各处运粮旗军附带土宜物货"的税课。⑥

明政府虽然允许运军贩运私货,但对于数量和种类都有规定。成化十年(1474年)规定,每船可以携带私货10石,弘治十五年(1502年),又重申了这一标准。嘉靖三十九年(1560年),允许夹带私货数量大幅增加到40石,至万历七年(1579年),提升到60石。⑦ 货物种类,各个时期有不同的规定,如成化时,允许的货物种类有土产、松杉、板木、蒿竹等物,但到了万历时,"竹木沉重之物"被禁止附载。一般来说,"除粮食、木材、发酵剂和烈酒禁止以外,至于其他货物,明政府虽然不鼓励,但也可以容忍"⑧。然而,运军却每每打破些规定,因此造成行政部门、执行部门和运军三方的争议。

弘治元年(1488年),大臣马文升向孝宗皇帝反映运军之苦,特别提到了运军携带的土产"制于禁例",多被沿河管理机构没收的情况,请求查禁"搜失之弊",孝宗予以批准。⑨ 此禁一开,运军贩私活动更盛,返程漕船"百拾成群,名为空船,实则重载,违禁犯法"⑩。这样,就对正常漕运造成很大影响。宣德时,有官员就反映,粮船"所载私货,多于官物,沿途发卖,率以为常"⑪;成化时,运军"置买私货,于沿途发卖,以致稽迟"⑫;而至明后期,"漕规每船正粮不过五六百石,乃装载私货,不啻数倍"⑬。运军为了多装

---

① 《明穆宗实录》卷六五。
② 何乔远:《名山藏》卷五〇,漕运记,漕军。
③ 谢纯:《漕运通志》卷八,漕例略。
④ 康熙《嘉兴府志》卷十,户口。
⑤ 孙承泽:《天府广记》,卷十四,仓场。
⑥ 万历《大明会典》卷二七,会计三,漕运。
⑦ 同上。
⑧ 黄仁宇:《明代的漕运》,新星出版社,2005年,第88页。
⑨ 《明孝宗实录》卷一一。
⑩ 周云龙:《漕河一覕》卷八。
⑪ 余继登:《典故纪闻》卷九。
⑫ 《明宪宗实录》卷八四。
⑬ 查继佐:《罪惟录》卷三四,漕志。

私货,还私自对漕船进行改造,增宽加长,"后运军造者私增身长二丈,首尾阔二尺余,其量可受三千石"①。不仅如此,在私货种类上,运军也屡屡突破限定,非法贩运的货物包括腌猪、牛皮、猪鬃、谷物、豆类、芝麻、桃子、梨、枣等②。

此外,包揽客商货物也成为运军贩私活动的一种特殊形式。在这种形式下,商人可以逃税,而运军不必出本钱即可获利,因此双方一拍即合。明政府对于这种行为自始至终都严行禁止,比如弘治时,朝廷规定"凡漕运船只,除运军自带土宜货物外,若附带客商势要人等酒面、糯米、花草、竹木、板片、器皿货物者,将本船运军,并附载人员参问发落,货物入官"③;正德时规定,"若官军乘机不将运船装粮,满载客货,妨误粮运者,事发仍照例追究,纳钞抽分"④。嘉靖和万历两朝,官方又多次发布这样的禁令,然而从禁令频出的实际情况看,效果并不理想。

(二) 运军贩私活动的结果及影响

明代运军的贩私活动,产生了两个方面的直接效果:一方面,船免税附带土宜及为客商带货,使明朝的税收因而减少;沿途贩易,迁延日久,又使正常的漕运秩序受到严重影响。另一方面,运军的贩私活动客观上促进沿河两岸的商业繁荣,加强了各地之间的经济交流。

私货贸易的弊端确实存在。自明中叶之后,运军的各种非法贸易活动愈演愈烈,给正常漕运带来了不小的危害:漕船违限和侵盗漕粮。运军往往超限附载私货,致使粮船过多负重,减缓了漕船的行进速度,甚至因吃水深而屡屡发生浅阻。为了增加交易量沿途故意迁延,多次贸易,直接耽搁行程,致使违误期限。"漕之迟,迟在贸易"⑤,已成为一些官员的共识。更有甚者,运军往往侵盗漕粮,一举两得,既有钱办置私货,又腾出足够的空间储运私货,到京交粮时再买米补纳,不仅漕粮往往因此而亏折,京师粮储也大受影响。

而运军的贩私贸易对运河沿岸商业的积极影响也是客观存在的,推动了南北商品的流通和沿岸城镇的发展。嘉靖以后一直到明末,漕船数量大约维持在12000余艘左右,按当时每船附带40石的最低标准来计算,每年运军贩易流通的货物总量就达到50万石左右。事实上,由于普遍的超载和多次交易,其实际数量当有数倍之多。如此大量的免税商品流通于运河沿线,给沿河城镇带来了丰富的物资和巨大的商机,因而促进了沿河各城镇的工商业发展和经济繁荣。例如,德州在明初还只是个小城镇,南北大运河畅通之后迅速发展成沿运河地区著名的商业城镇;淮安本为重镇,由于元末明初的战乱后而一度衰落,明代漕运勃兴后,淮安随之迅速复兴,重新成为"海内望郡"和"江北一大都会";张家湾,作为漕河在南方的端点,运军的商业活动使之全面繁荣。其他沿河城镇如临清、济宁、天津等,其兴起和繁荣都在很大程度上有赖于漕运的兴盛,其中运军的私货贸易具有重要的推动作用。

此外,贩私活动作为运军待遇的补充手段,为稳定运军队伍,保障漕运的延续起到了重要作用。在行粮月粮不能按时发放,各种附加费用又被剥夺殆尽的情况下,私货贸易反而成为运军赖以生存的必要手段,虽然违误期限、侵盗官米以及致使朝廷税收流失的弊端一直存在,但也基本保证了漕运这条经济生命线的畅通,为维护明朝的统治基础做出了最后的贡献。

---

① 宋应星:《天工开物》卷中,漕舫。
② 周云龙:《漕河一觇》卷八。
③ 万历《大明会典》卷二七,户部十四。
④ 谢纯:《漕运通志》卷八,漕例略。
⑤ 《明熹宗实录》卷十五。

第四节 清前期航海政策变化及海员的发展

一、郑氏集团的航海贸易活动

(一) 郑芝龙创建郑氏集团

郑氏集团始创于明末清初著名海商郑芝龙。郑芝龙,明万历三十二年(1604年)生于福建泉州,很早就从事航海贸易活动。天启时,即"兴贩琉球、朝鲜、真腊、占城、三佛齐等国,兼掠犯东粤潮、惠、广、肇、福、游、汀、闽、台、绍等处"①,先后投靠大海商李旦与大"海寇"颜思齐,以此为契机,逐渐发展成为明末清初称雄海上的武装贸易集团领袖。

崇祯元年(1628年)九月,郑芝龙接受明廷招抚,被"委为海防游击",其目的是借助官方势力垄断海外贸易。有此合法身份,郑芝龙先后剿灭了陈衷纪、杨六、杨七等集团,兼并了刘香集团,海上霸权因而确立。崇祯十三年(1640年),郑芝龙被封为福建总兵,成为集海上贸易与海疆防卫大权于一身的显赫官商。

郑氏集团的崛起,一度使中国航运业在东南亚和东亚的势力大涨,与荷兰的东印度公司分庭抗礼。郑氏商船频繁往来于闽粤沿海、日本、吕宋及南洋各地,特别是对日运量高出荷兰船队7—11倍,成为日本长崎港的最大顾主②。

据荷兰东印度公司《巴达维亚城日志》《平户荷兰商馆日志》《长崎荷兰商馆日志》等资料记录,崇祯四年(1631年)郑芝龙两艘商船从日本长崎载货物返航泉州安平。崇祯十二年(1639年)驶往长崎的郑芝龙商船多达数十艘。崇祯十三年(1640年)两艘郑芝龙商船满载黄白生丝及纱绫、绸缎等货物,运往日本。崇祯十四至十六年(1641—1643年),郑芝龙满载大量生丝、各类纺织品、黑白砂糖及麝香、土茯苓等药物,运往日本,颇受欢迎③。郑芝龙还与葡萄牙人、西班牙人建立了贸易关系。他从澳门转运葡萄牙商船货物到日本,并将日本的货物运到吕宋,转售给西班牙人。

南洋是郑氏集团另一个重要贸易地区,郑氏船队满载丝绸、瓷器、铁器等货物,穿梭于柬埔寨、暹罗、占城、交趾、三佛齐、菲律宾、咬留巴、马六甲等地,进行贸易,换回苏木、胡椒、象牙、犀角等。

郑芝龙还发展了台海航运贸易,崇祯六年至十一年(1633—1638年),郑氏船队每年从厦门、安平两港载运生丝、绸缎、砂糖、铁锅、瓷器、金、水银、矾、米麦、食品、盐等货物驶往台湾的商船,少则几十艘,多达200—300艘。

满清入关后,广置产业的郑芝龙因"驽马恋栈"而"不听子弟苦劝,遂进降表"④,顺治三年(1646年),郑芝龙在福州接受清廷招安,遂被挟持北上赴京。"芝龙即行,郑彩、郑鸿逵、郑成功皆率部入海"⑤,郑氏集团得以存续。

(二) 郑成功对郑氏集团航运贸易的拓展

郑成功之所以能够长期在东南沿海坚持反清复明活动,关键就在于实行了"据险控扼,选将进取,航

---

① 计六奇:《明季北略》卷十一,郑芝龙小传。
② 田培栋:《明代后期海外贸易研究》,《北京师范大学学报(社会科学版)》,1985年第8期。
③ 郑广南、郑万青:《17世纪福建郑氏海商崛起及其"海上商业王国"》,收于《航海—文明之迹》,上海古籍出版社,2011年。
④ 计六奇:《明季南略》卷八,郑芝龙降清。
⑤ 南沙三余氏:《南明野史》卷中。

船合攻,通洋裕国"①的战略,军事和商业一起抓,以商养兵。郑氏集团非但没有因为郑芝龙降清而没落,反而在郑成功的经营下发扬光大。

郑成功对于郑氏集团海外贸易活动的全力拓展,体现于他在传统的东西洋贸易基础上,建立一个勾连中国与日本以及东南亚各地的庞大贸易网络。在这个海外贸易网络中,对日本的贸易活动始终占据着主导地位。②

郑芝龙降清后,郑成功即接管了郑芝龙开创的对日贸易。1650年,郑成功据有厦门岛后,采纳冯澄世的建议,"以日本粮饷充足,铅铜广多,与之通好,且借彼地彼粮,以济吾用,然后下贩吕宋、暹罗、交趾诸国,源源不断,则粮饷足,而进取易也",于是"随令族史郑泰造大舰,洪旭佐之,遣使通好日本,并以所得铅铜,铸铜贡、永历钱、盔甲、器械等物"③。据《长崎荷兰商馆日记》1650年10月19日条记载,"一官的儿子(郑成功)所属的戎克船自漳州入(长崎)港,装载了12万零100多斤的生丝,1800匹的纶子,以及1800匹的纱绫,此外还有相当数量的缩缅、药材。据说,还有4艘满载货物的戎克船亦即将入港"④。可见,郑成功在攻取厦门后,即扩大了对日贸易。在当年驶入长崎的70艘中国船中,来自郑成功势力范围的安海船、漳州船、福州船达59艘,约占当年赴日的中国商船总数的百分之八十左右。⑤

郑成功合并了浙海鲁王系统,从而据有整个东南沿海之后,更是几乎垄断了对日贸易。据《长崎荷兰商馆日记》1653年8月23日条中记载,"今年1月23日从长崎出发的斌官(何廷斌)船,今天与国姓爷的船只一道自东京驶抵长崎"⑥。1654年11月18日,据驻交趾东京的荷兰商馆长向台湾热兰遮城报告称,"今年国姓爷与东京国王订立了协议,准备每年派遣4艘大帆船前往当地买卖货物,而后驶往日本进行交易"⑦。根据这项协议,郑氏商船确立了在东京的贸易特权。荷兰东印度公司总督在1656年2月1日的一般性政务报告中记载,"从1654年11月3日最后一艘荷兰船驶离长崎,直至1655年9月16日为止,此间,由中国各地驶入长崎的中国戎克船有57艘,其中安海船41艘,这些均为国姓爷所属。泉州船4艘,大泥船2艘,福州船5艘,南京船1艘,漳州船1艘,此外还有2艘广南船。从日本商馆日记末后所载入的明细账中可知,上述各戎克船共载满了14万零100斤的生丝,以及大量的纺织品和其他各种货物。据说,这些货物全部结在国姓爷的账上"⑧。1656至1657年间,驶往长崎的47艘中国商船全部为郑成功及其部下所有。其中,安海船28艘,柬埔寨船11艘,暹罗船3艘,广南船2艘,北大年船2艘,东京船1艘。除安海船外,其他各船皆经由南洋各地而转入长崎,共装载了11万2000斤的各种生丝,63万6000斤的黑白砂糖,以及其他各种大量的丝织品、皮革类、药材和杂货等物。据荷兰人的报告说,本年度日本方面没有输入从清朝势力范围内的南京其他地区的中国生丝,荷兰驻长崎商馆的利润因此而明显的下降。⑨当时清朝政府厉行海禁,郑成功凭借其所建立的海外贸易网络,从海外各地采购生丝、蔗糖等货物输往日本,以维持其在对日贸易中的主导地位。

在郑成功的贸易网络中,巴达维亚、暹罗、马尼拉、柬埔寨等南洋地区亦十分重要,大量的郑氏商船往来其间。一般情况下,这些前往东南亚各地的商船,大都不直接回航厦门,而是直接驶往日本长崎交易,然后再自日本换货而回。据《热兰遮城日记》1655年3月9日条载,"从安海来大员(tayoan)的船只带来

---

① 倪在田:《续明纪事本末》卷七,闽海遗兵。
② 聂德宁:《郑成功与郑氏集团的海外贸易》,《南洋问题研究》,1993年第2期。
③ 江日升:《台湾外纪》卷三。
④ 村上直次郎译:《长崎荷兰商馆日记》第二辑,东京岩波书店,昭和三十二年,第302页。
⑤ 岩生成一:《关于近世日中贸易数量的考察》,《史学杂志》第六二编,十一号。
⑥ 村上直次郎译:《长崎荷兰商馆日记》第三辑,东京岩波书店,昭和三十三年,第225页。
⑦ Coolhass, generale, missiven, Vol·2, p778.
⑧ 曹永河:《从荷兰文献谈郑成功之研究》,收于《台湾郑成功研究文选》,福建人民出版社,1982年。
⑨ Coolhass, generale, missiven, Vol·3, p194.

消息说,属于国姓爷的船只24艘,自中国沿岸前往各地贸易。其中,往巴达维亚7艘,往暹罗10艘、往东京2艘,往广南4艘,往马尼拉1艘。"①《巴城日记》1658年12月11日条亦载,"今年国姓爷派遣了6艘帆船来柬埔寨,于此收购了大量的鹿皮及其他商品驶往日本。"另据《巴城日记》1661年6月10日条所载,"国姓爷在攻打台湾之前,曾下令所有在交趾、柬埔寨、暹罗等地贸易的中国商船,都要装载大米、硝石、硫磺、铅锡货物,不要去日本,而要他们一路直接回厦门。"可见,郑成功为了储积战备物资才下令日本——南洋航线商船回航厦门的。

1662年收复台湾后,郑氏集团继续扩大贸易网络,"时造巨舰,贩运东西两洋而揽其利"②。复台当年6月,郑成功因病辞世,其子郑经继续发展海外贸易,以砂糖、鹿皮等物,上通日本,下贩暹罗、咬留巴、吕宋等国。郑经船队"完全独占砂糖及台湾所有土产""与日本贸易,年平均有十四五艘大船前往彼地"③。1683年,清军入台,郑氏所建立的庞大贸易帝国也告瓦解。

二、清前期的航海政策变化

1644年清兵入关,标志着清王朝开始正式统治中国。为打击东南沿海人民特别是台湾郑氏集团的反清活动,入主中原的清王朝实行严格的"海禁"和"迁海"政策。康熙收复台湾后,才实行了有限的"开禁"。清代航海政策的变化直接影响了海员职业的发展。

(一)从"禁海"到"迁海"

满清入关后,遭到了中原人民和南明政权的强烈抵抗,特别是以东南海上为活动中心的郑成功武装集团,不断利用航海优势,深入江浙一带和长江下游,给立足未稳的清王朝以严重威胁。为阻绝沿海人民与郑氏集团的联系,清初屡次颁布"海禁"与"迁海"法令。

郑成功起兵海上后,建立了一支强大的水师,屡屡出没于闽、浙、广等沿海地区,不断地给清军以沉重打击。为此,顺治十二年(1655年),清王朝不得已效法明朝颁布禁令,"寸板不得下海"④。次年(1656年)更详细的政策出台,"海船除给有执照许令出洋外,若官民人等擅造两桅以上大船,将违禁货物出洋贩卖番国,并潜通海贼,同谋结聚,及为响导,劫掠良民;或造成大船,图利卖与番国,或将大船赁与出洋之人,分取番人货物者,皆交刑部分别治罪。至单桅小船,准民人领给执照,于沿海附近处捕鱼取薪,营讯官兵不许扰累"⑤。从这个政策来看,仅部分有执照的海船准许出洋,除此之外,无论官民,造船两桅以上即为违禁,而单桅小船则不在禁止之列。同年规定,"今后凡有商民船只私自下海,将粮食、货物等项与逆贼贸易者,不论官民,俱问奏处斩,货物没官,本犯家产,尽给告发之人"⑥。目的很明确,以限船而禁商,以禁商而禁"盗"。

然而,"海禁"令虽下,但效果却不明显,郑氏愈发坐大,于是清廷酝酿进一步的严厉措施,"迁海"令逐渐出台。顺治十三年(1656年),就在清廷两下"禁海令"时,郑氏集团海澄守将黄梧降清,献上"剿寇五策",并说,"金、厦两岛弹丸之区,得延至今日而抗拒者,实由沿海人民走险,粮饷、油铁、桅船之物,靡不接济。若从山东、江、浙、闽、粤沿海居民尽徙入内地,设立边界,布置防守,不攻自灭";接着又给出具体

---

① 《光绪大清会典事例》卷六二九,兵部,绿营处分例,海禁一。
② 连横:《台湾通史》上册,商务印书馆,1983年,第263页。
③ 赖永祥:《郑英通商关系之检讨》,收于《台湾郑成功研究论文选》,福建人民出版社,1982年。
④ 《光绪大清会典事例》卷六二九,兵部,绿营处分例,海禁一。
⑤ 同上。
⑥ 《光绪大清会典事例》卷七七六,刑部,兵律关津,私出外境及违禁下海二。

办法,"将所有沿海船只。悉行烧毁,寸板不许下水;凡溪河竖桩栅,货物不许越界,时刻瞭望,违者死无赦。"①为阻绝郑氏与大陆的联系,竟不惜将船全部烧毁,广大沿海居民失去了赖以生活的根本。

顺治十八年(1661年),郑成功进兵台湾,清政府即正式下令"迁海","沿海居民,以垣为界,三十里以外,悉墟其地"②;康熙朝"迁海"令更严,三年(1664年)"令再徙内地五十里"③;十八年(1679年),在与台湾隔海相望的福建,"上自福宁,下至诏安,赶逐百姓重入内地,或十里或二十里"④。"迁海"的同时,烧毁房屋和船只,造成滨海千里无人烟的荒凉景象,内外隔绝,商旅不通,对航海贸易造成绝灭性的破坏。

(二) 康熙"开禁"

好在最严酷的"禁海"和"迁海"随着康熙二十二年(1683年)清廷收复台湾而告一段落。中国重归一统,海防暂不是紧要问题,于是,为安抚沿海民心,同时为增加政府收入,清廷决定解除"海禁"。康熙二十三年(1684年)九月,康熙正式谕令"开禁",并阐明开海贸易之利:其一,"于闽粤边海民生有益",则"各省俱有裨益";其二,薄征富商大贾之税,"可充闽粤兵饷,以免腹里省份转输协济之劳";其三,"腹里省份钱粮有空,小民又获安养"⑤。二十四年(1685年),清廷于云台山、宁波、厦门、黄埔四地置江、浙、闽、粤四海关,经雍正至乾隆朝,又增设山海关与津海关,六大海关管理航海贸易的一切事务。

当然,康熙"开禁"并不是无限度地自由开放,而是加以诸多限制,主要就是针对出海人员和船只进行限制。初开"海禁"时,双桅大船仍在违禁之列,"如有打造双桅五百石以上违式船只出海者,俱发边卫充军。该管文武官员及地方甲长,同谋打造者,徒三年;明知打造不行举首者,官革职,兵民杖一百"⑥。康熙四十二年(1703年),对船式的限制开始放宽,但对梁头及配备的船员又有限定,"其梁头不得过一丈八尺,舵水等人不得过二十八名;其一丈六七尺梁头者,不得过二十四名。"⑦如果梁头和船员超过限定,罪名和处分皆比渔船加一等。

康熙五十九年(1720年)规定,"出洋船只初造时,先报明海关监督及地方官,该地方官确访果系殷实良民,取具澳甲里族各长并邻伍保结,方准成造。完日,地方官亲验,梁头并无过限,舵水并无多带,取具船户不得租与匪人甘结,将船身烙号刊名,然后发照。照内将在船之人年貌、籍贯分析填明。及船户揽载开放时,海关监督将原报船身丈尺验明,取具舵水连环互结。客商必带有资本货物,舵水必询有家口来由,方准在船。监督验明之后,即将船身丈尺,客商姓名,人数,载货前往某处情由及开行日期,填入船照。"⑧从中可以看出清政府对出海人员的三重限制:一是从造船到出海,相关人员须连环保结,互相监督;二是出海人员须将年龄、相貌、籍贯等个人基本信息描述清楚,填入船照,以备有司查验;三是客商须有资本货物,舵工、水手须有家口来由,以防无家无业者假冒客商、船员出海为盗。

雍正九年(1731年),为防止沿海居民出海为"盗匪",又对出海人员增加了一项特别规定:"嗣后商、渔各船照票内,舵工、水手各年貌项下,将本人箕斗验明添注,均于进口、出口时按名查验,一有不符,即行根究"⑨。所谓"箕斗",即手指指纹,簸箕形者为箕,螺旋形者为斗,以指纹来辨人,不可谓不先进,同时也说明了对出海人员防范之严。

---

① 江日升:《台湾外纪》卷十一。
② 道光《重纂福建通志》卷八十七,海防。
③ 阮元:《广东通志》卷一百二十三,海防略一。
④ 江日升:《台湾外纪》卷二十二。
⑤ 《清圣祖实录》卷一一六。
⑥ 《光绪大清会典事例》卷七七六,刑部,兵律关津,私出外境及违禁下海二。
⑦ 《光绪大清会典事例》卷一二〇,吏部,处分例,海防。
⑧ 《光绪大清会典事例》卷六二九,兵部,绿营处分例,海禁一。
⑨ 《光绪大清会典事例》卷七七六,刑部,兵律关津,私出外境及违禁下海二。

为防止海员形成武装势力威胁王朝安全,康熙二十三年(1684年)"开禁"伊始就严禁中国商船携带武器。由于缺乏必要的武备,中国商船屡遭海上盗匪和外国武装船队的劫掠,清政府不得已逐步放宽了出海商船携带武器的规定,到乾隆末,允许商船携带炮位,但必须"分别梁头丈尺"以定数目①。应该指出的是,乾隆朝又放宽了对民间造船数量的限制,并允许造船出租。至嘉庆时,对船式大小的限制也已名存实亡,嘉庆二十三年(1818年),对船式的限制正式解除,"嗣后商民置造船只,梁头丈尺,照前听民自便,免立禁限"②。这些限制的逐步放宽,实际上很大程度上解放了人们出海的自由,船员职业因而得以发展。

三、康熙开禁后东西洋航运贸易的发展

(一) 对日航运贸易

康熙二十二年(1683年),清军攻占台湾,郑成功之孙郑克塽归顺清朝。翌年,清廷便开海禁,取代郑氏开展对日贸易。同时,由于日本多铜,清政府也鼓励商人赴日采铜,以满足铸币之需。于是,中国商船驶往长崎港的数量一开始便远超郑氏时期,并且逐年增多,1685年为85艘,1686年为102艘,1687年为115艘,至1688年猛增至193艘,而当年乘船赴日的中国人达9128人次③。面对中国商船潮涌而来的局面,日本方面出台了一系列限制政策。1685年,日本即对中国商船激增的情况迅速反应,颁布"贞享二年令"④,限定中国商船一年内的最高贸易额为银6000贯,入港船数为70艘。1688年江户幕府再次限定每年入港中国商船数为70艘。1689年又于长崎设立"唐馆",加强对中国商船的管理。1698年,幕府又颁布了"长崎贸易改正令",开始直接插手长崎的中日贸易。1714年,赴日本贸易的中国商船为51艘⑤。1715年,为进一步限制中国商船入港数量和交易量,日本颁布"正德新令",规定赴日"唐船"须持信牌入港,每年入港船数减少为30艘。

康熙晚年至雍正时期,对外航运又趋保守,清政府对赴日办铜商船严加控制。乾隆初,滇铜产量大增,对日铜需求有所缓解,便着手整顿赴日采铜航运贸易。于是中国商船赴日数量逐年减少,雍正十年(1732年)为29艘,乾隆元年(1736年)为25艘,乾隆四年(1739年)为20艘,至乾隆七年(1742年)仅为12艘。乾隆十四年(1749年),清廷规定,"每年额定十五船,除官商范清注铜船系领帑办铜外,民商自办者共十二船,应请即以见办十二人为额商,每年发十二船,置货出洋"⑥。此后,这种官商、额商共营的赴日航运模式延续100多年,但船数变化不一,1749—1766年为官7额8,1769年为官7额6,1804年为官5额6⑦,至1853年,无1艘中国商船进入长崎港,中日航运贸易遂告一段落。

(二) 对东南亚航运贸易

康熙开禁后,对东南亚的航海贸易得到了发展。厦门成为航运贸易的主要港口,从厦门出海的商船,"北至宁波、上海、天津、锦州,南至粤东,对渡台湾,一岁往来数次,外至吕宋、苏禄、实力、噶喇巴,冬去夏回,一年一次,初则获利数倍数十倍不等""舵水人等此藉为活者以万计。"⑧广州、潮州、澄海等地商人也

---

① 《光绪大清会典事例》卷一二〇,吏部,处分例,海防。
② 《清仁宗实录》卷三四七。
③ 大庭修:《江户时代的日本秘闻》,日本东方书店,1980年。
④ 1685年为日本贞享二年。
⑤ 松浦章:《康熙帝和日本的〈海舶互市新例〉》,《社会科学辑刊》,1987年第2期。
⑥ 《清朝文献通考》卷十七,钱币考五。
⑦ 魏能涛:《明清时期中日长期商船贸易》,《中国史研究》,1986年第2期。
⑧ 周凯:《厦门志》卷十五,风俗。

纷纷下南洋贸易。

然而，随着南洋航运贸易的增长，清政府又趋保守。康熙五十六年（1717年），规定"其南洋吕宋、噶喇吧等处，不许前往贸易"①。这对中国商船的南洋贸易遭遇沉重打击，致使"万货不通，民生日蹙"，大量商人、船员失业，重金打造的商船朽烂无用②。在闽粤沿海严峻的经济形势以及地方官民的共同呼吁下，雍正五年（1727年）复开闽省海禁，同时批准广东省"照福建例准往南洋贸易"③。雍正七年（1729年），又准许浙江洋船照福建例"一体贸易"④，实际上开放了全部沿海贸易。经此反复，中国对东南亚航运贸易迎来鼎盛时期，厦门依旧是第一大港。从厦门出海的商船遍及"噶喇吧、三宝垄、实力、马辰、坊仔、暹罗、柔佛、六坤、宋居朥、丁家卢、宿务、苏禄、东浦、安南、吕宋诸国"⑤。据专家估计，鼎盛时期，每年从厦门出洋的帆船在100—200艘之间⑥。从广东各口下南洋的海船最盛时也有300—400艘，但载重量要小于厦门洋船。此外，宁波、上海等口与暹罗、安南、吕宋通商的帆船也有四五十艘⑦。据此估算，鼎盛时期，当有不下500艘中国商船穿梭于东南亚各地。

在18世纪50年代前后，中国帆船在东南亚的贸易蓬勃发展。然而，乾隆六年（1741年），发生了荷兰殖民者在爪哇屠杀华侨的事件，清政府想以"禁海"来报复，然而侍郎蔡新却反对这样的做法，其理由是："闽粤洋船不下百十号，每船大者造作近万金，小者亦四五千金。一旦禁止，则船皆无用，已弃民间五六十万之业矣。开洋市镇，如厦门、广州等处，所积货物不下数百万。一旦禁止，势必亏折耗蚀，又弃民间数百万之积矣。洋船往来，无业贫民仰食于此者不下千百家。一旦禁止，则以商无货，以农无产，势必流离失所，又弃民间千百生民之食矣。此其病在目前者也。数年之后，其害更甚。闽广两省所用者皆番钱，统计两省岁入内地约近千万。若一概禁艳，东南之地每岁顿少千万之入，不独民生日蹙，而国计亦绌，此重可忧也"⑧。当时的执政大臣方苞采纳了蔡新的意见，遂没有再次"禁海"。按照蔡新所言，闽广帆船海外贸易的繁荣，不仅仅是商人致富和船员就业问题，还关乎沿海市镇工商业的发展和广大人民的生计，甚至还影响着全国的经济发展。

随着航海政策的进一步宽松，中国帆船在东南亚的地位日趋重要，其中值得注意的是和暹罗的大米贸易。康熙六十一年（1722年），浙、闽、粤等地发生米荒，清廷曾设想暹罗商使载米前来贸易，然而并未实现。雍正二年（1724年），广东官吏发现暹罗贡船上"梢目九十六人，均全系广东、福建、江西等省人民"，依律应"勒令迁还"，但因这些华侨"居住该国历经数代，多育亲属妻子，因此"着照所请，仍回本国居住，以示宽大"⑨。可见，当时暹罗方面在中暹航线从事贸易的绝大多数是华侨。雍正五年（1727年），两广总督孔毓珣向暹罗船主转达皇帝口谕，"若情愿装米来，叫他装来，得些利去也好"。翌年二月，暹罗商人吴景瑞即"运载米石货物，直达厦门"⑩。此例一开，暹罗运米船纷纷前来闽、粤、浙进行贸易，清政府又对米谷免税以示鼓励。然而，暹罗米船毕竟数量有限，于是中国商船加入中暹大米贸易。

雍正七年（1729年），浙江总督李卫奏准江、浙、闽商船均可往南洋运米，以济米荒⑪。雍正九年

---

① 《清朝文献通考》卷三十三，市籴考二，市舶互市。
② 蓝鼎元：《论南洋事宜书》，《清经世文编》卷八十三，兵政十四，海防上，中华书局，1992年。
③ 《光绪大清会典事例》卷六二九，兵部，绿营处分例，海禁一。
④ 《清世宗实录》卷八一。
⑤ 周凯：《厦门志》卷五，船政。
⑥ 樊百川：《中国轮船航运业的兴起》，四川人民出版社，1985年，第24页。
⑦ 姚贤镐：《中国近代对外贸易史资料》第一册，中华书局，1962年，第59—60页。
⑧ 光绪《漳州府志》卷三三，人物六。
⑨ 《广东通志》卷一七〇，经政略。
⑩ 《清世宗实录》卷六六。
⑪ 《清世宗实录》卷七四。

(1731年),12艘厦门商船返航时载回1.18万石大米及其他货物。乾隆前期,中国商船前往暹罗运米者愈多,仅乾隆七年(1742年),粤省商船返航时捎米2.3万余石,闽省商船38艘返航时捎米4.29万余石。然而,清政府对中、暹运米商船却没有一视同仁。乾隆八年(1743年)至十一年(1746年),清政府对暹罗5000石以下的运米船予以免税或减征,然而本国运米船非但不享受此项优惠,反而被"实力巡查,严核出入"①。于是,中国商船运米积极性大减。乾隆九年(1744年)后,由于得知暹罗木材和人工都很便宜,中国商民于是纷纷赴暹罗造船,然后运米回国出卖,既缓解国内造船物料的紧缺,又增加了米谷运输,不失为一个绝好的经营方式。然而由于在外所造船只,未经官府烙印发照,回国时屡遭海关刁难,这一方式也无法继续。为了改变这一状况,乾隆十二年(1747年)二月,在福建巡抚陈大受的奏请下,乾隆皇帝准许前往暹罗造船运米者可事先"请给牌照,以便关津查验。其无米载回,只造船载货归者,应赔罚船税示儆"②。于是,中国商民的赴暹罗造船运米的积极性又被调动起来。然而,对于闽粤地方官吏按照外洋船只减免货税的请求均于驳回③。乾隆十六年(1751年),福建又闹粮荒,清政府为鼓励商船运米回国,对"运米二千石以上者,随时酌奖"④,并赏以低等顶带职衔,于是中国商船赴暹运米热情高涨,并得以持续。乾隆二十三年(1758年),中国商船回运大米6.39万余石。1764—1785年间,中暹大米贸易一度因暹罗遭遇战乱而受阻,1786年后重又恢复繁荣。

19世纪以后,包括中国对东南亚航运形势发生了深刻的变化,一方面,清政府的限制和征敛使中国商船的海外市场竞争力被削弱,另一方面西方列强加强了对南洋航运的垄断,中国商船被排挤。对马来半岛与印度尼西亚诸岛的航运业,中国海商逐渐沦为荷、英东印度公司的中介人或附庸⑤。对菲律宾航业也急剧衰落,嘉庆二十三年(1818年)驶往马尼拉和苏禄的中国商船仅为10艘⑥。

而19世纪20年代,中国对暹罗和越南的贸易依旧照常进行。在1821年前后,华侨在暹罗投资所制造的帆船达136只,总计3.9万多吨。其中82只从事中暹贸易,另54只从事暹罗与越南、马来亚、爪哇之间的贸易。与中国贸易的82只几乎全由华侨水手所驾驶,另外54只,除少数近岸航行的由中暹两国水手共同驾驶外,其余亦均由华侨水手驾驶。总计在这些帆船上服务的华侨约有八九千人之多。⑦ 同时,1821年前后,中国帆船年驶往越南的共116只,共约2万多吨,相当于中国帆船在暹罗贸易船只吨位的半数左右。⑧

五口通商之后,中国帆船在东南亚航业从此一蹶不振。

(三)台湾海峡航运贸易

清朝统一台湾,即开通厦门到鹿耳门的对渡航线,两岸商船开始频繁往返于大陆与台湾之间,台海航线一时至为繁忙。

据成书于康熙年间的《台湾县志》记载,"台湾极地东南,上通江浙,下抵闽广,来往商艘,岁殆以数千计"⑨。康熙四十六年(1707年)调任台湾知府的周元文记载,台湾官吏鼓励大陆商船荒歉年景载米来

---

① 《清高宗实录》卷二〇四。
② 《清高宗实录》卷二五八。
③ 《清高宗实录》卷四二四。
④ 《清高宗实录》卷三九六。
⑤ 田汝康:《十七世纪至十九世纪中叶中国帆船在东南亚洲航运与商业上的地位》,《历史研究》,1956年第8期。
⑥ 同上。
⑦ 克劳佛特:《印度半岛史》第三卷,第186页。
⑧ 田汝康:《十七世纪至十九世纪中叶中国帆船在东南亚洲航运与商业上的地位》,《历史研究》,1956年第8期。
⑨ 《台湾县志》卷一,舆地志,海道。

台,"商艘载米来台者,赏以银牌,赐以花红,客贩云集,民心以安"①,周凯《厦门志》记载,海禁既开,厦门"服贾者亦贩海为利薮,视汪洋巨浸为衽席,北至宁波、上海、天津、锦州,南至粤东,对渡台湾,一岁往来数次",另载,"厦门商船对渡台湾鹿耳门,向来千余号"②。除鹿耳门外,鹿子港、五条港等港口亦在康熙年间已同大陆通商贸易,而"淡水一港,闽省内地商船及江浙之船皆至焉"③。

雍、干年间,台海交通更为频繁。由厦门对渡鹿耳门的商船,因其"涉黑水洋,黑水南北流,甚险,船则东西横渡,故谓之横洋船"。横洋船"往来贸易配运台谷,以充内地兵粮","亦有自台湾载糖至天津贸易者,其船较大,谓之糖船"④。乾隆末年,台湾与大陆贸易达到鼎盛阶段,仅粮食一项,"台湾本产各地,福、漳、泉三府民食仰之,商运常百万"⑤。而一旦"台谷不能时至内地",便会造成"漳泉之民益困,台湾亦敝,百货萧条"的后果,甚至"兵糈孔亟,厅县皆借碾备贮,而仓储空矣"⑥。可见,台海航线对两岸经济正常运转的重要。随着两岸交通贸易的拓展,清政府于乾隆四十九年(1784 年)和五十三年(1788 年)又相继开辟台湾彰化鹿港与泉州蚶江,台北淡水八里坌与福州五虎门的对渡航线,台海交通贸易更为便利。

从大陆输入台湾的物资种类繁多,其中以纺织品为最大宗,各种丝、布、锦、绫之类,都来自内地。其次,台湾所需纸张、书籍、文具等,亦多依赖大陆输入。此外,大陆的手工业品在台湾广受欢迎,输入量很大。台湾输往大陆的大宗商品主要是粮食和糖,还有花生油、黄豆、麻、苎、水果等农产品,此外,台湾的皮革、骨角、药材、羽毛等土产,特别是鹿茸、鹿肚草等名贵山货药材,在大陆亦备受欢迎。

清代台海航运由"郊行"组织进行,郊行是由经营同一贸易业务或同一贸易区域的商行组成商业团体,前者如米郊、布郊、糖郊等,后者如北郊、南郊、泉郊、厦郊等。郊行拥有自己的商船,组成船队进行航海贸易。

(四) 中国商船的组织经营方式与其在国际市场的没落

18 世纪以前,中国帆船在东南亚贸易中占有无可争议的主导地位,然而此后,中国商船的贸易地位不断下降,至鸦片战争前夕,在一些主要航线已逐步沦为西方航海强国的附庸。究其原因,中国帆船的组织经营方式是其中之一。

从宋代以来,中国外贸帆船相当多的一部分是由中小散商合伙人经营的,清代延续了这一传统经营组织方式。因为造大船所需的巨额资金往往非一人所能筹措,因而须合资打造。在厦门,"合数人制造一舶则姓金,金犹合也"⑦。船舶造竣,随船出海的船主人选以船只所有者或最大股东的养子或女婿充任,这在闽商中体现得尤为明显。福建船商为了经营海外贸易,往往需要招募很多帮手。由于家族生意涉及许多不便为外人道的商业秘密,最可靠的帮手就是男性家庭成员。为了解决男性家庭成员不足,闽商便有目的地收养义子。义子多半从宗亲家族子侄中挑选,或者是外姓穷人家的儿子,也可能是仆人家奴。义子长大成人后,往往由义父提供资金,令其出海贸易,或者被派往海外打理家族生意。福建海商这一习俗除了为补充家庭男性成员和生意帮手外,还有一个难言厚道的目的:海上风涛莫测,危险性很大,有义子犯险出海,亲生儿子可以在家瑞安享清福⑧。除了收养义子外,膝下无子只有女儿的闽商往往以财富

---

① 宋永清、周元文:《增修台湾府志》卷十,艺文志。
② 周凯:《厦门志》卷十五,风俗。
③ 周钟瑄、陈梦林:《诸罗县志》卷七,兵防志,总论。
④ 周凯:《厦门志》卷五,船政略。
⑤ 许丙丁:《清代台湾(台南)人物志》乙编,台南海东山方,1958 年。
⑥ 姚莹:《东槎纪略》,卷一,筹议商运台谷。
⑦ 周凯:《厦门志》卷十五,风俗。
⑧《龙溪县志》卷十,风俗。

吸引贫穷家庭的男儿入赘做上门女婿,然后令其出海。此外,一些闽商对于年龄相仿的生意帮手,采取结拜兄弟的方式构造出更为亲密的关系。

船主之下,船员职务一般设有:"财副一名司货物钱财,总捍一名分理事件,火长一正一副掌船中更漏及驶船针路、亚班、舵工各一正一副,大缭、二缭各一管船中缭索,一碇、二碇各一司碇,一迁、二迁、三迁各一司桅索,杉板船一正一副司杉板及头缭,押工一名修理船中器物,择库一名清理船舱,香公一名朝夕焚香楮祀神,总铺一名司火食,水手数十余名"①。

船主与其他船员除了劳资雇佣关系外,同时也是商业合作关系。以一只中型海船为例,船主不支薪水,但在船上留有100担(Picul)的吨位装载自己的货物,同时还可以收客舱搭客船资,另外在全船货物贸易中抽取佣金约百分之十。其他船员的待遇,每一航程中火长领工资银币200元,另自载货物50担;财副领工资100元,载货亦50担。其他船员无工资,只享有一定的载货吨位,大致舵工15担,碇工9担,水手7担。②

这种合作为主的经营方式起初无疑有它的优越性,船员如"股东",航海的安危与贸易的成败与每个人利益相关。船主"除去供给船员伙食外,其他毫无麻烦,船上一切完全欣然,快捷,安静,合谐"③。而当时欧洲商船上则完全是另外一番情形,船长残暴凶恶,时刻防范船员暴动叛乱,而船员则视船上生活为地狱,酗酒斗殴几无宁日。④

然而至18世纪50年代以后,中国商船小资本合作式的弱点终于显露。英、荷凭借着日益强大的资本实力,控制了马来半岛和印度尼西亚各岛的出入口市场,将掠夺来的原料和各殖民地所需商品集中于马六甲和雅加达低价倾销,中国帆船因资本薄弱且分散无法与之竞争,不得不让出在这些地区贸易的传统优势地位。此外,清政府对民间造船业的限制与阻碍,使中国帆船航运业的发展环境进一步恶化。

至18世纪末,尽管中国帆船业没落已为不争之事实,但在欧洲航海人员看来,"中国人民是具有勤劳、专心、坚忍的品德的,只需要一小点经验,他们便可以成为最好的海员"⑤。经过航海比赛,外国海员也一致称赞,"中国帆船驾驶技术的轻松快捷",认为"可以同欧洲船只匹敌"⑥。中国船员以其勤劳的品德和高超的技艺为中国传统帆船业赢得了最后的赞誉。

四、上海沙船运输业的繁荣

(一)沙船航运业的兴起

沙船源自宋元时期的平底海船,明代始有沙船之名。据乾隆《崇明县志》卷一九《艺文志》所载明人所写《再陈海运疏·前人》:"沙船以崇明沙而得名。太仓、松江、通州、海门皆有,俱现在天津装运。第使船之人,必须惯家舵工、水手。惟海民能募其船,即听船户自选。《崇明县志》⑦云,隆庆六年复海运,初募者民沙船,从淮抵津,甚捷,朝廷赏给冠带。明年改官船官军即多。"

由此可见,沙船之名得于崇明沙,系当地船户所惯用的船舶类型,但使用范围并不限于崇明三沙,长江口一带内河及近海的太仓、松江、通州、海门均有。沙船的驾驶对海员技术要求较高,"必须惯家舵工、

---

① 黄叔璥:《台海使槎录》卷一,海船。
② 《使暹日志》,第412页。转引自田汝康:《十七世纪至十九世纪中叶中国帆船在东南亚洲航运与商业上的地位》,《历史研究》,1956年第8期。
③ 杜赫尔德(T.B.Du Halde):《中国闻见录》(A Description of the Empire of China),1763年版,第328页。
④ 黄素封译:《十七世纪南洋群岛航海记两种》,商务印书馆1935年,第40-41页。
⑤ 杜赫尔德:《中国闻见录》,第328页。
⑥ 《东印度群岛航行记》(A voyage to the East-Indies in 1747 and 1848),1752年版,第16页。
⑦ 此所谓的《崇明县志》指万历《新修崇明县志》。

水手"。(见图3-1)

上述在万历《新修崇明县志》中记载较为详细,隆庆六年(1572年),从南方驶往天津卫河的漕船沉没,致使水路梗塞,明廷从崇明县急募100艘沙船来解困,每百石发给水脚银23两,会同淮船200艘,一起承担此项紧急运输任务。崇明县董祐、钮子榜、陆糕、黄朴、黄卷、施大忠等6人在此次朝廷征调中获得酬奖。①

隆庆以至明末,沙船被频繁用于长江内河和沿海运输业,其适航范围只要是长江口以北,即所谓的"北洋"海域,这是由沙船的特点决定的:"沙船能调戗使斗风,然惟便于北洋,而不便于南洋,北洋浅,南洋深也。沙船底平,不能破深水之大浪也。北洋有滚涂浪,福船、苍山船底尖,最畏此浪,沙船却不畏此。北洋可抛铁锚,南洋水深,惟可下木椗。"②可以说,沙船是专门根据北洋水文、地文特点所打造的船型。

除被用作运输船外,沙船于万历元年(1573年)即被用作军船,这一情况持续至清初:"顺治十八年成例子,崇明沙船一百只内,拨出七十只,泊于上海之黄浦江,仍留三十只,以资崇明侦御。今值江海事多,应将前项沙船,照数拨出。"③可见,沙船不仅可军、运两用,亦可江海两便。

图3-1 沙船行驶图

(二)沙船航运业的繁荣

清初的"禁海"与"迁海"使兴起于明代的沙船航运业大受影响,在此期间,崇明沙船主要作为战船用于海防。康熙二十三年(1684年)开海后,次年即在上海县城小东门外设立江海关,"从此,以上海为中心的南北洋航线尤其是北洋航线,商品贸易获得合法地位,流通格局和规模迥异于前,沿海贸易出现前所未有的繁盛景况"④,上海沙船航运业迅速崛起。

嘉、道年间,包世臣、齐学裘、魏源等名臣和名士描述了当时沙船航业的繁荣。包世臣称:"沙船聚于上海,约三千五六百号。其船大者载官斛三千石,小者千五六百石。船主皆崇明、通州、海门、南汇、宝山、上海土著之富民……自康熙廿四年开海禁,关东豆、麦每年至上海者千余万石,而布、茶各南货至山东、直隶、关东者,亦由沙船载而北行。沙船有董事以总之。"⑤齐学裘说:"沙船船商,皆系上海、崇明等处土著富民,出入重洋,无处侵漏。"⑥魏源称:"今江浙船商,皆上海、崇明等处土著富民,出入重洋,无由侵漏。每岁关货往来,曾无估客监载,从未欺爽。"⑦道光五年(1825年),包世臣又说:"沙船十一帮,俱以该商本贯为名,以崇明、通州、海门三帮为大。"⑧协办大学士英和也说:"闻上海沙船有三千余号,大船可载三千石,小船可载千五百石,多系通州、海门土著富民所造,立有会馆、保载牙行。"⑨这种盛况一直持续到清末民初。

---

① 万历《新修崇明县志》卷八,海漕。
② 《两浙海防类考续编》卷一〇,海船图说之沙船式。
③ 台湾"中央研究院"历史语言研究所藏明清史料,登录号119344。康熙十三年七月十五日镇海将军密咨。转引自松浦章著,杨蕾、王亦铮、董科译:《清代上海沙船航运业史研究》,江苏人民出版社,2012年,第21页。
④ 范金民:《清代前期上海的航业船商》,《安徽史学》,2011年第2期。
⑤ 包世臣:《安吴四种·中衢一勺》卷一,海运南漕议。
⑥ 齐学裘:《见闻续笔》卷二,禀复魏元煜制军稿。
⑦ 魏源:《复魏制府论海运疏》,收于《清经世文编》卷四八,户政二三,第1173页,中华书局,1992年版。
⑧ 包世臣:《安吴四种·中衢一勺》卷三,海运十宜。
⑨ 英和:《筹漕运变通全局疏》,收于《清经世文编》卷四八,户政二三,第1163页,中华书局,1992年版。

上海沙船将关东的豆、麦等农产品大量运往上海,而将南方的布、茶等货物运往北方。除这几种主要的货物外,南运的货物还有瓜子、榛子、大豆油、茧绸、黍、花生等,北运的货物还有糖果、姜、水果、粗碗、苏木、藤鞭、青鱼等。其经营类型有二:其一,为他人运输货物而收取运费;其二,自出资本购置货物进行贸易。

沙船业的繁荣造就了许多大船商。康熙后期的上海县著名船商张与可为其典型。张与可开设元隆海船牙行,自有洋船数十只,以百家姓编号,立意置立海船百只。出海时以官兵为后盾,有绿营营船保护。张与可还以其名义为周邻地区的海船到官府领取出海贸易照票,为船户水手出具保结,仅在华亭一县,就领过28只海船的照票;仅在上海1县,就于康熙四十五年保结过23名船户舵工;更保缴海船税款,光欠交者就多达银8000余两。①

乾嘉年间,上海大船商主要有"朱王沈郁"四大家②,约有船数艘至数十艘。嘉、道时期,上海的船商进入兴盛时期。包世臣称,上海等地的富民,"每造一船,须银七八千两。其多者,至一主有船四五十号,故名曰船商"③。又称,上海的船商,以崇明、通州、海门三帮为大,而"其大户有船三五十号者,自为通帮所敬厚"④。齐学裘称,上海大船商拥有的"大号沙船,造价盈万,中号亦需数千"⑤。同时期的无锡人钱泳称:"今查上海、乍浦各口,有善走关东、山东海船五千余只,每船可载二三千石不等。其船户俱土著之人,身家殷实,有数十万之富者。每年载豆往来,如履平地。"⑥而民国《崇明县志》记载,"沙船盛时多至百余艘"⑦。

道光初年议论漕粮北运时,上海船商力主海运并且出力尤多,崇明县举人施彦士与宝山县监生陆昌言"首先领雇,倡募招来最为出力",鄞县职员谢占壬与上海县监生王揆"熟悉洋情,效力尤着"。其余如毛招勋、朱增慎、蒋炳、陈廷芳、陈鹤、陈荷、季兆缙、季存霖等人都"争先受雇"。⑧ 按照当时规定,5只船以下的船主不领运,则领运者全部是实力雄厚的大船商。其中的蒋炳,出自乾隆至道光年间活跃于上海的蒋姓船商家族。另有上海县船商王文瑞、王文源兄弟,开有王利川字号,"自造海船数十号,往来燕齐间,懋迁有无。……道光五年有司筹办海运,君以自置海船充公用"⑨。王文瑞和慈溪县船商盛垣,各运漕米3万余石,朝廷赏给七品职衔。崇明县监生朱承茂、上海县船商沈志明与长洲县船商何文荚、镇海县船商华仁安等,因各运米2万余石而获八品职衔。⑩

嘉庆年间直到清末,上海最有名的船商为乔家浜郁氏。乾嘉之际,郁润桂、郁润梓兄弟经营沙船业起家。当郁润桂长子郁彭年主持家业时,开设森盛船号,"大船有八十余号"⑪。

需要指出的是,在上海从事沙船运输业者并非只有上海本地船商,来自江苏、浙江、山东、福建、广东、关东等地的船商也纷纷聚于上海,进行航运贸易。除中国沿海南北航运外,沙船也从事海外贸易。

---

① 张伯行:《正谊堂文集》卷一,海洋被劫三案题请敕部审拟疏。卷二,沥陈被诬始末疏,驳勘张元隆船只有无在外逗遛橇为奏闻事。
② 许涤新、吴承明主编:《中国资本主义的萌芽》,人民出版社,1985年版,第659页。
③ 包世臣:《安吴四种·中衢一勺》卷一,海运南漕议。
④ 包世臣:《安吴四种·中衢一勺》卷三,海运十宜。
⑤ 齐学裘:《见闻续笔》卷二,禀复魏元煜制军稿。
⑥ 钱泳:《履园丛话》丛话四,水学。
⑦ 民国《崇明县志》卷四,地理志,风俗。
⑧ 陶澍:《陶云汀先生奏疏》卷一二,抚苏稿。
⑨ 《上海王氏家谱》卷六,世章,皇清恩给七品衔王君家传。
⑩ 陶澍:《陶云汀先生奏疏》卷一五,海运案内急公商埠请加奖励折子。
⑪ 《黎阳郁氏家谱》卷六,行状,六世祖考竹泉公行状。转引自饶玲一:《清代上海郁氏家族的变化及与地方之关系》,《史林》,2005年第2期。

(三)沙船航运业的船员规模、职务及待遇

同治三年(1864年),上海沙船主郁森盛等具禀称,"各船商具有身家,尚能束手待尽,而耆舵、水手人等,藉此谋生者至十余万人,别无恒业"①。此时沙船业已然转衰,专职海员达10多万人,这一数字似有所夸大,但其最盛时当有此规模。

而每只沙船一般需要多少船员呢?根据道光初积极参与漕粮海运的鄞县人谢占壬记载,"浙江海船水手,均安本分,非同游手,每船约二十人"②。光绪四年六月十六日(1878年7月15日),《申报》第1908号载有一则黄浦江怡和码头附近轮船与沙船相撞的事故报道,沙船"舟中共二十人,仅得救六人,未知能庆更生否也"。根据上述两则记载,可见,1艘沙船所需船员约为20人。以包世臣、钱泳等人所言上海沙船"约三千五六百号"至"五千余只"计,船员当有7—10万余人。

乾隆时,松江府青浦县贡生高培源进呈的《海运备采》对沙船船员配备及分工进行了详细记载,计有:舵工2人,正副各1人,负责针盘罗经及全船事务;大缭2人,负责主帆的使用及管理;头缭2人,负责船头帆柱的使用及管理;香公1名,负责船内供奉天后的祭祀;锤头2名,负责锚的使用及管理;总铺1名,负责船上伙食;另有水手12名。沙船船员以舵工为首,行内称为"老大",职责最为重要:"舵工:正副二人,正舵主针盘罗经,及调度一切;副舵虽主舵,惟承正舵意旨。按:舵工,海舶方言为老大,一船祸福皆赖之。必择熟识海道,善料天时、人事,而得其情;预知暗礁、泥色、深浅,及山、岛、套、岙,而不失尺寸,而后可以当此重任。欲海行者必先求得人,则乘长风,破万里浪,亦易事也。"③可见,沙船航运,关键在于船员,尤其是舵工。包世臣也说:"大户之船,油舱必精善,耆老舵水,必皆著名好手。"④

嘉庆十三年(日本文化五年,1808年)十一月二十七日,崇明船商郁圣兰的一艘沙船"郁长发"漂流到日本,日方保留了该船详细的资料。据舵工范廷周所持江南海关印牌,可知该船船员配备情况:

计开

船户郁长发			崇明县人
舵工范廷周	年五十八岁	面有须	崇明县人
水手郁瑞芳	年二十八岁	面未须	崇明县人
杨三观	年二十九岁	面未须	上海县人
钱永林	年二十四岁	面未须	崇明县人
吴寿林	年三十岁	面未须	吴淞县人
沈惠元	年二十六岁	面未须	崇明县人
黄正方	年三十七岁	面未须	崇明县人
陈桂方	年三十八岁	面未须	崇明县人
施方友	年五十七岁	面有须	崇明县人
秦锦方	年二十四岁	面未须	崇明县人
曹正方	年二十一岁	面未须	崇明县人
杨阿三	年二十四岁	面未须	上海县人

---

① 丁日昌:《丁中丞政书·巡沪公牍》卷二,北洋豆货应归上海商船转运请奏详。
② 谢占壬:《海运提要序》,防弊清源,收于《清经世文编》卷四八,户政二三,中华书局,1992年版。
③ 高培源:《海运备采》卷五,船上水手执事。
④ 包世臣:《安吴四种·中衢一勺》卷三,海运十宜。

倪万周　年三十六岁　面未须　崇明县人

以上在船舵水通共十三人

嘉庆十三年十月二十一日给①

该船共有船员13名,舵工1人,水手12人,当为一艘中小沙船。可见,沙船出运,须于海关领取印牌,印牌上载明船员人数、职务和年貌等信息。

沙船船员的待遇情况,可参考1851年2月22日《北华捷报》所载《戎克贸易》一文:

有戎克船每月从山东往上海输送豆、豌豆、油粕。航海所需乘员为25名,包括船主和伙长。他们被船舶所有者所雇佣,归航以后收取佣金。船主为12000—15000钱,合8.5—10.75美元,或2英镑2先令5便士到2英镑13先令9便士;伙长6000—7500钱;水手约1200钱。此外,伙食费也由船舶的所有者准备,由船主负责,每月每人约4先令6便士。伙食和佣金一次性付给,船员还拥有一定容量的船舱用以载运私货,船主拥有50担载货容量或者船舱的1/20,伙长25担或船舱的1/40,水手各2担或者船舱的1/500。不过一般情况下,船员会得到两倍的载货容积,作为航行的补贴,使其更具航海热情。②

上述原文为英文,译者将Commander,First officer,seaman分别译成船主、伙长和水手,而笔者以为,按照大型沙船船员的配置,Commander应即主舵,First officer应即副舵。

第五节　清前期漕运及漕运船员

清承明制,漕运在国家经济中的占据重要地位。清代主要通过京杭大运河以实现南粮北运。为保障漕运的顺利进行,清政府建立了严密的管理体系。顺治初,设河道总督一名,以维护运道畅通;设漕运总督一名,以负责漕粮运输。漕运总督下设巡漕御史、督粮道、管粮同知等职,有专门军队称为"漕标"。漕粮征收由各省粮道办理,各州县设有专门机构和各级官吏。而以运军和水手构成的漕运船员对漕运的发展起着至关重要的作用。

一、清代漕运的发展变化

清代漕运伴随着政治及社会经济的发展变化,经历了一个由盛转衰的过程。康熙、雍正两朝,吏治整肃,是漕运极盛时期。乾隆中叶以后,历经嘉庆、道光、咸丰、同治至光绪,漕运体制的多种矛盾日益加剧。光绪二十七年(1901年)清廷颁布停漕令,标志着中国历史上的漕运制度宣告结束。

清代漕运机构可分为三各部分,即漕粮征收机构、漕粮运输机构和漕粮仓储机构,流程大致为:地方收粮兑于运军,由运军负责运粮至京,交纳于仓储机构,然后漕船返回。漕粮收兑环节,清初实行的是军民交兑,但因军强民弱,纳粮户多受勒索。顺治二年(1645年),山西巡抚黄辉允奏称,"漕运归官兑,则需索可省,白粮归官解,则民困可苏"③。至顺治九年(1652年),朝廷终下令"官收官兑",即由地方官员向粮户收粮,运至水次与运军交兑,军民两不相见。漕粮交兑后,即开始了漫长的运输过程,直至京通交仓,整个漕运流程告一段落。

清代漕运在顺治时就多弊政,经康熙、雍正两朝整肃,一定程度上得以改善。乾隆中期以后,漕政又

---

①据日本《文化五年土佐漂着江南商船郁长发资料》,转引自松浦章著,杨蕾、王亦铮、董科译:《清代上海沙船航运业史研究》,江苏人民出版社,2012年,第33—34页。

②同上。

③《清世祖实录》卷一六。

趋败坏,至嘉庆朝,已是机构臃肿,人浮于事,腐败丛生,具体表现为:征收漕粮不断加派,甚至超过应征额的七八倍;漕船所到之处官员兵丁勒索受贿;征漕官员与地主士绅勾结,中饱私囊等等。

除各种弊端积重难返外,嘉庆后,漕运还面临着一个客观难题,就是大运河河道经常阻塞不通。至道光年间,河道淤积更为严重,加之水患频发,冲毁运道,"借黄济运""盘坝接驳"等办法均不能解决根本问题,于是有识之士开始着眼于海运。

其实至道光朝,海运已经不是个新问题,康、雍、乾、嘉时屡次有人提及,但因为一方面反对的声音过于强烈,另一方面运河尚能勉力维持而搁置。道光时,反对派依然势力强大,但协办大学士户部尚书英和、江苏巡抚陶澍、两江总督琦善等力主海运,获得道光帝支持,于是道光六年(1826年)开始了第一次海漕尝试。

由于当时政府没有海运船只,即雇民间沙船1500艘以应海运之需。当年运输两次,第一次用沙船1000余艘,于二月从上海出发沿海北上,十余日即达天津,四月二十六回空离津,五月二十二日返回上海。第二次沙船数百艘,于六月五日起运离沪,亦顺利抵达天津。这两次试行海运效果明显,不仅改变了传统的漕运方式,使各种漕弊得以革除,而且运期缩短,费用和损失大为减少,时人总结海运之"四利""六便",即"利国、利民、利官、利商","国便、民便、商便、官便、河便、漕便"①。

海运试行的成功令海运派踌躇满志,当年秋即于上海增造海船300余艘,以备来年海运之需。然而,河漕的废罢侵犯了大批漕运官僚的利益,他们群起而对海运进行激烈的反对和阻挠,道光帝最终动摇,于道光七年(1827年)"以近年河湖渐臻顺轨,军船可以畅行"②为由,叫停了刚刚试行即大获成功的海运。然而漕运毕竟已经不适合于时代的发展,随着清王朝逐渐走向没落,漕运也逐渐废止。

二、清代漕运船员的规模、待遇及生存状况

(一)清代漕运船员的构成及规模

清承明制,仍以卫所军运输漕粮,清代卫所军丁称旗丁,旗丁经佥选而出运。运船组织,每一卫之下分成若干帮,称为前、后、左、右帮,或头帮、二帮、三帮、四帮,每帮船数一般有50—60只。每船佥运旗丁,康熙二十五年(1686年)定为十丁,至雍正四年(1726年)略有调整,江南安庆前、后两帮每船十七丁,江淮、兴武等十八帮每船十二丁,其余仍为每船十丁。

每只漕船所佥选旗丁轮流领运,每次由一丁领运,余丁出银帮贴济运。运丁领运之年,除运丁本人外,还可以从兄弟子侄中佥派一人随运。如运船抵淮米石短少,一丁领运北上,一丁买米赶帮。如抵通米石缺欠,留一丁追比,一丁驾船回空南下,将船交下届领运之丁。起初,所佥选旗丁一同出运,后因屡屡逃散,旧有制度难以维持,于是康熙三十五年(1696年)规定,每船佥旗丁一名,"余九名以谙练驾驭之水手充之"③。也就是说,卫所佥运旗丁丁人数从此减少,而自民间招募的水手则成为漕运的主力。

清代漕运船员(运丁和水手)总体规模与漕船数量变化密切相关。康熙以前全国共有漕船10455只,后随着运河通航能力不断下降,漕船屡经裁汰,至雍正四年(1726年)已减为7168只,乾隆十八年(1753年)为6969只,嘉庆十七年(1812年)6384只,道光九年(1829年)6326只。④ 仅以6000漕船只计,领运旗丁需6000人,雇募水手6万人左右,此外,漕船负重北上,一些河段水浅阻滞,地形崎岖,需要大量的短

---

① 《清史稿·陶澍传》。
② 《清史稿·食货志》。
③ 同上。
④ 李文治、江太新:《清代漕运》,社会科学文献出版社,2008年,第154页。

纤(临时雇募的拉纤者)、驳船工等。领运旗丁、水手以及短纤、驳船工合计当在 10 万以上。

(二)清代漕运旗丁和水手的收入及待遇

清代金运旗丁所得收入构成与明代大致相同,即月粮、行粮、贴赠以及携带定量免税商品。月粮按月发给,每月 0.8—1 石不等,年约 9.6—12 石。出运旗丁另给行粮,每人 2.4—3 石。月粮与行粮两项合计,每个出运旗丁每年所得常规报酬在 12—15 石之间。

清代漕运旗丁行、月二粮发放方式前后有所变化,初多折为银两,每石米折银 0.3—0.5 两,这个折换比率远低于市价,因而旗丁所得实际上大为缩水。康熙时,议定以钱粮各半发放,即"半本""半折",米折银比价也提高至 1 石米折银 1.4 两。① 按照这一标准,出运旗丁年收入最高约为:7.5 石米加 10.5 两银。后虽有变化,但大体上以此为基准。为了防止旗丁领饷后逃跑,清政府又规定粮银分两次发给,起运时只发给少部分,其余由押运官掌管,待完运后再全部发给。这个收入水平是高是低?同清代外海水师船员比较之下便可了然。据《川沙厅志》,外海水师川沙营部分船员薪俸如下:

"正舵工二名:月各饷银九两,米二斗四升;副舵工二名:月各饷银七两二钱,米二斗四升;班手四名:月各饷银六两,米二斗四升;大缭四名:同上;锚椗四名:同上;艌匠二名:月各饷银五两,米二斗四升;木匠二名:同上;水手兵六十二名:月各饷银四两五钱,米二斗四升。"②

可见,川沙营外海水师船员中即使薪俸最低的水手兵,不算粮米,仅饷银每年亦有 50 余两,大大超过同列军籍的漕运旗丁。而据相关文献,清代南汇营外海水师船员薪俸大致与川沙营相当。③

漕运旗丁除月粮、行粮外,政府另给各种补贴,也叫漕项,名目有晒飓米、润耗米、食米、赠军、剥浅、芦席、修舱等项,按照所运粮额补给。这些补贴加起来颇为可观,江西漕船每船实装米 1263 石,每运应得耗米 200 余石,约合银 450 两,又应得各项银 220 余两,又应得屯田余租济运银 50—350 两不等。以上各项合计,每船可得银 700—1000 两④。嘉庆四年(1799 年)整顿漕政,又按每石拨给晒飓米 2.76 升⑤,每船又可得米 44.8 石。湖北三帮 180 船,出运时每船应得行粮、月粮、水脚、义帮、赠贴、耗米等项合计,约银 350—400 两,米 180 石。嘉庆四年又每石拨给晒飓米 2.76 升⑥,每船又可得米 27—28 石。然而补贴虽多,漕运过程中的支出也多,包括雇用驳船、纤夫以及过闸、交仓的各项花费。

清代运军雇募民间水手的待遇及支付办法,前后略有不同。康熙三十五年(1696)以前,运军自行顾募水手,工钱由漕帮内支出,每名水手每运"身银"工钱 6 两左右。⑦ 此后,政府责成各船运军招募水手,工钱以空缺的兵饷以及贴运经费支付,所谓"籍官钱召募耳"⑧。水手"身工钱文,例有定价"⑨。据雍正时一份咨文记载,江苏水手学徒有一年仅得 3 两银工钱者。由此可知,水手因技术熟练的程度不同,工钱

---

① 《清史稿·食货志》。
② 陈方瀛:《川沙厅志》卷六,兵防志,兵制。
③ 据金福曾等修,张文虎等纂《南汇县志·兵防志》记载:南汇营外海水师"头二号广艇船二只,每只岁支油舱银二百四十两。配兵八十名:内正柁工二名,每名岁支银一百八两;副柁工二名,每名岁支银八十六两四钱;班手四名,每名岁支银七十二两;缭手四名,每名岁支银七十二两;锚椗二名,每名岁支银七十二两;艌匠二名,每名岁支银六十两;木匠二名,每名岁支银六十两;水兵六十二名,每名岁支银五十四两。以上各岁支米折银四两三分二厘。差兵二十名:每名岁支银五十四两,又每名岁支米折银四两三分二厘"。
④ 李文治、江太新:《清代漕运》,社会科学文献出版社,2008 年,第 178—179 页。
⑤ 祁韵士:《己庚编》上,议驳江西裁减粮船折。
⑥ 祁韵士:《己庚编》上,议复两湖津贴运丁折。
⑦ 林起龙:《请宽粮船盘诘疏》,《清经世文编》卷四六,户政二一,漕运上,中华书局,1992 年。
⑧ 郑日奎:《漕议》,《清经世文编》卷四七,户政二二,漕运中,中华书局,1992 年。
⑨ 中国人民大学清史研究所、档案系中国政治制度教研室合编:《康雍乾时期城乡人民反抗斗争资料》下册,中华书局,1979 年,第 542—547 页。

也不一样,工钱高者,可能要超过一年6两白银①。水手因属临时招募性质,因此冬季停运后即被遣散,另谋生计。有时保留少数水手,与运军一同看护漕船,每人每天可得一升口粮②。

水手之外,沿途还须雇募牵挽漕船的纤夫。纤夫原亦由旗丁自行雇募,各汛催漕千总为使漕船迅速出汛,有时代为旗丁招雇。各汛士兵于是暗通纤夫抬高雇价,从中分利,或以老弱充数骗取工钱,最终还是旗丁遭受损失。后朝廷为解运丁之困,官为定价,各段按照挽漕难易价钱不同,比如乾隆三十年(1767年)规定,自惠济闸至台庄380余里,每夫每里给制钱一文半,合580文;自台庄至韩庄80里,每夫每里给制钱3文,合240文。如果下雨路滑,工钱酌加,但最多不得超过4文。③

(三)清代漕运船员的生存状况

清代漕运旗丁和水手的在上述待遇条件下,生存状况如何呢?据清初史学家谈迁所言:"然因漕舟而知漕卒之困,与贫邙等也。"④可见,漕运旗丁之困苦,和贫民相等。而水手身处社会最底层,其境遇比旗丁还要悲惨。

1.金运旗丁所遭受的盘剥

金运旗丁虽名义上有大量补贴,但花费更多,不仅"工料之重,私耗之繁,其费十倍于先朝"⑤,而且正因为手握巨额补贴,往往成为他们悲惨命运的根源。

顺治时期,漕政便坏,集中体现在漕运各环节各部门对金运旗丁的敲诈勒索上。朝臣王命岳在《漕弊疏》⑥阐述得非常详尽,令人触目惊心:

以臣所闻,弁丁有水次之苦,有过淮之苦,有抵通之苦。

何为水次之苦?其一为买帮陋习。帮有高低,高者丁殷易完,低者丁穷必欠.当签运时,富弁行贿买帮费至二三百金,贫弁坐得低帮,是贫弁处必欠之势,而富弁甫签运,已费二三百金矣。此一苦也。其一为水次陋规。卫丁当承运时,有卫官帮官常例,每船二三两不等。粮道书办常例,每船四五两、八九两不等。至府厅书办,各有常规。常规之外,又有令箭牌票差礼。漕院粮道令箭令牌一到,每船送五两十两不等。刑厅票差,每船送一二两不等。其名目则或查官丁,或查粮艘,或查条舱,或查日报,或查开帮,或提头识,名目数十,难以枚举。间或清廉上司,不肯差人到帮,书吏又巧立名色,止差人到粮道及刑厅处坐催,又在刑厅差人代为敛费。盖船未离次,已费五六十金。又一苦也。其一为勒靳行、月二粮。布政司派给行、月钱粮,旧例行文各府县支领,每船约送书办六七两不等。否则派拨远年难支钱粮,及极远州县。而州县粮书,又有需索,每船约送二三两不等。十金之粮,无五金之实。又一苦也。此三者所当清厘于交兑水次之时,以恤弁丁者也。

何谓抵通之苦?其一为投文之苦。船一抵通,仓院、粮厅、大部、云南司等衙门投文,每船公费十两,皆保家包送书办,保家另索每船常例三两。此一苦也。其一为胥役船规之苦。坐粮厅、总督、仓院、京粮厅、云南司、书房,各索常规,每船可至十金,又有走部代之聚敛。其不送者,则禀官出票,或查船迟,或取联结,或押取保,或差催过堂,或押送起米,或先追旧欠,种种名色,一票必费十余金。又一苦也。其一为过坝之苦。则有委官旧规,伍长常例,上斛下荡等费,每船又须十余两。而车户恃强,蔚头偷盗,耗更不

---

① 王伟:《论明清时期漕运兵丁》,聊城大学硕士学位论文,2007年。
② 《钦定大清会典事例》卷二○七,户部,漕运。
③ 《钦定户部漕运全书》卷一四,兑运事例,沿途攒运。
④ 谈迁:《北游录》,后纪程。
⑤ 同上。
⑥ 王命岳:《漕弊疏》,收于《清经世文编》卷四六,户政二一,漕运上,中华书局,1992年。

赀。又一苦也。其一为交仓之苦。则有仓官常例,并收粮衙门官办书吏,马上马下等等名色,极其需索,每船又费数十两。又有大歇家小歇家需索,虽经奉旨题革,今又改名复用,小歇家改名催长,大歇家改名住户,借口取保,每船索银四五两不等。有送者可得先收,无送者习难阻冻。又一苦也。其一为河兑之苦。河兑法本两便,但间有践踏、偷盗、混筹、抢筹,种种难言之弊。前经督部臣王永吉疏题,又经运官卢廷选登闻控告,屡经部臣疏覆,未见所以整顿之方。此又一苦也。此五者所当清厘于抵通之后,以恤弁丁者也。

至于过淮之苦,亦有积歇摊派,吏书陋规,投文过堂,种种诸费。往年过淮,每帮漕费至五六百金,或千金不等。

按照王命岳所述,即使不算"过淮"所费的五六百两至千两,以及"买帮"所费的二三百两的大头,只计其余被勒索的各项,至少也有二三百两。旗丁所得贴银,除沿途雇募驳船、水手等必要花费外,其余几被勒索一空,甚至行粮和月粮等基本生活费用也被剥削。包世臣称,"旗丁所得津贴不敷沿途闸坝、起拨、盘粮、交仓之费,倾覆身家,十丁有六。"①正所谓"势要官胥,视运军为奇货,诛求横出,朘剥日深"②。然而终清一朝,这些弊端也未完全革除。

旗丁饱受运漕衙门、官吏盘剥,却无以反抗,只能向下发泄,于是粮农深受其害。旗丁勒索粮农现象在清代普遍存在。每年地方交兑漕粮时,旗丁便勾结水手,借机百般勒索,常以"米色不纯"为名,拒收漕粮,迫使粮农向其附交额外钱粮,如不遂意,就驾船离去,地方官怕承担延误之责,只得雇船追赶,粮农最终还是俯首就范,交纳"帮贴"银。开始,"帮贴"银不过一二十两,至清中期以后增加至一百几十至二百多两。有的旗丁"尤为豪横",连运官都得听其指挥,弱小粮农只能任其宰割。

2.水手的成分及悲惨境况

相较于旗丁,水手的生存更为窘困。由于劳役繁重,待遇又低下,前来应募水手者基本上都是无以为业之民,其成分十分复杂,包括破产的农民、手工业者、城乡各色游民、乞丐,甚至流氓、罪犯等等。他们大都没有官府承认的户口身份,"类皆无籍匪徒"③,无产无业,走食四方,因所谓"水手亦赤贫穷汉"④。应募水手成分复杂,地位低下,身份自由的特点,导致如下两方面的问题:其一,他们没有服役民户和运军那样的身家拖累和军纪约束,法纪观念淡薄,经常改帮换船,甚至临时出走,短工更是"聚散无常",不仅使运输队伍极不稳定,而且难以实施监督和管理,运官旗丁却不能真正有效地控制水手的行动。其二,由于收入微薄,水手的生活极为困苦,基本上无力安家置业。而每年冬季停运期间,他们又遭遣散而再度失业,栖身无处,孤苦无依,无以为生,至为悲惨。这种处境势必造就了他们仇视官府与社会的心理,他们结帮入会,互济互助,力量日益壮大,终成社会危害。

三、清代漕运旗丁、水手的私货贩运活动及影响

(一)清代漕运旗丁、水手的私货贩运活动

清代官方对漕船夹带私货现象亦采取宽容态度,康熙二十二年(1683年)规定:每艘漕船可"例带土宜六十石"⑤,予以免税。并且漕船除出发和经过仪真、淮安、天津时有专官检查外,其余地方均不得盘

---

① 包世臣:《安吴四种·中衢一勺》卷七。
② 任源祥:《漕运议》,收于《清经世文编》卷四六,户政二一,漕运上,中华书局,1992年。
③《林则徐集》(奏稿),中华书局,1965年,第312页。
④ 林起龙:《请宽粮船盘诘疏》,收于《清经世文编》卷四六,户政二一,漕运上,中华书局,1992年。
⑤《清朝通典》卷一一,食货,漕运。

诘。由于官方公开许可,因此运军和水手的私货贩运活动便十分活跃。康熙初年,漕运总督林起龙反映,漕船起运之前,商人、牙侩便纷纷前来联系,"引装客货";在行运途中,旗丁、水手又四处"包揽兜买"。至京师后,旗丁、水手或向货主收取运费,或发卖自带特产以获利。①

清政府的宽容政策使漕船贩私活动愈演愈烈,康熙五十八年(1719年),芜湖税关反映,江西、湖广漕船多拖带木筏,满载商货,不令查验,以致关税大失。② 然而清廷为了稳定漕运,进一步放宽对贩运私货的限制。雍正七年(1729年)规定,每艘漕船可装载土宜100石;次年又规定,除每船100石外,舵工、头工每人可再携带土宜3石,水手无论人数,每船再加20石,即每船共可带126石私货。③ 嘉庆四年(1799年),又在原来的基础上特许增加24石土宜私货,使每艘漕船北上时共可携带150石免税私货。

清政府在对漕船携带土宜数量不断放宽的同时,其种类和范围也不断增加。具体说来,大致可分为农副产品和手工业品两大类。农副产品包括南方的大米、红白糖、柑桔、香蕉、槟榔、茶叶、木材、竹器,北方的小麦、大豆、花生、芝麻、棉花、梨、红枣、柿饼、核桃、瓜子、杏仁、药材等;手工业产品包括南方的瓷器、丝绸、布匹、铁器、纸张、明矾、桐油、金银首饰、象牙雕刻、南酒、缝衣针、铜扣,北方的煤炭、食盐、陶器、毛货、皮货、麻织品等。④ 基本涵盖了日常生活的各个方面。

清政府的一再宽限,使漕运旗丁、水手的私货贩运活动愈加兴旺,尤其是水手行帮形成之后,私货运销规模和数量日益增大。因其经营方式灵活,"沿路包揽,亦沿路脱卸,故其夹带之货多于额装之米"⑤。据《漕运则例纂》、光绪《大清会典事例》等文献统计,道光四年(1824年)以前漕运兴盛期,漕船附带南北土宜平均每年达420万石,超过每年运往京师的400万石漕粮定额,由漕运旗丁、水手所实现的南北货运量相当惊人。⑥

(二)清代漕运旗丁、水手私货贩运活动的影响

清政府之所以一再宽限运军、水手的私货贩运活动,其根本目的在于保障漕运的顺利进行。漕运总督林起龙说,通过私货贩运,使"脚价有资",保证了官粮的安全。而水手工钱低且劳役重,他们"只图转售营生""苟全衣食",维持了漕运队伍的稳定。⑦

而从整个社会的视角来看,漕运旗丁、水手的私货贩运,极大地繁荣了运河沿线城镇的商业贸易。漕船重运北上及回空南返,都要在苏州、扬州、淮安、济宁、聊城、临清、德州、天津等运河城市停泊,接受各征税钞关的盘验。运丁、水手便于停泊码头登岸,出售携带的货物,购买当地的土产杂货。当地百姓及商贾客旅也纷纷汇集码头,与运丁、水手及押运官吏自由贸易。每当漕运季节,漕船停靠码头"帆樯如林,百货山积"⑧,呈现出一派繁忙的商贸景象。商业的繁荣也带动了其他行业乃至整个城镇的繁荣。

漕运旗丁和水手通过私货贩运,将南北经济紧密联系起来。内河漕运盛期,每年由旗丁、水手调运的漕粮及物资不下千万石,搞活了内陆地区的物流及贸易,对人们的社会生活产生了至关重要的影响。官员林起龙也将这一点列为漕船附带土宜好处之首,"以南货载北,填实京师,百货不致腾贵,公私充裕,其

---

① 林起龙:《请宽粮船盘诘疏》,收于《清经世文编》卷四六,户政二一,漕运上,中华书局,1992年。
② 《清圣祖实录》卷二八五。
③ 杨锡绂:《漕运则例纂》卷一六,重运揽载。
④ 中国第一历史档案馆藏:《录副奏折·财政类》,百春等奏,道光六年九月初十。转引自张照东:《清代漕运与南北物资交流》,《清史研究》,1992年第3期。
⑤ 王苪孙:《转般私议》,收于《清经世文编》卷四七,户政二二,漕运中,中华书局,1992年。
⑥ 张照东:《清代漕运与南北物资交流》,《清史研究》,1992年第3期。
⑦ 林起龙:《请宽粮船盘诘疏》,收于《清经世文编》卷四六,户政二一,漕运上,中华书局,1992年。
⑧ 民国《临清县志》卷八,经济志。

利一也"①。

然而,运丁、水手的贩私活动势必影响漕运的正常秩序,清政府的一再宽纵也只是无奈之举。依托运河贸易而势力壮大的水手行帮终于成为清代后期漕运改革的重大阻力和社会安定的重大隐患。

四、清代水手的结帮活动及其对社会的危害

(一)清代水手传教结帮活动

明清运军、水手由于地位低下、生活贫苦而又人数众多,因此成为传教布道和组织帮会的理想土壤。事实上,明清以来,尤其是清代水手中的传教结帮活动,带来了巨大而深远的社会影响。

在明清运军水手中信众最多,流布最广,影响最大的当属罗教。罗教为明中叶罗梦鸿所创,又称无为教、罗祖教。罗梦鸿出身军户,本人曾为运粮军人,因而罗教一开始便得以在漕运船员中传播。至清代,随着大量水手加入漕运,为罗教的发展提供了有利条件,漕运水手构成了罗教信仰与传播的主体人群。据雍正七年(1729年)的一份刑档记录,被捕水手教首刘把式称其教祖至当时已有八辈子②,可证罗教自创始以来一直在漕运系传播发展的事实。

清代漕运水手之所以普遍信仰罗教,原因有二:一是寻找精神依托。漕运水手每年随漕船北上南归,往返数千里,历经风险,漂泊不定,对生存的忧虑使其渴望从精神上得到某种慰藉,而宣扬轮回报应、神祖保佑为主要内容的粗浅宗教,正好契合他们的需要。二是出于谋生自保。清代水手每年运期受雇就业,但是每次回空之后即失业,要等到第二年才能再次受雇。在失业期间,水手们的生计便成为一个大问题。对于这一大批无业之人,"饭铺、旅店不敢空留",于是,运河附近的罗教庵堂便成为水手食宿之所。水手寄寓其中,由庵堂之人垫给饭食,等到来年漕运重开,水手有了工钱,再偿还所欠债务。漕运水手因此得以安身,而守庵之人也"藉沾微利"③。同时,庵堂的庵地、义冢成为水手生前可托身、死后可归宿的地方。可见,水手信仰罗教也是生存的实际需要。

罗教在漕运水手中广泛传播的同时,行帮组织也相应出现了。水手受雇于运丁和官府,自然会产生雇佣与解雇、工钱的多少与发放等问题,而水手内部也必然存在矛盾。这些问题与矛盾促使有着相同利益的水手们加强团结,相互帮助,因此水手行帮便逐渐形成了。

由于罗教庵堂的强大凝聚力,水手行帮在产生之初只是水手们互助的一种形式,并未形成权威中心和权力体系。乾隆三十三年(1768年)是水手行帮发展的关键性一年,乾隆皇帝下令拆毁了苏杭一带的庵堂,旨在根除水手信教结社之风。水手们的生死依托之所被涤荡一空,不得不另寻出路,于是结帮互助便更具现实意义和紧迫性。在这种形势下,水手组织被迫由陆地转移到水上,由以庵堂为活动中心转变为以老堂船为活动中心。在这一转化过程中,水手帮会逐渐壮大,其组织与权力体系逐渐形成——每帮均设有一老堂船,作为议事场所。堂船上悬挂罗祖画像,公派一人专管香火以及全帮水手的用钱项目,称为"当家",也称会首、老管,一般由数人轮流当值,共同组成该部的首领集团。首领集团权力很大,制定帮规,主持入帮议事,掌管每个水手的工钱,建立本帮的联络信号,且对帮内水手有生杀予夺大权。

水手行帮内部实行严格的家长制管理,帮内人员按照辈分排列,辈分最高的"当家"凭借所谓的"家礼"和"家法"统御全帮。辈分低的水手要孝敬和服从师傅,对于违反帮规者予以严厉惩罚,宗法色彩十分浓厚。

---

① 林起龙:《请宽粮船盘诘疏》,收于《清经世文编》卷四六,户政二一,漕运上,中华书局,1992年。
② 《史料旬刊》第2期,罗教案,抄录刑部咨文,北京图书馆,2008年。
③ 《史料旬刊》第12期,崔应阶折,北京图书馆,2008年。

由于代表各自的利益,各帮派之间必然产生矛盾和对立。雍乾时期,原属于翁庵、钱庵、潘庵三大罗教庵堂势力已形成三大帮派,各自招收门徒。三派之下,又林立着众多的小宗派。这些帮派为争夺生计,在权力中心控制下,内部成员一致对外,而内部矛盾主要由帮会协调解决,或者按帮规处理。水手各帮虽共奉罗祖,但宗教的影响已经衰落了。

(二)清代水手帮会的社会危害[①]

清代船帮水手多为无业之民,本就破坏性极强,一旦聚而成帮,便为恶更甚,包括侵扰和勒索运河商旅、抢劫杀人及大规模械斗等。

漕帮水手为勒索钱财,对运河商民船只侵害尤甚。出运途中,船帮水手常以各种手段对过往民船进行敲诈,比如:故意用破损漕船冲撞民船,然后以毁坏官船为名勒索对方[②];将漕米倾撒到商船上,再以偷盗官米为名,"讹诈分肥"[③];在浅涩航道上借口驳运漕粮,肆意占用民船,商民只有行贿后才得脱身,否则,船只遭到扣押,货物遭到抛撒、毁坏[④];更有甚者,船帮水手明目张胆地用漕船阻塞河道,对通行的民船索取"买渡钱""排帮钱",形同强盗[⑤]。运河上航行的商民无不视船帮水手为流氓恶棍,但惧其剽悍势众,只能任其宰割。

船帮水手还登陆作案,伙同地方流氓势力,劫杀乡民、商旅。雍正时,每年冬季停运期间,"粮船短纤无家无室,河冻船回,难以资生,纠合为匪,殆无虚日",在天津、泊头镇等运河城镇屡屡抢劫杀人[⑥]。嘉庆后,船帮水手劫夺犯罪更为猖獗,成为其"故技",并与运河沿线"青皮""河快"等地方流氓勾结作恶,船帮为地方无赖作案提供掩护和方便,水手经常冒充地方"奸民","登岸劫财",为害极大[⑦]。林则徐任职江苏巡抚期间,破获水手劫财杀人案件无数。林则徐说:"抢劫之案,出于粮船水手者尤多。"仅道光十三年(1833年)年底至次年二月,江苏就查获了5起"关系抢劫重情"[⑧]的船帮水手案件。道光十六年(1836年)二月,破获兴武帮水手抢劫民船案,夏名辉等4名水手伙同逃犯胡二等人,在金山县先后抢劫了4艘民船,官军抓捕时还持械拒捕[⑨]。同年,破获以丁朋铃为首的游帮水手杀人抢劫团伙,据审讯结果,该团伙从道光九年(1829年)至道光十五年(1835年)作案多起,伤人、劫财、害命,无恶不作,抓捕时亦武力拒捕。船帮匪徒的手段残忍,令人发指,漕船所过之处,河面上往往漂浮着残肢断体,"皆由水手戕害所致"[⑩]。在林则徐等官员坚决打击下,一些犯案水手得到了应有的惩处,仅道光十六年(1836年)上半年,就处死4人,判死刑7人,充军10余人,流放15人,另有20多人待判[⑪],70多人被捕[⑫]。

水手帮会之间及帮内成员之间也存在利益冲突,常以武力解决。水手之间经常为争抢职务待遇高的"头篙""头纤"之位而打斗;船帮之间为争夺有利的买卖码头,"即相残杀,谓之争窝"[⑬],经常酿成大规模的械斗。不同船帮之间长期争斗,互相敌视,仇怨愈深,"每相遇则不相下",特别是在返航时,常聚众于

[①] 参考陈峰:《清代漕运水手的结帮活动及其对社会的危害》,《社会科学战线》,1996年第2期。
[②]《清世宗实录》卷一〇三。
[③]《林则徐集》(奏稿),中华书局,1965年,第165页。
[④]《钦定大清会典事例》卷二〇三,漕运。
[⑤]《林则徐集》(奏稿),中华书局,1965年,第312页。
[⑥] 雍正朝《朱批谕旨》第十四函三册,李卫奏折。
[⑦] 中国第一历史档案馆:《道光十六年整顿漕务史料》,《历史档案》,1990年第4期。
[⑧]《林则徐集》(奏稿),中华书局,1965年,第166页。
[⑨]《林则徐集》(奏稿),中华书局,1965年,第336-338页。
[⑩]《林则徐集》(奏稿),中华书局,1965年,第312页。
[⑪]《林则徐集》(奏稿),中华书局,1965年,第343-344页。
[⑫]《林则徐集》(奏稿),中华书局,1965年,第398-399页。
[⑬]《林则徐集》(奏稿),中华书局,1965年,第344页。

码头仇杀。如道光中叶,庐州帮与苏州白粮帮长期摩擦,屡屡借机攻击对方。镇江前后帮与湖州八帮也是素有积怨,常伺机拦截对方,以至于官府不得不出动军队干预①。类似事件不胜枚举。

帮会水手的种种不法行为,不仅对运河沿线乡民、商旅危害深重,也极大影响了漕运的正常秩序。清政府采取了不少措施管束水手,打击犯罪:比如船帮水手互相保结,一人犯法,众人受罚;禁止漕船携带武器;沿途有官吏"催攒"漕船尽快离境,禁止随意停泊;严禁传播罗教,严惩拜师传徒等结帮活动,查禁水手庵堂组织等等。道光时期,更是数次整顿船帮秩序,加重处罚措施。然而,由于生存待遇问题得不到根本解决,而水手帮会业已形成严密组织且流动性强,官方的种种措施便难收成效。道光帝曾无奈地说:"此等匪徒憨不畏法,即遇有重案,审明后正法数人,该匪徒等亦只视为故常,毫无儆畏。"②殆晚清漕运停止以后,失业水手涌向大小码头、城乡各地,依托帮会进行有组织地违法犯罪活动,以"青帮"的名号成为一支重要的黑社会势力。

第六节 明清中琉封贡贸易与船员

琉球自古便与中国有着密切的联系,从隋至元双方基本处于敌对状态,中国几次征伐琉球,琉球也曾对中国进行过武装侵扰。明朝建立后,中琉关系发生了实质性的变化。洪武五年(1372 年),明太祖遣行人杨载出使琉球,告以建国改元,琉球随即遣使入贡,中琉之间自此建立起封贡关系。在此后明清两代长达 500 余年的时间里,中国政府曾 23 次派使团赴琉球进行册封活动,由此形成了中琉间特殊的封贡贸易。中国船员为中琉航线的开通和繁荣作出了巨大贡献。

一、中琉航海贸易及其影响

(一)中琉贸易的形式及内容

明清两季,中国政府每次派出的册封琉球使团,少则二三百人,多达七百余人。除了朝廷赏赐的物品外,还从事一定数量的贸易。不管是官方性质的,还是个人性质的,都是合法的。③ 据万历年间使琉球副使谢杰记载,"洪武间许过海五百人,行李各百斤与夷贸易,实以利啖,亦以五万斤所载也。着契令。故甲午之使因得万斤金,总计五百人,人各二十金上下,多者三四十金,少者亦得十金八金,于时莫不洋洋得意"④。可见,使团成员通过封舟带货至琉球贸易而获利不菲。

按照惯例,中国册封使团成员须向琉球国王、王妃等赠送礼品,琉球方面也有回赠,这些礼品不在贸易之列。而封舟所带贸易货物数量颇大,各有所属,据《琉球冠船记录》,其中货主有头号船、头号船水主、二号船、升氏、郑氏、金氏、林鸿莫、蒋启荃、林胜德、福福、都氏、官舱、赵胎、赵耀、德氏、赵阴、赵贞、郭氏、赐氏、珊氏、鸿氏、郑玉、胜氏、卞三三、润谕、安氏、福氏、卞氏、竹氏、希氏、筱氏、双氏、泰氏、鸿氏、郑氏、元氏、敝氏、彭氏、玉氏、益珊、秉谦、冯氏、星氏、吴氏、吉氏、张氏、蓉氏、蒋氏、余福、施氏、合顺、宜氏。⑤ 货物种类亦多,主要有丝绸、瓷器、药材、纸张、茶叶、食品及工艺品等。

明代中期以后,使团成员所携带贸易货物已远超每人百斤之限。万历三十四年(1606 年)夏子阳使

---

① 《林则徐集》(奏稿),中华书局,1965 年,第 190、191 页。
② 《林则徐集》(奏稿),中华书局,1965 年,第 312 页。
③ 谢必震:《明清时期的中琉贸易及其影响》,《南洋问题研究》,1997 年第 2 期。
④ 谢杰:《日东交市记》,收于夏子阳《使琉球录》,卷下。
⑤ 谢必震:《明清时期的中琉贸易及其影响》,《南洋问题研究》,1997 年第 2 期。

琉球时,于广石海防馆盘验各随行人员所带货物,以防封舟超重①。清嘉庆年间出使琉球的李鼎元说,"历来册使至琉球,不能按十月风信回者,俱由货多且贵。琉球穷国尽买则财不足,不买又恐得罪,百计设措,耽延时日。今货虽准带,贵货宜禁,须令船户造册具结呈验"②。可见封贡贸易至清嘉庆之前已现弊端,封舟所带货物数量多且价钱贵,超出琉球的购买力,但琉球方面又不敢不买,只能多方筹措,以至封舟往往耽误了回国的信风。一方强卖,一方不得不买,已经不是自由贸易了,这势必影响两国稳定的政治关系,因此清政府禁止封舟附带贵货,以减轻琉球的贸易负担。在裁去肉桂、黄连、麝香等贵重货物后,"两船(两艘封舟)货价不及四万,较前度少三分之二"③。

中琉封贡贸易并非单方面的,琉球对华的朝贡贸易也是其重要组成部分。中琉封贡关系建立后,明政府对琉球来华朝贡贸易一直实行优惠政策,贡期基本不受限制。琉球国王遂以种种名义频繁派使臣来华,如进贡、接贡、庆贺、进香、报丧、谢恩、请封、迎封、送留学生、报倭警、送中国难民、上书等。此外,世子、王叔、国相等人也多次派使者前来。其目的除巩固宗藩关系外,就是为了获得明王朝丰厚的物质回馈和贸易获利。而琉球贡使利用来华机会,超出许可范围的私下贸易也颇为普遍。

除合法的封贡贸易之外,中琉之间亦存在着民间的私人贸易。景泰三年(1452年),明廷"命刑部出榜禁约福建沿海居民,毋得收贩中国货物,置造军器,驾海通琉球国,招引为寇"④,可见当时福建人私往琉球贸易已成普遍现象。嘉靖时,在琉球有漳州人"陈贵等七名,节年故违明禁,下海通番,货卖得利。今次适遇潮阳海船二十一只,稍水一千三百名,彼此争利,互相杀伤"⑤。崇祯十一年(1638年),琉球国官员马胜连等向福州府发公文,追讨琉球商人私下委托福州商人购买白丝的货款,涉及欠款者27人,共欠货款3800多两⑥。由此可见中琉民间私下贸易之活跃。

(二)中琉航海贸易的影响

中琉之间的航海贸易,对双方都有着积极的影响,对中方而言,促进了福建的经济繁荣;对琉球而言,则促进了其社会进步。

由于历史传统和地理位置等因素,明清两代对琉球的封贡贸易都以福建为基地。明清历次册封琉球,都是在福建造船,并就地招募随员,封舟所附带的货物也在福建置办。而琉球进贡使团也是先过海到福建,朝廷只允许25人入京,其余人员都留在福建,从事学习、贸易等活动,待回国时,就于福建采买货物。乾隆四十年(1775年)十二月十三日,琉球贡船回国时在闽海关呈报的货物清单,包括丝绸、瓷器、药材、纸张、茶叶、食品及工艺品等,种类繁多,数量极大,价值都在10余万两左右。据乾隆十二年(1747年)四月十八日朱批奏折记载,乾隆十二年二月五日,琉球贡船到福建,琉球方面报称"两船共带银一万两置买货物",然而经市舶司官员细加察访,"其所带银两竟十倍于所报之数",而"上届乾隆八年,贡船来闽,每船亦止报银五千,而查其返棹货册,约计不下十万两,今次情形大约相同"⑦。琉球贡船在福建采办货物量如此之大,势必对福建的商业经济起到刺激作用,从而带动手工业和农业的发展。

中国册封使团去往琉球以及琉球使团回国,把中国的日常生活用品、纺织品、文化用品、药材、瓷器等输入琉球,极大促进了琉球的社会进步。中国的纺织品输入琉球,还提高了琉球的纺织工艺和成衣设计

---

① 夏子阳:《使琉球录》,卷上,使事纪。
② 李鼎元:《使琉球记》卷五。
③ 同上。
④ 《明英宗实录》卷二一七。
⑤ 严嵩:《南宫奏议》,收于《明经世文编》卷二一九,中华书局,1992年。
⑥ 《历代宝案》第一集,"国立"台湾大学,1972年,第433—434页。
⑦ 中国第一历史档案馆编:《清代中琉关系档案选编》,中华书局,1993年,第19页。

制作水平,使其逐渐进入文明着装时代。纸张以及其他文化用品的输入,方便了琉球社会的知识传播,普遍提升了琉球人的文化素养。各种药材大量输入琉球,对其国民健康大有益处。桔饼、蜜饯、糖、茶叶等的输入,丰富了琉球人的日常饮食。此外,琉球音乐也受中国音乐影响至深。可以说,中琉航海贸易对琉球社会生活各个方面都带来了积极的影响。

二、"闽人三十六姓"与"琉球火长"

在中琉航海交往中,"闽人三十六姓"扮演了十分重要的角色,作为明朝支持琉球的航海移民,他们世代担负起沟通中琉海道的历史重任,成为特殊的"火长世家"。不仅如此,"闽人三十六姓"对琉球社会的文明化也起到了重要的推动作用。

(一)明太祖赐"闽人三十六姓"及其原因

洪武二十五年(1392年),明太祖朱元璋下达旨意,"赐给(琉球)闽人三十六姓善操舟者,令其往来朝贡"①。所谓"三十六姓",以金、梁、郑、林、蔡5姓为主,再加上陈、毛、阮、李、孙、曾等,共有36个姓氏,而这仅是第一批支援琉球的移民,实际迁入琉球国的,远远超出36姓。而为什么有"三十六姓"之谓,据张学礼《中山纪略》,"赐三十六姓人教化三十六岛",而据《中山传信录》等文献,琉球群岛正是由36个岛屿组成②。

据谢必震教授研究,明太祖赐"闽人三十六姓",自有其深刻原因,首先自然是沟通海道,以利朝贡,明初实行禁海政策,而皇室和官员需要海外商品,因而有意将琉球打造成海外贸易的一个中转站。其次,民为官用,顺应形势。明初福建沿海民间走私贸易兴盛,在明廷禁海政策下,他们往往聚而为寇,不但干扰了正常的朝贡贸易,对明朝的政权也是一个潜在的威胁。如何解决这一问题,朱元璋代表的统治集团做了尝试,以这种形式将私人贸易合法化,以期一举两得。其三,"用夏变夷",共谋发展。在明统治者看来,周围各弱小国家都处于落后愚昧的状态,必须用中国的一切去影响改变他们,使他们"改变番俗,而致文教同风之盛"③。其四,怀柔小邦,以示他国。在与琉球交往过程中,明政府处处给予优待和爱护,似乎是要打造一个天朝上国与藩属小国政治秩序的样板,赐给"闽人三十六姓"正是这种和平外交政策的一项具体展示。

(二)"闽人三十六姓"的历史作用

东渡琉球的36姓闽人,由于他们具有航海的特长,备受琉球国王的礼遇,"知书者,列名大夫长史,以为贡谢之司。惯海者,任以通事总管,以为指南之备"④。其在琉球的聚居地称为"唐荣",亦称"唐营""营中",与今天的唐人街类似,地点在久米村,即那霸的久米岛。久米村早在明永乐年间就建立了上下两座天妃庙,祭祀航海女神妈祖,并于庙内设私学,教育子孙中华文化。

"闽人三十六姓"入琉球后,积极从事航海贸易活动,不仅密切了中琉关系,而且使琉球与东南亚诸国,与朝鲜、日本都开展了密切的贸易往来。琉球从"地无货殖、缚竹为筏、商贾不通"的落后岛国一跃而成为以"海舶行商为业"的贸易中转国。在海禁期间,闽人组成"十家排""九家帮"等贸易组织,通过琉球中转,将中国的丝绸、瓷器、漆器等运往东南亚,又将东南亚诸国出产的胡椒、苏木和香料等运往中国。以

---

① 《明会要》卷七十七,外藩。
② 三十六岛分布为:东四岛,正西三岛,西北五岛,东北八岛,南七岛,西南九岛。
③ 《中山世谱》卷三。
④ 《明神宗实录》卷四三八。

"闽人三十六姓"为主体的琉球航海贸易,实际上所进行的是明朝对海外诸国的贸易,只不过以琉球为中介,部分贸易的利润为琉球所取罢了。

除了主导中琉航海贸易,"闽人三十六姓"的精英人物在政治与文化传播方面也颇有建树。永乐九年(1411年),出任琉球国长史的"三十六姓"王茂,因辅政有功,被琉球王晋升为国相,为琉球国最高官员。"三十六姓"中的程复也曾担任琉球国相。嘉靖年间,"三十六姓"子弟郑炯担任琉球国三司官,时倭寇侵犯琉球,郑炯与琉球王同时被掳,因不屈而被杀害。

中国文化典籍如《四书》《五经》《韵府》《通鉴》等以及中国戏曲作品也通过"闽人三十六姓"传入琉球。经过"闽人三十六姓"的传播,琉球人兴起了学习中华文化的热潮。整个琉球,从官方到民间几乎全盘接受中国文化和风俗,采用中国的农历纪年,按照二十四节气安排农业生产和日常生活,每年二月上丁日和八月上丁日两祭孔子,二月上戊日和八月上戊日两祭先王,三月三日清明扫墓,五月五日过端阳节,十二月二十四日祭灶,元月一日过年,一切风俗几乎和中国一样。

琉球国的"姓氏文化"也始于"闽人三十六姓"的传播,古代琉球人没有姓,只有名,而自三十六姓入琉球后,琉球人才渐渐知道姓氏的重要。琉球国王的"尚"姓,就是明朝皇帝赐予的。琉球人有了姓氏以后,也参照了中国同姓不婚的习俗,这对于血统源流的确立有着十分重要的含义。

(三) 琉球火长

"闽人三十六姓"在中琉航海中一项最重要的贡献就是充当琉球火长,世代承担着琉球与中国间的航海交通任务。明清历次册封琉球,封舟到达琉球海域后,都由这些琉球火长引航。明代陈侃出使时,琉球国王先期派出接贡使到福州迎候册封使,在接贡使团中就有"看针通事一员,率夷梢善驾舟者三十人代为之役"①。清朝徐葆光所乘封舟到达琉球首都首里近海时,"接封陪臣正议大夫陈其湘,率其国伙长主针,用乙辰针,三更半"②。"三十六姓"有些家族世代为火长,据《历代宝案》统计,"三十六姓"后裔中担任火长一职的共有63人之多③。但查阅"三十六姓"编修的族谱,充当火长的人数当大大超过此数。如明中叶迁居琉球的陈姓家族,从第二代陈浩于成化六年(1470年)开始充当火长来往那霸与福州之间,到崇祯末年第八世陈华止,七代人都曾担任过火长或兼通事,其族谱上在各世传人名下就直接标注"二世火长""三世火长"④。如琉球久米村的王姓家族,据其家谱记载其后代多有为火长者,可谓火长世家。清乾隆二十七年(1762年),王家第五代火长传人王裕之,"奉使为进贡二号船火长"⑤,在那霸与福州间往返航行。传承最久的为林姓家族,其第十三代传人中,仍有人担任火长。⑥

琉球火长在中琉航海中的作用自不待言。琉球学者程顺则在《指南广义》中统计了福建与那霸之间存在的14条航线,指出"以上十条,三十六姓所传针本抄"⑦。琉球火长作为中国援外的航海技术人员,数百年间为中琉的政治、经济和文化往来做出了不可磨灭的贡献,是我国海外交通史上的一朵奇葩。⑧

然而,"闽人三十六姓"在琉球的命运却颇为波折,有的在航海途中遭遇海难,有的因为种种原因,"或老而返国,或留而无嗣"。隆庆开禁之后,中国沿海与东南亚各国的贸易往来更为直接和频繁,琉球

---

① 陈侃:《使琉球录》卷上,使事纪略。
② 徐葆光:《中山传信录》卷第一,前海行日记。
③ 赖正维:《明清时期福建东南沿海地区与琉球国造船航海技术之交流》,收于福建师范大学中琉关系研究编:《第九届中琉历史关系国际学术会议论文集》,海洋出版社,2005年。
④《久米村系家谱》,陈姓家谱。
⑤《久米村系家谱》,小宗王姓家谱。
⑥《久米村系家谱》,林氏家谱。
⑦ 程顺则:《指南广义》,针路条记。
⑧ 刘义杰:《"火长"辩正》,《海交史研究》,2013年第1期。

的中转贸易出现了衰退,以航海为业的"闽人三十六姓"的生存更为艰难,出现了严重的人丁凋零,大都是"族不甚蕃",甚至"人湮裔尽"。到万历三十四年(1606年)夏子阳出使琉球时,"三十六姓"仅余蔡、郑、林、程、梁、金6姓。

三、中国船员使琉球的航海生活与海神信仰

明清两朝频繁派遣使臣过海对琉球进行册封,很多使团成员返航后著有使录,内容十分全面,不仅记载了琉球国的地理山川、文化习俗、建筑饮食和风景物产,还记录了使团航海过程中的一些亲历事件,包括海难事故、海神祭祀以及日常航海生活的各个方面,真实地反映了明清海员的工作环境、生活状况和心理需求。

(一)海路艰险

中琉航路险恶,"浪大如山,波迅如矢,风涛汹涌,极目连天",使团每次过海都要经历生死考验,因此早期的使琉球封舟,"设浮翼,造水带至载棺,而亟银牌于棺首,书云某使臣棺,令见者收而瘗之"①。使团人员还"随带耕种工具",准备好如果"飘流别岛不能复回",则就地谋生,同时"虑员役损失,后事俱备"②。可见跨海册封琉球是一项高危差事,自然少有人愿赴此任。有人因此而立功脱罪,永乐二年(1404年)第一任册封琉球的使臣,四川布政司右参议时中"初坐罪当谪戍边,上书书陈情愿一改右参命为行人,至是出使琉球还,故复其职"③。相反,也有人因此而获罪丢官,明嘉靖三十七年(1558年),诏命吏科官员吴时来为册封琉球使臣,但吴时来却畏避不前,终被削官戍边。④

事实上,在中琉航海死难者难计其数。据日本学者赤岭诚纪统计,1390—1876年约500年间,中琉航路上各类罹难船只,有案可稽者达645起,其中死亡人数约3300余人。⑤ 就册封琉球使录记载,历次册封使团几乎都险遭不测。或被风浪卷走了船舵,或被飓风刮折了篷桅,或触礁漏水危在旦夕,或随风飘流迷失航向,真可谓险象环生,危机四伏,骇人听闻。如明嘉靖十三年(1534年)五月十二日,陈侃使团将要抵达琉球时,"忽逆风大作,舟摇撼不可当,遂尔发漏,数十人以辘轳引水不能止。舟荡甚,足不能立,众欲塞漏而不可得";九月二十一日在回航时"即遇飓风将大桅吹折,须臾舵叶又坏"⑥;清康熙二年(1662年),张学礼使团返航时遇大风暴,先是桅杆折断,然后勒舵索又断,封舟在失控的情况下漂流一昼夜,临近靠岸又险些遭遇海盗船,最终能够数百人无一损失,平安归来,实在是万幸⑦;乾隆二十一年(1756年),全魁、周煌使团出使琉球,六月二十四日,"台飓大作,棕索十余一时皆断,舟走触礁,龙骨中折,底穿入水,时既昏黑,兼值雷雨。距岸约六、七百步许,自分此时百无一生"⑧。

使臣们亲身历险,感叹在海难事故中人力之渺小,在他们看来,若能平安往返,只有靠神灵护佑。陈侃说,"海中四望惟水,茫无畔岸,深无底极。大风一来,即白浪如山,飘忽震荡,人无以用其力。斯时也,非神明为之默佑,几何而不颠覆也耶!"⑨嘉靖四十年(1561)出使琉球正使郭汝霖说,"溟洋浩荡中,无神

---

① 李廷机:《乞罢使琉球疏》,收于《明经世文编》卷四六〇,中华书局,1962年。
② 张学礼:《使琉球记》。
③ 《明太宗实录》卷四七。
④ 郭汝霖:《重编使琉球录》卷上,明嘉靖辛酉十月刊本。
⑤ 赤岭诚纪:《大航海时代之琉球》,冲绳时报社,1988年,附表第52—75页。
⑥ 陈侃:《使琉球录》,题奏。
⑦ 张学礼:《使琉球记》。
⑧ 周煌:《琉球国志略》卷七,天后封号。
⑨ 陈侃:《使琉球录》,题奏。

司之，人力曷能主张？"①万历年间出使琉球正使夏子阳说，"神无不在，而于海最灵。非神独灵于海也，人之神至海而灵也"②。张学礼也说，"人舟无恙，神之佑也"③。可见，由于中琉航路的险恶，海难时有发生，所有的册封琉球使团人员都笃信海神，并将平安往返琉球归功于海神的庇佑，中琉航路的险恶是册封琉球者敬奉海神的最重要因素④。

（二）册封使团的妈祖崇拜及敬神活动

明清跨海册封琉球是由官方组织的航海活动，但从民间招募海员，必然带来民间的航海习俗，因此，册封使团的种种敬神及祭祀活动，基本代表了明清时期官方和民间的海神信仰。

经过宋元两代的传播，至明清时期，妈祖作为全国性航海保护神，民众对其信仰更加普及和深入，册封琉球航海活动所供奉的海神自然以天妃为主，使录中也多有记载。如嘉靖十三年（1534年）使琉球的陈侃记曰，"飞航万里，风涛叵测，玺书郑重，一行数百人之生，厥系匪轻。爰顺舆情，用闽人故事，祷于天妃之神，且官舫上方，为祠事之，舟中人朝夕拜礼必虔，真若悬命于神者"⑤。万历七年（1579年）使琉球的谢杰说，"航海水神，天妃最著"⑥。万历三十四年（1606年）使琉球的夏子阳亦说："余目睹海神事有感焉。夫天妃诞自莆阳，五代至今，历著灵异，载在祀典，旧矣。凡国崇祀以庇民也，国以庇民报祀，神以庇民食报，神无日不为民庇也，特人心自为有无耳。"⑦其他使者也有类似的记述。

除妈祖外，册封使团所奉祀海神还有临水夫人、海龙王、拿公、陈文龙、苏臣等神灵。

从陈侃出使时起，册封琉球出发之前须准备好两道谕祭祈报海神文，后成为惯例。"行令福建布政司于广石海神庙备祭二坛：一举于启行之时而为之祈，一举于回还之日而为之报。使后来继今者，永著为例。免致临时惑乱，事后张皇。而神之听之，亦必有和平之庆矣"⑧。

出使过程中，一项重要的活动是去天妃等海神庙上香。册封使臣接受任务之后，凡所经过的天妃庙，都要进香。陈侃出使时的正使高澄，"凡修祀行香，必诚必敬，罔敢怠忽"⑨。清康熙年间出使琉球的汪楫，"星驰赴闽，于二十二年六月二十日谕祭海神天妃于怡山院"⑩。其他使臣也遵例于怡山院谕祭天妃。长乐广石亦有"广石庙，庙海神天妃者也"⑪，历朝出使琉球者经此必前往行香。而嘉庆年间出使琉球的李鼎元等人，在接受册封任务后，未出京城即前往东四牌楼马大人胡同天后宫进香，以祈佑平安⑫。

封舟起航，使团在航海过程中，祭拜海神、祈求平安更是每天最重要的功课。册封舟上设有神堂以供奉海神。船员中设香公一名，除负责"大帆尾缭"的操作和维护外，还掌管"天妃、诸水神座前油灯，早晚洋中献纸"⑬等供奉、祭祀事务。"使臣登舟，必先迎请天妃，奉舵楼上，而以拿公从祀"⑭。如李鼎元，"恭请天后行像并拿公神像登舟，祭用三跪九叩首礼"⑮；比李鼎元稍晚出使琉球的齐鲲说，"国朝册封琉球，

---

① 萧崇业、谢杰：《使琉球录》卷上，敬神，广石庙碑文。
② 夏子阳：《使琉球录》卷上，敬神。
③ 张学礼：《使琉球记》。
④ 谢必震：《试论明清使者琉球航海中的海神信仰》，《世界宗教研究》，1998年第1期。
⑤ 陈侃：《使琉球录》，天妃灵应记。
⑥ 谢杰：《琉球录撮要补遗》，收于夏子阳：《使琉球录》卷下，附旧使录。
⑦ 夏子阳：《使琉球录》卷上，敬神。
⑧ 萧崇业：《使琉球录》卷下，题奏。
⑨ 高澄：《天妃显异记》，收于萧崇业：《使琉球录》卷上，敬神。
⑩ 汪楫：《使琉球杂录》。
⑪ 郭汝霖：《重编使琉球录》卷下，广石庙碑文。
⑫ 李鼎元：《使琉球记》，卷三。
⑬ 徐葆光：《中山传信录》卷一，封舟。
⑭ 汪楫：《使琉球杂录》。
⑮ 李鼎元：《使琉球记》，卷三。

向例请天后、拿公神像供奉头号船,请尚书神像供奉二号船"①。封舟抵达琉球后,琉球方面"奉迎船上天妃及拿公诸海神之位供于上天妃宫内,朔、望日行香";使臣亦到琉球的天妃宫行香,据徐葆光载,使臣至琉球的第二日,"先诣孔庙行香,次至天妃宫"②。当册封使臣经历风险平安归来后,对天妃等海神报祭之情更殷。如李鼎元归来后,刚入闽江口之五虎门即径往怡山院,"特购羊一、豕一,致祭于天后海神"③,还需"奉安天后行像、拿公于故所"④。然后,使臣们尽其所能,向朝廷题奏,请赐封天妃封号,以彰扬其功德。

上述敬神活动仪式性色彩较重,而航海过程中为避险和求生而进行的种种临时性的祭祀和祈神活动,则更能体现船员们的最切实的心理需求。封舟过中琉分界的"黑水沟"时,按惯例需要祭祀,"杀生猪、羊各一,泼五斗米粥,焚纸船。鸣征击鼓,诸军皆甲露刃,俯船作御敌状"⑤。李鼎元出使琉球时,不知沟之所在,琉球火长说:"伊等往来不知有黑沟,但望见钓鱼台,即酬神以祭海",李鼎元"随令投生羊、豕,焚帛、奠酒以祭,无所用兵。"⑥航海中时有海难发生,遭遇狂风巨浪时,束手无策的海员们只能乞求海神的保佑,"大呼神明求救""叩首无已",册使则穿戴整齐向神明许愿,"当为之立碑,当为之奏闻于上"⑦,绝望之际,不惜毁身纾难,"剪发设誓,求救于神"⑧。此外,还有出檄发牌、扶箕卜爻等种种仪式,用以寻求心理慰藉。有使臣口授檄文令书吏撰写"以檄天妃"⑨,有使臣"檄告龙王,词用严切"⑩,以乞求保佑。陈侃、高澄使团有"管军叶千户,平日喜扶鸾"⑪,郭汝霖使团亦有"舵工陈兴琪又善降箕"⑫,通过扶乩活动,传达天后旨意以稳定人心。此外,航行中若无风或风向不对时,还有各种祈风仪式。

从册封琉球使团的海神信仰可以看出,明清时期,全国性航海保护神妈祖的地位得以进一步巩固,而多神化和凡人化趋向也在继续,拿公、苏臣、临水夫人、陈文龙都是凡人成神的典型。

(三)册封使团的日常航海生活

册封使团在航海中,除了敬神、祭祀外,其饮食供应以及经历的风涛寒暑之苦,使录中都有记载,为我们展示了明清时期海员们在船上的日常生活状况。

1.饮食供应

淡水对航海的重要性不言而喻,封舟上准备了大量的淡水,并专舱储存。徐葆光记载,一号船,"水舱四、水柜四、水桶十二,共受水七百石";二号船,"水舱二、水柜四、水桶十二,共受水六百石"⑬。陈侃使琉球时,"水四十柜",仍然"勺水不以惠人,多备以防久泊也"⑭。平时,"舟中仅二使盥漱,余止限给与饮食"⑮,即只有正副册封使享受日常洗漱的待遇,其余人员只限于饮食用水。然而即便是饮食用水也严格

---

① 齐鲲:《续琉球国志略》。
② 徐葆光:《中山传信录》卷二,天妃宫行香。
③ 李鼎元:《使琉球记》,卷三。
④ 同上。
⑤ 汪楫:《使琉球杂录》。
⑥ 李鼎元:《使琉球记》,卷三。
⑦ 陈侃:《使琉球录》,题奏。
⑧ 萧崇业:《使琉球录》,卷上,敬神。
⑨ 萧崇业:《使琉球录》,卷上,使事纪。
⑩ 夏子阳:《使琉球录》,卷上,使事纪。
⑪ 高澄:《临水夫人记》,收于萧崇业:《使琉球录》,卷上,敬神。
⑫ 郭汝霖:《重编使琉球录》卷上,敬神。
⑬ 徐葆光:《中山传信录》卷一,封舟。
⑭ 陈侃:《使琉球录》,使事纪略。
⑮ 夏子阳:《使琉球录》卷上,造舟。

控制,徐葆光说,"水舱、水柜设人主之,置籤给水,人日一瓯"①;汪楫也说,水舱"命亲丁司启闭,人置名签,验签给水,日二次,涓滴不妄费也"②。可见,封舟上的水舱、水柜一直设专人管理,掌管者一般为使臣亲信,船上每人每天凭名签限量供水。

封舟上的三餐由"总铺"负责,使臣还另外配有专门的厨师以及糕饼匠等。因为航海人员众多,封舟上须备足米粮、蔬菜,还要饲养一些"鸡鸭、牲口之类"③,除添加荤食外,还用来祭祀。但是,封舟上的水、米、蔬菜等的储备只能满足正常航行的需要,一旦遭遇海难,航期延长,基本饮食供应就会出现问题。郭汝霖在回航途中遇风暴,"五日不一粒,生命余亦已决度外"④。张学礼使团因在海上迷失方向,"舟中水米且尽,枵腹三日矣"⑤。周煌使团也因遇上大风暴,"柴、蔬、水、米俱尽"⑥。

2.风涛署寒之苦

海上航行,风涛颠簸,航海人员饱受眩晕呕吐之苦,萧崇业记曰,"东风益剧,水与舟相吞搏,有噌吰鏜鞳之声,而欹侧簸扬,舟中瓶瓮、门椅皆仆,人人惴恐。于是有食而呕者、步而蹶者、晕而卧者。问之,舌举而不下者;答之,口呿而不合者"。又记曰,"然北又多暴,舟迅而荡甚,欹侧簸扬,时戛轧为裂帛响,颓然若屋宇将倾之状。人如磨上行,四方易位,头目眩迷,颠踬呕晕,避匿舱内不出,呫呫自嗟者,前十人而五、今十人而九已。此皆屠夫不习水,且漫不知降伏其心,故稍涉惊危可愕之事,神竟为所夺耳"⑦。夏子阳记曰,封舟"随波荡漾,飘如一叶,舟中人晕者、呕者、昏迷欲倒者纷如矣"⑧。而徐葆光说,"至于颠仆呕逆,小小困顿,海舶之常,何足云也"⑨,这仅是相对于平安归来而言,同时也说明海上航行眩晕呕吐是至为常见的。

风帆时代,航海须乘季风之便。册封使团一般是在夏至后乘西南风航往琉球,然后在冬至后乘东北风返航福州。因此,海上航行时间正好是最热和最冷的两季。夏日酷热,茫茫大海无所避暑,船员还要在各自岗位上劳作,中暑的现象时有发生。萧崇业使团因为在海上航行日久,"踰旬不至,天气颇炎。船面虽可乘风,舱口亦多受湿;染疫痢者十之三四,竟不起者七人"⑩。册封使臣虽然在封舟上享受较好的生活待遇,但面对炎炎暑热也束手无策,陈侃和高澄就饱受"暑气熏熏,脾胃受疾,寝食弗安"⑪之苦。封舟上虽有随船医生,但毕竟医术水平和医疗条件均有限,面对这种情况,也只有"于船面搭矮凉棚,使舱居者更番上坐以乘风"⑫,或者"前后圈篷作小屋一二所,日番居以避舱中暑热"⑬。而冬季返航,天寒风大,这时舵工最为辛苦,"持舵时身为咸水所拍,北风裂之,故痛不可忍也"。医生于是"用蜜半斤、淡酒三十斤、防风当归等药末半斤,煎汤浴之,一夕而愈矣"⑭。如果遭遇更为恶劣天气,"严冬凛冽,舟皆裹冰,榜人(即船夫)冻冱,不能施力",只能"亟易其衣,初以布,次以紬缎众袄"⑮。推测其当时情境,"布"及"紬缎众袄"应为船上货物。封舟所带货物中,纺织品是一大项,应有贸易未尽者随船带回。遇到严寒天气,身

---

① 徐葆光:《中山传信录》卷一,封舟。
② 汪楫:《使琉球杂录》。
③ 郭汝霖:《重编使琉球录》卷上,敬神。
④ 同上。
⑤ 张学礼:《使琉球记》。
⑥ 周煌:《琉球国志略》卷五,山川。
⑦ 萧崇业:《使琉球录》,卷上,使事纪。
⑧ 夏子阳:《使琉球录》卷上,使事纪。
⑨ 徐葆光:《中山传信录》卷一,后海行日记。
⑩ 萧崇业:《使琉球录》,卷上,造舟。
⑪ 陈侃:《使琉球录》,使事纪略。
⑫ 萧崇业:《使琉球录》,卷上,造舟。
⑬ 徐葆光:《中山传信录》卷一,封舟。
⑭ 萧崇业:《使琉球录》,卷上,造舟。
⑮ 张学礼:《使琉球记》。另据《台湾文献丛刊》第292种《清代琉球记录集辑》(台湾银行1970年版),"紬缎众袄"作"䄂缎裘袄"。

上的衣服无法御寒,船员便先将相对便宜的布匹裹在身上,继而用绸、缎,最后连包袱皮都用上。

遇到紧急情况,船员需排除故障,往往明知不可为而为之,就顾不上风寒水冷了。张学礼使琉球返航时,勒舵绳断,需要有人潜入水里更换新绳,那情境让人窒息:

十八日,舟子忽报曰:勒索断,舵浮于水,危在顷刻矣。予令曰:如能下水者,赏银五十两。有一人出应,令饮酒而下。入水即起。予又曰:能换绳者,赏银百两。有一二少壮者出应,皆随下随起,入水不能,起舵不可。①

风帆时代海员之苦,莫可名状!

第七节 明清时期的航海科技文献

明清时期,民间航海的繁荣更加促进了对航海技术的总结和传播,为了保障航行顺利与安全并传授航行经验与知识,"舟子各洋皆有秘本"②,而一些亲自参与过航海活动的官吏和知识分子也把自己的航行见闻编撰成书,因此,这一时期有关航海科技与航海地理的专门文献频现于世,较之宋元,其技术性和实用性更强,集我国古代航海科技文献之大成。下面仅举几例。

一、航海地理与科技文献

(一)《两种海道针经》

为专门性的航海科技著作,由《顺风相送》与《指南正法》两部分组成。原为旧抄本,作者已无从稽考,藏于英国牛津大学鲍德林图书馆,后经我国著名学者向达钞回,合二为一并拟名,校注刊行。据相关学者推测,两书先后成书于16世纪前后,"都是那些火长们长年出入于惊涛骇浪中所积累起来的经验"③。

两种针经内容相类,大致可归纳为三个方面:一是关于天文、气象等观测方法;二是关于地文、水文等航路指南;三是船舶驾驶与导航仪器使用技术等。较之前代航海科技文献,两种针经更为精细和具体,如定潮水消长,不但有具体时刻,而且还记录了水色、流向、海生物等资料;航路指南不仅记录了各地地形与水文状况,还详细注明了罗盘航向、航程航时的确定、航道测深数据、水中危险物与抛锚避泊条件等。目的很明确,"以此传好游者云尔"④和"已与诸人有志远游于此者共识之耳"⑤,可见其传播意图十分明显。

(二)《东西洋考》

为明人张燮所撰的关于明后期海外贸易的综合性著作,其中的航海科技内容,主要集中在卷九的《舟师考》中。作者开列了西洋针路125条,东洋针路46条,并在针路中详细注有各种航行指南文字。同时,张燮还记录了关于天文、气象、水文等各种占验歌诀40余条,对于不利航行的水文与气象条件,总结出"水醒水忌"和"逐月定日恶风"予以警示,文字直白浅显,押韵上口。张燮对于一些技术性的总结力求简单明了,比如总结"漳人之候潮"法时说:"夜则以月,昼则以时,于指掌中从日起时,顺数三位,长、半、满、退、半、尽、以六字操之,无毫发爽。"使之便于为更多航海者所用。

---

① 张学礼:《使琉球记》。
② 黄叔璥:《台海使槎录》卷一,水程。
③ 向达:《两种海道针经》,中华书局,1961年,序言,第10页。
④《顺风相送》,序。
⑤《指南正法》,序。

(三)《海国闻见录》

清代福建同安人陈伦炯所著,雍正八年(1730年)成书。陈伦炯自幼博览群书,稍长便随父亲出入东西洋,"尤留心外国夷情、土俗及洋面、针更、海道"①。后袭父荫,先后任职于台湾、广东、江南等地,累官至浙江水师提督。作者丰富的出洋经历以及浓厚的兴趣,使之撰成这部重要的航海地理著作。

该着分上下两卷,上卷8篇"记",叙述中外海洋地理风貌,包括中国沿海、亚洲各部以及欧洲与非洲;下卷6幅"图",描绘了东半球、我国沿海、台海东西海岸、澎湖与海南岛等区域的海陆形势。该着对中国沿海的海岸地貌、水文、航运及海防态势等方面的论述系统而翔实,特别是对各港湾的安全航道与危险水域都有明确提示,具有重要的航路指南价值。在对中国海岸的描绘方面,比《郑和航海图》和《海道经》等更为详细具体。在远洋航海地理方面,具有奠基的地位,对后来魏源的《海国图志》以及谢清高的《海录》等都产生了重大影响。在航海技术方面,对清代传统的航海技术也作了批判性地总结。

(四)《海国广记》与《桴海图经》

《海国广记》系明人慎懋赏所撰,记载了中国东南沿海通向琉球、安南、真腊、占城、爪哇、满剌加、三佛齐、暹罗、古里、榜葛剌、默德那、佛郎机等海外国家与地区以及各地彼此之间的海上针路、航时航程、地文、水文等定位与导航条件,叙述详尽,为当时重要的航路指南。

《桴海图经》为明嘉靖年间使日的郑舜功归国后所撰《日本一鉴》的一部分,具体记述了中日之间的海上航路。值得注意的是,书中引注了当时所能见到的诸多航海文献,如《海道经书》《渡海方程》《四海指南》《航海秘诀》《航海全书》《针谱》等,使这些珍贵文献得窥一斑。从上列书名不难推测,这是一些航海指南类的书籍,具有重要的传播功能。

(五)牛津藏《明代东西洋航海图》

明清时期还有大量的具有传播和"教科书"功能的航海文献,虽然作者名字不传,但其在中国航海史及航海教育史上具有重要地位,比如章巽先生年考释出版的《古航海图》等,这里要说的是一副新近发现的《明代彩绘航海图》。

此图原为17世纪英国一位著名律师约翰·雪尔登(John Selden)的私人收藏品,后于1659年捐给英国牛津大学鲍德林图书馆。2008年在一次馆藏清理中被学者重新发现,引起馆方重视,重金修复后于2011年10月1日举行了首次公展。

此图在西方学界被命名为《雪尔登中国地图》(The Selden Map of China),而我国学者根据其研究结论给出了不同的命名,如钱江教授建议称之为《明中叶福建航海图》②,陈佳荣先生称之为《明末疆里及漳泉航海通交图》③,郭育生、刘义杰先生称之为《东西洋航海图》④等。综合各专家意见,这里姑且称之为《明代东西洋航海图》。

这幅航海图的特色十分鲜明,在绘图技巧方面,为手工彩绘,以山水画技法勾勒出山峦、树林、宝塔和楼阁,再施以淡彩点缀,表示不同地貌。该图首次将标尺和航海罗盘绘制在图上,其所绘地理方位的准确性远在明代绘制的其他海图之上。更为重要的是,图上以实绘航线的形式清楚地绘出了中国帆船经常使

---

① 陈伦炯:《海国闻见录》,中州古籍出版社,1985年,序。
② 参见钱江:《一幅新近发现的明朝中叶彩绘航海图》,《海交史研究》,2011年第1期。
③ 参见陈佳荣:《〈明末疆里及漳泉航海通交图〉编绘时间、特色及海外交通地名略析》,《海交史研究》,2011年第2期。
④ 参见郭育生、刘义杰:《〈东西洋航海图〉成图时间初探》,《海交史研究》,2011年第2期。

用的东、西洋航路,令使用者一目了然,并配以具体的文字航海针路指引。这幅航海图可以确定出自一位民间航海家之手,一定程度上反映了明代民间航海教育的所达到的高度。

(六)耶鲁藏《清代东南洋航海图》

为清代中国民间人士佚名所编绘,用作国内外航海之指南,在鸦片战争期间,于1841年被英国海军军官从一艘中国商船上搜掠而得,此后辗转流落至美国,原图存于耶鲁大学斯德林纪念图书馆。1974年,台湾留美学者李弘祺发现此图,后于1997年在台北、北京发表文章予以介绍,名之为《中国古航海图》。后论者渐多,命名各异,这里采用钱江、陈家荣两先生向大陆学界推介时的命名:《清代东南洋航海图》①。

这本古航海图册,不计封面或封底,共123图幅,其中英文说明1页,中文图说122页。据李弘祺介绍,该图集"涵盖的范围从日本长崎乃至马来半岛,大致等于中国一般通商帆船的航行范围。这些地图共同构成一段海岸线的完整地图,从北纬三十二度四十五分、东经一百二十九度五十二分至北纬七度十分、西经一百度三十五分。这幅地图的目的显然是引导航行于陆地视线范围内的水手,协助他们顺利驶入港湾。几乎每一幅地图都附有注解,包括海水深度、沙岸位置、暗礁或岩石、可见的建筑物,以及具有辨识效果的自然地标,例如高大的棕榈树、远方特色鲜明的高山、当地景色的主要色彩等等。简言之,大部分的地图都采取绘画的形式,描绘出港口与沿岸的形貌"②。

通过分析其绘制风格和说明文字的特点,许多专家认为,该图册为清代普通船工所作,这反映了经过古代航海教育的长期积累,部分船员素质得到了极大提高。

二、《舟师绳墨》及其航海教育价值

我国古代航海教育有着悠久的传统,其中一个重要特点就是"民军互用":民间总结的航海经验和技术被用于水军训练,而军事航海教育成果也反哺民间船员。这在明清时期体现得尤为明显,由于"捕盗"和"抗倭"等军事需要,一些由水军军官及其幕僚编写的关于水军训练、江防海防等方面的著作相继问世,较重要的有戚继光的《纪效新书》、胡宗宪的《筹海图编》、茅元仪的《武备志》等等,这些著作都借鉴了民间航海的诸多经验和技术。而就在中国航海教育史上的价值而言,林君升的《舟师绳墨》(见图3-2)不可不作重点介绍。

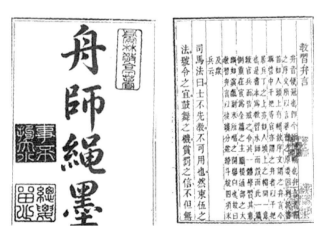

图3-2 我国最早的航海教材——《舟师绳墨》

---

① 见钱江、陈佳荣:《牛津藏〈明代东西洋航海图〉姐妹作——耶鲁藏〈清代东南洋航海图〉推介》,《海交史研究》,2013年第2期。
② 同上。

林君升(1685—1756 年),字圣跻,号敬亭,福建同安人。生长于海滨,出身于行伍。康熙六十年因功擢黄岩镇游击,雍正四年授浙江定海镇总兵。后历任碣石、台湾镇总兵、广东提督、福建水师提督、江南提督等。《舟师绳墨》为其在浙江定海镇总兵任上所撰。

据清乾隆三十七年陈奎刻本,全书共万余字,分为"教习弁言""捕盗事宜""舵工事宜""缭手事宜""斗手事宜""碇手事宜""众兵事宜"和"跋"8 个部分。

在"教习弁言"中,作者开宗明义阐明了编撰此书的目的:"是书本为教习水师而设,而此一篇统官兵而告诫之,令其一体学习,其意侧重在官。"这表明了该著作为水军官兵学习教材的基本用途。接下来,作者强调了军事航海教育的重要性和必要性:"惟是水师首重战舰,若遇风恬浪静,操驾巡防,有何难处?所患海气溟蒙,风涛瞬息,兼以乱礁逆流,掀簸震荡,戍守之险,难于出路者此也。苟非教之有素,自顾不暇,所望其捍御者安在哉?"在文后的"跋"中,刻印者陈奎给予此书很高的评价:"当日者,非特铁衣之列,手执一编,目睹口授,即商艘渔艇间,无不奉为利涉指南矣。"说明书成之时,不仅作为军事航海教材使用,同时也为民间航海教育所用,进一步明确了其在航海教育方面的价值。

其余 6 个部分为该书的主体内容,其中"捕盗事宜"和"众兵事宜"是关于军事技术教育的,而"舵工事宜""缭手事宜""斗手事宜"和"碇手事宜"是关于航海技术教育的。

"捕盗事宜"针对的教育对象是负有具体管理、指挥职责的中下级军官,着重强调他们的纪律性,要求他们必须做到"公""明""勤",并点明三者的关系:"公则无所徇庇,自然能明;明则洞悉利害,自然能勤。"在"舵工事宜"中,作者首先阐述了舵工的重要性和特殊性,认为"一船着力,全在舵工",而舵工要有主见,"仰观俯察。舵工独任其劳"。接着他要求舵工通晓天文、气象、水文、地文等航海知识,并将自己在这方面的经验悉心传授。在"缭手事宜"中,具体阐明缭手的相关事务和必须掌握的各项知识、技能,特别是在不同的地文、水文和气象条件下,应当如何放缭、趱缭、过缭、收缭等。在"斗手事宜"中,首先说明斗手的选拔标准,除"手足伶俐""精力强壮"外,"然又必有胆以充之"。继而阐述斗手上桅工作时的注意事项、必须掌握的技能和日常对桅篷的养护事宜。在"碇手事宜"中,首先举例说明"走碇之害",继而阐述了日常碇木保管的各项事宜,最后提出"抛碇之法",并详细说明其技术要领。"众兵事宜"针对的教育对象是水军士兵,作者强调了严守纪律,协同一心的重要性,并对其提出各项具体要求。

从其编撰特点来看,《舟师绳墨》也十分适合作为航海教育教材使用,其一,文字极其浅白通俗。在"教习弁言"中,作者即表明"宁言粗俗而求实效,不敢粉饰而事虚文,各抄一本,识字者自读,不识字者听识字者解说、诵读"的实用态度,而全书也确实做到了通俗易懂。为说明问题,作者常将日常生活中熟悉的事物作比,比如:"我常将捕盗譬作人家当家人一般,自堂前以及厨下,事事都在当家人肚里,早夜不得安逸,食用器皿,件件俱要问着他,还要任劳任怨,若使一避劳怨,又却当家不成。故为捕盗者,行舟先须计算粮米,此为第一要着。"而且,稍微有些难度的字和词,作者都不厌其烦地给出标音和释义,比如:"比,音秘。比比,犹每每也。捷径,犹近路,言其由水师出身较陆路为快便也。屿,音序,海中洲上石山也。礁,音焦,海中隐石,本作蟭,今俗通作礁,非。"其次,针对性极强。对于"捕盗""众兵"和"舵、缭、斗、碇"等各岗位职责,内容各有侧重,学习起来更加便捷,效率更高。其三,极具亲和性。在尊卑分明的行伍之中,作为一位水师高级将领,作者字里行间却未见居高临下、呵责训斥的严厉面孔,而是给人一种悉心有加、循循善诱的导师形象。而且文中多有情真意切之辞,或为勉励褒奖,或为官兵的生命与前程思虑,使人特别容易接受。

作为我国古代唯一一部明确阐明教育目的的航海专著,《舟师绳墨》在我国古代航海教育史上的地位和价值不容置疑,它反映了新的航海教育思想正在萌芽,表明了开展专门的航海教育已十分必要,并为之做了有益的尝试。

第三章　明清(中前期)海员发展的顶峰与变化(1368—1840年)

明清时期,我国古代航海事业及广大海员经历了波澜壮阔的发展阶段。郑和下西洋堪称世界航海史上的壮举,集中展示了中国古代劳动人民悠久的航海传统、先进的航海文明与巨大的航海能量,创造了我国古代海员最为辉煌的业绩,不仅书写了中国航海史上的光辉篇章,更树立了世界航海史上的不朽丰碑。之后,虽然明清政府长时间实行禁海政策,但时代赋予了航海事业不可阻挡的发展势头,民间航海日益兴盛,广大海员有了更为广阔的发展空间。远洋贸易船员、近海沙船船员以及漕运船员各成体系,并在发展中不断完善,职责划分愈加细致,职务类别愈加丰富,达到了中国古代前所未有的水平,同时,航海教育的长期积累,使海员素质稳步提高。至此,"一个自我完备、独具特色的中国古代海员体系最终大功告成了"[①]。然而,鸦片战争之后,随着西方轮船运输业的涌入,中国传统帆船业迅速衰落,中国海员随同中国航运业一起被时代裹挟着走进历史新的一页。

[①] 王杰:《中国古代海员职务略考》,《中国航海》,1992年第3期。

近代篇

(1840—1949 年)

第四章 晚清时期中国传统海员的演变发展（1840—1911 年）

第一节 中国传统帆船船员队伍的衰落

1840 年，鸦片战争以后，外国航运势力大举扩张中国航线，以致在东南沿海许多大口岸，轮船排挤了中国传统木帆船，侵占了木帆船的航运业务，尤其是沿海贸易权的丧失，沉重地打击了中国帆船业。外国航运公司凭借获得的种种特权以及轮船在技术上所显示优越性能，形成了对中国木帆船的竞争压力，使中国传统帆船航运业受到了严重的影响，面临着日趋衰落的局面，中国传统帆船船员大批失业，生活日益窘迫。

一、中国传统帆船航运业衰落的原因

（一）新式轮船替代旧式帆船是根本原因

先进的生产工具淘汰旧的生产工具是社会发展的必然趋势。轮船相比帆船来说，具有强大的优势。

轮船的优势首先体现在行驶快速。轮船以机器动力航行，受自然因素影响较小。而帆船靠风力驱动，受自然环境影响大。这一点也为洋务派官员所认识到，同治十年十二月十四日（1872 年 1 月 23 日）内阁学士宋晋奏请裁撤闽、沪两厂（即福州船政局和江南制造局），清政府下诏各督抚奏议。同治十一年三月（1872 年 4 月），沈葆桢在论证轮船必须继续制造时指出："前年运米成案，沙船自沪达津以月计，轮船自沪达津以日计。此其利钝盈绌，尚待辩而明哉？"① 速度快则效益增长就快，资本的利用率就高，盈利自然就多了。

第二是航行安全。轮船的机动性好，遇到气候突变，不利于航行时，能迅速驶入安全港湾，避开危险地区；轮船的吨位大稳性好，能够在大风浪中航行；外国轮船可以不受清政府的约束，配备较强火力，能够抵抗海盗侵扰，这些都是木帆船所不及的。

第三是有客货保险。当时中国尚无保险业，外商保险公司不给帆船保险，只为轮船和所载的客货保险，所以托运商人愿意雇用轮船从而得到人货的安全保证。

总之，代表先进生产力的新式轮船替代旧式帆船是传统帆船航运业衰落的根本原因。木帆船业由于其技术落后，很难适应经济的进一步发展，在新技术、新经营模式的竞争下，衰落是不可避免的。唐廷枢、徐润在《论轮船招商局事宜及现办情形》中也提到："夫五口通商之始，夹板船盛行，而民船揽载日减，迨后轮船四出，水脚愈贱，船身愈坚，驾驶之灵，快捷十倍，各商以其货不受潮，本可速归也，遂争趋之，而夹板生意大为侵夺矣。此皆时事变迁，非甘弃民船，而取洋船也。"（见图 4-1）作为轮船招商局的总办和会办（相当于现在的总经理和副总经理），唐廷枢和徐润的认识还是相当客观的。

---

① 《筹办夷务始末》，同治朝，中华书局，2008 年，卷八十六。

图 4-1　省港澳轮船公司的"佛山"号在广州

(二) 外国航运势力在中国航运业的扩张

外国航运势力是通过军事以及政治上的压力打入中国的航运业的。这是造成中国传统帆船航运业衰落的第二个原因。先后进入中国远洋航线的都是当时世界上排名数一数二的大公司,如英国的大英轮船公司(Peninsular and Oriental Steam Navigation Company,P&O)①、蓝烟囱轮船公司(Blue Funnel Line,BL),法国的法国邮轮公司(Compangnie des Messageries Maritime,MM),德国的北德轮船公司(Nord-deutscher Lloyd,NDL)、汉美轮船公司(Hamburg-American Line,HAL)②,美国的太平洋邮船公司(Pacific Mail Steamship Company,PMSC),日本的日本邮船株式会社(Nippon Yusen Kabushiki Kaisha,NYK)等。经营中国内贸航线的三大外国轮船公司:英国的太古轮船公司(China Navigation Company,CNC)、怡和轮船公司(Indo-China Steam Navigation Company,ICSNC)和日本的日清汽船株式会社(Nisshin Kisen Kabushiki Kaisha,NKK),这几个公司的资本实力都远远大于同期中国的轮船招商局。

而且,这些轮船公司通过不平等的条约获得了很多特权,同中国帆船展开不平等竞争。例如,鸦片战争以后,船舶的吨税大大降低,减轻了外国轮船的负担,但清政府此时不管轮船还是帆船,大船还是小船,都征收同一税率,且第二次鸦片战争以后,吨税又改为每 4 个月一征,轮船在单位时间内航行次数势必比帆船多,中国帆船业显然处于不利的地位;外国航运势力进一步又在垄断中国航运的基础上,掠走了大量的航运利润,一方面使中国的木帆船业主迅速破产,与此同时,也使中国航运经营者丧失了积累资金而改善船舶的先决条件。

(三) 清政府的腐朽政策阻碍航运业发展

在近代,各国政府大力支持和发展航运业的形势下,清政府不但不支持华商创办新式轮运业,还对传统的水运业征收过重的税负。这是导致中国传统帆船航运业衰落的第三个因素。

中英《天津条约》第二十八款确定了"子口税"的原则,即洋商进出口货物,只要照章缴纳一次进出口正税 5%,再加上 2.5%的子口税,就得以遍运全国,不再缴纳其他税厘。而清政府向木帆船征收高于外国商船子口税几倍的厘金③,货主为了少缴税金,自然委托外商轮船而不是中国帆船运货。同治元年(1862年)清政府规定,对中国商船除原定征收货税、船钞和规费以外,又增加"海船商号输捐",商船承载量为 300 石的需捐银 25 两;而自 400 石起,每增加 200 石即加银 25 两,并以次递增。这就是说,一艘 1500 石

---

①清末世界最大的轮船公司。
②1898 年 1 月,汉美轮船公司(HAL)的吨位超过了大英轮船公司(P&O),成为当时世界上最大的轮船公司。
③清代的常关、厘卡税都是过境税。1853 年,清政府为筹措军饷以镇压太平天国革命,开始征收厘金。厘金的征收,虽名为 1%的厘,实则高至 4%—10%,甚至有高达 20%的;征收的地域越来越广,而且无货不征,一物数征,严重阻碍了商品的流通。

至2000石的船只出海,必须先交数百两银子,其他的陋规和陋规以外的勒索还不包括在内,这对于传统的木帆船航运业来说,无疑是雪上加霜。

当帆船业主谋求改进船舶技术以打破外国航运垄断时,却被清政府视为洪水猛兽,他们以为"自来奇技淫巧,衰世所为""机器以御机器,其策犹非也"。他们利用权力阻止人民的变新图强,反对机械化,反对技术革新,如光绪十年(1885年)广东人伦国材、罗初屏等人,在上海集资谋建"广顺源木轮快船公司",然而却遭到了清政府的阻止。"广顺源木轮快船公司"创办不久,就遭到了"宪批斥",以"国向无此例"为由"着不准行"。

(四)海盗猖獗加快了商品转向轮船运输

整个清末时期,中国东南沿海的海盗还是很猖獗的,航速慢、船体小、干舷低的木帆船是海盗主要的劫掠对象。有的海盗甚至劫掠朝廷的漕运船只,咸丰五年二月二十五日(1855年4月11日),江浙海运漕船在山东黑水洋石岛为海盗所劫,二十九日又有漕船被劫。① 当年五月三十日,一伙海盗船自奉天没沟营口驶入复州娘娘富海口,登岸抢掠货物,并将清军水师战船围截烧毁。海盗发展到不仅在海上抢劫船只,还登陆劫掠,甚至攻击朝廷的水师,可见其猖獗程度。鉴于海盗船横行海面,咸丰皇帝下旨"奉天牛庄、直隶山海关、山东石岛等处洋面,各有盗船数十只,掳掠商船,致商船不敢驶出津面,海运回空各船亦不敢前往,于明年海运所关非细。着英隆、恒毓、桂良、崇恩于各海口严密防范,设法剿捕,并着江南拨兵会剿"。② 但由于清政府水师装备落后,收效甚微。不得已,上海宁波的商人自雇了4艘火轮船(英船)北上搜捕海盗,但被朝廷以"内洋盗匪自有师船勇船剿捕,何必借助外夷,致令将来借口"③为由所禁止。

当时上海的《申报》等报纸几乎每月都有刊登船舶被海盗劫掠的消息,中国木帆船得不到清朝政府的正常保护,又被清政府禁止携带武器,自然无力抵御海盗的劫掠行为,而清政府对外国轮船携带武器却不闻不问。明治三十九年(1906年)日本出版的《各国事情关系杂纂·支那ノ部·天津》第一卷所收的伊集院彦吉的报告"沿海'戎克船'(中国帆船)贸易"中分析了中国帆船衰落的原因:"原来'戎克船'输送的特点仅是其运费低廉,但保险业者不愿加附海上保险,倘若加附保险,其所附加之高率几乎是要课其禁止的高率。再者,由于清国海军的衰败,沿海海贼甚是危险,其需要运搬之时日因无法确定,最终无法与汽船匹敌。"④在此情况下,加速了中国帆船业的衰落。

二、中国传统帆船运输业衰落的状况

(一)中国海上帆船运输的衰落

自第一次鸦片战争结束,五口通商⑤以来,外国航运企业在中国的飞速发展和垄断地位的形成,使中国海上帆船运输受到很大的冲击。传统的对东南亚、日本的海上运输,木帆船在外国航运企业的打击下,基本退出远洋航线。而在近洋航线上,外国商人凭借其船只先进的优势和攫取的特权,也使中国成批的木帆船不断退出海上航运。

1.首先受到冲击的是大型的远洋帆船

五口通商以前,广东汕头有很多能载货1万石(约600吨)的大木帆船,经常在本港和安南、交趾支

---

① 《清文宗实录》卷一六三。
② 李文海:《清史编年》,第九卷,咸丰朝,中国人民大学出版社,2000年,第327页。
③ 李文海:《清史编年》,第九卷,咸丰朝,中国人民大学出版社,2000年,第331页。
④ 松浦章:《清代帆船东亚航运与中国海商海盗研究》,上海辞书出版社,2009年,第103页。
⑤ 五口通商,是指广州、厦门、福州、宁波、上海五个口岸。

那、海峡属地以及暹罗诸港之间进行贸易,一年一趟,有时直开上海、天津、牛庄。五口通商以后,这类船只逐年减少,因为再也找不到生意,以致到19世纪70年代末,只剩下两艘,其中一艘已严重损坏,终年在船坞里修理。①

福建也是如此。道光二十七年二月二十六日(1847年4月11日),道光帝感觉近几年闽海关"税课从无短缺,乃近年每不足额",于是谕令闽浙总督刘韵珂访察其由。刘韵珂上奏:"查闽海关税务虽分六口,而厦门一口向居税额之半。厦门贩海之船有透北、过台、出洋、广拨②四项货船,自五口通商以后,夷船所贩之货,即系出洋、广拨两项船只所贩之货,以致出洋、广拨二船收帆歇业,夷税日增,常税日绌。"③这里也说明了厦门远洋木船的衰落情况。同治十二年(1873年),英国驻广州领事的商务报告中便宣称:广州的海上贸易已被外国人垄断,"他们的轮船抢夺了木船货运,以致该业全部消失"。④

吕实强在《中国早期的轮船经营》中也提到,1824年以后,每年驶往新加坡的中国船只,约为150—250艘,但到了1844—1845年度中,便降低到仅有32艘。当时中国的远洋帆船大概每条船上配备80—100名船员,根据《厦门志》记载:"通贩外国之船,每船船主一名;财副一名,司货物钱财;总杆一名,分理事件;火长一正一副,掌船中更漏及驶船针路;亚班舵工各一正一副;大缭二缭各一,管船中缭綜,一碇二碇各一,司碇;一迁二迁三迁各一,司桅綜;杉板船一正一副,司杉板;及头缭押工一名,修理趣船中器物;择库一名,清理船舱;香工一名,朝夕焚香楮祀神;总铺一名,又司火食;水手数十名"。⑤按照这个数字计算,盛时仅在中国远洋帆船上的船员就有2万余名,随后则下降为2000余人。

2.其次是从事沿海贸易运输的木帆船

19世纪50年代以前,沙卫等船是一支担负着漕运和南北物资交流的庞大帆船队伍。我国东北、山东的大豆向来都是用沙卫等船运往上海,转销东南各省,而南方的蔗糖又是北运的大宗货物,豆饼又是生产蔗糖的优质肥料。这种"豆石运输"是中国沿海南北洋航线的传统大宗转运贸易。由于清政府最初不允许外轮经营此项贸易,所以承担运输的工具全为木帆船,结果沙卫等船,在此段时间获得了飞速的发展。即以沙船为例,它在道光和咸丰年间,数量都保持在2000—3000只的水平,船工水手也多达10余万人,处于巅峰时期。

第二次鸦片战争后,清政府正式"许开豆禁"。1862年到达牛庄(今属辽宁省海城市)的外国船只仅86艘,27747吨;三年后,即1865年增加到274艘,91118吨。外国船只运货到天津,大都转向牛庄运载大豆或豆饼。大量外国轮船夹板涌进牛庄港,使该埠沙船进口量减少1/3以上。沙船所承担的大宗豆石贸易被外商夺走,面临更加严峻的局面。诚如上海《申报》所概括的:"自通商以后,夹板船兴,而沙卫等船减色矣;火轮船兴,而沙卫等船更失业矣"⑥,上海《字林西报》也承认:"自西人通商后,夹板行而沙船之利夺;自轮船行而沙船之利益夺。时至于今,如前赫赫有名之船号,故者无存,新者无起,稍有资本者,欲望转机,依旧放棹,而年年亏折,终归于尽"。⑦

上海沙船在道光年间(1821—1850年)约有3000余艘,咸丰年间(1851—1861年)减为1400余艘,及至同治年间(1862—1874年)只下400余艘了。宁波的疍船,也遭受了同样的命运,如北号原有200余船,到同治三年以后便只剩下100余船了。福建"闽台间的横洋船,盛时不少于千余只,通商后减至仅四

---

① 《海关贸易报告》,1879,汕头,第206-207页。
② 因鸦片战争前,中国的对外贸易只是开放广州一口,所以福建的出口货物必须先运到广州,运送这类货物的船叫"广拨船"。
③ 李文海:《清史编年》,第八卷,道光朝,中国人民大学出版社,2000年,第550页。
④ 转引自聂宝璋:《中国近代航运史资料》,第一辑,1982年,上海人民出版社,第1309页。
⑤ 周凯:《厦门志》第五卷,航政。
⑥ 《申报》,同治十二年十二月二十六日评论。
⑦ 《字林西报》,1887年6月23日。

五十只"①。广州1876年与1875年比较,帆船就少了1/3。

从港口进出统计来看。天津港是南方木帆船北上的传统航线终点。1867年有广东、福建木船137只到港,可是1868年只到81只,一年减少了约41%。这是当年《英国领事商务报告·天津港》提供的数字,并且预言:"今后平均数还会下降,甚至南方木船可能从该港完全消失。"后来的情况确实如此。牛庄港是南下船舶装运豆类货物的主要港口,"几年以前,每年抵达本港的木船有三千来条,但去年只有一千三百条,……自从牛庄开放以来,不仅把本港木船排走了一半,而且把大孤山(位于黄海之滨的港口)的木船生意抢了过去"。② 明治三十九年(1906年)日本出版的《各国事情关系杂纂·支那ノ部·天津》第一卷所收的伊集院彦吉的报告"沿海'戎克船'贸易"中,叙述了明治三十七年至三十八年(1904—1905年)时以天津港为中心的"戎克船"(中国帆船)贸易的事情:外洋的"戎克船"贸易,近来其数量大幅减少。过去从宁波、福建等地带来的纸、茶、竹、竹器、酒、烟草、木材等货物,往天津出发的"戎克船",其数量非常多,近来处于被汽船业者压倒之状况。

这种木帆船大量减少的状况,对外资航业发展十分有利。英国驻天津领事认为:"中国帆船正在迅速从商业航线上消逝";上海海关在一份报告中认为:"帆船货运的黄金时代已成为历史了""帆船根本没办法与轮船竞争",航运业务尤其是沿岸贸易帆船的主动权的丧失了。

(二)木帆船退入江河支流航线

在远洋航线和沿海航线被排挤出去以后,中国的木帆船基本退入了内江内河支流航线从事营运。这些支流航线沿途港口还未对外开放,外国轮船势力不能直接参与进来,木帆船暂时获得了生存空间,帆船也开始趋于小型化。19世纪末20世纪初,在排挤掉从事沿海运输的中国帆船后,外国航运势力开始由中国沿海向内江内河侵入,而此时清政府又允许华商购买轮船,开办轮船公司,华商大多数是开办资本投入小的内河小轮企业。但是,这些轮运业并不能完全替代传统的内河民船、帆船航运。这是因为中国江河内港众多,轮运业还不可能深入到内河、内港各地,况且当时小轮航运业主要经营客运,货运仍主要依靠民船和帆船。这一时期的内河民船、帆船仍在江河中广泛行驶,继续发挥它们的重要作用。

三、帆船船员为延缓衰落所做的努力

中国帆船船员在这种内外交困的情况下,为了生存,充分利用自己仍具有的优势,同轮船进行竞争,并在沿海江河航线上顽强的生存。帆船船员采取的主要措施:

(一)采用低运费策略

中国帆船在运价上比轮船低廉,这是赢得货主的重要条件。木船运输的主要是煤、油、铁、不太值钱的药材和一些价廉体大只求运费低廉而不求运输迅速的货品。当轮船运价高涨时,货主一般放弃轮运而改用木帆船运输。

(二)停靠港时间灵活

木船停港、开航没有定时的缺点,反过来成为承揽客货的有利条件。木船到港,停泊时间可长可短,以适应货主的需要。货主可利用时间兜售进口货,收购出口货,有充裕时间进行买卖,而且不必把货物上栈出栈,节省了仓储搬运费用和精力。许多沿海中、小口岸及众多内江、运河的港埠并没有开放,禁止外

---

① 周凯:《厦门志》第五卷,航政。
② 《海关贸易报告》,1865,牛庄,第19页。

轮行驶,而中国木船则不受限制可以任意往来,有较大的活动余地,尤其是一些小港水浅流急,轮船难以驶达,而木帆船则可畅通无阻。

(三)发挥中国航海人的聪明才智

在外国商船的步步紧逼之下,一些立志于航运事业的有识之士,决定改造木船,兴建"新式车渡""木轮快船",企望通过对木帆船的改革,提高木帆船的生产效率来摆脱困境。19世纪60年代中期,浙江镇海人蒋德庸兄弟,在上海试制建造木轮驳船获得成功。这种船没有什么机械原动力,只是在船上安装了一个或几个靠人力转动的水轮,通过人力带动水轮旋转。这种安装水轮的木船,虽然设计尚未尽善,还要转借人力,但是比单纯的木船,显然已有了很大的进步。不久,上海又出现了一家由华商集资的"车渡公司",当时该公司有车渡船14艘。车渡船是一种比沙船更宽的木船,其动力系由一部装在船尾酷似脚踏轴的机械所产生,要有很多人同时操作。由于其动力是通过人用脚踏着轴机而产生,船员操作时很像是在踏水车,故当时的人一般都称这种船为"车渡"。上海"车渡公司"的这些船专航于上海——苏州间。从上海驶往苏州大约要花24小时,可载旅客60—70位,每位旅客的船资为2元、1.2元及8角不等①。

(四)代代相传的高超驾驶技术

中国帆船虽然没有保险公司给船货承保,但海员的高超驾驶技术弥补了这项不足,雇佣兼合作的经营方式也使货主得到了一定的安全保证。1886年日本《通商报告》记载:"夫清国既有内外水运之便,除汽船输送外,多是使用其清式帆船。如是之故,再加上清人擅长用帆之术,随其潮势,适应风位,张弛展卷,操纵自如,故能与汽船并行,使得物货有流通之便。盖清国之富源,不可不谓多是类此帆航存在,故该帆船的航漕,不得不视为清国通商上最应注意之事。"②日本的报告明确指出,帆船在当时仍旧发挥了重要作用,并且其主要原因是因为中国船员的航海技术良好。

四、帆船海员仍活跃在沿海内河航线

(一)沿海航线的船舶运输

1.三大主要航线

(1)北洋航线(长江口——山东、直隶、东北等北方沿海省份)③

沙船是北洋航线运输的主要交通工具。以上海和崇明为中心,自长江口北上至渤海沿海的山东、直隶、东北等地,带去棉布和茶叶等江南产品,归航时带回东北产的大豆等农副产品。在轮船未大规模使用以前,即道光初年,"上海沙船有三千余号,大船可载三千石,小船可载千五百石,多系通州、海门土著富民所"。④ 此外,还有适合于外洋航行的尖底型海船——鸟船、福船、广船。特别是鸟船,它不仅以福建为中心海域,而且还活跃在渤海沿岸港口。下面我们从史料的记载来看清末北方三大港口——烟台、天津、营口的帆船航运状况。

芝罘(烟台)港。1890年6月刊行的日本《官报》所载的"芝罘之商业习惯及例规"中有如下记述:"山东省是东、南、北三方到处有海运之利。特别本港(芝罘)是本省东北嘴最突出之所在,因方便大小船

---
①聂宝璋:《中国近代航运史资料》,第一辑,上海人民出版社,1982年,第1323页。
②《清式帆船贸易概况》,见《通商报告》明治十九年(光绪十二年,1886年)第2回,第109页。
③关于南北洋航线的划分,清末段光清在其《镜湖自撰年谱》中有过记载:"北号商船只走北洋,海运亦只走北洋。盖由镇海出口,定海一隅,孤悬海中,由定海而下,则为南洋,由定海而上,则为北洋"。后因上海港日益重要,多以上海港为分界,本书则笼统记为长江口。
④《清史稿·食货志》。

舶的停泊,所以往来船舶靠港者,经常有百艘以上。……一年中从江南来航、名为沙船者有三百余艘,宁波船三四十艘,广东船十余艘,福州船五六艘,从盛京省运来物品者有三千余艘,和直隶船百余艘,合计不下三千四五百艘"。

天津港。根据日本《各国事情关系杂纂·支那ノ部·天津》一书,记载了明治三十七年至三十八年(1904—1905年)从大沽出入的"戎克船"的数量,见表4-1。

1904—1905年从大沽出入的戎克船数量　　　　　　　　　　　　　　　　表4-1

船　别	摘　要	1904年	1905年
南洋戎克船	从宁波、福建装载杂货、木材来此者	34艘	29艘
北洋戎克船	从营口、芝罘(包括鸭绿江)装载木材来此者	333艘	195艘
	盐船	1451艘	1353艘

资料来源:松浦章:《清代帆船东亚航运与中国海商海盗研究》,上海辞书出版社,2009年,第103页。

营口港。19世纪末在天津刊行的《国闻报》第436号,即1899年1月12日刊登的《营口新闻》:"营口自开河迄封河,进口轮船共四百五十四艘,内计粮船四艘、煤船二十一艘、杂货船四十六艘余,皆装载洋货。又有夹板船十四艘,改壳船一百八十六艘,杉船一百八十七艘,宁波船七十二艘,雕船四十二艘,东船二十九艘。后尚有运载铁路木料之轮船十艘,不在此数。"由此可见,在辽河结冰以前的1898年,来航到辽河营口港的船舶共有984艘,其中包含汽船454艘、帆船530艘。在这些帆船中,来自长江口附近的杉船有187艘(约占36%),来自宁波的帆船有72艘(约占14%),来自福建的鸟船有42艘(约占8%),来自山东的帆船有29艘(约占6%);从华东、华南过来的帆船有301艘,约达到全部帆船的58%。因此,从上述数据可以很清楚地看到,即便是在19世纪末轮船已盛行的时代,从华东、华南沿海地域进入营口港的帆船,还是非常多的。

(2)南洋航线(长江口——浙江福建广东等南方沿海省份)

航行南洋航线的主要有鸟船、疍船(又名三不像船)。关于参加南洋航路运输的船只,在鸦片战争前,"每年进口(上海)的福建、广东大型商船数达700余只,从宁波进口的船只也有200余只",再加上温州,台州以及上海本地的南洋海船,若以每年来上海2次计,则全年进入上海的船次不下于2000艘。此外,还有在广东沿海一带行驶的海船共约1200多艘。

从南洋沿海各埠运往上海货物主要以糖为大宗货物,此外还有菜瓜子、海参、海菜、苏木、烟、靛、甘薯、咸蛋、纸张、肥皂、肉桂、土布、玻璃、水晶、白铅以及水果等。从上海运往南洋沿海各埠的主要有棉花、陶器、瓷器、茶叶、生丝以及部分北洋线转口的货物。

1891年《海关十年报告》关于温州港记录:"福州木材资源丰富且廉价,约60艘帆船定期来往于此港,与北方联系较多的主要有台州、宁波、上海、镇江。其中5艘为温州所有,30艘为宁波所有,25艘为台州所有"。[1] 1901年的《海关十年报告》记载"每年越百只福建船来港(宁波)"[2]。

(3)横洋航线(福建——台湾航线)

康熙二十二年(1683年),清政府统一台湾,设置郡县,隶属于福建省管辖,后来以该岛孤悬海外,恐内地人民大批前往,有碍治安,遂于康熙五十七年(1718年)禁止内地沿海居民私自渡台,并不准于两地间贩运铁、竹等物(以免用作兵器),此后为沿为禁例。1874年"琉球事件"[3]发生后,督办台湾善后事宜、

---

[1] China Imperial Maritime Customs.Decennial Reports(1882—1891),p.403.
[2] China,Imperial Maritime Customs,Decennial Reports(1892—1901),p.377.
[3] 1871年(同治十年)12月,琉球国一艘船在海上遇台风漂至台湾,与当地高山族居民发生冲突,50余名琉球渔民被杀。日本借此宣称琉球渔民为日本管属之民,派遣日军3000人于1874年5月在台湾南部登陆,发动侵台战争,清政府一面与日本交涉,一面命福州船政局大臣沈葆桢为钦差大臣,率军赴台,布置防务。1874年10月31日,清政府在英、美、法等国的压力下,被迫与日本签订《中日北京条约》,承认日本侵台是"保民义举",放弃对琉球的宗主权。次年,日本迫令琉球国断绝自1372年(明洪武十五年)同中国建立的宗藩关系。1879年(光绪五年),日本趁清政府与沙俄交涉伊犁问题之机,出兵占领琉球,废琉球国王,改琉球为日本冲绳县。

船政大臣沈葆桢鉴于上年日本侵台事件的教训,以为今昔情况已经发生变化,台湾一岛不宜仍照前例封禁,而应广为招徕内地民人垦殖经商,以促进该岛社会经济开发,增强其对外防御能力。于是具折奏请废禁,光绪元年正月初十(1875年2月15日),获得朝廷批准。

禁令解除后,对台贸易迅速发展起来。从福建往来台湾所用帆船称为"横洋船""糖船"和"透北船",都属于尖底型帆船。在台湾割给日本以前,大约有44艘船往来于台湾和福建,每艘每年最多12个航次,最少也有8—9个;1897年则仅剩下22—23艘船,每艘最多6个航次,少的4个航次。①

2.沿海帆船的船员配备

(1)沙船

沙船,分大中小三等,每船配备人员6—20人。1908年日本东亚同文会中国经济调查部编辑的《青岛的民船》中记载:"来自江苏省诸港的沙船分大中小三种。大型沙船载重2600担,乘员20名;中型沙船载重1500担,乘员15名左右;小型沙船载重600余担,乘员6名左右"。民国十七年(1928年)《胶州志》中记载的沙船分类和成员数与此大致相同。

(2)鸟船

鸟船,每船大约配备船员30—40人。上海《申报》第2400号(1880年1月3日)新闻《海船遭难》:"宁波有闽商金谦兴鸟船,目前在定海洋面遭风,桅舵俱失,在船三十余人均束手无策,幸元凯轮船巡洋,见即救回,人命得保,而所耗已不可赀矣。

(3)福船

福船,每船配备20—40人。从多个史料记载可以得出。第一次鸦片战争期间,为了防止往来天津的商船为英军接济粮食,道光二十一年二月(1841年3月),直隶总督讷尔经额上奏"严定闽广商船雇募水手人数并禁多带来粮"的奏折,其中提到"闽广每年到津海船水手约计万余人,其实驾船力作者,每船不过二十余人。嗣后,北来海船水手,大船不得过四十名,中船不得过三十名"。②

清末《厦门日报》第555号(1909年12月8日)记载:福清商船日前由香港载米至汕头地方,该帆船忽被狂风吹覆,船内30人幸获邻船救援,均得保全,只有1人,随波逐流。从中可以看出该船船员为30人。

(4)广船

广船,船员配备与福船差不多。"远洋红头船"船员的配备,与闽南漳州船相同。管理人员与沿海船一样有:首掌,兼营通船业务。舵公,把舵。押班,能直上桅端并备绳索等物。这三个管理人员相当于现代海船上的业务长(船东代表)、船长和水手长。除此之外,还配备有:财副一名以掌钱财;总杆一名分理事务;火长一正一副,掌船中更漏及航行线路。大僚二僚各管一船中僚索。一碇二碇各司一碇。一迁二迁三迁各司一桅索。舢板手一正一副,司舢板及头僚;押工一名,修理船中器物;择库一名,清理船舵;其他水手名额视大小而定,全船船员达数十人。

(二)内河航线的船舶运输

1.主要水系

(1)长江流域

清中期以后,沟通东西方向的长江水运也获得了快速发展。四川成为商品粮生产基地,川江的支流嘉陵江、沱江、崛江又都在粮、棉、糖、盐产区,汇流而下,集中于宜宾、泸州、重庆。长江中游的航运在清代

---

① 《台湾、厦门、泉州戎克贸易》,载《台湾新报》第217号,明治三十年(1897年)6月1日。
② 李文海:《清史编年》,第八卷,道光朝,中国人民大学出版社,2000年,第428页。

也有较大发展,由于洞庭湖区的垦殖,长沙成为四方米市,岳阳成为湘、鄂江河的货运中转站。由于陕南、鄂北丘陵地带的开发,汉水航运再次活跃起来,古城襄樊重新成为商业要镇。长江的货运量常占全国的一半以上。

到鸦片战争前,长江航运中货运种类、流向、流量的大体情况是,在运输货类方面,仍以粮、布、盐、茶等生活资料为大宗,进出口物资只占少数。在流向、流量方面,鸦片战争前,运输量占国内运输市场首位的是粮食,粮食的主要运输路线有10条,其中经过长江水运的有4条:①由沿江各省征派,在江苏集运的漕粮,以及官漕私带和商人贩运的,经大运河北运京徽和山西、陕西的,每年约为600万石;②在汉口贩运的米麦,经汉水运往陕西的,年约60万石;③安徽、江西产粮运往江浙的,年约500万石;④四川、湖南粮米经长江运到江苏,再运销浙江、福建的,年约1000万石,以上4路年运量共计2160万石。

运输量占当时全国第二位的是棉布,运输路线也有10条,其中属于长江流域的有5条:①松江布,年产约3000万匹,北销关东、河北,南销闽、广并出口外洋;②常熟布,年产1000余万匹,北运淮、扬、山东,南运浙江及福建;③无锡、苏州布,主销北方,并销汉口,年产约4500万匹;④湖北布,产区在汉阳、孝感、应城、监利等地,行销邻近各省;⑤湖南布,产区在巴陵,每年运销省外的约有40—50万匹。

此外,当时的长江航运,由干流直达上海,经支流湘江、赣江,已可转运广州。广州是当时唯一的对外通商口岸,上海也被外国人称为"实际上是中华帝国的主要入口"。史料记载,上海开埠前,每年"有从长江及其支流各个口岸开至上海的船只,计达5400艘。……它们把南北洋船只运来的货物转运到内地,同时把内地货物运来供给南北洋船只运走"。① 足见当时长江航运已经横贯东西,连通南北,衔接海洋,起着国家经济命脉的作用。

航行在长江的木船数量,樊百川在《中国轮船航运业的兴起》一书中,引用了《支那省别全志》和乌斯特著《长江上游的帆船和舢板》中的资料,认为长江干支流的木(帆)船总数约在17万只,340万吨左右。②

(2)珠江流域

鸦片战争以前,由于只是广州实行单口通商,所以当时全部的进出口货物都经广州一口,带动了珠江水域航运的兴盛。鸦片战争以后,在1897年西江对外开放③之前,由于外国轮船不能在珠江内河水域航行,珠江水域的帆船并未受到大的冲击,并且由于和香港贸易的发展,还有一段近10年的繁荣期。

初期,由于香港、澳门当局纵容中国木船走私鸦片,因鸦片走私,广东与香港、澳门关系较为紧张,清政府派轮船在港澳附近海面日夜巡逻,对来往木船严格搜查,同时骚扰勒索的情况也时有发生,这种情况从同治后期起,共持续了约20年,致使在这期间珠江三角洲对港澳的正常木船贸易没有较大的发展。后来,总税务司赫德与英、葡两国交涉,清政府于光绪十二年(1886年)与英国签订《香港鸦片贸易协定》,规定由香港当局严格控制鸦片出口,中国方面则不再对往来香港木船进行严格搜查。

光绪十三年(1887年),清政府针对香港和澳门的贸易分别设立了九龙关和拱北关,划归海关管理,与其他各地海关不同,这两个海关的基本职能就是管理木船,采用了近代管理方法,减轻了以往清政府管理的常关对船户的盘剥,于是木船贸易迅速发展。光绪十三年(1887年),进出香港的木船为29193艘,进入澳门为8032艘;光绪十四年(1888年)进出港澳的木船分别增至47581艘和18419艘;光绪二十二年(1896年),进出香港的木船更多至66987艘,进出澳门的木船为16109艘。④ 十年间,对港澳木船贸易的

---

① 姚贤镐,《中国近代对外贸易史资料》,中华书局,1962年,第1册,第555页。
② 江天凤,《长江航运史》,近代部分,人民交通出版社,1992年,第16页。
③ 1897年2月4日,中英签订《中英续议缅甸条约附款》,专条:"今彼此言明,将广西梧州府、广东三水县城江根墟开为通商口岸",意味着外国轮船可以航行西江。
④《各口海关贸易报告册》,1887、1888、1896年。

船只增加 1.27 倍。

(3) 京杭大运河

漕粮运输是京杭大运河的主要职能。漕船大致可分为三种,江西、湖南、湖北三省的漕船叫江广船;江南、浙江的漕船叫江浙船;山东、河南的漕船叫浅船。江广船行经长江,船身最大;江浙船须经太湖,容积次于江广船;山东、河南浅船容积较小。

船身大小都有定制,康熙年间,各省船只相同,以装米 400 石为准。康熙二十一年(1682 年)规定船长为 71 尺。雍正二年(1724 年)规定,由于江广船行经长江,有波涛之险,令将船身加长为 90—100 尺,江浙船长仍定为 71 尺。但是,各卫所运丁为了多带私货,在造船时往往将船身加大,所以其实每船大约载重都在 1000 石以上。

运粮的漕船船数,因时期数目各有不同。康熙以前全国漕船船数 10455 只,雍正以后逐渐减少。雍正四年(1726 年)为 7168 只,乾隆十八年(1753 年)6969 只,嘉庆十七年(1812 年)6384 只,道光九年(1829 年)6326 只,咸丰元年(1851 年)6296 只。① 咸丰元年以后,随着漕粮海运的实行,漕船数目迅速减少。

2. 内河航线上的船员

中国水系众多,适应各水系航行的船舶大小不一,人员配备也不尽相同,按日本东亚同文书院编纂的《中国省别全志》统计,共收录民船 615 种。除漕运船只人员配备有定制之外,其他并无具体规定。漕运船只的人员配备大约为:漕船每艘有头舵 2 名、水手 8 名、闲散 2—3 名。照此估算,咸丰初年漕运船员大约为 7 万—8 万人。长江水系按 17 万艘帆船计算,每船平均 3 人,约 50 万人。加上全国大大小小的水系,内河船员不下百万人。

五、"耆英"号帆船环球航行的壮举

"耆英"号(Keying)是英国人在中国偷偷购买的木质帆船(图 4-2)。清代严禁造船卖与外国人,《大清律例》规定:"打造海船卖与外国图利者,造船与卖船之人为首者,立斩;为从者,发近边充军"。②

图 4-2 "耆英"号

1845 年,英国商人道格拉斯·莱普瑞克(Douglas Lapraik)在香港创办了道格拉斯洋行(Douglas Lapraik & Co.),最初经营珠宝和手表行业(包括航海天文钟)。1846 年伙同其他英国商人购买了中国三

---

① 李文治、江太新:《清代漕运》,社会科学文献出版社,2008 年,第 154 页。
② 《大清律例通考》卷二十,私出外境与违禁下海律文第二条例文。

桅帆船"耆英"号(Keying,800吨),12月6日航行美国和英国,创下了中国帆船航行最远的纪录,每到一处都引起很大的轰动,成千上万的人上船参观(图4-3),1848年3月28日到达伦敦,"耆英"号在英国大受赞许,甚至被认为优于英国自己建造的帆船,吸引了包括维多利亚女王及许多王室成员在内的大量民众参观(图4-4、图4-5)。"耆英"号(Keying)的船员由中英两国海员组成,船长是英国人查尔斯·艾尔弗雷德·凯利特(Charles Alfred Kellett),另外有12名英国水手和30名中国水手。

图4-3　"耆英"号在纽约

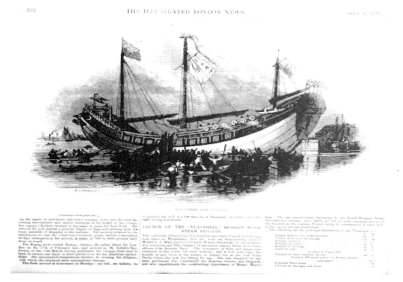

图4-4　《伦敦新闻画报》(The Illustrated London News)1848年4月1日关于"耆英"号的报道

图4-5　英国发行的"耆英"号纪念币

此外,19世纪末期,清政府减少了对木船的盘剥。中国帆船在内河航行向常关结关,由于常关税率较海关为轻,只有轮船的1/3左右,查验放行手续也较松懈,还可稍事通融,这也吸引了大量的雇主。例如:汕头食糖大多由木船运往香港,关税约为轮船承运的一半;从牛庄开往上海的木船,所载豆货的关税只占对外轮所课的1/3以下,另外,部分清地方当局也酌减"助饷捐"和"捕盗银"等。

第二节　中国近代新式海员职业的产生

近代"海员"一词来源于日本,原来我国远洋航海人一般被称为"行船仔""航海客""撑船人",沿海内河帆船上则称为"船民、船工、水手"。

一、首批外国轮船上普通中国海员的产生

(一)中国引水员是最早接触轮船的人

最早到中国的蒸汽机船是英国船"福布斯"号(Forbes)①,在加尔各答建造,1829年1月下水,配备两台60马力的发动机和1台铜锅炉,船体是柚木制造,两舷明轮,登记吨是302吨。最初几个月在印度的胡格利河(Hoogly River)②上航行,属于麦尼克洋行(Magniac& Co.),也就是怡和洋行的前身。不久麦尼克洋行计划让"福布斯"号(Forbes)顶着季风把一艘帆船拖到中国去,除了自身携带燃料煤以外,帆船也在货舱中装载了一些燃料煤供其使用。

"福布斯"号(Forbes)1830年3月14日从印度的戴蒙德港(Diamond Harbour)启航,装载了130吨煤,预计可供12天使用,它拖带的帆船"杰姆西娜"号(Jamesina)除了装有840箱鸦片外,还装有52吨煤。其航线是戴蒙德港——新加坡——中国,在新加坡加煤。首段航程中天气很好,两船的大部分时段的航速是5.5节,最快达到7.5节,3月27日到达新加坡。在新加坡呆了4天,3月31日起航驶往中国。第二段航程颇为不顺,东北季风强劲,航速下降到3.5节,后来2.5节。到4月12号,只剩下4天的煤可供使用,而才走了一半航程。"福布斯"号(Forbes)被迫解开"杰姆西娜"号(Jamesina),独自航行,最终不得不依靠帆来完成最后的航程。

1830年4月19日,"福布斯"号(Forbes)到达珠江口伶仃洋。③ 21日,"詹姆斯西纳"号(Jamesina)随后到达。两船的单程航行共享了38天。

第一个登上"福布斯"号(Forbes)并参与工作的是广州的中国引水员(姓名不详)。"福布斯"号(Forbes)预留了一些煤准备通过广州湾(今湛江)时使用。当中国引水员上船引航时,此时是顶风顶流,船长发现这个中国引水员对此一点儿也没有感到惊奇,而是像平常一样很平静给舵工指令。到最后,船长实在忍不住了,问他以前见过这样的船吗? 中国引水员回答说这种模式的动力船曾经在中国很普通,现在已经淘汰了! 他把这种船当做中国古代的"车船"了。所以,船长发现,当中国引水员看到发动机冒出白色的蒸汽时,有些心神不定。④

---

① 早期一般译为"福士"号。
② 是恒河在西孟加拉国邦的支流。
③ A.D.Blue,Early Steamships In China,Journal of the Royal Asiatic Society Hongkong Branch,vol.13(1973).
④ 同上。

(二)清末中国海员出现在外国轮船上

1.英国船上的中国海员

第一次鸦片战争后,英国侵占了香港岛,当时,世界资本主义对外经济扩张以商品输出为主要手段。为倾销商品,掠夺原料,占有市场,外国资本家利用强加给中国的多种不平等条约,开始在沿海,甚至内河通商口岸兴办水运业,建筑码头、仓库,建立船舶制造厂。英国殖民者更利用占领香港的有利条件,抢先经营,1841年6月7日宣布香港为自由港,免征各种关税,吸引各国在香港设立轮船公司,经营航运。1832年7月1日,英国大鸦片商威廉·渣甸(William Jardine)和詹姆士·马地臣(James Matheson),创立怡和洋行于广州,1843年11月设行于上海,后在香港设总行,在上海设总管理处。1846年2月,怡和洋行把木质明轮"考塞尔"号(Corsair),投入到香港——广州航线,每周往返两次。1848年,香港英商成立省港小轮公司(Hongkong and Canton Steam Packet Company,HCSPC),开办香港——广州之间的定期班轮业务,共有两艘船——"广州"号(Canton)和"香港"号(Hongkong),都是250吨,每周一、三、五从广州和香港对开,经停澳门和淇澳岛。

中欧之间的远洋定期航线是大英轮船公司(P&O)开辟的,1845年,大英轮船公司(P&O)取得在东方经营航运的皇家特许状,航线由锡兰(今斯里兰卡)延长到香港,在香港设立分枝机构和船坞、码头,英国政府则每年给予这一延长航线45000英镑的补贴(或者12先令/延长海里)。① 1852年,大英轮船公司(P&O)获得一项新的补贴合同,补贴两条邮政航线:一是孟买-斯里兰卡——香港航线;一是加尔各答——香港航线。这两条都是每月一次定期航线。这样从1853年1月开始,大英轮船公司将香港-印度之间的定期航线,缩短为每两周一次定期航行。1857年,大英轮船公司(P&O)还获得西班牙的菲律宾殖民政府的邮政补贴,开辟香港——马尼拉航线,每月两次定期航行,两年后该补贴取消。1867年,英国政府又将大英轮船公司(P&O)中国航线的补贴额度增长到每年40万英镑,并且还规定了如果公司的分红达不到6%,政府可以追加补贴到50万英镑。

此后,除了两次世界大战期间大英轮船公司(P&O)中断外,它一直经营中国航线。但目前档案表明,大英轮船公司(P&O)并没有雇佣中国海员。英国船上大量雇佣中国海员的是海洋轮船公司(Ocean Steamship Company,OSC)②。1865年1月11日,英国轮机工程师埃尔弗瑞德·霍尔特(Alfred Holt)在英国利物浦注册成立了专门经营远洋航运的海洋轮船公司(OSC),用156000镑订购了三艘铁质汽船,"阿伽门农"号(Agamemnon)、"阿加克斯"号(Ajax)和"阿基利斯"号(Achilles),各2280吨。1866年4月19日,"阿伽门农"号(Agamemnon)首先从利物浦起航,经槟城(Penang)、新加坡、中国香港最后到达上海,紧接着是它的两艘姊妹船。这三艘船航行都获得了成功,其中"阿基利斯"号(Achilles)从中国福州经好望角返回英国伦敦,12532海里的航程仅用了57天零18个小时,承运了2800吨的货,而煤的消耗一天不到20吨。随后霍尔特又设计建造了"迪奥梅德"号(Diomed,1848吨)和"涅斯托耳"号(Nestor,1869吨),在性能上做了改进,使之更适合远距离航行,舱容也进一步增大,这两艘船在1868年交付使用。从此以后,这个以船上蓝色烟囱为标志而闻名于世的公司,航行东亚的轮船逐渐增加,很快便开辟了利物浦——横滨航线,每两周一次的定期航行,经停上海和香港。

海洋轮船公司(OSC)最早雇佣中国海员。公司通过中国买办在香港、上海等地招募华人上船工作,海洋轮船公司(OSC)的船上普通船员大部分是中国海员,1906年的数字显示,该公司的船上大概有2000

---

① Royal Meeker, History of Shipping Subsidies, P29.
② 因该公司轮船的烟囱是蓝色的,一般称为蓝烟囱轮船公司。

名中国海员①。

2. 美国船雇佣中国海员

中国海员出现在美国商船上主要源于华工的输出。鸦片战争前,列强就已秘密掠卖华工出口,运往爪哇等地卖为奴隶。这些华工俗称"猪仔"。道光七年(1827年)张心泰在《粤游小志》中说,广东"有诱愚民而贩卖出洋者谓之卖猪仔"。这是最早提到"猪仔"的记载。

鸦片战争以后,美国西部的"淘金潮"、古巴、秘鲁、智利的种植园以及澳洲殖民地的开拓,需要大量的廉价劳动力,于是贩卖华工就成为各个国家谋取暴利的又一项罪恶业务。

掠卖华工的罪恶活动在19世纪50至70年代达于高峰。世界资本主义在这一时期迅速发展,北美洲西部陆续发现金矿,西班牙统治下的古巴,荷兰统治下的爪哇、苏门答腊、婆罗洲以及菲律宾、夏威夷、秘鲁、巴西的种植园主,需要大量劳动力,他们迫切希望从中国取得劳工解决劳动力缺乏的危机。运输苦力的船,从中国出发,到加利福尼亚一般需要75—100天,到古巴需要140—170天,到秘鲁则需要120天左右,华工被贩运出国前,剥得一丝不挂,并按各人预定输送地点,在胸前烙上C(加里福尼亚)、P(秘鲁)、S(夏威夷)等字样,若有人反抗,则鞭答吊打。华工在运输途中,居住条件很差,伙食又经常被克扣,生病得不到医治,死亡率很高。

19世纪50年代,掠卖华工的航船大多属于英国,"1860年间这种合同运输(指苦力运输)特别为美国飞剪船所垄断,法国及西班牙船只担任一小部分"。② 据估计,出国华工总数:1801—1850年,约32万人;1851—1875年,约为128万人。其中贩往南北美洲和西印度群岛的约50多万人,前往东南亚地区的近65万人。

自1848年加利福尼亚发现金矿以后,大批中国劳工开始移民美国。中美航线上除了货运以外,客乘收入占有很大的比例,所以此时中美航线上的轮船大部分都建有很多客舱,少则容纳几百人,多则上千人,统舱乘客的票价从40—115美元不等。③ 1863年,美国横跨大陆的铁路开始修建,成千上万的华工又投入了铁路的修建,可以说,中国劳工为美国早期的建设发挥了巨大作用。在运输苦力的过程中,为了沟通方便,英美两国商船也雇佣中国海员充当船上工作人员,这些海员大多是船上客舱服务员,1867年1月1日,美国太平洋邮轮公司(Pacific Mail Steam Ship Company,PMSS)的"科罗拉多"号(Colorado)首航中国时,船上就有6名中国海员;10月"大共和"号(Great Republic)首航中国时,船上有26名中国海员,12月4日,"大共和"号(Great Republic)第二次航行时,船上的中国海员达到了108名。这些中国海员的主要职责是照顾船上的中国乘客。

3. 加拿大轮船公司雇佣中国海员

华籍海员在加拿大船上工作也缘于华工移民。1849年,温哥华岛上的纳奈莫(Nanaimo)地区发现了煤矿,人们开始修建哈德逊湾要塞(Hudson Bay Fort),19世纪60年代的"淘金潮"使成百上千的华籍矿工开始在纳奈莫聚居。1881年7月3日,加拿大维多利亚殖民政府的报告上记载航海帆船"金塔"号(Quinta)搭载了514名华工,是加拿大太平洋铁路公司(Canadian Pacific Railway,CPR)雇佣的。④ 1883年5月15日,英国轮船"苏伊士"号(Suez)搭载了890名从香港招募的华工来加拿大,船上的高级船员是英国人,机舱生火是印度人,甲板水手则是中国海员。⑤ 到1901年,殖民政府人口普查,在加拿大不列颠

---

① 英国国会议事录,HC Deb 22 November 1906 vol 165 cc1034-71。
② P.C.Campbell,Chinese Coolie Emigration,P116。
③ E.Mowbmy Tate,Transpacific Steam,1986,Rosemont Publishingand Printing Corporation,P227。
④ E.Mowbray Tate,Transpacific Steam:the Story of Steam Navigation from the Pacific Coast of North America to the Far East and the Antipodes,1867—1941.New York:Cornwall Books,1986,P143.
⑤ E.Mowbray Tate,Transpacific Steam:the Story of Steam Navigation from the Pacific Coast of North America to the Far East and the Antipodes,1867—1941.1986,New York:Cornwall Books,P143.

哥伦比亚省有14885名中国人。

在1887年加拿大太平洋铁路公司(CPR)将铁路延伸到温哥华的前一年,即1886年,铁路公司的领导层向英国殖民政府建议设立一个邮政补贴,以便于该公司开通一个通往东方的海上航线,但殖民政府拒绝了加拿大太平洋铁路公司(CPR)的建议。1887年5月,加拿大太平洋铁路公司(CPR)自己承租了3艘帆船开始经营远东航线,开始两年基本维持每月一次的定期航行。1889年,加拿大太平洋铁路公司(CPR)终于获得政府的邮政补贴许可(每年英国政府补贴6万英镑,加拿大殖民政府补贴15万英镑),于是订购了三艘新船,"印度皇后"号(Empress of India)、"日本皇后"号(Empress of Japan)和"中国皇后"号(Empress of China),各5905吨。1891年成立加拿大太平洋轮船公司(Canadian Pacific Steamship Company,CPSC),4月开始经营香港——上海——日本——温哥华航线,大约每月一次定期航行。这些船上大量使用中国海员,根据加拿大太平洋轮船公司(CPSC)的记录,1914年在"日本皇后"号(Empress of Japan)上的船员国籍如表4-2所示。

1914年"日本皇后"号(Empress of Japan)上的船员国籍　　　　表4-2

Position	Numbers	Position	Numbers
Naval Captain	1	Chinese Firemen	120
Naval Officers	2	Chinese Waiters	33
Reserve Officers	4	Chinese Sailors	28
Volunteer Officers	2	French Sailors	25
French Officer	1	Marines	8
Gunner	1	Royal Navy Blue Jackets	Approx 40
Engineers	12		

资料来源:The Pacific Empresses-An illustrated history of Canadian Pacific Railway's Empress Liners on the Pacific Ocean.By Robert D.Turner.Victoria,British Columbia.Canada.1981.

此外,还有其他一些欧洲国家如挪威、荷兰、德国、比利时等国的轮船公司也大量雇佣中国海员。

二、首批中国轮船上工作的新式中国海员

(一)轮船招商局成立的背景

外国航运势力在中国的迅速发展引起了清政府部分官员的忧虑。为了遏制外国轮船公司对中国航运的垄断以及解决清政府漕粮运输的需要,1872年12月23日,李鸿章向清廷奏呈《试办招商轮船折》,三天后获得批准。1873年1月17日轮船招商局正式开业,在李鸿章的奏折里没有提及的是,其实创办轮船招商局还有一个重要原因就是解决沙宁船水手就业问题。

道光末咸丰初(1850年前后),漕粮实行海运后,沙船业一度繁荣,中国共有沙船3000余号,20年后,在外国轮船的竞争压迫下,仅剩下400余号,沙船每船大约三四十船员,合计全部十几万船员,这些船员大规模失业,生活窘迫,容易酿成社会不稳定问题。在道光二十八年(1848年),清政府决定漕粮河运改行海运的时候,原来运河漕船水手面临失业,即酿成了中国近代第一件教案——"青浦教案"①。不但引起中英之间的外交冲突,英国一度封锁了吴淞口,禁止运送漕粮的沙船出港,还引起万余名水手抗议,清

---

① 青浦教案是近代中国自基督教传入后的第一件教案。1848年3月8日,上海伦敦会麦都思(Dr.Medhurst)、雒魏林(W.Lockhart)、慕维廉(William Muirhead)3名传教士违反地方规章,擅入江苏省青浦县城散发福音书。当时因为漕粮实行海运,有一万余名河运水手滞留在青浦县,船民围观洋人,传教士挥舞手杖打伤了人,群众持篙抖命,遂起冲突,三名传教士受伤。事后英国驻上海领事阿礼国借端寻衅,扩大事端,采取的手段除了抗付关税外,还调遣军舰封锁漕船,阻止漕船离港。

政府最后被迫提前发放第二年的漕运经费才平息下来。

这些运漕的水手都是有组织的。清代漕运经过的京杭大运河,1700多公里,路途遥远,沿途也存在着"河道游击队",劫掠漕船,除此之外,帮船运丁也因为沿途官吏的层层盘剥,盗卖漕粮。雍正年间,在朝廷的默许下,青帮发展起来,主要成员就是运输漕粮的水手和船户,组织严密,所以,解决这十几万水手的就业问题尤为重要。就连李鸿章也不敢贸然将漕运全部交给轮船招商局承运,最初是将江浙漕粮按照沙八轮二(即沙船装运80%,轮船装运20%)的比例运输的。

唐廷枢和徐润在轮船招商局买并旗昌轮船公司时的预算方案中指出:"盖沙船见夺于轮船,故损一号即少却一号;而水手见弃于轮船,故少一船即多出四五十人。为今日计,与其费巨本而补沙船,不若集众资而购轮船;与其弃水手于闲散,不若收水手而习练,此变通之术也。"①提出购买轮船,通过加强对水手的培训,可使这部分人转到轮船上工作,从而解决他们的生活问题。

(二)首批中国轮船上的海员

由于轮船不同于传统帆船,驾驶轮船需要具备相当的专业知识,而当时中国并没有任何培养高级海员的机构,所以,在轮船招商局最初成立的几十年里,高级海员几乎全部为聘请外人充当,普通海员则为中国人。② 根据1908年度邮传部第二次交通统计表记载,轮船招商局31艘轮船中(含1艘趸船),船长31人全部为外国人;大副29人、二副22人、三副6人、大车(轮机长)30人、四车(三管轮)3人全部为外国人;二车(大管轮)共29人,2名中国人,27名外国人;三车(二管轮)共29人,2名中国人,27名外国人。179名高级海员中,外国人有175人,中国海员只有4人。③

清末期间,轮船招商局曾经培养过一名华人江轮船长——张慎之。张慎之是广东人,曾担任"江孚"号船长。据轮船招商局会办徐润自撰的《徐愚斋自叙年谱》记载:"……复于光绪四年续创济和水火险公司,集股五十万两,共一百万。此因洋商直嫉妒,江孚轮船川走长江,用华人张慎之为船主,不允保险,是以多设一公司。"④这里记载的是光绪四年(1878年),轮船招商局创办了济和水火险公司,原因是因为用华人张慎之为船主(船长),外国保险公司不给轮船保险。而"江孚"号原为旗昌轮船公司的江轮,1877年3月1日,轮船招商局以现银222万两收购了旗昌轮船公司的所有资产。由此可以推断,张慎之担任"江孚"号船长应该在收购旗昌轮船公司后不久。他原来从事领港行业,轮船招商局会办郑观应在记叙仁济和保险公司时写道:"招商局江船唐总办选举华领港张君为船主,各洋商保险公司不肯保该船所载货物。"

张慎之担任"江孚"号船长直至1887年去世。1887年9月24日的《北华捷报》记载:"由于星期日江孚号张船长之死,招商局轮船均改挂半旗。张船长是招商局工作的唯一华籍船长。"⑤

三、创办中国轮船高级海员培养教育机构

(一)邮传部高等商船学堂的创办

1.创办商船学校的提出

最早倡导建立商船学校的是郑观应。郑观应(1842年7月24日—1921年6月14日),原名官应,字

---

①交通铁道部交通史编纂委员会:《交通史·航政编》,第一册,交通铁道部交通史编纂委员会,1931年,第147页。
②汪熙:《从轮船招商局看洋务派经济活动的历史作用》,《历史研究》,1963年第2期,第77页。另第一个中国籍远洋船长是陈干青。1921年,陈干青任三北轮船公司"升利"号船长,成为中国第一个远洋轮船的船长。
③国家图书馆古籍馆编,《近代统计资料丛刊》,第36册,轮船招商局船人数表,北京燕山出版社,2009年,第145-146页。
④徐润,《徐愚斋自叙年谱》,收于沈云龙:《近代中国史料丛刊续编第五十辑》,文海出版社,1974年,第37页。
⑤North China Herald,1887.9.24.

正翔,号陶斋,又号居易、杞忧生,别号待鹤山人。广东香山县(今中山市)三乡雍陌人。中国近代著名思想家、教育家和实业家。他所撰写的《盛世危言》,是资产阶级改良思想的代表作,其创办商船学校的主张即来源于此。

郑观应对轮船航运业非常熟悉。咸丰八年(1858年),17岁的郑观应被宝顺洋行(Dent & Co.)派管丝楼兼管轮船揽载事宜,给予买办头衔。1867年7月9日,宝顺洋行正式宣布破产倒闭后,为了对付旗昌轮船公司对长江航运的垄断,郑观应与同乡唐廷枢、郭甘章等投资成立公正轮船公司(Union Steam Navigation Company),经营长江航运,创办资本17万两,郑观应担任公司董事。1873年1月1日,英国太古轮船公司(China Navigation Company)成立,收购了公正轮船公司的全部资产,他又被聘为太古轮船公司的买办,总理兼管账房、栈房和轮船揽载等事宜。

郑观应积极主张中国开办轮船公司。同治十年十二月十四日(1872年1月23日),内阁学士宋晋上奏朝廷,提出停造轮船,裁撤两厂(江南制造局和福州船政局)。郑观应虽然没有资格与当权者参与讨论,但自发的写下了《论中国轮船进止大略》,①主要意思是中国轮船的制造只能"进"而不能"止",并且应该扩大,改"官造"为"商造"。此外,他还分析了华商当时在上海投资附股外国洋行或轮船公司的资金大约一两百万两,如果政府能把这些资金吸引过来,由中国人自己经营20艘轮船计算,需要资本200万两,年可获得纯利20多万两。每四艘商船可以养一艘兵船,对国家强兵有利。这是当时反对"停造"轮船中理论水平很高的文章。1873年1月轮船招商局成立后,郑观应不久即加入股份。

郑观应主张创办高等商船学校。1875年,他的著作《易言》36篇初稿完成,在"论船政"一篇中,介绍了外国船员的培养模式:"至泰西船政之学,须先通数国言语文字,并娴天文、地理、算法。若涉大海,浩无津涯,随处皆知船在经纬线若干度、若干分,各处风信潮汐,各国海口船旗,礁石之有无,水势之深浅,遇大风雨应如何驾驶趋避,器机器者验风雨表篷桅之类,机者汽机也。应如何措置得宜。考选后为副舵工,阅历有年,再考为正舵工。如果心灵手敏,游刃有余,可操全船之权,方为船主(即船长)。"②在"论洋学"中也介绍了外国的航海教育培养机构——船政院。他说:"船政院为行船航海之学。"③这里说明他对外国航海教育的培养模式有较深层次的了解。

1880年,他致函盛宣怀讨论商战和培养人才的紧迫性。在《致北洋大臣洋务局总办盛杏荪观察书》中说:"当今商战时代,我国工商均无商务格致学堂毕业生,智力不足以胜人,请选购英美两国商务格致学堂必读之书,译以汉文,设馆教授,以期振兴。"④这里他提出了我国应该注意培养专业人才。同年,在给叶廷眷的《致招商局总办叶顾之观察书》中,附录了他选译外国通商章程十条,其中关于轮船驾驶一节,"外国行船章程,凡船主、领港、大副、二副、管轮等人,皆需通晓行船之律,考有本国执照,方准允当。中国亟宜仿行,以免滥竽充数,致坏商船而损商务。"⑤这里他提出了我国应该仿效外国,实行"船员考试发证制度",这一理念在当时是极具前瞻性的。

1892年,郑观应二次入局后,力主在轮船招商局内创办驾驶学堂,培养中国船员队伍。1894年4月5日,他给盛宣怀写信拟创办"招商局驾驶学堂",聘任轮船招商局"江裕"号的美籍船长鼎德为轮船招商局驾驶学堂总教习,并拟定《招商局驾驶管轮练船章程》。他在给盛宣怀的信中说明了为什么要办驾驶学堂,"窃思商战需从学问上讲求。既需船械要精制造,既精制造要识驾驶。所谓有人才而后可与人争胜也。今中国尚无工艺、商务、船政各学堂,本局轮船日增,驾驶皆用西人,吃亏

---

① 详见夏东元,《郑观应年谱长编》,上海交通大学出版社,2009年,第49—52页。
② 同上,第70页。
③ 同上,第79页。
④ 同上,第105页。
⑤ 同上,第107页。

极大,亦为我国之羞。"①提出中国应该自己培养航海人才。可惜这一举措又被历史无情的阻断。7月25日,中日甲午战争爆发,郑观应、盛宣怀等人忙于调拨船只运送军需,换旗经营,加上朝廷因军需开支庞大,向轮船招商局借库平银37.5万两(合规银41.1万两),②轮船招商局财政困难,创办驾驶学堂的事情被迫搁置。

1895年,郑观应感于中国甲午战败,将《盛世危言》由5卷本增订为14卷本,在《商船上》一篇结语大声疾呼:"更仿德国成例,广兴船政学堂,所有轮船管驾上下人等均用本国之人"。③此书初印500本,供不应求,1896年光绪皇帝命令总理衙门加印2000册,分散各大臣阅读。

2.盛宣怀是郑观应高等航海教育思想的实际推进者

盛宣怀(1844年11月4日—1916年4月27日),字杏荪(杏生、荇生)、幼勖,号补楼愚斋、次沂、止叟等,出生于江苏常州府武进县龙溪,清末政治家、教育家、洋务运动的代表人物,被誉为"中国实业之父"和"中国商父"。

盛宣怀深受郑观应思想的影响。两人关系十分要好,郑观应比盛宣怀大2岁,但他对盛宣怀自称"门下士"④,盛宣怀则称他为仁兄。《盛世危言》一书,盛宣怀认真进行了阅读,对后来盛宣怀主张创办商船学校起了很大的影响。

盛宣怀很快将航海人才的培养付诸实践。1895年9月10日,盛宣怀《禀直督王文韶设天津中西学堂(北洋大学堂)》,在附件说明头等学堂功课时,将"驾驶并量地法"⑤列为学生第2年首先学习的课程,这门功课属于航海类专业课程,内容类似于现在的《船舶操纵》和《地文航海》,这也是中国历史上第一次将航海类专业课程纳入大学教育体系,但此时北洋大学堂并没有设立航海专业。

北洋大学堂成立后,盛宣怀接着又创办了南洋公学。1896年2月18日,两江总督刘坤一给盛宣怀发电,请盛宣怀"即祈钞示全卷,以便将来仿办(北洋大学堂)是祷。"⑥3月,刘坤一邀请盛宣怀到江宁,面谈创办南洋公学事。随后盛宣怀即在上海购地,筹建南洋公学。

1896年10月19日,盛宣怀获得光绪皇帝召见,20日,光绪下旨:直隶津海关道盛宣怀着开缺,以四品京堂候补督办铁路总公司事务。并被授予专折奏事特权。10月30日,盛被授予太常寺少卿衔(正四品),10月31日,盛宣怀给皇帝上奏了除谢恩折之外的第一个奏折,即《条陈自强大计折》,在附片《请设学堂片》中奏请设立南洋公学,1897年1月26日获得批准,1897年4月8日,南洋公学的第一个师范班开学。⑦

1899年,鉴于大学士徐桐上奏朝廷清查轮电两局账目,6月4日,光绪皇帝下旨要盛宣怀在三个月内将两局情况详细汇报。⑧ 8月中旬,盛宣怀上奏《遵查轮电两局款目酌定报效银数并陈办理艰难情形折》,其中说到"两局捐办南北洋两公学⑨,一则专教政学,一则兼教艺学,商政之交际,机器制造之精微,

---

①夏东元,《郑观应年谱长编》,上海交通大学出版社,2009年,第376—377页。
②交通铁道部交通编纂委员会:《交通史·航政编》,第一册,交通铁道部交通编纂委员会:1931年,第274页。
③夏东元,《郑观应年谱长编》,上海交通大学出版社,2009年,第412页。
④夏东元,《盛宣怀年谱长编》,上海交通大学出版社,2004年,第877页。
⑤同上,第493页。
⑥盛宣怀,《愚斋存稿》,收于沈云龙:《近代中国史料丛刊续编第十三辑》,文海出版社,1974年,第24卷,电报1,第11页。
⑦上海交通大学的校庆日定在4月8日,但笔者认为把1896年作为创办年是不合适的。
⑧《德宗景皇帝实录》卷四四六,光绪二十五年六月初四日庚辰,谕内阁:如徐桐所奏,轮船招商局、电报局及开平矿务局,近年获利不赀,而赢余利息如何酌提归公,未经议及。是徒有收回利权之名,并无裨益公家之实。着责成办理轮船电线事大理寺卿盛宣怀,督饬在事官商人等,迅将经管各项近年收支数目,亦限三个月内晰开具清单,酌定余利归公章程。专案奏明,请旨定夺。
⑨自1899年开始,两局每年以两成报效(轮船招商局基数70万,天津电报局基数47万),其中南北洋公学常年经费13.4万两,报效朝廷10万两。

十年之内必有才者,上备国家之任使,下为两局所取资。然商学无本则商战不易折冲①,驾驶乏材,故行船必借异族,此两学堂者,又两局有志未逮之事。"在这个奏折中,可以看出,盛宣怀已经有在两公学内开办驾驶专业的思想。

1901年9月14日,清廷发布上谕:"着各省所有书院于省城改设大学堂,各府厅直隶州均改设中学堂,各州县均改设小学堂。着各该督抚、学政切实通筹,认真兴办"。②

郑观应在朝廷下诏变法和教育革新之际,给礼部尚书、学务大臣孙家鼐写了《时事急务管见二十五条》,第十三条指出:"商轮驾驶学堂宜急开办也。查中外通商数十年,尚无商轮驾驶学堂。今又准轮船推广,往来内地各口,需材日多。若不设驾驶学堂,所有内外轮船,悉用洋人,非但交涉事繁,漏卮更重,急仿各国开商轮驾驶学堂,教育人材,并设法鼓励商人,多创轮船公司,往来各口,与外人争利,此抵御外人第一良法也。各国往来中国之邮船及日本往来长江苏杭等处内河轮船,其国家论其船吨位之多少而津贴之,故东洋邮船会社之船,现已有五十六万吨,驾驶者皆系本国人。我中国只得招商局船计共不过三万吨,驾驶者皆系外国人,此由于无学堂无奖励法也。"在这里郑观应明确提出,应该创办专门的驾驶学堂。郑观应为什么没有给盛宣怀写信呢?《辛丑条约》签订后,1901年10月1日,清政府任命盛宣怀为"办理通商税事大臣",负责与列强进行通商行船条约和改定进出口税则的谈判,工作异常艰苦,并且并不分管教育,此时分管教育的是学务大臣孙家鼐。

商部成立后,盛宣怀一直谋求将轮船招商局和天津电报局划归商部管辖,以摆脱袁世凯对两局的控制。同时,光绪三十一年三月初八日(1905年4月12日)盛宣怀上奏朝廷将高等商务学堂移交商部接管(此时唐文治为商部左丞),获得批准。盛宣怀在奏折中建议将校名改为"高等实业学堂"。③ 商部接管后改名为"上海高等实业学堂",④从此,学校转变为以理工为主的高等大学堂,盛宣怀也辞去了担任8年多的督办一职。

1906年11月6日,清政府成立邮传部,学校又划归邮传部管辖,改名为"邮传部高等实业学堂"。1907年5月4日,盛宣怀给邮传部尚书岑春煊发电建议学校增设造路、行车(筑造铁路和火车驾驶专业)学生两班,获准。也就是在这一年,唐文治正式加入到实业学堂的早期创办中来。

3.航海专科的创办

唐文治(1865年12月3日—1954年4月9日),字颖候,号蔚芝,别号茹经,江苏太仓人,著名教育家。

唐文治热心教育事业。1902年8月,爱德华七世将加冕为英国国王,英国外务部邀请清政府派员参加加冕仪式。朝廷派固山贝子、镇国将军载振率团参加,同时,应比利时、法国、日本等国的邀请,前往上述国家考察。当时随团出行的就有"四品衔外务部主事即补员外郎唐文治"。

载振等人出国考察回来后,建议清政府设立商部,1903年8月,清廷下谕旨:"现在设立商部,所有路矿事务,应归并商部,以专责成。路矿总局着即裁撤。"⑤唐文治任商部右丞,十一月任左丞,光绪三十一年(1905年)六月,署理商部左侍郎。⑥ 1906年,商部批准了《商部上海高等实业学堂章程》,其中第二节

---

①折冲:打败敌人的意思。
②夏东元,《盛宣怀年谱长编》,上海交通大学出版社,2004年,第735页。
③同上,第826页。
④《商部奏改南洋公学为高等实业学堂折》,《东方杂志》,1905年第三期,第40页。另见《谕旨发给高等实业学堂关防》,收于《交通大学校史资料选编》,第一卷,西安交通大学出版社,1986年,第9页。
⑤朱寿朋:《光绪朝东华录》五,中华书局,1958年,第5063页。
⑥文明国:《唐文治自述》,安徽文艺出版社,2013年,第48、49、51页。

规定:本科分科为四:一、商业科,二、航海科,三、轮机科,四、电机科。① 航海轮机两科定于光绪三十二年(1906年)七月间开办。但随后形式发生了变化,导致这一计划未能实现。

1906年11月6日,清政府颁布官制改革方案,工部并入商部改为农工商部,唐文治以农工商部左侍郎署理尚书一职。同时增设邮传部,主管全国"路、轮、邮、电"四政。这样,商部上海高等实业学堂的经费主要来源单位——轮船招商局和天津电报局,划归邮传部管理。1907年3月31日,学校也划归邮传部管理,改名为"邮传部高等实业学堂",而原来的学堂监督杨士琦当时担任农工商部右侍郎,也辞去了学校监督的职务,接替他的是"督办电政事务记名道"杨文骏②。此时唐文治,也因母亲在光绪三十二年十二月二十一日(1907年2月3日)去世回乡丁忧守制。

杨文骏并不是专职监督,而是"就近兼充",对学校事务并不上心,不久即以"电政事务殷繁,力难兼顾"为由辞去了监督职务。邮传部尚书陈玉苍(唐文治当初就是接他任商部左侍郎)想到了曾经的同僚、在籍守制的唐文治,于是上奏《拟聘大员接充高等实业学堂监督折》,保举唐文治,九月初八日奉旨"依议"。③ 唐文治就任邮传部上海高等实业学堂监督,月薪500两,从此脱离仕途,致力于教育事业。

而盛宣怀在1908年3月9日,被任命为邮传部右侍郎,管摄路、电、航、邮四政。他趁机再次对实业学堂的办学经费予以落实。宣统元年四月(1909年),邮传部决定学堂的办学经费由天津电报局每年提供2.1万两,轮船招商局2万两,邮传部在铁路公费下划拨5.9万两,仍旧维持原来的每年经费10万两。经费有了保障之后,唐文治决定在路电两科的基础上,再增添"航海专科",9月7日,学堂开始在《申报》头版刊登《邮传部上海高等实业学堂招考船科学生广告》,④将内容整理如下:

1.程度:中学已毕业者。
2.年龄20岁左右,须身体强健,目力明远,能耐劳苦。
3.应考科目:国文务取通畅,英文考翻译,兼习德文法文者一并报明;算学:平面三角实验几何;理化普通学;图画机器画;西文历史;西文地理。
4.考期:八月初十、十二、十四三天。
5.学费:每年膳费30元,学费30元。
6.报名自登报日起至八月初九日止,随时赴上院监学室填册,并缴照相片一纸,文凭于监督传见时呈验。注意,路电班俱以足额,并不招考,所招系专习商船驾驶一科。

现在看来,当时制定的招考条件还是比较严格的,学费又定得过高,报名的并不多,根据后来船政班共13人的名单来看,有8人在1909年7月已经被录取到路电专科的三班,⑤应该是只招收了5名学生,这8人是唐文治圈定转专业过来的。清政府的教育主管机构——学部,在宣统二年二月初九日(1910年3月19日)发文邮传部同意新设航海专科。⑥ 同年船政班又招收16名学生,其中11名是学校的中学毕业生直接升学来的,外招的也仅为5名。⑦

---

① 《交通大学校史资料选编》,第一卷,西安交通大学出版社,1986年,第169页。
② 《奏派督办电政杨文骏接充上海实业学堂监督片》,邮传部编,《邮传部奏议类编续编》一,第29页,收于沈云龙:《近代中国史料丛刊第十四辑》,文海出版社,1967年。
③ 邮传部编,《邮传部奏议类编续编》一,第133—134页。收于沈云龙:《近代中国史料丛刊第十四辑》,文海出版社,1967年。
④ 1909年9月7日、9日、11日、13日、14日、16日和20日的《申报》头版均有刊登。
⑤ 《邮传部上海高等实业学堂留学各生榜》,《申报》1909年7月11日。这八人是唐榕柄、唐榕锦、黄灏、叶廷芳、盛守钰、徐维纶、吴钟英、徐佩琨。
⑥ 《学部咨本部上海实业学堂新设航海专科核准立案文》,《交通官报》第十期,收于沈云龙:《近代中国史料丛刊第三辑》,文海出版社,1966年。
⑦ 见《上海工业大学历届毕业生姓氏录》,中学(五年级)第四次毕业。

两个船政班学生招定以后,面临校舍不够用,唐文治在自订年谱中记述:宣统二年(1910年)夏,在实业学校对门购定房屋,设立商船驾驶科,请英国毕业生夏君应庚名孙鹏为科长。① 学校对面的房屋,属于通合公司,当时应该是租用的,后来唐文治想把它购买下来,通合公司开价4.06万两,最后商谈到4万两。宣统三年正月十四日(1911年2月12日),唐文治给盛宣怀发电,请求特拨4万两购买房屋。② 3月16日,盛宣怀回电:"鱼电再三斟酌,若以添办商船学校为名,特别加拨四万两,即作为购买对面屋地之用,尚说得起。如以为然,请即用正式公文到部,必当核准。凡特别拨款,皆须入奏,目下尚有应奏之事,文到即可附办。"③提出如果需要特拨款"以添办商船学校为名"申请,比较容易说得过去。并请唐文治正式行文申请拨款。4月14日,盛宣怀批准拨付唐文治购房款四万两。

宣统三年三月十八日(1911年4月16日),盛宣怀正式上奏朝廷设立商船学校。当天军机大臣钦奉谕旨:"邮传部奏设商船学校大概情形一折,着依议,又片奏通合公司产业购为学堂公产等语,知道了,钦此"。④ 清政府批准了盛宣怀的建议。1911年6月27日—7月25日,《申报》头版每隔一天刊登《邮传部上海高等实业学堂分设高等商船学堂招考简章》,招考预科、中学和高等三科,对招生要求和考试时间做了介绍,定于当年七月二十二日(9月14日)行开校礼,二十三日上课。

实际录取名单的公布晚了一天,在宣统三年七月十六日(1911年9月8日)的《时报》头版,共录取预科、中学和高等专业学生122人。盛宣怀在奏设商船学校的奏折中提到了"翰林院修撰张謇,愿将上海吴淞口渔业公司地基,并所领官款六万元,呈送臣部,办理商船学校。"这里又不得不提到商船学堂创办的另一个重要人物,清末状元张謇。

4.张謇自创商船学校的过程

张謇(1853年5月25日—1926年7月17日),字季直,号啬庵,江苏南通人。1853年出生于常乐镇。清末状元。中国近代实业家、政治家、教育家。历任中华民国临时政府实业总长、北洋政府工商总长兼农林总长。

张謇和盛宣怀的关系并不好。张謇的老师是翁同龢,盛宣怀是李鸿章的门生,翁李两人原本就不和,所以张謇原来和盛宣怀极少往来。

张謇将吴淞渔业公司地皮以及所领官款六万元捐出帮助盛宣怀创办商船学校源于唐文治,张謇和唐文治的关系很好。在唐文治担任商部左丞时,即向清政府推荐张謇,光绪三十年三月初一日(1904年4月16日),清政府发布上谕:"张謇着赏加三品衔作为(商部)头等顾问官,钦此"。⑤

张謇原来就准备创办商船学校,但走的是另外一条道路。1905年,张謇谋划在沿海七省开办渔业公司,以维护中国渔权。在当年的《为创办渔业公司事咨呈商部》中就提到:"就吴淞总公司附近建立水产、商船两学校"⑥当时他给商船学校的定位并不是高等教育,而是中等教育。在同一文中,张謇提到:"若设商船学校,即选渔业各小学校毕业学生,聪明而体弱者令学水产,其强壮者令学驾驶"。1908年,他在《代苏抚条陈规复海军书》也提到:"沿海七省酌设商船专学……,故商船专学,其程度宜兼高等小学及中学"。⑦

1905年9月,张謇请求当时担任商部左侍郎的唐文治将"吴淞空间官房"作为设立渔业公所的基地,

---

① 唐文治:《唐文治自述》,安徽文艺出版社,2013年,第60页。
② 《上海唐蔚芝侍郎来电》,《愚斋存稿》,收于沈云龙:《近代中国史料丛刊续编第十三辑》,文海出版社,1974年,第1629页。
③ 夏东元:《盛宣怀年谱长编》,上海交通大学出版社,2004年,第919—920页。
④ 《宣统朝上谕档》,广西师大出版社,1996年,第37册,第67页。
⑤ 《张謇全集》第六卷:日记,江苏古籍出版社,1994年,第527页。
⑥ 李明勋,尤世玮:《张謇全集》,上海辞书出版社,2012年,第一册,第105页。
⑦ 同上,第161页。

获得批准。① 随后,张謇又请求商部行文,在沿海 11 省筹资 10 万两,在吴淞公地建设水产、商船两学校。光绪三十二年(1906 年)闰四月,获得批准。但实际上各省并不积极,直到 1907 年 7 月,才募集规银 42913.489 两。资金募集不到计划的一半,张謇决定首先创办商船学校。他在给时任上海道的瑞澂的信中说:"查泰东西各国所设水产学校,其宗旨在于研究鱼种,练习捕法;其办法先重普通学。中国渔业公司甫就吴淞官房改设初等小学校,俟其卒业,方可升入专门,则水产学校之设,似可暂缓数年。惟商船学校,英德各国均设有专门大学,日本除设大学校外,又有商船会社。其所以推广航业,与商务、海军均有密切之关系。中国创办商轮局已数十年,而管驾、管机悉委权于异族,非特利权损失,且无以造就本国人才。际此商战竞存之世,欲藉以保主权而辅海军,非创设商船学校不可。惟各省现已解到之款,不过四万二千余两,且间有指明为水产学校经费者,兹拟缓就急,先造中国商船学校""除基址已于四月初一开工填筑外,所有监造商船学校事宜,拟另派熟悉工程之员专司其事。"② 而随后,1907 年 9 月,清政府宣布"预备仿行宪政",张謇积极投入到立宪运动中去,发动 3 次请愿运动,创办商船学校一事搁置。其间,宣统元年八月(1909 年),唐文治担任江苏教育总会会长,张謇任副会长,两人在教育事业的关系上日趋紧密。此外,唐文治最初请的商船驾驶科科长夏孙鹏在 1904 年留学英国时,张謇还请两江总督端方拨款 100 英镑资助夏孙鹏等 3 名学生。③

1911 年初,唐文治拟购买邮传部上海高等实业学堂对面通合公司产业开办商船学校时,张謇决定将他原来筹集的资金 6 万元和地皮捐出,供创办商船学校使用,遂其未完成之志。

(二)福州船政学堂的创办

1.求是堂艺局的创办

同治五年十一月初五日(1866 年 12 月 11 日),左宗棠在上奏《详议创设船政章程折》中提出设立艺局"为造就人才之地"。同日又上奏清廷《密陈船政机宜并拟艺局章程折》,进一步阐述"夫习造轮船,非为造轮船也,欲尽其制造、驾驶之术耳,非徒求一二人能制造、驾驶也,欲广其传,使中国才艺日进,制造、驾驶展转授受,传习无穷耳。故必开艺局,选少年颖悟子弟习其语言、文字,诵其书,通其算学,而后西法可衍于中国"。左宗棠能够在 19 世纪 60 年代提出这种重在"学造"而不重于"制造",把为学习外语和算学等近代科技知识而设的艺局视为造就新式人才之地,把教育的近代化看成中国近代化关键的认识,确实能够反映出其思想之深刻,眼光之远大,代表了中国近代教育改革的正确方向。同时指出"艺局初开,人之愿习者少",必须采取"非优给月廪不能严课程,非量予登进不能示鼓舞"的措施。同治五年十一月二十四日(1866 年 12 月 30 日),清政府批准了左宗棠所奏的艺局章程。

同治五年十二月初一日(1867 年 1 月 6 日),求是堂艺局正式开学。校址暂设在福州城内定光寺(又称白塔寺)、仙塔街。随后又招收造船专业的学生,暂借城外亚伯尔顺洋房开课。这一点足见创办者的战略眼光,从工程刚开始就借地办学,把"船政根本在于学堂"的战略思想付诸实施。至此,中国第一所新式教育的学堂——求是堂艺局诞生了。

2.航海专业人才的培养

求是堂艺局是中国第一个专门培养近代造船与驾驶轮船人员的工业技术与军事技术学堂。

同治六年五月(1867 年 6 月),求是堂艺局从福州城内迁至船政局所在地马尾,改称为"船政学堂",并分为前、后两个学堂。前学堂设有轮船制造和设计两个专业,后学堂设置轮船驾驶和轮机两个专业。

---

① 李明勋,尤世玮:《张謇全集》,上海辞书出版社,2012 年,第二册,第 147 页。
② 同上,第 217 页。
③ 同上,第 137 页。

前学堂的课程主要有算术、几何、几何作图、物理、三角、解析几何、微积分、机械学、透视原理和法语;后学堂的主要课程为算术、几何、代数、直线与球面三角、天文气象学、航海测算、地理、蒸汽机结构原理、仪表使用和英语。学制为期五年,毕业后,前学堂学生派往船厂实习监工,后学堂学生则要上训练舰实习驾驶。成绩最优异者之后再被送往欧洲学习,造船学生派往法德各大船厂,驾驶学生派往英国皇家海校深造后再入英国海军任见习官。

福州船政学堂设置如此系统的课程,确是一个创举,许多课程对中国教育界来说是前所未有的,这无疑对传播和吸取西方近代科技文化知识起到了积极的并具有开拓性的作用。当然,在船政学堂内也开设有中文课,且对学生加强儒学思想的教育,但近代科学技术知识的引进,给中国的教育事业注入了新的活力。

船政学堂的开办,为中国近代科技的产生、发展、传播、运用和近代中国工业、航海、航空、电讯、运输、铁路等行业的产生与发展,以及中西文化交流等方面都发挥了不可磨灭的巨大而又深远的作用。

船政学堂自1866年开办至1907年福建船政停办为止,毕业生共629名。其中轮船驾驶专业共培养19届241名学生;管轮专业共14届210名学生;船舶制造专业共8届178名学生。

船政学堂的招生对象最初是招收13—16岁的有一定文化基础的学生,后来因科举未废除,报考的不多,年龄放宽为12—20岁,学生毕业后再选拔优秀的人才送往英法等国学习,因此,她为中国高等航海教育的诞生储备了专业技术人才。如:1909年,上海高等实业学堂开办航海科时,3名专业教师中唯一一位中国人就是毕业于船政学堂的驾驶专业第8届学生吴其藻(其余两人是德国人畲宾王和英国人奥斯汀),以及后来在交通部吴淞商船专科学校担任校长的萨镇冰、许建廷和教师李景森、陈嘉震等,均是毕业于福州船政学堂,因此,船政学堂为中国近代航海教育的先河和奠基者。

四、中国新式海员职业的特点与社会贡献

(一)中国新式海员职业的特点

1. 工资待遇相对国内其他工作群体优厚

早期中国海员群体主要来源于木船船工、渔民、农民以及手工业者。在轮船上工作属于技术工种,所得的收入比其他行业要高一些。根据资料显示,1907年英国轮船雇佣中国海员(甲板水手)的工资是每月3英镑10先令[1],美国轮船上的中国海员一般是每月15美元。[2] 按照1907—1910年的汇率计算,大约为1海关两=3先令[3],3英镑10先令可以兑换23两多海关两(约36元),工作一年可得276两。

对比农民的情况来看,清后期江南一个5口之家,拥有2个劳动力,种田20亩,一年收获折算银两41.2两。[4] 北方农业情况,清末期烟台地区"兄弟二人,有中地四十亩",均分成2份,一份用来种高粱和谷子,另一份种小麦和大豆,每年轮换耕种。正常年景每年的收获为:小麦1140斤,豆925斤,谷子2310斤,高粱1400斤,总产合计5775斤,共折价二百四十六吊文。[5]

对比手工业者,根据咸丰年间农书《马首农言》中记载寿阳县有些农家,"健妇一岁得布五十疋,一布

---

[1] 英国国会议事录,HC Deb 03 March 1908 vol 185 cc618-656。
[2] E. Mowbray Tate, Transpacific Steam: the Story of Steam Navigation from the Pacific Coast of North America to the Far East and the Antipodes, 1867—1941.1986, Cornwall Books, P240
[3] Hsiao Liang-lin, China's Foreign Trade Statistics, 1864—1949. Harvard University Press, 1974, P191.
[4] 张研:《18世纪前后清代农家生计收入的研究》,《古今农业》,2006年第1期。
[5] 李文治:《中国近代农业史资料》第一辑,三联出版社,1957年,第668页。

余钱可得百五十,计五十匹得七千五百余钱"。咸丰年间由于白银外流,银贵钱贱,七千五百余钱也就合银 4 两左右。

对比帆船船员来看,1851 年 2 月 22 日的 North China Herald(北华捷报)中的 JUNK TRADE 中提到了往来上海——山东的帆船船员的工资:"The proper number of hands to navigate her is 25,including commander and first officer. These are engaged by the ownerfor the voyage there,and back,and arepaid wages on their return as follows. Commander 12 a 15000 cash ($8\frac{1}{2}$ a $10\frac{3}{4}$dollars or £2.2s.5d.a £2.13s.9d.) First officer6 a 7500 cash ($4\frac{1}{4}$ a $5\frac{3}{4}$dollars or £1s.3d.a £1.6s.11d.). Each seaman about 1200 cash (85cents,or 4s.3d.)"。翻译成中文是"航海所需船员为 25 名,包括船主和火长。他们被船舶所有者所雇用,归航以后收取下记的佣金。船主 12000—15000 钱(8.5—10.75 美元,或 2 英镑 2 先令 5 便士到 2 英镑 13 先令 9 便士)。火长 6000—7500 钱(4.25—5.75 美元,或 1 英镑 1 先令 3 便士到 1 英镑 6 先令 11 便士)。水手约 1200 钱(85 美分或 4 先令 3 便士)。"这个工资是按航次计算的,当时往返一个航次大约一个月,也就是在轮船上的水手的工资要比沿海帆船船长的工资还要高出很多。

对比官员的情况,按照清代的官俸制度,七品知县的年俸也就 45 两①。这样比较下来可以看出这些在外轮上工作的海员的收入还是相当可观的(图 4-6)。

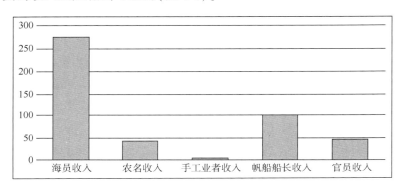

图 4-6 中国海员年薪与其他群体年收入对比(晚清)

2.海员们具有勤劳勇敢吃苦耐劳精神

中国海员工作认真,肯吃苦、不酗酒、不滋事。而相比之下,欧洲海员则很多酗酒且不服从管理。中国海员获得了欧洲船长较高的评价。《劳氏航运杂志》曾经摘录过船东和其船长之间的通信,内容如下:"我希望你能允许我雇用东方船员。白人船员简直是骗吃骗喝的。"——克罗思韦特船长,1905 年 3 月 24 日。"中国船员真的让人很满意。他们不惹麻烦,不酗酒,并且恪尽职守。"——克罗思韦特船长,1905 年 10 月 21 日。(奥本,摘录自信件)。

"我们由衷希望返程时您能允许我们雇用中国海员工作。任何人都比这群没用的、懒惰的、无能的又不服从命令的英国人强,这次航程光是对付他们就让人头疼,简直是一群废物。我很惭愧将这么不堪的语句记录在案。但我们越是宽容,他们反倒得寸进尺,换来的只是他们的个人享乐、傲慢无礼和懒惰怠工。现在商船的状况变得很严重,而且官员们和立法者们并没有改善这种局面。"——格林德莱(船长)(于阿拉贡王国,1908 年 1 月 11 日)②

3.开阔了眼界和促进了中外文化交流

中国海员在轮船上航行于各大洋、往来于世界各国,在封建闭塞的清王朝时代,他们最先接触到了西

---

① 清代官员的正式俸禄较低,自雍正年间开始发放养廉银,七品官的养廉银从 400—2259 两不等。
② Maria Lin Wong.Chinese Liverpudlians, A History of the Chinese Community in Liverpool, Liverpool: Birkenhead Press LTD.1989:pp80-81.

方先进工业技术的发展,政治体制模式的进步,认识到了中外差距的现实和原因,觉醒的较早,很多人后来积极投入推翻清王朝的革命斗争中,发挥了巨大的作用。

同时,海员是最早的跨国移民工作者,19世纪末,随着外国轮船公司对中国海员的需求越来越多,一些中国海员开始在各国港口聚居,形成了欧美华人人口的早期组成部分。例如,英国伦敦最早明显出现华人海员聚居的地区是在Shadwell。供华人海员住宿的区域早在19世纪初便出现。这些宿舍由东印度公司建立,一部分供华人海员,另一部分给印度海员。1854—1856年间伦敦有所谓"东方楼"(Oriental Quarters),随后分化为两区,分别是上海与广东海员聚居区。历史上第一个被英国议会授予英籍公民身份的华人就是中国海员约翰·安东尼(John Antony,中文名不详),他原本在东印度公司的船上做海员,因工作出色,英语流利,公司安排他在伦敦为公司联络、管理华人海员并为他们安排住宿。后来约翰·安东尼又成为中国海员的法律顾问,专门为英国的中国海员解决法律问题。

中国海员在外国港口聚居,在一定程度上也促进了中外的文化交流。1907年英国卡迪夫报纸一则有关"一个中国人葬礼"的报道:"昨日在卡迪夫的'阿豹'的葬礼上发生了不寻常的意外事件。那是一名华人海员,12月27日在卡迪夫入住济贫院后不久便因肺炎不治身亡。十多位东方人出席在墓地非国民区的葬礼……几个中国人随后拿来大花篮、几桶米,一瓶威士忌、一碟糖果、一只烧鸡、一块培根肉、几捆皱巴巴的纸(上面印有中文字),还有蜡烛。他们把威士忌倒在棺材上,又将米粒撒下墓窟。身后的其他人举着雨伞,点燃纸张和蜡烛,还有一个中国人念念有词,据称是一些奇怪的咒语。他们将剩下的所有食物全扔进坟墓,以提供阿豹前往未来世界的生存所需。烛火则为他上路提供照明。"[①]这名中国海员的葬礼在英国人看来是十分新奇的。

4.中国海员在船工作强度大且安全风险高

中国海员大部分在船上担任水手、火夫和服务员等低级职务。大部分需要每天工作12小时,生火工为锅炉加煤烧火,机舱内温度高,而通风设备差,海员长期在高温下工作,环境恶劣。再者工资收入中外差距大,相对于国内其他行业,海员的报酬还是可观的,但在轮船上工作,中外海员"同工不同酬",一般中国海员所得的工资仅是外国同工海员工资的一半。同时在经济上受买办和行船馆严重剥削,所谓行船馆,实质是中国海员的职业介绍所,因为行船馆老板,多与各国轮船公司有密切联系,凡公司辖下的轮船需用中国海员时,都委托行船馆介绍和担保,而这些行船馆往往收取高额的中介费。

(二)中国海员的突出贡献

1.保障了清政府的漕粮海运

漕运在中国航运发展史上占有重要的地位,主要是通过内河运输的方式实现食粮转运,是国家政府组织的运输行为。永乐十九年(1421年),明成祖朱棣迁都北京,为供应京师贵族官僚以及京边军队食粮的需要,而制定了南粮北运的漕运制。清袭明制,"国家大计,莫过于漕"。[②] 漕运是中央政府的三大要政之一(其余两件是盐政和河工),而漕粮也是清政府的第三大赋税来源(前两个是田赋和盐税)。

漕粮的征收是以京杭大运河和长江流域各省为对象。共计八省:山东、河南、江苏、浙江、安徽、江西、湖北和湖南。从明成化八年(1472年)一直到清末,漕粮征收额度固定为400万石,这些漕粮由政府组织通过船帮运送到北京。清中期以后,漕运面临一个客观难题,就是大运河河道经常阻塞。道光六年(1826年),清政府进行了漕粮海运的初次尝试,共享平底沙船1562艘,运粮总计163万余石,政府耗银仅140

---

① Peter Higginbotham, "Cardiff, Glamorgan", The Workhouse, last accessed 22/4/2016, http://www.workhouses.org.uk/Cardiff.
② 王命岳,《漕弊疏》,收于《清经世文编》卷四十六,中华书局,1962年。

万两,节省银米各十万。但是,由于海运的实行直接触犯了大批以漕运为"利薮"①的封建官吏们的根本利益,所以遭到他们的激烈反对和阻挠,第二年就被迫中止。道光二十八年(1848年),又进行了一次漕粮海运,但其间发生了"青浦教案",仅一年又停止了。

咸丰元年九月二十五日(1851年11月17日),御史张祥晋奏请将江苏常、镇及浙江省漕粮一体试办海运。咸丰帝以南漕海运虽有旧案可循,但是否可以推广,命陆建瀛、杨文定、常大淳妥议具奏。②陆建瀛等经过合议以后,上奏清廷将来年苏州、松江、常州、镇江、太仓五府州漕白粮米,一律改为海运。③咸丰元年十二月初五(1852年1月25日)清廷批准了他的建议。从此,江苏这五州府的漕粮就改行海运了。

咸丰二年(1852年),浙江巡抚黄宗汉于当年九月上疏,称"浙省漕务,帮疲县累,常年河运竭蹶不遑,舍海运别无他策"。④获得批准,浙江成立专门负责办理漕粮海运一切事宜的机构——浙江海运总局,在天津、上海两地设立了分局。

江苏、浙江两省漕粮改行海运具有重要的意义,本来江苏浙江两省的漕粮征收额度就接近整个漕粮全额的一半,咸丰三年(1853年)年太平军起义后,战火波及的湖南、湖北、江西、安徽、河南五省由于运道阻塞,相继改征折色(即征收银两),除山东距离运河较近,仍由河运外,绝大部分漕粮就是从这两省征收的。海运取代了河运成为漕粮运输的主要形式。江苏浙江两省实行漕粮海运,所用船只2000余艘,船工水手7万—8万人,漕粮海运费用较河运大大降低,极大地缓解了早已捉襟见肘的清政府的财政状况,也大大减轻了农户的负担。(加上轮船招商局的漕粮运输情况)

同治十二年二月二十日(1873年1月17日),轮船招商局正式成立,其最初的经营方针是"分运漕米,兼揽客货"。部分年度承运漕粮数额见表4-3。

1873—1884年轮船招商局承运漕粮概况⑤　　　　表4-3

年　份	漕粮数额(石)	兑漕省份
1873—1874	200000	浙、苏、赣、鄂、湘
1874—1875	450000	浙、苏、赣、鄂、湘
1875—1876	290000	浙、苏、赣、鄂
1876—1877	420000	其中浙江200500余石,其他省份不详
1877—1878	420000	其中浙江209700余石,其他省份不详
1878—1879	570000	浙、苏、赣、鄂
1879—1880	475415	苏、浙
1880—1881	557000	苏、浙、鄂
1881—1882	580000	苏、浙、鄂
1882—1883	390000	苏、浙、鄂
1883—1884	470000	苏、浙
合计	4822415	

资料来源:1.招档:《招商局史略》,第89页。

　　　　　2.《国民政府清查整理招商局委员会报告书》,下册,第22-34页。

---

①意为:财利的聚集处。
②李文海:《清史编年》,第九卷,咸丰朝,中国人民大学出版社,2000年,第44页。
③同上,第52页。
④《浙江海运漕粮全案初编》,东北师大出版社,1990年,编序。
⑤转引自《招商局史》,近代部分,中国社科出版社,2007年,第70页。

1884年以后轮船招商局运输的漕粮数额目前没有准确的数字。根据汪熙的《从轮船招商局看洋务派经济活动的历史作用》一文研究,轮船招商局在1884年之后漕粮运量没有减少并略有增加,每年平均达到50万石以上。

1895年,轮船招商局设立运漕股,专司漕运之事。此后,为清政府承运了大量漕粮。据徐润光绪三十三年(1907年)所记,这一年,轮船招商局漕粮"截留减运,共计五十余万石"①,其他年份承运的漕粮当稍高于此数。轮船招商局从创办初到宣统三年(1911年),运漕总数约为1500万至1900万石。

2.承担了中法、中日战争的军运任务

中法战争期间,1884年6月22日,刘铭传②应诏入京,经连续两次召见,6月26日被命赴台组织防务,授予巡抚衔督办台湾事务一职,7月16日,刘铭传自上海乘坐轮船招商局"海晏"号抵达台湾基隆。随行的还有几十名铭军旧将、从直隶铭军刘盛休部抽调的120多名枪炮、水雷骨干官兵,以及3000枝毛瑟步枪。另外还有金陵机器局、江南制造局拨付的数十门火炮及水雷,用于台湾防务。

在中法战争以前,李鸿章为了建设北洋水师,1880年3月31日上奏获准购买两艘铁甲舰,后又增加一艘,即"定远""镇远"和"济远"舰。同年中,派徐建寅、李凤苞到英国及德国,考察海军以及购舰。后选择了在德国伏尔铿(Vulcan)造船厂建造这三艘军舰,1881年正式签署合约。

经过紧张的建造,"定远"和"镇远"²舰先后在1883年5月2日和1884年3月完工并通过试航。但因为1883年年底中法战争爆发,德国作为中立国,据国际惯例暂停交货。1885年中法签订和约,德国方才于同年7月履约付货,"济远"舰于同年10月交付使用。在这三艘军舰即将交付中国之前,李鸿章札饬轮船招商局:"查轮船以驾驶为首务,铁舰船大且坚,应配大二三副、管轮、锅炉、升(生)火人等,必须挑选曾在各船及船厂当差之熟手,方期得力",命令"招商局选择精壮熟手,管油、管汽四十名、升(生)火一百名,饬令克日北来,听候遣派"。③

甲午战争期间,清政府先后共出动了9艘商船用于往朝鲜运送军用物资和军队。1894年6月3日,朝鲜政府因国内发生起义,国王命内务府参议成岐运携政府照会正式请求中国派兵。中国所派军队分三批渡海。第一批是太原镇总兵聂士成所统芦防马步军,共910人为前锋。6月6日下午6时,自塘沽乘坐轮船招商局"图南"号出发;第二批是直隶提督叶志超所带榆防各营,共1055人,以及弹药、粮饷等,乘坐轮船招商局"海晏"号和"海定"号轮船,于8日下午6时启航;第三批是总兵夏青云率马队100名、旱雷兵100名及步队300名,乘"海定"号渡海于25日抵达牙山县。11月初,为了驰援旅顺,清政府又派记名提督卫汝成率成字军5营及马队一小队乘轮赴援,以加强旅顺后路的防御。成字军5营分乘两轮赴旅:"海定"号载3营1672人;"图南"号载两营1336名。

1894年7月20日,清政府雇用英国商船"高升"号、"爱仁"号和"飞鲸"号,运送官兵2966人,前往朝鲜牙山。其中"高升"号7月23日从天津塘沽起航,24日遭日军炮击沉没,船上官兵1116名中死亡871名。该船共有78名船员。其中船长、大副、二副、三副、大车、二车、三车7名为英国人;舵工3名为菲律宾人;其余船员68名,多为广东、福建、浙江籍人,也有少数菲律宾人。死亡船员67人,包括5名英国人,1名菲律宾舵工,其余大部分为中国海员。④

7月21日—22日,轮船招商局先后用"海琛"号、"永清"号、"镇东"号、"图南"号四艘轮船将8000名

---

① 徐润:《徐愚斋自叙年谱》,收于沈云龙:《近代中国史料丛刊续编第五十辑》,文海出版社,1974年,第130页。
② 刘铭传(1836年9月7日—1896年1月12日),字省三,自号大潜山人,安徽合肥人。清朝名臣,系台湾省首任巡抚,洋务派骨干之一。在台任巡抚期间,进行了编练新军,修建铁路等一系列洋务改革;开煤矿,创办电讯,改革邮政,发展航运事业,促进台湾贸易,发展教育事业,促进了台湾近代工商业的发展,台湾防务亦日益巩固,为台湾的现代化奠定了深远的基础。
③ 聂宝璋:《中国近代航运史资料》,第一辑,上海人民出版社,1982年,第821页。
④ 戚其章:《甲午战争史》,上海人民出版社,2005年,第61页。

官兵分别由塘沽和旅顺运往安东,跨鸭绿江进入朝鲜。

3.投身革命推翻清王朝统治

海员洪全福领导1903年广州起义。洪全福(1836—1910年),出生于道光十六年(1836年),是洪秀全的族侄,出生于广东花县正径村(今花山镇)。1851年太平天国革命爆发后,洪全福追随天王洪秀全反抗清政府,挥师北上,转战桂、湘、鄂、皖、苏、浙各省,晋封左天将、瑛王,称"三千岁"。太平天国起义失败后,洪全福辗转逃往香港避难,改名为洪和,自卖身为苦力到古巴充任挖鸟粪劳工,后到外轮上充任厨师,挂名于香港义和堂航业会所,航行达40年之久,在行船期间结识孙中山先生,为孙中山运输武器,支持革命。光绪二十七年八月十四日(1901年9月26日),洪全福与谢缵泰、李纪堂等革命党人策划联络洪门会党在广州起义,建立大明顺天国,洪全福被推为大明顺天国南粤兴汉大将军,主持制定了大明顺天国建国纲领,筹划起义各项事宜。1903年1月25日,洪全福和谢缵泰的兄弟谢缵叶(又名谢子修)经澳门前往广州,准备在广州发动起义,不幸事泄而失败。

孙中山为推翻清王朝,在内地多次举行武装起义,同盟会在海外购买的军火,大都靠海员运进来的。1910年同盟会领导的广州新军起义,1911年4月27日,黄兴率领革命党人在广州黄花岗起义,起义人员用的枪支弹药都是陈炳生、吴渭池、苏兆征等与香港海员协助秘密运送。当时担任运输任务的都是来往于广州、香港、澳门的"广东""广西""哈德安""佛山""金门""河南""大利"号等外国轮船公司的船只。这些船悬挂外国旗,清朝官吏不敢任意上船检查,加上其中有很多海员是同盟会会员,他们在运送军火时,采用了很多巧妙的方法,例如把运送军火的箱子改装成戏箱的模样,上面写上某大人物的名字,这样海关就更不会随意检查。船到香港后,再假称运到某某大酒店,缉私人员就不敢乱动。因而,每次运送枪械都安全送达。1907—1908年之间,孙中山领导的各地起义,如潮州之役、惠州之役、钦廉之役、钦廉上思之役,都有海员参加。

1909年,同盟会领导人陈其美在日本进行推翻满清王朝的革命活动,引起清政府驻日使馆的注意,使馆要求日本逮捕陈其美解送中国。孙中山得悉后,即与"西伯利亚皇后"号(Empress of Siberia)货轮上的香港海员吴渭池等人商量,要求他们将一位重要的同盟会会员护送出境(当时没有说出陈其美名字)。吴渭池即派五位海员上岸,把这位"要员"化装成海员,在黑夜带上船,把他藏在煤仓里。船开航后,日本密探指使宪兵乘舰艇追赶此船,并上船检查。所幸宪兵没有搜查肮脏的煤仓,陈其美得以脱险。

1911年10月10日,武昌起义爆发。革命军攻占武昌、汉口、汉阳三镇,成立湖北军政府。清廷大为震惊,急调海陆大军南下围剿。当时,革命军兵力单薄,同盟会即密令各地党人迅速增援。香港同盟会接到密令后,动员海内外革命党人迅速前往支持。当时报名参加者有70人,其中大多数是在外商轮船任职的现役海员,他们争先辞去职务,自筹经费购买短枪乘船赴沪,会合海员马伯麟、马福麟等20多人,合编为敢死队。11月17日,敢死队随同黄兴渡过襄河,进攻汉口,个个奋勇争先。经过激烈战斗,大部分队员壮烈牺牲。

4.轮船招商局海员支持南京临时政府北伐

辛亥革命发生时,轮船招商局作为清政府控制下的最大的官督商办企业,长期为时任邮传部尚书的盛宣怀所控制。而辛亥革命爆发的直接原因是盛宣怀实行的"铁路国有"政策,激起四川等地爆发"保路"风潮,所以,刚开始时轮船招商局对辛亥革命采取了消极抵制的态度。1911年10月26日,清政府为了平息众怒稳定统治,将盛宣怀作为替罪羊"即行革职,永不叙用",轮船招商局摆脱了盛宣怀的控制。1912年1月1日,南京临时政府成立后,轮船招商局与南京临时政府的关系逐渐从对抗转化为合作。

1912年1月12日,孙中山以临时大总统名义宣布北伐并亲自进行指挥。轮船招商局积极支援北伐,1月13日,轮船招商局局轮"泰兴"号、"公平"号、"新铭"号3艘轮船奉命开往吴淞,准备驶往烟台参加军运,"江宽"号由民军租用,航行于南京武汉之间。"江孚"号、"江永"号、"江裕"号、"江新"号、"快利"号和"固陵"号等轮船开赴上海,"广利"号、"新昌"号也被临时政府租用应军差,轮船招商局支援北伐的轮船达到13艘之多。16日,"新铭"号、"新昌"号、"泰兴"号、"公平"号4艘轮船从吴淞开航,每船载兵1000人,在军舰护送下开往烟台等地。之后,轮船招商局多次派出轮船支持民军,运载官兵、军械等军用品。直到1912年2月初,南北实现"议和",轮船招商局轮船停止了承担军运任务。

5.掩护反袁志士脱离险境

辛亥革命后,袁世凯篡夺了革命胜利果实。孙中山于1913年7月发动了反袁世凯的"二次革命",结果失败被迫东渡日本,1913年8月4日,孙中山、胡汉民一行,由福州马尾乘日轮"抚顺丸"去基隆,5日从基隆换乘日轮"信浓丸"(Shinano Maru)赴日本。10月4日,袁世凯下令解散国民党,撤销国民党籍国会议员的资格,进而解散国会和各省的议会,通缉参加护法的有关人员。国民党员纷纷外逃,截至1913年底,逃亡日本的就有1000多人,这里面中国海员起了不小的作用。

1914年7月8日,孙中山在日本组织中华革命党,继续进行反袁斗争。袁世凯为加紧复辟帝制,派其心腹蒋士立为特使,携带巨款到日本,准备收买革命党人和留日学生,破坏孙中山的讨袁革命。中华革命党人吴先梅极为愤慨,1915年10月17日在东京枪杀了蒋士立。日本当局大肆搜捕吴先梅,吴先梅逃至横滨,躲藏在华侨学校,当地联义社负责人严华生请海员陈炳生等营救吴先梅。陈即携带海员服装至吴秘密隐藏的住处,将他乔装打扮成海员,带到船上匿藏起来,离开日本,脱离险境。

"二次革命"失败后,随孙中山逃亡日本的还有陈其美,他坚决支持孙中山另组中华革命党。1914年7月被推为中华革命党总务部部长。1915年袁世凯复辟帝制,1915年2月,陈其美回国在上海参加策动讨袁,任淞沪长官司令,负责主持长江下游的军事行动。他从日本回上海就是由日本"天洋丸"(Tenyo Maru)轮船海员、联义分社社长唐锡等,奉孙中山命令,安排他乘该轮从日本秘密回上海。

1915年11月,蔡锷摆脱袁世凯暗探的监视,逃离北京,经天津转往日本,再绕道香港回云南发动"护国战争",他所乘坐的客船,也由广东海员陈炳生等人周密安排。

第三节　海员管理体制的建立及其变化

一、最早的海员管理机构设置

鸦片战争以前,我国民船向来归地方管理,各地对民船负责发放牌照,征收税费,对船民的资质并没有制定相关标准,基本处于船主自行雇佣管理的状态。

鸦片战争以后,西方殖民者强迫清政府签订一系列不平等的条约,条约内容涉及割地、赔款、开放通商口岸、允许外国来华传教、治外法权、领事裁判权等多个方面,其中涉及侵犯航权方面的有以下几个方面:①口岸开放权;②江海航行权;③沿海(江)运输权;④引水特权;⑤港口管理权;⑥船舶检验检疫权。

以上种种特权的实现,主要是通过外籍税务司管理的中国海关来执行的。此时的中国海关①,与鸦片战争之前不同,业务非常庞杂。除了以征收对外贸易关税为核心的业务外,兼办港务、航政、气象、船舶

---

① 在通商口岸成立的新关通常叫海关,其他的则称为"常关"或"老关"。

的检验检疫、引水、灯塔、航标等海事业务,还经办外债、内债、赔款和外交等业务。

1859年5月,两江总督兼各口通商大臣何桂清任命李泰国为"总管各口海关总税务司"。1861年1月,清政府设立总理各国事务衙门后,总理衙门大臣奕䜣又把海关事务划归总理衙门管辖,并进而把选募、考核、监督海关外员的权力和盘交给了李泰国,并札饬授权,"如有不妥,惟李国泰是问"。① 李泰国成为总管新关的第一任总税务司。

同治三年(1863年),恭亲王奕䜣上奏清廷:李泰国"办事刁诈,以致虚靡巨款,实难姑容。现由臣等将其革退,还准经理税务。该夷狡狯异常,中外皆知,屡欲去之而不能,今因办船贻误,正可借此驱逐""其总税务司一缺,即由赫德办理。"②同治三年十月初六日(1863年11月16日),上谕批准把李泰国革职,派赫德继任总税务司。从此,年仅28岁的赫德,就成为清朝中国海关的总税务司,而且连续任职48年,一直到清朝灭亡。

赫德接任总税务司后,对海关进行了一系列的改革和整顿,形成了从船钞部到海关理船厅为主管开放的通商口岸航政工作的官方机构。

最初海关的业务主要是税收工作。1868年4月,总税务司发布了建立船钞部(Marine Department)的通札,海关船钞部正式成立。船钞部成立的主要任务是对往来中国港口的船舶吨位进行检丈,收取吨位税。船钞部的最高负责人是海务税务司(Marine Commissioner),直属总税务司,直接对总税务司负责。

船钞部的组织,到19世纪80年代以后逐步形成营造司、灯塔处和理船厅三个部分。营造司专管灯塔、浮标和附属建筑物的设计、工程建筑事宜,提供先进技术、仪器设备等;灯塔处负责管理灯塔的发光,灯塔人员的给养,维持灯塔和海关间的运输交通等;理船厅管理船舶的适航检查、领海和港口内的船舶行政管理。理船厅的任务庞杂,工作重要。它的具体工作是查验船舶证书,指定航船的停泊地段,维持泊船界内航船的秩序,规定灯塔、浮标的限界,制定指示行船章程、海船免碰章程以及引水、检疫等工作,后来随着轮船管理制度的规范化,逐渐加入了海员管理工作的内容。关于海员管理的划分,基本上是往来通商口岸的中外船舶上的海员,由海关负责,往来内河或不通商口岸的船舶由常关负责。

清末,清政府还进行了一次收回航政管理权(包括海员管理权)的尝试。光绪三十二年九月二十日(1906年11月6日),清政府颁布官制改革方案,谕令设立邮传部:"轮船铁路电线邮政应设专司,著名为邮传部,原拟各部院衙门职掌事宜及员司各缺仍着各该堂官自行核议,悉心妥筹,会同军机大臣奏明办理"③。光绪三十三年六月二十三日(1907年8月1日),朝廷批准了军机处和邮传部一起上奏的《军机处邮传部会奏拟议邮传部官制折》,奏折中说明邮传部下设5个司,分别是船政司、路政司、电政司、邮政司和庶务司。其中船政司"掌全国船政,凡轮船应行考核(同"核")调查及筹划扩充,并审议船律各项事件"。④ 船政司设筹度、核计两科。筹度科职掌航务的调查,航道的开通,航业的推广及保护,章程的审核,船会的管理,船舶的失险检查,灯旗信号、码头、军运、漕运、船员及各轮船公司的立案等事项。核计科职掌各公司的轮船表册、账簿、注册给照、购买、估复、减费、救难和航务裁判等事项。清政府计划船员管理事务由邮传部船政司筹度科负责。但遭到了海关总税务司的强烈反对,该计划最终搁置。

---

① 《筹办夷务始末》,咸丰朝,中华书局,1979年,卷二十二。
② 办船贻误,是指"阿斯本舰队事件"。阿斯本舰队事件是在奕䜣主持下,清政府购买西方坚船利炮,建立近代海军的一次尝试。清政府委托回国休假的李泰国负责此事。李泰国擅自与帮助办理购舰具体事宜的英国皇家海军上校谢拉德·阿斯本签订合同十三条,规定由阿斯本担任舰队的总司令,阿斯本只执行由李泰国转达的中国皇帝的命令,而不执行"经由其他途径传达之任何谕旨",企图控制中国海军。消息传出朝野哗然。1863年11月2日,清政府决定遣散舰队,全部舰船由英国负责变价出售,所得款项全交还中国,并承担阿斯本以下官兵600余人九个月的月薪工银和回国路费共375000两白银以及阿斯本赏银10000两。清政府这次购买西方舰船改善旧式水师的努力经营近两年,耗银近40万两,到头来却一无所获。
③ 刘锦藻:《清朝续文献通考》,第4册,商务印书馆,1936年,第11037页。
④ 《东方杂志》,1907年第4卷第12期,内务,第537—542页。

二、轮船海员管理制度的订立

轮船应用到航运以后,早期世界上并无统一的海员资质管理规则。英国直到 1835 年也没有系统性的海员注册管理体系。1835 年,英国制定了《商船法》(Merchant Shipping Act),为了挑选一部分海员作为战时皇家海军人员的征召后备队,法案规定了商船海员的注册机制。1835—1844 年间为英国的第一次海员注册期。当时也仅仅是要求注册海员的姓名、年龄、职务、船主以及是否符合(皇家海军)条件。① (见图 4-7)

图 4-7 1835 年英国海员注册表

1844 年,英国出台了新的商船法,新的法案要求,当英国海员离开英国港口时,需要领取一种注册票(Register Ticket),这种注册票类似于现在的海员服务簿,上面标明了海员的姓名、体貌特征、第一次出海是哪一年及担任何职、是否曾在皇家海军服务、是否曾在国外服务等。(见图 4-8)

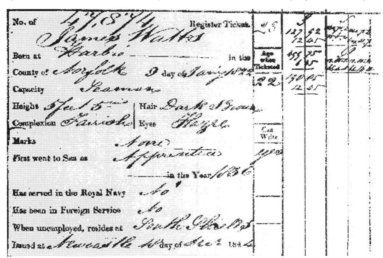

图 4-8 Register Ticket(BT 113 Series.© National Archives)

我国在轮船招商局成立以前,清政府一直禁止华人购买轮船。为了抵制外国轮船对中国航运的垄断,两江总督曾国藩建议清政府取消对华商购买船舶的限制。同治六年九月初六日(1867 年 10 月 3 日),总理衙门颁发了由曾国藩制定的《华商置用火轮夹板等项船只章程》。

该章程共四款,其中第一款计 12 条,规定了华商购买或制造火轮夹板船舶时所应遵循的手续。此项章程虽然由清政府正式颁布,但规定船长应用华人充当,而当时中国并无驾驶轮船的船长,且手续烦琐,需要同时与中国官员充当的海关监督和外国人把持的海关打交道,加上托庇洋商可免去诸多苛捐杂税,实际在轮船招商局成立以前,华人仍旧采用"诡寄经营"②的方式,并不直接将船注册到自己名下。

---

①National Archives,United kingdom,BT 120 Series。
②诡寄经营是由外商特权泛滥引发出来的现象,清末华商为了逃避繁重的官府税课与勒索,往往由洋人出面担任法人。航运业的诡寄经营一般是中国船主为了取得洋旗庇护,在购买了外国船只后,向外国领事馆交纳注册费,用 100 元左右聘请一个洋人出面充当"船主",为了保护原船东的利益,挂名船主再和真正的船主(华商)签订一个借款契约,以船舶作抵押,通常借款的数额要高于船舶的实际价值。这样,假设挂名船主想把船据为己有时,真正的船主可以根据借款契约索要借款,不会遭受损失。

轮船招商局成立以后,所雇用的高级海员全部为外国人,最早的一批在商船工作的高级中国海员,则是来源于福州船政学堂,其后直到清末,1909年邮传部高等事业学堂设立航海专科,中国才正式有了培养高级海员的机构。但政府在这期间,并没有制定专门的船员管理章程。只是在《华商置用火轮夹板等项船只章程》第三款中规定"凡有外国人受雇充艄工者,须先将本国考验可充艄工之据呈由税务司验明,俟雇定后,即由税务司将该艄工系何国人、何姓名并受雇月日注明船牌,如日后更换宜将辞工之日添注",[1]这里只是要求华商雇佣外国船员需要船员国的凭证,由各海关税务司检验,并没有对中国船员的资质提出要求。

三、早期引水管理体制的确立

引水,又称领港、领江,现在一般称为引航。是指在一定的水域内(港口或内河),专门性的从业人员(即引航员)登上船舶,为船舶指引航向,向船长提出有关航行问题的建议和忠告,从而把船舶安全地引进、带出港口,或在港内移泊。它是随着航运业的发展,逐渐从其中分化出来的一项专门的技术性职业。

引水这一行业,对于一个主权国家来说具有十分重要的意义。一方面,它是船舶在港口等水域安全航行的基本保障,并进而影响船舶的运转速度和港口作业的效率。另一方面,港口水道实际上等同于国家"门户",在一定程度上,引水人就是国家的"守门人",其工作事关国防安全。因而,近代欧洲一些国家,都规定由本国公民担任领水内的引水人,并要求外籍船舶接受强制引水服务,以维护航业利益和国家安全。这是一国引水权的体现,属于近代以来国家主权范畴的一个要素。

早在清朝中期,引航业已经开始被纳入国家管理的轨道。乾隆九年(1744年),清政府设立澳门海防同知衙门,首任同知印光任制定了管理番舶及澳夷七条章程(后称《防夷七条》),其中规定:"洋船到口,海防衙门拨给引水之人,引入虎门,湾泊黄埔""限每船给引水二名,一上船引入,一星驰禀报县丞,申报海防衙门,据文通报,并移行虎门协及南海番禺一体稽查防范。其有私出接引者,照私渡关津律从重治罪。"这是中国的第一个引水制度。关于引航员的管理,他建议:"请责县丞将能充引水之人详加甄别,如果殷实良民,取具保甲、亲邻结状,县丞加结,申送查验无异,给发腰牌、执照准充,仍列册通报查考,至期出口等候。"[2]

此后,清政府陆续对此章程加以完善和补充。嘉庆十四年(1809年),为了杜绝有人冒充引水的现象,又规定:"凡夷船到口,即令引水先报澳门同知,给予印照,注明引水船户姓名,由守口营弁验照放行,仍将印照移回同知衙门缴销。如无印照,不准进入黄埔港"。[3]

到了道光年间,引水制度更加严格。这主要是针对不法之徒勾串外商走私所采取的措施。道光十五年(1835年)又进一步规定:"对引水要查明年貌、籍贯,发给编号印花腰牌,造册报明总督衙门与粤海关存案,遇引带外国商船,才发给印照。若无印花腰牌的人,外国商船不得雇用。"[4]可以看出,清政府对引航有一套严格的管理制度。

近代以来,西方殖民者对中国航权的侵犯也包括了引水这一行业。最早的是根据1843年签订的《中英五口通商章程·海关税则》,其中关于"进出口雇用引水"一款的规定:"凡议准通商至广州、福州、厦门、宁波、上海等五处,每遇英商货船到口,准令引水即行带进;迨英商贸易输税完全,欲行回国,亦准引水随时带出,俾免滞延。至雇募引水工价若干,应按各口水程远近、平险,分别多寡,即由英国派出管事官秉

---

[1] 黄胜强:《旧中国海关总税务司署通令选编》,中国海关出版社,2003年,第一卷,第174页。
[2] 梁廷枏:《粤海关志》,广东人民出版社,2002年,卷二十八。
[3] 同上。
[4] 梁廷枏:《粤海关志》,广东人民出版社,2002年,卷二。

公议定酌给。"这就是说，外国商船不必强制引水，可以自由雇募引航员，中国政府不得干涉。

1844年7月签订的中美《望厦条约》第八款也有类似的规定："凡合众国民人贸易船只进口，准其自雇引水，赴关隘处所，报明带进；候税钞全完，仍令引水随时带出。其雇觅跟随、买办及延请通事、书手，雇用内地艇只，搬运货物，附载客商，或添雇工匠、厮役、水手人等，均属事所必需，例所不禁，应各听其便，所有工价若干，由该商民等自行定议，或请各领事官酌办，中国地方官勿庸经理。"

1844年10月签订的中法《黄埔条约》第十一款规定："凡佛兰西船驶进五口地方之处，就可自雇引水，即带进口，所有钞饷完纳后，欲行扬帆，应由引水速带出口，不得阻止留难。"另外还添加了："凡人欲当佛兰西船引水者，若有三张船主执照，领事官便可着伊为引水，与别国一律办事。所给引水工银，领事等官在五口地方，秉公酌量远近、险易情形，定其工价。"

1847年中国与瑞典、挪威分别签订的通商条约，第二次鸦片战争期间签订的中英、中法、中美、中俄《天津条约》，以及1861年中国与德国签订的通商条约，都一一重申了上述三份条约中关于引水的规定。

上述规定实际包含了三项内容：一是外籍船只进出中国口岸时有权自由雇用引水人；二是任何人（包括外籍人）都可以申请在中国担任引水人；三是引水事权操纵于外国领事手中，"领事官便可着伊为引水"。

这些规定，使中国引水业纳入了依附型发展道路，埋下了引水权丧失的根由。1844年底，驻上海的英国领事首先向在上海的英国船员和退休船长颁发了上海港引航执照。美国、法国的领事也纷纷仿效英国领事的做法，为本国人签发引航执照。第二次鸦片战争之后，沿海和长江沿线又有十一个通商口岸对外开放，于是，更多的外籍引航员纷纷进入中国各港引航业。

为了牢牢掌握中国的引航权和规范引航业，1855年12月10日，英美法三国领事联名公布了《上海港引航章程》，对引航资格的取得、引航员的考试和证书授予、引航员的职责、引航费率以及引航船等问题，都作了初步的规定。1859年12月23日，三国领事又公布了一份《上海港外籍引航员管理章程》，除了继承1855年章程的基本精神外，又对成立引航员行业组织的有关问题作了补充规定。在这两份章程的直接促成下，上海港出现了中国近代第一个专门性的引航员职业团体——上海引水公司，它由一些经过考试而产生的外籍引航员组成，在外国领事的监督下依照这两份规章自主运行。

1855年《上海港引航章程》制定以后，1866年，闽海关也颁布了《福州口引水章程告示》，但在其余沿海港口，引航事务仍然由各领事分头作主，呈现分散经营、互不相让、无序竞争的状态。本来规定充当引水的人须有三个船主证明其能胜任，领事才发给执照；但船主乱发证明，执照的发给泛滥，引水人经常心安理得地把执照借给不能胜任的亲友，各国商船的引水费也各订各的。为了改变这种状况，1868年《各国各海口引水总章》出台。

《各国各海口引水总章》制定的直接起因是牛庄港英美引航之争。驻牛庄的英国领事麦都司曾在上海做过领事，他刚到牛庄时，实行自由引航政策，任凭船长自由雇请引航员，也不签发引航执照。但美国领事却签发引航执照，到1864年8月，牛庄港已经有了9名持证的美籍引航员。麦都司于是签发了5张引航员执照。1865年，进出牛庄港的船只大增，麦都司又为5名英籍引航员签发了执照，而美国领事又签发了13张引航员执照。引航员的剧增使他们相互之间的竞争趋于激烈，英籍引航员甚至在大沽及山东半岛一带巡航候船，以便争得更多的业务。

1866年9月，麦都司草拟了一份牛庄港英籍引航员管理章程，授权英籍引航员垄断所有进出该港的英国船只引航业务，这份章程于1867年1月得到了英国驻华公使阿礼国的批准。但是，麦都司和阿礼国的行为遭到了其他国家领事和公使们的抗议。美国驻华公使蒲安臣宣称："我反对这个章程，因为它是非法的，是不公正的。"[①]于是阿礼国把问题提交给英国驻远东最高法院首席法官荷拜（N.Hornby）。荷拜认

---

① 魏尔特著，陈诗启译：《赫德与中国海关》，厦门大学出版社，1993年，第310页。

定:"所有的引航章程必须先交由中国政府制订,但所制订的章程必须为各国的外交当局所接受,而各国政府也须声明它对他们的公民具有约束力"。① 于是阿礼国停止了在牛庄一地制订引航章程的活动,把问题提交给驻北京的各国公使和清总理衙门,让他们制订一个全国性的引航章程。

起草全国性引航章程的重任由总理衙门交给了海关总税务司赫德。赫德代表总理衙门,与各国驻华外交使团共同推选的代表法国公使贝罗内特(Monsiéur Bellonet)一起协商,很快就起草了一份《中国引水章程》(Chinese Pilotage Regulations)草案,以中、英、法三国文字并列,呈交总理衙门,并送给驻北京的各国公使们审阅。该草案获得了各国公使们的一致认可,也得到了总理衙门的批准。于是,1867 年 4 月 26 日,赫德以海关总税务司署通令第三号令发布,宣布该章程从 1867 年 10 月 1 日开始试行。

《中国引水章程》共计 15 条,第一条规定"引水之人应先由理船厅勘明该口情形,约同各国领事官并通商总局,将应派引水若干名之处商定,随时一律增减",这里的通商总局,英文为 Chamber of Commerce,即外国总商会;第二条规定"凡华民及有条约各国之民有欲充引水者均准其一体充当",即外国人可担任中国引航员;第三条"(引水候选人)由保险公所及外海轮船公所各拣送一人",即考选引水人的考选局也由外国保险公所和外海轮船公司代表参加,这就在法律上保障了外籍引水的根本利益,因此,取得了外国公使的认可,同时章程又规定:"凡考选局派充引水者,由税务司代(中国)地方官发给引水字据"。② 这一款在总税务司看来,是为中国收回引水权。正是由于这一规定,所以容易取得总理衙门的批准。

但就是这个严重侵犯中国主权的章程,公布后仍旧遭到了多方反对。外国轮船公司反对是因为章程第 15 条规定:"凡有夹板船、火轮船出进,若该口有请领字据之引水,须用引水引其进出,若该口有引水之人而该船不用者,即由理船厅向该经纪代引水局索取引水经费",即海关理船厅规定了在中国港口进出需要"半强制引水",如果轮船公司不用指定的引水,仍旧需要缴纳引水费用。他们认为,许多船主和管驾,对各口岸航道的危险和困难,了如指掌,即使曲折难行的福州港和上海港,无须引水也可进港。各港口外国领事们反对是因为引水管理权大部分掌握在海关理船厅手中,如第八条规定"凡引水宜制于理船厅也""倘有违背总章分章以及不遵理船厅谕示之处,或罚以银两,或暂撤执,或将执据撤销,皆由理船厅办理;惟撤销执据一层,须申详总税务司核复,方可施行"。各港口领事认为关于引水的管理他们被被排斥在外了。

毕竟《中国引水章程》是经过公使团认可的,公使团于是根据各口领事反映的意见,同意进行修改。总税务司赫德经过一年多时间在总理衙门和公使团中会商斡旋,终于修改出台了《引水章程专条》(Chinese Pilotage Service: General Regulations)。经总理衙门批准,于 1868 年 10 月 27 日以海关总税务司署通令第 30 号令通饬各关税务司试行。赫德在通令的说明第二条中提到:"最重大之变化系废除强制引水条款。据此,海关即可免除诸多责任,无须制定众多各口分章或地方规章。引水事务因该条款之废除而得以简化,并因某些条文之删除系依现行治外法权本不属中国当局,引水事务遂移交理船厅管理。简化之结果将是保险公所即可默默从事公众本不愿由海关强制引水之举,而外国官员一经查知新章程并无意剥夺其应享有之权利,亦均乐于将大部引水事务交由理船厅掌管,因理船厅固善于其事也。"第七条"理船厅继续掌管引水,并授以停职或撤销执照之权,然而,停职或解雇之引水有权于三日内向其领事面陈案情。本总税务司认为领事当不至不支持理船厅之决定。遇此类情事,理船厅直先向领事通报其处置之缘由,要求领事为理船厅严肃纪律及维护效率而给予支持。"③

"强制引水"被废除了,各港口领事对引水的管理权得到了确认,一个以海关总税务司为核心、以理

---

① 魏尔特著,陈诗启译:《赫德与中国海关》,厦门大学出版社,1993 年,第 310 页。
② 黄胜强:《旧中国海关总税务司署通令选编》,中国海关出版社,2003 年,第一卷,第 45 页。
③ 同上,第 75 页。

船厅为枢纽的全国性的引航管理体制建立起来了。在这一体制之下,中国的引航业无论是经营,还是行业的行政管理,都垄断、控制在外国势力手中。引航员的考选、发证、培养、替补,掌握在以港务长为核心、同时受制约于各港口的外国领事、商人和引航员的考试委员会之手;引航员的管理、和惩处权也由港务长和外国领事把持。海关虽为中国政府雇佣人员,但并没有掌握引航事务的全部权力,因而客观上无法抵制外籍势力对中国引水权的侵夺。

基于这个章程,在那些执有引水凭证的通商口岸的引水们组织了起来。在某些口岸,显着的如上海和天津,引水公会应运而生。总部设在上海的公会就有上海引水公会(Shanghai Licencd pilots' Association,主要由外籍人组成,从事长江口——上海、长江口——吴淞、吴淞——上海间引航)、吴淞汉口引水公会(Woosung-Hankow pilots Association,外籍人组成,从事吴淞——汉口间引航)、日本长江引水公会(Japanese pilots Association,由日本人组成,专门为在长江航行的日船引航)、淞汉引水公会(华籍引水组成,为中国船舶引航)。由于海关理船厅遵照总税务司"越少干预越好"的指示,公会几乎取代了理船厅而自行管理引水业务。由于外籍引水人有不平等条约和《引水章程专条》的庇护,它们逐渐垄断了公会。

在这样的情况下,中国人逐步退出引航行业。1868年赫德向总理衙门的报告中说,1867年各口引水共计203名,内有华人103名,英国人40名,美国人35名,希腊人10名,丹麦人6名,瑞典人6名,荷兰人2名,奥地利人1名。华人仍占一半。①《引水章程专条》公布后,华人所占的名额逐渐减少。在近代引航业最为发达的上海港,这一情况表现得也最明显。1868年,上海港的55名引航员中,中国人有15名,到1889年就只有4名,1896年则只剩下2名,至1900年只剩下张玉一人。张玉于1903年退休后,在1903—1928年间的25年里,上海港没有一位中国籍引航员。

外籍引航员垄断了中国引航业的后果之一,就是从1883年中法战争开始的历次对外战争中,外籍引航员纷纷服务于入侵中国领水的敌国船只,而中国政府却对之无可奈何。例如:1884年中法战役中,在中国海关登记的英籍引航员汤姆士、德籍引航员缪勒和,美籍引航员毕洛担任法舰引水,引领法舰进入马尾港,击沉我国扬威等兵舰11艘,商船19艘,海军将士伤亡870多人。1900年,八国联军军舰从大沽口入海河登陆,即由德国引航员林柏引领进港。

---

① 章勃:《收回引水权问题》,《国闻周报》,1931年7月13日。

第五章 北京政府时期中国海员的成长状况
（1912—1928年）

辛亥革命后,由于政府采取了一系列鼓励工商业发展的措施,加上第一次世界大战爆发后,参战各国相继撤回了中国航线的船舶,中国民族航运业迎来了第一个发展的黄金时期,各轮船公司纷纷成立,船舶吨位快速增长,对海员的需求也相应大幅增加。但随着一战结束后,外国航运势力重新占领中国市场,加上国内政局动荡,军阀混战不已,民族航运业饱受摧残,海员待遇也相应下降。海员为了反对剥削和压迫,较早觉醒和走向团结,掀起了波澜壮阔的海员工人运动。

第一节 一战前后中国海员队伍的变化

一、一战结束前中国海员队伍的壮大

（一）民族航运业的快速发展

辛亥革命推翻了封建专制统治,建立了中华民国,为资本主义的发展扫除了一些障碍。经过这场革命,民族资产阶级的社会政治地位得到提高,南京临时政府成立后不久,便设立的"中华民国工业建设会",在其《发起趣旨》中就说:"往者忧世之士,亦尝鼓吹工业主义,以挽救时艰,而无效也！则以专制之政毒未除,障害我工业之发达,为绝对的关系。……今兹共和政体成立,喁喁望治之民,可共此运会,建设我新社会,以竞胜争存,而所谓产业革命者,今也其时矣"。南京临时政府制定的《临时约法》,及其颁布的一系列保护私有财产、鼓励工商业、废除封建奴役制度的法令、条例、章程等等,为这种前景提供了最初的法律依据。袁世凯政府时期,由于张謇等人的努力,经济政策具备了宽允、奖励和扶植的导向,先后公布了《公司注册规则》（1913年6月6日）、《公司条例》（1914年1月14日）、《商人通例》（1914年3月3日）、《商业注册规则》（1914年7月20日）等法规,对工商业实行奖励保护政策,从而造就了第一次世界大战期间中国资本主义发展的"黄金时代"。

民族工商业的发展,为民族航运业的发展奠定了有力的物质基础。加上封建政策的废除,原来清政府不准轮船通航的河流,现在可以往来小轮船;原来个别企业借助官僚势力独占的航线,现在也可以自由往来。货物运转往来,贸易持续发展,中国航运业迎来了前所未有的发展时机。1911年,全国千吨以上轮船,共37艘,85434.24吨;加上千吨以下轮船,合计共597艘,114479.46吨;1925年,全国千吨以上轮船164艘,320253.67吨,加上千吨以下轮船,合计2942艘,523319.01吨。[①] 从1911—1925年的15年间,中国船舶数和吨位均增加近5倍。其中民营航运企业发展迅速,各地掀起了兴办小轮船公司的热潮;同时,一批中等规模的民营轮船公司逐渐形成,截至1926年统计,共有27家。具体情况见表5-1。

这些民族航运公司的普通海员大都使用中国海员,同时,由于聘用外国高级海员费用高昂,这些民族航运公司也培养了一批本国的高级海员。例如:冯骏,1927年9月任轮船招商局"江天"轮船长,

---

① 王洸:《中国航业》,商务印书馆,1929年,第18—20页。

是继张慎之之后轮船招商局的又一位江轮船长;邮传部高等商船学堂第二期毕业生马家骏,1921年任"肇兴"、"和兴"轮驾驶员,1928年7月升任轮船招商局"图南"轮船长,为轮船招商局海轮最早的中国船长。吴淞商船学校毕业生陈干青,1921年任三北轮船公司"升利"号船长,成为中国历史上最早的远洋轮船船长。

1926年民营中等规模(1000吨以上)航运企业情况统计表　　　表5-1

序号	公司名称	注册地址	成立年份	船数	总吨位
1	大达轮船股份有限公司	上海	1905	10	6668
2	宁绍商船股份有限公司	上海	1909	3	8174
3	崇明轮船公司	上海	1909	2	1154
4	直东轮船股份有限公司	天津	1911	4	4563
5	平安轮船局	上海	1912	6	5971
6	三北轮埠股份有限公司	上海	1914	18	34872
7	鸿安轮船股份有限公司	上海	1915	14	10918
8	北方航业股份有限公司	上海	1917	6	10709
9	政记轮船股份有限公司	烟台	1920	25	33256
10	恒安承记轮船公司	上海	1922	1	1777
11	裕兴轮船公司	上海	1922	1	1135
12	舟山轮船股份有限公司	上海	1922	1	1253
13	南华轮船股份有限公司	上海	1923	1	4249
14	毓大轮船公司	上海	1923	3	4508
15	大通兴轮船股份有限公司	上海	1923	6	8612
16	大通仁记航业股份有限公司	上海	1924	4	5631
17	沪兴商船公司	上海	1925	2	1246
18	和丰新记轮船公司	上海	1925	2	2998
19	安泰商船股份有限公司	上海	1925	1	1794
20	民生实业公司	重庆	1925	24	6542
21	达兴商船股份有限公司	上海	1926	5	4034
22	海昌轮船股份有限公司	上海	1926	3	4735
23	华通轮船股份有限公司	上海	1926	1	2032
24	福星商船股份有限公司	上海	1926	1	1257
25	公茂轮船局	上海	1926	1	1071
26	慧海轮船无限公司	烟台	1926	1	1377
27	肇兴轮船公司	上海	1910	6	7374
合计				152	177910

资料来源:蔡增基,《十年来的中国航运》,收于中国文化建设协会编,《民国丛书》第五编,《十年来的中国》,商务印书馆,1937年,第296—298页。原文"崇明轮船公司"没有船舶吨位,笔者查阅1930年交通部发给轮船执照统计,当时该公司两艘船是"朝阳"号(371.48吨)和"天赐"号(783.41吨),故在本表中采用此数据。另外原表遗漏了肇兴轮船股份有限公司,该公司创办于1910年,总部设在营口,后迁往上海,其船舶数据是1926年统计数据(王洸:《中国航业》,商务印书馆,1929年,第45—46页)。

(二) 第一次世界大战的爆发

为了争夺世界霸权和殖民地,"萨拉热窝事件"后不久,1914年7月28日,奥匈帝国以此为借口,向塞尔维亚宣战,随后德法英俄迅速卷入战争,第一次世界大战爆发。战争最初在欧洲进行,但是很快就超出欧洲范围。有 30 多个国家和地区,约 15 亿人口卷入战乱。

随着战争白热化,为了支持战争的需要,参战国家开始征召大批商船为战争服务。垄断中欧航线的英、法、德等国的轮船公司纷纷撤出中国航线。英国方面,大英轮船公司(P&O)战时停航了上海——伦敦航线和上海——横滨航线;在中欧航线中,运力最大的英国蓝烟囱轮船公司(BFL)减少了航期;在中国内贸航线中运力最大的太古轮船公司(CNC)战时被征调赴欧军用的海船,多达 20 余艘(4 艘被击沉)。德国方面,德国在大战前在中国是仅次于英日的第三大航运势力,战争爆发后,在中国远洋航线的北德轮船公司(NGL)和汉美轮船公司(HAL)全部停航,其在中国内贸航线的船舶随着中国参战也被北京政府没收。太平洋航线由于美日参战较晚,战争开始时没有太大影响,美国参战后,太平洋邮轮公司(PMSS)的部分船只被政府征用,将中美航线的航期表调整为每 28 天一次(见表 5-2,表 5-3)。[1]

1912—1920 年各国在中国航运市场远洋航线上的吨位统计表　　　　　表 5-2

年份	英国		美国		德国		法国		日本		中国		总计
	KT	%	KT	%	KT	%	KT	%	KT	%	KT	%	
1912	10117	38.80	517	1.98	2778	10.66	1176	4.51	5951	22.83	4009	15.38	26072
1913	10416	35.73	515	1.77	2887	9.90	933	3.20	7722	26.49	4659	15.98	29151
1914	9885	35.76	513	1.86	1553	5.62	659	2.38	7705	27.87	5523	19.98	27645
1915	8580	35.57	404	1.67	0	0	469	1.94	7695	31.90	5176	21.46	24124
1916	8603	36.47	435	1.84	0	0	541	2.29	7541	31.97	5006	21.22	23588
1917	7264	32.83	642	2.90	0	0	532	2.40	7199	32.54	5066	22.90	22126
1918	5064	26.73	764	4.03	0	0	216	1.14	7465	39.40	4588	24.22	18946
1919	8146	32.37	1691	6.72	0	0	378	1.50	9361	37.20	4551	18.09	25164
1920	9304	32.25	3204	11.10	0	0	661	2.29	9924	34.40	4473	15.50	28853

注:1. 本表根据 Hsiao Liang-lin, China's Foreign Trade Statistics, 1864—1949, East Asia Research Center Harvard University, 1974, P226-237. 编制。

2. KT 是指千吨。

1912—1920 年各国在中国航运市场内贸航线上的吨位统计表　　　　　表 5-3

年份	英国		美国		德国		法国		日本		中国		总计
	KT	%	KT	%	KT	%	KT	%	KT	%	KT	%	
1912	27991	46.55	197	0.33	3393	5.64	459	0.76	13961	23.22	13269	22.07	60135
1913	27705	43.16	384	0.60	3433	5.35	300	0.47	15700	24.46	15245	23.75	64184
1914	28911	42.09	505	0.74	1776	2.59	223	0.32	15980	23.27	19408	28.26	68681
1915	29095	43.73	401	0.60	58	0.09	93	0.14	16177	24.31	18984	28.53	66539
1916	27236	42.27	364	0.56	66	0.10	56	0.09	16692	25.91	18391	28.54	64433
1917	26313	40.62	483	0.75	17	0.03	53	0.08	17382	26.83	18957	29.26	64781
1918	24847	40.53	450	0.73	0	0.00	15	0.02	17818	29.07	17194	28.05	61302
1919	28138	39.88	879	1.25	0	0.00	37	0.05	18172	25.75	22538	31.94	70561
1920	31012	41.12	1515	2.01	0	0.00	192	0.25	18268	24.22	23181	30.74	75414

注:1. 本表根据 Hsiao Liang-lin, China's Foreign Trade Statistics, 1864—1949, East Asia Research Center Harvard University, 1974, P226-237. 编制。

2. KT 是指千吨。

---

[1] E. Mowbray Tate, Transpacific Steam: the Story of Steam Navigation from the Pacific Coast of North America to the Far East and the Antipodes, 1867-1941. 1986, Cornwall Books, 39.

从上面两个统计表可以看出,英国在中国远洋航线和内贸航线上所占的比重在大战开始头三年并没有减少,反而在1916年有所增加,主要是因为填补德国撤出中国航线的运力缺失,例如太古轮船公司(CNC)和怡和轮船公司(ICSNC)接办了北德意志轮船公司(NDL)和汉美轮船公司(HAL)的中澳航线、中越航线、中日航线、华南航线以及香港——新加坡航线。

1917年2月,德国实行无限制潜艇战以后,英国商船遭受巨大损失,远洋航线份额首先下降,大英轮船公司(P&O)在战争中损失了38艘船,加上其控股和兼并的其他公司,共损失了85艘船。在中欧航线中,运力最大的英国蓝烟囱轮船公司(BFL)在战争中被击沉了16艘商船,29艘严重损坏。[1] 法国邮轮公司(MM)被击沉了26艘船,从1914年8月4日至1918年10月31日,大战期间中协约国商船损失共5516艘,12741781吨,其中87.6%是被德国潜艇击沉的。[2] 接着英国由于抽调中国内贸航线上的太古轮船公司(CNC)和怡和轮船公司(ICSNC)的30余艘船回国参与军运,英国在内贸航线上的比例随之下降。法国在中国航运市场所占比重原本就小,大战期间也进一步下降。中国在大战期间远洋航线所占的比重从1913年的15.98%增长到1918年的24.22%,内贸航线从1913年的23.75%增长到1917年的29.26%。应当注意的是,日本趁欧洲大战,无暇东顾之机,在中国航运市场增长很快,特别是远洋航运,从1913年的26.49%,增长了近50%,1918年达到39.4%,超过了一直在中国远洋航运市场中占据垄断地位的英国。

大战中商船的巨大损失同时伴随着海员的大量伤亡,海员缺乏促使外国商船大量雇佣中国海员。以英国为例,1913年,中国海员在英国商船上为9286人,1915年则迅速增长为14224人,战争结束时在英国商船上的中国海员大约为16000—18000人。[3]

外国商船在中国航线的撤出给了中国民族航运业难得的发展机遇。中国内贸航线外国轮船的减少直接减轻了中国民族轮船航运业的压力,远洋航线的撤出也直接为中国远洋航运业的发展腾出了空隙。由于运力紧缺,运费上涨,航运利润高昂,于是刺激了大量民族资本投入轮船运输业,中国的轮船航运在各个航线都有了较快的发展。

值得一提的是一战期间,轮船招商局的"飞鲸"号参与了中国海外第一次撤侨行动。

俄国十月革命胜利不久,苏维埃政府一度在全国建立了苏维埃政权。1918年3月3日,苏维埃俄国与德、奥、保、土四国同盟签订《布雷斯特和约》,退出第一次世界大战。英、法、日、美等协约国宣布武装干涉,扶植俄国反苏维埃势力发动武装叛乱。内战很快波及到远东地区,此时滞留在俄国境内的华侨,足有百万之众。他们之中,除了传统的商人、手工艺人之外,还有数十万派遣到"一战"前线去的华工。在俄国方面已经完全失去了对局势控制的情况下,华侨团体如海参崴中华总商会、黑河江北旅俄华侨会、伯力中华总商会、阿穆尔省华侨总会等,都紧急呼吁祖国派兵前来护侨。

北京政府国务院于1918年1月19日和2月16日两次召开国务会议进行讨论,3月13日再次召开国务会议决定:派遣一艘军舰前赴海参崴护侨,由海军部负责落实,交通部安排轮船招商局派船出国接侨。海军部在3月20日指定了"海容"号巡洋舰担负这次出国护侨任务,轮船招商局接到命令后,为了争取时间,就近安排船况较好的"飞鲸"号靠岸,尽快卸完货载,补充了足够的燃煤、淡水、食品等给养,4月10日出发,先于"海容"号到达海参崴港。4月18日,"飞鲸"号搭载1165名华侨,解缆离港,返航烟台。

---

[1] Malcolm Falkus, The Blue Funnel Legend, A History of the Ocean Steam Ship Company, 1865-1973. Macmillan Academic And Professional Ltd, 1990: 167.

[2] Grove, Eric J. The Defeat of the Enemy Attack on Shipping 1939-1945, Table 3. Navy Records Society, volume 137 (Ashgate Publications), 1997.

[3] 以上数字分别来源于英国国会议事录,HC Deb 06 April 1914 vol 60 c1647W, HC Deb 26 July 1916 vol 84 c1683, HC Deb 03 November 1919 vol 120 cc1165-222.

后由于海路撤侨困难多、风险大,北京政府改为主要从陆路撤侨。①

"飞鲸"号和"海容"号的撤侨护侨行动,是中国数千年历史中,执政者第一次在海外动用军事力量和调拨商船,以保护侨胞的利益和安全,将永远铭记于历史的丰碑上。

二、一战后中国海员队伍迅速地萎缩

(一) 战后外国航运业重新占领中国航运市场

一战结束后,英国取消了战时船舶管理政策,解除了征用船舶,同时受航运市场利好驱动,民间造船买船踊跃,加上德国赔偿的船只,英国轮船公司在世界各个航线迅速恢复到大战前的水平。战后大英轮船公司(P&O)迅速恢复中国航线,仍旧每两周航行一次,航线横滨——上海——香港——伦敦,所用的船比战前更大更快。其子公司英印轮船公司(British India Steam Navigation Company)也重组中印航线,东澳轮船公司(Eastern & Australasian Mail Steam Ship Company)恢复墨尔本——香港——上海——横滨航线。到20世纪20年代中期,大英集团拥有近500艘商船,成为世界航运的霸主。蓝烟囱轮船公司(BFL)也在战后大力建造新船,增加新航线,其船舶吨位从1919年的498740吨迅速增长为1923年的681603吨。②

法国邮轮公司(MM)战后在法国政府的支持下,迅速投入恢复和扩张活动。一方面法国政府将没收的德国商船交由其经营,一方面利用法国政府的航运扶持政策,贷款建造新船,到1921年,利用12艘邮船恢复了马赛——远东每两周一次的定期航线。德国在战后被没收了1600吨以上的商船所有船只,1000~1600吨商船的半数;渔船被没收了1/4吨位,共计260多万吨,用于赔偿协约国的损失。1920年统计,德国自有商船吨位仅剩41万吨。但德国政府于1920年制定了造船补贴政策,计划于5年内,补贴120亿马克,将德国的商船吨位恢复为250万吨。但由于损失巨大,其中国航线恢复缓慢。

美国和日本是第一次世界大战的直接受益者。大战结束后,美国将其在战时建造的600多艘运输舰改为商船,分别租给各航运公司,在世界扩张航线。航行中国的公司除了原来的太平洋邮轮公司(PMSS)外,又增加了丹波轮船公司(Tanpa Juter-Ocean Steamship Company),用17艘万吨轮船航行纽约——大连——青岛——上海航线。此外,还有大来轮船公司(Dollar Steamship Company)、提督轮船公司(Admiral Line)、华洋轮船公司(China Pacific Company)、洛杉矶太平洋航运公司(Los Angeles Pacific Navigation Company)、美国钢铁公司(United State Steel Products Company)等,这些公司不但往来于中国远洋航线,而且加强了在中国内贸航线的竞争,1918年美国船舶进出中国内贸航线总吨位45万吨,1919年则近88万吨,一年间几乎增长了一倍。

外国航运公司的卷土重来,使刚刚兴起的中国航运业面临巨大的挤压。远洋航线上悬挂中国国旗的轮船昙花一现,纷纷退出。1915年旧金山的华侨联络广东华商成立了中国邮船公司,用两艘船开辟上海——旧金山航线,往来美国的留学生和华侨,多选择此船。欧战结束后,在美英日三国轮船公司的强大压力下,1922年宣告倒闭,至此,直到轮船招商局复航太平洋航线期间,太平洋上没有一艘悬挂中国国旗的船航行。

(二) 军阀混战导致中国航运业濒临破产局面

1916年北洋军阀首领袁世凯死后,北洋军阀集团分裂为直、皖、奉三系,加上其他各地的滇、桂、粤、

---

① 李波:《"飞鲸轮"是近代中国海外撤侨的第一艘商船》,《招商局》,第196期,第39页。
② Malcolm Falkus, The Blue Funnel Legend, A History of the Ocean Steam Ship Company, 1865-1973. Macmillan Academic And Professional Ltd, 1990:178.

黔、湘、川、西北等大大小小的军阀,长时间为了争夺地盘混战不已。特别是1922年以后,两次直奉战争、浙奉战争、国民革命军东征和北伐战争,国内几乎天天在打仗,并且战争区域主要发生在东南沿海。由于军阀混战,各路军阀随意征用华籍商船用于军运,只给少量运费或者完全不给,导致华商航业蒙受巨大损失,各航线华商为了避免战祸,往往被迫停航。

1.轮船招商局全体海员罢工停航

作为中国最大的轮船公司,轮船招商局在军阀混战中蒙受了巨大的损失。

1924年9月,苏浙战争爆发,轮船招商局在长江航线的货运被迫中断,不久,江轮被强行扣留运输兵员和器械,该航线完全停航。11月间,第二次直奉战争爆发,天津、营口各埠的班轮也全部停驶,轮船招商局的营运一落千丈。此时,轮船招商局愈发陷入困境,每年债息高达数十万两,完全无力支付。船舶破旧,楼房失修,"经济竭蹶,每况愈下",已经面临破产的边缘,战争影响对于连年亏蚀的轮船招商局犹如雪上加霜。

1924年12月,"江大"号轮船被孙传芳征用,承运从武汉直系军阀肖耀楠运往上海接济孙传芳的军火步枪千支,以致酿成事端,①全浙公会函请上海总商会将"江大"号扣留,12月23日,上海总商会致电段祺瑞,"请令总税务司将'江大'轮进口之无照军火扣留,并废止曹政府陆军部护照",②该轮被迫停航一班。后因"江大"号装载的枪械等军用物资被游兵散勇抢夺,闽浙巡署竟多次致函轮船招商局索赔,并在汉口等地将"江大"号扣押。

1926年7月,军阀孙传芳为阻止北伐军东进,将主力集中江西,准备孤注一掷,在南京将轮船招商局9艘江轮——"江安"号、"江顺"号、"江新"号、"江华"号、"江永"号、"江天"号、"江裕"号、"江大"号、"江靖"号全部扣留,充作军用,轮船招商局在长江航线的营业完全中断。经董事会再三请求,孙传芳仅允许放回"江天"号一轮。

1926年10月16日,"江永"号被孙传芳用于自上海满载军火与士兵驶往九江,到达九江的轮船招商局趸船西侧江心,船舶抛锚后,大约上午六点左右,该轮船被潜入的国民革命军地下工作人员纵火爆炸,经燃烧一昼夜而沉没。船员仅25人生还,包含船长张沛英、领江朱德球以下所有高级船员和普通船员共死亡88人;兵士民夫死亡约有一千人,仅三百余人获救。孙传芳损失该船军火物资后实力大损,只得投奔张作霖,革命军占领九江。"江永"轮在九江遭焚后,轮船招商局再三要求将"江安"号等七艘轮船尽快释放,并派全体董事与部分股东代表前往南京请愿,经再三交涉,孙传芳仅放回"江顺"号和"江新"号两艘轮船,抚恤金则分文不付。不久"广利"号、"新华"号和"新昌"号三艘轮船又在汕头被扣,各股东纷纷到局严词责问,要求董事会致电孙传芳与汕头地方当局,将所扣各船如数发还,否则实行罢航。11月23日,轮船招商局股东维持会召集紧急会议,专门讨论了罢航有关事宜。会后轮船招商局致电有关方面,强烈要求11月27日之前将所扣轮船一律放回,否则"即宣告停航"。消息传出,立即引起商界、航运界的极大关注。当时,"长江华轮几绝迹",偌大一条长江,仅有三北公司的"长安"号行驶于汉口沙市之间。

"华轮停航之结果,日清、太古、怡和之外商商船,无不利市三倍,客货拥挤不堪,最近太古、怡和两公司乃添轮行驶。"③为了避免事态进一步扩大,旅沪商帮协会、通商各口转运公所等商界团体,纷纷致电轮船招商局,要求取消停航成议,但孙传芳等仍拒不放回所扣轮船,也不给"江永"号遇难船员任何抚恤,广

---

① 1924年浙江督军卢永祥(皖系)与江苏督军齐燮元因争夺上海,发生"江浙战争",任浙沪联军总司令。由于孙传芳从福建出兵配合齐燮元大举进攻浙江,加之卢军内部发生兵变,结果浙沪军大败,卢永祥被迫于10月13日逃往日本。1924年12月,奉军张宗昌部举兵进攻江苏齐燮元。段祺瑞借奉军势力派卢永祥南下,恢复皖系地盘。卢永祥遂任苏皖宣抚使。
② 许念辉,《虞治卿的一生》,收于政协文史资料研究委员会编:《文史资料选辑》第15辑,中华书局,1961年,第186页。
③《民国日报》,1926年11月29日。

大海员极为愤慨,轮船招商局粤汕海员工会要求总局实行停航罢工①,11月14日,在上海总工会的支持下,轮船招商局海员开始罢工。1926年12月初,轮船招商局召开股东会议议决,全局轮船"暂行停驶,一面急筹补救之方,徐图更新之计,是虽停顿于一时,或可维持于永久"。12月8日,轮船招商局在上海各报刊登了停航启事。

轮船招商局轮船全部停航,震动了航运界和整个社会。一些华商早在轮船招商局停航前夕就指出,中国"航运足与其他国抗衡者,仗恃贵局为一线之光",轮船招商局"乃我国航运业之巨擘。我国之航权,唯贵局是赖。一朝停顿,则航务由外人操纵,客商之受害事小,丧失国权事大"。② 轮船招商局停航后,广东及汕头、厦门航路完全为太古、怡和、日清商船所独占,除上海至福州、温州航线有三北轮埠股份有限公司的几条轮船勉强支撑外,其余航路均为外商所占有。

1927年2月,国民革命军占领杭州,3月下旬先后占领上海、南京,孙传芳逃到长江以北。此时轮船招商局海员罢工已经历时4个月,轮船招商局委派杜月笙作为代表与海员工会谈判,3月6日,双方达成协议如下:①江永轮船被难家属每人抚恤一千元,轮船招商局担任五百元,已付二百元,再付三百元。其余由轮船招商局向官厅请求。(附领款手续,该款由轮船招商局与海员工会各派代表放在银行,各家属须先往轮船招商局领取支票,再往海员工会盖章方得往该银行领款)。②江永轮船被难生还海员由轮船招商局出被难费共大洋二千五百元。(领款手续与第一条同)。③轮船招商局轮船永远不得供军阀用。④轮船招商局轮船海员一律加工资二成(此条令留后议)。⑤承认海员工会。⑥今后轮船招商局所用中国海员皆须海员工会会员。并由中华海员工会介绍。⑦补助海员工会损失费六千元。⑧恢复罢工工人工作,罢工期内工资一律照发,再加一成。

协议达成后,3月8日,轮船招商局股东维持会召开会议,议决各轮船一律复航,3月底,轮船招商局各江轮除了"江华"号在安徽仍被扣留外,其余轮船已经全部放回,4月7日,上海——宁波航线"新江天"号首先复航,随后,各航线陆续复航。

2.其他华商轮船公司几近破产,海员失业

连年的军阀混战,也使其他航商蒙受巨大损失,长江航线,"若盖一面江轮多供军用,所得租金不敷开支,一面因军事关系,长江上下游停航至十四阅月之久,损失之巨,实难计数目。惟加贷借款以苟延,债额日增,势将破产",③虞洽卿当时作为三北轮埠股份有限公司和鸿安商轮股份有限公司的总理(相当于董事长),1928年11月向国民政府递交了两个公司的损失情况,见表5-4,表5-5。

三北轮埠公司军事期内长江停航各轮损失表 表5-4

船名	停航日期	复航日期	停航天数	应除军用日期	停航次数(每九天为一次)	每次损失	损失总数
伏龙	19260910	19270828	348	45	33.5	8049.48	269657.58
凤浦	19260906	19270831	355	38	35.25	9390.96	331031.34
飞虎	19260906	19270825	349	72	30.75	8338.46	256407.64
鸣鹤	19260912	19270909	357		39.5	8610.93	340131.73
醒狮	19260905	19270830	355	30	36	9933.70	357613.20
吴兴	19260905	19270228	173		19.25	6984.35	134448.73
合计	共计损失规银1689290.22两						

---

①陈玉庆:《国民政府清查整理招商局委员会报告书》,社会科学文献出版社,2013年,第539页。
②《民国日报》,1926年11月29日。
③《虞和德请拨款救济以免停航呈》,收于中国第二历史档案馆:《民国档案史料汇编》,第五辑,第一编,财政经济(九),交通邮电,江苏古籍出版社,1994年,第295页。

鸿安商轮公司军事期内长江停航各轮损失表　　　　　表 5-5

船名	停航日期	复航日期	停航天数	应除军用日期	停航次数（每九天为一次）	每次损失	损失总数
长安	19260413	19270611	418	62	39.5	6772.53	267514.93
德兴	19260806	19280103	507	480	3	6939.39	20818.17
余杭	19260905	19270228	173		19.25	2566.08	49397.04
宜安	19260905	19270228	173		19.25	2061.66	39686.95
扬宜	19260905	19270228	173		19.25	2267.24	43644.37
合计	共计损失规银 421061.46 两						

三北轮埠公司的注册资本当时为 200 万元，鸿安商轮公司的注册资本当时为 100 万元，按照 1926 年上海规元的兑换汇率，两个公司的损失折合大洋约 300 万元，几乎达到破产的地步。

中国轮船公司迫于战事停航，给外国轮船公司以可乘之机，根据资料统计，华籍船舶进出中国港口的吨位份额大幅下降，详见表 5-6。

1923—1927 年进出中国港口中外轮船艘数和吨位统计　　　　　表 5-6

年份	华籍船舶			外国船舶			总计吨数
	艘数	吨位	吨位%	艘数	吨位	吨位%	
1923	45830	3412761	10.48	56415	29022086	89.52	32434847
1924	44806	3869788	11.63	49941	29418575	88.37	33288363
1925	44734	3094230	9.38	44110	29908706	90.62	33002936
1926	39614	1941941	6.84	38549	26451690	93.16	28393631
1927	34937	2418176	7.64	43601	29218215	92.36	31636391

资料来源于：《航业月刊》，1930 年第一卷第四期，论说，第 25—26 页。

从上表可以看出，外国轮船在中国航运市场中占有绝对优势，并且比例不断加大，而我国航运事业，在 1924 年吨位比例数达到 11.63% 之后，逐年大幅下滑，最低点是 1926 年的 6.84%，也就是在这一年，因军阀战争的影响，国内最大的轮船公司轮船招商局宣布停航。

（三）外国轮船公司通过法案来排挤华籍海员

1. 英国战后排挤华籍海员

第一次世界大战期间，越来越多的中国海员在英国商船上工作，中国海员吃苦耐劳、服从意识强的优秀品质越来越受到船东的青睐。这在一定程度上排挤了英国海员，从而引发了英国海员的不满。1916 年，英国海员工会（British seafarers' union）、英国国家水手和机工联合会（National Sailor's and Firemen's Union）在利物浦和伦敦举行示威游行，反对政府和航运公司雇佣中国海员。他们抱怨说："all forms of cheap Chinese and other Asiatic labour at present employed..'demanding that the Government '..provide facilities for their immediate repatriation"[1]（形形色色的廉价中国人和其他亚洲劳工目前被雇佣，……他们要求政府……采取措施立即将他们遣返）。时值战争期间，英国商船需要大量海员，基于这个考虑，英国政府当时拒绝了他们的要求。1916 年 7 月 31 日，议员安德森（Anderson）质询商务部（Board of Trade）部长哈考特（Harcourt）是否注意到近期英国海员对雇佣大量中国海员表示不满？哈考特（Harcourt）在回答中提

---

[1] File 175/4/7, National Union of Seamen, Modern Records Centre, University of Warwick; 'National Sailors' and Firemen's Union – Memorandum of Scheme for Maintenance and Continuity of Employment for Merchant Seamen', by J.H.Borlose, Liverpool, 28th February 1921.

到"大量雇佣中国海员是因为英国商船海员的缺乏"。①

一战结束后,大量士兵复员,需要安置工作,1918年底到1919年上半年,英国多个城市又爆发了英国海员示威游行,要求驱逐外国海员。英国政府对待中国海员的态度急转,开始考虑驱逐英国商船上的中国海员。1919年12月23日,英国政府颁布了《外国人限制法案(修正案)》(The Aliens Restriction (Amendment) Act 1919),其第五章是关于英国商船雇佣外国海员的问题,法案要求"在英国注册的商船,外国人不得担任船长、大副和轮机长","外国人不得以低于工资标准的报酬受雇于英国商船"。英国商船雇佣中国海员还有一个重要原因就是中国海员的工资比英国海员低,在同工同酬的情况下,由于中国海员语言上的障碍问题,势必导致各个轮船公司优先雇佣英国海员。在这种情况下,英国商船上的中国海员大量被辞退,从战争中的18000人左右,到1921年6月,仅剩1608人在英国商船上工作。②

2. 美国1915年的《海员法》(Seamen's Act)

早在1912年,美国议员罗伯特·拉福莱特(Robert La Follette)提出了一个法案草案,要求各公司减少雇佣美国船上的中国海员,这个法案遭到了美国太平洋邮轮公司(PMSS)等轮船公司的反对而没有获得通过。"泰坦尼克"号事件发生以后,罗伯特·拉福莱特(Robert La Follette)重新修改了法案,主要从改善海员的工作和生活环境入手,1915年2月获得国会通过,定名为《海员法》(Seamen's Act),该法于1915年11月4日由美国总统伍德罗·威尔逊(Woodrow Wilson)签署生效,该法案彻底废除了海员因逃亡而受监禁的制度;减少了海员因违抗命令的罚金;规定了海员在海上航行和在港口时的工作时间;确定了海员的最低伙食标准和工资;规定了救生艇的数量;提高了船上水手的数量;并且要求凡是100吨以上的轮船各部门75%以上的人员必须能听懂高级海员的指令。最后这一条对中国海员十分不利,当时中国海员主要是在船上做普通海员,很少有人能够听懂英语,所以该法案的这一条被认为主要是针对中国人。

这个法案开始时也遭到了美国太平洋邮轮公司(PMSS)总经理伦涅·施威林(Rennie P.Schwerin)的强烈反对,他列举航行太平洋的日本和加拿大的轮船公司可以100%的雇佣中国人,并在1915年4月声明,如果国会不修改该项条款,那么太平洋邮轮公司(PMSS)将撤出太平洋航线,8月15日"蒙古"号(Mongolia)将是太平洋邮轮公司(PMSS)跨太平洋的最后一次航行。可是11月4日,该法案还是获得总统签署,太平洋邮轮公司(PMSS)不得不屈服,改为主要在香港和上海招收懂英语的中国海员③。

第二节 旧中国的海员管理体制之变化

航权包括了海员管理权。民国建立以后,北京政府计划解决中外不平等条约问题,但对航权问题没有足够重视,导致交通部虽然设立了航政司,仍旧属于一个虚设机构,航政事务(包括海员管理)仍然为外国人控制的海关掌握,其间虽然成立了交通部航律委员会拟定航政法规,终因军阀割据,战乱不断,加上列强的阻挠而未果。

一、北京政府收回航权的尝试

(一)北京政府对航权的忽视

民国建立后不久,国务会议议决:"嗣后对满清遗留之各不平等条约不得延续,亦不得再订相似条

---

① 英国国会议事录。HC Deb 31 July 1916 vol 84 cc2049-50.
② 英国国会议事录。HC Deb 28 June 1922 vol 155 cc2074-6W.
③ 其实大部分海员仅仅是懂少量洋泾浜英语(Pidgin English)。

约"。北京政府坚持通过外交途径解决不平等条约。其基本策略可以概括为两个方面：一方面，积极与列强交涉修改条约，废止不平等条款；另一方面，积极与原无约国签订互惠的平等条约，对列强形成舆论和道义压力。但在此期间，北京政府专注于对领事裁判权、协定关税、片面最惠国待遇、租界，以及在中国领土驻扎军警、设置邮政及电报局等方面与列强谈判，关于航权方面并不是重点，甚至采取了妥协措施。

1914 年，欧洲爆发了第一次世界大战，列强在华特权链条随之松动。北京政府抓住有利时机，展开"收回国权"运动，但对航权的收回，仍未予以足够重视。

1919 年 1 月，巴黎和会召开，中国政府及各界对和会都抱有较大期望。北京政府为代表团规定了四个方面的任务，其中即包括取消外国人在中国的特殊权益，如领事裁判权、协定关税等内容。4 月，中国代表团向和会提交了《中国希望条件说帖》，正式提出了中国希望废除的外人在华特权，内分七大方面：①废弃势力范围；②撤退外国军队、巡警；③裁撤外国邮局及有线无线电报机关；④撤销领事裁判权；⑤归还租借地；⑥归还外国租界；⑦关税自由权。这是中国政府第一次系统地提出取消列强在华特权的要求，它涉及列强特权的各个主要方面，但是关于收回航权的有关内容并未提及。

1922 年华盛顿会议的时候，英国代表鲍腾爵士在中国关税分股委员会第三次会议中提出："现时海关之行政制度不加变更"，我国代表顾维钧关注于"关税自主"，于是对英国的提议予以支持并作如下声明："中国代表团兹向限制军备会议远东委员会声明，中国政府并无变更中国海关现行制度之意，致生纷扰"。在这种情况下，1922 年 7 月 10 日，交通部裁撤了设立的航律委员会，北京国民政府收回航权运动告一段落。

（二）交通部航政司的虚设

1912 年 1 月 1 日，中华民国临时政府在南京成立，在制定的《交通部职官令草案》中，交通部计划下设路政司、邮政司、电政司和航政司四个司。其中航政司执掌：1. 关于管理航路、灯塔、浮桩、用引水事项；2. 关于监督水上运输业及船舶并船员事项；3. 关于管理航政事项；4. 关于监理民办造船业事项。这里能够看出关于船员的管理临时政府并不想取代海关直接管理，而是采用监督的形式。

随后时局发生变化，同年 2 月 12 日，清朝皇室接受了中华民国的优待条件，正式退位。3 月 10 日，袁世凯在北京宣誓就任临时大总统。3 月 12 日，北京政府国务院公布机构设置，交通部取代了晚清邮传部，主管全国交通事务。最初下设总务、路政、邮电三股，航政事务划归邮电股管辖。8 月 21 日，正式公布交通部官制，设路政司、邮政司、电政司和航政司四个司，其中航政司下设总务、航务、航业和港务四科。[①] 航政司对于船员方面仍旧采取监督形式，由海关直接管理。

1913 年 12 月 22 日，北京政府以"教令第四十二号"公布修改后的《交通部官制》，取消航政司，设立邮传局，随后邮传局派员赴津、沪、皖、赣等处详细调查江海各海关理船厅暨民船各种情形，作为设置航政局收回管理权的准备。1914 年 5 月 13 日，呈明大总统设立航政管理局。在所拟《航政管理局职掌暂行章程》中规定职掌为：①船只检查及登录；②保护航业；③航路标识；④船只装载及停泊；⑤引水人考试；⑥航务诉讼；⑦水上救护；⑧其他航务上一切事项。[②] 经批准后，交通部于当年 6 月即与税务处联系，请将理船厅管辖权移交交通部管理。税务处则复函称根据 1902 年《中英续议通商行船条约》（《马凯条约》）第五款之规定："整顿广东珠江阻碍行船及宜昌一带水道各工程，皆归海关办理"，声称"理船厅隶其管辖，似于事势较便"，一切"尚须从长计议妥善办法"。需要注意的是，这里航政管理局仍旧没有提及关于船员的管理问题，只是提到了引水的管理问题。

[①] 实际上只是先任命了总务和航业两科科长，8 月确定为航政司暂设两科。
[②] 交通铁道部交通史编纂委员会：《交通史·航政编》，交通铁道部交通史编纂委员会，1931 年，第 19—20 页。

1914年7月11日,北京政府以"教令第九十七号"公布修改后的《交通部官制》,交通部下设总务厅、路政司、路工司、邮传司、综核司、铁路会计司、邮传会计司等7个厅司,邮传司掌管"关于监督造船船舶船员及水上运输业事项",对船员管理仍旧采用监督的形式。但随着形势的变化,北京政府逐渐认识到了船员管理涉及航权,在同年11月13日,交通部饬第一千九百一十号公布新制定的《交通部厅司分科章程》中,第二十条就规定邮传司航务科主管"关于航务人员之考绩及培养事项",明确提出了航政司要直接掌管船员的管理问题。

交通部一厅六司的机构设置,职责互相交叉,在实际工作中造成了诸多不便。1916年6月6日,袁世凯死后,交通部遂以"此项分司,既不合于四政兼顾之恉,复以处理事务窒碍良多,所以实施以来,至于今日几成纠纷割裂而不可进行之势",交通部提出恢复民国元年的官制(即1912年8月21日公布的《交通部官制》),1916年8月9日获国务院批准,8月12日交通部以部令第五十八号公布,定于8月15日施行。1916年9月19日,交通部以部令第一七○号公布《交通部厅司分科章程》,其中航政司下设总务科、管理科、航业科和工程科四科,管理科掌管"关于船员及引水人试验事项"。

关于收回海关代管航政管理权问题,交通部与税务处函文往来,各执一词,终无结果。最后,1917年税务处以"事关变更外人职权,未便擅自定议,业由本处呈明国务院核议,应俟如何解决,再行照办"。交通部于是说明五大理由呈行政院,请并案讨论议决。可是,行政院对于此事迄未讨论决定。①

1922年9月,交通部向国务会议提出,现在航政事项均暂由海关兼管,而其他航务皆由海关监督呈请交通部核办或者由交通部命令海关监督遵办。而各江海轮船集聚的港口,交通部向无分设的航政机关,所以海关监督自应兼隶属于交通部,以资发展而便指挥。因此,要求各海关监督由交通部兼辖,此后大总统任免海关监督的命令,交通总长亦应副署。交通部的意见经国务会议议决照行,从此,交通部与海关理船厅仅加强了联系而已,海关理船厅的职能未有丝毫变更,交通部航政司实质上是一个虚设机构。

(三)交通部航律委员会的设立

交通部航律委员会的设立缘于"江宽"号事件。1918年4月25日,在长江丹水池附近江面,轮船招商局的江轮"江宽"号被"楚材"号军舰撞沉。"楚材"号舰是护送段祺瑞乘坐的"楚泰"号舰,晚上11时由汉口开出,全速向下游行驶,由于天黑雨大,江雾弥漫,拦腰撞在正在上驶的"江宽"号上,导致"江宽"号当场沉没,而"楚材"号不但不停下救援,舰上士兵反以刺刀将攀附舰旁的落水者一一驱离,导致船上海员105人和乘客1200人,其中罹难海员53人(包括3名外籍海员),乘客大约900人遇难。事后法院多次发传票,"楚材"号舰长赵进锐拒不到庭,官司最后不了了之。

"江宽"号事件发生后的处理过程充分暴露了我国航政法规极为不完善,追究责任出现了无法可依的局面,海关总税务司安格联与交通部商议补救之法,认为首要的是请中央明定航船法律,以利于管理中外船舶。

1919年3月28日,交通部制订了《航律委员会章程》,4月9日,交通部成立航律委员会,聘请江海关巡工司英国人戴理尔(William Ferdinand Tyler)为航政顾问,任命交通部参事陆梦熊为会长,王世澄、张恩寿、张铸和戴理尔为会员,并请海军部加派马焕钰、博顺为会员,1919年5月28日,获得大总统批准。②

根据交通部的《航律委员会章程》规定,交通部航律委员会负责"编订商船航行及其他关系各法规",而对各省的官用轮船和巡防舰船以及水警用船没有涉及,海军部于是也相应成立航律委员会,编订官用

---

① 交通铁道部交通史编纂委员会:《交通史·航政编》,交通铁道部交通史编纂委员会,1931年,第27—34页。
② 《政府公报》,1919年6月1日,第1194号。

轮船航行法规,1919 年 5 月 21 日,获得大总统批准。①

1922 年,华盛顿会议我国代表提出了"中国政府并无变更中国海关现行制度之意"。鉴于此,航律委员会的工作已无实际意义,1922 年 7 月 10 日,交通部裁撤了航律委员会,申明所有未尽事宜归航政司继续办理。

二、海关仍旧把持海员管理权

(一) 海员管理的问题

北京政府期间,由于航权没有收回,海员的管理工作仍旧由海关管理。但在此期间,海关对于海员的管理仍旧施行老的管理办法,即承认各国颁发的资格证书,也没有制定新的管理规则。在此期间,海军部和交通部陆续出台了几个管理规定。

在第一次世界大战期间,中国航运业利用帝国主义国家忙于大战,无暇顾及中国航运业的契机,获得了快速发展,但由于原各国航运公司轮船船员也随船撤出中国,中国国内船员出现了紧缺的局面。一些轮船公司为了追求利润,并不在乎轮船船员的配备是否达到航行要求(实际上国家也没有要求),从而致使船舶屡屡发生海难事故。鉴于此,交通部组织专家制订了《交通部新订中国汽船舱面船员暨管机船员之资格及配额暂行章程》,该章程于 1919 年 3 月 11 日公布,共五章二十二条,规定了不同航线的轮船应该配备的最低船员标准以及使用船员的资质标准,但没有申明该章程由交通部负责查验,意味着并不影响海关的事权,海关也没有提出异议,默认了该章程。以后关于船舶和船员的管理也由海关参照这个章程执行。

1922 年,鉴于当时培养高级海员的吴淞商船学校已经停办多年,而航海人才缺乏,学习驾驶与轮机技术的,海军学校毕业生是主要来源。于是海军部拟定了《海军军官充任商船职员服务证书暂行规则》,规定凡是海军军官,可以免除考试而直接由航政机关发给相应的证书。同时,交通部根据海军部的规则,颁布了《商船职员服务证书暂行细则》。1924 年,又制定了《商船职员服务证书暂行规则》,通令各轮船公司,一体遵照执行。

(二) 中国引水权问题

1.北京政府收回引水权的尝试

民国之初,1914 年 5 月 13 日,交通部呈明袁世凯拟设立航政管理局,取代海关理船厅管理航政的业务,当时就包括引水的考核与管理,当时任总税务司的安格联(Francis Aglen)拒不交出理船厅所管船政、港务和引水事权,理由是中国引水没有现代化的航海技术和丰富正确的操船经验,不能保证被引领船舰的安全,收回引水权问题被迫搁置。1919 年安格联向交通总长曹汝霖推荐海关英人戴理尔为航律委员会委员兼顾问,拟订新航律,在相关条文中公然明确外国引水在中国沿海、内河执行业务"须由外国领事和商会管理",把这一非法权力在中国政府的法令中固定下来,企图以此为依据永久占据中国的引水事务。后来由于五四运动爆发,不久曹汝霖下台,戴理尔的新章程没有被公布施行。

五四运动期间,在上海和其它各港风起云涌的反帝爱国运动中,都有中国海员团体和领江公会的成员参加。当时,中国引水人还能占有一席之地的,首先是长江引水业,其次便是广州港。长江引水业由欧美籍、日籍和华籍引水人三分天下,但主要的引领业务,还是由欧美和日本引水人垄断。中国引水人只引

---

① 《政府公报》,1919 年 5 月 26 日,第 1188 号。

领中国船只，而且备受海关外籍关员的歧视。他们的待遇比外籍引水人低得多。他们在运动中站了出来，控诉外国势力对引水业的侵夺，尤其提出了上海港无一中国引水人执业这个严重问题。这样，引水业操纵于外国势力之手的问题，又一次显露于公众面前，并开始引起各方面的关注。

正是在这次运动之后，北京政府中的有关部门开始重视引水问题，并开始研究收回引水权的途径和方法。1920年，北京政府酝酿由海关先行接管引水业，作为收回引水权的前奏。为此，江海关理船厅进行了几次调查。这件事在上海港的外国领事及外籍引水人中引起了强烈的反响。外国领事认为这体现了中国政府的国有化意图，因而宣称"引水虽然是一种公共服务，但同时也是一种商业行为"，试图加以抵制。外籍引水人在这件事情上的态度与领事们差不多。上海引水公会对此进行了长久的讨论，一致认为，如果将引水业完全纳入海关系统，他们的收入肯定要比原先降低许多，这是他们所不愿接受的。于是，他们提出"只有在如下条件得到满足时，才能将引水业移交给海关……"这些条件是：每位引水人在引水船公司的责任股份得到偿付；按照1918年以来的新费率，计算出最高收入年份与最低收入年份引水人年收入的平均值，每位引水人按这个数目得到一笔补偿金；每位引水人还须得到一笔钱，使他足以支付回国的旅费。由于各方势力的阻挠，海关收回引水权运动暂时中止。

1921年，北京政府海军部设立了海界委员会和海道测量局，8月，海界委员会给海军部呈文："一国领水内的引水，事关国家主权。……为何江海关监督和税务司将此权利让与外人，允许他们独立制订章程"。但随后总税务司回复，关于中国引水章程一事，是经海关与各国领事共同制定，当时清政府也认可的。为此，海界委员会又认真研究了《引水章程专条》的起草和制订过程，认为必须对之加以修订，方能维护中国的引水权。

1922年5月，交通部派出程家颖和王时泽，与海军部代表许继祥、博顺，一起会商修订引水章程的办法。得知中国政府准备修订引水章程，英国驻华公使提出：修订引水章程应由江海关与上海领事团共同会商进行。海关总税务司安格联也建议：如果政府欲在上海组织修订引水章程，应该同时邀请外国政府派代表参加，组成中外联合的委员会。这意味着，以英国为代表的列强在华势力，并不愿意中国政府独立修订引水章程。

交通部和海军部对这些意见进行了驳斥，认为不平等条约中只赋予外籍人在华从事引水的权利，而没有赋予他们在中国制订引水章程和组织引水主管机构的权利，由外国政府派代表参加修订引水章程，没有任何法理依据。但海关总税务司发表声明认为："我已经提请税务处注意这样一个事实，即无论（引水章程修订讨论）会议的结果如何，未经列强的同意，都不能适用于外籍引水人身上；并且，我也表达了我的怀疑，即离开（现行的）引水章程，无论如何都不可能解决长江下游引水问题"。

在这种情况下，经过海军部与外交部、交通部的彼此磋商，北京政府最终在修订引水章程问题上达成如下妥协意见："修改扬子江引水章程时，完全应由中国政府派员在沪自由讨论，作为中国单独之委员会。若修改通商各口岸引水章程时，则由中国政府派员在沪组会讨论，并缴约与引水事务有关之中外商务总会、中外航商、保险商、中外引水人到会陈述意见；倘外国政府派员到会讨论关于通商口岸引水事宜，亦可在会讨论。俟讨论完竣，呈电我国政府审核，编订新章，以资遵守。"其实就是将长江引水与沿海引水区别对待：中国政府可"自由讨论"长江引水事务，而沿海引水业则仍受外国势力的干涉。

1922年底，海军部、交通部及税务处均派出代表会聚于上海，讨论修订引水章程。这个讨论会毫无结果。1923年1月，交通部的代表、航政司长张福运辞职，税务处会办蔡延干也不愿承担修订引水章程的责任，讨论会于是悄然解散，在外国的干涉下，1922年修订引水章程的行动无果而终。

2.德奥在华引水员问题反映出北京政府对引水权的淡漠

第一次世界大战初期，北京政府奉行中立的原则，并通令全国执行。但海关管理的引水却发生了纠纷。1915年6月19日,英国轮船"豪纳"号进入广州港,粤海关派德籍海关关员上船检查,遭到了船长和船员们的抵制,他们认为,虽然德籍海关人员属于中立国中国聘请的职员,但其国籍仍旧是德国,属于敌侨范围,不允许他们登上英船,并请粤海关以后不要委派与英国的交战国德奥籍海关关员上英国船检查,包括引水行为在内。随后往来广州的英国船船长又联合签名向英国商船公会请愿,希望与中国政府交涉。总税务司以总字第3600号函回复,申明往来中国口岸的所有船只,中国政府有委派任何人担任海关关员的权利,但考虑到目前的实际情况,尽量不委派德奥国籍人员处理英船事务,如人手不足则另当别论。

1917年3月14日,北京政府决定与德国断绝外交关系①,宣布接收在华德国租界,派员代理德国在华领事裁判权。1917年4月13日,海关总税务司发布第2656号通令,吊销在中国充当引水的德籍引航员的执照。其中就包括天津港德籍引水人林德。一战结束后,林德要求恢复其在该港的引水资格。经过反复交涉,1922年北京政府将林德的引水执照发还,但规定他只能引领中、德、奥、苏、挪威和瑞典六个国家的船只。1924年3月,另一名德国人德斐南要求加入上海港引水业。上海港务长一开始拒绝了他的申请,但德斐南找到了德国驻上海总领事,并由后者将情况呈报德国驻华公使。德国公使于是照会北京政府外交部称"不得以其籍隶德国而有歧视之处"②。

但北京政府外交部对引水事物缺乏主权观念,没有维护引水权的责任感。竟然咨会税务处说:"此次德船主要求充当引水职务,如果资格相符,即可准予充当,未便因其为德人而故加歧视,相应咨行贵(税务)处查照,令行总税务司转饬沪关理船行遵照,以示公允。"此话明显反映出外交部对于引水权的无知,也可能明知引水事关主权,不愿在这个问题惹麻烦。经历了1922年徒劳无功的修改引水章程行动,北京政府有关部门在引水权问题上又变得淡漠与麻木了。

1924年5月5日,税务处据此训令总税务司安格联,要他饬江海关遵照办理。安格联接到训令后复文提醒说:外国人在中国领海内充当引水人,本是各条约国家享有的治外法权的一部分;而根据一战后中德两国之间签订的新条约,德国在中国不再享有治外法权,因此"中国并无允认德国人民在中国领海内充当引水之必要"。所以,总税务司建议,可以由中国政府答复德国人说,凡该国不在中国享有治外法权者,其人民不得在中国从事引水业;或者干脆回答说,已经命令江海关按照有关章程办理。③

这里总税务司当然有维护条约国家在华特权的意图,不愿意让德国人再来染指此种特权。但他这番话却揭示了一个重要问题,即北京政府确实对引水权问题很不敏感。税务处接到此呈文后,立即咨会外交部。但外交部的回答却是:"查外人在中国领海内充当引水,系属技术事业,与治外法权无关。"④因而,外交部同意采纳总税务司的第二种建议,即海关可以同意德国人申请担任中国引水的要求。

3.广州港引水权的部分收回

1925年7月1日,广州军政府改组为国民政府⑤,1925年12月,国民政府试图成立"引水事务特别局",将引水人的考选和管理权,从海关、领事团以及外国商会手中夺回来。这个设想,遭到了广州海关及外国领事的强烈反对,最后未能付诸实施。但在国民政府收回引水权的积极态度面前,海关还是作了让步,默认在引水人考选委员会中,增加中国人的代表。与此同时,广州港的引水人定额,也从20人增加到40人,新增的都是中国引水人。

---

① 1917年8月14日,北洋政府颁布大总统令公告,宣布即日加入第一次世界大战中的协约国一方,与德奥处于战争地位。
② 税务处令总税务司第582号,1924年5月5日。见上海海关档案(一)7-540-21。
③ 同上。
④ 总税务司呈复税务处第177号,1924年5月13日。见上海海关档案(一)7-540-21。
⑤ 此时北京政府是有合法性并为西方列强所承认的政府。

三、海员工会的创建与其活动

(一) 海员各种社会组织的初创

为了组织一个互助互救、同舟共济的团体,保障海员自身利益,海员们早就成立过三合会、关帝会、同乡会等,但这些带有行业帮会式的组织,大都为会头所控制利用,不能真正的为海员群体谋福利。

清末海员职业中介——行船馆(Shipmaster,粤语音译为"涉孖沙馆",上海叫做"波拿马司")发展起来以后,据不完全统计,1921—1922 年,香港的"涉孖沙馆"、"君主馆"和"兄弟馆"约有 130 多个,其中以前两种数目最多、势力最大、剥削最重,海员深受其苦。

1. 组织成立联义社

1913 年"二次革命"失败后,孙中山流亡日本。孙中山为联络和组织国内外革命党人继续进行革命活动,命令在日本东洋汽船株式会社(Toyo Kisen kabushiki Kaisha)"地洋丸"(Taiyo Maru)轮船上的中国海员黄本、黄森、林来等组织侨海联义会。后来,在日本的横滨又改名为联义社,该组织主要是联络团结各地的华侨、华籍海员入社,并进行一些为同盟会运送弹药、输送人员、传递消息等革命活动。1914 年,联义社为了更便于和各地革命党人和革命团体进行联系,孙中山又密派陈炳生、赵植芝等到香港组织成立联义社。当时在香港的中国海员,大多数是联义社的社员,来往太平洋和东南亚各航线的轮船也都组织了联义分社。联义社总社设在加拿大太平洋邮轮公司(Canadian Pacific Steamship Company,当时一般称昌兴轮船公司)"满提高"号(Monteagle)上,而它的海外交通部则设在香港。

当时,香港联义社的负责人是赵植芝、戴卓民等人(陈炳生当时是"满提高"号上的华人海员管事,被孙中山委任为中华革命党驻"满提高"号分部部长)。① 赵植芝当过海员,也在昌兴轮船公司的"日本皇后"号(Empress of Japan)船上当过工头,有一些积蓄,参加国民党,支持孙中山革命。戴卓民也是海员,曾在昌兴轮船公司和美国太平洋邮轮公司的船上工作过。

2. 成立海员公益社

1914 年 9 月,"俄国皇后"号(Empress of Russia)邮轮由香港驶往温哥华途中,一位名叫麦成的海员工人染病,船到日本神户港时被送上岸留医。但当他病愈出院后要求回船工作时,被公司以其身体衰弱为由拒绝,只得流落异国行乞街头,幸得一位华侨收留。不久,"俄国皇后"号(Empress of Russia)邮轮又途经神户,麦成向船长要求复职,船上中国海员也向船长求情,船长才答应了麦成的要求。麦成事件使海员们深切感受到必须建立一个团体,互助互救,生活才有保障。同年底,"俄国皇后"号邮轮航至温哥华时,海员吴渭池等在船上组织召开了中国海员大会,到会海员 200 人。吴渭池报告了麦成的遭遇,建议在船上建立福利组织,得到大多数海员的赞成。会上随即拟定章程,通过了成立"海员公益社"的决议。章程规定每个社员每航次缴纳社费 1 元;凡社员在航行中遭遇意外的疾苦,大家要互救互助。如有人途中重病入院,由公益社拨给 30 元保障生活,其他津贴则酌情而定。"俄国皇后"号(Empress of Russia)公益社成立不久,该轮海员刘达潮又领导大家建立了民声社。海员们利用工余时间凑在一起排戏,为旅客演出。从开始的话剧到后来成立粤剧组演粤剧,民声社有时还请岸上的"戏班"上船配合演出,售票所得经费,都交给公益社,为大家办福利事业,如购买药品及设立药箱等。公益社的开办和船上戏剧活动的开展,使"俄国皇后"号(Empress of Russia)上海员的生活和思想感情发生明显变化。原本那些流连烟赌的沉沦生活已不能吸引海员了,相反,他们越来越关切自己的命运,越来越多地谈论国家大事和前途等问题。

---

① 陈炳生口述,卢道深笔记:《中华海员组织之产生与民国十一年之奋斗》,《组织旬刊》,1944 年第 3 卷第 4 期。

"俄国皇后"号(Empress of Russia)邮轮的创举,立即获得昌兴轮船公司属下9艘货船的同业热烈响应。1915年,"满提高"号(Monteagle)到达日本神户时,该船海员麦顺突然患重病,被送进岸上医院治疗,但费用由自己支付。该船海员工人睹此情形,倍觉福利团体的重要性。该船积极分子陈炳生趁机以海员急病如何救治为题,让大家讨论。最后,他建议若组建为海员工人服务的福利团体,互相帮助,则患病海员可由团体资助医药费用;且在船上还可购备一些中成药,以方便海员和侨胞旅客。经陈炳生的宣传鼓动,该船海员意见更趋一致。于是积极起草章程,将此福利团体命名为"中华海员公益社"。这是继"俄国皇后"号之后成立的第二个轮船"公益社"。

1916年,由9艘邮轮组成的"海员公益社"宣告成立。同年,昌兴公司属下的各货船派出代表,其中,"俄国皇后"号(Empress of Russia)代表吴渭池、"亚洲皇后"号(Empress of Asia)代表陈就、"满提高"号(Monteagle)代表陈炳生等,向香港华民政务司提出办理社团注册等备案手续。可是,港英当局以社团组织法例中无如此形式组织为借口,拒绝公益社的注册。海员们为使公益社组织处于合法地位,改以"海员慈善会"的团体名称向当局登记注册。香港海员最早的合法组织"海员慈善会"便告正式成立。会址设立于香港中环干诺道中30号2楼,陈炳生被推选为会长。慈善会的诞生,深得处于水深火热中的香港海员的拥护和支持,在很短的时间内,发展会员达3000多人。

3.成立"焱盈总社"等海员工会组织

此外,上海也是中国海员人数集中的地方,1914年,宁波籍的机舱海员(加油和生火),在上海成立了"焱盈总社",参加的会员有6000余人,后又分为南焱盈社、中焱盈社;1914年,上海宁波籍的水手在钱孝裕、朱宝庭的组织下,成立了"均安水手公所",后又分为南均安公所和北均安公所;上海的轮船管事团体,则组织成了"联义社";这些海员团体,基本是按照职业分工和籍贯组成的,没有形成一个统一的、能够维护全体海员利益的工会组织。

(二) 成立中华海员工业联合总会

公益社和慈善会等对加强海员的团结和提高海员的觉悟起了积极作用,但这些组织较松散,缺少带领海员争取正当权益、与资本家的剥削压迫进行斗争的能力。

时值第一次世界大战结束,世界航运竞争加剧。大小包工头盘剥有增无减,海员工资微薄,而物价不断上涨,香港1920年的物价为战前的两倍。香港海员还受到失业的威胁,失业者达2万余人。香港海员长期遭受大小包工头的剥削,对包工头特别痛恨。当时,香港共有30多家轮船公司,大多采取包工制,只有昌兴公司历来是自行雇工,但要工人"联保",即互相保证不私逃外国,如有逃跑者,联保人要被罚款,一般情况下海员们宁愿互相"联保",也不要包工头的中间盘剥。

1920年冬,宝泰办馆的工头王德轩、谢诗屏与英国昌兴公司的老板勾结,要包揽该公司的雇工权。他们不管海员愿意与否,一律要求该公司的中国海员加入宝泰馆,并且每月扣除二元作为入馆费用,海员们坚决不干。这一制度首先从"满提高"号(Monteagle)开始实行。该轮海员坚决不接受,结果,全体海员200多人被开除。工人遂找到海员慈善会,后者出面向公司交涉。公司却以各种借口推诿责任。"满提高"号(Monteagle)随即由宝泰办馆雇用了一批新人,把船开走了。之后,昌兴公司"日本皇后"号(Empress of Japan)到达香港。王德轩、谢诗屏又上船宣布实行包工制,要工人加入宝泰包工馆,每航次缴交4元馆费。其实,该轮员工先前已接到慈善会的通知,有所准备,一致表示拒绝。王德轩等又玩弄吓人的一套,宣布开除全部工人。海员非常气愤,把他俩痛打一顿后,回房收拾行李,准备下船,宣布罢工。王德轩、谢诗屏急忙去找馆口义和堂的翁娇,要他代雇新工人。海员慈善会获悉此事,对准备上船的新工人讲明事理,劝他们团结一致,不要受骗上船,同时警告翁某,不要为虎作伥。这样,原来的船员走了,新的又招募不到,船开不得,船长十分着急。昌兴公司怕误船期受损失,只好取消通过宝泰办馆招工的做法,改由船长自行决定。船长就把原来的海员悉数找回开船。"日本皇后"号(Empress of Japan)的海员取得胜利,给宝泰包工头很大的打击。但"满提高"号(Monteagle)开除海员的问题没有解决。

通过这一事件,海员们感到,慈善会虽然能够为海员办事,但毕竟不是工人自己的工会组织,不能适应斗争形势发展的需要,纷纷要求成立一个能真正维护自己权益的工会。

1920年11月,孙中山从上海回广州重建军政府,乘坐的是昌兴公司的"俄国皇后"号(Empress of Russia)。有感于海员对革命贡献以及深受民族压迫和剥削,他在船上对海员作演讲,鼓励海员参加革命,组织工会,还亲笔题写"博爱"两字送给海员。

1920年12月1日,孙中山在广州恢复军政府,并自任内政部长。香港海员中的积极分子林伟民、翟汉奇、邝达生、何盖民、苏兆征、冯永垣等人利用当时广东的有利形势,积极活动,组织工会。1920年12月初,以中华海员慈善会名义召集各馆口代表开会,商讨组织工会。出席代表60多人,多数代表提议将中华海员慈善会改组为海员工会,但考虑到港英当局不准许工人组织社团以及先前中华海员慈善会立案的曲折过程,决定不将慈善会改组为海员工会,而由到会代表发起,直接组织工会。到会60多人,代表陶义阁、义庆阁、和美阁、松庆阁、琼海阁、庆宋山房、乐雅山房等130多间行船馆签名作为发起人。会上,即席选出林伟民等17人作为筹备委员(都是慈善会的成员),决定由各行船馆暂借出20元作为经费,租房作为筹备处。最后,会议选举林伟民(乐雅山房代表)、罗贵生(广义和代表)、翟汉奇(致中和代表)、冯永垣(群义阁代表)、邝达生(义和阁代表)、陈炳生(满提高轮代表)、陈一擎(满提高轮代表)、谭华泽(叙义阁代表)、麦兴等人为常务筹备委员会。不久,即租得香港中环德辅道中137号3楼为筹备处办公地点,1920年12月,宣布成立海员工会筹备会。

筹备会成立后,开始积极动员海员加入工会。一些海员因受过大包工头或办馆恐吓,对加入工会持观望态度。为此,筹备会决定各筹备委员分头赴行船馆及各轮船,以谈心、讲故事、讲道理等多种形式,向广大海员做宣传鼓动工作。经过5个月的努力,征得会员2000多人后,筹备委员会就成立海员工会并要求港英当局批准立案。但是,港英当局以未有批准成立工会的先例,不予同意。

为了海员正当的要求能得到实现、工人权益能得到保障,在1921年初,香港海员又进一步酝酿成立工会。适值当时香港总督司徒拔(Reginald Edward Stubbs)是英国工党党员,政治上有改良倾向,允许海员工人成立工会。香港海员工人利用这一机会聘请律师延布律顿到伦敦备案,并向香港华民政务司申请注册获批准。

1921年3月5日,海员工会筹备会召开干事会进行选举。当时,未有采用代表大会制,而以干事会议为最高权力机关(凡积极支持工会、吸收会员最多的船,可选出代表为工会干事),由干事会议再选出仅限于香港的委员。陈炳生被选为会长,蔡文修为副会长,翟汉奇为司理,罗贵生为司库,林伟民、邝达生为交际,冯永垣为调查,共计7名委员。委员和部分干事组成干事部负责常务工作。关于海员工会的名称,当时有过激烈的争论,有的主张仿照欧美国家海员工会的形式,按照不同的工种,分别成立工会,例如美国的海员,按水手、火夫、机工等分别组织工会。后来大家一致同意将工会定名为"中华海员工业联合总会",既表示海员工人的联合,又表示它是产业性的。

1921年4月6日,中华海员工业联合总会正式宣布成立。孙中山指示广州军政府内政部为工会注册,并派议员王斧军为代表前来祝贺。

中华海员工业联合总会是中国海员工人的第一个工会组织,也是中国最早的产业工会组织之一。它的成立是中国现代产业工人运动的崛起的先声,直接推动了中国第一次工人运动高潮的形成。

(三) 召开全球中国海员第一次代表大会

1926年1月5日,中国海员第一次全球代表大会在广东大学①礼堂召开,来自世界各地的中国海员代表122人,议事日程主要有三项:组织问题、宣传教育问题和运输工人大联合问题。

关于组织问题。与会代表认为目前海员组织存在三个问题:一是没有吸收所有海员加入工会;二是没有下层基本组织;三是没有普通的会议制度。经过讨论,形成了以下四个解决办法:①于香港或者广州设立总会外,于广州、上海、汕头、厦门、汉口、重庆、青岛、天津、大连等处设立分会,海外如新加坡、马赛、伦敦、纽约、横滨等处,亦设分会;②在此后一年之内,海员应以全力扩张并整顿其组织,特别是如船上支部组织;③现定各级会议之召集;④各地支部改为分会,各船设立支部以立下层之严密组织。

关于宣传教育问题。议决设立补习学校、图书馆、各种剧社并于各种斗争中(如罢工),为实际训练的教育与宣传,并于总会办一定期周刊,名曰《中国海员》。

关于运输工人联合问题。承认中国运输工人、世界运输工人有联合的必要,会议议决:①促成香港水路运输工人之联合;②促成全国运输业之联合;③正式加入赤色职工国际之国际运输工人宣传委员会,以促进世界运输工人大联合。②

大会同时选出执行委员,1月16日,又召开了第一次执行委员会议。会议选出苏兆征为委员长,谭华泽为副委员长,何来为总干事。关于海员总会各部的工作,会议议定:苏兆征为文书部主任(兼),陈剑夫为交际部主任,何来为财政部主任,林伟民为宣传部主任,陈权为组织部主任,谭华泽为救济委员会主任。另聘黄平和邓中夏为顾问,朱宝姝、厉金富、陆月棠、周福等为派往上海分会委员,张头浩、康荣为派往汕头分会委员。③

通过这次大会,中国共产党取得了海员工会的领导权。船上建立起工会支部,使每个基层都成为一个坚强的堡垒,更便于统一领导,统一指挥。领导体制把原来由各馆口宿舍推举代表组成的干事会改为代表大会作为最高权力机关,把工会建立在群众的基础上,民主的基础上,使工会富有战斗力,避免为包工头所把持。又把会长制改为委员制,发挥集体领导的作用,避免个人独断专行。

第三节　中国海员在工人运动中的贡献

海员工人是中国早期工人运动中最早觉醒和走向团结的产业群体之一,是中国工人运动的一支重要力量,在工人运动发展的历史上做出了不可磨灭的贡献。

一、五四运动初显海员的力量

一战以后,巴黎和会中,中国政府的外交失败,直接引发了中国民众的强烈不满,从而引发了五四运动。1919年6月3日和4日,北京学生因政府为曹汝霖、章宗祥、陆宗舆辩护,重新举行大规模街头演讲,两日近千名学生被拘、被捕。从而激起了全国人民的更大的愤怒。6月5日,全国各大城市罢课、罢工、罢市,声援北京学生的爱国运动。

(一) 上海海员首先响应罢工

北京五四示威游行的消息传到上海后,学生最早在5月26日罢课。6月3日北京学生继续进行游行讲

---

① 广东大学系现中山大学的前身,1925年3月12日,孙中山逝世后,廖仲恺提议将广东大学更名为中山大学,10月获国民政府批准。
② 《工人之路》,1926年第193期。
③ 《工人之路》,1926年第207期。

演遭到军警的镇压后,消息传到上海,上海的商民全面开始罢课、罢市、罢工,声援北京。6月5日,上海日商纱厂工人、码头工人、沪宁和沪杭南线铁路工人罢工。6日,上海华商、英商、法商电车工人罢工。工人的罢工最后使上海后来居上,成为全国五四运动的中心。海员界上海的"均安水手公所"首先响应罢工。

1919年6月5日,太古轮船公司的"北京"号、宁绍商轮公司的"宁绍"号两艘轮船已搭满四千多旅客,四点钟应当开航,但海员们却已经秘密商量好要四点钟宣布罢工了。四点一到海员宣布罢工,船不开航了。这是首当其冲的两条船。罢工之后第二天,船上的工头买办,从中破坏捣乱。一次,一个二买办跑来威胁利诱海员开航,结果被海员抓来狠打一顿,直到他放鞭炮挂红(给船结彩挂红)才算了结。外国船主不敢正面和海员公所交涉,私下找到上海总商会①,请求他们动员海员复工。11日下午2时,宁波旅沪同乡会会长方某以及三北轮埠股份有限公司总经理虞洽卿,邀请海员在四明公所开会,进行所谓"劝解"、"陈说利害"。参加11日下午会议的除海员之外还有其他轮船公司的主任和买办等。开会的时候,巡捕、暗探把工人密密包围起来,虞洽卿游说海员,要求海员把已装好货的船照常开出去。同时说明如再不开工,部分船员吃饭成问题等。但都被公所拒绝。此后,凡来上海的船只,无不立时罢工。

6月10日《新闻报》载:"本埠大小各轮船公司凡走长江班及杭嘉湖等的轮船,昨日因办事人员激于爱国热忱,全体休业,是以各轮船昨日只得停驶。另函云:浦东各轮船水手昨在均安公所开会,议决同业一律离船,致定班出口之轮船,如'新宁绍'、'新北京'、'大通'、'江新'等各轮船均不果开行。"②同日的《时事新报》也刊载:"昨日(9日)午后三时许有航业水手均安公所以及焱盈社火夫联合会两团体数十人,手持黄旗,上书'同胞救国'四字至'新北京'、'新宁绍'等各轮要求同业上岸,与各界取一致行动。故开往宁波之'新北京'、'新宁绍'以及开往至长江之'大通'、'大贞'、'江新'、'华利'等轮均不能开驶,目下业已交通阻断"。

(二)海员在罢工中起重要作用

码头工人则更早的就发起了拒绝为日本船只装卸货物的行动。1919年5月27日《民国日报》报道:"浦东沿浦一带各码头扛挑小工,前日在老白渡地方开会集议,到者数百人。全体一致表决,凡遇日本船只抵埠,不为起货;并分发传单,劝导各码头劳动界切实进行。各码头继续实行者日多,惟洋溪港口三井煤栈尚未进行云。"

5月29日《时报》称:"近日各轮埠码头小工异常热心,对于外洋来沪各日轮,咸皆拍手观望,拒不运卸货件,以致轮埠公司深抱为难;虽经奖励小工头设法起卸,然亦不生效力云。"

6月5日海员举行罢工以后,上海的码头工人也宣布罢工,6月6日的《大陆报》刊载:"迄今为止尚未组织起来的上海工人也罢工了。在码头工人写给总商会的信上说,他们至少要罢工三天,要让北京知道连工人也不答应北京政府的举动。信上要求与总商会合作,并希望,他们与工人的领袖在上海举行一次联席会议。"

6月12日,上海的海员得知政府已经罢免了曹汝霖、章宗祥和陆宗舆三个卖国贼,北京被捕的学生也被释放,于是宣布13日复工。在这一次彻底地反对帝国主义和封建主义的爱国运动中,中国海员群体第一次有组织地登上了历史舞台,并在运动中发挥了重要作用,同时也为后来发生的香港海员罢工积累了宝贵经验。

---

① 辛亥革命爆发后,朱葆三等不承认清政府委任的上海商务总会,于清宣统三年9月另组上海商务公所。后经双方议董协商,决定合并改组,在民国元年2月成立了上海总商会,选举周金箴为总理。民国五年,根据北京政府商会法,改总理为会长制,议董称会董,朱葆三任会长,也是朱宝庭的远房叔伯。

② 上海社会科学院历史研究所编,《五四运动在上海(史料选辑)》,上海人民出版社,1960年,第335—336页。

二、香港海员工人大罢工

(一)海员罢工的起因

第一次世界大战后,中国海员的工资待遇不但没有得到改善,生活水平反而随着物价上涨而下降。中国各口岸中,香港的生活费用最高。香港的房租比广州贵1/3,伙食贵1/4。船上买办、包工头对海员剥削越来越残酷,连最低生活条件都保证不了。许多海员都希望海员工会能向船公司提出增加工资及改善生活待遇的要求。

1921年5月17日,海员工会干事部通过了向船公司提出增加工资的要求。6月4日,召开干事部暨会员大会,进一步讨论有关增加工资问题。大会一致通过组织海员加工(资)维持团,专门负责要求增加工资的事务,并发表《海员加工维持团宣言》,提出海员要改善生活,"必须要合力互助",激励大家"猛醒觉悟,急起直追"。

1921年9月,海员工会正式向各轮船公司提出3项要求,包括增加工资、改善生活待遇、改革雇工制度以及反对包工剥削等内容。10月,第二次又提出要求。但是,只有一两艘船予以了答复,且并无实质内容。

各轮船公司蔑视海员的正当要求,不理睬及不答复,激起海员极大愤慨。海员工会决定根据海员的要求和建议,用罢工手段来争取增加工资。为发动罢工,海员工会组织征求队、劝进队、宣传队、防护破坏罢工队、交通队等;在广州设立了总办事处,以便在罢工爆发后,接待从香港回广州的工人;与各方面取得联系,包括工作上与海员密切相关的码头理货员工会以及各国工会等,争取外界的支持;与此同时,着手筹备罢工经费。

1922年1月12日,海员工会第三次向船公司提出要求,限在24小时内答复,否则罢工,各轮船公司仍然不予理睬。因为事前已有准备,当天下午5时,英国道格拉斯轮船公司(Douglas Steamship Company,旧时译作"德忌利士",主要经营华南航线)的"海康"号上的海员,在苏兆征的领导下,首先宣布罢工,香港海员大罢工爆发,愤怒的海员纷纷离船罢工。所有从香港开往广州、江门、梧州等地以及从外埠到港的英、荷、法、日、美等国船只停在海面,总数达九十多艘,参加罢工的海员达1500多人。罢工形势迅速发展,仅1周时间,罢工海员增加到6500多人。罢工爆发的第二天,海员们纷纷乘搭火车回到广州,广州各工会代表冒雨到车站热烈欢迎。事前在广州设立的罢工总办事处开办宿舍、饭堂,以解决罢工工人的食宿问题。至1月底,陆续回到广州的罢工海员约1万人以上。

(二)罢工中的谈判斗争

港英当局在海员罢工后,以外籍船公司的总后台发言人自居,一直包庇船东,采取软硬兼施各种手段对付罢工。当局害怕罢工对其统治的威胁,于1922年1月13日发出告示,威胁海员要一律回船工作。16日,宣布戒严。25日下午,宣布海员工会为非法团体,派武装警察五六十人,携带两挺机关枪,封闭海员工会,拆去工会招牌,对工会进行搜查,驱逐会员,逮捕工会办事人员,由警察监守工会。同时,调来十多艘军舰驻防,舰上士兵全副武装登岸巡查,如临大敌。港英当局采用武力妄图把罢工镇压下去,反而更激怒了罢工工人。这时,因罢工而停泊在香港的中外轮船,已增至166艘,共28万多吨位。轮船公司在经济上受到了巨大损失,纷纷要求港英当局与海员谈判。当局感到局面难以收拾,被迫与香港海员谈判。海员谈判代表斥责港英当局"封闭我工会、逮捕我工人、野蛮之极",提出必须首先恢复工会,才能进行谈判,但港英当局拒绝海员代表的合理要求,谈判无结果。

香港海员大罢工得到了广州军政府、中国共产党以及海内外进步团体的大力支持。罢工开始时，孙中山正在桂林指挥北伐战事，闻讯后立即致电香港海员工会，表示亲切慰问，并电令马超俊迅速赴香港慰问并与港英当局协商。孙中山至韶关后，仍经常打电话到广州慰问罢工工人，极力支持罢工，又指令广东省政府筹措膳食供应等费用。按照孙中山的指示，政府每日借出数千元给海员作罢工经费，并协助解决罢工海员的生活安排等，前后借给罢工海员的经费共约10万元。同时，广大华侨、国际进步人士以及各国工人纷纷来电慰问并汇来捐款，国内外的同情和支持，有力地鼓舞了罢工工人的斗争信心。

由于港英代表坚持反对恢复工会原状，谈判无结果。2月7日，广州海员罢工总办事处召开大会，决议在恢复工会原状的前提下方可进行谈判，同时通过9项解除罢工的条件：

"①恢复中华海员工业联合总会原状及解封各工会，释放被拘禁之办事人员；②工人工资每月在30元以上的加30%，在30元以下的加40%；③罢工之后复工的工人不能加以任何理由辞退或降职；④工资增加适用现在香港停泊的轮船，和从各埠向香港开驶的轮船；⑤船主雇用海员，须由海员工会介绍，以免经手人克扣工钱；⑥签立雇用合同时，须有海员工会派证人到场，否则无效；⑦无论海员和海员工会的职员，不得因无相当理由递解出境；⑧加工资日期由1922年1月1日起；⑨中国海员复工之后，雇主须加以平等对待，不得苛虐。"

会上选举苏兆征等4人为谈判全权代表，[①]并决定将9项解除罢工的条件电告港英当局。然而，港英当局声称恢复工会不能办到，要工会进行改组，另选举职员，另立名目，改称为"中华航海总会"。充当调停的代表极力劝告海员接受当局改组工会的条件，于是谈判面临是坚持恢复工会原状，还是接受改组工会的抉择。

2月15日，海员代表苏兆征等4人往香港，在东华医院进行谈判，出面谈判的港英当局代表香港绅商集团始终强调政府不允恢复原有工会，说恢复原来工会有损港英当局威信，劝海员代表让步。海员代表则坚持恢复工会原状为谈判的先决条件。苏兆征义正辞严地说："我们代表香港海员数万人来港谈判，第一件提出要恢复'十个字'，即旧会之名'中华海员工业联合总会'十个字，一个字也不能增，一个字也不能减，而且要交回原有招牌。"但港英当局和船公司的代表，仍坚持工会要改换招牌，谈判遂又无结果。

（三）罢工取得最后胜利

谈判破裂后，香港各业工人和市民对政府的做法均表愤慨，酝酿举行全市工人总同盟罢工。1922年2月27日，总罢工即将爆发，港英当局宣布总戒严令，把停泊在中国各口岸的英国军舰调集香港，禁止火车通行，加岗巡查街道，要求离港者需以店铺担保。但是工人蔑视港英当局的高压手段，从2月27日开始陆续罢工。几天内，参加总同盟罢工的工人不仅来自邮局、银行、酒店、茶居、菜场、修造船、电车、水底电线、报馆、印刷局、渡轮、屠宰等行业，还有饼干面包店、牛奶房的工人、店员等等，就连外国人雇佣的仆人、厨师、园丁等也都参加罢工。全市商店关门，秩序大乱。港英当局派出军队把守通往大陆的各要道。3月4日，武装军警在离香港6公里的沙田地区向返回广州的罢工工人扫射，当场打死4人，打伤几百人，后因伤势过重又死去2人，港英当局一手制造了骇人听闻的"沙田惨案"。在这种情况下，仍有部分工人无所畏惧地绕过山背步行回广州。

港英当局对这次罢工采取了软硬兼施的各种手段，均不能奏效，全市各业工人总同盟罢工后，香港完全陷于停顿状态，港英当局受到国内外舆论的谴责，完全处于孤立，不得不令驻广州英领事请海员工会派代表到香港再进行谈判。3月4日，谈判在香港大会堂进行。3月5日，双方达成协议，基本按照海员工

---

① 陈炳生为中华海员工业联合总会的会长，但此时卷入杀妻案，罢工实际由苏兆征等负责领导。见卢子正《香港海员罢工领导人陈炳生二三事》，《红广角》，2000年第3期。

会于2月7日提出的恢复工会原状及增加工资等9项要求。3月6日,港英当局明令取消1月25日封闭海员工会的命令,并由香港圣公会会督亲自把工会原招牌挂回原处。3月7日,海员工会发出3月8日复工的通知。

这样,从1月12日起至3月8日止,历时56天的香港海员工人大罢工,取得了中国工人运动史上首个重大胜利。根据孙中山确定的欢迎工农大众参加国民党的政策,香港海员大罢工后,吸收了广州、香港、汕头三地一万多名海员加入了国民党。罢工期间,海员们还在广州市越秀山修筑了一条海员罢工路(即今从镇海楼前起,经广州美术馆至山脚与吉祥路相接这段路),并计划在路旁山坡上建纪念亭,后因经费不足未成。1931年广东海员支部委员会梁国英、黄玉书、罗光生、冼禄等发起建亭筹款,1933年海员亭终于建成(今广州越秀山上)。

香港海员大罢工的胜利,为中国工人运动史以及中国现代革命史写下了光辉一页。首先,香港海员罢工是中国工人英勇反抗英帝国主义的壮举,这次罢工的起因是要求增加工资,属于经济斗争的范畴,但运动开展以后便成为一个反对英帝国主义的民族运动,成为有各行各业10多万人参加的反帝罢工浪潮,迫使香港当局与罢工海员谈判,并接受了全部条件,显示了工人阶级团结战斗的巨大力量,打破了帝国主义者在中国的威严。其二,中国共产主义小组、中国劳动组合书记部找到了密切联系中国工人的入口,在中国共产党影响、支持下的香港海员大罢工的斗争,标志着中国海员工人运动从分散到统一集中,从帮会到产业组织,从为谋求工人的切身利益、社会福利而努力工作,到为工人阶级的根本利益和眼前利益的统一要求,而进行战斗的转变,显示了中国海员工人运动新的面貌,成为1922年1月至1923年2月中国共产党领导下工人运动高潮的起点。这期间,大小罢工在百次以上,参加人数在30万人以上。香港海员大罢工对于几年后发生的省港大罢工更起着直接的作用,不但鼓舞了人民的反帝决心,而且提供了骨干和积累了斗争经验。其三,香港海员大罢工培养和锻炼了一批工人运动积极分子,在斗争中涌现出来的海员工人领袖林伟民、苏兆征等成为我国早期工人运动优秀的领导者,对促进中国工人阶级的团结,推动各地工人运动的发展,起到非常重要的作用。

三、上海海员工人大罢工

1922年4月10日,中国劳动组合书记部发出通告,邀请全国各工会派代表到广州,参加由中国共产党领导的、中国劳动组合书记部发起的第一次全国劳动大会。大会于5月1日至6日召开,与会代表173人,代表着12个城市、110多个工会、34万有组织的工人。代表中有中国共产党员,也有国民党员、无政府主义者以及无党派人士。大会接受中国共产党提出的"打倒帝国主义"、"打倒封建军阀"的政治口号,通过《八小时工作制》、《罢工援助》和《全国总工会组织原则》等决议案。大会决定,在全国总工会成立以前,中国劳动组合书记部为全国工人组织的总通讯机关。

(一)成立上海海员工会

海员朱宝庭代表上海均安水手公所,与中国劳动组合书记部的代表李启汉一起到广州,参加了大会。会议期间朱宝庭加入了中国共产党。会议结束以后,朱宝庭和林伟民一起回到上海。林伟民是应上海海员的要求,受香港中华海员工业联合总会的委派,前来上海组织上海海员工会的。

在此之前,中国劳动组合书记部已在上海海员中进行活动。当时,上海海员中有许多团体,较大的有均安水手公所和焱盈社,还有领港公会、炳记社、联义社等不下10余个,大部分是按照同乡区域组织起来的,有宁波帮、广东帮之分。为增强上海海员的团结,中国劳动组合书记部委派董锄平在海员中开展团结教育工作。在香港海员罢工后,为了组织香港海员罢工后援会,支援香港海员罢工。中国劳动组合书记部号召上海海员也组织一个海员工会。1922年2月8日,在书记部召开的一次后援会会议上,"劝本埠海员亦组织一中华海员工会"已作为一项决议通过。这些都为上海海员工会的成立作了思想上和组织上的准备。

林伟民来到上海后,在朱宝庭的帮助下,上海几个海员同乡团体积极响应,1922年8月27日,中华海员工业联合总会上海支部在西藏路宁波同乡会举行正式成立大会。中华海员工业联合总会和广州、汕头等支会,以及上海各工人团体代表到会祝贺。林伟民、钟莜明当选为正副主任,朱宝庭等当选为委员。当时会员有2700余人,以后发展到2万人。

(二)为海员争取应有权益

香港海员罢工胜利后,香港海员的工资得到了增加,上海的海员们纷纷找到工会,要求工会与上海航商谈判,达到按照香港海员斗争得来的加薪标准。工会支持海员们的合理要求,派代表向上海各轮船公司的资方交涉。大的公司如轮船招商局、英商的太古、怡和以及三北等轮船公司,对工会代表的交涉不予理会,一些小公司则表示"从众",看大公司怎么表态。

林伟民和朱宝庭等,正确地分析了形势,及时地领导工人对准目标,决定首先从海员人数较多的轮船招商局入手,采取先礼后兵的策略,先写信要求谈判,谈不妥,再发动罢工。上海海员工会向轮船招商局先后发出三封信,7月23日发出第一封,轮船招商局没有回应;7月31日发出第二封,轮船招商局竟拒绝接收信件,在信封上盖着"此件不收"的邮戳,原封不动地被退了回来;8月2日,林伟民写的第三封信由朱宝庭和其他代表直接送到轮船招商局,当时的轮船招商局总办傅筱庵不但不看信,反而轻蔑地对海员代表们说:"上海要100只四条腿的狗,不好找,要1千个两条腿的人,说话就到。"并找来巡捕将海员代表赶走。

(三)举行海员罢工斗争

海员们被轮船招商局的傲慢态度激怒了。既然是轮船招商局不愿谈判,海员们决定采取罢工的手段。当晚,工会即召开海员代表会。林伟民把工会与轮船招商局交涉的情况,向代表作了报告。他指出:"招商局的恶劣态度表明,他们是错误地估计了我们海员工人的力量;既然是他们关死了谈判的大门,他们就在社会上输个理,我们只要拿出罢工的武器,罢了工,傅筱庵再胖,也得吃瘪。"海员代表一致决定,举行全体海员的同盟罢工,并通过了罢工宣言。

8月5日清晨8时,黄浦江边汽笛齐鸣,上海海员罢工开始了。首先罢工的是行驶宁波的"新宁绍"和"新北京"两艘班轮。当天就有13艘轮船停航,以后到港一条船就停一条船。不到几天,30多艘轮船罢航,罢工斗争迅速走向高潮。轮船招商局参加罢工的轮船6天之内达到15艘,参加罢工的水手、火夫、西崽①等有数百人,他们向资方提出五项要求:第一,江海各轮除驶香港5艘外,其余各轮船船员照原薪加二成;第二,从当年1月1日起加薪;第三,罢工期间,船员应得工资十足付给;第四,招商局所用船员,将来如履行签字手续,须由海员工会派代表监视,方为有效;第五,船员如有非法行为,在查明后当立即开除,倘有冤诬等情,由海员工会与招商局双方派人调查,如确系冤情,得复职补发原有工资。内容上基本和香港海员罢工向资方提的要求差不多。

上海海员罢工一开始就得到社会的广泛支持。首先得到上海社会舆论的注目和同情,一些大的报纸,如《民国日报》等对海员罢工的情况逐日报道。这样,资本家散布的歪曲罢工的谎言非但不能奏效,反而使他们更加孤立。罢工第四天,中华全国海员工业联合总会发来了支持电,表示自"祈毅力支持,如无圆满解决,本总会决定以协助,并令各支部为后盾,望勿稍有松懈"。广州、汕头等地的海员工会也都发

---

①即船上的服务生。

来了支持电,一些外国轮船公司的中国海员听到上海海员罢工的消息以后,不顾自己的困难,纷纷捐款支持,如花旗轮船公司的"好沙士"号、怡和轮船公司的"官升"号、美国太平洋邮轮公司的"麦迪生总统"号和昌兴轮船公司的"俄国皇后"号等船上的中国海员纷纷募捐,资助罢工海员。上海各界也纷纷送来慰问品和捐款,对罢工海员表示全力支持。轮船招商局在广州——香港航线上的4艘船,虽因参加了香港海员罢工,已经加了薪,但仍然不顾公司的阻拦,也加入了罢工行列,支持上海海员。

(四)罢工斗争取得胜利

上海罢工海员在团结战斗中显示了巨大的力量,一些中小轮船公司开始改变态度。其主要原因一方面承受不了罢工的损失,看到罢工海员们受到四面八方的支持,摸不准海员罢工要坚持到何时,担心一味跟着轮船招商局硬顶,要吃更大的亏;另一方面愿意早日开航,趁行情好的时机占有市场份额,赚取运费。于是先后派代表到海员工会协商。但他们提出加工资不应从1月1日起,因为他们收到工会的信是在7月23日。为了孤立和打击最顽固的轮船招商局,在保证海员基本利益的原则下,林伟民当机立断作了必要的妥协,同意加工资的日期从7月23日算起。

与罢工海员最先达成协议的是宁绍轮船公司经理袁履登。罢工的第四天,他本人亲自坐车到工会来签字,一进门便连声说:"从众、从众,别家加多少,宁绍公司也加多少"。签约后,宁绍轮船公司的船第二天即开航。紧接着,其他小公司也纷纷与工会谈妥。英商太古、怡和轮船公司,也由香港总公司拍来电报,同意加薪,三北轮船公司于8月15日答应了工会提出的要求。这样,到罢工的第11天,除轮船招商局以外,各轮船公司都通过谈判解决了问题,这些公司海员开始复工。

轮船招商局为了对付海员工会和海员罢工,实行软硬兼施的种种阴谋手段。起初认为不承认海员工会,拒绝谈判,海员工会奈何不了它。海员罢工后,它又指使一些流氓打手,妄图制服一两个罢工领导人,以达到破坏罢工的目的,罢工领导人之一的朱宝庭在回家的半路上遭到轮船招商局指使的流氓毒打以致昏迷。轮船招商局总办傅筱庵仗与军阀孙传芳是亲家,妄图用武力对付罢工海员。在海员罢工的第四天,轮船招商局董事李伟候便到军阀驻沪的机构沪军使署,请求派兵。还串通警察厅,封闭设在十六铺中华茶楼上的海员罢工事务所,撕毁楼内张贴的标语和传单。而罢工海员不向高压低头,他们向社会各界揭露轮船招商局的这些卑劣行径,呼吁社会舆论伸张正义。

硬的不行,轮船招商局又采取软的手段,企图用收买海员骨干的办法,来分化和瓦解罢工。先派谋士徐忠信出面,向朱宝庭提出,只要肯替轮船招商局办事,可以给一个月薪200块现洋的高级职位,遭到朱宝庭的严词拒绝。随后,轮船招商局又请朱葆三以本家亲戚的身份,提出给朱宝庭大洋3000元,也被其拒绝。朱宝庭收买不成,轮船招商局又企图收买其他各帮的工头,均被拒绝。

几番算计不成,轮船招商局仍不死心,又生出更毒的一招,利用失业海员,破坏罢工。轮船招商局在宁波同乡会召集失业海员开会,诱迫失业海员去顶替罢工海员。但失业海员仍不轻信。最后竟然采取让失业海员秘密画圈的办法,签名上工,上工的发给最高工资。工会很快得到这个消息,立即派朱宝庭前往。朱宝庭在会场上,向失业海员揭露了轮船招商局的阴谋。他指出,无论是罢工海员,还是失业海员,斗争目标是一致的,绝不能被他们的引诱所动摇。朱宝庭向失业海员们宣布了海员工会的一项决定:在罢工期间,失业海员和罢工海员享受同等待遇。罢工结束以后,将负责介绍职业。这个决定当即得到失业海员的热烈拥护。轮船招商局不仅没达到目的,倒使失业海员站到罢工海员一方。

罢工坚持到第21天,轮船招商局的处境更加孤立。当时轮船招商局共有江海轮船30艘,罢工的占了24艘,连上海开香港的两条船(在香港罢工时已增加过工资)也在8月22日参加罢工,支援上海海员的斗争。在轮船招商局的码头上,货物堆积如山,报关行的商人叫苦连天。报关行每日接受大量的托运货物,如不能按日出口,就会因为价格的变动而大受损失。因此,他们纷纷催促轮船招商局改变态度,满足海员要求。

在四面楚歌的境遇下,轮船招商局被迫低头。1922年8月25日,即罢工的第22天,轮船招商局与海员工会举行谈判。海员工会方面的代表有:上海海员工会主任林伟民、南均安水手公所代表钱孝裕、南焱盈社代表顾恭谟、北均安水手公所代表张允来、北焱盈社代表穆生甫。轮船招商局则推出董事会副会长李国杰及董事邵子愉等人,同时约请巨商李征伍、欧锦堂等作为调停人。经过长达数小时的谈判,轮船招商局终于被迫同意了海员提出的五项要求,双方正式签字。8月26日,轮船招商局海员召开全体大会,宣布从当天12时起正式复工。上海海员的罢工最终取得了胜利。

上海海员罢工是香港海员罢工的延续,香港海员罢工和上海海员罢工,南北呼应,相互支持,充分表现了中国海员团结一致、不屈不挠的精神气概。

四、海员参加省港大罢工

1925年5月15日,日本厂商无理关闭上海第七纱厂,停发工人工资,并对要求发还工资的工人实行武装镇压,枪杀了工人代表顾正红。5月21、22日,上海大学生募捐救济死伤工人和家属,参加工人领袖顾正红追悼会,又被租界巡捕抓去数人。5月30日,上海学生及各界群众在公共租界内举行街头宣传和示威游行,租界内的英国巡捕开枪镇压,打死13人,伤者不计其数。五卅惨案发生后的几天内,在上海和其他地方又连续发生英、日等国军警枪杀中国人的事件。这些事件,激起全国人民的极大愤怒,形成工人罢工、学生罢课、商人罢市的抗议运动。全国各地约有1700万人直接参加运动。消息传到香港,促成有25万人(其中离港工人超过20万)参加的规模宏大的省港大罢工,在这场斗争中,省港的海员发挥了重要的骨干作用。

(一)海员首先响应号召参加罢工

五卅惨案后,各界群众团体纷纷响应武汉工人罢工,1925年6月4日,中华海员工业联合总会宣布罢工;8日,上海海员宣布罢工声援;18日,香港和广州的海员宣布罢工;6月17日、18日两天,上海2000多驳船工人和浦东其昌栈、蓝烟囱等20多个码头的工人一致罢工声援广东。邓中夏、苏兆征等决定在6月19日晚首先由香港的海员、电车、华洋排字等工会先行罢工。海员工会发出了罢工的命令,并立即通知各海员宿舍,同时发电报给汕头、上海、天津等分会,以及南洋、日本、欧美等各国口岸通讯处和航行中的各轮船华籍海员,除需要维持国内内河交通的轮船外,所有以香港为起点和终点的各国轮船上的中国籍海员全部罢工。

19日晚开始,到港的各轮船海员纷纷离船到工会报到,领取车票和证明信回广州。以后几天,回到广州的海员工人达3800人之多。许多远洋航行的海员收到大罢工消息后,积极响应罢工。当时停泊在日本神户的"俄国皇后"号、"澳洲皇后"号一接到罢工通知,全体香港海员不到1小时就收拾好行李,集体离船。英国的"星亚路宾"号为防范中国海员罢工,船上由英国人持枪巡逻,船到日本神户时,为了不让香港海员登陆,船泊港外浮筒。但126名中国海员不顾一切,尽弃行李,纷纷沿着长绳下海,泅水登岸。当时集中在神户的香港海员达1000多人。他们受到当地中华会馆的接待和资助,回国参加罢工。

当时由中华全国总工会省港罢工委员会主办的《工人之路》[①]刊载了多条关于中国海员响应罢工的新闻:

---

①《工人之路》是大革命时期中国共产党指导工人运动的报纸。1925年6月24日创刊,四开四版日报。中华全国总工会省港罢工委员会主办。前身是中华全国总工会1925年5月31日在广州创办的《工人之路》周刊,由邓中夏主编。先后辟有短评、论文、特载、省港罢工消息、省港新闻、国内新闻、世界新闻、工人常识等栏目。1927年广州四一五政变前期被迫停刊,是大革命时期工人报刊中出版最久的一张日报。

1925年7月5日刊载:湾泊澳门的"华山"号轮船海员,联络停泊在澳门的"重庆"号、"新江利"号、"汉大"号、"司马"号、"保生"号和"顺利"号海员,一同宣布罢工;

1925年7月7日刊载:汕头召开关于海员罢工的会议;

7月12日刊载:停泊在神户的英国商船"荷杉"号上83名中国海员罢工;

7月25日刊载:停泊在神户的英国商船"浩生"号上中国海员罢工;

8月8日刊载:怡和轮船公司的"捷升"号、"昌生"号海员罢工,并声明"宁愿坐监,不愿做工";

8月9日刊载:停泊天津的"奉天"号、"惠州"号、"夔州"号、"昌生"号和"裕生"号400多名中国海员宣布罢工。

8月14日刊载了最近一个月的罢工海员统计:

7月10日,英轮"皓生"号船罢工海员83名,乘"神户丸"到沪(已乘"广利"号返广州);

7月14日,"俄国皇后"号船罢工海员120名乘"长崎丸"返沪(30日乘"广大"号返粤);

7月18日,挪威"莱衣"号罢工海员43名乘"东西巴利丸"返沪(中26人已乘"泰顺"号返粤),又"西巴利丸之主"号华海员24名于该船到沪时罢工,(已乘"泰顺"号返粤),同日"雪梨"(悉尼)船罢工海员95名,已乘"上海丸"到沪,(内90人乘"泰顺"号返粤);

7月20日,"俄国皇后"号船员159名,乘"日光丸"到沪(搭"泰顺"号返粤者9人)。

7月22日,蓝烟囱"亚芝利士"号船罢工海员42名,乘"六甲丸"到沪,同日乘"长崎丸"由神户到沪者,有"日安地咯宏本士"号船罢工海员36名,"丽生"号船罢工海员79名;

7月27日,蓝烟囱"亚芝利士"号船罢工海员28名,乘"贺茂丸"由横滨抵沪;

8月1日,"澳国皇后"号船罢工海员180名乘"山城丸"抵沪;

8月3日,蓝烟囱"通他维比利士"号船罢工海员73名,"澳大利"号船罢工海员58名,"俄国皇后"号船罢工海员2人,山东失业海员1人,又有"品别立根少"号船罢工海员52名,"澳国皇后"号罢工海员2名,乘神户丸抵沪。

(二)海员在罢工委员会中任要职

聚集在广州的十多万省港罢工工人急需一个在全国总工会领导下能够正确贯彻执行方针及政策的指挥部,以组织工人进行斗争,中华全国总工会省港罢工委员会因此成立。邓中夏、陈延年、冯菊坡、黄平、李启汉、苏兆征、林伟民、刘尔崧等人组成委员会,邓中夏任书记。不少海员在罢工委员会担任重要领导职务。苏兆征任省港罢工委员会委员长兼财政委员会委员长。林伟民带病任执行委员,病重住院后仍时刻关心罢工委员会的工作。何来任会计部主任,谭华泽任会审处主任,陈日清任骑船队主任,钟芝任交通部副主任,冯永垣任庶务部主任,曾寿隆和邓发任纠察队副队长等。按照罢工委员会章程,省港罢工工人代表大会为最高权力机关,每50名罢工工人选出1名代表。参加罢工的海员有数万人(包括广东海员),因此,参加罢工工人代表大会的海员代表团最为强大。海员代表团以陈权为团长,李鹏为副团长,他们在罢工中发挥了重大的作用。

(三)海员参加纠察队封锁香港

从罢工一开始,港英当局千方百计把省港大罢工镇压下去。他们宣布对广州实行经济封锁,禁止粮食出口,以此来破坏广州的经济。他们策划对广州进行武力干涉,在制造"沙基惨案"[①]后仍继续调遣舰

[①]1925年6月21日,为声援上海的罢工工人,香港、广州工人也进行罢工。1925年6月23日,广东各界在东较场举行了声讨帝国主义在上海制造五卅惨案大会,会后举行了游行示威。在游行队伍抵达沙基时,英国士兵开枪镇压,造成严重伤亡。

队,集结军队,又一再召集所谓公民大会,致电英国政府,要求增兵香港,"以便在本港或随形势需要,在中国任何地方使用",还扬言"香港的海军及军事力量能顺利和容易地改变广州中国人政府的政权"。

为对抗港英当局对广州的封锁,罢工工人于 7 月 5 日成立纠察队,于 7 月 10 日,对香港实行反封锁。封锁线最初仅及珠江口一带,以后随着东征南讨的军事胜利而扩大,东至汕头,西至北海,南至海南岛的海面,全长数千里,香港被困成"死港"。封锁香港的重任由罢工委员会纠察队担负。他们是罢工工人自组的队伍,共 2000 余人,组成 22 个支队。从罢工海员中挑选了 200 人,分属第九、第十两支队。海员较多的是第九支队,以海员工会的陈剑夫为支队队长。由于海员熟悉船舰各种操作技术和航海技术,又在 1922 年香港海员大罢工组织纠察队中积累了丰富经验,加之亲身感受英商压迫的苦难,爱国思想特别强烈,因而在纠察队中成为主要力量。海上纠察队拥有山西、大虎、天安、江雄、汉口、龙飞、顺天、捷胜、进攻、奋斗、胜利、民族等 12 艘小舰,电船数艘;舰上的舰长、党代表及员工,多是海员。海员李干辉、陈其怡、温生、龙仕清、冯燊等被派到小舰上当党代表。纠察队中由罢工海员组成的第九支队和有部分罢工海员参加的第十支队,被派往深圳及香港邻近的沿海地区。这是通往九龙及香港的交通要道,对封锁香港极为重要,斗争十分尖锐复杂。他们经常受到英国军舰、军队的袭击和地方军阀、土匪的干扰和破坏。

11 月 4 日,英军纠集各种民团 1000 多人,由英人指挥,向驻防在沙鱼涌的第十支队阵地进攻,并出动了飞机、军舰助战,纠察队坚决抵抗,第九支队第二小队和铁甲车队驰来增援,共同打退敌人多次进攻,坚守阵地。在激烈的战斗中,带病指挥战斗的第十支队长蔡林蒸阵亡,铁甲车队一个班的战士全部牺牲,而敌人越来越多,纠察队和铁甲车队决定突围。在战斗中,铁甲车队李振森排长又中弹牺牲。在敌人重重包围下,他们终于杀出一条血路成功突围。这一战斗,纠察队和铁甲车队只有百余人,抗击敌人千多人的围攻,我方伤亡 30 多人,敌兵伤亡 200 多人(包括击毙敌参谋 1 人、上尉 3 人、少尉 5 人),足见纠察队之英勇顽强,犹如是一只久经考验的钢铁部队。

(四)1926 年罢工取得最终胜利

中国海员对香港的封锁,不但给港英当局造成了巨大损失,而且也给往来香港航线的日本轮船公司造成了巨大损失,日本在中国航线的轮船几乎全部停航。为此,日本轮船公司谋求与海员工会进行谈判。在虞洽卿的从中斡旋下,日本轮船公司与海员工会达成了复工协议,8 月 26 日,双方正式签订。协议共五条:①凡罢工船员一律回复本职;②罢工期内,海员长期失职,各船务公司表示同情,当予以相当之补助,如不足由上海总商会补足;③复职后,不得借故开除;④各轮船(连小轮船、驳船、领江等)由复工日起,照原有工资发给,其加资问题,将来复工一个月后,由海员另函请求,酌核加薪;⑤以上条件,已由日本各船务公司及日本船之中国海员双方承认,并由中日商会代表签字,担保履行,双方各呈报官厅领事备案。① 协议签订后,海员工会随即发出布告,通报了罢工的经过和和平解决的原因,日本轮船的海员得以复工。罢工取得了阶段性的胜利。

1926 年 9 月 24 日,广州国民政府下令撤销省港罢工纠察队,恢复省港交通。随着形势的变化,1926 年 9 月 30 日,省港罢工工人代表大会举行 166 次会议,讨论改变斗争策略的问题,到会代表 700 多人,旁听的工人有 1000 多人。会上邓中夏作了省港罢工新策略的报告,并展开讨论。最后苏兆征提出《省港罢工工人代表大会对罢工变更政策之决议》,大家一致通过。决议共有 8 条,其主要内容是:"为使革命势力的增加与巩固,将对港英封锁变更,扩大为全国民众新的对英杯葛运动;联络各界民众扩大对英经济绝交运动,此种新策略决不是妥协,更不是威服,实乃是适合新的革命环境之最有效最急迫的方法;赞成政府在海关税上附加二·五税,将此款全数津贴罢工工人;罢工委员会、罢工工人代表大会、省港罢工各工会

---

① 沈鸿慈:《对于海员运动底意见》,《先导半月刊》,1933 第 1 卷第 5 期。

机关、纠察队仍旧存在;督促政府立即开辟黄埔港及延长粤汉铁路,以安插罢工工人,罢工工人未找到工作以前,待遇如旧等"。罢工委员会遂于 10 月 10 日发表《停止封锁宣言》,宣布自动停止对香港的封锁。省港大罢工胜利结束。

1927 年 4 月,以反帝反封建为标志的中国大革命失败,工人运动陷于低潮。在香港海员大罢工和省港大罢工中受到重大打击的港英当局,感到工会的存在对其殖民统治构成极大威胁,趁机于当年 5 月 28 日下令第二次封闭香港的中华海员工业联合总会。这次封闭,长达 10 年之久。

第四节　中国航海教育办学的艰辛路程

一、吴淞商船学校被迫停办

1912 年,中华民国成立,邮传部上海高等商船学堂由国民政府交通部直辖,更名为吴淞商船学校。聘海军上将萨镇冰为校长,设驾驶一科,分正科和预科两种,学制都是 3 年。学校自建校以后采取理论与实践并重的方针,理论课驾驶科开设天文、船艺、船经学、水道测量、航政、海商等 28 门学科,每周 63 学时。学制 3 年中在校学习理论 2 年,上船实习 1 年。

民国二年(1913 年),吴淞商船学校派学生赴轮船招商局各轮随船实习受阻(当时轮船招商局高级海员都是外国人,对学生上船实习横加阻挠),遂商准海军部拨借"保民"军舰一艘修改为实习船,由学校聘请的外籍教师伍肯为船长,率领学生航行南北洋,上至驾驶员,下至舵工,悉由学生分任操作,实地练习。

1915 年 2 月,因办学经费困难,吴淞商船学校被迫停办。吴淞商船学校停办时,正值第一次世界大战期间。因外籍海员纷纷回国,各轮船公司竞相聘用吴淞商船学校毕业生充任高级海员,经过一段时间的工作,这些毕业生所显现出的娴熟技术和丰富学识,不仅为国内航运界所钦服,而且也受到国外航运界的赞扬。一时间,吴淞商船学校名声大振,昔日仅有的毕业生供不应求,社会各界对吴淞商船学校一度停办深感惋惜,从而形成"航界人才匮乏,亟待养成"之共识。

吴淞商船学校停办后,全部校舍、实习船及书籍、仪器等由海军部接收,海军部利用校址创办了吴淞海军学校。1921 年,吴淞海军学校也停办了,恰为吴淞商船学校恢复提供良机。

这个时候,吴淞商船学校的毕业生杨志雄、徐祖藩等发起了复校活动,原来商船学校的几个创办者,盛宣怀早已去世多年,唐文治也因双目失明,辞去上海工业专门学校校长职务,回无锡前西溪寓所休养。只剩张謇一人以年迈之躯积极参与其中,最初他请江苏省政府、江苏省教育厅责令"同济大学就吴淞商船学校旧址,增办商船科"。① 但同济大学无意添办商船科,海军部此时又以同济大学的校舍是海军部所有为由,要求同济大学将全部房屋交给海道测量局。

张謇则认为,校舍产权属于吴淞商船学校,并非为同济大学和海军部两方任何一方所有。他在 1923 年给江苏省政府的函中说明:"謇曾按之历史,证之事实,声明:商船学校,主也;海道测量局,客也。喧客夺主,公理所无。"② 期间张謇多方奔走,联络复校事宜,1925 年获得北京政府交通部支持,收回大部分校舍,并成立吴淞商船学校筹备处,由交通部南洋大学校长凌鸿勋担任主任,可惜时值军阀混战,政局多变,直到 1926 年张謇去世,未能完成复校事业。

二、东北商船学校的创办

东北商船学校是继上海吴淞商船学校之后旧中国又一所培养海运人才的专门学校,也是东北地区历

---

① 李明勋,尤世玮:《张謇全集》,上海辞书出版社,2012 年,第三册,第 1252 页。
② 同上。

史上第一所海运院校。

20世纪20年代,中国社会正处在大动荡的历史时期,军阀混战,割据一方,无不试图以武力称雄中国。东北军阀张作霖在称霸东北之后,为实现问鼎中原的野心,把稳固东北根据地、扩大经济与军事的势力放在首位,因而对航运业予以格外的重视。因为东北地区南濒渤海、黄海,更有黑龙江、松花江、乌苏里江、鸭绿江和辽河五大水系,航业历史悠久,发展东北地区航运业,不仅自然条件十分有利,而且有着十分重要的军事和经济意义。这就是东北航海高等教育产生的社会背景。

为了创建与发展东北地区海军和航运业,1923年张作霖即授意沈鸿烈于辽西葫芦岛成立了一所航警学校。该校虽是航警学校,可课程设置、学生管理等一切建制均按海军学校进行,目的不外乎是为东北海军培养技术人才。

1925年9月,东北成立了东北航务局,沈鸿烈兼任局长,总理黑龙江省三大水系的航运业。不久,东北航务局接管了黑龙江水域最大的航运企业戊通航运公司的全部财产,使"将堕之航权得以兴废继绝"①。1926年8月,东三省政府电令沈鸿烈再接管苏俄东铁航务处的全部财产,并将1924年被禁航的东铁航务处原有的40余艘船舶收入东北航务局,从而使该局运力大增,拥有机动船39艘及驳船51艘②。至1927年春,东北联合航务局组成时,航务局共拥有轮船49艘、驳船69艘、营业资本203万元,运力占黑龙江省民族航运业总运力的一半以上③。

随着航运业的迅速发展,人才需求的矛盾也日益突出。为此,早在东北航警学校成立之初,沈鸿烈就拟在该校附设一个商船班,以培养航业人才,后因校舍及经费等问题的限制而没有实现。1925年,哈尔滨航业公会又以船员培养与教育不能适应航业发展之需要为由,提议创设一所商船学校,再因校址及经费无着落而落空,最后只好在航务局附设一航务讲习所。

航务讲习所属短期培训班的性质,主要是选派各船有实际经验的中国海员,对他们进行驾驶和轮机专业知识培训。由于没有对海员进行系统的培养深造,而且参加学习的海员多为年龄较大、文化和科学素质较低,航务讲习所因无发展前途而作罢,到1928年,共开办了6个班。鉴于这一实际情况,为黑龙江及其他各水系航业发展的前途着想,1927年初,哈尔滨航运界再次提出创立商船学校建议。后经多方努力,东北航警处终于在1927年3月正式批准于哈尔滨筹建东北商船学校,并以东北海军司令兼东北联合航务局董事长沈鸿烈、东北联合航务局常务理事兼哈尔滨航业公会会长王顺存及奉天轮船公司总经理张廷阁为商船学校校务理事。同时,又抽调东北海军舰队司令部中校参谋王时泽为校长,主持建校之日常工作。办学所需经费除哈尔滨航业公会每年筹交若干资金外,余者均拟预算呈准由东北联合航务局依数拨给。同时,主办者还决定将1926年东北联合航务局董事、经理分红节余的哈洋3万元、滨江道尹公署之船案罚款哈洋2万元,一并拨交东北商船学校作为校舍建设专款④。

1927年6月,东北商船学校在租得东北联合航务局圈儿河修船课房屋为临时校舍后,于北平、奉天和哈尔滨设三处招生点,招收东北商船学校首期新生。同年8月12日,东北商船学校正式开学。11月,哈尔滨江北船坞新校舍落成,东北商船学校即由圈儿河修船课迁入新校址,于12月5日补行开学典礼。至此,东北历史上第一所培养航业人才的专门学府——东北商船学校正式诞生。

1927年8月,东北商船学校首次招生90人,其中驾驶科50人,轮机科40人,编为两班于8月16日正式上课。学期末经考试后,学校将驾驶科程度较低(因各地学生程度不一)的17名学生改编为驾驶科

---

① 东北文化社年鉴编印处编:《东北年鉴》,东北文化社,1931年。
② 《中华民国东北江防舰队接管东北航务处船舶码头及一切附属财产经过情形》,中东铁路管理局档案。
③ 孙师毅:《中国现代交通史》,良友图书印刷公司,1931年。
④ 东北文化社年鉴编印处编:《东北年鉴》,东北文化社,1931年。

乙班,学制延长为四年半(实际成为学校的第二届学生)。

三、创办集美高级水产航海学校①

集美高级水产航海学校是由爱国华侨陈嘉庚先生创办的。辛亥革命后,陈嘉庚致力于创办教育。他于1913年创办集美两等小学(即高等一级、初等四级,称为两等小学),1917年创办集美子小学,1918年创办集美中学和集美师范,统称为集美学校。

在海外几十年,陈嘉庚对西方资本主义世界的物质文明有较深的了解,对航海与经济的关系也有一定的认识。在第一次世界大战期间陈嘉庚经营过海运。1914年第一次世界大战爆发,陈嘉庚看出战时航运大有可为,于是他在1915年承租"万通"号(载重一千三百吨)、"万达"号(载重二千五百吨)两艘轮船,运输米谷;继而添租二千吨级轮船两艘,承运楠木片。一年之间竟获利二十余万元。1916年,陈嘉庚从租船发展到买船,购置"东丰"号(载重三千吨),1917年又增置"谦泰"号(载重三千七百五十吨),先自己经营,后租给法国政府,两年获租金80万元。1918年,"东丰"、"谦泰"两轮先后在地中海被德国舰艇击沉,他的海运事业被迫终结。视野的开阔与个人的实践,使陈嘉庚认识到航海事业对各国经济建设的重要性。面对旧中国航海事业的落后状况,他痛心疾呼:"吾国人口居世界第一位,沿岸领海环抱万里,不让任何大国;乃所有船舶之数尚不足与最少船舶之国比拟,甚至世界数十个航业注册,我国竟无资格参加,其耻辱为何如?故今后我国欲振兴航业,巩固海权,一洗久积之国耻,沿海诸省应负奋起直追之责。"

陈嘉庚认为:"欲振兴航业,必须培育多数之航业人才。"因此,陈嘉庚决心在国内兴办水产航海教育。1920年2月,集美学校水产科创办,把"开拓海洋,挽回海权"作为办学宗旨。招收旧制高等小学七年或八年制毕业生45名,修业年限限定为四年,系甲种实业学校程度。入学的资格是以品行端正,身体健全,年龄在13岁以上18岁以下,具有下列资格之一者为合格:(一)曾在高级小学毕业者;(二)有相当的学历者。符合第一项资格者,试验科目为国文算术英文常识测验,并检查体格及进行口试;如果以第二项的资格投考者,还须加试历史地理二科。学生录取后,于开课两个月后再进行甄别一次,以定去留,说明当时的招生还是严格的。此后,水产科陆续有所整合,1921年1月,水产科与商科及中学合称为集美学校中实部;1921年8月,中实部分为中学部与实业部,实业部包括水产科与商科;1924年1月,水产科改为水产部。

经过五年的办学,集美学校水产部积累了一定的办学经验。为了适应社会对水产航海高级人才的需求,提高毕业生的水平,由侯朝海倡议,集美学校水产部于1925年1月改组为"集美学校高级水产航海部"。当时,学校曾专门发表了一个《集美学校水产部改组高级水产航海部缘起》。文中指出:"渔业航业之盛衰,皆与民生国权有密切之关系。本校为利民生而振国权起见,是以水产航海相提并重。"文中并提出本校的办学目标是"造就渔业航业中坚人才,以内利民生,外振国权。"改组后,招收初级中学肄业一年学生,修业年限限定为五年。学校从开办起,就从各个方面从严要求学生,因此,每学期学生的淘汰率较高,毕业人数一般只有入学人数的三分之一或四分之一。如第一届入学45人,只毕业13人;第二届入学48人,只毕业13人;第三届入学60人,只毕业10人;第四届入学55人,只毕业12人。

---

① 本节主要内容来自于骆怀东:《集美航海学院校史》,厦门大学出版社,1990年。

第六章　南京国民政府前期中国海员的发展状况
（1927—1937 年）

南京国民政府成立后,随即开展"废约"活动,即废除一切不平等条约,其中包括收回中国的航权。海员管理权收回后,南京国民政府先后制定和颁布了一系列法律法规,建立了较为完备的海员管理体制。这一时期,虽受世界经济危机的影响,但由于措施得当,中国经济快速发展,带动航运业迅猛发展,海员队伍不断扩大,面临日本帝国主义的步步侵略,海员的民族团结意识不断增强。

第一节　南京国民政府收回海员管理权

南京国民政府成立后,开展了轰轰烈烈的收回航权运动。与历次收回航权运动不同,南京国民政府采取了先立法,后谈判的方案,经过不懈努力,终于收回了包含海员管理工作在内的大部分航政事务。并先后出台了一批中国自主制定的海员管理法律法规,逐步建立起中国自主的海员管理体系。

一、南京国民政府收回航权的过程

(一) 收回航权的社会背景

1927 年 4 月 18 日,南京国民政府宣告成立。5 月 11 日,南京政府外交部长伍朝枢发表了《国民政府将采取正当手续废除一切不平等条约之宣言》。南京政府决定先从废除协定关税入手,自行宣告中国关税自主。7 月 20 日,南京政府发布关税自主布告,宣布自本年 9 月 1 日起,将江苏、安徽、浙江、福建、广东、广西 6 省境内的各种通过税,全部裁撤,同时宣告关税自主,将进口货物改照国定税率征税。同日,南京政府公布了与此相关的法规,如《裁撤国内通过税条例》和《国定进口关税暂行条例》等。

南京政府的立场受到列强的抵制。各国驻华公使团决定,不对南京政府的布告做正式表示。同时,有关国家还进行武力威胁,调集军舰分驻中国各海关。而此时,北伐作战也遭到挫折。在此内外均遭不利的情况下,国民政府于 8 月 29 日发布布告,决定暂缓实行《裁撤国内通过税条例》和《国定进口关税暂行条例》等法规,同时宣布"关税自主为独立国家主权之行使",因此,关税自主的政策仍然不变。自本年 9 月 1 日起,全国陆海关税一律自主。

1928 年 6 月 8 日,北伐军占领北京,北京政府彻底垮台,南北政权互相对立状态的消失和中国基本统一局面的形成,使国民政府在对外交涉中比此前历届政府拥有了更大的权威性。修约进程由此进入了一个全面展开的时期。

1928 年 7 月 7 日,国民政府外交部就重订条约事发表宣言,宣布三条原则:"一、中华民国与各国间条约之已届满期者当然废除,另订新约。二、其尚未满期者,国民政府应即以相当之手续解除而重订之。三、其旧约业已期满而新约尚未订定者,应由国民政府另订适当临时办法,处理一切。"9 日,国民政府颁布了《中华民国与各外国旧约已废新约未订前适用之临时管理办法》,其中规定:"在华外人之身体及财产应受中国法律之保护","在华外人应受中国法律之支配及中国法院之管辖"。[1]

---

[1] 国民政府秘书处:《中华民国国民政府公报》,成文出版社,1980 年第 74 期,第 1 页。

对于废除不平等条约从何着手,外交部认为:中外间所订条约,内容繁复,综其不平等之要点,主要为协定关税、领事裁判权、租界租借地、内河航行权、陆海军驻屯权五种,其中最关重要而足制中国命脉者,为协定关税和领事裁判权。可以看出此时对于航权(内河航行权)已经有所涉及。1929年12月23日,国府外长王正廷宣布下一年度外交大纲:收回航权,租界,撤退外兵,废除领事裁判权。

随后在与日本的修约谈判期间,收回航权的呼声越来越高。1929年8月,止涯在《海事》(第三卷第二期)上发表《不平等条约势力下之我国江海主权》,吴纯在《中外评论》上刊登《收回我国海内海事行政权之必要》。1930年4月,蔡可成在《国立中央大学半月刊》上发表《航权收回运动应有之认识》,交通部次长韦以黻在1930年《航业月刊》(第一卷第二期)上发表《中国航业现状与收回航权问题》,陈柏青在《航业月刊》(第一卷第三期)上发表《关于航权收回之商榷》,尤光先在《航业月刊》(第一卷第六期)上发表《收回航权之方策》。上海航业公会主席虞洽卿也于1929年10月致函国民政府外交部长王正廷,代表航业界呼吁国民政府在对外修约谈判中要注意收回航权问题。1930年,蔡元培在中央广播电台发表了航政实施方案的演说,提出航权、航政、港政管理权应完全收回,除通商口岸外,沿海沿江禁止外轮航行,并提倡造船,扩充航业等爱国主张。各地专家学者和航业经营者纷纷献计献策,收回航权运动情势高涨。

(二) 收回航权的主要过程

1927年5月,南京国民政府任命王伯群担任交通部部长,早在1920年,王伯群曾追随孙中山担任广州护法军政府交通部部长,对交通事业比较熟悉。

南京国民政府成立后,即组织人员对内政部、外交部、财政部、交通部、司法部、农矿部、工商部和大学院各个政府部门原来的组织法进行修订。王伯群负责组织人员对1926年的《交通部组织法》①进行了修订。1927年11月11日,国民政府公布了新修正的《交通部组织法》,将原来的邮电航政处改为邮政司和航政司,新列了航政司的八项管理职责,将原来的"关于监督造船、船舶及水上运输业事项",修订为"关于管理及监督造船、船舶、船员并其他一切航政事项",②这就表明了南京国民政府交通部要从海关手中收回航政管理权,自己直接管理。

1929年7月15日,王伯群以国民党中央委员名义在国民党中央政治会议第187会议上提出了《确定航政根本方针案》和《海关兼管航政移管大纲》两个提案。《海关兼管航政移管大纲》是要从外国人控制了80年的海关中把航政管理权部分接管过来。英美等国闻讯后,向国民政府质询,认为此举有违中外已有条约。总税务司也以外轮停止驶华将影响中外贸易和船钞收入进行威胁,蒋介石和宋子文也认为王伯群的提案不合时宜,会议没有通过该项提案。8月24日,国民政府行政院第2798号训令,公布了修改后的《航政根本方针》,共计四条:

第一(甲)遵照党纲,确立航路国有政策;凡属港政,应归中央主管机关主持负责实施,以昭统一。(乙)凡属港务,如埠头、仓库港内航行标识、船坞等,均归地方管理;惟仍应受中央主管机关所派委员指挥监督。至埠头、仓库等处之收入,应全数作为港务之用。

第二 向由海关代管航政各部分,暂行仍旧;惟须同时受中央主管机关之指挥监督。其关于海关代管海政部分,已归海军部指挥者不在其内。

第三 确定航政范围、航政法规,亟应由立法院从速制定颁布。

第四 沿海岸及本国境内之外船航行权,应速收回。

---

① 该法系1926年11月13日由中华民国南方政府公布。
② 韩庆,王大鹏:《民国时期航政法规汇编》,中国民主法制出版社,2017年,第75页。

《航政根本方针》重申了海关仍旧代管原来的航政部分,但同时也提出要迅速编订各种航政法规,解决收回航权的立法问题。① 王伯群深知清朝和北京政府两次欲收回航政权未果,在于海关总以条约的关系予以托词,交通部要管理航政,必须要制定出自己的航律法规。为此,交通部与立法院院长胡汉民商议,决定两个部门进行合作,《海商法》由立法院商法起草委员会起草,交通部参加审议;《船舶法》和《船舶登记法》由交通部起草,商法起草委员会参加审议;至于其他有关海员、航业、港务和航政机构的法规,由交通部根据轻重缓急,分别自行颁布,或者拟具草案,送立法院审议,完成立法程序。

在两个部门的合作努力下,1929 年 12 月 30 日,《海商法》公布,其第一章第一条和第二条规定了交通部应该管理的船舶范围:

第一条 本法称船舶者,谓在海上航行及在与海相通能供海船行驶之水上航行之船舶。

第二条 左侧(当时文字为竖版右起)船舶除船舶碰撞外不适用于本法之规定:

一、总吨数不及二十吨或容量不及二百担之船舶;

二、专用于公务之船舶;

三、以橹棹为主要运转方法之船舶。

界定了交通部航政局应该管理的船舶范围后,在这些船舶上工作的海员自然也纳入了交通部航政局管理的范畴,上述所列其他船舶则归地方管理。《海商法》第三章则明确了海员的权利和义务。

《海商法》公布后,交通部又根据相关内容对《交通部组织法》进行了修订,1930 年 2 月 3 日,国民政府以第 53 号训令予以公布。交通部共设立四个司:总务司、电政司、邮政司和航政司。相比原来的法案文本,取消了管理航空事务的条款,航政司的水运管理职责更加明确。(表 6-1)

1930 年和 1927 年《交通部组织法》关于航政司职责范围对比表　　　表 6-1

序号	1930 年条款	1927 年条款
1	关于管理航路及航行标识并其他一切航政事项	关于管理航路及航路标识事项
2	关于管理经营国营航业事项	关于筹划全国航空事项
3	关于监督民营航业事项	关于经营国有航业事项
4	关于船舶发照登记事项	关于监督民办航业及水上运输事项
5	关于计划筑港及疏浚航路事项	关于船舶发照注册事项
6	关于管理及监督船员、船舶、造船事项	关于计划筑港及疏浚河道事项
7	关于改善船员待遇事项	关于管理及监督造船、船舶、船员并其他一切航政事项
8		关于改善船员待遇事项

资料来源:1.中国第二历史档案馆编,《民国档案史料汇编》,第五辑,第一编,财政经济(九),交通邮电,江苏古籍出版社,1994 年,第 6 页。

2.韩庆、王大鹏:《民国时期航政法规汇编》,中国民主法制出版社,2017 年,第 75、142 页。

1930 年 12 月 15 日,交通部制订的《交通部航政局组织法》经国民政府立法院于 1930 年 11 月 29 日第 119 次会议通过后,于 1930 年 12 月 15 日由行政院公布施行。根据该法案,航政局直属于交通部,下设第一、第二两科,其中第二科执掌"关于船员及引水人监督考核事项"。② 1931 年 3 月 5 日,交通部公布

---

① 《航政根本方针》公布后,上海特别市提出疑义,认为第一条(乙)款条文与《特别市组织法》第五条、第九条、第十条有关条款相违背,提请交通部修改。后经中央政治会议第 202 次会议议决,1929 年 11 月 23 日,国民政府第 1134 号训令,将《航政根本方针》第一条(乙)款"所派委员"四字删除。

② 《工商半月刊》,1931 年第 3 卷第 1 期。

了《引水人考试条例》;1931年3月7日,公布了《河海航行员考试条例》;1931年10月1日,公布了《交通部海员管理暂行章程》。

至此,从海关理船厅收回航政管理事宜已经势在必行。1931年7月1日,财政部发布关务署令政字第5605号,规定"自本年七月一日起,凡海关对于中外船舶检验丈量等事项即行分别移归各该航政局办理"。

二、中国自主海员管理体制的建立

按照《交通部组织法》的规定,交通部航政司为交通部的下属部门,但是如果没有直属机构在地方上为之执行规章命令,则航政司如同虚设,将失其作用。当时海关兼管航政,海关名义上属财政部管理,但因对外条约和历史上原因,海关自总税务司以下自成系统,实际上是独立王国。所以交通部如果要主管全国航政,必须在各地设立航政局,完成在各地收回海关兼管航政的工作。

(一) 中国航政主管机构的设立

1.交通部航政局的设立

1928年11月7日,南京国民政府公布了第三次修订的《交通部组织法》,其中第五条规定:"交通部得置邮政总局、航政总局,于必要时并得置各委员会、其组织另定之"。根据这一原则,1929年12月20日交通部以部令第四三二号公布了《交通部航政局组织通则》,通则规定交通部得以在各港口设立航政局,各航政局分三个科,第二科掌管"关于船员引水之考核监督事项"。1930年交通部又对《交通部航政局组织通则》进行了修正。同年12月15日国民政府以第六八六号训令公布了《交通部航政局组织法》,规定各地航政局下设两科,第二科掌管:

(1) 关于船舶之检验及丈量事项。

(2) 关于载线标识事项。

(3) 关于船舶之登记及发给牌照事项。

(4) 关于船员及引水人之考核监督事项。

(5) 关于造船事项。

(6) 关于航路之疏浚事项。

(7) 关于航路标识之监督事项。

(8) 关于船舶出入查验证之核发事项。

《交通部航政局组织法》公布颁行以后,时任交通部长王伯群即组织人员编订《航政局组织条例》,设立航政局,计划于1931年6月1日正式成立,并于1931年1月23日以交通部呈字第13号文呈请行政院批准,行政院随后以463号训令公布施行。与此同时,交通部将方案提交立法院审查。而在这期间浙江省政府向立法院提出:应划分中央与地方航政局职权,对于航行海洋及两省以上及容量200吨以上之船舶,由中央所辖航政局办理登记及其他事宜,此外则由地方航政局办理。立法院也认为当时广东、湖南、浙江等省份已经设立航政局或港务局管理航政事务,应该由地方自行设立,反对交通部在各地设立航政局。

交通部为此据理力争,认为《交通部航政局组织法》由立法院起草并颁布施行,第2条明确规定"其设置处所及管辖区域由行政院定之",此时立法院又反对设立各地方处所,其实质自相矛盾,要么立法院应该重新修改《交通部航政局组织法》相关条款,如果不修改则不应反对交通部的规划。后经过沟通,由交通部再次补充说明设立理由,提交立法院重新讨论。最后议定已经设立航政管理机关的各地单位,由交通部统一加以任命。

因海关此时归财政部管理,经与财政部协商,达成海关理船厅应移交航政局的五类事项:①监督航业;②查验船只;③浚深河道;④修筑管理港埠;⑤考验及审判船员。

这里明确了海关将船员的管理权也移交交通部航政局。此外南京国民政府前四次公布的《交通部组织法》都有航政司执掌"关于管理航路及航路标识"一条,原来修建航路标识的经费,是海关在船钞项目下拨款修建,但海关拒绝将船钞征收权移交交通部,交通部不得不于1930年12月在颁布的《交通部航政局组织法》中修改该条款为"由航政局监督航路标志"。总体来说,经此次划分职权,海关理船厅的职权大为缩小,但仍旧掌管管理航路标志、指泊船只和码头管理等事宜。

按照交通部第13号呈文,"拟就上海、汉口、广州、天津、哈尔滨五重要港埠现行分设五局,各就地域范围分定管辖区域,即以上海局兼辖江浙皖各埠,汉口局兼辖湘鄂赣川各埠,广州局兼辖闽粤桂各埠;天津局兼辖直鲁辽东沿海各埠,哈尔滨局兼辖松黑两江各埠",在地方共设立五大航政局。哈尔滨航政局刚设立不久,即发生"九·一八"事变,1932年2月被迫停办。广州航政局因地方割据的关系,也未由交通部设立。实际只设立了天津、上海和汉口三个航政局。

2.地方航政机构

(1)广州航政局

1929年12月6日,广东省撤销广东航政总局,改组为省河航政局,隶属于省建设厅,所有航政事宜,其征收饷费、发给船牌、查验保结、勘验轮船等事,仍旧暂时由省河航政局办理。12月18日,广东省政府任命何治伟为建设厅省河航政局局长。同时在广东设立了潮梅、东江、西江、北江、陈佛、江门、中山、阳江、琼崖、廉钦、高雷等12个省河航政分局,建设厅设立第五科直接监督指挥各局。

1930年,广东省建设厅厅长邓彦华认为要加强航政建设,必须撤销海关理船厅兼管航政事宜,经第66次广东省务会议决,呈请国民政府核准,同时分别致函上海和青岛两处港务局,咨询有关问题,商请一同办理,但未能成功。

1931年,海关理船厅将所管航政事宜移交交通部,广东省原来按照交通部的计划,应该设立广州航政局。但此时两广事务属于西南政务委员会,其实质属于半独立状态,如果按照交通部的计划,设立广东航政局,则意味着其管辖权隶属于中央政府。于是西南政务委员会于10月22日设立广东全省港务管理局筹备处,10月26日,任命胡雄为筹备处主任,筹备接收海关理船厅事宜。11月7日,正式成立广东港务管理局。

1933年1月19日,广东省发布政府指令建字第176号,"核准筹办航海讲习所","以为训育航海人才,收回外人航行权之准备",决定自1933年1月1日起,将"全省船舶证照税饷收入,附加一成五厘",为第一年开办航海讲习所费用,自1934年开始,每年附加一成,供航海讲习所常年经费。[①] 1933年2月1日,广东省政府又发布建字第304号文,公布了《航海讲习所组织章程》。

1933年2月14日,广东港务管理局正式接收粤海关代办船舶检验丈量及发给证照等事宜。3月1日,广东省建设厅将省河航政局裁撤,归并于港务管理局,利用省河航政局地址办公。随后,又设立潮汕、琼崖两个港务分局,分别于3月30日、4月4日接管潮海关和琼海关量船验船一切事宜;5—6月,又派员分别接收三水、江门、拱北等海关代办管理船舶事项。广东港务管理局下设管理课和总务课,其中船员的管理事宜由管理课负责。

1933年8月25日,广东省政府发布建字第2694号文件,命令各地航政局于1933年9月1日全部改为船务管理所。

---

① 《广东建设月刊》,1933年第1卷第12期。

1936年7月13日,国民党五届二中全会决议撤销西南政务委员会,直接导致"两广事变"发生。9月,随着事件和平解决,两广宣布服从中央。其间,1936年8月4日,交通部发布航务字第831号文,委任姚伯龙为广州航政局新局长(系中央任命),筹备重新设立广州航政局;8月14日,广东省政府发布建字第19号文,宣布将所属航政事务移交广州航政局;9月1日,交通部广州航政局正式成立。不久,将潮汕与琼崖两个港务局接收,分别改组为汕头、海口航政局办事处,任命吴性节、符和琚分别为两处办事处主任。

1927年初,广西省在梧州设立航政总局,隶属于广西省建设厅。2月1日,任命罗汉馨为局长。4月5日罗汉馨呈请设立南宁、柳州、桂平、桂林、龙州、百色等分局,5—6月间各分局分别成立。1928年8月,改组航政机关,裁撤南宁分局,将航政总局迁往南宁,原梧州总局降格为航政分局,其他原航政分局均改为航政办事处。1928年底,将航政局裁撤改为船舶征收处,由梧州中关统税局接收。1929年粤军入桂,恢复了广西航政局。1932年7月又改为船舶征收处并入中关统税局。

福建省航政事务,按照交通部五大航政局的设立规划,隶属于广州航政局管辖,而福建省当时隶属于中央政府,不属于西南政务委员会管辖范围,于是交通部在福建先后设立厦门航政办事处和泉州航政办事处,属于交通部航政局直辖。1934年11月15日,交通部委派李时霖为福州航政办事处主任。12月29日福州航政办事处成立,也属于交通部直辖,随即与闽海关办理了船舶检验丈量等事项移交手续。1936年9月1日,广州航政局成立后,按照交通部关于广州航政局管辖粤桂闽三省航政事务的原则,交通部航务字第1120号发文,自1936年11月1日起,厦门、福州两个直辖航政办事处,改名为交通部广州航政局厦门、福州办事处。

(2)浙江省建设厅

1927年2月,浙江省临时政务委员会成立,即有设立浙江省航政局的提议。7月20日浙江省政务委员会通过浙江省航政局组织大纲和预算草案,后因经费困难,暂缓设立。10月,浙江省政府改组,设立浙江省建设厅,确定建设厅为分管全省航政的最高机关。当时浙江省建设厅认为航政局已缓设,而管理船舶、查验给照等事项不容拖延,拟先按省内河流航行情况,选择航务繁要港埠,设立管理船舶事务所,负责船舶管理、取缔及给照、查验、征费等事宜。1927年11月,浙江省建设厅下设管理船舶事物所,共分8个区,具体职责为船舶管理,公共码头灯塔和浮标的设立管理,每个区又下设三五个分所不等。

1928年7月5日,省建设厅为了加强航政管理,召开了第一次全省航政会议。这次会议也是中国第一次航政专业会议。参加者除各区管理船舶事务所所长,有关县、市政府代表外,还特邀了省内外研究航政的专家。会议涉及机构、经费和检验丈量的议案有:①再次督促及早建立浙江省航政局,改进各区管理船舶事务所工作效率;②航政规费应尽先航政支用,如有不足请省政府拨补;③拟先从修改海关理船厅制度入手以收回航政;④加强航务管理,办理船舶注册给照、检验丈量等各项。

1930年2月6日,浙江省政府公布了《浙江省航政局章程》,决定设立浙江省航政局,管理全省船舶并兼营内河航业,全省划分区域设立分局及流动办事处,航政局直隶建设厅。2月13日,浙江省航政局正式成立,将原来的八个区管理船舶事务所,一、七合并为航政局第一区分局,二、三合并为第二区分局,四、八合并为第三区分局,五、六合并为第四区分局,共设四个区分局,原有各区船舶事务分所,改为区分局办事处。

1930年12月间,浙江省长和建设厅长都调离浙江。新任建设厅长以航政开支浩大,"虚糜公帑",对航政机构进行压缩。1931年2月7日,将航政局裁撤改为航政处,隶属于浙江省建设厅,四区航政分局恢复为四区管理船舶事务所。同年7月1日,以财政再度紧缩为由,又将航政处改为航政股,隶属于浙江省建设厅第一科。1933年4月,改隶于第二科。

1931年6月,交通部直属上海航政局成立,管辖江苏、浙江、安徽三省航政,在浙江设立下属机构,按

《海商法》规定对船只进行检验、丈量、给照等管理工作。但浙江省政府和主管航政的省建设厅及各区管理船舶事务所不予合作。建设厅以"上海航政局在本省各地设立办事处,征费奇重,办理欠善,激成船户纠众滋事,影响本省治安"为由,报请省政府将上海航政局所设航政机构逐出浙江。浙江省政府遂于1932年5月,一面通知上海航政局在浙机构当日起暂停工作,一面将此事咨文交通部备案。省建设厅也令各区管理船舶事务所布告各航商船户周知。上海航政局宁波、温州两航政办事处的职权,仅限于自当地海关理船厅收回的部分航政管理工作。对于浙江省当局不合作的局面,交通部也无可奈何。

1936年12月1日,国民政府任命朱家骅担任浙江省主席,而朱家骅曾经担任过交通部部长,赞成航政事权统一。1937年3月,朱家骅和建设厅长王征联名发布命令,"以本省设立各区船舶事务管理所,与中央统一航政之旨,似有未合,为特提省府会议,决议将全省各区船舶管理所,一律撤销,并明令将船舶牌照费一律免除"。① 同时提出三项善后办法:①凡合《船舶法》规定之船舶,统由交通部航政局依法登记管理;②不属上项之各项船舶,管理事项,由当地各县市政府督同水陆警察机关负责办理;③建设厅现在进行之船舶编组,拟办至结束时止,嗣后统归并于水上保甲,以免纷歧。至此,浙江航政事务纳入交通部统一管理。

(3) 川江航务管理处

1929年6月,交通部商准四川省政府于7月在重庆成立川江航务管理处。这是四川水上第一个航政和治安的专管机构。川江航务管理处成立以后,先后在涪陵、万县、宜宾、泸州、奉节、广元、合川等地设办事处或派出所。

川江航务管理处积极支持重庆民生公司"化零为整"统一川江航业,利用联合起来的集体力量与外轮抗衡的方针振兴我国航业,并出于爱国热忱和民族义愤,为争夺川江航权进行了一些斗争。其斗争方法和策略是始终把斗争锋芒对准外商轮船,而不直接与外人控制的海关发生冲突。收回了部分权力,如对外轮的检查监督权、对外轮的海事裁判权、对船员的任用权、调遣外轮运兵差等。

在交通部筹设汉口航政局前后,1930年6月1日,刘湘曾致电交通部请设立川江航政局。几番联系终未获准,刘湘心中甚感不快,以致汉口航政局重庆办事处成立后,不但不予支持,反而在工作上予以抵制。

1935年6月1日,川江航务管理处升格为川江航务管理总处。该处仍设重庆,所辖万县、奉节、宜宾3个办事处改为分处,在泸县设办事处,在涪陵、广元等处设派驻所,并兼办全省水上公安事宜,省不另设水警机关。②

1936年5月8日,四川省政府公布《川江航务管理总处组织条例》,规定该处受四川省政府的监督指挥,并受川康绥靖公署的命令指挥。该处设航政、保安、总务等3科。

(4) 湖南省航政局

1912年,在推翻清王朝,建立民国的声势下,湖南省都督府民政部设立交通司,其下辖航政局,拟议举办帆船登记,后因政局变化,未成事实。至1913年1月,都督府又令裁撤交通司航政局,航政管理交都督府军事厅与财政厅。1915年,湖南省设立全省水上警察厅,除自身业务外,还负责船舶检验发证等多项航运的组织与管理工作。

1929年8月,湖南省政府颁布《航政基本方针》共4条。1930年6月,省政府建设厅拟订《航行安全视察人员注意事项》,分甲、乙两部分,甲为对船舶部分,乙为对船员旅客部分。

湖南省政府虽多次设置机构管理航政,但受经费、人员,主要是不平等条约的约束,航政管理工作一

---

① 国民党中央通讯社杭州十八日电。
② 《四川省档案》,全宗018-341卷。

直为海关所把持,直到1931年9月,汉口航政局接管长沙、岳州两关理船厅的航政事务为止。

1936年间,湖南省建设厅仿照福建、江苏等省的办法,在建设厅内附设航政机关管理船舶事宜,并由全省水上警察局及各县、市政府辅助执行,旨在取代汉口航政局长沙办事处的职权,后未能完全实现。

(5)湖北省航政管理机构

1926年北伐军攻克武汉,湖北省政务委员会成立航政局,颁布《湖北省航政局暂行职掌章程》,收回内港小轮航政管理权。从此结束了江汉关理船厅历时64年的管理湖北内港小轮的权力。

1928年春,湖北省建设厅鉴于航政委员会组织庞大无所建树,予以撤销,改在厅内设航政处。该年底,湖北省成立江防局,帆船的检验、登记、给照工作划归该局沿江各派出所,至1930年江防局撤销为止。在此期间,航政处各办事处改为小轮查验事务所,各设置查验员1人。1933年,各事务所撤销,只保留汉口小轮检验办事处。1937年3月,省建设厅航政处与省内河航轮管理局,汉冶萍轮驳事务所和武昌机器厂合并,组建成湖北省航业局。

1931年7月,交通部汉口航政局成立,在管辖范围上,地方与中央航政机构间的矛盾出现。湖北省政府坚持按原规定,即总吨不及20吨,容量不及200担的船舶由地方航政机构管理。1932年,湖北及江苏、安徽、江西省政府联合呈请行政院,列述理由,不同意将地方航政管辖船舶范围限制在20总吨和容量200担以下,反对交通部航政局接管小轮,但在交通部航政局的坚持下,没有成功。

(6)东北地区航政管理机构

奉张时代张作霖于1924年在东北设立了东三省交通委员会,主管东三省交通事宜。1928年6月,张作霖被炸身亡后,经过谈判,1928年12月29日,张学良通电全国,宣布"东北易帜",东北易帜只是实现了当时中国在名义或形式上的统一。1929年1月12日,国民政府批准成立了东北政务委员会,根据《东北政务委员会暂行组织条例》第七条之规定,东北政委会内设秘书厅,掌理各项政务,厅下置六处:最初为机要、总务、行政、财务和蒙旗五处,后添设航政处。1929年12月16日,国民政府公布了《东北交通委员会暂行组织条例》。其第一条规定:国民政府为行政利便起见,设立东北交通委员会,由铁道部、交通部委托监督辽宁、吉林、黑龙江省路、电、航行政事宜。第四条规定:东北交通委员会下设总务处、路政处和电航处三个处。1931年交通部收回航政管理权时,在哈尔滨设立哈尔滨航政局,曾广钦为哈尔滨航政局局长。1931年6月哈尔滨航政局正式成立。刚设立不久,即发生九一八事变,1932年2月被迫停办。

(二)自主海员管理制度的建立

1.收回海员管理权之前交通部颁布的规章

1928年4月11日,国民政府交通部公布了《交通部商船职员证书章程》,章程共计24条,主要是对商船上的驾驶员和轮机员做了任职资格规定。其中第三条规定:商船各级职员须呈请国民政府交通部考验合格给予证书始得服务。第四条规定:商轮职员证书分甲种证书(发给予航行远洋商船职员者),乙种证书(发给航行沿海及江湖商船职员者),以及其他关于任职资格及吊销证书条款。

章程公布后,轮船招商局提出不同意见,认为章程第五条中规定的"凡在国内外大学或专门学校学习商船,学得有驾驶或轮机机械等科毕业证书,并在商船上实习或曾充职务者得应商船职员考试"这一条内容难以实行,因为我国培养高级海员的吴淞商船学校早就于民国四年(1915年)停办,当时在中国各轮船上工作的高级海员大多是凭经验升任,并没有专业毕业证书,"苟实行考试,则有经验而无学识者势必不能应考,即原有位置亦必受影响或致失业。而国内航才更属供不应求,势必借才异地,为外人所垄断"。[①] 交通部认为轮船招商局所陈情况确实符合实际情况,决定修改相关条款。

---

① 《交通公报》,1929第16期。

1929年7月17日,交通部公布了新的《船员证书章程》,共计12条,较1928年章程条款大为精简,取消了关于申请证书的资格限制条款,并将驾驶员证书分为甲种(远洋)、乙种(近海)和丙种(江湖)三种,轮机员以船舶机器类型分为三类:①发给检定合格堪充汽机及油机轮机员者其证书纸用红色;②发给检定合格堪充汽机轮机员者其证书纸用白色;③发给检定合格堪充油机轮机员者其证书纸用青色。① 同时宣布废止1928年的《交通部商船职员证书章程》。

但是,1929年8月24日,国民政府公布了修改后的《航政根本方针》,决定"向由海关代管航政各部分,暂行仍旧"。船员的管理,原来属于海关管理,所以交通部出台的这个章程,海关也未予加以理会,但有部分船员申请核发了船员证书。截至1930年9月,交通部共核发船员证书甲种30张,乙种91张。②

2.收回海员管理权后的规章

(1)考试院施行考核章程

1930年12月15日,交通部制订的《航政局组织法》由行政院公布施行。根据该法案,航政局直属于交通部,下设第一、第二两科,其中第二科执掌"关于船员及引水人监督考核事项",收回船员管理权得到法律的确认。

当时国民政府按照行政、立法、考试、监察、司法等五权分立的原则,考试院负责国家人才的考选与任用,凡国家官员、政府公职人员、各专业部门专业人员,都通过考试院考试选拔。船员属于专业人员,于是1931年3月5日,经交通部制定,国民政府考试院公布了《引水人考试条例》;1931年3月7日,又公布了《河海航行员考试条例》。这两个条例明确规定了船员和引水员都必须通过由考试院组织的专业考试,才能够领取相关证书。同年10月1日,交通部公布的《交通部海员管理暂行章程》中提及关于船员考试的相关内容。

(2)交通部初定管理章程

由于船员考试工作的专业性,虽由考试院负责,但实际上考试院不得不咨请交通部派人组织,并且关于船员的工作履历,也由各航政局登记审核,考试院关于船员的检定工作实际执行起来确实困难,且费周折。经交通部和考试院两部协商,船员的考试工作移交交通部负责。

鉴于1929年交通部制定的《船员证书章程》中,商船职员的任职资格仅是以工作资历为标准,本来属于一时的权宜之计。进入20世纪30年代,世界海运竞争趋于激烈,为了提高我国航运人才的素质,振兴本国航运,1932年6月9日,交通部以1447号训令上海、汉口、天津航政局,决定制定《船员考绩规则》和《船员考绩表》,由各轮船船长负责对本船船员实行考核,年终由各轮船公司将考核表密送交通部航政司,作为以后船员升级的参考标准。③

两个月之后,1932年8月16日,交通部公布了《船员检定暂行章程》和《船员证书暂行章程》。其中《船员检定暂行章程》规定了50总吨以上的驾驶员和轮机员都必须实行检定;船员检定分原级检定与升级检定二种,以及这两种检定的具体规定。《船员证书暂行章程》中关于轮机员的证书,较1929年章程做了改动,新章程第六条规定各级轮机员证书分二种:甲级证书(凡在学校毕业领有毕业证书并在机械工厂及轮船轮机室实习期满领有证明书经检定合格堪充轮机员者发给之)和乙级证书(凡在机械工厂或轮船轮机室实习期满领有证明书经检定合格堪充轮机员发给之),并且规定"领有轮机员乙种证书者不得充任轮机长之职务"。④ 两个章程自1933年6月1日起施行。1932年7月24日,又公布了《船员检定暂行

---

① 韩庆,王大鹏:《民国时期航政法规汇编》,中国民主法制出版社,2017年,第101页。
② 《四中全会交通部工作报告》,《航业月刊》,1930年第一卷第五期。
③ 《交通公报》,第361号,命令,一。
④ 韩庆,王大鹏:《民国时期航政法规汇编》,中国民主法制出版社,2017年,第257页。

章程实施细则》。

1932年的《船员证书暂行章程》公布以后,还未及施行,船员和各轮船公司提出异议,认为章程规定了驾驶人员按照远洋、近海、江湖三个航区区分,而轮机人员只分为甲乙两种证书,并没有规定航区,实际执行中容易造成混乱。交通部航政局听取意见后,1933年2月3日,又公布了新修订的《交通部商船职员证书章程》(交通部部令第五四号),将驾驶员、轮机员一律按航区分为甲种证书(远洋)、乙种证书(近海及沿海)和丙种证书(江湖)三类。此外为了提高高级海员的学识水平,章程第5条明确规定:"凡在国内外大学或专门学校学习商船学,得有驾驶或轮机机械等科毕业证书,并在商船上实习或曾充职务者得应商船职员考试。"①同时第六条又规定了在商船职员证书考试未举行以前,凭资历升任职务的仍旧可以继续申领相关职务证书,并规定了不同职务的资历要求。

(3) 三章合一,系统性海员管理章程的确定

1933年10月24日,第一届船员检定开始在南京举行。根据第一届检定的情况,交通部又对相关章程进行了修正。1934年1月23日,公布了《修正船员检定暂行章程》(交通部部令第十八号)及《修正船员检定暂行章程实施细则》(交通部部令第十九号)、《修正船员证书暂行章程》(交通部部令第二十号)和《修正海员管理暂行章程》(交通部部令第二十一号)。

《修正船员检定暂行章程》(交通部部令第十八号)对原章程做了微调,取消了船员考试口试的条款。《修正船员检定暂行章程实施细则》(交通部部令第十九号)中添加了关于学历的相关规定,并对甲乙两种轮机员证书对应的机器马力进行了调整,原细则规定"甲种轮机员工作之轮机汽机须在一百匹马力以上",修改为"甲种轮机员工作之轮机汽机须在一千匹马力以上,油机须在两千五百匹马力以上";第八条规定:"请领甲种或乙种船长证书,须经考验合格方得发给;其有以前未经考验领有船长证书者,其证书有效期间届满换领证书时,仍需考验合格方得换给;请领甲种轮机长证书时亦同"。② 后来交通部根据实际情况,又规定了两条免考办法:①船员已领有交通部发给之船长或轮机长证书,并曾充任证书上所载职务满5年以上者;②船员未领有交通部发给之船长或轮机长证书,但曾充任该项职务满10年以上者。通令各航政局于1934年6月26日起执行。

《修正船员证书暂行章程》(交通部部令第二十号)修改较大,规定无商船学校或相当学校毕业证书的,不得申请甲种驾驶员和轮机员证书;船上练习或舵工出身者最高只能领取乙种证书。后来1934年3月17日,又对第七条条文进行了修正,取消了条文中"船员证书发给外国人时,以一年为有效时间"字样。

《修正海员管理暂行章程》(交通部部令第二十一号)对1931年章程的第三、五、十一、十七、二十三条条款进行了修正。1934年3月17日,又对第五条条文进行了修正。

三个章程公布后,其内容互相交叉,又各自不完整,执行过程中甚是繁琐。鉴于此,1935年3月26日,交通部将上述三个章程整合合并为《船员检定章程》(交通部部令第五五号),通令公布,并且同时宣布废止上述三个章程,新的《船员检定章程》共分五章三十八条,对船员的资历、考试和证书做了详细规定。至此,我国50总吨以上轮船船员的管理章程得到了正式确立。

(4)《未满二百总吨轮船船员检定暂行章程》的制定

1934年1月23日公布的《修正船员检定暂行章程》规定的船员不包括未满50总吨的轮船船员,而按照《海商法》关于船舶的界定,20总吨以下的轮船船员归各地方管理,这样就在20—50吨轮船船员的管理方面出现了空白。为了解决这个问题,1934年4月9日,交通部制定了《未满五十总吨轮船船员检定暂行章程》(交通部部令第八五号),章程共15条,规定该类船舶驾驶员分正舵工和副舵工,轮机员分

---

① 韩庆、王大鹏:《民国时期航政法规汇编》,中国民主法制出版社,2017年,第280页。
② 同上,第334页。

正司机和副司机,以及各类船员升级检定和原级检定的办法以及考试考目等。

后来,各航政局在实际检定船员时发现,那些50总吨以上、200总吨未满的小轮船大部分航行在内河小港,航程短且多在白天航行,其船员均为水手、火夫凭经验升任,学识程度与未满50总吨小轮船船员的舵工司机差不多,如果按照现行50总吨以上船员检定标准,这部分船员很难通过检定。交通部根据实际情况,于1935年12月12日将《未满50总吨轮船船员检定暂行章程》修改为《未满200总吨轮船船员检定暂行章程》(交通部部令第二五二号),将原《船员检定章程》第二条、第十条条文做了相应修改。同时废止了《轮船船员额数表》内近海或沿海航行50吨以上,200吨未满的相应条款。

(三)旧中国引水人管理的尴尬

在收回航权的运动中,收回引水权的呼声也越来越高涨。1927年,长江、珠江的中国引水员,联合成立了全国江海领港业总联合会。总联合会成立后,随即呈请交通部、海军部、外交部、农业部等四部,派专员来上海组织成立引水委员会,修改旧的引水章程。1928年初,该会在上海集会,向上海特别市政府递交呈文,要求该市政府转呈南京政府有关各部,呼吁积极行动起来,以收回引水权。与此同时,他们还公布了《修改引水章程讨论会宣言》。宣言系统论述了引水对于国家的重要性:"窃维引港一道,关系至巨,又名领港,或称引水,凡轮舰出入港口,航行领海间,胥赖是。列强各国规定,非本国人,不得充当,盖有深故焉。国内领海,自应以本国人充引港,俾得为专利之营业,以其各地主权利之关系,一也;商业为财源之命脉,水险公司为运输之保障,本国人为引港,则运输稳而财源足,二也;外国船舶往来,领海要道,可藉本国引港,以防其测绘,及他种之窥探,若外人得充引港,则一旦有事,向导得入,是无异于开门揖盗,三也。综观各端,则引水于权利上、商业上、军事上之关系,诚非浅鲜,此所以引港权之绝对不能让于外人也。"宣言又称:"我国除扬子江、珠江间有华人充当引港外,其余各处悉系外人。长此以往,商业为之操纵,利权为之剥夺,贻国际之羞,受无形之痛。日本在明治以前,亦泰半以欧美人为引港,与我国现在情形正复相同,嗣思力矫其弊,及设水险公司,凡日人引港,概由该公司承受保险,不数年间,全国引港,尽为日本人。其热心爱国,远虑深谋,堪以作则。因思我国航权之不振,其最大原因,为清同治七年(1868年)引水暂行章程不善所致。若外国水险公司、航商公司、外国商会及外人引港等,皆以阻止华人从事斯业,且华人所引船只,该水险公司,概不保险,尤足使华人无经营之余地。夫各国引港事权,均操诸本国,载在约章,即我国所订条约,亦有中国应允许外国船只雇用中国引港等语。盖恐中国引港尽系华人,不受他国雇用,特为是语,以备日后地步。讵知我国于求外人之不遑,备论外人之求我耶。喧宾夺主,疾首痛心。然亦不能责外人之野心、蚕食我国,无完善章程以限制之耳。敝会有鉴于斯,去岁曾呈交、海、外、农四部,请派专员来沪组织引水委员会,修改引水旧章,当蒙准予备案。事关国家主权、人民权益,政府协谋于上,国人讨论于下,一木难支,众擎易举。望爱国同胞,起而共图之。倘承赐教,无任欢迎"。①

接到上述呈文和宣言后,上海特别市政府感到引水"关系海权甚巨",于是将之转呈财政部,并请该部转给海关办理。财政部关务署阅后,亦认为引水问题"关系至为重要",而上海港竟无一中国引水人,"足见该地领港公会办理不善"。因此,关务署要求江海关补用合格的中国引水人,"毋得听其垄断,致碍国家主权"。关务署同意对《中国引水总章》进行修改,遂令江海关税务司先行拟定修改意见,并上报关务署审查。

1928年3月15日,在收到全国江海领港业总联合会的呈文后,外交部照会上海外国领事团体的领袖领事,要其敦促上海引水公会,接纳中国人杨洪麟为该会成员(杨于1926年6月通过了上海港引水人考试,此后一边练习引水,一边等待该港引水人出缺)。

---

①《财政部关务署法令汇编》,财政部关务署,民国十七年,第24—25页。

1928年4月2日,关务署再次命令江海关,要其督促上海引水公会补用中国引水人,并拟具修改引水章程的意见。4月24日,江海关税务司将此命令转给海务巡工司(海关系统主管引水事务的最高官员,直属总税务司领导,但驻于江海关大楼)。

从中国政府的上述行动中,上海港的外国势力,尤其是上海引水公会,感到了严重的危机。1928年4月12日,由外国人控制的上海港引水委员会召开会议,就补充中国引水人问题,进行了激烈的讨论。会上,上海引水公会唱起了高调:"从一开始吸收学徒来补充已有或将有的缺额时,我们就要求具有最高水平的申请者来补充。"言下之意,该会之所以不吸收中国引水人,不是刻意排斥中国人,而是因为中国引水人不符合该会的高标准。上海引水公会表示,只要符合自己的条件,他们愿意接纳一些中国引水人,不过,中国政府不得以此为开端,将外籍引水人概行取缔。

日本驻沪总领事却不愿意看到中国引水人重返上海港。他在会上说,所有的日本航运公司,都对中国引水人的素质和能力表示怀疑,在雇用中国引水人之前,他们宁愿先等一等,看看中国引水人的表现到底如何。

会上还形成了另一种气氛,有人担心,补充数名中国引水人,可能只是中国政府完全接管引水业,并取缔所有外籍引水人的第一步。对于这种可能性,会议一致认为,必须设法阻止。①

其实,对于补充中国引水人的真正障碍,主管引水的海务巡工司是非常清楚的。上海引水公会宣称的"高标准"云云,只是一个借口。海务巡工司在回复江海关税务司时这样说:"关于中国申请者的技术要求,并没有任何参照标准。"实际上,中国引水人被排斥的根由,一在于考选权为外籍人把持,他们不想让中国人通过考试;二在于上海引水公会拥有一份特许证,它特许该会专营该港引水业。这份特许证,是在清光绪二十九年(1903年),由外国人把持的上海港引水当局颁发给上海引水公会的。但海务巡工司对之进行研究后认为,"很明显,它并未呈递给中国政府或总税务司审查,也未得到他们批准。"②也就是说,它并不具备合法效力,乃是外籍势力巧取豪夺的产物。

中国政府决定绕开这些牵制。海军部直接提出两名海军军官,作为加入上海港引水业的候选人。迫于此种压力,上海港务长、外国领事团体以及外国商会,不得不同意增补一两名中国引水人。于是,海军部提出的候选人之一李高湑,于1928年9月22日被上海引水公会接纳为候选学徒,并且很快通过了考试,并于当年10月取得了该港实习引水证书。③经过半年的学习,在一次考试过后,1929年,他又取得了引水人证书,成为上海引水公会的正式成员。

这样,在引水行业的促动和政府的支持下,已经25年无中国引水人执业的上海港,复又迎来一位中国籍引水人,这是一个新的开始。1933年8月31日,轮船招商局船长黄慕宗,冲破重重阻力,又通过了天津港的考试,成为该港正式引水人,他也是第一个重返该港引水业的中国人。④

为了确切掌握我国港口引水员的情况,1929年交通部开展了我国各港口引水情况调查,见表6-2。

1929年交通部调查沿海各港之引水及其人数国籍情况表　　　表6-2

港口	广州	汕头	厦门	福州	温州	宁波	上海	青岛	天津	营口	安东	总计
华人	23	—	—	6	3	2	1	2	—	—	3	40
英人	—	1	1	—	—	—	20	1	5	2	—	30

---

① 《上海引水公会致上海港务长》,1928年5月1日。见《上海引水公会档案:致港务长去函》(1926年10月2日—1928年8月31日)。
② 《海务巡工司致江海关税务司》,1928年4月25日。见《海关档案》(一)7-540-36。
③ 《代理上海港务长致江海关税务司》,1928年9月13日、10月4日、10月8日、10月18日。见《海关档案》(一)7-540-39、40。
④ 黄慕宗:《我是怎样当上天津港第一个中国引水员的》,《航海》,1983年2期。

续上表

港口	广州	汕头	厦门	福州	温州	宁波	上海	青岛	天津	营口	安东	总计
美人	—	1	—	—	—	—	5	—	1	—	—	7
法人	—	—	—	—	—	—	5	—	—	—	—	5
日人	—	—	—	—	—	—	4	1	2	1	4	12
德人	—	—	—	—	—	—	1	—	—	1	—	2
其他	—	—	1	—	—	—	4	—	—	—	—	5
合计	23	2	2	6	3	2	40	4	9	3	7	101

资料来源于:《交通杂志》,1933年第一卷第四期,第46页。

由上表可以看出,在我国沿海从南到北的11个重要大港口的引水中,中国人只占40%,并且主要集中在广州一港,其他港口大部为外国人控制。并且中外引水员待遇相差甚为悬殊,外国引水员年薪平均在10000元以上,而中国引水员大约为3400元左右。①

关于引水权问题,沿海各港口由于条约的关系,一时难以收回,国民政府决定先从长江开始,收回引水权。因引水事关国防,国民政府确定由海军部作为主管机构。1929年11月27日,海军部公布了《扬子江引港传习所章程》,第一条明确说明:海军部为筹备施行扬子江引港制特设立扬子江引港传习所,专任教授航术及指导吴淞水道航船引港职务。② 并且规定引水传习所学员必须为中国公民。从1930年11月至1931年4月期间,引水传习所分别对扬子江现有引水人实行查验,评定等级,由海军部授予证书。

在航政局收回海关部分航政管理权之际,收回引水权的呼声越来越高。1931年2月中国商船驾驶员总会、中国扬子江领江联合会共同呼吁财政部,请收回引水权。1931年3月5日,国民政府考试院公布了《引水人考试条例》,规定报考资格之一必须为中国公民。1931年4月,轮船招商局和三北轮船公司船长何瀚澜等联名请愿,希望政府在交涉航政局管辖权的时候,一并收回中国各海口及长江引水权。1931年7月13日,章勃在《国闻周报》第8卷第27期,发表题为《收回引水权问题》的署名文章,严厉批评了1868年的《引水章程专条》的种种弊端及其恶劣影响,并指出,当前最紧迫的任务,乃是由交通、海军、财政三部,"从速起草引水法",并尽快呈请政府公布施行。而引水法的关键内容,他认为就是规定引水人必须由中国公民担任。

1931年10月6日,修订后的引水章程《中华民国各口引水暂行章程》递交行政院。与《引水章程专条》相比,新章程有两点大的变动:①关于引水学徒的国籍要求,旧章程不分中外,新章程则明确规定,必须为"中华民国人民";②关于引水主管机关的组织及其职权,新章程明确规定如下:沿海各港及长江下游组设引水管理委员会,为各地引水主管机关;沿海各港的引水管理委员会,成员包括当地海关税务司、港务长、当地航政局长,以及交通部代表和当地华商商会代表各一名(上海港还应加上外商总会代表一名),以海关税务司为主席;长江下游引水管理委员会,则由海务巡工司、海务副巡工司、长江下游航政局长及上海华商商会代表组成,以海务巡工司或其代表为主席;各引水管理委员会的职责,是制订辖区内的引水管理细则,确定引水区界限和当地引水人定额,组织引水人考选、发证,监督引水规章的贯彻实施,并裁决与引水有关的业务及其他纠纷。

新章程的设想是采取渐进的方式来收回引水权。将引水事权先集中于以海关为主导的中国政府部门,外国领事在引水管理上的权力被取消,但个别保留外国商会的发言权;外籍引水人的特权仍被保留,但不新增外籍引水人,以使其自然淘汰,直至全都被中国引水人取代。这份章程提交上去之时,正值国难

---

① 系1926年统计数字,来源于章勃:《大可注意之引水权问题》,《交通杂志》,1933年第一卷第四期。
② 韩庆,王大鹏:《民国时期航政法规汇编》,中国民主法制出版社,2017年,第108页。

第六章 南京国民政府前期中国海员的发展状况（1927—1937年）

之际。九一八事变爆发，政府全力关注对日关系，无暇顾及此事，新章程因此被搁置。正当修订引水章程一事拖而不决之时，1932年一二八事变爆发，日军进犯上海，局势危急。中国政府指令上海港务长，令其设法阻止该港外籍引水人为日本舰船服务。港务长数次致函上海引水公会，要求其成员不得为日军服务，但上海引水公会不予理睬，积极为日军提供引水服务，上海港务长对此毫无办法。

一二八事变后不久，中国商船驾驶员总会召集会议讨论收回引水权，并提出过渡办法，引水公会如增加人手或者因年老退出，其名额均应由华人递补，并列举一二八事变外籍引水员引航日本军舰的事例，说明收回引水权关系国防。国民政府鉴于一二八事变的教训，加快了推进新章程的步伐，新的《引水管理暂行章程》于1932年8月呈行政、司法和考试三院审核，很快得批准，于1933年9月20日颁布施行。新颁布的《引水管理暂行章程》，其内容与1931年的《中华民国各口引水暂行章程》基本一致。唯一的改动，是在沿海各港引水管理委员会的成员中，增加参谋本部和海军部代表各一名，以确保军方在引水事务上的发言权。

新的章程基本上体现了中国的引水事务正朝着自主方向迈进。它已经把外国领事完全撤开了，其第四条规定"引水管理委员会负责检定各该区域内合格引水人之任用及监督其职业之行为与引水学员之资格，各该区域内之引水人或引水团体遇有控告他人或被他人控告事件，由引水管理委员会议决处理之"，而引水委员会由"由财政部代表二人，参谋本部、海军部、交通部、本国商会代表各一人组织之。上海管理委员会之组织得暂加入，外国商会代表一人。前项财政部代表二人指定各该口海关税务司、港务长，以税务司为委员会主席，上海之代表二人指定海务巡工司港务长以海务巡工司或其代表为主席"。废除了1868年的《引水章程专条》中各国领事颁发引水执照与管理的规定。

新的章程马上遇到来自外国方面的抵制。在上海首次引水管理委员会会议上，外国商会按新章程规定可暂派代表一人参会，但商会以未经领事团批准为借口不派代表出席，同时领事团就中国政府单方面废除《引水章程专条》问题提出了抗议。尽管如此，上海引水管理委员会仍然拟定了分章，准备接管上海的四个引水公会。但是上海引水公会和吴淞汉口日本引水公会则称接管公会需经各自领事批准，拒绝承认《引水管理暂行章程》。

在这种情况下，国民政府财政部决定将引水问题的外交谈判由总税务司负责进行。1934年6月，总税务司制定了修改后的《引水管理暂行章程》，但前提是新章程需要署总税务司罗福德向各外国代表阐明修正新章程获得他们的承认之后才公布。1934年10月，英国和美国同意接受修正章程，上海引水公会的成员也同意编入政府引水机构。但是日本始终坚持反对态度，当时日本军国主义已在准备大肆侵略中国，总税务司和日本驻上海总领事、领事以至大使进行了多次谈判，他们一直坚持反对修正章程的实施。日本大使于1935年6月24日直截了当地正式写信给总税务司称："日本政府拒绝放弃1868年《引水章程专条》规定关于中国引水事务的领事管辖权以及中国和有关国家订立的其他条约"。[①] 由于日本的阻挠，国民政府关于收回引水权问题宣告失败，总税务司梅乐和只好建议国民政府：①把上海情况暂时放下，上海引水公会维持原状。②公布1934年6月批准的修正引水章程，当前仅在那些只有在中国引水被雇佣的口岸和地区诸如广州、福州、温州和扬子江中上游施行。

政府虽然无暇顾及引水事务，但民间要求收回引水权的呼声从未间断。1935年4月15日，淞汉区引水联合请愿团等三十余人，向社会局请愿，转请中央：①撤惩媚外之杨洪麟；②撤销海关之引水管理委员会；③由海军交通参谋三部组织管理机关不准外人参加；④确认海军部引水专习所证书，考试须由考试院办理；⑤宣布废除同治七年之上海铜沙引水章程，取缔外籍引水人。1936年7月，中国长江领江发出第二

---

① 《关于中国领水引水问题备忘录》，《中国近代海关历史文件汇编》第7卷，Statistical Department of the Inspectorate Genera，1937年，第354页。

次通电,要求收回引水权,撤销上海引水管理委员会,将引水事务划归交通部管理。1937年3月1日,时值国民党五届三中全会在南京举行,中华海员工会为收回引水权,选派李剑白、胡琦、冯福丞等9人,同时还有中外各轮领江代表吕志成、王苏民等4人赴南京向国民政府行政院及三中全会请愿,请求修改《引水暂行管理章程》中第一、第二两条,将引水事务划归交通部办理。后经中华海员工会主席杨虎等39名委员在五届三中全会上将此事作为大会提案,1937年3月28日,会议决议将此项事务责成行政院负责办理。为促进国民政府加快办理此事,上海的海员团体多次派代表赴南京请愿。1937年5月9日和5月21日,分别两次派代表赴南京,力请政府收回引水权,并声明如果行政院不遵守三中全会的决议,就联合全国海员举行扩大请愿活动。可惜随后不久抗战爆发,全国进入战时体制,收回引水权运动被迫搁置。

三、全国海员管理工作的全面展开

(一) 1929年全国海员待遇调查

1928年,美国商务部航运局(Merchant Marine Statistics)出版了《商船统计》一书,书中统计了世界主要海运国5000吨以上船舶的海员平均工资数,见表6-3。

世界主要海运国海员俸给比照表(按1928年1月汇率全部折成美金计算)　　　表6-3

	国别	美国	英国	丹麦	荷兰	法国	德国	意大利	挪威	西班牙	瑞典
甲板部	大副	178-185	112	140	111	79	79	72	154	128	105
	二副	155-165	77	108	84	53	62	60	120	86	80
	三副	140-150	59	62	54	—	48	54	93	73	60
	四副	121-125	51	62	—	—	37	—	70	—	—
	水手长	73-75	51	48	46	24	33	46	47	38	46
	木匠	76-79	63	48	46	24	33	35	47	35	44
	一水	60-62	44	42	40	21	27	29	43	33	42
	二水	45-47	29	21	20	19	14	19	23	29	30
轮机部	轮机长	262-267	147	171	151	108	112	92	141	205	146
	大管轮	177-185	112	126	103	77	79	72	103	128	92
	二管轮	156-165	77	91	72	60	62	60	84	90	69
	三管轮	141-150	59	72	50	50	48	54	70	—	55
	见习管轮	—	51	53	—	—	31	—	—	—	—
	机工	63-65	46	43	42	24	30	31	44	34	37
	油工	69-72	49	48	46	23	31	—	25	34	43
	汽工	70-72	49	43	—	—	31	—	—	38	—
	添煤工	53-58	44	29	34	21	26	28	25	29	24
司厨部	司厨长	120-122	71	78	—	—	62	27	101	43	74
	二等厨	90-100	46	—	—	—	49	—	—	—	—
	烹调手	100	66	58	58	23	33	32	80	39	50
	二等烹调手	78-79	43	29	52	16	20	30	—	—	—
	饭厅司厨	47-48	40	—	—	—	19	14	30	—	22
	侍应生	42-44	—	11	10	9	7	6	13	16	13

注:1.资料来源:《海事》,1930年第三卷第三期,比照原文略有改动。
　　2.美国海员俸给前面的数字为民营船舶工资,后面的为船舶院所有船舶工资。

随后公布了美国船上各国海员数。从1927年6月30日至1928年6月30日,在美国船上工作的中国人为2328人[1],工资数仅为美国人的1/3甚至1/4。英国在一战后海员的工资上涨幅度很大,水手的月薪最低能达到9英镑,而同在英国船上的中国水手的工资不但没有提高,反而下降了,每月为2英镑10先令到3英镑之间。[2] 国内海员的状况更差,每月大约为20元,按照汇率折算,仅为0.7英镑左右。

南京国民政府成立以后,交通部认为"船员待遇关系航政至为重要,我国航业案称幼稚,船员法规尚未完备,各埠轮船公司对于船员俸薪之规定及给予之方法多寡,既不一致,办法亦多差,但凭习惯,自成风气。当此收回航权、振兴航业之际,本部总揽全国航政,亟应调查实况,以供稽考而资改善"。[3] 1929年9月11日,交通部特制定调查问卷一份,发给各个轮船公司,要求9月底以前将问卷反馈。

附:船员待遇调查问答

1.问该公司何时创办? 答(可将该公司开办年月注明)
2.问共有轮船若干艘? 答(大轮船若干艘或小轮船若干艘,应将船名分别列明并记其净吨数)
3.问各项船员薪给之等级及数目若干? 答(凡舱面部自船长、大副、老大以至舵工水手;机舱部自轮机长、老轨以至机匠火夫所有薪给之分等方法、支给数目,须详细逐一开列)
4.问各项船员如何晋级? 答(如某种船员在何种情形之下或经过若干时期始得晋级,应分别声明)
5.问有无薪给以外之给予? 其规定如何? 答(此条即花红等类如何分配应说明)
6.问有无恤赏之规定? 答(因服务受伤或死亡应如何恤赏,有无规定应详述)
7.问退职时如何规定? 答(如年老退职有无养老金之给予,如何规定应声明)
8.问储蓄之规定如何? 答(船员平时有无储蓄,如何办法应详述)
注意各该公司如有关于船员待遇之章程规则并应随文送以资查核。

通过调查,交通部发现各轮船公司船员待遇参差不齐,同一职务待遇相差巨大,特别是同一职务中外船员待遇相差数倍。例如,轮船招商局凡外国船长的工资均比中国船长高,其他高级海员同一职务甚至相差数倍。海员也没有其他方面的社会保障,这个虽与当时的社会情形基本符合,但是当时世界上的航运大国,海员普遍有社会保障体系,如海员养老金制度、海员灾害保险制度等。

(二) 开展高级船员的检定工作

1932年8月16日,交通部制定公布了《船员检查委员会暂行章程》。1932年10月,交通部在上海航政局设立船员查检员委员会,委员定为7人,包括航政司司长许龄筠、上海航政局局长何瀚澜以及商船学校和海军部等人。1933年5月1日,又将委员会进行了调整,设定委员5人。由于新的《船员检定暂行章程》和《船员证书暂行章程》定于1933年6月1日起施行,船员检查委员会规定凡在6月1日以前来请领证书的船员,仍旧按照《交通部商船职员证书章程》的规定办理。

1933年6月,交通部航政局开始施行五十总吨以上船员检定。最初实行了四次定期考验,一至四届船员考验分别在南京(1933年10月24日、1934年4月20日)、上海(1934年1月24日、1934年6月27日)两地交叉进行。考验合格船员1100多人,因每届考验期间均有船员出航未归或因事缺考者,为方便船员应考,交通部从1934年7月起改定期考验为随到随考。

---

[1]《海事》,1930年第三卷第九期。
[2]英国国会议事录,HC Deb 09 May 1929 vol 227 cc2335-418。
[3]《交通公报》,1929第78期。

(三) 积极促进高级海员再就业

1932—1936年,我国进出口贸易持续低迷,航运市场深受影响,大批海员失业。1936年5月,交通部开展了轮船失业船员调查,制订了《失业船员登记表》,通令各航政局按照登记表内容将失业船员姓名、年龄、籍贯、住址、出身、领证书年月、证书种类及号数、曾任职务、失业年月及原因等9项内容详细填报,每月统计一次,航政局将根据情况采取适当应对措施。根据当年海员市场对二管轮职务需求很大,而三管轮供过于求,为了促进三管轮就业,1936年5月,交通部暂定通融办法,"凡曾任二管轮职务,经本部检定后仅领三管轮证书者,及另有本部发给三管轮证书,曾任该职务一年以上者,均得暂行代理二管轮职务。惟其服务船舶,以行驶近海或沿海航线与江湖航线之一千吨以上,未满两千吨者为限"。①

吴淞商船专科学校培养的毕业生,大多选择了为民族航运企业服务。自1929年世界性的经济危机爆发以来,部分毕业生就业困难。1936年,交通部航政局对吴淞商船专科学校的历届毕业生就业情况进行了统计,共有17名毕业生尚未就业。1936年9月7日,交通部以第3514号训令各地方航政局和办事处,应"剀切劝告各商轮公司,遇有船员出缺,务须尽先任用该项学生",另外各局(处)"遇有技术员出缺,应即以该项学生递补"。②

(四) 开展普通海员的管理工作

自1932年开始的高级海员检定工作,实行了几年之后,高级海员的管理初见成效,日趋规范化,而普通海员的管理一直处于放任状态,国家没有统一的任职标准和考核制度,在国内航线尚可含糊通过,而在国际航线上外国轮船一般会给中国海员办理本国的相关证件,而中国轮船无法可依,则往往造成纠纷。

1935年12月,一艘中国轮船"长安"号抵靠海参崴港口,苏联港方发现船上的中国水手既无中国护照,又无水手证,所以不允许他们登岸,船上水手不满,引起纠纷。中国驻苏联大使馆将相关情况反馈外交部。1936年2月27日,外交部以国字第1838号文咨转交通部,谓"我国轮船开至外国境界时,船上水手如欲登岸,自应持有护照,以兹证明。此项护照可向当地发照机关请领。相应咨请查照并转饬各轮船公司遵照办理"。③ 这个事件充分暴露了我国普通海员的管理极不规范的现象,后交通部发文令各航政局敦促船上水手等普通海员应向航政局申请领取《海员手册》。

为了解决普通海员的管理问题,经过组织专家调查研究,1937年1月26日,国民政府行政院发布第一号令,公布了《整理中华海员办法》,该令由蒋介石④签发,共8条。主要规定了本办法的适用范围为普通海员,海员没有交通部颁发的证书不得在船上工作,取消海员包工制等。

按照《整理中华海员办法》第七条:"关于国营航业海员之待遇雇佣等项另定之"⑤的原则,当时轮船招商局为国内唯一国营性质的航运企业,经过调查研究,1937年2月,轮船招商局制定了《招商局船员待遇章程》,共10章31条,提交交通部请求批准。经过交通部审核修改,1937年7月22日,交通部公布了《国营招商局轮船员工薪级工资待遇办法》⑥,详细规定了船上各级职务工资的最高标准(船长600元)和最低标准(水手、生火20元),这个标准本来是供其他航运公司参照的,可惜办法发布时,抗战已经爆发,

---

① 交通部训令第1887号,1936年5月1日,《交通公报》,1936年第767号,航政命令,第16页。同见《交通杂志》,1936年第四卷第六期,第132页。
② 《交通公报》,1936年第802号,航政命令,第15页。
③ 《法令周刊》,1936年第301期。
④ 蒋介石自1935年12月至1938年1月兼任国民政府行政院院长。
⑤ 《整理中华海员办法》,《国民政府公报》,1937年第二二六四号,院令,第11页。
⑥ 韩庆、王大鹏:《民国时期航政法规汇编》,中国民主法制出版社,2017年,第539—541页。

国家进入战时运转体制,这个办法未及施行。

(五)履约与参加海员劳工会议

1.审议通过了五个国际海员公约

在1918年夏天,第一次世界大战协约国胜利在望,英国劳工部情报局局长菲兰从英国角度考虑,提出战后的和平大会方案中应包括劳工问题。10月,他提出了一份备忘录,主张在巴黎和会上成立一个专门研究劳工问题的委员会。11月,第一次世界大战结束以后,参战国于1919年初在巴黎召开和平会议,签订和平条约。会上成立了由15个国家组成的劳工立法委员会,这是国际劳工组织的前身。这个委员会从国际方面考察工人状况,并通过研究制定必要的国际方法,以便对劳动问题采取一致的行动。

截至1926年,大会共制定了八个关于海员问题的公约草案,提交各国审议。分别是:

(1)《规定海上雇佣儿童最低年龄公约草案》(1920年第7号公约)。主要内容是规定儿童在14岁以下者,不得受雇用或工作于船舶上。

(2)《关于船舶遇险或沉没之失业赔偿公约草案》(1920年第8号公约)。主要内容是规定任何船舶遇险或沉没时,船舶所有人应发给船员失业费。

(3)《便利海员受雇公约草案》(1920年第9号公约)。主要内容是规定个人公司或介绍所,不得为海员介绍工作;更不得以介绍海员工作,直接或间接收取介绍费。

(4)《规定雇佣火夫或扒炭之最低年龄公约草案》(1921年第15号公约)。主要内容是规定凡18岁以下的未成年人不得受雇用或工作在船舶上充当火夫或扒炭工。

(5)《关于海上雇佣儿童及青年强制体格检查公约草案》(1921年第16号公约)。主要内容是规定任何船舶对于使用18岁以下的儿童或未成年人,应提供经主管机关认可的医生签字的体格检查说明书,说明其适宜于此种工作。

(6)《船上移民检查从简公约草案》(1926年第21号公约)。主要内容是规定政府移民检查员在任何情况下不得和船长以及轮船公司发生直接或间接的关系,不得限制船长的权力。

(7)《海员雇用契约条件公约草案》(1926年第22号公约)。主要内容是规定船主或其代表应与海员双方签订协议。

(8)《遣送海员回国公约草案》(1926年第23号公约)。主要内容是规定海员在受雇用期间或受雇用期满时被送登岸者,应享有被送回本国或其受雇用的港口或船舶开航时的港口的权利。

1936年国民政府行政院第18次会议议决,将这八个公约草案交立法院审议。立法院将这八个公约草案交给外交委员会和劳工法委员会研究。1936年9月24日,两个委员会召开了第四届第六次联席会议讨论,议决除了《便利海员受雇公约草案》和《船上移民检查从简公约草案》这两个公约暂缓批准外,其余六个公约全部批准。10月2日,立法院第四届第74次会议审议了两个委员会的决议,决定将《便利海员受雇公约草案》《船上移民检查从简公约草案》和《关于船舶遇险或沉没之失业赔偿公约草案》三个公约暂缓批准。[①] 1937年2月26日,国民政府以第385号指令公布了五个批准的公约。[②]

2.加入《国际海上人命安全公约》

因1912年发生"泰坦尼克"号客船碰撞冰山而沉没造成巨大人员伤亡的事故,在英国政府倡议下,1913年在伦敦召开了第一次海上人命安全会议,并于1914年1月20日制定了第一个国际海上人命安全公约。公约的主要内容涉及船舶构造、分舱与稳性、救生和消防设备、无线电通信、航行规则和安全证书

---

① 《立法院公报》,1936年第85期,公牍,第2—3页。
② 《国民政府公报》,1937年第二二九一号,指令,第7页。

等方面。公约规定只适用于载有 12 人以上的船舶。随后不久,第一次世界大战爆发,该公约一直未能生效。

1929 年英国再次召集美、法、日、意、德等 18 个国家,召开第二次国际海上人命安全会议。5 月 1 日通过了《1929 年国际海上人命安全公约》,它较 1914 年的公约提出了更为详细、具体的要求。并将会议记录分发各国,说明未参加会议的国家,可以随时加入,并享受签约国待遇。1932 年 10 月 29 日,国民政府立法院第 208 次会议通过《国际海上人命安全公约》,定于 1933 年 5 月 14 日施行。

交通部公布了一系列船员证书章程以后,当时往来香港的中国轮船,港英当局对交通部颁发的华籍海员证书不予承认。国民政府外交部与港英当局多次交涉,说明我国已加入《国际海上人命安全公约》,凡签约国内船舶证书及海员证书一概互相承认,但港英当局以此时香港并未加入《国际海上人命安全公约》为由,拒绝承认。

1933—1934 年,轮船招商局申请借贷英国"庚子赔款"的水利工程部分款项,在英国建造了四艘海轮,分别命名为"海元"号、"海亨"号、"海利"号和"海贞"号,用于航行香港。由于港英当局不承认交通部所颁发的相关证书,导致 1935 年 4 月,轮船招商局"海亨"号、"海利"号和"海贞"号三艘轮船航行香港,港英当局以船员证书不符合港方要求为由,不发给搭载乘客许可证,也不承认交通部颁发的乘客执照,禁止这三艘船在香港搭载乘客,给轮船招商局造成巨大经济损失,只有"海元"号因雇用外国人做船长,港英当局允许该轮船搭载乘客。交通部多次致函外交部和国民政府驻广东广西特派员与英国驻广州总领事馆,希望交涉解决直到 1935 年 5 月,香港修正了《商船则例》(Merchant Shipping Amendment Ordinance),并决定加入《国际海上人命安全公约》,香港总督函复国民政府驻广东广西特派员:"以香港将于 1935 年 7 月 1 日起,施行海上人命安全公约,由该日起,中国适当之当局所发给与公约有关系之证书,包括船员及工程师等之证书,将被港英当局所承认,视为与其本政府所发给者无异。"①至此此事方得以解决。

3. 参加国际劳工组织海事会议

第一次世界大战结束以后,根据凡尔赛和约,国际劳工组织于 1919 年在日内瓦成立。作为一个行政完全独立的组织机构,其宗旨是以国际合作促进国际保工立法,用和平手段解决世界劳工问题。

中国作为凡尔赛和约的参与国,也是当然的国际劳工组织的会员国。北京政府于 1923 年在日内瓦设国际劳工事务局,任命萧继荣为局长。1928 年中国实现政治统一后,国民政府并未与国际劳工组织积极接洽,当年,与北京政府相同,仍只派政府代表出席国际劳工大会。国际劳工局首任局长、社会学家汤玛士利用出访日本、印度之便访华,改变了国民政府对国际劳工组织的消极态度。从 1928 年 11 月 15 日抵达哈尔滨,中经奉天、北平、汉口、南京,到 12 月 3 日离沪赴日,汤玛士先后拜会阎锡山、白崇禧、工商部长孔祥熙、工商部劳工司长朱懋澄、上海社会局长潘公展等党政军界要人,重点参观中法大学、上海市工会、浦东职工新村,并且出席南京工整会、上海各工会、全国基督教协进会等团体举办的谈话会。在日本短暂停留后,汤玛士又到广东考察工厂与工会。经过与汤玛士交换意见,南京政府、劳方出于各自目的,均对出席国际劳工大会抱持乐观心态。国民政府自此开始重视与国际劳工组织的合作。

1929 年,中国政府第一次派三方代表出席在日内瓦召开的第 13 次国际劳工大会(10 月 10 日开幕,10 月 26 日闭幕),其中有政府代表驻瑞士公使吴凯声、驻法大使高鲁,船东代表陈干青,劳方代表梁德公和他的顾问吴求哲。第 13 次国际劳工大会重点讨论劳工的待遇问题,其中关于海员问题有四项内容:①船员工作时间之规定;②船员疾病之保护(包括伤害保险);③设法使船员在港之平安;④高级船员资格最低之限度。1929 年 12 月 15 日下午,大会讨论我国船东代表陈干青的两项提案:①增进海员生活及

---

① 《政治成绩统计》,1935 年第 5 期。

工作状况,当不分国界、不分种族,须一律平等待遇。经过表决,59 票赞成,无反对票获得通过。②海员服务于外国轮船,在雇主国家各地有自由设立工会之权,雇主国政府不得无理干涉(当时中国的香港海员工会和暹罗海员工会被当地政府查封)。此案未获得通过。此后除第 16 届(1932 年)外,国民政府均派三方代表出席第 12 届(1929 年)至第 23 届(1937 年)国际劳工大会。

(六)整顿茶房废除江轮买办制

航行长江上的中外轮船公司,对于乘客事务的管理,一向采用买办包办制,即由一个买办包揽客舱清洁、客舱服务等事宜,这些买办再雇佣一定数量的茶房①具体负责。买办雇佣茶房,并不给这些茶房人员工资,茶房的收入来源于向乘客索要服务费,或者夹带人员上船,或者贩运私货等。茶房上船工作,需要先交给买办一定数量的押金(当时称押柜),下船后才返还。买办往往贪图押金,大量雇佣茶房上船,当时长江航行的轮船,每船往往多达百人以上,轮船招商局的"新江天"号上竟然有茶房 270 余人,这些茶房由于没有工资,频繁向乘客索取服务费,乘客不胜其扰。而这些茶房大多加入中舱公所,组织相对严密。1935 年,轮船招商局拟整顿"新江天"号上的茶房,遭到了抵制,结果仅仅废除了冷水班人员,而茶房人员定额为 208人,每月发给工资 21 元了事。1932 年,太古轮船公司拟减少公司各轮船茶房数,激起包括海员在内的全体船员罢工,后公司迫于压力,被迫放弃计划。此事也引起了交通部航政局的重视,太古轮船公司茶房案发生后,1932 年 7 月,交通部就给上海市航业同业公会②去函,请派人来南京"妥筹取缔茶房办法"③。

轮船招商局内所属轮船雇佣茶房数量最多。在收归国营以后,对局内事务进行了大刀阔斧的整顿和改革,其中之一就是整顿买办与茶房制。首先,宣布自 1936 年 5 月 1 日开始,取消各轮船买办制,原来的买办挑选一部分担任船上事务长职务,相应将原来茶房一律取消,改为勤务生,实行工资制。并制定了《国营招商局轮船勤务生规则》,经交通部核准后,1936 年 7 月 11 日部令公布。规则规定了勤务生每月工资为 12—16 元,并且向乘客索取酒资(服务费)的最高额度不能超过票价的一成,同时规定了勤务生的责任以及考核办法。④ 在江轮实行新办法后,轮船招商局又在海轮推广施行。当时轮船招商局共有海轮16 艘,"嘉禾"号停航维修,"海云"号、"海祥"号和"海瑞"号属于货轮,"海元"号、"海亨"号、"海利"号和"海贞"号航行香港,这四艘新船属于船长直接管理,其余八艘海轮均先后实行了茶房改革。1937 年 2 月 2 日,经交通部核准,轮船招商局又颁布了《国营招商局轮船员工服务规则》,将勤务生纳入正式轮船员工加以管理。

(七)加强提高海员的素质教育

交通部在实行船员检定时,发现很多船员不会游泳,一旦船舶失事,极易造成人命事故。为此特规定了三条办法:①船员游泳考验,于申请检定时同时进行;②商船专科学校,得在校举行游泳考试;③船员游泳,以至少在平静水界,自由式游 100 码者为及格。此项办法自 1934 年 1 月 1 日起施行。

为了提高那些有实际航行经验,但无学识的船员的知识水平,1935 年 11 月,交通部命令上海航政局开办低级船员补习班,对这些船员进行短期培训,目标是能够通过《船员检定章程》中有关学识考试的科目。交通部划拨一部分办学经费,并函请中国商船驾驶员总会予以帮助。

为了解决我国海员,特别是普通海员素质不高、服务能力较差的问题,1936 年 6 月 22 日,国民党中央

---

① 旧时称在公共场所供茶水、打杂差的工役。
② 上海航业公会于 1931 年 11 月 14 日改组为上海市航业同业公会,1935 年 1 月 11 日,因"航业"二字与现代轮船业不符,经批准后改名为"上海市轮船业同业公会"。
③《航业月刊》,1932 年第二卷第二期。
④ 韩庆、王大鹏:《民国时期航政法规汇编》,中国民主法制出版社,2017 年,第 426—430 页。

执行委员会民众训练部以第2882号指令,命令中华海员特别党部成立中华海员特别党部海员职工教育计划委员会,为海员职工提供识字教育、职业补习教育以及公民常识训练等事项。经费由中华海员特别党部提供。①

(八) 强化外籍海员的持证管理

我国由于航海教育不发达的原因,航商购买轮船多雇佣外国海员担任高级职务。1929年7月17日《船员证书章程》公布以后,1930年4月22日交通部命令自1930年5月1日开始,所有在中国船上的外国船员,必须持有中国政府颁发的船员许可证,并通令各海关,如无此项证书,则禁止该船出港。大连海关提出异议,其所辖区内以政记轮船公司为首,高级船员几乎全部为日本人,而这些日本人持有日本政府颁发的船员证书,所以认为中国政府此举完全没有必要,并且大连海关属于日本的租借地海关,不能听从国民政府的命令禁止轮船出港。交通部接到该项意见后,认为事关我国航权,予以驳斥,但考虑到时间确实紧张的因素,准予延期两个月执行,即自1930年7月1日开始施行。但此举遭到了海关总税务司的反对,认为交通部无权对外籍海员实行管理。

1931年7月1日,海关将海员管理权移交交通部航政局之后,1931年10月1日,交通部部令第二○○号公布了《交通部海员管理暂行章程》。根据该章程第16条的规定:凡在中国商轮,充当船员之外籍人,亦应照章受检定。随后,交通部规定了自1932年6月1日至12月1日为外籍船员检定期限。但直至12月1日,所有在中国商船上工作的外籍船员,没有一人申请检定。随后,交通部严令没有申请证书的外籍船员,不得在船继续工作,此项规定才被外籍船员遵守。

截至1934年12月31日,在交通部注册的外籍船员有:甲种船长26人,大副10人,二副1人,轮机长2人,二管轮1人;乙种船长64人,大副74人,二副7人,轮机长18人,大管轮33人,二管轮15人,三管轮4人;丙种船长1人;合计共256名,占总检验合格海员人数的23.27%。②

四、国民党重新控制中华海员工会

1927年4月12日,蒋介石在上海发动反革命政变,大肆屠杀共产党员、国民党左派及革命群众。共产党领导的海员工会也遭到了严重破坏。4月16日上午10时,国民党军队查抄了上海海员分会,逮捕了分会负责人梁润庵等14人。此后,中华海员工业联合总会先后调莫旺、陈权、梁日清等来主持上海海员分会工作,亦相继被捕遇害。上海海员工会被查封后,国民党当局派王岳洲、王崇清另行组织上海市海员工会。

广东的李济深也追随蒋介石叛变革命,于4月15日清晨,宣布广州戒严,派军队包围省港罢工委员会,解除省港罢工委员会纠察队的武装,搜查和封闭了中华海员工业联合总会、中华全国总工会广州办事处、省港罢工委员会、广州工代会等革命群众团体,并大肆逮捕共产党员、工人领袖和工人积极分子。中华海员工业联合总会被封闭后,广东当局委派邝达生、林荫生、黄印正、曾飞鸿、杨秋莞、吕培区、王侯灿、王金才、王渭生、贺腾辉等,成立中华海员工业联合总会改组委员会,谢英伯为指导员。而港英当局也趁机于5月28日第二次封闭了香港的中华海员工业联合总会③。

其他港口如武汉、长沙等地,也相继发生了"清党"事件,共产党领导的海员工会活动被迫转入地

---

①《中央民众训练部公报》,1936年第6期。
②数据来源于交通部航政司编:《中国船员录》,民国二十四年六月。
③因中华海员工业联合总会先在香港注册,后又在广州注册,所以总部所在地有两个,但省港大罢工以后,主要工作由广州的总会负责。

下和国外。1928年11月,廖承志受中国共产党派遣,到德国做汉堡中国海员工作,担任国际海员工会执委,并担任汉堡国际海员码头工人总工会俱乐部支委、书记。随后,中国共产党在海参崴、神户、香港、新加坡、檀香山、费城等地陆续建立了海员联络组织,同时在往来中国的各大邮轮上建立"红色工会苏联之友"、"红军之友"、"红色小组"等秘密支部,团结广大海员。1932年5月1日,费城的中国共产党支部召开中国海员代表大会,将原来的海员联义社改组为费城海员革命工会,大会选举共产党员陈锦州、张兴、麦安、梁光武、陈全等五人为执行委员,逐渐将费城发展成为中国共产党领导的海员工人运动的美洲活动中心。

而国民党内部又因为派系纷争,在1927年7月以后,经历了两次分合,最终才成立了中华海员工会。

(一) 第一次分合

南京国民政府成立后,1927年10月,广州的中华海员工业联合总会改组委员会认为国民政府已经由广州迁到南京,海员总会也应该迁到上海。经呈请国民政府后获得批准,1928年1月,广州的中华海员工业联合总会改组委员会迁到上海,黄印正担任改组委员会主任。此时,蒋介石因与军阀孙传芳作战败北而下野,国民政府由汪精卫主导,于是黄印正因"措施失当",委员林荫生呈报中央请求更换,国民政府改派文佳、伍仲衡、周风、赵班斧、林荫生为改组委员会委员。1928年7月26日,国民党二届四中第一五九次中央常务会议通过了《特种工会组织条例》,指定了五种工会为特种工会,即铁路工会、海员工会、矿业工会、邮务工会和电务工会。其中规定海员工会的系统为:全国海员总工会——某埠海员工会——某船海员分会——某船某门支部——小组。于是南京国民政府又改派赵植芝、梁德公、林荫生、马伯麟、伍仲衡为改组委员会委员。而此时,广东政府委派梁毅、邝石、杨植生、陈鸿、简荣枝、梁绍贤、黄霖在广州担任改组委员会委员,于是在上海和广州出现了两个"中华海员工业联合总会改组委员会"。

为了事权统一,经过谈判,1928年8月10日,沪粤双方达成协议,驻粤海员总会改组委员会并入上海的海员总会改组委员会,并改名称为中华海员工业联合总会整理委员会。整理委员会分秘书处和组织、宣传、总务三个科。科之下设指导、调查、登记、编撰、出版、训练、文书、财务、交际9个股。由国民政府每月划拨经费2100元。之后,整理委员会分别派员赴上海、宁波、温州、福州、厦门、汕头、广州、重庆、暹罗等分会进行整理;另外在汉口、九江、青岛、天津、梧州等地先后成立新的分会。并委派邱坚一担任恢复香港分会筹备处专员。国民党领导下的海员工会完成了第一次整合。

1930年4月3日,国民党中央第83次常务会议通过了《整理海员工会纲领》,内容主要有关于海员的立法、海员的范围、海员工会的组织办法等。《整理海员工会纲领》公布后,中国海员工业联合总会整理委员会召开了一次全国性的海员工会会议,重点讨论该纲领。

1930年10月11日,来自厦门、汕头、广东、梧州、福州、上海、青岛、天津、宁波、温州、九江、汉口、重庆等13个分会派代表参加。暹罗分会因路途遥远,不便参加,电告上海的中国海员工会整理委员会,暹罗分会将同意会议的任何决定。会议讨论认为,民船海员工会目前有100多个支部,人数众多,为中国海员的中坚力量,而按照《整理海员工会纲领》第5条的要求,将来和轮船海员要分别组织工会,将造成海员势力涣散。会议决定委派福州分会代表王戎、上海分会代表刘劲草为全权代表,赴南京请愿。王刘二人于10月12日进京,分别向国民政府立法院、中央党部执行委员会、中央民众训练部等机关,详细解释,请求收回海员分组成立工会的决定。各部均拒绝了两位代表的要求。

对于《整理海员工会纲领》中,将引水划出海员范围之外,广东省政府提出不同意见。1931年3月13日,广东省民政厅以第四三九号文①呈请交通部,提出广东省海员工会历来分为两个组织,一是海员工

---

① 《广东省政府公报》,1931年,第151—152期。

会,另一个则是联盛引水工会①。航行广州——香港之间的轮船,其引水人一般加入海员工会;其余航行广州——汕头、厦门及上海等处轮船的引水人,一般加入联盛引水工会。如果按照《整理海员工会纲领》的要求,引水人不能加入海员工会,势必造成不便,希望中央予以修改相关条款。

1931年4月3日,国民政府行政院公布了《海员工会组织规则》和《民船船员工会组织规则》。《海员工会组织规则》第三条规定:①船长、代理船长、大二三副;②轮机长、大二三管轮;③无线电员;④医师;⑤引水人;⑥其他业务人员,以上人员不得加入海员工会。

对此,江苏省镇江县县长张鹏向江苏省建设厅反映,该县原有船员职业工会组织,包括小轮船的老大(船长)、老轨(轮机长)、二手(二副)、三手(三副)等职别,表面上虽与船长、二副、三副等职别相似,实际上一般老大和老轨为资方雇佣,而二手、三手则为老大和老轨雇佣,这些人能否继续加入海员工会组织,以及各轮船卖票人和码头服务的各杂役能否加入海员工会。1931年12月26日,国民党中央民众训练部以训令3186号文予以解释:根据交通部1928年颁发的《商船职员证书章程》第十五条的规定,"凡行驶内河不满50总吨商船之职员得不适用本章程之规定",根据此项规定,老大(船长)、老轨(轮机长)、二手(二副)、三手(三副)等可以加入海员工会;各公司的卖票人属于公司职员,不应加入海员工会;码头服务的各杂役,既非在特定船舶服务,且非船舶所有人或船舶租借人之使用人,其性质与引水人相似,也不应该加入海员工会组织。② 国民党中央训练部将该解释文件向全国发布,望各地遵照执行。

(二)第二次分合

1931年2月,蒋介石扣押胡汉民,此举引发反蒋各派在广州另组国民政府。5月25日,唐绍仪、汪精卫、古应芬、林森、许崇智、李宗仁、陈济棠、李文范等电请蒋介石于48小时内下野,孙科"亦附和"。27日,广州中央执监委员非常大会成立,通过《国民政府组织大纲》,并于次日成立国民政府。宁粤对峙正式形成,国民党又一次陷入重大分裂。

1931年6月,南京的国民党中央第146次常务会议议决,撤销中华海员工业联合总会,其负责人等一律撤职。③ 海员总会整理委员会委员赵植芝、林荫生等属于孙科领导的老联义社成员,他们不满南京国民党中央的决定,携带整理委员会印信出走广州,在广州以中华海员工业联合总会名义继续活动。

而南京国民政府则于1931年7月2日,在第三届国民党中央执行委员会第148次常务会议上通过了《指导海员工会等改组或组织办法》。7月16日,南京国民政府第三届国民党中央执行委员会第150次常务会议通过了《中华海员工会整理委员会组织规则》,该规则规定:"为整理海员工会,特设'中华海员工会整理委员会'",整理委员会由中国国民党中央执行委员会作为主管机关,委任整理委员7人。于是委派张剑白、王永盛、何镇寰、穆谒义、马仲岘、缪水章、邱耀宽等7人为中华海员工会整理委员会委员,继续在上海虹江路旧址办公,国民党海员工会组织再次分裂。

九一八事变爆发,全国人民要求停止内战,一致抗日。在政治压力下,蒋介石于1931年12月15日第二次宣布下野。22日,国民党四届一中全会在南京召开,通过了新的《国民政府组织法》,选举林森为国民政府主席、孙科为行政院长。1932年1月1日,孙科新政府正式宣告成立。当日,广州国民政府宣告取消,宁粤对峙局面结束,双方实现和解。广州的中华海员工业联合总会又派林荫生、严华生等北上上

---

①联盛引水工会,旧中国广州家族式的引水组织,由李、邓、黄、张四个姓氏的家族垄断,受粤海关直接管理,协调行业发展。联盛引水工会的公章分成四瓣,李、邓、黄、张四个家族各持一瓣,四者一同盖章方才有效。工会垄断了(广东)省、(香)港、澳(门)的引航权,并阻止外姓人加入。中华人民共和国成立后该组织被解散。
②《解释海员工会组织规则》,《安徽建设公报》,1932年第37期。
③《江西省政府公报》,1933年第45期。

海,停止在广州的活动。国民党领导下的海员工会第二次趋于统一①。

1932年3月6日,蒋介石二次下野后再次复出,担任军事委员会委员长兼军事参谋部参谋长职务。为了取得海员工会的控制权,蒋介石委派其结拜兄弟杨虎担任国民党海员特别党部主任委员,负责筹备海员党部事宜及对海员整理委员会进行指导。

1932年10月5日,国民政府行政院发布第一九号训令,公布了《中华海员工会组织规则》。其第二条规定海员工会的名称为中华海员工会,第十二条规定中华海员工会的主管官署为交通部海员工会所属之分会支部以其所在地之省市政府为管辖机构。该规则定于1933年7月1日起施行。② 此举遭到了广州整理委员会代表林荫生、刘禹州的反对,他们提出"中华海员工业联合总会"系孙中山同意,不宜改动。为了消弭派别争执,经过调解,国民党中央民众运动指导委员会③吸纳了各方的海员工会成员,计有:杨虎、张剑白、林荫生、马伯麟、王永盛、何镇寰、刘劲草、胡叔明、穆谒义等九人,经国民党中央第74次常委会决议委派为中华海员工会筹备委员。1933年7月1日,正式成立中华海员工会筹备委员会。④

为了加强国民党对海员工会的领导,国民党中央决定成立中华海员特别党部,作为中华海员工会的党务管理机关,委派杨虎、钱义璋、俞嘉庸、陈素、王永盛为中华海员特别党部筹备委员会委员。1932年11月19日,中华海员特别党部筹备委员会在国民党上海市党部三楼礼堂正式成立。⑤

因中华海员工会为普通海员的社团组织,并不包括高级海员,此时高级海员有中国驾驶员联合会、中国航海驾驶员联义会、中国商船驾驶员总会、中国轮机师联合会、船舶无线电员公益会等组织。国民政府也对上述组织进行了改组。1934年8月10日,交通部以第二六四一号文发布,将中国驾驶员联合会、中国航海驾驶员联义会合并改为中国航海驾驶员联合会。⑥

五、恢复香港海员工会名称和活动

在香港注册的中华海员工业联合总会被港英当局取缔以后,1927年,中国国民党澳洲总支部召开了第二次全属代表大会,代表等一致议决,请驻粤办事处转请国民政府和广东省政府,与英国交涉,恢复香港中华海员工业联合总会。但遭到了港英当局的拒绝。1931年,国民党撤销中华海员工业联合总会后,海员总会计划在香港重新建立,于是向港英当局申请。港英当局认为,原来的中华海员工业联合总会是伦敦下令封闭的,现在又被国民政府明令取消,不能再恢复,但如果换一个名称,则可以考虑批准。海员们再次开会讨论,认为为了取得合法地位,领导海员进行抗日斗争,名称上可以让步。经过各单位协商同意,决定将会名改为香港海员工会。1937年8月15日,香港海员工会正式宣告成立,李发任执行委员会主席,刘达潮任副主席,曾生任组织部长。

---

① 赵植芝等老中华海员工业联合总会成员仍旧以老会名义在广东一带活动,但影响力不大。从以后的国民政府文件中可以看出,他们还进行了长时间的活动。1934年2月28日,国民党中央执行委员会发函广东省执行委员会,题为《海员运动应归中华海员工会筹备委员会统筹进行》,命令广东省政府"即便严饬该省海员不得再假借早经撤销之中华海员工业联合总会名义从事活动"。详见《中央党务月刊》,1930年第24期,公文。
② 《外交部公报》,1933年第6卷,第2期。
③ 1931年12月24日,国民党中央四届一中全会决定将国民党中央训练部改为国民党中央民众运动指导委员会,其下设工人科,专门负责对工人运动的指导和管理,海员工会也包括在内。
④ 此后海员工会一直以"中华海员工会筹备委员会"名义工作,直到1947年1月1日,正式成立中华海员总工会。见《中国国民党六届三中全会行政院工作报告》,中国第二历史档案馆:《中华民国史档案资料汇编》,江苏古籍出版社,2000年版,第五辑第三编《政治》(一),第625页;《国民党中央第二十三次民运工作会议修正通过改造海员党务工运工作要点》,中国第二历史档案馆编:《中华民国史档案资料汇编》,江苏古籍出版社,2000年版,第五辑第三编《政治》(四),第12页。
⑤ 内容摘自《四海半月刊》,1932年第3卷,第17期。
⑥ 《交通公报》,1934年第五八六号。

第二节　中国海员队伍的曲折发展

南京国民政府在抗战爆发前的十年中,在形式上基本完成了全国统一,收回了关税自主权和部分航权,经济上采取了鼓励和奖励工商业发展的政策,统一了度量衡,废两改元的措施又建立了现代货币制度,这些都促进了国民经济的发展,从而带动了中国航运业的发展。但同时,受国际经济危机、日本步步侵略、国内各种内乱的影响,中国航运业的发展艰辛曲折,海员队伍的发展也跌宕曲折。

一、海员队伍曲折发展的原因

(一)航运经济发展的"黄金十年"

南京国民政府建立后,采取了一系列措施鼓励工商业的发展。从 1929—1934 年,先后颁布了《华侨回国兴办实业奖励法》(1929 年 2 月 27 日)、《公司法》(1929 年 12 月 26 日)、《特种工业奖励法》(1929 年 7 月 31 日)、《商标法》(1930 年 5 月 6 日)、《奖励工业技术暂行条例》(1932 年 9 月 30 日)、《修正工厂法》(1932 年 12 月 30 日)、《工业奖励法》(1934 年 4 月 20 日)等。这些措施有效地促进了中国经济的发展。1931—1936 年间中国工业增长率平均高达 9.3%,创下民国建立以来的第一次经济奇迹。同时交通事业的发展尤为蓬勃,除电讯、邮政快速成长外,铁路修建达 2 万余公里,公路增开了 8 万多公里,民航空运在这十年间开辟了 12 条航线,长 1 万 5 千多公里。

在发展民族航运业方面,除了上节提到的收回部分航权,设立航政局,编制航政法规之外,国民政府也采取了一系列措施:

1.疏浚航路与建筑港湾

港口建设与航路的疏浚密切相关,而这两项工作需要花费大量时间和经费。北京政府时期无暇顾及此事。南京国民政府成立后,1928 年,成立了华北水利委员会,开始疏浚海河上游各河道。虽然当时这一工程主要是为了防洪和灌溉农田,但直接和航运相关。后来又实施了平津通航计划,整理北运河、通惠河和津卫河。同年又成立了导淮委员会,主要进行航行调查和水道渠化工程,在江苏江都县邵伯镇、淮阴县城和安徽五河县浮山等地,分别设立了航行观察站。调查淮河、大运河的通航状况。随后制定了纵横两大干线通航计划,即从南长江北越陇海、津浦两路,至微山湖,此为运河渠化计划;西至蚌埠、怀远,东直达入海口,此为淮海通航计划。

1929 年,成立扬子江水道整理委员会,对长江流域水路进行测验、查勘和设计。到 1931 年,长江干线浅滩处,经过疏浚,低潮时水深能够达到 3 英尺,极大地便利了通航。1931 年又开始整理渝宜航线的险滩。1930 年,辽宁省建设厅提出,辽河为东三省航运要道,近年逐渐淤塞,需要疏浚航道。国民政府很快派员实地勘察后,设立了辽宁水利工程局,计划先由河口开始,逐渐向上游疏浚。可惜工作开始后不久,因日本侵占东北而被迫中断。此外还设立太湖流域水利委员会,福建省的闽江和华封河、广东省的珠江、贵州的白层江、广西的府江、都陆续设立专门机构进行疏浚整理。

关于建筑港湾方面。首先对原有的海港进行修筑与扩建,包括上海、青岛、天津、大连等处。新建的港口首先是葫芦岛。1929 年东北边防军司令张学良视察葫芦岛后,决心再度修筑此港[①]。1930 年 1 月,与荷兰治港公司签定了包工合同,预计五年半完工,后因九一八事变而再度中断。

兴建连云港。早在 1912 年 9 月,北京政府与比利时铁路合股公司签定修建 1800 公里的陇海铁路借款

[①] 葫芦岛港首次兴建于 1910 年,后因辛亥革命事起,筑港工程中止。1913 年再度动工,后因经费缺乏而停办。

合同,以汴洛铁路为基础向东西方向展筑陇海铁路。两段工程于1913年5月同时开工。后因比利时财政不足,1920年,北京政府又与荷兰治港公司签订了《陇海比荷借款合同》,继续修建。1925年7月1日,徐州——海州段通车。而此时,陇海路终点海州原来的大浦港受黄河带来的巨量泥沙影响,淤积严重,经过各方面勘探研究,决定另谋新港。1933年5月3日,陇海铁路管理局和荷兰治港公司在郑州签订了《建筑陇海铁路线终点海港码头合同》,新港命名为"连云港"。① 1936年连云港一期码头竣工,投入使用。

按照孙中山《建国方略》里提到的,要在中国北部、中部和南部沿海各修建一个"如纽约港"那样的世界级大港的宏伟目标,1929年,国民政府建设委员会设立北方大港筹备处和东方大港筹备处,选派专家测量地形、水文等自然情况。1931年两处改为隶属于交通部和铁道部,分别改组为北方大港筹备委员会和东方大港筹备委员会。同年10月,公布了《北方大港筹备委员会章程》和《东方大港筹备委员会章程》。正当国民政府雄心勃勃的推进大港建设计划时,抗战爆发,从而被迫中断。

2.国民政府的航运扶持计划

1935年10月9日,国民政府公布了《造船奖励条例》。1936年,交通部依据该条例制定了《六年造船奖励计划》,每六年为一期,分期进行。第一期预计六年内建造新船84艘,140500吨。奖金为法币3832500元,其中四分之三为新船奖励金,3066000元,四分之一为拆毁旧船奖励金,766500元。计划造新船500吨级的35艘,1000吨级的17艘,2000吨级的10艘,3000吨级8艘,4000吨级8艘,5000吨级6艘。见表6-4。

六年造船奖励金预算表 表6-4

年 份		第一年	第二年	第三年	第四年	第五年	第六年
500吨级	艘数	10	8	6	5	3	3
	金额(元)	60000	48000	36000	30000	18000	18000
1000吨级	艘数	4	4	3	2	2	2
	金额(元)	64000	64000	48000	32000	32000	32000
2000吨级	艘数	2	2	2	2	1	1
	金额(元)	80000	80000	80000	80000	40000	40000
3000吨级	艘数	1	1	1	1	2	2
	金额(元)	72000	72000	72000	72000	144000	144000
4000吨级	艘数	1	1	1	1	2	2
	金额(元)	96000	96000	96000	96000	192000	192000
5000吨级	艘数	1	1	1	1	1	1
	金额(元)	140000	140000	140000	140000	140000	140000
拆毁旧船奖金(元)		128000	125000	118000	112500	141500	141500
合计(元)		640000	625000	590000	562500	707500	707500

资料来源:《交通职工》1937年第1期编制。

这个办法是针对民营航运企业的奖励。而当时轮船招商局属于国营,国民政府给予了重点扶持,计划六年内拨款3000万元,造船26艘。

正当国民政府雄心勃勃地谋求发展中国航运业的时候,日本帝国主义发动了蓄谋已久的全面侵华战争,致使中国航运在将要得到其发展历史上最好的机遇时,又几乎陷入绝境。

3.清查整理轮船招商局

轮船招商局自民国建立以来完全变为商办企业。但名为"商办",实际上普通的股东并没有什么发

---

① 新码头位于海州西连岛对面的老窑,因"老窑"显俗气,最后因该码头南枕云台山,北屏西连岛,故命名为"连云港"。

言权,旧官僚势力在轮船招商局内部的互相倾轧、排挤一直持续,内部贪污盛行,船舶长期得不到更新,超龄服役,导致1912—1926年的15年内,利润核算下来亏损112万多两。南京国民政府建立后对交通事业推行国有化政策,1927年5月20日,国民政府成立了"清查整理招商局委员会",进行了历时五年的官督整理,轮船招商局的轮运虽然有一些恢复,但起色不大。期间又发生了"李国杰抵押招商局舞弊案"①。1932年11月15日,国民政府颁布了《招商局收归国营令》,终于将航运业国有政策在轮船招商局付诸实施。轮船招商局收归国营后,发展很快。1926年,轮船招商局所属船舶28艘,62112吨;到抗战前,有大小轮船84艘,86381吨,且增添了一批新海轮,将老旧船舶逐渐淘汰,同行业竞争实力大增。轮船招商局的国营化也为政府主导中国航运,开展水陆联运的先进模式奠定了基础。

4.组织开展水陆联运

19世纪末20世纪初,国际上水陆联运已经广泛开展。水陆联运模式一方面能够实现陆路运输与水路运输的无缝对接,货物运输快捷,减少了仓储环节,运输成本低,另一方面加强了陆路与水路运输的合作,从而避免了两种运输方式相互的恶性竞争。

将民族航运业和铁路组织起来实行联运,有利于排挤外国轮运势力,为中国航运企业提供稳定的货源。中国最初的国内水陆联运业务开始于清宣统元年(1909年),当时也是由轮船招商局负责水路运输方面。自清末至1927年,先后举行过十三次联运会议,商讨各线联运问题。南京国民政府建立后,基于对交通事业的国有化政策,联运会议又于1928年、1931年、1933年、1934年先后在交通部、铁道部及青岛市举行。历届联运会议,对于水陆联运,尤其是与轮船招商局的联运事宜,多有讨论。根据海关统计,1933年与铁路连接各港往来国内进出口船舶吨数显示,上海、南京、芜湖、九江、镇江、汉口、青岛、天津、宁波、厦门、汕头、广州、秦皇岛、岳州、长沙、苏州、杭州等17个口岸船舶吨数计有82686706吨,全国计有96376983吨,各与铁路相通的口岸船舶吨数占全国船舶总吨数的85.79%。如果将这些口岸的国内贸易全部通过水陆联运的方式由民族航运企业承运,无疑对扶助国内航业,打击外轮将起到重要作用。

1933年9月的第16次国内联运会议,轮船招商局派员参加。经过讨论和磋商,议决了《国有铁路与招商局联运办法》21条,决定将京沪、沪杭甬、津浦、陇海、胶济、北宁、平绥、平汉、正太、道清、湘鄂等11路设定为联运路。1933年11月21日陇海路开始进行水陆联运,以后渐次按计划展开,到抗战爆发前,以国有铁路为基线,以国营轮船招商局为主体的全国水陆联运网络基本形成。

但是,国有铁路与国营航业举办水陆联运,对民营航业产生了不利影响。1934年12月,陇海铁路办理陇海青岛联运后,青岛的民营航业大受影响。当时青岛航商给青岛航业公会发的呈请函中说:"(陇青联运线开通后)讵国营招商局竟不恤民营轮船困苦,而有陇青联运之举……其组织规模既大,处势复优,一切使费,又得政府优待,民营轮船自难与之竞争,此后海州小港间,所有货运将尽为吸收,且小港各轮最大者仅及500吨,小者只五六十吨,除航行海州青岛间外,别无航路可以更调,与航行海州上海之轮船不同,既无竞争之力,惟有坐以待毙……而轮船招商局不以全力与外商竞争,挽回已失利权,从事摧残民营航业……行见30余只小轮船,皆置诸无用之地,3000余海员尽失其糊口之方……联运事业,于国计民生固属便利……而现在各轮生路,亦似应顾及,筹有救济办法……"②。国营轮船招商局在联运排挤外轮的同时,确实损伤了民营航运企业的利益。于是民营航运企业也要求政府吸纳自己参加水陆联运,但由于轮船招商局对此不甚支持,多次谈判,最终只愿意将一些支线或者当时轮船招商局还没有经营的航线让

---

①1930年,轮船招商局总经理李国杰提出一套整理计划,向美商中国营业公司、大来轮船公司和美国债票公司"赊购新船、码头借款、建筑借款"三项,将招商局局产抵押给美商,且借款利息高、附加条件苛刻,引起舆论哗然。事后调查,李国杰等人还从中收取"回佣"70万两。1932年12月27日,轮船招商局舞弊案宣判,前总经理李国杰处徒刑3年。

②《申报》,1934年12月10日。

给民营公司组织联运。例如,民生公司办理四川各口岸联运;中国合众航业股份有限公司和大振航业股份有限公司办理上海——陇海线联运;嘉定航业公司办理南京——上海联运等。于是,对于民营航业的发展,国民政府开始探讨采取"航业合作"的模式。

5.加强航业合作

1933年底,在民营航运业的一再呼吁下,铁道部同意民营航业也可以参加水陆联运。1934年3月20日,交通部召开全国航业讨论会,会议决定由上海航业公会会同国营轮船招商局组织航业合作设计委员会,鉴于轮船招商局的推诿态度,会议限定六个月内完成组织设置和实行方案。

1934年4月,交通部航政司司长高廷梓亲自赴上海组织双方洽谈合作事项。4月20日,航业合作设计委员会正式在上海成立,委员会聘请宋建勋等7人为负责调查轮船状况专家,俞钧孚等25人为调查各航线近年运载客货情况专家,袁履登等11人为设计专家。1934年12月29日,航业合作设计委员会向交通部上报的《航业合作方案》获得交通部批准,方案中决定设立中国航业合作社,无论国营还是民营航运企业,都可以加入。合作社理事会由11人组成,其中国营航业(即轮船招商局)5人,民营航业6人。理事会下设三个联合营业处,分别为长江轮船联合营业处、沿海轮船联合营业处和内港轮船联合营业处。1935年5月1日,中国航业合作社正式成立,国营轮船招商局推派张咏霓、杜月笙、叶琢堂、杨志雄和刘鸿生5人为理事,上海市轮船业同业公会推派虞洽卿、袁履登、王伯芬、杨管北、陆伯鸿、陈干清为理事,共同组成理事会,公推虞洽卿为理事长。

中国航业合作社成立之时,恰逢中国航运市场不景气的时期。为了生存,各公司虽然在一些航线上展开了合作,但主要还是关心自身的利益,互相勾心斗角。9月,鉴于各方互相推诿,实行合作异常艰难,理事长虞洽卿愤然辞职,航业合作事宜中断。后来部分公司自行在6条航线组织了航业合作,分别是:上海—台州、上海—平阳、上海—启东、上海—扬州、上海—宁波和长江航线,前5条航线是民营航业组织参加,属于小航线,货运量不大,大的长江航线则包括太古、怡和、日清等外国轮船公司,可见航业合作的收效是有限的。

随着日本侵略的加剧,国民政府逐渐转向实行航运统制政策,即国家主管机关参与到航运经营中来。1936年12月9日交通部公布了《促进航业合作办法》。该办法共计8条,主要内容是某一航线上的轮船公司是否加入航业合作由交通部确定,并且经确定后不准随意退出;航线上各轮船公司统一排定班期,票价划一,收入统一管理,按比例分配。从这个办法中可以看出,国民政府已经在航业合作中处于主导地位。

以上提到的国民经济的发展、政府的鼓励政策和航运环境的改善,直接刺激了中国航运业在这一时期快速发展,在国营轮船招商局快速发展的同时,民营航业在这期间也获得了较快发展。截至1936年10月统计,我国轮船总吨在100吨以上的共有475艘,496016吨[①]。民营中等以上航运企业除了第五章第二节提到的26家外,从1927—1933年,又增加24家。截至1937年,新增中等以上民营轮船公司具体情况见表6-5。

1927—1937年新增中等以上民营轮船公司情况统计表　　　　　　表6-5

序号	公司名称	注册地址	成立年份	船　数	总吨位
1	同德轮船局	上海	1927	1	2662
2	台州信记航业公司	上海	1927	1	1524
3	益利轮船局	上海	1927	1	1056
4	振安经理轮船公司	上海	1927	2	2046

---

① 《航业月刊》,1936年第四卷第四期。

续上表

序号	公司名称	注册地址	成立年份	船数	总吨位
5	华盛汽船局	温州	1927	2	1159
6	中国合众航业股份有限公司	上海	1928	3	4462
7	闽南轮船股份有限公司	上海	1928	1	3047
8	华盛轮船股份有限公司	上海	1928	1	5155
9	源安轮船公司	上海	1928	1	1788
10	大振航业股份有限公司	上海	1929	3	4691
11	馀隆轮船股份有限公司	上海	1929	1	1990
12	中威轮船公司	上海	1930	4	14728
13	中大轮船局	上海	1930	2	10095
14	福宁轮船公司	上海	1930	4	3822
15	天津航业公司	天津	1930	3	4350
16	公济轮船公司	上海	1931	1	1513
17	民新轮船股份有限公司	上海	1931	2	5691
18	永安轮船行	上海	1931	1	1689
19	顺安轮船公司	上海	1931	1	1455
20	华宁轮船局	上海	1931	1	1951
21	刘正记轮船公司	厦门	1931	1	1073
22	华商轮船公司	上海	1932	2	5405
23	恒康轮船公司	上海	1933	1	1159
24	明利轮船公司	上海	1933	1	1556

资料来源：蔡增基，《十年来的中国航运》，中国文化建设协会编，《民国丛书》第五编，《十年来的中国》，商务印书馆，1937年，第296—298页。原文"崇明轮船公司"没有船舶吨位，笔者查阅1930年交通部发给轮船执照统计，当时该公司两艘船是"朝阳"号（371.48吨）和"天赐"号（783.41吨），故在本表中采用此数据。

应当指出，从1927—1937年，在航运高速发展的十年，整个国家一直都还在动乱之中，北伐、中原大战、九一八事变、一二八事变、"剿共"、宁粤分裂、闽变，几乎天天都在打仗，在这么恶劣的环境中能有如此成就，航业的发展应该是值得肯定的。

（二）日本侵略对我国航运业的影响

1.东北沦陷

东三省幅员辽阔，土地肥沃，物产丰富，水系网络众多，内河航运中大的水系有"三江一河"，即黑龙江、松花江、鸭绿江和辽河。丰富的物产加上众多的水系，造就了东北内河航运的发达。1928年年底统计，松花江和黑龙江流域有东北航务局、东北海军江运处、松黑两江邮船局、广信航业处、通源轮船公司、永营轮船公司等40余家，共有轮船109艘，拖船93艘，帆船2678艘；鸭绿江上的中朝贸易运输基本为日本控制，日本各种商船大约600余艘，中朝仅有三五艘；辽河由于吃水浅，大部分为木船，大约为4000余艘，小的轮船约30余艘。

日本占领东北以后，组织伪满政权，对东北的民族航运进行了暴力劫夺。伪满洲国水运司长森田成之打着"中日水运大联合"的旗号，对东三省的水运实施统辖。仅航行松花江流域，各公司被日本直接或间接统治的船舶为343艘，109300吨，具体情况见表6-6。

松花江航船被日本直接或间接统制情况表　　　　　　　　　　　　表6-6

序号	船　　主	汽 船 数	其他船只	载　重　吨
1	东北海军江运处	10	32	18220
2	东北航务局	17	21	14275
3	广信航业处	8	30	12315
4	东亚轮船公司	8	20	9110
5	奉天航业公司	4	13	8200
6	鹤岗煤矿航运处	2	11	3665
7	合兴公司	1	3	2300
8	恩基亚公司	1	6	2240
9	哈尔滨账房	1	5	2115
10	俄船公司	1	3	2030
11	永兴盛账房	2	6	1990
12	信泰号	2	5	2035
13	宝隆号	1	6	1975
14	季记号	3	4	1730
15	纪恩公司	1	2	1720
16	镜波公司	1	7	1650
17	毛家公司	0	2	1640
18	东北造船所	1	2	1585
19	沪滨航业处	2	4	1445
20	泰昌账房	2	4	1395
21	东北海运司令部		3	1305
22	永业账房	1	3	1250
23	依兰账房	2	2	1810
24	水生账房	1	3	455
25	同太账房	1	4	680
26	宁安账房	1	2	345
27	其他	35	34	11915
	合计	110	237	109395

资料来源：霍凌九，东北内河航运今昔观，《新亚细亚》，1935年第10卷第1期，原文数字计算有误，笔者现加以修正。

东三省的沿海航运货物，以大豆、豆饼、豆油和煤炭为大宗，每年运输出口，大豆约为4200万担，豆饼2300万担，煤炭约为300万吨，每年运费不下700万—800万元。这些货物，原来大部分由华商轮船运输，后则大部分改为日籍船舶运输。

2.一二八事变和"华北自治"的影响

1932年一二八事变中，日军大肆轰炸上海，并封锁上海港口，对进出船只随意炮击和检查。导致上海轮船业同业公会43家会员损失4215900.684元。[①]

一二八事变以后，日本帝国主义把侵略的矛头指向中国华北广大地区。从1932年5月开始，日本先

[①]《航业月刊》，1932年第二卷第三期。

后制造了"义勇军事件""强登第一关城墙事件"和"炮击榆关事件"。1933年3—5月,又爆发了"长城抗战",此后日本暂时将对中国"武力鲸吞"的露骨侵略方式转变为有序推进的"渐进蚕食"方式,即在地方勾结汉奸,组织所谓"自治",日本逐渐从政治上和军事上控制了华北。华北方面的海关、港口也都为日本人所控制,为了避免日本的刁难,航行北方的各大轮船公司大量雇佣日籍船员。详见表6-7:

1935年北方各轮船公司任用船长情况统计　　　　表6-7

轮船公司	船数	日本人	中国人	其他国家
政记轮船公司	28	27	1	
肇兴轮船公司	6	5	1	
北方航业股份有限公司	6		1	5
直东轮船公司	6			6
大通轮船公司	5	3	2	
毓大轮船公司	3	3		
海昌轮船公司	2	2		
惠通轮船公司	2	2		
合计	58	42	5	11

资料来源于:《航海杂志》,1935年第1卷第10期。

由上表可以看出,各大公司58艘商船船长中,中国人仅有5人,日籍船长占了绝大多数。并且日本还强迫如果各公司在"满洲国"设立分公司,则必须在"满洲国"登记注册,船舶航行"满洲国"必须悬挂"满洲国"国旗,分公司船员必须加入"满洲国"国籍。

3.日本在中国走私泛滥

20世纪30年代初期,世界性的经济危机还在持续恶化中,但日本率先摆脱危机,经济开始复苏,日本国内经济复苏和不断加强的扩军备战要求日本开拓日益广大的国外市场和原料供应地。但日本这一要求的实现遇到了阻碍,到1934年底时,已经有14个国家宣布对日货实行限制。在这种情况下,华北距"满洲"及日本较近,有丰富的多种资源,有广大的商品市场。因此,日本极力通过走私,将华北变成其国内市场的一部分,在这个市场上,他们不纳关税,如入无人之境,任意经营倾销商品和掠夺原材料的"自由贸易"。通过军事上对华北的侵略和经济上的华北走私,日本将华北变成了第二伪满洲国,变成了由日本、朝鲜、东三省走向全中国的甬道。

开始时,日本走私的规模不大,偷运货物的种类、数量也有限,他们对中国海关的法度,对中国政府的缉私活动还不能不有所顾忌,因而在走私手法上还比较隐蔽。随着日本对华北侵略活动的加强,日本在华北走私活动逐渐加剧,在1933—1936年间形成高潮。其手法大约分三种:第一,隐蔽性的走私,大多以小货船自辽东半岛出发,逢顺风时,一昼夜可达华北各主要港口,据1933年大连海关调查,大连走私出口的日本商品,每月在200万元左右,其中相当一部分是以这种方式偷运出境的;第二,贿赂性走私。这种走私的关键是以金钱财物贿赂并买通当地官吏求得庇护;第三,大规模武装走私。日货走私者勾结军队,在其武装保护下(或得其默许)进行走私。日本在华北的走私路线大致分为海路和陆路,由于海路走私远较陆路方便,因此,日本走私海路较陆路更为猖獗。

日本在华北的走私活动,除了给中国政府带来巨额的关税损失以外,还造成了大量民族工商业的倒闭和破产。猖獗的华北走私,不仅使天津一带国货濒临绝境,而且严重影响了华中、华南。日本大量向华北走私砂糖、人造丝并廉价倾销,使上海专营和兼营糖业的六十余家糖行难于经营,损失四千万元以上。上海人造丝业原有工厂21家,织机二万台,由于国产人造丝无法同华北走私人造丝竞争,1936年5月时,开工的工厂仅六、七家,开工机数仅三、四千台。

民族工商业的倒闭和破产,直接影响到民族航运业。以前,这些工厂的原材料和产品大部分是交由民族航运企业运输的。民族工商业倒闭,国货减少,大量涌入的日本产品又交由日本轮船运输,经营北洋航线的华商轮船公司面临严重的危机。北方航业股份有限公司成立于1917年,其主要经营上海——天津——大连航线,该公司有6艘船,总吨位为10709吨(1934年数据),是民营航运企业中比较大的轮船公司,到1936年已经维持不下去,被迫向日本清和公司借款20余万元,10月,被迫将大部分股份卖与(大连)永源船行和日本清和公司。

(三)世界经济危机带给中国的影响

1929年爆发了资本主义经济史上最持久、最深刻、最严重的周期性世界经济危机。这场危机首先爆发于美国,1929年10月24日纽约股票市场价格在一天之内下跌12.8%,大危机由此开始。紧接着就是银行倒闭、生产下降、工厂破产、工人失业。大危机从美国迅速蔓延到整个欧洲和除苏联以外的全世界。是迄今为止,人类社会遭遇的规模最大、历时最长、影响最深刻的经济危机。

世界经济危机爆发后,国际贸易受到很大影响,随之波及航运业。截至1930年6月,世界各国船舶吨位大约为6800万吨,停航船舶将近600万吨,运费下跌一半以上。此后情况进一步恶化,表6-8为根据美国商务部调查,世界主要海运国家历年停航船舶情况。

世界主要各国停航船比较表 (单位:千总吨)　　表6-8

国　　别	1932年7月	1933年1月	1933年7月	1934年4月	1934年7月	1935年1月
美国	3425	3588	3243	2819	2904	2580
英国	3470	3096	3207	2045	1719	1449
意大利	847	619	512	441	291	302
希腊	510	207	309	140	105	125
荷兰	755	624	361	409	184	295
德国	1452	1103	703	523	266	312
挪威	801	635	743	448	390	208
法国	973	931	940	831	684	480
丹麦	203	167	125	61	82	26
日本	235	246	160	155	44	85
瑞典	152	211	146	182	77	95
世界	14166	12700	11473	8891	7346	6891(推算)

资料来源:《航海杂志》,1935年第1卷第8期。

为了应对和摆脱危机,与中国经济联系密切的主要国家纷纷采取对策,对中国经济产生了一连串的急剧影响。先是危机爆发之后世界物价走低,金贵银贱,银大量涌入中国,造成了中国国内物价升腾,在1931年前后,引发了一次严重的国内金融恐慌。接着1931年,英国为了刺激经济,首先放弃金本位,英镑贬值。1934年美国宣布放弃金本位。随后各国争相效仿,国际市场一转1931年前的金贵银贱为金贱银贵,中国的白银开始大量外流。中国是实行银本位的国家,白银剧减造成国内各项事业的发展资金缺乏,国内物价暴跌,工农商业走入低迷。例如,1931年长江流域出口红茶上等的每担500元,1932年则跌为360元,1933年为130元,出口低迷,大量茶农破产,又无力购买消费品。其他行业也类似,造成国内商品流通减缓,航运无货可运。

(四) 中国遭遇特大自然灾害的影响

1934—1935 年,中国连续发生特大水灾旱灾。1936 年在上海出版的《中国经济年报》是这样概括 1935 年中国灾害形势的:"1931 年的水灾是中国过去最大的水灾,1934 年的旱灾是中国过去最大的旱灾,1935 年是把这两年最大的灾荒合流了。……1935 年水旱灾荒的双管齐下,竟把这过去的纪录都打破了!"这年的水旱灾荒之所以打破了过去的记录,长江、黄河的同时泛滥无疑是最重要的因素。滔滔江河水袭击了鄂、湘、皖、赣、豫、鲁、冀、苏 8 省 241 县,水淹面积 139109 平方公里,受灾民众将近 2200 万人。仅湖北、湖南两省,至少有 14.2 万人在洪水中丧生。

灾害的接续发生,使航运市场进一步恶化,不少华资轮船公司倒闭,大批海员失业。英国在华最大的两家轮船公司:太古轮船公司,1934 年亏损 45809 英镑;怡和轮船公司,1933 年亏损 73000 英镑,1934 年亏损 61000 英镑。[1] 1935 年 5 月 5 日,福宁商轮公司倒闭,该公司资本 20 万元,全属于华商资本,拥有"福东"号、"福南"号、"福西"号和"福宁"号四艘轮船。根据 1935 年 8 月 24 日上海港停航船舶调查,停航船共 33 艘,其中华商 29 艘,吨位 41461 吨,英商太古轮船公司 4 艘。由于船舶老旧的原因,所以航运萧条时期,华商船舶首当其冲地受到了很大的影响。

二、海员队伍发展规模的状况

(一) 高级海员队伍

民族航运业的快速发展,对航海人才提出了迫切需求。交通部吴淞商船专科学校自 1929 年复校后,1933 年第一届驾驶科学生 22 人毕业,按照当时的规定,领有航政局颁发的二副证书,这些学生绝大部分去了民族航运企业,具体情况见表 6-9。

交通部吴淞商船学校复校后第一届毕业生服务概况表(1933 年 10 月调查)　　表 6-9

序　号	姓　名	服　务　单　位	船　　名	担任职务
1	刘传森	留校		助教
2	华大昌	直东轮船股份有限公司	北晋	三副
3	杨璧如	同安轮船公司	同福	二副
4	李孟照	国营轮船招商局	江安	代理二副
5	陈家祥	国营轮船招商局	江大	代理二副
6	张志飞	三北轮埠股份有限公司	衡山	二副
7	陆宝崧	大通仁记航业股份有限公司	通顺	二副
8	徐焯	肇兴轮船公司	联兴	二副
9	唐桐苏	肇兴轮船公司	鲲兴	代理三副
10	俞文农	三北轮埠股份有限公司	清浦	二副
11	汪德培	国营轮船招商局	江裕	二副
12	许德所	源来行	未详	二副
13	孙寿颐	中和	春和	二副

---

[1]《航海杂志》,1935 年第 1 卷第 6 期。

续上表

序 号	姓 名	服务单位	船 名	担任职务
14	汪振华	肇兴轮船公司	和兴	二副
15	林石民	太古轮船公司(英资)	吉安	二副
16	吕斌	政记轮船公司	同利	二副
17	承纬	通成	通利	二副
18	杜福汉	民生公司	未详	大副
19	陆飞龙	和丰新记轮船公司	大陆	二副
20	施兴复	政记轮船公司	茂利	二副
21	廖洪熙	三北轮埠股份有限公司	新宁兴	二副
22	陈勋增	因故回籍		

资料来源：《航业月刊》，1933年第二卷第十期。原文公司名称不准确，笔者加以修改。

轮机科1930年开始招生，1934年第一届毕业生13人毕业。截至1937年抗战爆发，交通部吴淞商船学校复校后共毕业112人，大多选择了为民族航运企业服务。

公司方面。在赵铁桥担任轮船招商局总管理处总办期间，大力培养和提拔本国航海人才。1928年1月他刚到任时，轮船招商局内28名船长中，仅有5名中国人，并且这5名中国人全部是江轮船长，海船船长一个也没有。到1928年8月，中国船长增加到9人，其中马家骏担任"图南"号海船船长，这是轮船招商局自成立以来第一次由中国人担任海船船长职务。其他高级船员中，中国人的比例也大幅增加。具体情况见表6-10。

1928年1月和8月轮船招商局高级船员中外对比表　　　　　表6-10

月 份	大 副		二 副		轮 机 长		二 管 轮		三 管 轮	
	中	外	中	外	中	外	中	外	中	外
1月	5	21	7	17	6	23	7	18	7	19
8月	16	12	26	1	9	19	14	14	23	5

资料来源：《国营招商局船员名单及薪水表》(1928年1—8月)，《招商局半月刊》，1928年10月5日，转引自转引自张后铨：《招商局史》，中国社会科学出版社，2007年，第341页。

此后，高级船员中中国船员数目不断增加。到1931年，随着马家骏担任"海晏"号船长，轮船招商局所有轮船均使用中国人做船长。

民营航运业也是如此。根据交通部统计，1928—1937年，在交通部注册的高级船员为9487人，详细情况见表6-11。

交通部历年注册船员数(1928—1937年)　　　　　表6-11

年 份	总计	驾 驶 员				轮 机 员			
		合计	甲种	乙种	丙种	合计	甲种	乙种	丙种
1928	514	257	110	147	0	257	78	179	0
1929	739	338	124	214	0	401	90	311	0
1930	867	397	128	269	0	470	100	370	0
1931	1255	680	142	538	0	575	108	467	0
1932	1635	782	159	623	0	853	111	742	0
1933	1849	920	190	730	0	929	115	814	0

续上表

年份	总计	驾驶员				轮机员			
		合计	甲种	乙种	丙种	合计	甲种	乙种	丙种
1934	688	320	76	194	50	368	18	350	0
1935	765	369	69	233	67	396	16	380	0
1936	761	370	87	148	135	391	23	368	0
1937	414	183	48	100	35	231	27	204	0

资料来源：中国第二历史档案馆编，《民国档案史料汇编》，第五辑，第一编，财政经济（九），交通邮电，江苏古籍出版社，1994年，第333页。原材料中另有正副舵工64名和正副司机200名。注：数字不包括各种原因减少的船员数，所以实际工作的海员总数要少。

由于当时船员登记申领证书逐步进行，这个数字仅仅是经过交通部航政局考验合格的人数，还有很多没有来得及参加考验。据估计，当时中国在轮船上工作的高级船员应当在1万人以上。

（二）普通海员队伍

普通海员队伍由于包括海员和航行内河的民船船员，民船船员归地方管辖，当时没有确切的统计数字，只能从零星的史料中发现并加以推断。

1929年10月，上海航业公会①委员陈干青，代表中国船东出席第13次国际劳工大会。根据他提供的数字，当时中国海员在外国轮船上工作的有16万人。②

1932年，国民党实业部统计中国海员的人数为215650人。③ 1932年中国海员工业联合总会整理委员会，曾电请国民党三中全会修改《海员工会组织法》，文中提到了中国80万海员。④ 这个数字应该包括各地内河小轮和帆船船员。

各省的情况。1934年7月，山东省建设厅对山东境内大小民船进行了调查，全省共有各类民船15584艘，4306385担。⑤ 1937年4月，浙江省经过调查统计，全省各类民船95838艘。⑥ 以每船平均3人计算，仅这两个省的船民约有30万人。

三、海员工作生活的基本状况

国民政府收回海员管理权之后，除了建立一系列管理规章外，还对船员的工作和生活状况制订了相关政策，进行了一定程度的改善。在这期间，各级海员工会也注重对海员群体的维权，各轮船公司也出台了一些措施，保障海员的权益。但是，1929年世界性的经济危机爆发后，我国航运业也受到很大影响，进出口贸易整体呈下滑趋势，1934年以后，又受到"金贱银贵"的影响，加上自然灾害，日本的侵略，航运形势进一步恶化，直到1936年下半年才有所好转。但不到一年，全面抗战爆发，刚刚出现曙光的中国航运业又面临灭顶之灾。在1934年以后的2年中，各航运公司为求生存，也加大了对海员的剥削。

（一）海员工作生活的改善情况

1.制定《轮船船员数额表》，减少了船员的工作时间

当时我国船舶在近海或沿海航行，舱面部（甲板部）船上一般只配备大副和二副两人，驾驶值班每天

---

①1927年7月2日在上海成立，为轮船公司的船东组织。
②陈干青：《第十三次国际劳工大会议决案》，《航业月刊》，1930年第1卷第1期。
③《中国船员生活之检讨》，《航海杂志》，1935年第1卷第3期，第115页。
④详见《海事月刊》，1932年第6卷第7期。
⑤《交通杂志》，1935年第3卷第4期。
⑥《交通杂志》，1937年第5卷第5期。

就有12个小时,加上其他事务,每天要工作16—18小时,睡眠时间严重不足,身体状况深受影响。而当时世界上大多数国家都已经实行了海员8小时工作制。1929年第13次国际劳工大会,更是明确了海员8小时工作制度。

1930年6月,中国商船驾驶员总会召开会议,讨论海员的工作时间问题。会议议决两项:一是要求政府指定各地轮船公司添加三副和实习生;二是商请上海航业公会可否自动添置三副和实习生。同时建议:凡航行沿海之船,不论大小,均须派见习生2—4人;总吨在2000吨以上,或每次出海水程在5昼夜以上者,应添任三副一人。

交通部收到中国商船驾驶员总会的建议后,组织人员草拟了《轮船船员数额表》,并提交促进航业讨论会①讨论,获得一致通过。1934年4月13日,交通部正式公布了《轮船船员数额表》。(见表6-12)

1934年轮船船员数额表 表6-12

远洋航线								
总吨数	1600吨以上							
船员名称	船长	大副	二副	三副	轮机长	大管轮	二管轮	三管轮
证书等级	甲种船长	甲种大副	甲种二副	甲种三副	甲种轮机长	甲种大管轮	甲种二管轮	甲种三管轮
数额	—	—	—	—	—	—	—	—

近海航线								
总吨数	50—200吨		200—500吨			500—1000吨		
船员名称	船长	轮机长	船长	大副	轮机长	船长	大副	轮机长	大管轮
证书等级	乙种二副	乙种二管轮	乙种大副	乙种三副	乙种大管轮	乙种大副	乙种二副	乙种大管轮	乙种二管轮
数额	—	—	—	—	—	—	—	—	—

江湖航线												
总吨数	50—200吨		200—500吨		500—1000吨			1000—3000吨				
船员名称	船长	轮机长	船长	轮机长	船长	大副	轮机长	大管轮	船长	大副	二副	大管轮	二管轮
证书等级	丙种二副	乙种三管轮	丙种大副	乙种二管轮	丙种二副	丙种大副	乙种大管轮	乙种三管轮	丙种船长	丙种大副	丙种二副	乙种轮机长	乙种二管轮
数额	—	—	—	—	—	—	—	—	—	—	—	—	—

总吨数	3000吨以上							
船员名称	船长	大副	二副	三副	轮机长	大管轮	二管轮	三管轮
证书等级	丙种船长	丙种大副	丙种二副	丙种三副	乙种轮机长	乙种大管轮	乙种二管轮	乙种三管轮
数额	—	—	—	—	—	—	—	—

沿海航线												
总吨数	1000—3000吨						3000吨以上					
船员名称	船长	大副	二副	轮机长	大管轮	二管轮	船长	大副	二副	三副	轮机长	大管轮	三管轮
证书等级	乙种船长	乙种大副	乙种二副	乙种轮机长	乙种大管轮	乙种二管轮	乙种船长	乙种大副	乙种二副	乙种三副	乙种轮机长	乙种大管轮	乙种三管轮
数额	—	—	—	—	—	—	—	—	—	—	—	—	—

2.长江上游宜昌——重庆段领江加薪

长江上游的领江的工资数额是由英国人确定的。1917年,英国人薄蓝田(Plant S.C.)担任重庆海关巡

---

① 1934年,中英、中美通商行船条约即将期。为了收回航权和发展我国航运业,国民政府于1934年3月20日在南京召开了促进航业讨论会,参加人员有各地航业团体和轮船公司代表。

江司一职,对川江航行情况详细研究。1920年规定了长江上游华籍领江的薪俸标准:大领江月薪300元,二领江月薪200元,三领江月薪100元。五卅惨案发生后,国人开始抵制英日轮船,航行长江上游外轮因此减少,大批领江失业。而此时国际上白银大量涌入中国,物价上涨。1930年1月底,领江以目前薪俸为10年前所定,现物价上涨,提出加薪要求,具体条件是:自2月份开始至年底,每月加薪50元;第二年再加薪50元;第三年加薪100元;并且要求各轮船公司每月给与伙食补贴,大领江50元,二三领江各30元。

各轮船公司认为,领江工资由海关确定,不宜更改,况且当时各领江的聘用合同期未满,不能够加薪。于是领江工会宣布罢工。当时航行川江的华籍轮船少,所以最初几家华籍轮船先答应了领江的加薪要求,华籍轮船公司的另一层考虑是趁外国轮船公司拒绝要求之际,能够扩充自己的业务,挽回航权。但美法轮船公司看出华籍轮船公司的企图,后与领江工会谈判,达成意见:暂时维持原薪,公司给领江津贴伙食费共120元,将来美法轮船公司按照英日轮船公司的标准执行。后来英日轮船公司迫于形势,答应每月加薪25元。

3.各团体与轮船公司交涉,解决海员问题

1930年3月,挪威轮船公司"滦平"号船长将25名中国海员解雇,但按照合同,海员服务期未满,海员刘胜等向中华海员工业联合总会反映,请求帮助。中华海员工业联合总会整理委员会主任赵植芝随即一面派员和船长以及挪威驻沪领事交涉,一面请国民政府和外交部出面解决。外交部即以批字第49号文,咨请上海特别市查明办理。[①] 上海特别市对此事尚未办理时,上海航业公会得知消息后,查明"滦平"号即将起航,于是先派公会秘书赵士明先后与船长、该公司上海代理赍赐洋行(Moller & Co)以及挪威驻沪领事交涉。1930年5月29日,劳资双方达成协议,"滦平"号船长和赍赐洋行(Moller & Co)经理均出书面保证,不再开除海员。但海员们认为该船长"凶横狡计,难保其不再食言,且查其此次勉强应允,绝非诚意",不愿再在此船上继续工作,同时提出以下条件:①除将以前工作50天薪金清发外,另给一个月薪金;②购给返汕头船票25张;③给予在沪候轮膳宿费洋75元;④返汕船上菜饭洋25元。经赵士明反复与船长交涉,最终船长答应了工人们的要求。

1929年8月,上海轮船木业工人(船上木匠)2000余人也要求加薪6元,限资方于1930年1月1日之前答复,否则将实行罢工。资方未予理会,其间资方还勾结"广福昌"号工头破坏罢工。1930年6月20日下午,广东籍木工首先宣布罢工,资方深恐工潮扩大,在海员工会的调解下,于6月27日答应了工人的要求:自6月27日起,木工散工工资每天增加0.11元(木工要求每天增加0.2元,其中0.06元作为海员工会的会费由资方发给,另外0.03元待各公司达成一致时再发给),涨完工资后,轮船木工每月工资能达到45.3元。

在上海轮船业木工争取涨工资时,中华海员工业联合总会鉴于当时其他海员工资收入较低,函请各轮船公司津贴海员生活费,随后在中国内贸航线的三大外国轮船公司——太古轮船公司、怡和轮船公司和日清汽船株式会社决定自1930年6月起给生火和水手每月增加米贴2元,并函告上海航业公会,希望华商公司一同办理。1930年5月31日经上海航业公会第6次执行监督委员会讨论通过后实行。海员工会则希望每月加薪6元,于是海员工会继续与上海航业公会协商。7月27日,上海航业公会第6次执行监督委员会讨论,议决可以每月加薪6元,自8月开始每月先加薪3元,其余3元待来年增加运费后再行添加。上海航业公会函告海员工会后,海员工会则继续交涉,上海航业公会分别于1930年8月7日第8次、1930年8月19日第9次执行监督委员会讨论,与海员工会代表签订《上海海员加薪劳资协约》:①水手生火管事等之部,自1930年8月1日起,每海员加薪食4元;②1931年3月1日起,再加2元,前

[①]《航业月刊》,1930年第一卷第一期。

后共计加薪6元。①

4. 上海航业公会发起海上人命保险

20世纪30年代以前,我国海员素无生命保险,一旦发生事故,索赔异常困难。国家也没有制定相关的法律法规,海员遇难后,家属往往只能到轮船公司哭诉请求抚恤,也给轮船公司带来了一系列问题。1931年,上海航业公会发起,由各船东合组海上生命保险公司,对海员的生命安全进行投保,保费初步定为船东承担一半,海员个人承担一半。其后发生了中华海员工业联合总会呈请各轮船公司给海员加薪事件,按照上海航业公会与海员工会代表签订《上海海员加薪劳资协约》的约定,自1931年3月1日起,再加2元。经上海航业公会执行监督委员会1931年3月26日第13次会议决定,本次加薪的2元,充作海员的海上生命保险费。②

5. 高级海员配枪与防海盗

海盗问题在我国长期存在,南京国民政府成立初期尤其严重。当时海盗劫船主要有两个手段,一是驾船拦截,二是化妆成旅客,伺机抢劫沿海或内河的客轮。1927年10月19日,轮船招商局的"爱仁"号(Irene)从香港驶出不久就被海盗劫持。20日英国海军拦截失败,英国军舰开火,导致船体中弹,21日沉没,14人遇难。1929年11月5日,"广济"号(Kwangchi)在温州附近被海盗劫掠。频频发生的海盗事件使航商遭受巨大损失,也给船上人员的生命安全造成严重威胁。1929年9月19日,上海航业公会给吴淞警备司令部熊士辉发了《为商轮时遭匪患高级船员拟备枪自卫应如何取得执照》文,说明"近来江湖河海盗匪日多,大小商轮之被劫掳者时有所闻,近且发生外轮在苏鲁交界海面被盗匪掳去海员5人,勒索巨款往赎之事,尤属骇人听闻。鉴此前车,尤属航行不寒而栗",从而建议各商船应该配备一定数量的枪械用于自卫,枪械由高级船员保管,但是如何取得官方许可,以及如何办理手续以及向何机构请领枪械等问题,呈请吴淞警备司令部予以解决。熊士辉于1929年9月25日发布指令(别字第184号),"船员备枪自卫,应属正当办法,惟需请领执照方为合法。在本部管辖范围以内,可遵照规定条例来部具领"。③ 但船员配备武器后,由于没有受过专门训练,劫案仍时有发生。此后,航商多要求海军护航。1930年7月,长安轮船公司行驶上海——福州的"华安"号,就申请吴淞全国海岸巡防处委派10名士兵上船护航。同年9月,英商太古、怡和轮船公司请英国军舰在长江上游武穴一带护航。但匪患仍旧猖獗,仅1930年9月间,就有数十艘商船被劫:9月8日,利济轮船公司"芜通"号被劫,9日,该公司"宣城"号又被劫;9月8日,永宁轮船公司"永宁"号被劫,20名乘客被绑架;9月8日,苏州航业公会"立兴"号被劫;9月10日,大安港海盗出动700余人,驾船劫掠民船50余艘;9月12日,中国驾驶协会商轮被劫,并绑架10余人;9月14日,利澄轮船公司"锡澄"号被劫。有的商船甚至在有护航士兵的情况下仍被抢劫。由于请的士兵关键时候并不能为航商利益着想,只顾各自逃命,各轮船公司无奈之下,各自组织本公司的护航队,作为船上的专门人员配备。④

6. 制定了船员退休金制度

1935年,国营轮船招商局首先出台了船员退休金制度,发放金额以服务期为标准:服务20年以上,按月给予原薪2/3;服务15—20年,按月给予原薪1/3;服务15年以下,按月给予原薪1/4。客观来说,这些待遇还是很可观的,在很大程度上解决了船员的后顾之忧,调动了广大船员的积极性。后来,轮船招商局的这种办法,被国内多家轮船公司采纳。

---

① 《航业月刊》,1931年第一卷第三期。
② 《航业月刊》,1931年第一卷第九期。
③ 《航业月刊》,1934年第二卷第十二期。
④ 1937年3月,轮船招商局就招考了80名护航警察。

(二) 中外轮船公司加大了对海员的剥削

1. 不平等待遇问题

20世纪20年代末，吴淞商船学校停办前的几届毕业生经过十几年的努力工作，已经渐次在轮船上担任高级职务，但中外海员的待遇相差巨大。

1927年4月30日，国民党中央执行委员会第85次会议议决成立轮船招商局整理委员会，对轮船招商局业务进行调查整理。① 6月6日，中国商船驾驶员总会给轮船招商局整理委员会发函，希望值此整顿之际，应该将英籍海员解雇而改用国人，随后海员冯载穆向轮船招商局总船长（外国人）申请职务。冯载穆是吴淞商船学校毕业生，当时已经持有船长证书，大副职务也已经干过多年。在冯载穆的多次请求下，6月25日，总船长批准冯在"新江天"号上担任二副职务，将原俄籍二副调往"同华"号，本着华人担任一个职务则外人势必减少一个的爱国主义原则，冯载穆答应了。但到船上任时，被告知工资仅为每月80元，而前任俄籍二副则为230元，同一船同一职务，待遇相差如此之大，"人非丧心病狂，决不为此"。②

1932年1月7日，轮船招商局全体船员约一千人推派代表向局方请愿，要求与轮船招商局机关职工同等待遇，发给年终双薪，为局方所拒绝。8日起全体船员罢工，以后到上海的轮船招商局轮船也相继罢工，共达十七艘。局方以"国难期间不得擅自停船"威胁船员，拒绝了船员的要求。最后经杜月笙调解，双方达成协议，议定三条：①发给船员年终双薪（一月份发半数，其余半数在三月份发给）；②不得无故开除船员；③如局方承认局员职工会，则对船员联合会也同样承认。这样，各轮从1月12日起先后复航。

1932年5月间，三北轮埠股份有限公司拟废约减薪，降低海员薪酬，引起广大海员不满。上海焱盈总社出面与上海航业公会沟通，希望公会制止三北轮埠股份有限公司的降薪行为。后经国民政府实业部调查，以劳字第1306号文发中华海员工业联合总会，告知实业部已经请上海市社会局派员赴该公司调查，但结果却不了了之。

1935年6月11日，上海市轮船业同业公会发表宣言，提到航运业近10年来"三遭劫运"③，加上水灾旱灾影响，航业萧条，决定减薪，议决凡在船上工作的船员，工资在15元以上的，自1935年7月1日起，每月按八折发放。为此，中国商船驾驶员总会、中国轮机员联合会和中国船舶无线电员联合会三个团体强烈反对，6月18日发表《反对船员减薪启事》，列举在航业不振的情况下，上海市轮船业同业公会合计增加轮船40多艘，近年来煤价又下降，船舶营运成本降低，不存在因船员工资而影响公司收益的问题，同时呈请交通部出面干预，可交通部认为"案关劳资契约，可自行商洽办理"④，对处于弱势的劳方海员群体，并未予以帮助。6月29日，上海市轮船业同业公会迫于压力，将减薪标准调整到50元以上的按八折发放。遭到反对后，7月3日，国民党中华海员特别党部介入此事，要求资方做出让步，各公司则各自秘密声明不减薪。

关于轮机人员待遇较低的问题，早在1933年，轮船招商局所属轮机人员80余人，因工资薪金较驾驶人员相差较大，呈请加薪。总经理刘鸿生认为，轮船招商局船员工资标准，已经施行多年，并无不妥。如果轮机人员执意要求加薪，则需通过局内举办的考试，通过者按照要求加薪，通不过者仍旧按照原薪，此事没有解决。

1937年初，"海亨"号轮机船员以轮船航行外洋，要求发给轮机员工远洋待遇标准。当时轮船招商局

---

①陈玉庆：《国民政府清查整理招商局委员会报告书》，社会科学文献出版社，2013年，第3页。
②陈玉庆：《国民政府清查整理招商局委员会报告书》，社会科学文献出版社，2013年，第59—60页。
③军阀混战、九一八事变和一二八事变。
④《交通公报》，第六八〇号，航政公牍，第61页。

的船舶上航海人员与轮机人员的待遇相差较大,船长月薪为 300—490 元,轮机长仅 160—200 元,还有伙食待遇的不平等,"海亨"号船长月薪为 700 余元,相差更为惊人。6 月 16 日,轮船招商局轮机人员致函中国轮机员联合会,请求总会向局内交涉。但轮船招商局接到船员要求后,发表了《招商局告轮机员书》,辩称之所以轮机人员和驾驶人员薪金差距大,是因为:①历来服务于轮船之轮机人员,除少数由专门学校出身者外,以工匠积资迁升者为多;②由工匠升充者有相当经验,工作效能尚优,然于机械作用缺乏学理智识;③由学校出身者,学识固佳,但多侧重理论,缺乏经验,且以不惯操作之故,遇事不能躬亲执役,亦足影响工作效能。① 同时轮船招商局认为本局的轮机人员工资,已经比其他公司要高一些,所以不同意船员的要求。直到 1937 年 7 月 22 日,交通部公布了《国营招商局轮船员工薪级工资待遇办法》,规定了按照不同的吨级,轮机长月薪为 120—420 元,大管轮为 100—280 元,二管轮为 70—180 元,三管轮为 50—140 元;对比甲板部大副为 100—330 元,二副 70—180 元,三副 50—140 元,待遇不平等问题才予以解决。②

2. 解雇海员问题

1932 年初,太古轮船公司为整顿江轮业务,制订了航行长江的中舱工人(即茶房)人数标准。"吴淞"号、"武昌"号、"黄埔"号上各 40 人,"安庆"号、"大通"号、"鄱阳"号上各 30 人,"武穴"号、"芜湖"号上各 20 人,"长江"号上 25 人。新制定的人员标准比原来配备标准人数下降很大。原来各轮船上茶房大约百人左右,新标准施行后,意味着一半多人即将失业。时值一二八事变爆发前夕,日人军舰大举集结于吴淞口岸,航商畏于战火,多数将长江班轮停航,船上员工原本就担心生计困难,所以,太古轮船公司的决定遭到了中舱工人的坚决抵制。上海中舱公所委员周筱亭等,联络海员工会出面与太古轮船公司交涉未果。1932 年 2 月,太古轮船公司首先强制驱除了在"吴淞"号上工作的 128 名茶房,中舱公所先后请上海市和武汉市政府出面调解,也因公司方面意见坚决,无功而返。1932 年 4 月,广东的中华海员工业联合总会介入,与公司谈判仍未取得进展。5 月份,宣布海员封锁太古轮船,即不允许太古轮船公司的船开出广州港。先后封锁了 20 艘船,共计 24 天,后经各方调解后放行。鉴于广州地区海员对太古轮船公司中舱工人的支持,6 月,太古轮船公司决定放弃广东航线。海员工会又与宁波分会联系,6 月 27 日,太古轮船公司宁波航线"新北京"号海员宣布罢工。随后又经过谈判,太古轮船公司稍微做出让步,决定 6 个月内不减少茶房数,但 6 个月后,仍要减少 30%,此项条件为海员工会拒绝。海员工会随向上海、汉口、牛庄、大连、汕头、厦门、宁波、芜湖、青岛、重庆各地派出代表联络,定于 1932 年 11 月 1 日起,各地在太古轮船公司工作的华籍海员举行罢工,船只停航,码头工人拒绝装卸货物。11 月 10 日,上海社会局召集各方进行调解,太古轮船公司做出让步,暂不实行新标准,双方签订合约,事件最终和平解决。

1932 年 10 月,受经济危机的影响,美国国内大批工人失业,另一方面,自一二八事变爆发后,中日在上海激战,使太平洋航线的货运受到很大影响,经常出现从上海出发的万吨货轮,只装载了两三百吨货物的情况。于是美国政府命令航行太平洋航线的各美国轮船公司将中国海员全部辞退,于 1933 年 5 月 1 日起,改用美国失业工人,此举将直接影响 10000 余名中国海员的生存问题。最初各轮船公司因中国海员工资低下(月薪仅为 30—60 元,约合 4—8 美元),工作出色,反对政府禁用中国海员的禁令,但美国政府许诺更换华籍海员后将给予各轮船公司补助,各轮船公司开始执行,截至 1933 年 2 月底,已经裁撤了 2/3,6000 多名中国海员失业。1932 年 12 月 7 日,中国海员工业联合总会整理委员会呼吁交通部应设法解决。交通部遂咨请外交部,请我国驻美领事与美国政府进行交涉。1933 年 4 月,美国取消酒禁令,各

---

①《申报》,1937 年 6 月 19 日。
②在招商局轮机人员要求加薪的期间,日本利用汉奸诱惑这些轮机人员前往大连的日本轮船公司工作,被拒绝。

大美国酒厂开工,对美国工人需求甚多,取缔中国海员的禁令被迫暂缓执行。①

四、中国海员的抗日救亡运动

随着日本帝国主义加紧对中国的侵略,特别是九一八事变以后,中国海员开展了轰轰烈烈的抗日救亡运动。

(一) 山东海员拒绝青岛海关任用日本人考核海员

胶海关(青岛海关)原为德国的租借地海关,为德国人控制。1914年第一次世界大战爆发后,日本对德国宣战。1914年11月11日,日军侵占青岛并派40名日本人接管胶海关。12月1日,将德国税务司威礼士(Wilzer A.H.)驱逐。1915年8月,北京政府在日军的压力下,被迫签订《关于重开胶海关现时由日军政府管理海关办法》。9月1日,胶海关恢复,日本人立花政树担任税务司。② 从此,日本人控制了胶海关。

"济南惨案"③发生后,1929年国民政府设立青岛特别市,胶海关改名为青岛海关。此时,海关仍然任用日本人组织船员考试,激起了山东海员的愤怒,他们联名要求中华海员工业联合总会青岛分会致函上海航业公会并转国民政府财政部,要求"嗣后凡考试海员,勿任日人为委员,以维国权而免物议"。上海航业公会也认为"青岛为我国收还之领土,华夏非无航海学识经验之人才,实无需借才异地,致失国体主权",认为财政部应当"即将海员考试之日本籍委员,一概屏除,嗣后永不得任用"。④

(二) 马家骏船长驾驶"新铭"号赴日本接回侨胞

九一八事变爆发后,我国在日本的华侨有3万余人。日本军国主义操纵国内舆论,污蔑中国首先挑起事端,日本社会对待旅日华侨的态度逐渐恶劣,大批华侨被解雇,部分人员还遭到日人的袭击殴打,这些侨胞在日本的生活面临严重困难,纷纷回国。

留日的部分华侨生活困难,无力承担回国的旅费。对于这部分侨胞,国民政府赈务委员会首先拨款一万元给驻日使馆解决生活问题⑤,同时国民政府指令交通部会同外交部协商派船赴日接侨事宜。经过协商,决定首先派船去横滨接侨,交通部命令轮船招商局选派船赴日接侨。

轮船招商局最初选定"新丰"号,但"新丰"号不久即将入船厂大修,最终选用"新铭"号,同时,选派航行经验丰富的马家骏为船长。考虑到此次接侨大约有一千多人,马家骏指示船上管事预备了可供应1200余人六天的饭食,同时,储备了可供14天航行的燃料。为了防止到达横滨后日本港方刁难,轮船招商局联系了美国大来洋行,大来洋行同意"新铭"号到达横滨时停靠大来洋行的码头,并代"新铭"号申请领港。

1931年11月30日,"新铭"号从上海启程,船上海员全部为中国人。5日下午抵达横滨。到达横滨后,搭载华侨891人,得知神户还有大批华侨等候回国,7日中午马家骏命令"新铭"号驶往神户,搭载334人,合计两地共搭载1225名华侨,行李2000余件。12月9日下午四点从神户开航,12月13日返回上海。

---

① 资料来源于:《红色中华》,1932年第37期,《华侨半月刊》,1933年第27期。
② 孙修福:《中国近代海关高级职员年表》,中国海关出版社,2004年,第229页。
③ 第二次北伐进行期间,日本恐怕中国一旦统一,必不能任其肆意侵略,竭力阻挠北伐进行。日本以保护侨民为名,派兵进驻济南、青岛及胶济铁路沿线。1928年4月,驻守济南的北洋军阀张宗昌逃跑,国民革命军于5月1日克复济南,日军遂于5月3日派兵侵入中国政府所设的山东交涉署,将交涉员蔡公时割去耳鼻,然后枪杀,将交涉署职员全部杀害,并肆意焚掠屠杀,史称"济南惨案"。
④《航业月刊》,1930年第一卷第一期。
⑤《国民政府公报》,1931年第九〇三号,第5页。

期间,11日午夜,在花脑山东约100海里处,"新铭"号遇到大风,船舶颠簸严重,乘客惊恐害怕,马家骏一边安慰乘客,稳定大家的情绪,一边指挥船上的100余名海员坚守岗位,抵御风暴,成功地完成了此次接侨任务。

(三)海员揭发日船勾结汉奸冒充中国国籍航行内港

1932年一二八事变爆发后,全国掀起了抵制日货的新一轮高潮,日本航运也深受影响,广大爱国华商不用日船运货,致使日本在华航运业遭受巨大损失。1932年3月,日本大连汽船株式会社勾结烟台永源轮船公司汉奸,将所属轮船4艘,明卖暗托,改为永源轮船公司的轮船,分别命名为"永源"号、"顺源"号、"顺利"号和"成利"号,悬挂中国国旗,取得航行福建兴化、泉州等港口的权力(兴化、泉州属于不对外通商口岸,只允许中国轮船航行)。因不通商口岸,所在地没有外国领事,按照规定也不准外籍船员航行,于是日商开始在上海招聘华籍船长和船员。船员金炳堂(系吴淞水产学校渔捞科第8届毕业生)等最初不明情况,参与应聘。等上船后了解到该船"永源"号实际上属于日本人所有,于是金炳堂等愤而辞职,并向社会揭发此事,引起舆论哗然,日商不得不放弃这一航线。

在获知一二八事变的消息后,1932年3月18日,"威尔逊总统"号(President Wilson)上的101名中国海员给国民政府发函,"要求政府以武力收回东北及上海失地"。公函中指出,自东北沦陷后,日本得寸进尺,以为我国可欺,"复犯京沪,观兵长江,谋吞全国",幸亏十九路军奋起杀敌,屡挫敌锋,日贼胆寒,然而"政府近复因国联决议,命十九路军自动撤兵,贼兵苦战经月,未得稍逞之上海,至此乃完全陷落。惊耗传来,海员等同深悲愤","尚恳政府速下决心,遵照历次宣言,以武力收回东三省及上海失地,海员等对于杀贼救国,牺牲生命财产,均所不惜"。①

(四)中国海员拒绝为日寇运送军火

1933年2月,日本政府为了战时运输的需要,购买了上海挪威籍华伦轮船公司的"标伦"号轮船,计划将该轮由上海开往日本往华北运送军火。船上原有中国海员40余人,闻知此项消息,认为"运送敌国军火,以残杀祖国同胞,绝非爱国男儿所愿为"②,一致决定,全体离船,自动解雇。并推举代表赵永淦、顾宝林、林阿银、王有生等十余人为代表,前往上海的中华海员特别党部,要求发还上船押金和欠薪。中华海员党部遂派人向华伦轮船公司交涉,于3月18日将海员薪金如数发还。同时各海员团体一致表示,如果"标伦"号轮船以后仍旧想雇佣中国海员,则各海员团体一概抵制,绝不为敌寇服务。

(五)民生公司海员的抗日行动

面对日寇的步步入侵,广大民营航运公司的船员也开展了轰轰烈烈的抗日行动,民生公司是其中的典型代表。

民生公司是由著名实业家卢作孚于1926年6月10日在四川合川正式成立的,后迁重庆。当英国、日本等国航运业横行川江时,民生公司积极投入收回内河航行权的爱国斗争。最初从上海订购一艘载重吨为70吨的小轮船"民生"号,在重庆、合川间经营川江客运,以后继续扩充营业。卢作孚坚决反对高级船员只能由外国人担任的做法,首先在本公司实行高级船员均由中国人担任。对普通船员,实行招考录取、专业培训、考工考绩、奖惩并用等制度,并革除当时沿袭外轮"买办"包办的陈规陋习,船上各项业务由公司统一管理,表现出企业进取精神,增强了在中外同业竞争中的地位。

---

①中国第二历史档案馆编:《中华民国史档案资料汇编》,江苏古籍出版社,2000年,第五辑第一编《政治》(4),第412页。
②《华侨半月刊》,1933年第20期。

1933年，民生公司在九一八事变纪念会上，提出各部门要提高抗日的精神，公司号召全体员工及其家庭：①不为日人服务；②不售与日人任何材料及食品；③不购日人货品；④不与亲日华人为友。其中关于船员方面有5点：①招待乘客和蔼周到的精神要超过日船；②保护客货的办法要超过日船；③保护船身，节省费用的精神要超过日船；④清洁整饬调理秩序的精神要超过日船；⑤对于乘客要随时提起其抗日救国的精神。

（六）中国海员团体救国联合会的成立

1933年长城抗战爆发。《塘沽协定》签订之后，日本暂时将对中国"武力鲸吞"的露骨侵略方式转变为有序推进的"渐进蚕食"方式。1935年1月中旬，日军首先制造了"察东事件"，迫使南京国民政府承认察哈尔沽源以东地区为"非武装区"。5—7月，其华北驻屯军司令官梅津美治郎和关东军奉天特务机关长土肥原贤二又借口"河北事件"和"张北事件"，胁迫南京政府批准北平军分会代理委员长何应钦与梅津达成的条件，即世人所称的"何梅协定"，及察哈尔代理主席秦德纯与土肥原签定的"秦土协定"，接受日军所提取消冀、察两省境内的国民党党部等多项要求。此举使河北、察哈尔两省的主权大部丧失。

鉴于"国难日深，寇仇益急，全国学生纷起救亡，各界民众亦群起响应"，[①]中国轮机员联合会、船舶无线电员公益会、中国航海驾驶员联合会、中国商船驾驶员总会、焱盈总社、招商局均安会、北均安水手公所、怡和理货俱乐部以及航海杂志社等海员团体发起组织中国海员团体救国联合会，于1935年12月24日、28日召开了两次筹备会，1936年1月2日正式举行成立大会，呈请党政机关备案，同时积极征求其他海员团体参加，共起救国。

附：中国海员团体救国联合会宣言

自"九·一八"以来，为期不过数年，东北四省，丧失于不抵抗之中，使侵略者，不费一卒一弹，占我半壁河山，淞沪之战，长城之役，我军奋勇抵抗，几转国际视听，终因后援无应，遂致功败垂成，苟当时能举国奋抗，则胜负之数，正不可知，何致受盟城下，听人宰割！试看层出不穷之协定，无非戕我国命，得寸进尺之野心，终无已时，我政府之和平退让，敦睦邦交，犹不能遏彼鹊巢鸠占之谋，以戢其蚕食鲸吞之欲，隐忍屈服，与委曲求全，对于和平民族，或能感其天良，然非所以语于今日之危急局势也，今者殷逆汝耕，公然叛变，自绝国人自古援引外力，未有不自覆宗邦者，回纥鞑靼之祸，史册昭昭，可为殷鉴，若再姑息优容则浪人可以制造民意，汉奸居然待为上宾，假经济提携之名，行倾销侵夺之实，阴谋百出，举国骚然，此次北平学生目击心伤，奋起救国，竟遭军警之屠杀，全国学生，风起响影，呼号奔走，请愿游行，但华北仍属危如累卵，侵略益觉加紧步趋，本会所属各海员团体，在此屈辱情形之下，所受之损失与痛苦，已不堪言，如北方公司之均频破产，失业人数之与日俱增，船员之航行东北者倍受虐待，人未亡而心先死国未破而家已无，瞻念前途，不寒而栗，值此危难时期，均以为非全国民众一致团结奋起，不足以求民族之生存，如再一味屈服，何异自解武装，民气益将消沉，汉奸更形猖獗，大祸临头，国亡无日，兹经大会议决向全国民众及政府提出下列主张：

（一）反对名存实亡之华北自治，以保全领土主权之绝对完整，并讨伐援引外力甘心叛国之殷逆汝耕。

（二）公开中日外交，明白宣示已订之协定。

（三）保护爱国运动，释放被捕学生与市民及严惩祸首。

（四）开放人民集会结社及言论之自由，取消新闻检查。

（五）严惩汉奸及卖国贼并没收其财产。

[①]《中国海员团体救国联合会成立之经过》，《航海杂志》，1936年第2卷第1期。

(六)提倡国货,决心拒用日货,实行经济绝交。
(七)要求政府接收并实行全国民众之真正民意,实行革命外交。

本会为海员团体之中坚,负交通运输之重任除上述主张外,尤以下列三点与海员之切身利害攸关主张切实推行以争取民族之解放:

(一)拒用某国人充任中国海员,以救济中国失业船员。
(二)拒装某国货物以遏止倾销,以救济中国民族之工商业。
(三)全国海员团结起来为民族解放之先锋,作救国政府之后盾。

谨此宣言。

但这一爱国举动随即被国民党中华海员特别党部以"该会组织无稽,应以严行取缔",被迫1月14日登报宣布解散。国民党的这一压制海员团体救国图存的倒行逆施行为,激起了广大海员团体的强烈愤慨。

第三节 高级海员教育培养和发展

一、吴淞商船学校终得复校

吴淞商船学校由于政局动荡,几经周折不得恢复。直到南京国民政府成立后,经吴淞商船学校毕业生陈干清、杨志雄、徐祖藩等的不懈努力,1928年,终于得到国民政府交通部部长王伯群同意,收回吴淞商船学校校舍,筹备恢复商船学校。但仍苦于经费无着,又经协商,由上海航业公会会长虞洽卿协助,经海关总税务司英人梅乐和同意,在征收船钞时(吨位税),附加百分之十五作为学校常年经费。与此同时,航业界各有识之士,也莫不解囊捐资,以解复校燃眉之急。

1929年3月,交通部令派虞洽卿、夏孙鹏、赵铁桥、杨英、陈天骏、欧恩怀、宋元怀、宋建勋、徐祖藩、沈际云、金月石为委员组成商船学校筹委会,具体由杨志雄负责筹备复校事宜。9月,筹备工作遂告完成。1929年9月1日,吴淞商船学校正式复校,定校名为交通部吴淞商船专科学校,由交通部部长王伯群兼任校长,杨志雄任副校长,代理日常校务。9月28—29日交通部吴淞商船专科学校于大夏大学招考新生,10月8日正式开学。为纪念这一有意义的大事,学校将1929年10月8日定为复校纪念日。至此,停办14年的吴淞商船学校以交通部吴淞商船专科学校而重生,为我国海运人才的培养提供了一个重要的教育基地。

吴淞商船专科学校恢复之初,与其前身一样,仅设驾驶一科。在筹备复校时,虽然各界均认为驾驶和轮机各在海上同等重要,主张两科并举,但囿于当时条件所限,仍只能开办驾驶一科。后在学校的努力下,1930年秋,开办了轮机专科,从而使学校进入了两科并举的新时期。驾驶、轮机两个专业,学制定为四年,其中在校修业两年,上船实习两年,期满考试合格者即发给毕业证书。

1929年复校的交通部吴淞商船专科学校,虽然取得了一定程度的发展,但就其办学道路而言仍有曲折与坎坷。1931年,正值学校设备渐臻完善的时候,一二八事变爆发,校舍被日军炮火毁坏过半,图书仪器几乎荡然无存,学校不得不于上海市内租屋上课,至1933年春,原吴淞校舍修复,学校始行迁回。1937年,上海又爆发八一三事变,校舍再度毁于日军炮火,学校不得不再次停办。截至1937年抗战爆发,交通部吴淞商船学校复校后共毕业112人。值得提及的是,这一时期的学生日后有所成就者甚多,其中有的在抗战中成为杀敌英雄,有的成为航运中坚。如:转入中央航空学校第四期的傅啸宇校友,1937年8月14日曾在长江口轰炸日舰数艘,17日在上海击落日机一架,19日在上海侦炸日舰及日军司令部,23日在吴淞口轰炸日舰等,最终为国捐躯,时年23岁,被追授中尉,生前受二星星序奖章;梁添成校友,一二八事变后,毅然从军,考入中央航空学校第五期甲班,1939年在重庆上空击落日机七架,在后来的空战中不幸身亡,年仅27岁,被追授空军上尉。在那战火纷飞的年代,学生们为保家卫国,投笔从戎,英勇杀敌;有的在航运线上不畏艰险,抢运物资,以身殉职;有的在反日罢运斗争中成为中坚力量,他们共同书写了可歌可泣的壮丽篇章,将永垂青史。再如,获国民政府交通部颁发的第一号甲种船员证书者刘傅森、新中国第一任航海学会副理事长周启新、第一位远洋轮机长周延瑾、大连海运学院早期轮机系主任杜隆业等,都是这一时期的校友。

二、东北商船学校因战乱停办

新成立的东北商船学校,设驾驶、轮机两科,学制四年,以培养东北地区(主要是松花江、乌苏里江和黑龙江水系)江运航业人才为宗旨。最初学校行政关系隶属于东北边防司令长官公署,1929年改属于东北政务委员会,1931年初再编入海军籍,学生毕业后编为海军预备役军官。学校设教务、总务等行政机构,下设办事组室若干,有教职员22人,校长王时泽,教务长徐沛。

1929年底,为培养海军急需人才,沈鸿烈从学校驾驶科甲班选调26名学生入葫芦岛航警学校学习海军课程。在这期间,为了培养领港和水陆测量方面的急需专业人才,学校增设领港及水陆测量两个短学制班,招生60名左右,主要教习领港术、江道学、行船章程、俄文、公民以及地形绘图等课程。

1930年夏,学校再招收驾驶科新生37人,是为驾驶科丙班。1930年8月,东北商船学校首届学生毕业,计有驾驶科甲班7人,轮机科26人,共33人。

1931年春,驾驶科乙班学生15人毕业。1931年九一八事变后,学校于哈尔滨沦陷后停办,丙班学生除7人留哈尔滨从事抗日斗争外,其余均辗转南迁威海海军学校继续学习。1933年,驾驶丙班有7人毕业,余者皆转入青岛海军军官学校。

东北商船学校,虽然规模较小,办学时间较短,却为东北地区航运业发展培养了一批专业技术人才,开创了东北地区高等航海教育的先河;尤其是轮机科的设立,更是填补了旧中国海运高等教育的空白,拓开了旧中国海运高等教育航海、轮机两科并举的新局面。因此,东北商船学校的产生,不仅在东北地区海运教育史上,而且在旧中国海运教育史上,都有着十分重要的历史意义和影响。

三、集美高级水产航海学校[①]变革

1927年3月—1937年5月,是集美学校的改进时期。为了加强学校管理,遵照陈嘉庚的意见,集美学校于1927年3月,进行学校体制的重大改变:各部改组为校,行政独立,高级水产航海部改为福建私立集美高级水产航海学校。1935年春,改为私立集美高级水产航海职业学校。

学校经过改制后,1932年9月,张荣昌校长采取了新旧学制并存的方针。一方面,仍然保持五年制旧学制(这种学制直到1938年才停止招生,1942年7月最后一组渔航五年制学生毕业);另一方面,开始增办新学制,招收初中毕业生,学制三年,第一学期至第五学期,专授普通必修及渔捞航海专门学科,第六学期派往海上实习渔捞及航海。

针对水产航海学校的特点,学校将课程分为四类:一是直接应用学科,如航海、测器、渔具、操船、海洋等科;二是半直接应用学科,如造船学、机械学、制图等;三是间接应用学科,如数学、物理、化学等;四是辅助学科,如国文、历史、地理等。为了减轻学生的负担,提高教学质量,适应实际工作的需要,课程安排总的指导思想是:以水产航海为中心,压缩普通学科教学时数,加强专门学科教学。直接应用学科应尽量增

---

① 本节主要内容来自于骆怀东:《集美航海学院校史》,厦门大学出版社,1990年。

加项目,充实内容,应十足求全,半点不能放松,做到"食不厌精,脍不厌细"。半直接学科要自编适合本校专业的教材,以"让学生能获得普通的知识而又适合于学为条件",对许多高深的计算和繁难的公式便不必要求学生弄得很精。间接应用学科,不应像普通中学那样求全,而应以专业课程所需为重点内容。辅助学科,中外文当偏重应用文,并选读英雄故事,以激励志气;史地侧重海洋形势及古人探险漫游事迹;外国文以实际应用为准则。

在水产航海学校增设实习主任,主持学生的实习与调查工作。实习分三类:第一类是课内实习,第学期四周,在校期间随课程之需要,举行结索、结网、补网、气象观测、信号、游泳、操艇、机关学、测天、水生解剖等;第二类是假期实习,利用假期作各种渔捞之短期实习;第三类是最后一学年或最后学期学科结业试验及格后,出海较长时间进行实际操作。

这个时期,水产航海学校学风很好,教学质量也不断提高。学生在全国专业类的统考中,都取得了良好成绩。如1933年11月,交通部在南京举行全国第一届船员考试,与试者一百多人,只考取16名,其中集美水产航海学校应才的5名学生全部及格,领到高船二副文凭,其中第八组的林表亨成绩名列第一。

在这期间的毕业生,上船工作的不少成为有一定声望的船长,其中尤为出色的是十一组的宣伟(宣巨成)。他1935年毕业,成绩优良,留校任教,1944年开始当船长,1946年入招商局任"永洪"等轮船长,是当时第一艘全部由国人经营并驾驶的超级油轮"东方巨人"轮的首任船长,曾轰动一时。1969年他到日本接掌第一代20万吨超大型油轮"维运"轮船长。1970年9月,他到巴哈马接受"伊丽沙白皇后"轮。该轮系世界有史以来最大、最豪华的邮船,船楼高24层,载重83000多吨,但因停航数年,机件失修。宣伟艺高胆大,以丰富的经验和高超的技术,历尽风险,克服种种困难,终于安全驾驶绕半个地球以上的航程,到达香港,受到香港各界热烈欢迎,港督亲自登船慰问,盛况空前。

自1924年春第一组学生毕业至1936年7月旧制第十一组、新制高二组毕业,全校毕业生为132人。其中以第一组14人、第八组15人为最多,最少的是第九组只4人,其他各组都在8至10名左右,可见培养水产航海人才之难,学生中能毕业者更是不容易。这132名毕业生的就业情况如表6-13。

福建私立集美高级水产航海学校毕业生就业情况表(1924—1936年) 表6-13

界别	航海界	水产教育	渔业界	水产行政	普通教育	升学	其他	练习生	死亡	未详	合计
人数(人)	45	14	3	4	9	12	14	7	10	9	132
百分比(%)	34.1	10.6	2.3	3.0	6.8	9.1	10.6	5.7	7.6	6.8	100

从这个表可以看出,毕业生在航海界就业者为最多,在渔业界的倒很少。其原因是,一方面学生在校时对航海知识掌握是较扎实的;另一方面,这几年,我国的商船有所发展,又各公司出于抗日爱国思想,纷纷辞退原来雇用的日本人,逐渐起用本国人才,而渔业公司太少,又因渔价惨落,营业落后,因此,大部分毕业生都趋向于航海业。总的来看,毕业生大部分还是学用一致的,60%-70%都在水航二界服务,以1933年为最多,占15.8%。在航海界就业的45名毕业生中,当船长的5人,大副16人,二副17人,三副7人。毕业生的工作态度与业务能力,在各公司都受到高度的评价。

四、创建广东省立高级水产职业学校①

广东省立高级水产学校(广东省立汕头高级水产学校)是继集美高级水产航海学校之后,旧中国又一所培养渔航人才的专门学校。

20世纪30年代,旧中国内忧外患,风雨如晦。时任广东省政府主席陈济棠,主持广东时政。1935年

---

① 本节主要内容来自于黄学库、林天琪:《海天与共——广东省立高级水产职业学校建校55周年纪念特刊》,广东海洋大学,1990年。

1月25日,广东省政府第六届委员会第37次会议中,教育厅根据省府《三年计划复兴渔业方案》,提议在汕头筹办省立水产科职业学校一所,并派员筹备。根据决议批准,由广东省教育、建设两厅合作筹办。西南政务委员会(时辖广东、广西、云南、贵州、福建等5省)为配合广东省各项建设事业之发展,积极设立各科职业学校,造就技术人才,并指派广东省教育厅长黄麟书为筹备主任,建设厅厅长何启沣、汕头市市长翟宗心等为筹备委员。同年6月,省政府第401次会议,根据教育、建设两厅的提议确定了办校地址在汕头,并批准拨给该校开办设备费70000元,筹备费5425元整。

建校筹备委员会成立后,黄麟书即电聘水产专家姚焕洲为设计专员。其时,姚氏任实业部上海鱼市场筹备委员兼总技师,一时无法离职,乃转荐程一岳、邓腾裕二先生代行规划筹备。程氏以时间紧迫,任务繁重,驰书向福建集美高级水产航海学校陈嘉庚先生请求支援,函到即派专科教师邓腾裕来粤协同工作。随后,广东省政府教育厅委派程一岳、邓腾裕为建校设计专员,专程到汕头筹设广东省立水产科职业学校,并会同省督学黄国俊勘择校址。

学校创办伊始,专科教师多由集美水产学校、吴淞水产学校转聘,且不少为日本归来的留学生和有实践经验的船长、大副,师资素质良好。从招生、聘请教师至开学,由教育厅指派程一岳暂行代理校长兼教务主任,邓腾裕为训育主任,共同主持校务。

教育厅指示秋季开学。在新校舍尚未建成之前,暂租用汕头市外马路商业街私立友联中学一部分楼房和附近一间小学的一座房屋为校舍。教学分设渔捞、轮机、养殖、制造(渔获物加工)和渔港建设与管理等科。

1935年度先招收渔捞科高级组一年级新生40名,学习时间三年(学科二年半,实习半年),招生对象为初中毕业生;渔捞科初级组(初时称渔捞训练班)一年级新生30名,学习时间二年(学科一年半,实习半年),招生对象为具有小学毕业程度的渔民子弟,由沿海各县政府保送。该校学生均免收学、宿费,并供给定量口粮。水产学科在当时是一门新兴的学科,有志于渔航事业的青年踊跃报考。8月15、16日,分别在汕头、广州两地举行考试,高级组招生名额只40人,而广州考区应考者达700余人,汕头考区应考者也有400余人。考生除来自本省各县的初中毕业生外,有部分是高中毕业生或具有高中程度的未就业青年,还有一部分港、澳青年前来应考。应考人数众多,录取的分数相应提高,并从中挑选身体魁健,意志坚强者,务求能承受繁重功课和术科训练,为异日胜任航海、捕捞作业奠定基础。初级班新生由沿海各县保送,入学人数只二十余人,尚未满额。可见其时沿海渔民文化教育事业落后,具有小学毕业程度的渔民子弟为数极少。

9月14日,教育厅颁发木质铃记(方形校印),印文正名是"广东省立汕头高级水产职业学校"。次日聘程一岳为教务部主任,黄振汉为训育部主任,蔡汉忠为事务部主任,邓腾裕为渔捞科专科教员兼高级组级主任,陈维风为渔捞科专科教员兼初级组级主任,程鉴水为渔捞科专科教员,黄正言为渔捞科专科教员兼实习船船长。购置图书仪器及充实渔捞航海设备,建造实习船一艘、端艇两艘,学校初具规模。16日正式上课。10月4日,省府第六届第429次会议委派张上儒代理省立高级水产职业学校校长。

1936年6月9日,省府第六届第495次会议,根据省立高级水产职业学校呈复,决定依法收用汕头对海螺田乡附近沿海一部分坦地为建校地点。

1936年夏,广东省政府归附中央并进行改组,黄慕松主粤。8月25日,省府第七届第3次会议,省立汕头高级水产职业学校代理校长由姚焕洲接任。教育厅厅长许崇清又电邀姚焕洲返粤主持校务。姚焕洲于9月8日接掌后,延聘黄文沛为教务主任,曹镜澄为训育主任,黄少雄为事务主任。锐意刷新校政,健全各项规章制度。添置图书仪器,充实教学设施,指派专科教师黄定南往东沙群岛采集和制作水产生物标本,还谋划增设测候所、水产试验场、海水养殖场和建造新式实习渔船等,以实现理论与实践相结合的教学方法,巩固学习成绩,提高学生的专业能力。

鉴于汕头蜈田校址收地问题存在困难,姚焕洲于9月下旬会同省督学李伟光赴粤东沿海渔村勘察,另择建校新址。结果以汕尾为先总理孙中山先生手订实业计划中指定的渔业港,渔户众多,渔业发达、港阔水深、交通方便,且远离大城市,适宜修学,乃择定汕尾西社昭忠祠附近海滨为新校址,绘具收地图则,拟成计划,呈由教育厅转报省府。

1936年10月20日,省府第七届第18次会议,决议批准省立高级水产职业学校在汕尾西社昭忠祠附近收用土地建筑校舍。遂即进行收地手续,并将原定图则呈由教育厅发交杨锡宗工程师复核,签定工程合同。新校舍即于1937年4月5日动工兴建,全校工程分三期完成。

1937年春季,渔捞科初级组第一届(简称初一组,二年制)学生学科结业,除倪隆星一人往西沙群岛进行渔业生产调查外,其余12人由专科教员、实习船船长黄正言率领赴上海,在嵊泗列岛、舟山群岛一带洋面,轮流在单拖和对拖渔船实习。这是建校以来第一次学生出海作捕捞实习,也是1945年抗战胜利日本投降以前仅有的一次学生出海实习。同学们在嵊泗渔场亲眼看到日本渔船队利用通讯设施和先进技术,集中在我领海掠捕黄花鱼群的情景,对比我国渔业生产在组织上和技术上的落后状况,上了一堂"国耻"课,无不痛心疾首。

1937年暑假期间,由教育厅保送专科教员兼实习船大副黄学庠率李家栋、李时锐二人往南京北极阁中央研究院气象研究所实习高空观测和气象预报。另派程一岳率渔捞科高级第1届学生二十余人调查海南岛渔业,让理论与实际相互参证。

广东省教育厅厅长许崇清认为,本省海岸线最长、水产资源丰富,而该校为发展华南水产事业、培养水产人才和航海人才之摇篮,地位重要,故对该校新校舍之建筑以及各项教学设施、学生培养等关怀备至。

第七章　全面抗战时期中国海员的艰难发展状况
（1937—1945年）

卢沟桥事变后,抗战全面爆发,刚刚露出曙光的中国航运业面临空前劫难,随着战事发展,东南沿海大部沦陷,国民政府开始了中国历史上最大规模的西迁行动。广大中国海员夜以继日地战斗在抗战运输线上,表现出了高度的爱国热情,付出了巨大的牺牲。第二次世界大战爆发后,除了在国内战场支持抗战外,更有3万多海员奔赴欧洲,在英国、美国、荷兰、挪威、澳大利亚和加拿大等国的商船上工作,为世界反法西斯战争的胜利做出了巨大贡献。

第一节　海员队伍的发展遭遇空前破坏

全面抗战爆发后,中国航运业遭受了前所未有的破坏,损失惨重。在这之前,1936年国民政府颁布了《整理中华海员办法》,希望通过检定考试,规范海员的管理,加强海员的业务素质。但随着战争导致航运业的衰落,海员队伍整体发展缓慢。

一、全面抗战爆发后的中国航运业

自九一八事变之后,在日军步步进逼之下,国民政府已经从多方面进行了抗战准备,其中也包括交通运输方面。1934年,德国军事总顾问塞克特向国民政府军事委员会委员长蒋介石进言:"发展具有战略性的交通系统,在日本入侵时,可以迅速输送部队至危急地区,实为当前首要任务。"[①]但当时蒋介石主要着眼于铁路和公路的战备建设,而航运的发展却长期被忽视,例如:国民政府把四川确定为战略后方,而在战略交通建设方面,对于连接战略后方的最主要的通道——长江,没有任何详细规划,汉口宜昌间的航道多淤,宜昌重庆间的航道多滩险,这些原始状态并没有丝毫改变。虽然在1937年抗战全面爆发前,制定了一系列的航运扶持政策,但未及实施,就因战事而中断。国民政府忽视航运在战略上的作用,以及航运战备意识的缺乏,导致抗战初期中国航运业遭受重大损失。

（一）船舶转籍外国轮船公司

卢沟桥事变后第六天,即1937年7月13日,国民政府军事委员会发出"执字第870号"密令,共8项,其中一项要求交通部长兼军委会后勤部长俞飞鹏就如何在战时控制船舶等事宜核办具报。交通部据此拟定了《船舶战时控制计划》,主要内容有:①外海船舶必要时努力驶入长江或粤海各港;②长江、珠江两流域之轮船无论国营民营,届时均令各就原航线停驶,听候政府调遣,不得擅自出海,外籍商轮之停驶听其自便。计划还规定了国营轮船招商局、三北轮埠股份有限公司应驶入长江或停泊香港的船只名单。

8月11日,国民政府交通部鉴于淞沪局势危急,令各航政局及轮船公司,速将航行中的海轮驶入长江或停泊在香港等安全地带,以免资敌;其中来不及驶入长江的,准予改变国籍,使其能继续维持沿海运输。同时,交通部拟订了《非常时期轮船转移外籍办法》,呈奉行政院公布。该办法规定:凡未及退入长江之海轮及避泊香港与海外之商轮,准许暂时移转中立国籍,以免被敌人利用,惟须于战后恢复国籍。转

[①]《近代中国》,近代中国杂志社,1985年,第123页。

移船籍办法发布后,各轮船公司纷纷报告要求转籍。经交通部批准转籍之船舶,共计130艘,14.5万总吨。其中,转意大利籍的18艘,转德籍的17艘,转葡萄牙籍者37艘,转希腊籍的16艘,转巴拿马籍的7艘,转挪威籍的3艘,转荷兰籍的2艘,转英籍的5艘,转其他各国的还有20余艘①。同时规定所有转籍船舶,不得直接或者间接出售敌人,待战事平定后,即行恢复国籍。

(二)沉塞航道船舶情况

全面抗战初期,为了阻止日军的进攻,从1937年7月到1939年初,国民政府先后进行了8次大规模的沉船阻塞航道的行动,除了征用部分老旧军舰和木船外,大部分为商船,具体情况见表7-1。

抗战期间沉塞航道商船情况表　　表7-1

地点	江阴	闽江口	黄浦江	连云港	镇海	乌龙山	珠江口	马当
艘数	24	12	10	6	7	4	6	18
吨位	43948	7562	18642	10747	6657	2063	1979	24994

这八次沉船阻塞航道的行动,共征用了商船87艘,近11.6万吨。征用沉塞航道的船只时,交通部规定了两个基本原则:一是船龄较大的老船,二是不适合行驶内河的海船。

另外,在1938年6月的马当沉船后,国防部认为还不足以阻止日本舰队进攻武汉,决定在田家镇再沉船16艘阻塞航道。鉴于商轮已遭惨重损失,此次征用的商轮大部分不算老旧船只。汉口航政局局长王洸遂向第九战区司令长官②建议:用钢骨水泥船代替轮船,保存所剩无几的商轮,以应对空前繁重的抗战运输。最高统帅部采纳了这一建议,责令交通部尽快建成四艘水泥船。交通部接到命令后,决定成立钢骨水泥船试验委员会,由王洸兼任钢骨水泥船试验所主任,聘著名造船专家叶在馥、杨青藜分别为设计组正副组长,桥梁专家钱昌鑫、唐文梯分别为工程组的正副组长,及王洸胞弟王治任总务组组长。经多方努力,建造4艘水泥船的任务如期完成,16艘大轮船得以保留。

参与沉船的除了国营轮船招商局外,还有三北轮埠股份有限公司、宁绍商轮股份有限公司、肇兴轮船公司、天兴轮船公司、通裕轮船公司、中兴煤矿公司营运处、大陆实业公司、惠海轮船公司、茂利商轮总局、中茂轮船公司、中国合众航业公司、华胜轮船公司、寿康轮船公司、华新轮船公司、大振航业公司、丁耀东等十余家民营航运企业。各航运企业为拯救民族危亡,相继献出大批船舶,要塞沉船不仅延缓了日军的进犯步伐,为我军民和军公物资的后撤赢得了宝贵时间,而且在守卫南京、保卫大武汉和湘北会战中起了重大作用,书写了救国图存的不朽篇章。

(三)撤退到川江的船舶

一些难以转籍的江海船舶,按交通部1937年8月11日密令先驶入长江中游,再择机西迁川江。国营轮船招商局入川的江轮中,"江安"号、"江顺"号③总吨位各4327吨,"江华"号、"江汉"号、"江新"号、"江建"号总吨位分别为3693吨、3322吨、3373吨、2770吨,上述六轮被称作"六大江轮"。六大江轮的全体船员与参加试航的其他人员,不畏艰难险阻,以大无畏的精神和熟练的航行技术,穿越川江三峡天险,创造了几千吨级的巨型江轮航行川江的奇迹,"江新"号、"江汉"号在川江往返装运军公物资,更是史无前例的创举。轮船招商局撤进川江的船舶总吨达25000余吨,其中六大江轮21812吨。

此外,还有三北轮埠股份有限公司的"长兴"号、"明兴"号等轮船19艘,1.8万余吨;三兴轮船局5

---

① 王洸:《中国水运志》,中华大典编印会,1966年,第228页。
② 王洸当时想去面谒第九战区司令长官陈诚,但不巧的是陈诚去前线督战,王洸见到了第九战区参谋长施北衡。
③ "江顺"号1939年10月12日到达重庆,由于船体过大,不适合川江航运,租与重庆商船学校作为校舍。

艘,500 余吨;大达轮步公司"大达"号等轮 3 艘,2000 余吨;中国合众航业公司 9 艘,800 余吨,以及肇兴、天津、永安、华胜、大通仁记等轮船公司和湖北省航业局的船舶约 25 艘;大小船舶共计 150 余艘,近 3 万总吨。大小江轮撤进川江,保存了民族航运业的有生力量,对确保战时后方运输起了重要作用。

(四)被日军击沉或俘获的船舶

日本发动的侵华战争给中国航运业带来空前浩劫。卢沟桥事变后,特别是淞沪会战以来,日军出动大批飞机对长江船岸设施进行狂轰滥炸,妄图一举切断中国战时运输动脉,摧毁中国战时经济基础。中国航运企业遭受到极其严重的损失。

据轮船招商局统计,1937 年 8 月至 1943 年 9 月先后被敌机炸毁的轮船有"锦江"号、"江天"号、"江襄"号、"津通"号、"江建"号、"江大"号、"快利"号、"江靖"号、"海祥"号、"澄平"号、"江华"号、"招商 5 号"、"江庆"号共 13 艘,2.03 万总吨,另有大量被炸驳船、趸船未计在内。

民生公司先后被炸沉没的船舶有"民元"号、"民俗"号、"鹦鹉"号、"民俭"号、"民平"号、"民生 4 号"驳、"民生 5 号"驳、"民主"号、"民太"号共 9 艘,另有"民宪"号、"民政"号、"民权"号、"民享"号、"民康"号、"民勤"号、"民众"号等 7 艘轮船和趸船、18 艘驳船被炸损。

三北、鸿安、兴业等公司也有多艘轮船被炸沉没。据三北轮埠股份有限公司统计,战时被敌掳劫 44781 吨,敌机炸沉 9425 吨,经施救未修复 4575 吨,当局征用阻塞港口 16516 吨,载运公物沉没 3665 吨,合计损失船舶 78962 总吨,约占公司战前 91694 总吨的 86.1%,船舶损失殆尽。三北轮埠股份有限公司几条大轮,如"凤浦"号(2725 吨)、"新宁兴"号(2600 吨)、"清浦"号(2534 吨)、"长安"号(1659 吨)等 4 艘轮船均在川江被炸沉没。大达、大通仁记也有多艘轮船被炸损毁。

由于受战局变动影响和航道水深限制,还有一些航运企业相当一部分轮船未及疏散,为日军所获。其中轮船招商局被敌掳掠船只 42 艘,3.4 万总吨,包括长江客轮"巴江"号、"岷江"号、"大业"号、"大运"号、"大载"号和海轮"海瑞"号等千吨以上级客货轮及一批小轮、方船、趸船和驳船;三北集团(含鸿安、宁兴公司)被掠船舶 12 艘,3.9 万余吨,连同被掳驳船共达 4.48 万吨;民生公司被敌掳掠轮船 6 艘,铁驳 4 艘。仅据上述三家不完全统计,抗战期间为敌掳掠船舶即达 64 艘,约 8 万总吨。肇兴、直东、北方航业、大通兴、中国合众、达兴等公司均有船舶被敌掳掠。其他航运企业特别是地方航运企业,损失船舶更难以计数。

据 1945 年 11 月成立的民营船舶战时损失赔偿委员会的统计(不含轮船招商局):征用封港船舶 63 艘,119906 吨;在军公运输中被损毁的船舶 33 艘,15981 吨;被日本俘去船舶 67 艘,111006 吨;被日军炸沉炸毁的船舶 43 艘,49357 吨;共计损失 206 艘 296250 吨①。日本投降时民营航运业的全部船舶仅剩下大小江轮 58738 吨,海轮已荡然无存。

1937 年卢沟桥事变之前,中国自有 20 吨以上商船共 3457 艘,57.6 万吨,其中海轮 124 艘,367383 吨;江轮及内河轮船 3333 艘,208617 吨。战时,我国轮船直接损失海轮 47 艘,250271 吨,江轮及内河轮船 2790 艘,99248 吨;间接损失海轮 77 艘,117112 吨,江轮及内河轮船 86 艘,28689 吨。直接和间接损失合计 3000 艘,495320 吨②,损毁率高达 86%。

二、卢沟桥事变后的海员队伍

全面抗战爆发后,沿海和长江上的船舶大部分沉失或者转移,中国海员队伍有的转业,有的被迫为日

---

① 《银行周报》,1946 年第 30 卷第 5—6 期。
② 王洸:《中国水运志》,中华大典编印会,1966 年,第 316 页。

伪服务,有的牺牲。加上在我国航运市场运力占有量17%、排名第三的日本各在华轮船公司中的中国籍船员激于民族大义,纷纷宣布自行离职,拒绝为敌国服务,大部分船员失业,船员生计困难。1937年7月底,交通部给各地航政局发布命令:

"查自战事发生以来,船员颇多失业,其生活困难,本部深为轸念,自应由政府统筹,酌予救济,免资利用。饬即详查报部,以凭统筹办理等因,各本外埠各失业船员,如船长、大二三副、舵工、水手、轮机长、大二三管轮、机匠、加油、生火等,希将下列各项:㈠姓名㈡籍贯㈢年龄㈣出身㈤经历:甲职务、乙月薪㈥工作志愿㈦失业以后如何生活㈧通讯处。详细填列,于本年八月三十一日以前报各地的航政局登记。"

经过统计,全面抗战后注册船员数出现了锐减的局面。1939年7月注册船员总数3292人,与1937年4850人相比,减少了1558人,占1937年船员数的32.12%。此后,每年缓慢增长,大约每年增加300人左右。具体情况见表7-2。

1939—1941年注册船员统计表(高级海员) 表7-2

船　　员	1939年7月	1940年7月	1941年7月
总计	3292	3536	3872
驾驶员合计	1658	1735	1859
轮机员合计	1634	1801	2013
船长	442	455	480
大副	474	514	556
二副	395	410	421
三副	280	289	298
正舵工	24	24	50
副舵工	43	43	54
轮机长	420	465	537
大管轮	316	342	394
二管轮	309	359	405
三管轮	385	405	418
正司机	102	122	141
副司机	102	108	118

注:本表数据根据《统计月报》1940年第44期第46页、1941年第56期第42页、1942年第66期第37页编制,数据来源于交通部统计室报告。

此时,高级船员人数的增加主要来源于经验资质积累的船员,受过正规高等航海教育的很少。原因是以前培养高级船员的学校有交通部吴淞商船专科学校、水产专门学校、轮船招商局工业航海科等五所,这些学校在抗战中先后停办,部分学校虽然在重庆复校,但由于毕业前景的问题,招生困难。例如:1943年,交通大学增设商船科,但当年招生,报名的仅28人①。

从卢沟桥事变起到抗战胜利,根据交通部航政局的统计,八年之间,新注册领取证书的驾驶、轮机两类船员共2548名,其中甲种船员仅173人,乙种船员1078人,丙种船员227人,其余1070人全部为200总吨以下轮船的正副驾驶及正副司机②。

---

①《战后中国航业建设》,《西南实业通讯》,1943年第8卷第3期。
②高廷梓《我国海事教育之今昔》,《海事》,1947年第1期,第10页。

再来看普通海员情况。1941年太平洋战争爆发前,日本虽然占据了东南沿海的大部分城市,但日军无权阻止中立国船只进入中国领海和港口,所以同期还有大量海员工作在英、美、法、荷、澳、加、挪等国的商船上。但自1939年以来,经营远东航线的德国北德意志轮船公司为防止船舶被英国海军劫夺,大部分停航或寄泊日本,将中国船员大部分遣返回国。例如1939年9月10日《申报》刊登一则消息《停泊日本德轮华籍海员解雇》:

"德商北德公司香霍斯脱号及美最时洋行之爱倍尔号、柯摩兰号等三轮,现既避入日本港停泊,未敢继续其航行,以免遭受英海军之搜捕。该三轮所有华籍海员,如水手生火等,共计一百卅余人,已奉总公司命,在战事期内,暂予解职。"

第二次世界大战期间,中国海员除了在国内战场支持抗日战争以外,同时还作为一个特殊群体,在英国、美国、挪威、荷兰、澳大利亚、加拿大、丹麦、比利时等国的商船上工作,冒着战争风险往来于世界各大洋,为盟军运送军需物资,直接参与了世界反法西斯战争的欧洲战场,其人数高达3万名之多。其中在英国有2万余名,在美国有3000余人,在挪威有1500人,在荷兰约1000人,在澳大利亚有2000多人,在加拿大有约1000人。

第二节 全面抗战期间海员管理体制的概况

全面抗战期间,国统区海员的直接管理机构,仍旧是交通部航政局。但国民政府为了适应战争的需要,对交通运输系统进行了一系列战时调整,期间也成立了一些战时的海员管理机构,出台了一系列战时海员管理的规章制度。沦陷区方面,海员管理名义上是由伪政权交通部负责,实际上则全部由日本侵略者操控。

一、国民政府战时海员管理体制的成立

(一)战时交通员工训练委员会的成立

为了统一战时的交通运输,国民政府对交通行政机构进行了改组,力图提高交通管理效率,以适应抗战的需要。抗战前,国民政府在交通运输管理方面存在的最大弊端就是交通运输管理机构多,造成管理不善,影响交通运输的效率。关于这一点,蒋介石也深有感触,他曾说:"我们从前交通运输最大的一个缺点,就是事权不统一,以致组织散漫,统制缺乏,流弊所及,予国家军事以很大之障碍。"[1]国民政府于1938年1月1日,将交通部和铁道部合并,原铁道部长张嘉璈任交通部部长,彭学沛为政务次长,民生公司总经理卢作孚为常务次长,何墨林任航政司长。

南京沦陷后,武汉是当时的政治、军事中心,江海轮船大部分撤退到武汉。所以,武汉也成为水运业的中心,汉口航政局的地位极为重要。但时任汉口航政局局长董仲修,在此局势面前无所作为,于是交通部委任时年只有33岁的王洸任汉口航政局局长[2]。王洸在后来回忆说:"我自接任局长后,立即办理之重要工作为:一、发展内河航运,增加航线与班次;二、督导停滞在武汉的长江下游轮船驳船,组织联合营

---

[1] 蒋介石:《运输统制与运输运动》(1940年4月20日对运输统制局高级职员训话),收于秦孝仪:《中华民国史料丛编·战时交通》."中央文物供应社",1976年,第161页。
[2] 1938年底汉口航政局撤至重庆,职权上与地方的川江航务管理处发生冲突。为统一航政事权,1941年5月31日,交通部裁撤川江航务管理处,8月1日成立长江区航政管理局,王洸任局长。

业所,参加营运;三、督促各埠成立内河航业联合办事处,以维持民运,并供应军差;四、积极督修船舶,充实水运工具;五、救济失业船员及引水人,以维人力资源。"

1938年4月1日,交通部成立战时交通员工训练委员会,设立了交通技术人员训练所。战时交通员工训练管理委员会是交通部会同政治部赈济委员会、军政部、后方勤务部设立,成立的目的是"为办理战时交通员工训练、增进抗战力量""委员会对于所属各地战时交通训练所得以命令直接指挥之"①。设立交通技术人员训练所的目的是"统一训练各种交通技术人才并谋划一所辖各交通机关设立之各训练班课程标准"②。

各地航政局组织对失业船员和引水员进行调查登记,除给一部分发放救济金外,还将失业船员送到交通技术人员训练所受训,并分派就业。川江机械绞滩站建立后,部分失业船员被安排到各绞滩站工作,极大地支持了抗战运输工作。

由长江下游撤退到川江的大型轮船,因船身长、吃水深,不适合在川江航行,除了少数能够在洪水季节航行两三次外,绝大部分则不得不停航,船舶没有营业收入,船员长期没有工作,生活困难。有鉴于此,长江区航政局于1945年3月制定了补贴办法,经交通部批准后施行。该办法除了补贴航运公司燃煤油料外,还规定:①大型轮船在停航期间,最低配备员工薪资伙食总数由政府按月补贴之;②员工薪资以轮船招商局待遇为标准。这些措施在一定程度上缓解了船员的生活窘状。自1945年5月至抗战胜利各轮船开航为止,共补贴大型轮船17艘,保养费(含船员薪资)31182420元,煤1725吨,油420加仑③。

(二) 制定各项战时海员管理规章制度

1. 出台《抗战期间海外船员请领证书暂行办法》

全面抗战爆发后,东南沿海相继沦陷,海运已经全部停顿。但还有大量中国海员在英国、美国、荷兰、加拿大、澳大利亚、挪威等国商船上工作。而太平洋战争爆发后,中欧海路中断,在盟军商船上工作的海员不能及时回国更换证书。1942年12月10日,国民政府交通部公布了《抗战期间海外船员请领证书暂行办法》,共计15条:

第一条　本办法所称船员系指抗战期间(自民国二十六年七月七日起至战争解决之日止)服务海外同盟国籍轮船,无法回国受船员检定考验之驾驶员及轮机员而言。

第二条　驾驶员及轮机员之种级,与船员检定章程第三条所规定之种级相同,惟不包括丙种驾驶员。

第三条　各海外船员(后称船员)除照章可以声请检定外,得援照本办法之规定声请发给证书。

第四条　船员呈报服务资历,须附呈服务轮船或轮船公司之正式服务证书(该项证书须经船长或船东签字并盖相当之硬印),送请附近领事馆签证始为有效。

第五条　船员声请检定,除呈缴前条所述之服务证明文件外,应呈送履历调查表(须用中国文字)、体格检查表及最近半身相片三张,并呈缴证书费国币五元、印花费国币四元。

第六条　船员所呈证件经审查合格者,得先发给证书,俟抗战结束,交通复员后补行考验或照章予以免考;其审查不合格者,所呈证件连同证书费、印花费概行发还。

第七条　船员检定分编级检定、原级检定及升级检定。

第八条　编级检定依左列(下列)各款之规定:

---

① 《战时交通员工训练管理委员会组织规程》,收于交通部参事厅编《交通法规汇编补刊上册》,大东新兴印书馆,1940年,第25页。
② 《交通部交通技术人员训练所组织大纲》,收于交通部参事厅编《交通法规汇编补刊上册》,大东新兴印书馆,1940年,第24页。
③ 王洸:《复员期间之长江区航运与航政》,收于中国第二历史档案馆编:《中华民国史档案资料汇编》,江苏古籍出版社,2000年,第五辑第三编《财政经济》(7),交通,第456页。

一、抗战期间在舱面服务及从事驾驶员工作共满四年者,得受三副编级检定;

二、抗战期间在机舱服务及从事轮机员工作共满四年者,受三管轮编级检定。

第九条　原级检定依左列各款之规定:

一、在舱面服务及充当驾驶员共满八年并现充船长者得受船长原级检定;

二、在舱面服务及充当驾驶员共满六年并现充大副者得受大副原级检定;

三、在舱面服务及充当驾驶员共满四年并现充二副者得受二副原级检定;

四、在舱面服务及充当驾驶员共满二年并现充三副者得受三副原级检定;

五、在机舱服务及充当轮机员共满八年并现充轮机长者得受轮机长原级检定;

六、在机舱服务及充当轮机员共满六年并现充大管轮者得受大管轮原级检定;

七、在机舱服务及充当轮机员共满四年并现充二管轮者得受二管轮原级检定;

八、在机舱服务及充当轮机员共满二年并现充三管轮者得受三管轮原级检定。

第十条　大副服务满三年并现充大副者,或其他各级船员服务满两年并现充各该级实职者,得受升级检定,但均以领有各该级证书者为限。

第十一条　领有乙种船长证书并曾充甲种大副之职务满三年者,或领有其它各级乙种驾驶员证书并曾充甲种低一级之职务满两年者,得声请检定换领甲种原级证书。

第十二条　领有乙种轮机员证书并充甲种相当轮机员满二年者,得声请检定换领甲种原级证书。

第十三条　声请检定之船员,非在本国或外国商船专科学校、海军学校或相当学校毕业者,不得请领船长或轮机长证书。

第十四条　本办法未规定事项悉依船员检定章程办理。

第十五条　本办法自公布之日起施行。

这一章程明确了在外服务海员可以到公司所在地领事馆换发证书,从而解决因日本侵略,海员无法回国换领证书问题。

2.出台《中华海员工会国外分会组织准则》

全面抗战爆发一年以后,由于中国船只停航和海员罢工辞职,海员群体的数量和结构发生了很大变化。1938年10月,中央职工运动委员会进行了一次调查统计:当时中国海员工作在外洋航线(远洋航线,不包括东南亚航线)上的有22085人;在南洋(东南亚航线)上的有6250人;在中国沿海航线上的有16840人;内河航线上的有25880人;上海和香港两地300吨以下的船员12501人;此外还有居留在外国港口的海员约2.5万人,在香港的失业海员约1.5万人;合计约为12万余人①。从以上数字可以看出中国海员主要集中在远洋航线,包括在香港失业和小轮工作的,大约有7万余人。太平洋战争爆发后,中国东南沿海几乎全部沦陷,在外国商船工作和滞留外国港口的中国海员人数进一步增加。

为了加强对国外海员的管理和维护在外籍船上工作的中国海员的权益,1942年8月29日,国民政府社会部制定了《中华海员工会国外分会组织准则》,经国民政府行政院核准后公布。该准则规定:凡在外籍轮船上工作的中国海员数额达到30人,即可向所在国中国领事馆申请成立中华海员工会国外分会;分会下可按照港口设立支部;分会主要负责海员生活及劳动条件的维持与改善、海员灾害疾病失业的预防与救济、海员智识技能的增进、海员福利事业的举办等。同时,国民党为了加强对海员工会的领导,国民党中央执行委员会海外部1942年10月26日电告各海外党部,积极策动组织国外海员分会。

---

①《中华海员调查统计》,中央职工运动委员会初步调查,1938年10月1日,手写稿。因战事关系这个数字统计不全,内河小轮只有上海和香港的数字。

此后,在伦敦、利物浦、曼彻斯特、悉尼、墨尔本、纽约、孟买、加尔各答以及加拿大等地陆续成立了中华海员工会国外分会。

3.开展船员培训和考试工作

为了维护航行安全,加强船员的工作技能,1940年2月,交通部命令交通技术人员训练所设立船员班,由汉口航政局分期抽调各轮船公司的船员进行技能培训。第一、二、四期为驾驶班,第三期为轮机班。此项措施受到了轮船公司和船员的普遍欢迎。同时,汉口航政局又创办舵工技术补习班,抽调重庆港各小轮船正副舵工入班培训。

船员考试是维护航行安全的重要措施之一,交通部虽施行多年,但上海、南京沦陷后一度停办。在大部分商轮撤至汉口后,船员纷纷要求交通部恢复办理。汉口航政局局长王洸根据这一情况,呈部批准由汉口局每周办理一次。交通部委派杨青黎、朱天秉为考试官,继续考核检定船员。1940年5月,交通部命令船员检定考试重新交回交通部航政局办理。

此外,在川江航行的船员,多半属于艺徒出身,虽航行经验丰富,但航海知识欠缺,这些人当中没有船员证书的很多。所以长江区航政局协同交通技术人员训练所,开设培训班按期培训船员,考试不及格的船员不准在船服务;船员在船服务经历,随时予以登记,以此为考核资历实行检定的根据。

1941年1月,汉口航政局规定,凡是在川江小轮上工作,持有正舵工或正司机证书后,在船服务满两年,可以参加丙种三副或乙种三管轮考试。1942年夏,又举办木船驾驶员考核登记,先从嘉陵江航行的木船驾驶员开始,逐步展开。

4.加强对引水人员的管理及收回引水权

全面抗战爆发后,国民政府考虑到引水员的工作性质与国防密切相关,加上在抗战爆发初期,日舰能从大沽口进入海河,通行无阻,也是由当时在中国的日本引航员望月津郎和今村文平所引领。1937年8月13日,日军进攻上海,大批军舰和军运船舶都是由上海引水公会的外籍引航员领进港的。

鉴于历次经验教训,1938年4月,汉口航政局奉命对长江中下游引水实行严格管理,采用连环保结办法,严禁引水人员为敌舰船服务。1938年5月在汉口成立了汉宜湘引水管理委员会,加强对引水人员的管理。后来汉口区航政局将约300名引水转移至四川,按月贷给生活费,后又发给救济金。这一部分引水人才,除部分抽调至川江各绞滩站工作外,其余约150人均储备待用。

但此举仍旧未能阻止外国控制下的外籍引水人员为日本服务。日军占领上海后,在上海的日籍引航员和英美等外籍引航员引领日舰进入长江,冲破江阴和马当封锁线,进逼武汉。随着日军步步进逼,上海、天津、广州、武汉等各大港口相继陷入日军手中。到1939年底,沿海及长江中下游各大港口,几乎全部沦陷。日本人控制了各大港口的海关及港航管理,垄断了中国沿海航运业。各港的引水业务,亦为日本人把持,欧美籍引水人虽然还在工作,但其境况已如昨日黄花。中国引水人,除了少数服从于日本人外,大多辞职不干,或撤退到后方,或赋闲在家。

1941年12月8日太平洋战争爆发后,英、美对日宣战。日本军事当局接管了上海引水公会,原有的英、美、荷兰籍引水人被开除出去,关进集中营,其余中立国的引水人可留下执业,但必须宣誓效忠于日本海军。天津港的英籍引水人被关入山东潍县集中营,唯一的中国引水人黄慕宗撤往后方,大沽引水公司亦为日本独占的水先协会取代。长江中下游引水业,也被日本人控制。汪伪政权规定:凡从事长江引水者,必须经其批准,引水人仅限于其管束下之华人,或者"有必要"之外国人(实指日本人);伪政府及与之"交好"国家(实指日本国)的军舰,可以自由雇用引水人;日本方面基于军事上的必要,向引水当局提出的任何要求,都应得到满足。在此基础上,汪伪当局与日本占领当局,联合组建了扬子江水先协会。该协会接受汪伪政府的监督,但在军事方面,完全听命于日本军事当局设置的水先监督委员会。该协会的成员为日、中两国人,大约在 100 人左右,原先日本扬子江引水公会的成员,全部免试加入该协会。其主要业务,一是从事上海至岳州之间的引水,二是培养长江引水人。通过武力强占和扶植控制等手段,到抗战中期,日本人终于实现了其独占中国引水业并用来为其更大的侵略活动服务的目的。

太平洋战争爆发后,英美两国与中国结为同盟国。中国成为反法西斯阵线的重要成员,被称作世界四强(中、美、英、苏)之一。为了表示对盟国的友好,英、美于 1942 年 10 月 9 日同时声明放弃在华所享有的各种特权。中国政府据此考虑缔结新约的内容,交通部随即提出收回航权节略,包括收回沿海贸易权和长江航行权、收购英美在华船舶栈埠、收回引水权等。

经过反复谈判,英、美两国于 1943 年 1 月 11 日分别同中国签订中英、中美新约。关于引水权部分,英国"放弃关于在中华民国领土内各口岸雇用外籍引水人之一切现行权利",美国"关于通商口岸及上海、厦门公共租界特区法院之制度,以及中国领土内各口岸外籍引水人员之雇用,美利坚合众国政府及人民所享有各权利一并放弃"。此后,中国与其他国家签订类似新约,如 1943 年 10 月与比利时、1943 年 11 月与挪威、1944 年 4 月与加拿大、1945 年 4 月与瑞典、1945 年 5 月与荷兰、1946 年 2 月与法国、1946 年 3 月与瑞士、1946 年 5 月与丹麦、1947 年 4 月与葡萄牙等国所签订的新约,均规定中国收回丧失已久的引水权。

但由于战争的关系,大部分沿海国土尚被日本占领,引水权无法实质性收回。一直到抗战胜利之后,国民政府颁布了《引水法》,引航管理事务于 1947 年由海关移交给了交通部航政管理局,中国的引水权才真正收回。

二、伪政权下的中国海员管理体制状况

(一)伪满洲国的海员管理体制

1.伪满洲国海员管理机构

1931 年日本发动九一八事变,在短短几个月内,占领了我国东北,国民政府在东北的一切政权机构被迫停止执行职权。在日本的扶植下,1932 年 3 月 1 日成立了伪满洲国。从此,东北在名义上由伪满洲国统治,直至抗战胜利,日本投降,主权才回归中国。

1932 年 3 月 9 日,伪满洲国公布了《国务院各部官制》,决定设立"民政部""外交部""军政部""财政部""实业部""交通部"和"司法部"八个部。1932 年 5 月 14 日,伪满洲国公布了《交通部分科规程》,"交通部"内设四个司,分别是"总务司""铁道司""邮务司"和"水运司"。"水运司"下设庶务科、港湾科、河川科和管船科四个科,负责管理水路、港湾、船舶、船员、航标以及制定水运法规、水运规划等项事宜。管船科负责:①关于船舶管理及取缔事项;②关于船员取缔事项;③关于航政标识事项。"水运司"于 1933 年 6 月改为"路政司",于 1936 年 4 月改为"航路司",后又改为"水路司",机构名称虽经多次变动,但其隶属关系和掌管范围一直没变。

"水运司"下设营口、安东、哈尔滨等 3 个航政局,分别掌管各地区水运行政。1933 年 6 月 14 日,附教令第 45 号公布了航政局的编制。航政局设局长 3 人,事务官 6 人,技正 6 人,属官 18 人,技士 23 人,共计 56 人。

营口航政局管辖辽河及渤海区域的航政事务,下设大连及葫芦岛办事处。葫芦岛办事处于 1938 年改设为葫芦岛分局。安东航政局管辖鸭绿江及黄海区域的航政事务,在三道沟、浪头等处派驻人员。哈尔滨航政局管辖黑龙江、松花江、嫩江、乌苏里江、额尔古纳河等江河的航政事务,下设有黑河分局,在吉林、虎林、漠河设有办事处,并在富锦、依兰派驻人员。1933 年 7 月 1 日,东北水道局、滨江关港务部并入

哈尔滨航政局,合并后的哈尔滨航政局设总务科、航务科及水路科等三科。航务科负责原哈尔滨航政局的事务,下设三股:登记股负责船舶登记、船舶证书等业务;检丈股负责船舶检查、船舶积量测度、造船监督及海难救助等业务;船员股负责管理船员。后哈尔滨航政局易名为哈尔滨航务局。

2.伪满洲国制定的航政管理法规

1932—1945 年,伪满洲国政府先后公布的航政法规依次有:

(1)1932 年 3 月 9 日,《国务院各部官制》。

(2)1932 年 5 月 14 日,《交通部分科规程》。

(3)1937 年 6 月 24 日,《海商法》。

(4)1937 年 11 月 25 日,《海商法施行法》。

(5)1937 年 11 月 29 日,《船舶法》。

(6)1937 年 11 月 30 日,《船舶登记法施行规则》。

(7)1941 年 8 月 18 日,《临时船舶管理法》和《临时船舶管理法施行规则》。

伪满洲国时,地方交通事宜由各县实业科、行政科或建设科管理,有的县由警察署承办。松花江、黑龙江等内河船舶以及沿海小船由伪交通部所属各地航政局负责检验丈量和管理。伪满洲国政府各级机构的重要职位均由日本人充任,例如:伪满洲国刚成立时,"交通总长"由丁鉴修担任,但下面四个司的司长全部为日本人,"总务司""铁道司"和"水运司"由森田成之担任,邮务司由藤原保明担任①。所以,实际上日本控制着伪满洲国的航政。

(二)汪伪政权的海员管理体制

1.汪伪政权的航政管理机构

1938 年 12 月 18 日,汪精卫、曾仲鸣、周佛海等逃离重庆。到达越南河内后,发表降敌"艳电"。1939 年 4 月,汪精卫由日本特务秘密护送进入上海,着手组织伪中央政府。经日本策划,北平、南京两地伪政权取消。1940 年 3 月 30 日,南京举行所谓"国民政府"还都仪式,正式成立傀儡政权,任命诸青来为伪交通部长。

1940 年 5 月 21 日,汪伪政权公布了《交通部组织法》,规定伪交通部下设四个司,分别是"总务司""电政司""邮政司"和"航政司"。"关于管理及监督船员、船舶及造船事项"②由"航政司"负责。

1941 年 10 月 9 日,又对《交通部组织法》进行了修正公布,交通部下设六个署司,在原来四个司的基础上增加了"铁道署"和"公路署"。

1941 年 12 月 8 日,太平洋战争爆发后,汪伪政府参加了所谓"大东亚战争"。汪伪参战后,为实行战时统制,首先对统治区的经济机构重新作了调整和设置。1943 年 1 月 13 日,伪最高国防会议通过改组"全国经济委员会"的决议。1 月 20 日,修订了《全国经济委员会组织条例》。其改组要点有二:一是加强该委员会的职能,即由原来的经济政策审议扩大为设计、计划、咨询、审议和调查;二是增加该组织机构的人选,改组"粮食管理委员会"为"粮食部";将"水利委员会"与"交通部"合并,改设"建设部"。"建设部"掌办"全国"路政、邮电、航政、水利及都市建设事宜,内设路政、水利两署及总务、邮电、航政、都市建设四司,船员管理业务由伪交通部航政司改为伪建设部航政司管理。

2.汪伪政权制定的海员管理法规

(1)1941 年 10 月 9 日,《交通部组织法》;

---

① 陈彬龢,《满洲伪国》,日本研究社出版,1933 年,中编,第 25 页。
② 韩庆、王大鹏:《民国时期航政法规汇编》,中国民主法制出版社,2017 年,第 900 页。

(2) 1941年12月13日,修正《交通部组织法》第十七条、第十九条条文;
(3) 1943年5月20日,修正《船员检定章程》;
(4) 1943年12月29日,《中国海员总工会组织规程》;
(5) 1943年12月30日,《建设部航政局暂行章程》;
(6) 1944年1月15日,《建设部组织法》。

3. 汪伪政权的航运为日本所控制

太平洋战争爆发后,日本侵略者占领了整个中国沿海各港口。他们进一步加紧对我国的经济掠夺,中国人民的灾难日益深重。此时,英美等同盟国船舶已从中国水域全部退出,中国航运业已为日本所独占。日伪相继成立了东亚海运株式会社、中华轮船公司、中华内河轮船公司等。东亚海运株式会社控制中国的远洋航运,中华轮船公司控制沿海运输,中华内河轮船公司则控制内河、内港的水路运输。

第三节 中国海员在第二次世界大战中的重要贡献

在世界反法西斯战争中,中国海员在国内战场积极参加抗战,冒着日军飞机的轰炸和军舰的封锁,出生入死,不怕牺牲,为中国人民夺取抗战的胜利做出了不朽的贡献。另有数万海员服务于盟军商船,在浩瀚的大洋中与法西斯搏斗,数千人付出了宝贵的生命,他们的事迹为国际社会所赞佩,并受到多个盟国政府的表扬和嘉奖。

一、进行战争动员与抢运战略物资

卢沟桥事变爆发不久,华北大部即被侵占。1937年8月13日,淞沪会战爆发,随后上海、南京、杭州、镇江等城市相继失守。1937年11月20日,国民政府通告中外,即日迁都重庆。国民政府弃守南京后,华北、华中及长江下游地区的大批机关、学校和工厂,便纷纷迁往长江中上游,向西南撤退,成千上万不愿做亡国奴的人们,涌至武汉、宜昌,奔赴四川。从1937年9月到1939年4月,国民政府被迫进行了三次大规模的战略抢运撤退,即上海、武汉、宜昌三次大撤退,史称"长江大撤退"。

全面抗战爆发后,民生公司首先实行了甲级船舶和船员全体总动员,先从四川运送了4个师2个旅到宜昌,接着随着战争局势的变化又将全部船舶投入到了抢运战略物资西撤的行动中。为将水运纳入战时运输的轨道,国民政府军事当局在抗战之初成立船舶运输司令部,并在各省设立船舶总队部。1937年9月1日,交通部令各家轮船公司组成航业联合办事处,所有航商必须加入联运,所有轮船悉由联合办事处调度。轮船招商局、三北、民生、大达、大通等航运企业据此在南京成立长江航业联合办事处,统一办理军公运输、客货运输事宜,交通部委派李景潞主持其事。上海、镇江、芜湖、九江、汉口、长沙等埠也先后成立办事机构,组织航商投入战时抢运和维持战时航运秩序。各航运企业也相应成立战时指挥系统。

整个抗战时期,迁入四川的钢铁厂、兵工厂、纺织厂等共达607家,入川的高等、中等和各类职业学校共100多所。据交通部门的不完全统计:1937年8月至1939年底,轮船招商局抢运公物、商货约47.8万吨,军民94.1万余人次;民生公司抢运兵工器材16.28万吨,航空油弹药等3.35万吨,共计19.6万吨,旅客6.4万余人次。此外,武汉失守后,宜昌危急,当时宜昌存有军用物资12万多吨,而往来宜昌、重庆间的轮船总运量,每月仅七八千吨,1938年11月交通部征集了2000艘木船承担了大量抢运任务①。据统计,沿江七省约有1万余民船(木船)参与了抢运任务。以每条民船最低配备三名船员计算,至少有3万

---

① 《抗战五年来之交通》,中国第二历史档案馆编,《民国档案史料汇编》,第五辑,第二编,财政经济(十),交通邮电,江苏古籍出版社,2000年,第74—75页。

余名船员参加了抢运物资的行动。

在整个抢运过程中,中国船员冒着敌机轰炸、军舰拦截的纷飞战火,夜以继日地战斗在工作岗位上,出色地完成了这一具有重大战略意义的战时大撤退。这一撤退被著名爱国人士晏阳初先生誉为"中国实业的顿(敦)刻尔克"。许多工厂、学校、科研机构的安全西迁,减轻了侵略战争造成的损失,使我国的工业基础能在西南地区得以保存,文化、教育、科研机构免遭日军蹂躏,从而为中国建立稳固的战略后方奠定了较为雄厚的物质基础。这些设施安全转移到大西南,对稳定后方社会经济生活、支持长期抗战、夺取抗战最后胜利均具有难以估量的作用。诚如时任汉口航政局局长王洸所言:"第一次上海迁厂,第二次国府西迁,第三次抢运汉口物资,第四次抢运宜昌器材,都是靠这长江一线的水道,才能把我们的人力物力逐步西移,我们的抗战国策才能维持到底。这点可说是水运对于国家的贡献留下了不可磨灭的功绩。"

其次,抢运物资规模较大的是珠江流域的抢运。在20世纪20—30年代陈济棠主粤时期,广东省营和民营工业有很大发展,经济比较发达。在日军宣布封锁中国全部海岸后,由于香港、澳门不在封锁之内,广九铁路就成为广州和香港唯一的交通要道,中国抗战物资由香港经广九铁路运至广州,再由粤汉铁路源源不断运入内地。同时,通过香港进行对外联系,广东成为中国对外贸易的唯一通道。西江、东江、北江和韩江的中上游地区和相当部分沿海岸线的敌后战时运输十分活跃。因此,当时的广东,不但成为抗战初期中国最主要的外援物资通道,而且是中国抗战给养的生命线。

广州战役期间,西江肇庆以上的船舶成立西江航业战时服务社,除了军事运输以外,随着战争形势的变化,还进行了大规模的物资抢运。1938年10月广州沦陷,广东省政府北迁粤北连州,为了保证粤北省政府运输的需要,船员们先后开辟了韶关——岐岭——汕头、韶关——惠州——鲨鱼涌——九龙、韶关——沙坪——长沙三条水陆联运线,每月运送货物达3万余担。大量的钨砂、军火、汽车、工业矿物油、化学制品、煤油、粮食、食盐等重要物资,经这三条水陆联运线运送,保证了粤北和粤东地区的物资供应,保障了战时运输的需要。

二、发展川江航运保障政府生命线

川江自古被视为天险,航道全长647公里,海拔高度相差145米,江水流速通常超过6海里/小时,最急水流达13海里/小时,滩多流急,航道狭窄,礁石林立,全航程有险滩35个,并且很多航段只能季节性航行。民生公司是维护国民政府战时水运的杰出代表。1937年抗战爆发时,航行于川江航线的轮船有75艘,23000吨,其中85%的轮船为民生公司所有①。国民政府西迁后,航行川江的船舶大幅增加,详情见表7-3。

1939年川江各公司船舶情况表 表7-3

公司名称	船舶艘数	吨位	吨位百分比(%)
民生实业股份有限公司	116	30400	43.18
国营轮船招商局	17	23894	33.94
三北轮船公司	16	12418	17.64
强华实业公司	2	1746	2.48
中国合众航业公司	9	1943	2.76
合计	160	70401	100

注:数据来源于《陪都建设委员会1939年统计》。

---

① 杨戚净《四十年来之川江航行概况》,《中国航业》,1941年第1卷第1期。

虽然民生公司轮船吨位所占比例较战前下降，但总吨位却大幅提高，成为维护战时水上运输的中坚力量，其营运范围遍及川江、岷江、涪江、嘉陵江、金沙江和乌江，对抗战运输和后方生产、生活物资交流起着极为重要的作用。日本为了彻底"摧毁中国的抗战意志"，达到"迅速结束中国事变"的目的，1938年2月至1944年12月，日军飞机对重庆及其周边地区进行了长期的无差别轰炸，使重庆人民的生命财产和重庆城市遭到空前浩劫，史称"重庆大轰炸"。日机轰炸重庆期间，有针对性地对长江、嘉陵江沿岸码头、船只，及沿长江主要城市如长寿、涪陵、丰都、忠县、奉节、巫山等地的民生分公司进行了重点轰炸。

船员们在战斗运输中发挥了杰出的聪明才智。他们总结出当时日机轰炸的规律：一是轰炸万县以下较多；二是敌机天亮后从沦陷区起飞，一般上午9至10点钟到达川江。为了保全船舶和人员生命，1943年，民生公司的船只在万县至三斗坪这段航道上冒险夜航，船员们利用拂晓和傍晚时航行，白天到达有利地形停泊，躲过敌机的轰炸。这时的夜航是在没有灯标、缺乏安全保障、全凭驾驶人员高超技术的情况下进行的。由于驾驶人员具有较高的航行技术，极少出现航行事故。

抗日战争时期，广大船员为发展川江航运、维护战时运输做出了巨大贡献，也付出了巨大的牺牲。在抗战支前和撤退运输中，民生公司的船员们冒着敌机轰炸进行抢运，许多船员被炸死、炸伤。"民元"号在巴东遭日机轰炸，死2人，伤1人；"民众"号在巴东台子湾被炸，死伤8人；"民俗"号在巫山青石洞遭轰炸，死70人，伤19人；"民宪"号在万县被炸，死12人，伤9人；"民太"号在万县被炸，死1人；"民享"号在秭归被炸，死9人，伤15人；"民主"号在巴东被炸，死1人，伤7人；"民俭"号在三斗坪被炸，死18人，伤22人。

民生公司在抗战运输中共有117名船员牺牲，76人伤残[①]。船员们和抗日前线阵亡的将士一样，为了挽救国家民族危亡，把热血洒在祖国的江河上，为抗日战争的伟大胜利贡献了自己的生命。1939年2月7日，国民政府军事委员会传令嘉奖"民楷"号、"民政"号、"民勤"号等30艘轮船船员。1941年，国民政府传令对冒着敌机轰炸危险完成军运任务的"民勤"号、"民熙"号、"民俭"号三轮给予嘉奖。1943年国民政府军事委员会又对"民康"号船长及全体船员颁发奖章、奖状等。

三、投身爱国行动和拒为日伪服务

（一）中国海员拒绝为敌伪商船服务

1937年7月17日，蒋介石发表庐山讲话，指出："如果战端一开，那就是地无分南北，人无分老幼，无论何人，皆有守土抗战之责任，皆应抱定牺牲一切之决心。"全国人民掀起了抗日支前的热潮。7月19日，航海联义会、中舱公所、商轮联益社、北均安水手公所、南均安水手联善会、焱盈南社、焱盈同兴会、航海舵工木匠互助会、招商轮船理货公所、怡和管事部、共济会、航海联益会、江海轮饭业互助社、新太古理货俱乐部、善政同业公所、中国船舶无线电员总会、中国航海驾驶员联合会、怡和理货俱乐部、天津水手公所、焱盈总社、中国轮机员联合会、招商局均安会、航海安施会、中国长江领江总会、外港理货互助会、小长江俱乐部、怡和后舱同益社、三北鸿安互助会、中华海员收回引水权运委会、中华海员俱乐部等30余家海员社团，共同发起组织成立中华海员抗敌后援会[②]。全国各地的海员工会组织纷纷成立了抗敌后援会。（见图7-1）

中国海员在全面抗战爆发伊始便表现出强烈的民族气概。卢沟桥事变的第二天，1937年7月8日，日清轮船株式会社长江班轮的全体中国船员2000余人全部弃船罢航。大阪商船株式会社的"唐山丸"

[①] 凌耀伦：《民生公司史》，人民交通出版社，1990年，第184页。
[②]《申报》，1937年7月21日。

"圣和丸""广东丸"等船上的华籍海员,也坚决拒绝为日本运输物资,自动弃职返回香港。1937年9月4日,日本货船"中国出口"号在美国西雅图靠泊后,全体中国海员31人全部离船弃职,由美国移民当局设法把他们送回国内。

图 7-1　1938年8月,武汉会战前夕,汉口市内举行大规模的抗敌宣传。
图为中华海员抗敌后援会进行兵役宣传工作,其标语写着"扫荡倭寇,好铁要打钉,好男要当兵"。

日本劫夺了在华葡籍恩卡纳公司的4艘轮船,把"棠赛"号(643吨)①交给汉奸徐某营运,行驶长江中下游口岸,汉奸徐某多方诱惑船员留船继续工作,并定于1940年1月13日正式开航。"棠赛"号全体船员严词拒绝汉奸的诱惑,于1月12日集体自动离船,并表示宁愿饿死也永不供敌利用。

对于赴日的其他国家商船,中国海员一律以罢工的形式予以坚决抵制,迫使其停航、停运。英国太古轮船公司的"新疆"号轮船,由菲律宾怡朗运铜矿砂往日本神户。船上的80名中国海员,认为铜是重要的战略物资,即刻罢运,连工资也不要就辞职转回香港。香港海员工会支持罢运的爱国华工,派员前往太古轮船公司交涉,要求给罢运的海员清发欠薪,并发船票给他们返回原籍。此后,英国轮船"圣尼窝夫"号、"阜生"号、"哥令那"号,美国轮船"巴拉马"号、"阿仑布"号、"位星"号等,均因华籍海员拒绝为日本运输战略物资而停泊在香港。据香港《工商日报》统计,从1937年8月21日起的22天中,就有22艘外籍海轮因船员罢运而停留香港,不愿运载军用物资赴日而罢运的华侨海员和香港海员达593人。

在希腊轮船公司工作的华籍海员,也有罢运的爱国行动。1938年12月21日,希腊轮"司皮腊斯"号到旧金山运废铁赴日。船上有中国海员3人,当悉知该轮是运载军事原料赴日之后,立即宣布罢工上岸。1939年4月13日,希腊轮"依利吐"号华籍船员8人,随轮到美国,得知该轮装运废铁赴日,全体离船。1938年12月中旬,希腊货轮"市拜路士"号,为日本由美国加州洛杉矶载运废铁5000余吨后,于16日开抵美国旧金山,停泊在45号码头,继续装运废铁。"市拜路士"号的中国船员许忠礼等3人,不但自己罢运离船,而且还动员希腊船员共同抵制,富有正义感的希腊船员纷纷离船上岸。在美国轮船"黑生"号上工作的33名中国海员,得知该轮所载盐硝准备运往日本,"激于民族义愤,群行罢工",一致离船上岸。在古巴的挪威货船"诺斯夫人"号满载废铁赴日,将要起航时,船上20名中国水手察明该船去向时,拒不解缆,船长通知当地警局把水手扣留,船方启航。

---

①"棠赛"号,原来是上海平安公司的"大华"号,抗战后转为葡籍。

中国海员的反日罢运斗争规模巨大,几乎所有行驶日本航线的中国籍海员都起来斗争。据不完全统计,从 1937 年 7 月 7 日卢沟桥事变至当年年底,参加反日罢运的国内外华籍海员,就有 5479 人,所有日本轮船公司的中国海员 3500 人全体离船回国。当时在香港就汇集了 1.6 万名失业的中国籍海员,他们当中"没有一个回到日本船去乞求一碗饭吃"。表现了中国人的伟大人格和骨气。斗争浪潮遍及英国、美国、德国、荷兰、挪威、瑞典、澳大利亚以及所有使用中国海员的其他国家的轮船公司。

罢工罢运的海员有的还在中国共产党领导下组成抗日游击队,体现出中国海员的国危我勇、国难我扛的抗敌精神。如 1938 年 3 月有一批从香港回到广东的海员,在曾生的领导下,用仅有的 13 支枪组建了抗日游击队;1939 年初林锵云以十多位海员工人为骨干组织起顺德抗日游击队,后来发展壮大成威名卓著的东江纵队和珠江纵队,成为南粤敌后抗战的重要力量。

还有很多安徽、江苏等地的木船船民,在宁沪与武汉之间操船往返,运送物资。江苏、安徽相继沦陷后,他们不愿意以运输工具资敌而随政府继续西迁,沿途往来运输抗战物资,经常遭受日机袭击,但他们同心同德,自发组织成立民船运输队,不顾安危,为抗战尽力。

(二) 接收俘获的敌伪船只

1937 年 8 月 11 日蒋介石召开最高国防会议,决定在江阴沉船阻塞航道,一是为了阻止日海军进犯南京,二是堵住还未撤出长江的日本船。但该机密计划被参会的行政院秘书黄濬①向日军泄露,致使日船大部连夜逃跑,仅捕获日清轮船株式会社的"岳阳丸"和"大贞丸"两艘轮船。这两艘轮船由中国海军押回南京交给了交通部。交通部与南京轮船招商局研究后,组成了朱文秉船长等两套船员班子,接收了这两艘船,将"岳阳丸"改名为"江汉"号,"大贞丸"改名为"江襄"号,由轮船招商局组织营运,参加抗日支前运输。

(三) "广源"号事件

1937 年夏,烟台永源轮船公司②向美国苏登克里相森公司(Sudden & Christen Son)购买了该公司的"Edna Christensen"轮船,改名为"广源"号(Kwang Yuan),并在美国装废铁 2100 吨,计划先开往大阪再赴烟台。7 月 30 日,旧金山的中国总领事馆接到公司申请为"广源"号颁发中国船籍证书。由于当时中日之间已爆发战争,这一批废铁显然是要制造军火送往中国战场,总领事馆怀疑永源轮船公司是汉奸代表日本人出面设立。总领事黄朝琴在向南京外交部请示之后,决定不予发给船籍证书,如此,该轮就无法离开旧金山港。永源轮船公司发现无法取得中国的船籍证书后,暗中将船转售予英国航商,意图申请英国的船籍证书。黄朝琴发现之后将错就错,根据原先永源公司送交的申请文件立刻核发船籍证书,确立其为中国籍,并马上通知美国海关、总领事馆"暂时保管"该证书,于是"广源"号仍然不得出港。

在锚泊旧金山期间,发生了中日船员殴斗事件。该船高级船员为日本人充任,船长为日本人河野吉助,大副矶鼎三,轮机长大森赤久松,还有山东籍海员 20 名。1938 年 4 月,日本船员企图控制该船以便逃跑,遭到中国船员反对,双方发生殴斗。船长于是声明开除全部中国船员,立即遣送回日本。4 月 27 日,蒋介石听到报告后下令征用该船,撤换日籍船员,委派二副赵子明为船长。最后除赵子明船长、王期福大管轮留守"广源"号,以及舵工随耀贤留在总领事馆担当差役外,其余海员 17 人由洛杉矶华侨资助搭乘蓝

---

① 后来蒋介石亲笔签署了判处黄氏父子死刑的判决书。1937 年 8 月 26 日,黄濬与其长子黄晟同被处死。黄濬也成为抗日战争期间第一个被处决的高级汉奸。

② 该公司系日资企业,以汉奸李某名义注册,自成立之初就与日本勾结。1932 年就冒充中国籍船舶航行福建,被船员金炳堂告发。

烟囱公司轮船经马尼拉返回香港。此案前后历经四年,"广源"号缺乏保养维护,在数年的风吹雨打后已经不堪使用,被领事馆当做废铁变卖,所得交国民政府在重庆修建外交官舍。虽然美国法院判决那2100吨废铁属于货主日本正金银行,但正金银行提货时碰上美国禁运不能运回日本,只好就地卖给美国的钢铁厂。

"广源"号上的中国船员以高尚的爱国主义情怀,不但从日本人手中夺回了船舶,并且制止了2000多吨废铁运送日本,避免日本制造武器残害我国同胞,并且使日本因此案损失25万多美元。

(四)"政记六轮"事件

政记轮船公司是在日本的羽翼下发展起来的。1937年9月,政记轮船公司"坤利"号(3101吨)轮船上的无线电报员林济臣和王永升、刘培东等40多名中国船员秘密集议:在"坤利"号驶入公海后,把船长、大副、大车三个日本人看押起来,改变航向,驶入广东北海港,以船及船上物资支援祖国抗战。由于二副王兆经告密,日本人船长暗中将"坤利"号驶进日本新泻港。林济臣等40多名中国船员被日本警察逮捕、判刑,其中林济臣被判处三年有期徒刑。

1938年5月间,政记轮船公司先后锚泊香港的船有六艘,分别是"胜利"号(3087吨)、"安利"号(1669吨)、"茂利"号(1946吨)、"新利"号(1174吨)、"丰利"号(2061吨)和"英利"号(1394吨)。公司董事长张本政计划将这六艘船租与日本轮船公司,被船上船员获知,密报交通部,交通部令广东绥靖公署下令征用。9月初,台风袭击香港,导致这六艘船全部沉没。1939年3月,六艘船先后经捞起进坞维修,拟交与轮船招商局管理。但1939年2月4日,该公司擅自将"胜利"号、"安利"号、"茂利"号、"新利"号等四船租给日本大连汽船株式会社,派日本船员到香港接船,船上船员出于民族大义,拒绝交船。国民政府获知后首先提请港英当局扣押这六艘船,并请港方派员监管。此时,张本政也向香港法院提出申诉,称"将船舶交付于私人团体之大连汽船会社竟被视为交付敌国实属冤枉",①而国民政府交通部也请律师提出:第一,政记轮船公司注册地为烟台,是为中国主权领土,则该公司应遵循中国法律;第二,烟台虽沦陷为日本人控制,但主权仍属中国,英国政府与重庆有外交关系,与汪伪政权并未建立外交关系;第三,张本政的行为已经触犯了《修正惩治汉奸条例》第二条之"通谋敌国罪"。后经香港法院审理,判决这六艘船交还国民政府。②

此事之后,张本政索性将剩余船舶加入或者租与日本华北轮船联营社和关东州船舶运营会等为日本侵略战争直接服务的航运公司,政记轮船公司彻底变为为日本侵华服务的工具。太平洋战争期间,政记轮船公司先后有14艘船被盟军击毁。

而政记轮船公司的船员为抵制汉奸张本政用船只为日本运送军火,有的出逃外地,有的装病拒绝上船。船员桑景瑞、马吉盛、张子江、李士德等因此被日本警察逮捕,有的被打残,有的受刑过重而死。

(五)"三亚丸"海员反日起义

1943年2月,在湛江电白县附近的海面上,发生了轰动一时的"三亚丸"海员起义事件。

"三亚丸"原是一艘载重500余吨的巴拿马商船,航行于香港、澳门和广州湾(今湛江)之间。太平洋战争爆发后,该船被日军俘虏,改名为"三亚丸",并被日军用作运输船,隶属于琼州日本驻军军需部,常从香港等地载运军需品和中国工人到海南岛做苦工。在船上工作的18名中国海员倍受日军欺凌,生活痛苦不堪,决心伺机举行起义。他们进行了周密细致的准备工作,彼此相约:"务求任务完成,不完成毋宁死"。

---

① 陈继严:《抗战期间航政两大案之法理检讨》,《中国航业》,1940年第1卷第2期。
② 1941年日本攻占香港后,又将这六艘船全部劫掠,为日军运送军火。

1943年2月12日晚,在"三亚丸"开往海南岛的途中,船上海员举行起义,用铁斧和铁链等把船上敌人杀死6名,俘虏3名,并救出日军准备带到海南岛充当军妓的中国妇女33人,俘获全部军需物资,有煤油150桶,汽车器材36箱,以及防毒面具、信号灯、电风扇等一批物资。13日凌晨,海员将悬挂着自己制作的中国国旗的船驶入电白县放鸡山水东港。国民政府给予他们每人差旅费1万元,另加赏金1万元。日军为了报复和毁坏这批军用物资,事后对水东港连续轰炸了两天。

四、海员服务于盟国船舶支援第二次世界大战

第二次世界大战期间,除了在国内战场支持抗日战争以外,还有约3万名中国海员在英国、美国、挪威、荷兰、丹麦等国的商船上工作,支持世界反法斯西战争,其中在英国有2万余名,在美国有3000余人,在挪威有2000人,在荷兰约1000人,在澳大利亚有2000多人,在加拿大有约1000人(上述欧洲国家的商船也基本上是为英国服务的,因为这些国家的流亡政府都在英国)。

(一)华人海员大量在外籍轮船上工作的原因

1.英国商船海员严重短缺

战争爆发后,英国皇家海军征召了大批英国轮船公司经验丰富的英国海员,导致英国商船海员严重不足,英国政府除了在英属殖民地征召非洲和印度海员外,还在中国大规模地招聘中国海员。

2.雇佣中国海员成本廉价

通常中国海员的工资仅仅是英国海员工资的40%。1939年欧战爆发前,英国一水(Able Seaman)的月薪为9镑12先令6便士,锅炉工(Fireman)的月薪为10镑2先令6便士,[1]而中国水手和锅炉工的月薪在4镑8先令至6镑15先令之间。[2] 因此,外籍轮船公司雇佣中国海员的成本非常低廉。

3.受太平洋战争的影响

1941年日本提出南进计划,意图夺取东南亚各岛群的重要战略物资。当时美国已经对日本实行经济制裁,包括钢材、石油、橡胶等物资的禁运,如果日本不打下东南亚富油地区,以日本当时的石油储备仅够1年半之用。1941年12月8日,日本偷袭美国太平洋舰队所在地珍珠港,几乎同时,日本陆军和海军分兵多路,在不到半年内,侵占了马来亚、菲律宾、关岛、新加坡、缅甸、印度尼西亚和中国香港等地,彻底摧垮了英国远东舰队(见图7-2)。

日本的突然袭击使原来经营东南亚航线的各轮船公司受到很大影响,各轮船公司纷纷把船舶撤向未被日军占领地区,主要是西进印度和南下澳大利亚。而这些轮船公司船上所用海员大部分为中国海员,仅滞留印度的就有5000多人,滞留澳大利亚的约有2000人。这些中国海员,后来大部分被盟国政府征召,服务于各国商船。

(二)中国海员在外国商船担任的职务

除了少部分中国海员在外籍商船上担任驾驶员、轮机员等高级海员职务,绝大多数在外服务海员担任的是普通海员职务。由于船舶技术进步的关系,很多职务现在已经消失了,当时中国海员担任的具体职务见表7-4。

---

[1] Assistant General Secretary & Treasurer's Report to the Annual General Meeting, Union File No MSS 292/175A BOX 2, Modern Records Centre, University of Warwick Library.
[2] 朱学范:《因英轮事件对海员问题的意见》,《中国劳工》,1942年第2卷第3期。

图 7-2　1941 年 12 月 10 日，英国远东舰队战列舰"威尔士亲王"号在印度洋被日机击沉

中国海员在外国船上担任职务表　　　　　　　　　　　　　　　　　表 7-4
(Chinese Seamen's Position on Foreign Ships)

序　号	职务(英文)	职务(中文)
1	No.1 Boatswain	一级水手长
2	No.2 Boatswain	二级水手长
3	Quartermaster	舵手
4	Sailor	水手
5	Sailors Boy	水手的服务生
6	Sailors Cook	水手的厨师
7	Carpenter	木匠
8	Pumpman	泵工
9	No.1 Donkeyman	一级司炉
10	No.2 Donkeyman	二级司炉
11	Donkeyman	司炉
12	No.1 Fireman	一级锅炉工
13	No.2 Fireman	二级锅炉工
14	No.3 Fireman	三级锅炉工
15	Firemen	锅炉工
16	Firemen's Cooker	锅炉工的厨师
17	Firemen's Boy	锅炉工的服务生
18	Greaser	润滑工
19	No.1 Engineroom Hand	一级机工
20	No.2 Engineroom Hand	二级机工
21	No.3 Engineroom Hand	三级机工

续上表

序　号	职务(英文)	职务(中文)
22	No.4 Engineroom Hand	四级机工
23	Chief Steward	大台服务员
24	2nd Steward	二台服务员
25	No.1 Steward Boy	一级服务生
26	No.3 Steward	三级服务生
27	Asst.Steward	见习服务生
28	Chief Cook	大厨
29	2nd Cook & Baker	二厨(面包师)
30	Cook	厨师
31	Messroom Boy	服务生(高级船员)
32	Saloon Boy	服务生(乘客)
33	Pantry Boy	服务生(厨房)
34	Fitters	铜匠(钳工)
35	Writer	账房
36	Storekeeper	仓管员
37	Laudryman	洗衣工

总体来说,当时在盟国商船服务的中国海员群体主要来自广东和上海(宁波),并且广东人主要从事甲板部的工作,上海(宁波)人主要从事机舱工作。其主要原因是当时在盟国商船上,由于中西饮食及文化风俗的不同,中国海员一般是单独提供餐饮,而中国海员群体本身地域饮食习惯和语言差别较大。所以,各轮船公司一般招聘时有要求,即一个部门的员工尽量在同一地区招聘,便于沟通和生活。久而久之,形成了中国海员两大主要的工作群体。

(三) 中国海员在战争中做出的贡献

1.保障了盟军反法西斯战争的海上生命线

1940年7月,法国投降后,西欧只剩下英国还在顽强抵抗,此时英国已经沦为孤岛。虽然英国有强大的工业基础,但工业原材料严重依赖进口,在德国的空军和潜艇的袭击下,英国的战争物资生产已经捉襟见肘,此时商船运输成为英国赖以生存的"海上生命线"。

英国的战争物资主要来源于美国。1939年9月德国入侵波兰后,美国国会修改了中立法,在"现购自运"①条件下解除了军需物资禁运。这标志着美国国会开始向远离孤立主义的方向转变。在接下来的两年里,美国会采取一系列更进一步的措施反对法西斯主义。其中最重要的就是1941年批准了租借法案,允许美国向至关重要的国家提供国防武器等军需物资。使得美国由一个中立国家正式转变成为一个反对德国法西斯的国家。

战争期间,美国共向英、苏、法、中等38个反法西斯国家提供500多亿美元的物资,最早获得援助和获得援助最多的是英国。到1945年8月15日日本投降前夕为止,英联邦所得的租借援助共300亿美元,占美国租借支出总额的60%,其中英国受援最多,为270亿美元。此外,美国对苏联的援助,从1941年10月1日开始实施,主要是通过海上运输的方式。到1945年9月20日,美国实际运抵苏联的物资总值为102亿美元,加上其他费用,共计109亿美元(苏联的统计为98亿美元)。

---

①即现金支付购买的物资,自己设法运回本国。这个政策当时是有利于英法的,因为当时德国的海军实力远不如英法。

美国援助世界各国的物资,除了少部分空运以外,绝大部分是通过商船运输的。这些物资的输入,对世界反法西斯战争的最终胜利起到了重要作用,而海员则是完成这一使命的决定性力量。战后,艾森豪威尔将军曾经说道:"When final victory is ours there is no organization that will share its credit more deservedly than the Merchant Marine"(当最后的胜利属于我们时,没有哪个机构比商船船队更能心安理得地分享这个果实)。"

2.境外商船海员做出了巨大牺牲

欧战爆发后,希特勒的闪电战收到明显效果,欧洲大陆大部分为德国占领,英国成为欧洲反法西斯的堡垒。大西洋海上交通线是英国赖以输入战略物资、原料和粮食的生命线,每天航行在大西洋的船只有1500艘。德国为了迫使英国屈服,投入重兵企图破坏英国的这一海上生命线。英德双方①在大西洋展开了历史上最大规模的海战。

英国在战争期间商船损失惨重,付出了大量的人员伤亡。战后英国统计海员死亡约3.2万人。关于中国海员的伤亡情况,根据统计,截至1943年3月,在英国商船上,共有831人死亡,254人失踪,268人被俘,合计1353人。

关于其他国家中国海员的伤亡情况。1940年12月7日,挪威商船"海特格"号(Hai Turg)在从曼谷开往新加坡途中,被日本军舰击沉,船上44名中国海员全部遇难。1940年12月12日,"Hydra II"号在马尼拉附近被日本鱼雷击中,船上44名中国海员,仅6人被瑞典商船"哥伦比亚"号(Colombia)救起,其余38人遇难。根据最近的研究结果显示,第二次世界大战期间,有252名中国海员在挪威商船上牺牲。②

1941年2月23日,荷兰商船"格洛可可"号(Grookekerk)在从新西兰到美国途中被德国潜艇U-123击沉,船上34名中国海员全部遇难。

1943年9月,美国将两艘自由轮③租与国民政府,国民政府将这两艘船分别命名为"中山"号和"中正"号,划归中国邮船公司(China Mail Steamship Co.)所有。船上除船长和轮机长以外,大部分船员均从国内海员中选拔。"中正"号在从印度装运8350吨钛铁矿石运往美国的途中,在13°00′N, 54°20′E附近被德国U-188潜艇击沉,船上共有人员71人,其中11名美国高级海员,4名中国高级海员,29名中国普通海员,还有27名美国士兵。死亡20人,大部分是中国海员,另外51人被英国货船营救。"中正"号是第二次世界大战期间唯一一艘被德国潜艇击沉的中国籍商船。

截至目前统计,被德国U型潜艇击沉的各国商船上,中国死亡海员有具体姓名的为1256人,他们死亡时平均年龄是35岁。整个第二次世界大战期间,从"阿西娜"号被击沉到1945年欧洲战事结束,各国海员的死亡人数如下:英国22490名,印度6093名,中国2023名,美国5662名,挪威4795名,希腊约2000人,荷兰1914人,丹麦1886人,加拿大1437人,比利时893人,南非182人,澳大利亚109人,新西兰72人。④ 第二次世界大战结束后,根据中国驻利物浦领事罗孝建统计,中国海员的死亡人数占盟国海员死亡总数的10%⑤。因当时档案管理落后,还有很多死亡的中国海员没被写在名单中。

3.澳大利亚中国海员劳工营

1941年底太平洋战争爆发后,因战事而滞留在澳大利亚的中国海员有2000人之多。此时,中国与澳大利亚是盟国,这些有技术又大多会英语的中国海员,经中国驻澳大利亚公使馆与澳大利亚战时政府协

---

① 1943年以前主要是英国同德国战斗,以后主要是美国同德国战斗。
② Bjørn Tore Rosendahl, De var også krigsseilere.Omkomne utenlandske sjøfolk på norske skip 1940-1945 (Book about the foreign seamen that died on Norwegian merchant ships in the Second World War) Stiftelsen Arkivet:2015.
③ 自由轮是一种在第二次世界大战期间在美国大量制造的货轮。由于采用焊接替代铆接的工艺,建造时间被大大缩短,但设计寿命也仅为5年。
④ Philip Kaplan, Jack Currie.Convey:Merchant Sailors at War 1939-1945.P23.
⑤ 罗孝建:《中国海员大西洋漂流记》,环球出版社,1949年,序。

商同意,编入澳军劳工营,直接参与反法西斯战争。

其中,来自英商太古轮船有限公司的"安顺"号(Anshun)、"重庆"号(Chungking)、"汉阳"号(Hanyang)、"鄱阳"号(Poyang)、"岳州"号(Yochow)、"云南"号(Yunnan)六艘轮船的中国海员,人数大约500名左右。英美对日宣战后,为了躲避战火,太古轮船有限公司将船开到澳大利亚,这些中国海员滞留在西澳大利亚州首府柏斯。1942年初,他们中的大部分人被澳大利亚军事当局征召,编为澳军中国海员劳工营第7连。其余人员,除了因身体状况不适合工作之外,则被分派到其他地方,包括被派到澳大利亚皇家海军的武装商船队中工作。中国海员劳工营第7连先在西澳大利亚的福瑞门陀(Frementle)港口,为美军修理军舰。1943年前后,他们就被全部转到布里斯班(Brisbane),在美军设在布里斯班河靠近出海口的伯林坝(Bulimba)船坞工作,负责为美军修船和建造登陆艇(见图7-3)。

图7-3 中国海员在澳大利亚为美军修船

4.中国留印海员战时工作队

太平洋战争爆发后,中国海员除了南下澳大利亚,还有一部分西进到了印度。1942年初,滞留在印度的海员大约有6000人,其中在加尔各答3000余人,孟买1000余人,马德拉斯1000余人,科伦坡[1]1000余人。欧战之前,中国海员的工资仅为同级英国海员工资的40%;欧战爆发后,英国政府给英国海员增加了战时危险津贴每月5英镑,但中国海员的工资却没有任何变化。因此,中国海员因为战争和待遇的缘故,不愿继续上船服务。包括印度在内,英国伦敦、利物浦等中国海员聚居地都先后爆发了中国海员罢工活动。后经过中英双方谈判,1942年4月24日,中英双方签订了《伦敦协议》(全称为《中英政府关于英船或英管船雇佣中国海员之协定》)。协议规定中国海员的基本工资每月增2英镑,并增加战时危险津贴每月5英镑,在随后的补充协议中将这项津贴提高到10英镑。协议签订后,留印的大部分海员继续上船工作,但仍约有2000多人不愿上船工作。1942年6月,国民政府委派林谋盛[2]前往印度加尔各答,将海员组织为"中国留印海员战时工作队",林谋盛担任队长,主持海员训练工作。这些人后来在印度有的从事飞机维修,有的从事木箱制作等工作,为盟军后勤服务。

---

[1] 今斯里兰卡首都,当时为英国殖民地,1948年2月4日斯里兰卡正式宣布独立,成为英联邦的自治领,定国名为锡兰。1972年5月22日改国名为斯里兰卡共和国。

[2] 林谋盛(1909—1944年),福建南安人,新加坡华侨。他担任"中国留印海员战时工作队"队长不久,根据中英两国政府协议,由中国政府选派优秀青年百人参加组建"一三六"部队(中英联合军团东南亚华人地下抗日军),与英方配合收复新、马的敌后活动,他被授予陆军上校军衔并担任马来亚华人区长。1943年11月,"一三六"部队人员潜入敌后开展活动。1944年5月27日,林谋盛不幸被捕,坚贞不屈,6月29日壮烈牺牲。抗日战争胜利后,国民政府追授林谋盛为陆军少将,下令褒扬。

5.中国海员在第二次世界大战中获得的殊荣

第二次世界大战期间,中国海员在浩瀚的海洋上,一边与惊涛骇浪抗争,一边冒着被敌舰艇攻击的危险,出生入死,书写了中国海员不朽的篇章。

第二次世界大战中"中国的鲁滨逊"——中国籍轮机长沈祖挺。1944年8月12日,英国伦敦哈德利轮船公司(Hadley Shipping Co Ltd, London)所属的"雷贝利"号(RADBURY,3614吨)[1]满载一船煤炭从莫桑比克的洛伦索马克斯港(Lourenco Marques)驶往肯尼亚的蒙巴萨港(Mombasa)。"雷贝利"号是一艘建造于1910年的老式蒸汽机船,船上共55人,除船长、报务员、3名驾驶员、6名海军护航员是英国人外,其余均为中国海员,沈祖挺担任轮机长职务。8月13日,"雷贝利"被德国潜艇U-862号击沉,船长和18名海员以及一名炮手遇难。沈祖挺是幸存船员中级别最高的高级海员,被推举领导和指挥所有的幸存的35名海员。沈祖挺指挥大家乘一艘救生艇漂流到一座荒岛——欧罗巴岛。在这荒无人烟、缺粮断水的小岛上,沈祖挺不畏艰险,组织海员生产自救,过着现代"鲁滨逊"式的生活。一直到10月27日才被英国皇家海军护卫舰"Linaria"号救起,其间有3名海员和1名海军护航员冒险出海寻求救援,但只有1名生还。据1947年7月5日上海《申报》、英文《大陆报》《华北日报》等各大中英文报纸报道:1947年7月4日,英国政府将一枚英帝国官佐勋章(O.B.E)授予中国籍轮机长沈祖挺,以褒奖其在第二次世界大战时的英勇表现。

当时海上生存最长纪录保持者——潘濂。1942年11月23日,英国边航(Ben Line)的轮船"贝洛蒙"号(Benlomond)从帕拉马里博(Paramaribo)驶往纽约的途中,被德国潜艇U-172击沉。船上共有54人,潘濂担任二等膳务员。当船被击沉时,除潘濂登上一个救生筏获救外,另外大约还有4—5名海员登上另一艘救生筏,[2]后来只有潘濂一人生还。历经133天的千辛万险,潘濂独自一人乘坐救生筏绝地求生,于1943年4月6日抵达巴西海岸,被渔民救下。英国国王乔治六世授予他大英帝国勋章,赞扬他"在木筏上的经历漫长、危险和充满巨大困难的日子里所表现出的罕见勇气、刚毅精神和克服困难的应变能力",英国皇家海军将他的经历写入野外生存手册。

另外,还有3名中国海员因为他们的勇敢行为受到英国国王接见并授予勋章。查到其中1名海员姓王(名字不详),福建人,另两位一位是他的同乡,另一位是广东人。[3]（这三人受到表彰则是因为他们的勇敢行为。）他们的船舶靠港时遭到德军飞机轰炸,在别人都纷纷找掩体躲避时,他们却不顾安危,用沙土填灭了十余颗燃烧弹,最终使船舶避免被焚毁。

还有其他很多中国海员的杰出事例。例如,1941年4月,蓝烟囱公司"格林纳特内"号(Glenartney)的船长埃文斯(D.L.C.Evans)驾船在大西洋上救起了一艘武装商船上的幸存者之后,写信给蓝烟囱公司的老板劳伦斯·霍尔特(Lawrence Holt),信中提到对于中国海员在战争中不屈不挠的表现:"The Chinese crew were truly excellent, working to the point of exhaustion …As an illustration of the spirit prevailing, the Chinese boys made it clear that any attempt on the part of the survivors to offer any reward or gratuity would be most offensive to their feelings, and would be met with disdainful refusal.I can only say with all the sincerity that I possess that I am proud to have been in command of such a ship, manned by such excellent officers, midshipmen, and crew(中国船员的表现实在太优秀了,一直工作到筋疲力尽……在道德品质方面更值得称道,中国男孩向那些受到帮助的幸存者明确表示,任何想支付给他酬金或者小费的企图都是对他情感的

---

[1] 关于"雷贝利"号被击沉的时间中英文资料有所不同,大多数中文资料记为1943年8月15日,本书笔者经过考证,确切时间应该是1944年8月13日,另外实施攻击的德国潜艇U-862于1943年10月7日才服役。
[2] 罗孝建《中国海员大西洋漂流记》,环球出版社,1949年,第2页。
[3] 同上,第35页。

冒犯,会遭受到轻蔑的拒绝。我只能用我所有的真诚对您说道,我为领导着这样一艘配备了如此优秀的高级船员、海军士兵和普通船员的船而感到自豪)。"①

因表现出色,第二次世界大战期间共有 40 余名中国海员被各同盟国政府颁赠勋章。部分统计见表 7-5。

第二次世界大战期间中国海员获得各国政府颁奖统计(部分)　　表 7-5

序号	姓　名	所获荣誉	颁发国
1	沈祖挺	Officer of the Most Excellent Order of the British Empire(O.B.E,即大英帝国杰出官员勋章)	英国
2	Chan You	Distinguish Service Medal(D.S.M)	英国
3	Chang Ah Nang	British Empire Medal(B.E.M)	英国
4	Li Fook	B.E.M	英国
5	Wong Song Ling	B.E.M	英国
6	Lee Chew Chua	Commendation in London Gazette(brave conduct)	英国
7	Ng Kee Shang	Commendation in London Gazette(brave conduct)	英国
8	潘濂	B.E.M	英国
9	徐谒富	Brave Conduct	英国
10	Chan For Sui	B.E.M	英国
11	Chi Haing	The War Medal	挪威
12	Shu Yang Ming	The War Medal	挪威

第四节　高级海员教育发展的艰难岁月

全面抗战爆发之前,中国培养高级船员的学校有交通部吴淞商船专科学校、水产专门学校、招商局工业航海科、海关税务专门学校海事班等四所,这些学校在抗战后先后停办。1939 年,国民政府为了继续培养商船人才,于重庆恢复吴淞商船专科学校,改名为国立重庆商船专科学校。在沦陷区,伪满政权成立了高等船员养成所。

一、国立重庆商船专科学校

(一)吴淞商船专科学校停办

1937 年 8 月 13 日,日军进攻上海。由于吴淞商船专科学校位于吴淞江边,校舍遭到炮火毁坏,随后学校又随政府西迁而被迫停办。四十名应届毕业生辗转迁到武汉,请求交通部救济。当时汉口航政局局长王洸兼任交通部海事科科长,主管其事,他签报张嘉璈部长组织考试委员会,对这批学生进行毕业考试,请专家阅卷评分,及格者由交通部发给文凭,商请教育部加印。最后这批流亡学生终于完成学业,分别领得甲等二副、二管轮执照,成为航运界的宝贵人才。

(二)国立重庆商船专科学校的成立

吴淞商船专科学校停办后,部分校友一直希望能在重庆复校。同时,国民政府考虑到:"我国造船航

---

①Malcolm Falkus.The Blue Funnel Legend, A History of The Ocean Steamship Company, 1865-1973.Hampshire:Macmillan Academic and Professional LTD.1990:pp240-241.

运之事业,虽自清末兴办,而数十年来,远未能有所发展。抗战以前,国内唯一造就此项专才之学校,仅有吴淞商船专科学校一所,不幸沪战爆发,即告停顿。以我国江海航运范围之广大,岂能置航运教育于不顾,况在抗战航运尤为重要",应该"网罗造船与驾驶专家,一面招生教授,以造就专门人才;一面研究设计抵抗敌舰之方案。"①因此,1939年6月,国民政府国防最高会议教育专门委员会决定于重庆恢复商船专科学校,定校名为"国立重庆商船专科学校",并建议由行政院拟定具体实施办法。

根据国防最高会议的决定,行政院遂责成教育部会同交通部、海军部具体负责恢复商船专科学校事宜。为加强对复校工作的领导,各方经协商成立了复校筹备委员会,以教育部高等教育司司长吴俊升、交通部总务司司长潘光迥、交通部航政司司长何墨林、国民党中央执行委员会秘书高廷梓、经济部工业实验所所长顾毓琇、交通部长江区航政局局长王洸以及造船专定叶在馥等人为委员,并以吴俊升为主任委员兼校长,聘宋建勋为教务主任。不久,宋建勋又接任吴俊升为校长。

复校筹委会成立后,一面办理接收及装运上海吴淞商船专科学校校产各事,一面于重庆勘察校址。几经周折,筹委会最后择定校址设于重庆江北溉兰溪附近陈茔森山基上,即由教育部拨款先行建造校舍。在筹办过程中,原吴淞商船专科学校校友、航海专家金月石、郑鼎锡曾经向筹备委员会提交一个意见书。他们认为抗日时期现有驾驶、轮机人员失业的很多,此时不宜再开办学校。但王洸等人认为从长远看,航运人才是少不是多,为未来计,宜及早储备人才。

1939年8月,复校准备工作已基本就绪,校长宋建勋即由上海到重庆主持开学。宋建勋到重庆后即嘱先行到达的原吴淞商船专科学校校友任祖武、沈绳一等协办招生事宜。两人一面准备招生工作,一面写信通知各地未毕业的吴淞商船专科学校学生来重庆复学。于是,停办两年的吴淞商船专科学校,再于重庆绽蕾。

为早日复学开课,筹委会经多次筹划,决定在溉兰溪校舍落成之前,先行租用轮船招商局泊于唐家沱长江江面的"江顺"号为临时校舍。1939年11月27日,国立重庆商船专科学校于"江顺"号举行隆重开学典礼,盛况空前,轰动一时。当时,重庆各报均派记者前来采访报道,而报道之详尤以《中央日报》为最:

"从东南海滨,迁到西南山地,从昔日的吴淞,改为重庆商船学校,于昨天补行了盛大的开学典礼。迎客船从朝天门码头出发,遥远地望着被锁在扬子江上游的英、法军舰,旗帜飘扬。

在后方的第一个商船学校在抗战中成长,各方面都热情地哺育这个麟儿:一群海军军官,以极高的修养,帮助他们;三北轮船公司,赠给学生们珍贵的图书仪器;民生轮船公司,把造船厂借给他们实习;招商局把自己的商船'江顺'轮供给他们作为校舍。当行开学典礼的佳日,水兵们特地来给船头装挂起万国旗。一切都装点得花团锦簇。

庄严的升旗礼,下面站立着无数的嘉宾:着礼服的教育部部长陈立夫,八十一岁的萨镇冰上将,着西装的彭学沛次长,着布衣的卢柞孚次长,着中山装的顾毓琇次长……全国的造船、驾驶、轮机专家和草绿色制服的学生。校长宋建勋宣誓就职……"

典礼大会上,教育部部长陈立夫、海军上将萨镇冰以及彭学沛、顾毓琇先后致辞,都鼓励青年努力学习商船。其中,前吴淞商船专科学校校长萨镇冰上将再三鼓励青年,要有冒险精神。他说:"前二十八九年,吴淞商船学校出来的一百多人,代替了外国人,表现了非常好的成绩。"彭学沛次长对青年学生们讲:"你们是复兴商船和海军的第一班学生。你们将使中国有了海上的力量!"②

---

① 陈立夫:《全国高等学校教育概况》,《中央日报》,1939年11月27日。
② 沈绳一:《船校生活趣事多》,《中央日报》1939年11月27日。

至此,由吴淞商船专科学校开始的中国海运高等教育,又以国立重庆商船专科学校的面貌,在抗日战争的艰苦岁月里,出现于抗日大后方重庆。

国立重庆商船专科学校成立后,隶属于国民政府教育部,学制及学生管理等均与吴淞商船专科学校时相同,但在专业建设上却有了新的发展。时因民生公司拟设船厂,急需造船方面技术人才,故学校首次设置了造船专业,由驾驶、轮机两科发展为驾驶、轮机和造船三科,从而使学校形成人才培养三科并举的新体系。

1939年底复校开学后,原吴淞商船专科学校未毕业的学生纷纷返校复学。同时,学校还于重庆、成都、昆明、上海和丽水五地设点招考新生319人,加上1941年、1942年学校又于重庆、贵阳、桂林、成都和昆明等地两度招生,至1943年初,三科在校学生近300人。

在教学方面,国立重庆商船专科学校十分注重理论知识传授与实际能力的培养。为了加强实习环节的培养,学校不惜重金派学生到国外实习。1942年6月,学校派往美国实习的学生达51名之多,其中驾驶科27名,造船科20名,轮机科4名;同年12月,学校再派轮机、造船两科学生15人,分赴英美进行实习。1943年,重庆商船专科学校首届学生毕业。

(三)并入国立重庆交通大学

1943年上半年,学校师生不满校长宋建勋挪用学校经费等事,群起抗议。宋建勋却反诬师生有意闹学潮,要求教育部将学校解散。根据宋建勋的意见,国民政府教育部于同年5月8日下令国立重庆商船专科学校解散,致使中国唯一一所历史悠久的海运高等学府以人谋不臧而停办。此事既发,不仅引起学校师生的强烈不满,而且引起社会各界的广泛关注。后来教育部迫于学校师生及社会各界舆论的压力,再于同年6月下令将学校归并国立重庆交通大学;原溉兰溪校舍作为交大分校校舍,为交大各系一年级所用。这样,由邮传部上海高等实业学堂几经演变而成的国立重庆商船专科学校,又重新回到母校交通大学。重庆商船专科学校并入交大后,其所设三科各有所变:造船科略经调整之后改为交大造船工程系,学制四年,成为该校工学院一个新兴系;驾驶、轮机两科,则分别改为航海专修科和轮机专修科,亦隶属于交大工学院,学制为三年。1943年暑期,三科各由交大招生40人。

二、伪满交通部高等船员养成所

高等船员养成所,为日伪集团占领东北期间所设立,1937年始设于哈尔滨,1944年9月迁入葫芦岛,改称为"国立高等船员养成所"。

(一)高等船员养成所的产生

东北地区航运发达,历史悠久,对本地区经济发展有十分重要的作用。日本帝国主义要控制东北地区的经济,则必然要控制东北的航运业。1932年日本帝国主义占领整个东北之后,挟伪满洲国政权之手将东三省铁路收为"国有"的同时,将东三省港湾、航运、船舶、河川及湖泊等全部收为"国有",还悉数接收了原东北联合航务局、广信航业处、东北造船所等航运企业及其所属的船舶。1933年2月,伪满洲国政权又同日本帝国主义在华的最大经济侵略机构——南满洲铁道株式会社缔结了《松花江水运事业委托契约》,进一步将松花江水路的船舶运输、码头营业以及附属事业与设施等拱手相让给日本。由是,日本帝国主义便完全控制了东北地区的水运业,从而也完全控制了东北地区的经济大动脉。

虽然日伪集团全面控制了东北地区的航运业,但是,由于东北地区高等航海教育起步较晚,经过专门培训的航业人才极少、船员队伍素质低、专门技术人才缺乏等问题,自然成为航运发展所面临的最突出的矛盾。如以航运发达著称的黑龙江地区,当时航行于三大水系的机动轮船的高级船员多雇用俄人充当,日本占领哈尔滨后虽继续留用了这些俄籍船员,但随着船只增多与技术的改进,人才不足与船员老化的矛盾也日趋突出。至1935年,黑龙江水系航行之大小机动船与驳船已达200艘之多,有高级船员近1000人,而有真才实学且年富力强的航运技术人才却寥若晨星。这些,不仅尖锐地反映了人才需求与航业发展之间的矛盾,而且也直接影响到日伪集团在东北的经济利益。因此,不大力提高船员队伍的素质、建立一支与航业发展要求相适应的船员队伍,航运业的发展也就不可能适应日伪集团的需要。于是,发展高等航海教育问题被迫切地提出来。

在上述历史背景下,1937年2月,伪满洲国交通部决定于哈尔滨开设培养航运专门技术人才的学府——交通部高等船员养成所,并拨款3万元作为校舍建设之专款。同年4月1日,高等船员养成所从奉天(即沈阳)、吉林、哈尔滨等地中日青年中招考新生,作为该所第一期学员正式入学上课。当时,因新校舍尚未落成,学生暂在哈尔滨道里炮队街借白俄一栋二层楼房上课,开江之后迁到"富锦"号船上上课,封江后又回炮队街。同年12月,坐落在道里井街的新校舍落成,学校即迁入。至此,高等船员养成所成为继东北商船学校之后东北地区商船教育的又一专门学校。

在哈尔滨时期的高等船员养成所,为伪满洲国交通部所辖。学校设所长、副所长、主事、学监,下设教务、事务两处。教务处设航海科、机关(轮机)科、理学科、训育科四科;事务处设会计、文书、庶务三科。全校有教职员等20余人,首任所长由伪交通部航运司司长路好兼任,学监为锅岛德。

(二)迁往葫芦岛后学校的变化

1943年后,第二次世界大战进入紧张阶段,日本帝国主义由于在太平洋战场接连受挫,开始逐步改变亚洲各主要战场的战略部署。为了适应太平洋战争的战略需要,日本帝国主义大力加强海上运输,哈尔滨高等船员养成所随之改变了办学宗旨和培养目标,更加注重海洋船舶高级技术人才的培养。

因哈尔滨高等船员养成所规模较小,办学条件较差,无法适应航海发展的要求,日伪集团于1943年决定将高等船员养成所迁往葫芦岛,并于次年春先于葫芦岛码头东小街建筑校舍,以求扩大办学规模,更多地培养海运高级技术人才。是年秋,葫芦岛校舍落成,9月18日原哈尔滨高等船员养成所所有职教员和学生迁入葫芦岛的新校舍。

迁校之后,高等船员养成所改为"国立高等船员养成所",由伪满洲国交通部直辖。办学宗旨由原哈尔滨高等船员养成所时的"培养河川航运人才,并传授海洋航行的学术和技术",改为"专门传授海洋航行的学术和技术,培养海上商船航运人才"。专业仍分航海、机关两科,课程设置取消了外语,航海科在教学内容上大量增加了航海方面的知识,其余机构设置、学生管理及学制等均无变化。当时,高等船员养成所在领导、教职员方面有较大变化,学校管理人员和教员大部分为日本人充当:由锅岛德(副所长)接任丈上阪三郎为第三任所长,学监为丸川雄三郎;航海科主任为中尾,以丸川、锅岛德兼任教员;机关科主任武井,以山口、斋藤为教员;理学科,以夏儒霖、谈福生为专职教员;另有航海科、机关科专职助教3人。计有专兼职教员15人,校外兼课教师数人。堤严负责学校事务、训育等。国立高等船员养成所至"八一五"光复时,共招收9期学生。光复时有三期学生尚未毕业,即第七、八、九期学生150余人。抗战结束之后,这批学生大多数转入其他院校或葫芦岛商船专科学校继续就学。

葫芦岛(哈尔滨)高等船员养成所的办学目的虽然是为日伪集团服务的,但对推动东北地区的航海教育却起了一定的作用,后来国民政府设立的"国立葫芦岛商船专科学校",就是在葫芦岛高等船员养成所的基础之上建立的,而高等船员养成所所培养的毕业生也多成为东北地区航运事业的骨干力量,其中相当一部分人为新中国的内河、海运建设事业做出积极贡献,到20世纪80年代,仍有不少人活跃在我国内河、海运及其教育界。特别是在日本帝国主义侵占东北期间，高等船员养成所的中国学生中有人参加了反满抗日的进步活动。如轮机科第八期学生刘宝巨，就因参加反满抗日进步组织"读书会"而于1944年春被捕入狱，在狱中受到日伪集团严刑摧残，直至1945年"八一五"光复之后才重获自由，国立葫芦岛商船专科学校成立后，他始得继续完成学业。

三、福建私立集美高级水产航海职业学校

自1937年6月至1945年5月，是集美学校的播迁时期。卢沟桥事变后，集美学校经历了艰难困苦的八个春秋，辗转播迁安溪、大田、南安等地，在艰苦的条件下坚持办学，不仅延续了血脉，而且广大师生在抗日烽火中"复仇热血，许国心丹"，为抗日战争的神圣事业做出了自己的贡献，同时也在文化落后的内地山区撒播了文化的种子。

(一) 集美学校的复兴计划

1937年6月，陈村牧接任集美学校校董。他根据陈嘉庚的意见，拟定了《改进集美学校计划大纲草案》，共十项，主要内容有：①减轻学生负担；②恢复师范学校（俟与省政府接洽后决定）；③发展农林水产两校；④充实商业学校；⑤筹办工业学校；⑥改进中学校；⑦扩充小学校；⑧繁荣集美村；⑨沟通中南文化；⑩注重劳动教育。其中一项便是要发展水产航海学校。当时，身居新加坡的陈嘉庚每一两天或三五天就给陈村牧一封信，详谈集美学校的近期计划。他提出："政府及私立未办者，或无人办者，虽如何困难，本校应当注意负责干办之，万万不可畏难弱志，至为紧要，如现下之农林、水产、商业三校，务希极力扩充，切切从此三校下手！"可见，陈嘉庚对水产航海职业学校，是及其重视的。但是，不到一个月，抗战就全面爆发了，其计划未能付诸实施。1937年10月，日本帝国主义侵入金门，厦门集美已成为抗战前线。迫于战争形势，为了使学校坚持办下去，力图对国家尽更大的贡献，集美学校广大师生开始了播迁内地的艰难行程。

(二) 辗转播迁安溪、大田等地

从1937年10月13日开始，集美各中等学校就陆续迁往安溪各乡。1937年12月16日，集美高级水产航海职业学校迁至安溪官桥乡原曾郁小学校址。1938年1月3日，集美学校举行各校校务联席会议，决定各中等学校一律迁入安溪县城文庙临时校舍，合并办理，定名为福建私立集美联合中学。变更组织机构：由校董陈村牧兼任校长，水产航海、商业、农林、师范、中学各校改设为科，原各校校长改为科主任，校董办公室也迁往安溪。原水产航海学校校长杨振礼改任水产航海科主任兼图书馆主任。1938年1月20日，水产航海科及其他各科从各乡迁入安溪县城文庙。

因沿海的局势一天比一天紧张，而且报考集美联合中学的学生增加了很多，安溪的校舍已容纳不下。1939年1月20日，遵照陈嘉庚"决将职业科移设大田"的电示，校务会议决定：水产航海、商业、农林各科，下届移设大田县，定名为福建私立集美职业学校，调原联合中学的教务课主任叶维奏为职业学校校长。集美职业学校自1939年2月迁到大田后，经过两年半的实践，总结了经验教训，认为三种性质不同的专业科合校办理，困难既多，发展尤为不易，因此，从1941年8月起，仍恢复搬迁前的原状，各自独立为校。

为了便于闽南各县渔民子弟就学，1942年8月20日，集美高级水产航海职业学校由大田又迁到安溪，在县城南街王田祠新建一系列教室。从迁回安溪后，招生人数逐年增加，1945年春季一下子就招了70名新生，为建校25年中最多的一届。自1941—1945年，各年春季在校生分别是59、65、121、146、

171人。1944年2月,福建省教育厅考虑到集美高级水产航海职业学校历史悠久,成绩卓著,师资及教学设备充实,故决定将省立水产职业学校交托集美高级水产航海职业学校合办,并委任该校校长陈维风兼任省立水产职业学校校长。在这1944—1945年间,集美高级水产航海职业学校从各方面大力支持这个学校,为福建培养水产航海人才作出了贡献。

四、广东省立高级水产职业学校

1937年8月至1945年8月,是广东省立高级水产职业学校迁徙办学时期。卢沟桥事变后,华南沿海一带烽火连绵,学校在颠沛流离中或寄祠庙、或租民房,在十分艰苦的条件下衍续办学事业,维系着本省海洋水产教育之微脉。此间,师生们边学习边抗日,更有部分学生转考军校报效国家。

(一)在艰难困苦中迁徙办学

学校以新校舍已在汕尾兴建,遂报请教育厅批准于暑假期间迁校汕尾。及战争爆发,沿海地区形势紧张,当时新校舍尚未全部竣工,而敌机时来汕尾上空骚扰,滥施扫射,敌舰则常在沿海游弋,炮轰渔船,枪杀渔民。

为确保员生安全,学校报经省教育厅同意,并得到海丰县政府的协助,暂时内迁到距海丰县城北面30华里的公平墟,利用墟西南隅的万福庵、关帝庙和文庙三座庙宇,装修粉饰为临时校舍,继续上课。这次迁校,部分有家属的教职员未能随校迁徙,学生中也有因故休学者。

1937年9月间,在粤东金厢以南洋面上曾发生过日舰炮击9艘香港渔船的空前惨案。因此,1938年春,高级第一届学科结业学生无法上船实习,学校经省教育厅批准,更改实习办法:学校组织渔村工作队,由姚焕洲、程一岳担任正副队长,带领第一届结业学生19人分赴粤东沿海渔区进行渔业生产状况的调查并动员渔民支持抗日。

1938年暑假,学校组织养殖调查团,由专科教师陈维风率领高级第二届学生至广州转顺德、南海调查淡水养殖和西江、九江采集鱼苗技术。这次调查活动是由当时任广东省银行农贷部经理、留学美国的水产老前辈陈同白先生提供银行经费资助的。秋季开始,初级班改制,修业期限三年(学科二年半,实习半年)。

因战争影响,1938年秋季开学时,回校学生大减。其时,高级第一届和初级第二届学生均毕业离校,高级第二届只剩9人,高级第三届只剩6人,初级第三届也只有7人,连同刚入学的高、初级第四届新生,总共不过数十人。10月,奉广东军管区司令部国民军训处命令,由黄学庠率高级第二、三年级学生15人,携带学校军训用的步枪,前赴梅县第五区团集训。与此同时,敌机轮番侵扰海丰、汕尾,轰炸公路桥梁。1938年10月,日军由大鹏湾登陆,攻占惠阳。10月21日,广州弃守,时局极度紧张,学校经费来源断绝,因此暂时停课,疏散员生以应变。迨省府北迁曲江,时局稍定,学校于11月下旬复课。但回校复学的学生甚少,教务主任黄文沣、训育主任曹镜澄、黄史明和专科教员黄正言、林万照等都在本学期先后离校。因此,除添聘教师外,高、初级第四届再一次招生。限于时间和战时交通不便,这次续招新生只在海陆丰一带进行,续招的新生绝大多数是当地学生。复课时,由陈维风任教务主任,程一岳任训育主任,事务主任仍是黄少雄。

12月下旬,赴梅县参加军事集训的学生于军训结束后,高级第三届全班6人和高级第二届何业普一起投考中央军校第16期,从此离开学校,其余高级第二届学生8人回校复学。

1939年春,高级第二届学业结束,正苦无法出海实习,适逢第七战区司令部与省府教育、建设、民政、财政四厅和盐务管理局、广东省银行等联合组织广东沿海渔盐业视察团,姚焕洲、程一岳代表教育厅率高级第二届结业学生参加该团,分赴本省东海岸和西海岸,越过敌伪占区,深入渔村,进行调查工作,历时二月,学生返校整理报告后即告毕业。程一岳随团返韶关省府复命,嗣后,由广东省银行指派往粤东办理渔贷,从此离开本校。程一岳调离后,黄建铭为训育主任。

自广州沦陷后,学校招生地点转向小城市,如兴宁、普宁、揭阳等地。1939年暑假期间,姚焕洲亲自到香港,向各渔区的渔民协会和渔民学校要求选送优秀渔民子弟来校进修。1940年还指派训育主任黄建铭、数理教师何佩庄、体育教师罗定宪和高级第五届学生黄海志(香港渔民子弟,入校前原是香港仔渔民学校校长、渔民协进会会长)前往香港设点招生。因此,高、初级第六届学生多是来自香港,初级第六届有8名是香港渔会选送的渔民子弟。

(二)学生参加抗日救亡运动

1940年没有毕业生,因为高级第三届学生未修完学业便先后参加抗日救亡运动或投考军校去了,初级第四届改制三年,尚未结业。

1941年2月,专科教师叶经华率高级第四届和初级第四届结业学生15人往江西省实习,先由公平墟徒步经河田、安流、水寨、兴宁、平远,过江西寻乌至筠门岭。

同年3月22日,日本驻香港领事宣布日军即将占领海陆丰。24日凌晨,日军近卫师团千余人分别登陆汕尾、马宫、鲘门等渔港,沿线保安团无力抵抗,日军直驱县城,继而进犯公平。学校先将重要文件和图书仪器等装箱运藏安全地区,全体师生于24日深夜紧急转移至黄姜,后经坑尾头再撤至紫金县属南岭,得到当地乡民的帮助,解决了住宿问题之后,克服种种困难,坚持办学不辍。

日军136人于3月25日入侵公平后,驻扎于关帝庙(即本校临时校舍),肆无忌惮地进行奸淫掳掠。迨6月日军撤退,学校复回公平,但劫后校舍残破不堪,宿舍床铺、教具椅桌悉遭破坏,经月余整顿,才恢复上课。

在日军攻占公平前夕,学校当局发现部分高级班学生阅读和收藏进步书刊,以"思想复杂"为由,宣布"开除"刘子晏、林植、陈一平等三人学籍,给黄海志、余国珍(谷)、庄墨林、林建爱(竹生)、曾炯云(文)、曾汉文、曾英南等人以"警告"或"留校察看"处分,后经据理申辩,要求学校当局收回成命,学校当局始答应撤回对刘子晏等三人"开除"的决定,改为"劝退"。由于日军已在沿海登陆,时局紧张,对其余学生的处分不了了之。这是学校有史以来仅有的一次强迫学生退学的政治事件。

由于日军犯境,学校转移南岭,有部分师生从此离校。教务主任陈维风赴福建集美高级水产航海职业学校任教,该职曾一度由数理教师黄丽秋代理,后聘庄政继任。

自从卢沟桥事变,学校迁址公平之后,在学习、生活环境和条件十分困难之下,学生自治会一直坚持编出大型壁报《海王星》,开办民众夜校,学习文化之余,积极宣传抗日。每年还组织宣传队,上街下乡开展抗日救亡活动,历届都有学生投笔从戎,或参加当地游击队和救亡团体等。1941年海丰、公平相继沦陷,全体师生亲历战祸,同仇敌忾,爱国热情空前高涨。这年秋季,学校海王星剧团在公平墟和海丰县城先后义演抗日话剧《牛头岭》《横山镇》和潮剧,全部票房收入寄送前线慰劳抗日战士。往年演出不收费,此次发售入场券,观众更为拥挤,大出意料,且轰动一时。

寒假,黄建铭离校受聘于中山大学,庄政亦辞职,新聘刘孚光为训育主任,傅尚荣为教务主任。

(三)注重学生的实践与研究

1942春,高、初级第五届学科结业。其时湖南省建设厅在沅江创办洞庭湖渔业公司,洽请本校选派毕业生前往担任技术工作。高五届全体学生,除黄海志、陈章模分别出任第一、第二渔区主任外,其余同学分赴公司和渔区任技术员。初五届学生有 2 名在洞庭湖渔业公司实习,其余均往江西泰和养鱼实验场实习。

1943—1944 年春,高、初级第六、七届结业学生仍安排在江西泰和养鱼实验场,进行淡水养殖、鲤的人工繁殖、鱼苗的汽车运输等实践。

5 月下旬,日军以 12 万兵力对湖南发动进攻。30 日,日军主力渡过汨罗江。6 月 19 日长沙失守。7 月初衡阳被围前夕,学生林天琪、姚焕生两人参加泰和养鱼场汽车运苗实习,东走江西;吴继煜、李汉腾和教师赖光捷则在数以千万计的湘桂两省难民中,在流离颠沛、惨不忍睹、震惊中外的湘桂大撤退的行列中,辗转向西南疏散,李汉腾在到达重庆之后不久病故。

1945 年春节(2 月 13 日)过后,日军做最后挣扎,企图打通沿海运输补给线,汕尾、海城、公平等地再度沦陷。学校又一次内迁至黄姜坑尾头村,得到村民的热情支持和帮助,暂时借用钟家祠为校舍,盖搭茅屋为课室和学生宿舍,教师则分散租居民房,继续上课。因事发仓促,图书仪器等未及抢运,损失严重。

学校在坑尾头期间,处境十分艰苦,经费来源不继,公粮供给时断,不少学生利用假日和课余时间到田间为农民帮工换食。校长姚焕洲常出具借条和介绍信,着庶务人员四处告贷粮款,曾两度发生庶务人员经过沦陷区时被日军抓去罚做苦工的事件。

在坑尾头期间,专科教员黄定方出任训育主任。与此同时,江西泰和、赣县亦相继沦陷。原留泰和养鱼场任职的专科教师叶经华偕夫人林裕芝和本校渔捞科高 4 届毕业生林圣荐已先后回校工作。本年春季学科结业的高、初级第 8 届学生无实习去处,高 8 届学生除方国华留校任职外,其余等候安排,初 8 届学生全部于秋季升读渔捞科高级第 11 届。此间,广东省主席李汉魂曾电召姚焕洲到省府汇报有关创建广东省立海事专科学校的设想和计划。

在全面抗战期间,在沿海被敌人封锁的岁月里,学校对渔业的调查研究和学生的实习锻炼,从不以学生人数稀少和战事影响而稍懈,实属难能可贵。

第八章 解放战争时期中国海员队伍的状况
（1945—1949年）

抗战结束后，通过接收敌伪、美国拨赠及售予大量船舶，中国轮船吨位迅速增长，很快超过战前水平。对海员的需求也急剧增加，海员在国民政府复员工作中发挥了重要作用。但随着内战爆发，航商为了避免船舶用于军差，大量船舶停航，航运业的繁荣有如昙花一现；海员也因货币贬值、待遇下降，生活日益窘迫，进而加入到反内战的行列中，为中国人民的解放事业做出了突出贡献。

第一节 抗战后中国海员队伍空前壮大

一、战后中国船舶数量快速增长

（一）接收大量日伪船舶

1945年日本投降后，将大量船舶撤回本土，并对在华港航设施进行了疯狂破坏。由于时间仓促，日本在华航业与军事机关仍有30万吨船舶未及撤走或破坏，并留下一批码头、仓库等不动产。

急于复员还都的国民政府1945年8月中旬匆忙通知日方，将所有船只集中于上海、沙市、宜昌等地，听候接收。8月25日，轮船招商局奉命起草《接管敌伪船只办法》共21条，由交通部核准执行，并报陆军总司令部和行政院备案。1945年9月12日，交通部以航字第13315号指令发布了修订后的《接管敌伪船只办法》十二条，其第一条规定："所有敌伪现在我国内河及沿海之商船，一律由交通部派员，商请各地接收军事长官派员协助，接受管理"；第四条规定："长江敌船集中沙市、宜昌，吃水较深不能上驶者，集中上海。沿海敌船在海口以北，福州及福州以南者，集中广州；在福州以北，连云港及连云港以南者，集中上海；在连云港以北，营口及营口以南者，集中烟台或威海卫，听候接收"；第六条规定了接收敌伪船舶时每船的配备人数："①长江船只不满一千吨者，每船派船长一人，电报员一人，宪兵二人。②长江船只一千吨以上者，每船派船长一人，轮机长一人，业务主任一人，电报员一人，宪兵四人。③沿海船只每船派船长一人，轮机长一人，业务主任一人，电报员一人，宪兵六人至十人。"①

随后，交通部在沪、汉两埠派驻特派员，专司接收日伪航产事宜。1945年10月，京沪区航业整理委员会成立。按照国民政府和交通部的安排，对长江水域日伪船舶的接收处理分两大区进行，京沪区（辖苏、浙、皖三省和沪、宁两市）由轮船招商局负责，武汉区（辖湘、鄂、赣三省）由长江区航政局主办。后经轮船招商局与敌伪产业处理局商定，所有敌伪航产均由轮船招商局统一接收。不久，国民政府命国营轮船招商局直接主持上海敌伪产业处理局。被接收日伪航业单位主要有东亚海运株式会社、日本邮船会社、上海运输株式会社、上海内河运输会社、三光洋行株式会社、中华轮船公司、中支航运会社、日本制铁会社中支总局、扬子福利公司、昭和海运公司、天津艀船会社、华北轮船联益社、船舶运营所、共和造船所、黄浦造船所、山下特殊帆船输送株式会社及双龙、黑谷、国际、北岛、武汉交通公司等数十家公司和军事机

---

① 中国第二历史档案馆编，《民国档案史料汇编》，第五辑，第三编，财政经济（七），交通邮电，江苏古籍出版社，2000年，第8页。

关。截至 1947 年,京沪区、武汉区分别接收敌伪船只 1234 艘和 751 艘,合计 1985 艘。①

国营轮船招商局受国民政府及交通部委托,实际主持接收日伪航产事宜,理事长刘鸿生、总经理徐学禹、副总经理沈仲毅分别担任各接收机构的主管官员。国营轮船招商局接收的日伪船舶艘数占全国接收日伪船舶总艘数的 82.3%。据 1945 年 9 月至 1946 年底统计,共接收日伪船舶 2358 艘,24.4 万总吨。并接收或收回了大批航产,共计:码头 34 座,总长 4744.5 米;仓库 162 座,总容积 67.2 万立方米;地产 4390 亩;敌伪船厂 11 家。船舶是所接收的敌伪航产的主要部分。国营轮船招商局对所接收的日伪船舶按其产权所属,区别情况进行了处理。凡产权关系清楚并得到有关部门确认的船舶均于 1947 年底发还原主。凡敌伪产业或无人认领的船舶一部分进行标卖,代管机关可优先承购;另一部分由代管机关留用或拨、租给其他机关使用。这既为国营轮船招商局和民营航业的振兴与发展提供了一次良机,但也给一些实权人物提供了各种生财之道。

(二) 美国拨赠和售予大量船舶

第二次世界大战结束后,一批退役船舶对美国人已无用处。这些大量向国外倾销的"剩余"物资为中国航业购置船舶提供了机会。与此同时,中国航业也在美、加等国订造了一批新船。

1946 年 8 月 5 日,中、美两国政府在华盛顿签署《购买轮船贷款合约》,中方以 260 万美元,在美国购买轮船 16 艘(见图 8-1)。

图 8-1　1946 年 8 月 1 日国营轮船招商局海员接收"海厦"号与美方人员合影

1946 年 8 月 30 日,中、美两国政府在南京签署《剩余物资购买合约》,由中国购买存放在中国、冲绳岛、塞班岛及其他诸海岛的美国剩余物资,包括总值为 5 亿美元的可移动物资和 8400 万美元的固定设备,但不包括军机、舰只等军用品。

1947 年 7 月 15 日,中、美两国政府在华盛顿签署《售购战时建造船舶合约》,中方购买美方下列船舶:Josiah P·Cressy、Justin Poane、Northern Master、Northern Chieftain、Josiah A. Mitchell、Northern Traveller、Northern Pioneer、Northern Warrior、Ephraim Harding、James Miller、John Lecher、Allen H. Knowlees、Judiah P. Baker、Otis White、Robert H. Waterman。每条船售价 468817 美元。

1947 年 7 月 15 日,中美双方在华盛顿签署《售让船舶合约》,中方向美方购战时建造的船舶 159 艘,

---

① 行政院新闻局:《战后接收敌伪航业》,1947 年 10 月;《复员以来长江航业与航政》,表 53。转引自黄强,唐冠军:《长江航运百年探索》,武汉出版社,2009 年,第 306 页。

美国则同意向中方出售船舶10艘。

1947年12月8日，中美在南京签订《转让海军船舰及装备之协定》，美国将总数不超过271艘的二战期间建造的海军舰艇转让给中国。

截至1948年6月，据不完全统计，中国向外国购船共达62.9万吨。国营轮船招商局所购船舶数量居公私航业之首。从1946年1月第一艘美国"大湖"轮抵沪到1948年6月，是国营轮船招商局购买外国船舶的高峰期，累计购买外国船舶144艘，30.2万总吨，达到战后购买外国船舶的最高峰，①其中包括自由轮、澳菲旧轮、特快班轮、各类货轮、各类登陆艇、大小油轮、远洋拖轮、拖小轮、铁驳、木驳、机帆船及各类特种船只。这些不同吨位、不同船型、不同用途的船只，组成一支所谓"伟大的商船队"，其中用于内河的轮船12艘，1万余吨；小拖轮2艘，1000余吨；铁驳30艘，3万余吨；合计54艘，43550总吨。"剩余"船舶吨位占国营轮船招商局船舶总吨位的73.8%，构成了该局船舶的主体②。战前国营轮船招商局船舶大多属于蒸汽机船，战后购买的船舶大多属于内燃机船。而当时持有内燃机证书的轮机员很少，物色轮机员十分困难，当时熟悉内燃机的人员，大多在陆地机器厂工作，未在船工作过，不得已只能以蒸汽机轮机员替代。

民营航业战后也从国外购买了大量船舶。1946年5月至1948年6月，民营公司从国外购船166艘，351549总吨。这些船舶大多来自美国、巴拿马、英国、加拿大、澳大利亚、挪威等国③。其中购买外轮超过万吨的有复兴、民生、中兴、中国航运、益祥、华商、上海实业等7家公司；购买5000—10000吨的有三北、太平洋、海鹰、中元、太平等6家公司。截至1948年，全国航业公司已达116家，其中规模较大的民营公司16家，民营船舶达921艘，410851总吨。④

除此之外，1947年1月7日国民政府还公布了《打捞沉船办法》，鼓励各公司对原有沉船进行打捞维修后加以利用。在这种情况下，一时间中国船舶数量和吨位直线上升。战争结束时，我国仅有江轮457艘，80680吨（包括20吨以下小轮船）⑤，海轮全部损失；截至1947年底，迅速发展为95万吨（200吨以上的轮船），海轮1179艘，江轮2138艘。⑥此后继续迅速增长，1948年7月，交通部公布了新的轮船统计，见表8-1。

船舶统计（1948年6月） 表8-1

区别	上海区	长江区	广州区	天津区	东北区	台湾区	合计
艘数	1146	759	1545	241	36	305	4032
吨位	852644	48525	135613	28219	1189	26947	1092217

注：1. 资料来源：《世界海事月刊》，民国三十七年第1卷第1期。
　　2. 统计船舶为总吨200吨以上轮船。

按照每船配备驾驶轮机各3人，加上船长、轮机长，则需要2万余名高级海员。前面第七章提到，全面抗战期间，我国新增甲种船员173人，乙种船员1078人。从1928年实行发证开始到1946年10月止，经交通部考核发证的200吨以上的驾驶员和轮机员合计共2150名⑦。经交通部统计，1946年3月，我国

---

① 《交通部统计年报》，1946年；招商局汉口分局档案：国营招商局船舶统计表，1947—1948年。转引自黄强、唐冠军：《长江航运百年探索》，武汉出版社，2009年，第308页。
② 招商局汉口分局档案：本局现有船舶一览表，1948年6月。
③ 《世界海事月刊》，1948年第2卷第1期。
④ 上海区航政第二科登记股所编统计资料：《上海海员工人运动史》，中共党史出版社，1991年，第149—150页。转引自黄强、唐冠军，《长江航运百年探索》，武汉出版社，2009年，第308—309页。
⑤ 《中国商船与航业》，《世界交通月刊》，1948年第2卷第1期。
⑥ 《我国航业概况》，《海事》，1948年1月号。
⑦ 《世界交通月刊》，1947年创刊号。

在船的高级船员仅为4000人左右①。所以,当时我国高级海员人数远远满足不了需求。

二、战后中国海员被大量遣返

第二次世界大战结束后,英国有近400万军人复员,需要安置工作。英国政府开始考虑将战争中留在英国的盟国公民遣返,以保证英国公民的就业问题。此时英国政府无视战争中中国海员的贡献,开始有计划地将中国海员遣返回中国。1945年10月9日,英国议会召开听证会,讨论盟国公民的遣返问题。根据资料显示,当时在英国注册的外国人有287118人,其中139000人属于临时居留(包含41000名外国海员);而当时在英国注册的中国人有13616人,绝大部分是海员。②

随后英国运输部与中国驻英大使馆商谈遣返中国海员问题。1945年10月31日,中国驻英大使馆召集海员团体代表和英国轮船公司代表进行商谈,达成六条协议:①遣送至原籍港;②受伤海员赔偿问题解决后,方遣送;③被遣海员领有工资或疾病津贴者,给5镑旅行津贴,已脱离海员后备处者不在此列;④候船回籍者,照领重签奖金;⑤船至远东,在船服务海员与船长皆有权解雇,如船不往原雇港,海员得于附近港口要求解雇,照领工资伙食至抵达原港为止,如船长不在原雇港解雇,待遇相同;⑥关于协定效力,英方声明该协定原系战时办法,候海员遣送完毕,自属失效,此后在远东雇佣中国海员,条件全属劳资双方之事,英政府未便参与③。

而事实上,这些中国海员由于长时间居住在英国,有的已经与英国当地妇女结婚生子。为了顺利遣返,英国政府和轮船公司采取了秘密遣返政策,即当船驶往中国口岸时,一旦靠港,即将中国海员赶下船,不再允许返回英国。对部分海员甚至采取了强制抓捕措施,抓上船随船遣返。仅蓝烟囱公司(BFL)战后就强制遣返了1362名中国海员,其中约有300名在英国已经组建家庭。此举造成大量家庭妻离子散,而当事人在事前却完全不知情。

第二节　国民党政府管理下的中国海员

一、战后海员管理体制的变化

(一)海员管理主管机构的演变

抗战胜利,交通部遂开展沦陷区交通事务的接收工作,将全国分为京沪、武汉、平津、广东、东北和台湾六个区。1945年8月31日,交通部公布了《交通部各收复区特派员办公处组织规程》,规定各收复区特派员办公处下设四个接收组:总务组、路政组、航政组和邮电组。其中航政组"掌水运、空运机关事业之接管任务"。④ 国民政府交通部随即派出上海、广州、天津及东北4个地区的交通接收委员,分赴各区恢复原办的航政局机构。交通部迁返南京后,1946年6月7日,交通部公布了新修订的《交通部组织法》,仍旧设立路政司、邮电司、航政司、材料司、财务司和总务司六个司。航政司负责的事项由4项增加为7项,增加了海事、海员和港务的管理三项,航政局的组织亦有扩充。司内各科及其业务如下:

(1)航务科:承办轮船业注册给照、航业管理及不属于其他科的事务。

---

①《中国国民党第六届中央执监委员会第三次全体会议行政院工作报告》,国民政府档案。
②英国国会议实录。HC Deb 09 October 1945 vol 414 cc105-6W 105W。
③美国哥伦比亚大学图书馆藏顾维钧电报,1945年11月2日,发外交部。
④中国第二历史档案馆编:《中华民国史档案资料汇编》,江苏古籍出版社,2000年版,第五辑第三编《财政经济》(七),第5页。

(2)船舶科:承办核发船舶国籍证书及有关船舶修造、船厂、打捞沉船等事务。

(3)海事科:承办核发船员证书、船员考试及海事处理等事务。

(4)港工科:承办港口工程建设及港务管理等事务。

(5)空运科:承办有关航空公司及空运事务。

(6)引水科:承办统筹引水管理事务。①

全国引水管理委员会于1944年4月1日成立,归财政部管辖,1946年2月由交通部接管,1946年5月,交通部将原来制定的《引水法》正式颁布施行,并于沿海内河划分引水区域,设立办事处及分处,对于引水人员加强管理,以维护航行安全。

(二)地方航政管理机构的恢复

1.东北航政局

东北是我国工业重地,国民政府对东北战后复员工作尤其重视。早在日本投降前夕,1945年8月10日,蒋介石就给交通部长俞大维指令(侍秘字第28939号):"关于东北方面金融与交通复员计划,及负责主持人选,及其组织,务于本月二十日以前筹备完毕"。② 国民政府交通部原拟在东北设立东北航政局,后因时局关系未能照原定计划全面恢复。1946年8月,相继从苏联人手中收回营口、葫芦岛,需要设置航政机构,经东北行营派员在营口组设东北航政局,设立了营口和葫芦岛两个航政办事处。

后来随着东北解放,国民党航政机关在东北的管理宣告结束。

2.天津航政局

天津航政局于1945年10月恢复设置,仍按《航政局组织法》设第一科、第二科两科,后奉部令先后增设会计室、人事室、引水股及统计股等机构。天津航政局先后在青岛、秦皇岛、烟台、威海卫4处设办事处。当时人员定额,局内40名,青岛、烟台各11名,威海卫9名,秦皇岛7名。

烟台办事处1946年4月设于塘沽,1947年10月始移往烟台,烟台解放后该处复迁返天津。秦皇岛办事处于1948年4月15日奉命裁撤。威海卫办事处设于葫芦岛,后移设于杨柳青,旋改驻塘沽,迄至1948年12月,塘沽解放。

3.广州航政局

1945年9月,广州航政局恢复建制,仍设在广州,管理两广航政。除保留原有的桂平办事处外,恢复设置梧州、江门、汕头、海口、北海办事处,后又增设广州湾(湛江)办事处。1946年3月,交通部将福建省航政划归该局管辖,重新在福州、厦门设立办事处。此时,广州航政局下属共9个办事处。③

广州航政局恢复建制时仍为两科一室,第一科专管行政事务,第二科专管航政监督和技术业务。1948年元旦起,新设引水科,又增设人事室,至此,广州航政局分三科两室。局内人员48人,其中技术人员7—8人。广州航政局下属办事处人员定额,福州、广州湾、海口、北海各11人,厦门、汕头各9人,江门、梧州、桂平各7人。④

随着战争形式的变化,解放军势若破竹,国民党统治区域各机关团体人心惶惶。1949年1月25日,交通部长俞大维给各航政局和办事处发了《关于各航航政局办事处不准撤退以维交通》的密电:"上海、广州航政局,密。查各办事处主持航业行政,关系重要,一律不准撤退,以维交通。特电遵照,并转饬遵照

---

① 收回引水权后于1948年增设。
② 中国第二历史档案馆编:《中华民国史档案资料汇编》,江苏古籍出版社,2000年,第五辑第三编《财政经济》(七),第1页。
③《广东航运史》(近代部分),人民交通出版社,1994年,第330页。
④ 高廷梓:《中国航政建设》,商务印书馆,1947年,第135页。

为要,部长俞大维"。① 解放前夕,广州航政局在1949年曾迁海口办事处办公。海南解放后,广州航政局及海口办事处主要人员撤往台湾。

4.长江区航政局

1945年日本投降后,交通部决定恢复航政局战前体制,长江航政由上海航政局和汉口航政局分管。上海航政局于1945年9月在上海恢复办公,之后成立了南京办事处,掌管南京长江水域和安徽长江水域的航政。

汉口航政局方面,为了处理大量的复员疏散工作,设在重庆的长江区航政局于1945年9月20日派遣部分人员赴武汉主持航政工作,至11月27日始正式返回武汉办公。同时增设重庆办事处,接办原重庆区域的业务,派朱复炎为主任。

长江区航政局迁返武汉后,对机构布局做了调整。先后撤销合川、南充、广元、泸县、万县、常德等地办事处,恢复、移设、新设的有重庆、宜昌(由巴东移设)、长沙、沙市、九江(由吉安迁回)等办事处。

交通部于1946年3月8日决定以江阴为界,划分上海航政局与长江区航政局的辖区,将原属上海航政局管辖的江苏、安徽两省航政工作,划归长江区航政局管辖。至此,原由上海、汉口两局共管长江航政的局面告终,长江的航政管理工作由长江区航政局统一管理。1946年3月16日,原上海航政局的镇江、南京两办事处移交长江区航政局管辖。镇江办事处辖区为江阴至瓜州的长江段和苏北长江的支流;南京办事处辖区为瓜州至芜湖的长江段,以及安徽境内的长江支流。1946年年底,长江区航政局又恢复成立芜湖办事处。

此时,交通部核准的长江区航政局组织机构为四科四室,即设监理、船员、引水、总务四科,技术、人事、会计、统计四室;局下设宜宾、重庆、宜昌、长沙、九江、芜湖、南京、镇江8个办事处,另设川江绞滩总站。当时下达的编制,局机关79人,重庆办事处17人,其余各办事处7至9人不等。由于航政管理工作的扩展,南京办事处和九江办事处分别于1947年6月和1949年4月,增设驻蚌埠和驻南昌技术员办公处。

随着人民解放战争的胜利进展,长江区航政局及下属各办事处已人心惶惶,在处理疏散问题上,航政局早已"焦头烂额、茫然无序"。1949年3月28日,长江区航政局局长在全局职工大会上宣布去川江巡视。后经交通部批准,将该局迁移重庆,自5月20日起在原重庆办事处地址正式办公,在此期间作紧急部署如下:

(1)镇江、南京、芜湖等3个办事处暂时撤销。

(2)原汉口的长江区航政局改为汉口办事处。

(3)原重庆办事处建制不动。

(4)局本部科室机构基本不变,为四科三室,即监理、技术、船员、总务四科,会计、统计、人事三室。

同年9月2日,重庆发生震惊中外的"九·二"火灾,历时16小时,从水面到岸上,连成一片火海。两江一带的码头趸船20余艘及其附属设备大部焚毁,烧毁街巷30条,仓库被焚22家,航政局及重庆办事处全部被焚,职工5人及家属11人被烧死,受灾员工44人。长江区航政局及重庆办事处于9月7日迁至林森路(现解放东路)西三街口原轮船招商局营业大楼,合署恢复办公,直至解放。

5.上海航政局

日本投降后,交通部于1945年8月16日派出交通部京沪区交通接收委员,接收委员于9月18日致函交通部上海航政局保管处,通知接管事项。保管处保管的卷宗簿册什物等63箱,连同关防、官章、局戳等,均于9月28日交接竣事。汪伪政府上海航政局已于8月中旬结束,所有文卷器具等亦于10月3日

---

① 中国第二历史档案馆编:《中华民国史档案资料汇编》,江苏古籍出版社,2000年版,第五辑第三编《财政经济》(七),交通,第507页。

交接竣事。另外接收了日伪管理进出口帆船的戎克协会和管理引水人员的水先协会。

上海航政局于1945年9月24日奉交通部令正式恢复成立,设两科四室。第一科设庶务、文书、出纳三股,第二科设登记、考核、监理三股,四室为技术、会计、人事、统计等室。1945年年底时,全局人员共计49人,其中技术人员13人。

1947年5月,黄慕宗接任局长。当时,上海航政局实有人员54名,其中技术人员7人。1947年7月时,上海航政局组织机构人员如下:局办3人(含局长);第一科(文书、出纳、庶务)18人;第二科(船舶登记、船员考核、海事处理、航线运价)23人;技术室23人,人事室4人,统计室3人,会计室6人;共计80人。

上海航政局恢复后,即着手恢复建立下属办事处。首先成立的是南京航政办事处,于1945年11月16日正式办公,辖区为南京地区和安徽境内。人员共计7人,含技术员3人。镇江航政办事处亦于同年12月1日恢复办公,当时设有总务、技术、监理、会计4个股。1946年3月,交通部令长江流域航政由长江区航政局统一掌管,上海航政局镇江、南京两办事处因此于3月16日由长江区航政局接管。宁波、温州、海州3个航政办事处于1945年12月成立,宁波办事处成立后,经上海航政局同意于1946年筹设海门兼理办事处。宁波办事处成立时在编人员11人,其中技术员1人,助理技术员1人;温州办事处共9人;海州办事处人员共9人。

宁波、温州两航政办事处恢复成立时,浙江省交通管理处亦管理航政航运事宜。交通部认为浙江省一切航政应由宁波、温州航政办事处办理,浙江省交通管理处于1946年3月1日起停止航政业务。但事实上宁波、温州两航政办事处均在浙东沿海,无法全面顾及浙西航政工作,各县呈文仍送浙江省交通管理处,以免延误时间。至1947年,浙江省交通管理处撤销,改为浙江省公路局,而在浙江省建设厅内设航政股,浙江省的航政管理才最终归由宁波、温州两航政办事处具体担负。

随着解放战争形势的发展,海州办事处于1948年5月19日奉交通部令迁设无锡,改为上海航政局无锡办事处,所有海州方面航政事宜由交通部陇海铁路管理局连云港港务管理处代办。

二、国民政府的海员管理工作

(一)积极组织海员开展抗战复员工作

抗战期间,国民政府迁都重庆,重庆不仅成为中国的政治中心,同时随着大批工厂、学校内迁也成为经济和教育中心。抗战胜利后,大量军队要沿江东下接防,公务人员要去沦陷区恢复管理,原来内迁的企业要回原址开工,学校要复校,所以水路运输异常繁忙。而我国航运业在经历战火摧残后,所剩轮船寥寥无几,轮船由重庆开出后,往往又被各军政机关截留占用。为了有效地利用船舶,1945年12月,国民政府在重庆设立了交通部全国船舶统一调配委员会,并在宜昌、汉口、南京等处设立办事处,统一组织船员和调配船舶。1946年5月5日,国民政府还都南京后,交通部将该委员会业务移交中央党政军各机关留渝联合办事处接管,交通部则成立渝宜轮船运输联合办事处,负责水运业务。1946年7月底,中央党政军各机关留渝联合办事处取消,改为重庆行辕复员运输委员会负责,交通部则设立川江船舶调配委员会,并由各公司合组川江轮船联合办事处,继续组织船员和船舶承担复员运输工作。

因为抗战复员伊始,来不及进行船员检定与考验,长江区航政局首先实行"船员雇佣与解雇登记"。航运公司雇佣海员时,先到航政局办理雇佣登记,航政局发给《海员手册》;当解雇海员时,再进行解雇登记,否则不办理新的雇用登记。1946年1~12月,长江区航政局共办理船员雇佣登记852人,解雇登记船员252人。自1946年6月25日起,每逢周二和周五,办理未满200总吨的轮船船员检定考验。截至1946年12月6日,共考验346人,其中及格者正驾驶94人,副驾驶47人,正司机92人,副司机49人;不合格者正驾驶 24 人,副驾驶 22 人,正副司机各 9 人。①

通过以上措施,大力保障了复员运输工作的开展。据长江区航政局重庆办事处统计,自 1945 年 9 月至 1946 年 11 月,川江轮船共运送军公商民 203024 人,物资 84497 吨。②

但仅仅依靠轮船承担不了如此繁巨的复员工作,鉴于抗战期间在从武汉向宜昌转移物资时,木船发挥了重要作用,交通部决定再次大量使用木船。为了安全起见,长江区航政局重庆办事处制定了《木船参加复员运输管制办法》,规定"船夫驾长须经查考合格,发给执照,以资慎重"。据重庆办事处统计,共核发驾长执照 584 张,这些木船船员对复员运输工作发挥了重要作用。自 1945 年 12 月起至 1946 年 11 月,木船在川江共运送人员 44588 人,物资 32551 吨③。

按照 1943 年国民政府与美英等国签订的新条约的规定,废除了外国的沿海贸易及内河航行权,外国轮船不得往来于中国内河。但抗战胜利初期,水运繁忙,部分外商呈请国民政府能否准许运送公务人员的小轮船在内河航行。交通部根据实际情况,制定了《外国人所有小轮船驶内河规则》,交外交部、军政部和财政部三部讨论同意后,提交行政院审议后核准。1946 年 1 月 8 日,交通部以航船渝字第 343 号部令公布。该规则初始共 18 条,其第十二条规定"凡已领通行证书之外国人所有之小轮船,应将员工姓名职务填表呈报主管航政官署备查",第十六条规定"第十六条在内河行驶之外国人所有之小轮船,其驾驶人应遵守本部内河航行章程及其他有关法令规章"。1946 年 12 月 11 日,又对该规则进行了修订,增加了一条"外国人所有之小轮船行驶各开放港口仍应受本规则之限制。"

(二)制定《轮船船员配额表》

由于船舶大量增加,航海人才缺乏,各航运公司在任用船员时,出现了使用不符合资质的人员担任船舶职务的情况,导致船舶事故激增。为了减轻这一状况,1946 年 9 月 21 日,交通部以部航京字第 911 号训令下发《轮船船员配额表》(见表 8-2),分别对航行于远洋航线、近海沿海航线、江湖航线的轮船确定了应配备的船员标准和资质。

为了解决船员短缺问题,中华船舶驾驶协会呈请交通部,批准使用长江上的引水人担任船舶驾驶员。这些引水人没有相关的资历证书,但航行经验丰富。为此,1946 年 9 月 25 日,交通部颁布了《长江引水人申请船员检定办法》(交通部训令航字第 10479 号),规定自颁布之日起到 1947 年 12 月 31 日止,这期间长江引水人可以申请船员证书,驾驶船舶。

(三)关于外籍船员的管理

抗战胜利后,各航运公司大量雇佣外籍船员。为了规范对外籍船员的管理,1946 年 9 月 19 日,交通部公布了《雇佣外籍船员暂行办法》,除了明确外籍船员应具有相关资质外,第五条还规定:中国船舶雇佣外籍船员,应按照交通部颁发之船员配额表。沿海船舶不得超过中国船员三分之一,远洋船舶不得超过二分之一。而在后来的实际施行中,有的航运公司任意曲解该项条款,以该公司船员总数计算,任意在船舶上加雇外籍船员。1947 年 6 月 12 日,中国商船驾驶员总会向交通部提出呈请,明确该条文的具体标准。交通部随后加以明确"查本部制定之船员配额表,系指每一轮船所任用之船员表量而言,照用外籍船员暂行办法,第五条条文中之三分之一及二分之一,即按照船员配额表数量比例规定"。

---

①王洸:《复员期间之长江区航运与航政》,中国第二历史档案馆编:《中华民国史档案资料汇编》,江苏古籍出版社,2000 年,第五辑第三编《财政经济》(七),交通,第 466—467 页。
②王洸:《复员期间之长江区航运与航政》,中国第二历史档案馆编:《中华民国史档案资料汇编》,江苏古籍出版社,2000 年,第五辑第三编《财政经济》(七),交通,第 454 页。
③王洸:《复员期间之长江区航运与航政》,中国第二历史档案馆编:《中华民国史档案资料汇编》,江苏古籍出版社,2000 年,第五辑第三编《财政经济》(七),交通,第 450、454 页。

轮船船员配额表
（民国三十五年九月二十一日公布）

表 8-2

总吨数	远洋航线 一万吨未满							一万吨以上							备考
船员名称	船长	大副	二副	轮机长	大管轮	二管轮	三管轮	船长	大副	二副	三副	轮机长	大管轮	二管轮	三管轮	
证书等级	甲种船长	甲种大副	甲种二副	甲种轮机长	甲种大管轮	甲种二管轮	甲种三管轮	甲种船长	甲种大副	甲种二副	甲种三副	甲种轮机长	甲种大管轮	甲种二管轮	甲种三管轮	
数额	一	一	一	一	一	一		一	一	一	二	一	一	一	二	其中一名得由候补副充任；其中一名得由候补管轮充任

总吨数	近海沿海航线 50吨以上200吨未满				200吨以上500吨未满				500吨以上1000吨未满				备考
船员名称	船长	大副	轮机长	大管轮	船长	大副	轮机长	大管轮	船长	大副	轮机长	大管轮	
证书等级	乙种二副	乙种三副	乙种二管轮	乙种三管轮	乙种大副	乙种二副	乙种大管轮	乙种二管轮	乙种大副	乙种二副	乙种大管轮	乙种二管轮	
数额	一	一	一	一	一	一	一	一	一	一	一	一	
备考	航线在一天以内者得酌免		航线在一天以内者得酌免										

第八章 解放战争时期中国海员队伍的状况（1945—1949年）

续上表

总吨数	1000吨以上3000吨未满					3000吨以上10000吨未满					10000吨以上				
船员名称	船长	大副	二副	轮机长	大管轮	二管轮	船长	大副	二副	三副	轮机长	大管轮	二管轮	三管轮	船长	大副	二副	三副	轮机长	大管轮	二管轮	三管轮
证书等级	乙种船长或甲种大副	乙种大副或甲种二副	乙种二副或甲种三副	乙种轮机长或甲种大管轮	乙种大管轮或甲种二管轮	乙种二管轮或甲种三管轮	乙种船长	乙种大副	乙种二副	乙种三副	乙种轮机长	乙种大管轮	乙种二管轮	乙种三管轮	乙种船长	乙种大副	乙种二副	乙种三副	乙种轮机长	乙种大管轮	乙种二管轮	乙种三管轮
数额	一	一	一	一	一	一	一	一	一	一	一	一	一	一	一	一	一	三	一	一	一	一
备考										其中一名得由候补副充任								其中一名由候管轮充任				

江湖航线

总吨数	200吨未满			200吨以上500吨未满					500吨以上1000吨未满					3000吨以上					
船员名称	正驾驶	副驾驶	正司机	副司机	船长	大副	轮机长	大管轮	船长	大副	二副	轮机长	大管轮	二管轮	船长	大副	二副	三副	轮机长	大管轮	二管轮
证书等级	正驾驶	副驾驶	正司机	副司机	丙种船长	丙种大副	乙种大管轮	乙种三管轮	丙种船长	丙种大副	丙种二副	乙种轮机长	乙种大管轮	乙种二管轮	乙种船长	乙种大副	丙种二副	丙种三副	乙种轮机长	乙种大管轮	乙种二管轮
数额	一	一	一	一	一	一	一	一	一	一	一	一	一	一	一	一	一	一	一	一	一
备考	本表内证书等级一栏并得参照《船员检定章程》第二十八条前段之规定：领有甲种驾驶员证书者得充乙种或丙种同级之职务；领有乙种证书者得充丙种同级或甲种低一级之职务；领有丙种证书者得充乙种低一级之职务。																				

(四)收回中国的引水权

抗战胜利后,中国引水权的收回出现了三个有利的局面:第一,按照 1943 年 1 月签订的中美、中英新约,外籍引水人在华执业的权利已被取消;第二,在沦陷区,由于日本的强力打击,欧美籍引水人或者被清除、关押,或者离职回国,昔日的垄断地位荡然无存;第三,在国民政府所能控制的区域,对引水事务的自主管理则得以加强。

早在抗战后期,国民政府即已开始着手为收回引水权作相应的准备。为了理顺引水管理体制、统一事权,1944 年 4 月 11 日,隶属于财政部的全国引水管理委员会正式成立,作为全国引水业的主管机关,负责引水人的训练、考核、甄审、发证、组织、监督及其他有关事项。抗战胜利后,国民政府最高国防会议决定将引水管理权由财政部划归交通部。最初交通部认为复原时期,事务庞杂,不宜进行交接。1945 年 8 月 17 日,交通部长俞飞鹏在关于筹备东北交通复员计划与蒋介石往来的电文中提到:"我国港务行政及引水管理等事,向是由海关管理,归财政部节制。目前最高国防会议虽有统移归本部办理之决定,尚在本部与财部商洽办法之中,未定实行日期,今全面复员,事务繁杂,斯时改隶,恐致影响工作,所有东北之港务行政及引水管理,事关重要,拟请仍交财政部委派委员,先行接收,再定期移交本部接办"。①

与此同时,交通部决定加紧订立引水法规。1945 年初,《引水法》草案拟具,并呈交行政院讨论。《引水法》于 1945 年 9 月 28 日正式公布,1946 年 4 月 1 日正式施行。该法共 6 章 33 条,主要内容为:引水事物的主管机关为交通部;引水人必须为中国公民;必须持有主管机关所发执业证书方可从业;沿海港口对五百吨以上的商船实施强制引水。此外,《引水法》还对引水人的执业、受雇及违规处罚等事项作了具体规定。《引水法》的颁行具有重要意义,是抗战胜利后引水事务的重建指导性的法律文件。1945 年 12 月 11 日,公布了《引水人员登记办法》,规定了沿海和内河引水员的申请资格。1947 年 7 月 18 日,交通部又以航字第五七三七号指令公布了《未满 200 吨轮船引水人登记办法》。1947 年 9 月 22 日,交通部以部令航字第七五〇九号公布了《引水法实施细则》。

但战争结束之初,面临的现实问题是沿海各港中国引水人普遍缺乏。交通部在制定《引水法》时,也注意到了这个现实问题,所以在《引水法》第三十条规定:"应事实需要于沿海与外国直接通航之商港,得暂时雇用外籍引水人,其管理办法,由行政院定之"。② 为了解决战后引水员不足的问题,1946 年 4 月 4 日,国民政府行政院公布了《雇佣外籍引水人管理办法》,根据这项办法,战前曾在各港执业的外籍持证引水人,经过检复后,可暂在各该港继续执业。但他们的身份已经改变。第五条规定:"外籍引水人之雇用,系属临时性质,其雇用期间以三年为限,但必要时得呈准延长之";同时规定这些外籍引水人不再享有条约特权,必须遵守中国政府的有关法律和规章。因此,在上海、天津、连云港和秦皇岛港口,还有外籍引水人继续执业。其中,天津港有 3 名英籍引水人,连云港有 1 名日籍引水人,秦皇岛港有 2 名英籍引水人,上海港有二十多名外籍引水人。内河方面,由于中国引水人在敌占区多年不参加引水工作,很多地方不得不继续使用日籍引水员。

随后引水人检复工作在各区展开。按照考试院的规定,检复合格者即发给相应等级的引水人执照,准其正常执业。这一工作持续了两年多,各地进展不一。根据各地检复结果,全国引水人(不含汉宜湘区及吉黑区)总数为 878 人。汉宜湘区截至 1946 年 9 月底,登记及已体格检验的引水员共 248 人。③

此后,在引水权的收回逐步付诸实施的过程中,最难处理的是上海港。上海港是中国第一大港,上海

---
① 中国第二历史档案馆编:《中华民国史档案资料汇编》,江苏古籍出版社,2000 年版,第五辑第三编《财政经济》(七),交通,第 2 页。
② 韩庆、王大鹏:《民国时期航政法规汇编》,中国民主法制出版社,2017 年,第 685 页。
③ 中国第二历史档案馆编:《中华民国史档案资料汇编》,江苏古籍出版社,2000 年版,第五辑第三编《财政经济》(七),交通,第 467 页。

引水公会所经营的上海铜沙领港公司战后也恢复了,仍由海关管辖,其引水员中仅有二位中国人,其余均是外国人。1945年8月23日,上海引水公会通过瑞典驻上海总领事转告美军说:"上海引水公会愿意接受盟国海军当局的管理,引领船舰进出吴淞口……正在等待指示和命令"。美国海军当局无视我国主权,无视英美放弃在华特权的声明,函复:"对上海引水公会慷慨地提供引水,表示感谢……当一旦需要时,无疑地会乐于使用他们友好提供的服务。"①1945年9月11日,史密斯代表美国海军当局与上海引水公会签订协议,确定美国海军雇用公会全部引水人。

1945年《引水法》颁布后,交通部航政局在上海设立淞沪区引水办事处,计划接管上海的引水管理工作。但美国方面建议仍旧交给海关管辖,国民政府最初同意了美方的建议,但要求1948年元旦必须移交中国管辖。1947年9月,中国商船驾驶员总会发起收回铜沙引水权的斗争。金月石、马家骏、秦铮如等18名船长呼吁组织上海铜沙引水公会,要求收回国家主权,不许外国引水员任意出入中国港口。此时,上海航政局局长是曾为天津港第一个中国引水员的黄慕宗,他大力支持。经航运界人士的一致努力,上海铜沙引水公会终于诞生,随即被批准开展引水业务。1947年10月2日,马家骏船长成功地引领中国油轮股份公司的万吨级油轮"永洪"号出海开往伊朗。当时上海各报竞相报道此事,赞誉此举为"国人引水第一步,马家骏船长首开纪录"。

1947年11月,上海引水公会的外籍引水员22人罢工,要求增加引水费,致使不少海轮无法进出上海港。海关鉴于此种情况,仍然不用中国的引水员,另外招募了10名白俄引水人补充。上海铜沙引水公会利用这个有利契机,由金月石船长首先单独引进万吨轮两艘,引出万吨轮一艘,令各个轮船公司对中国引水员的业务素质予以认可。而海关招募的白俄引水员,却频出事故。1948年,上海航政局与海关经过协商和沟通,解雇白俄引水,中外两家引水公会合并,取名为上海铜沙引水公会,划归上海航政局管理,同时规定今后不再增添外籍引水员,外籍引水退休后,由中国引水递补。

至此,中国丧失了100多年的引水权终于全部收回。

(五)召开全国航政会议

1947年7月7日,交通部在南京召开全国航政会议,出席者有全国航业界代表及航政局、港务局领导等60余人,讨论问题分航务、船舶、海事、港务及航业政策等五组。当时因船舶燃料飞涨,航运业已不景气,困难日剧,航业界恳切呼吁之一是航政及其他管理船舶机构,应请协助保护航权,执行查验务使不误船期。广东航政局提案中提请交通部迅速订定《船舶载重线测划办法》、核发《船舶载重线证书》和《国际安全证书》、确定船舶检验标准等,以利于我国轮船在国际航线上竞争。还有提案指出,关于仍由海关管理的灯塔、航行标识及港务行政等事项,现已收回航权,有关航运的工作,应由交通部主管,可仿效接管台湾港务局做法,断然收回。会议还决定港务航政本属一体,一地不应设立两局。

考虑到我国国际航运的发展以及对外国船舶的管理,交通部航政司于1947年11月拟定《船舶国际证书施行办法草案》,下发航政局征求意见。该办法是发给船舶国际证书的依据。待各项航政法规、技术规范修订完备,再行调整。草案共50条,所谓船舶国际证书包括:安全证书(客船);无线电安全证书(大于等于1600吨货船);特许免除证书;国际船舶载重线证书(大于等于150吨)。船舶检验由航政局施行。

(六)出席国际海事会议

1946年6月6日,国际劳工组织在美国西雅图召开第28次会议,会议的主要议题是讨论海员的待遇问题。国民政府委派王雅伦、陈树、郑锡恩代表中国出席本次国际劳工大会。大会通过了关于海员问题

---

① 《海关档案》,引水卷。

的9个公约,分别是Food and Catering (Ships' Crews) Convention(《船员膳食与餐桌服务公约》)、Certification of Ships' Cooks Convention(《船上厨师职业资格证书公约》)、Social Security (Seafarers) Convention(《海员社会保障公约》)、Seafarers' Pensions Convention(《海员退休金公约》)、Paid Vacations (Seafarers) Convention(《海员带薪休假公约》)、Medical Examination (Seafarers) Convention(《海员体格检查公约》)、Certification of Able Seamen Convention(《海员合格证书公约》)、Accommodation of Crews Convention(《海员住宿公约》)、Wages, Hours of Work and Manning (Sea) Convention(《海员工资、工作时间和人员配备公约》)。

第二次世界大战后,各国即酝酿再次召开国际海上安全会议,总结历史经验,尤其是战时积累的丰富经验教训,结合科技进步发展,以进一步保障海上人命安全。

1948年各缔约国决定在英国伦敦召开第三次国际海上安全会议。中国政府接到会议通知后,立即由交通部通知各航政机关和有关厂校团体,分别研究公约所包含的各项内容,拟具议案,送交通部参考。并分造船、航海、无线电各组,指定专人负责联络,并汇编议案。经将各方面意见归纳,认为中国虽然加入公约,但对所有规定尚未完全付诸实施,并且我国在战时因为沿海沦陷,船只损失甚多,对于航业技术难以提出建设性的意见,于是决定在此次会议中以维护本国权益为主要目标,对提高安全标准方面,就我国经济及工业能力可承担实现的予以支持,不在于多提方案。至于参加会议人员,原本打算由外交、航政、造船、轮机、航海、无线电等各派专人参加,后来行政院为节约费用,决定仅由驻英大使及海军武官与交通部委派专门人员1人出席。由于本次会议讨论内容广泛,各项问题分别分组讨论,我国代表团人数过少,无法应付,后来临时在英国遴选数人协助。中国代表团全体人员如下:首席全权代表为驻英大使郑天锡;代表有陈梓昌、王世铨;专门委员有朱世衷、郑天杰;秘书长何思可,秘书赖恬昌;专员沈岳瑞。

第三次国际海上安全会议于1948年4月23日开幕,6月10日闭幕。会议签订的《1948年国际海上人命安全公约》,于1952年11月19日生效。

三、国统区海员的重要活动

(一)全国船员反对开放内河航权

战后,内河航权的开放问题源于联合国善后救济总署对中国的物资救济运输问题。当第二次世界大战还在进行之时,英美国家就开始考虑战后的重建问题。1943年11月9日,44个国家代表在华盛顿签订《联合国善后救济总署协定》,决定成立联合国善后救济总署(United Nations Relief and Rehabilitation Administration,简称"联总"),负责处理第二次世界大战中受害国的善后救济工作。作为重要的反法西斯盟国之一,中国是善后救济工作的主要参与者与受益者。1943年11月,蒋廷黻代表中国政府签署了《联合国善后救济总署协定》,参加了联合国第一次善后救济大会,并向大会提出了中国善后救济计划。1945年1月21日,国民政府成立行政院善后救济总署(China National Relief and Rehabilitation Administration,简称"行总"),专门负责接受和分配联总援华的善后救济物资。

日本宣布无条件投降后,行总随即向联总申请紧急救援物资。联总总署于1945年底将中国的援助物资金额确定为5.625亿美元(不包含运费)。当年10月23日,"伊密·维达尔"号货轮首先将3536吨救济物资运抵上海,随后联合国善后救济物资大批涌到。国民政府以尽速输运救济物资为理由,驻英大使顾维钧于1946年1月16日与英国怡和和太古轮船公司签订了租赁合同,租用35艘海船,租期6个月。其目的是尽快将救援物资由输入港分送到内地(当时外轮的救援物资主要先运抵上海、香港、青岛和秦皇岛等大港)。但此时,按照中外新约的规定,外国轮船已经不能在中国内贸航线航行。此举遭到了航运界的一致反对。

1946年1月25日,上海市商会、上海市轮船商业同业公会、中国商船驾驶员总会、中国轮机师总会、中国航业学会、中华海员工会等七团体负责人举行紧急会议,决议通过吁请政府切实保持领水权完整、严禁悬挂外旗之船舶航行内河以及经营中国沿海贸易,并电请政府迅速修复现有各种船舶及其他船业设备,迅速扫除水雷、恢复夜航、增加运输量。国民政府迫于压力,做出妥协,英国租用的轮船只来了8艘,1946年7月15日合同到期后自动终止。

1946年6月5日,蒋介石主持国防最高委员会例会,通过宋子文关于暂时开放内河航行,以一年为限,准许外轮在南京、汉口、芜湖、九江四口岸停靠的提议。1946年6月17日,行政院给交通部下发《关于复员期间暂准外轮驶泊南京等港装卸货物训令》(节京陆字第2346号),内容为:

"查我国现值复员期间,需求国外物资大量运入,如国外轮船只准驶至上海,不但由上海转运所需之装卸费用,使货品价格巨额增高,且使长江沿岸输出国外之货品,必须先运上海卸装,增加货品之成本,并益增运输之阻滞,对于输入输出,俱感未便。兹暂准来自国外之轮船,在南京、芜湖、九江、汉口四港装卸货物。但不得在经过我国各港时添装货物、乘客,离国时,亦不得搭载转口货物及乘客。并应于进口两周前先行呈准登记,其时限自财政、交通两部会同公告开放时起,一年为止。除分令外,合行令仰遵照,并转饬所属遵照。此令。宋子文"。①

消息传出,中国商船驾驶员总会、中国轮机师总会、中国航海驾驶员联合会、上海铜沙引水公会、淞汉区引水公会、中华海员工会、上海市轮船商业同业公会和上海市商会等八个团体紧急召开"维护内河航权联席会议",反对开放内河航权,并提出八项反对理由:①损害主权;②摧残航业;③侵略阴谋;④无需外求;⑤饮鸩止渴;⑥经济破产;⑦增加失业;⑧生死关头。

7月3日,宋子文赴上海召集航业界人士座谈,提出政府开放四口只为节省货物转口费用,对中国航业界是能造成一定影响,并且只是一年有效,沿途各港并不允许外轮装载客货。既然航运界反对,现在可以改为只开放南京和汉口两个口岸,以减轻对本国航运业的影响。但航业界仍旧坚决反对,最终国民政府放弃了开放四口的决定。

客观来说,航业团体维护国家内河航行权的举措无可厚非。但从另一个角度分析,租用英国船只和开放四口都是国民政府的暂时性措施,主要是为了运送联总救济物资的需要。截止1947年12月,联总向中国援助的物资共236万吨,其中115万吨的免费食品可以使2300万人人均分到50公斤食品,维持三个月的生计,可以度过最严重的灾荒。这些物资,对饱受战争创伤的中国是何等的重要。在救援物资到达初期,由于无法及时转运,各港口的物资出现了积压现象,同时挤占了大量的仓库货栈,削弱了港口的吞吐能力。仅上海港,截至1946年6月30日,共收到52万长吨②物资,积压了至少27万吨。③ 这也是1946年7月9日联总宣布停运对中国救济物资的重要原因之一。

全面内战爆发后,美国为了扶植国民党政权,继续给予巨额援助。1948年4月3日,美国国会通过了4.63亿元援助国民党政府的法案,其附加条件就是内河航权暂时开放,允许美国船只直接行驶南京、汉口两埠。6月15日,《大公报》刊载了以上消息,消息传出,航运界一致反对,但这次国民政府正处于内战的紧要关头,不愿妥协。6月20日,《申报》刊载了外交部长王世杰答记者关于"美援"问题的谈话,王世杰辩解说:"此项特许,并非所谓开放内河航行权""在此情况下,非唯京汉两地有开港之必要,及九江亦可

---

① 中国第二历史档案馆编:《中华民国史档案资料汇编》,江苏古籍出版社,2000年版,第五辑第三编《财政经济》(七),交通,第441页。
② 长吨是实行英制的国家采用的重量单位,1长吨=1.01605公吨。
③ 王德春:《联合国善后救济总署与中国》,人民出版社,2004年,第93—94页,116页。

能为运送美援船舶入口卸货,及内地物产出口装船之口岸"。1948年7月3日,中美双方签订了《中美关于经济援助之协定》,国民政府采用了模糊词语,第六条第一项规定:"中国政府对美利坚合众国因其本国资源中缺乏或可能缺乏而需要之中国所产物资移转于美利坚合众国,无论系为储备或其他目的,将予以便利";第六条第三项规定:"中国政府经美利坚合众国之声请,对于来自中国境外之物资,将于一切适当情况下,与其合作"。协定中虽然没有明确开放中国口岸的条款,但"予以便利"和"与其合作",意味着美援船舶经国民政府同意,可以随时往来中国口岸。

1948年7月8日,中国商船驾驶员总会、中国轮机师总会、中国航海驾驶员联合会、中国船舶无线电员总会、武汉区引水公会联名发出通电,表示"全国船员一致反对开放京汉航权"。通电指出:"航权即国权,黄金有价,国权无价。美援虽应重视,亦必不能以彼易此……若更就实际航道言之,美援物资转输各站,绝不集于京汉,而竟以京汉为要者,此其志在内河可知"。①

但此时国民政府已经焦头烂额,忙于内战,美国的军援至关重要,根本不理会航运界的呼吁,任凭美国商船进出中国口岸。

(二)出色完成了赴美接船工作

鉴于战争中民营船舶损失巨大,船舶赔偿委员会经过调查,将各轮船公司遭受战争损失的情形分为四类:①政府征用充沉塞各地封锁的船只共119986.50吨;②在军公运输中遭受损毁的船只计15841吨;③被敌人捕虏占扣的船只计111006吨;④被敌炸沉、炸毁的船只共46457.74吨。

经民营轮船公司多方呼吁,并由钟山道、董浩云等代表与政府进行多次谈判,政府有关部门最终才同意,对于战时政府征用封锁长江的船舶先行赔偿,至于其他损失的船只则要求各公司先将资料全部汇总,待日后向日本索赔时再统一办理。

1946年3月1日,行政院为此事特予正式批复:①凡作军事征用充作阻塞工程及应征军公差而为敌损毁之船舶,合于军事征用法之规定者,应予赔偿;②船只吨数及折旧暨战前币值与钢铁木材之指数如何折算,应仍由该部迅拟意见呈核;③航商向国外订购船只,政府应予以便利;④航商贷款一节,可径洽四联总处办理。②

后经再次调查,战时上海轮船业同业公会会员中被政府征用封锁长江而自沉的船只共涉及34家公司,61艘船只,总计123489.53吨,折合美金为3593047.52元。其中损失最大的几家公司分别为三北(11艘)、中兴(3艘)、中国合众(3艘)、华胜(2艘)。最后行政院在1946年10月24日正式批示:"查本案业据交通部航字第二九六三号呈拟,在最近向美所购船只内拨付十二万吨,交该会分配在案。除令饬该部尽先一次拨足外,仰即知照"。③

经过三年多的讨论筹划,国民政府从美国购买船舶11艘用以赔偿,包括3艘胜利轮(7600吨),价值2637471美元,分别命名为"渝胜"、"京胜"和"沪胜"号,以及8艘CI-MA-VI型(3800吨)货轮,价值5550896美元,均以"复"字命名("复明"号、"复新"号、"复航"号、"复贸"号、"复运"号、"复昌"号、"复权"号、"复生"号),总重量为80762载重吨,全部船价为8188367美元。各民营公司将赔偿船舶归于新组建成立的复兴轮船公司。1948年8月30日,第一艘船"复新"号由中国海员驾驶,从美国抵达上海。

此外,1944年英国政府答应战后赠送国民政府一批军舰,"重庆"号巡洋舰是其中最大的一艘(排水量7500吨)。为了节省费用,在英国接收"重庆"号时,国民政府在英国当地招募了一批中国海员承担接

---

① 《海事》,1948年7月号。
② 台北国史馆藏行政院档案:063-133。
③ 《复兴航业公司诞生经过》,《海事》,1947年1月号。

舰任务。1948年5月26日,"重庆"号巡洋舰由舰长邓兆祥率领,从英国朴茨茅斯港启程,航行一万余海里,于8月20日驶抵上海。

(三)驾驶"天龙"号首次环球航行①

"天龙"号属于船王董浩云创办的中国航运公司所代理的船舶(抗战胜利后大振轮船公司从英国摩勒轮船公司购得),10471吨,在上海港注册,挂中国国旗,船上船员全部是中国人,船长为陈青岩。起初该船被用于沿海航线,后董浩云决定用来开辟远洋国际航线。在此之前,也有挂中国国旗的万吨级货轮在各大洋航行,如"美龄号",但是该船是在巴拿马注册的。又如"中山"号、"中正"号等几艘自由轮,虽挂的是中国旗,但主要船员如船长、大二三副及轮机长、大二三管轮等高级船员都是外籍人,一般船员如水手、火夫、茶房等是中国人,且其一切运用、指挥、管理权以及所有权,均隶属于美国战时船舶管理局。所以,它不是真正意义上的中国船。

"天龙"号从1947年9月起至1949年4月止,共绕地球航行两圈。"天龙"号第一圈是西行一圈,从上海出发,朝南沿海岸线直至马六甲海峡,转向西,出马六甲海峡经印度洋、红海、苏伊士运河、地中海、过直布罗陀海峡至大西洋,经比斯开海湾,进入英吉利海峡至欧洲,然后从欧洲出英吉利海峡,横渡大西洋到美国东海岸,经过自美国到欧洲之间几个来回之后,接着从欧洲开始原路返回上海。"天龙"号第二圈则是东行一圈,也是从上海出发,向东横渡太平洋,经夏威夷,过巴拿马运河到美国东海岸,然后再横渡大西洋去欧洲,接着又是从原路返回上海。

"天龙"号航行大西洋和太平洋,受到了沿途各港口华侨的热烈欢迎,广大华侨欢欣鼓舞,自发组织前往港口参观,当地媒体也给予了充分报道。在"天龙"号首航大西洋后,《大公报》称赞说:"从此中国国旗将在大西洋飘扬,'天龙'轮航程数万里,行程遍及中、英、美、苏、法,她是中国的访问使者,亦象征着五强密切联系。在各国时,都得到当地华侨的热烈欢迎,在中国航业史上,可称创造,真是值得我们骄傲而夸耀。……'天龙'轮虽只是一普通的商轮,但她的背后有四亿五千万人民做她的后盾。"②

(四)顺利完成日本赔偿物资运送工作

抗战期间,日本侵华给中国带来了巨大的经济损失,日军所到之处,疯狂地掠夺公私财富,破坏文化遗产,开采矿藏森林资源,发行伪钞,焚毁炸毁军民用设施,中华民族的物质精华,几被侵略者洗劫一空。开罗会议后,各同盟国家都开始考虑战争胜利后的索赔问题和对敌人审判问题。为了清算日本侵华战争的罪行,一俟战争结束即向日本索赔,中国国民政府也于1944年2月5日成立了行政院抗战损失调查委员会。1945年11月,抗战损失调查委员会更名为赔偿调查委员会,1946年10月又更名为赔偿委员会,工作重心转入向日本索赔阶段。

1946年10月,赔偿委员会编制了《中国抗战时期财产损失说帖》。初步统计出八年抗战期间,除东北、台湾以外的中国领土内的损失,此外对华侨的损失也作了统计和换算(但未包括在国内损失总数内)。由于该报告拟提交国际远东委员会以备参考,所以没有对外发表。

1947年5月20日召开的第四届国民参政会第三次大会期间,行政院赔偿委员会提出的工作报告则为国民政府公开发表的惟一一次全面抗战期间各项损失统计数字:直接财产损失为313亿美元,间接财产损失为204亿美元;军费损失41.6亿美元;军人作战伤3227926人,军人因病死亡422479人,平民伤亡

---

①本段根据郑会欣:《董浩云——中国现代航运先驱》,上海交通大学出版社,2007年,第66—68页和张渭熊《天龙轮环球远航记》,http://blog.sina.com.cn/s/blog_562730e80100mka1.html 整理改编。
②《中国国旗飘扬大西洋》,《大公报》,1947年12月2日。

9134569 人,总计人口伤亡 12784974 人。①

1947 年 4 月,日本赔偿先期拆迁计划公布(表 8-3)。按照赔偿计划,中国政府首先得到了 2000 万美元的现金。此外,该计划规定日本超出 1930 年工业能力部分的 30%的设备,拆除后按照 3∶1∶1∶1 予以分配,中国占一半,其余一半分别按各占三分之一的原则分配给菲律宾、荷属东印度和此前英属缅甸、马来西亚和北婆罗洲等。6 月,行政院赔偿委员会第三次会议决议设立日本赔偿及归还物资接收委员会,负责日本赔偿物资的调查、申请、拆迁、接收、交运上船等工作。

日本赔偿物资运回统计表　　表 8-3

序号	船　名	装　载　港	开出日期	运回箱数	重量(吨)
1	海康	横须贺	19480116	453	871.70
2	海浙	横须贺	19480127	559	849.80
3	永兴	横须贺	19480227	479	1655.80
4	海康(2)	横须贺	19480308	405	1183.50
5	茂州	横须贺	19480327	471	1674.00
6	利民	名古屋	19480403	834	1454.00
7	永兴(2)	名古屋、大阪	19480409	871	1510.00
8	昌黎	大阪	19480427	739	2355.00
9	海吉	横须贺	19480509	398	1095.00
10	海宿	吴港、佐世保	19480516	1080	3587.50
11	利民(2)	横须贺	19480527	331	1615.00
12	永兴(3)	仙台、横须贺	19480529	1274	2602.00
13	海鄂	大阪	19480608	295	1331.50
14	自忠	佐世保	19480618	768	1721.70
15	自忠(2)	横须贺	19480724	679	1663.00
16	海天	横须贺、名古屋	19480805	539	4282.00
17	海辽	大阪	19480814	210	568.00
18	海辽(2)	佐世保	19480919	77	318.50
19	海玄	大阪	19481002	193	2468.90
20	海黄	横须贺	19490615	511	663.42
21	海列	横须贺	不详	698	1220.35
22	天行	大阪、神户	19490920	660	1222.09
	合计			12524	35912.76

资料来源:中华民国驻日代表团编:《在日办理赔偿归还工作综述》,《近代中国史料丛刊续编》,第 71 辑,文海出版社,1980 年,第 116 页。

按照盟军总司令部的指定,日本赔偿的物资必须集中在横须贺、仙台、名古屋、大阪、吴港、佐世保等 6 个港口。1948 年 1 月 11 日,轮船招商局"海康"号抵达横须贺装载日本赔偿物资。1 月 16 日装货完毕,共装运 453 箱,871.7 吨,当日中午举行完接收仪式后,开赴上海。随后"海浙"号、"永兴"号相继开赴日本,自 1948 年 1 月到 1949 年 9 月,国民政府先后向日本派船 22 艘次,共运回赔偿设备 12524 箱,35912.76 吨。②

---

① 后来我国又对损失情况进行了几次修订。
② 中华民国驻日代表团编:《在日办理赔偿归还工作综述》,收于沈云龙:《近代中国史料丛刊续编》,第 71 辑,文海出版社,1980 年,第 74 页。第一次运送吨数与同书第 116 页不一致,取第 116 页数字。

四、中华海员工会的复员状况

抗战胜利后,随着各项复员工作的开展,中华海员工会也制定了复员计划,将全国分为四个区,分别重建海员工会组织。截至1946年上半年,已经在全国17个大的港口城市恢复了海员工会分会,在国外12个重要港口设立了海外分会,拥有会员35万人。①

此时,中华海员工会在组织上仍旧处于筹备委员会管理阶段。1947年1月1日,中华海员总工会在上海正式成立,杨虎担任理事长。同时,国民党中央以中华海员特别党部(当时拥有会员26000余人,分散全国及世界各大港口)名义,决定在中华海员特别党部下设华南、华北两个支部,便于指导各地海员工会的工作。

随着解放军在国内战场上节节胜利,杨虎开始转向共产党方面。早在重庆期间,杨虎与周恩来有过接触,他为周恩来的才智胆略和人格魅力所折服,对中国共产党以民族大义为重、不计前嫌的统战政策表示由衷的赞赏,思想日趋进步。1949年4月,解放军开始逼近上海。国民党特务在逃跑前夕拟将张澜、罗隆基等民主人士在上海就地处死。在周恩来的运作下,杨虎全力保护和营救了张、罗二人。蒋介石为此非常恼怒,下令悬赏3万银元通缉暗杀杨虎。杨虎投奔共产党后,国民政府内政部会议对其撤职并开除会籍,中华海员总工会也由上海迁到广州,后又迁往台湾。

关于高级海员的组织情况。抗战胜利后,中国高级船员四大团体也由重庆迁回上海。金月石担任中国商船驾驶员总会理事长,张树声担任中国航海驾驶员总会理事长,陆良炳担任中国轮机师总会主任委员,闻德章担任中国船舶无线电员总会理事长。1946年,四大高级海员团体为了协同一致,共同组织成立了中国商船高级船员联合会,推举姜克尼担任总干事。1948年6月5日,中国商船高级船员联合会总干事姜克尼,代表轮船驾驶、轮机、引水、无线电四部分高级船员赴南京请愿,提出两点建议:一,请立法院、交通部、社会部考试委员会对于河海航行技术人员,必须许以独立组织,不附属于任何团体;二,请国防部通令全国军队,在征用船舶运送军差过程中,军人必须尊重海员人格并听从指挥。

第三节 解放区政府管理下的中国海员

一、解放区海员管理体制的初步建立

在日本宣布无条件投降前夕,1945年8月11日,朱德就部队进入敌伪占领之城镇后,实施军事管制问题发布第七号命令,其中命令第五条要求:"控制一切轮船、火车、军用汽车、水陆码头及邮政、电话、电报、无线电机关,实施严格军事检查。"②后来随着政治军事形势的发展,中国共产党方面在接收和解放的港口区域陆续建立了航政管理体制。

(一)东北航政总局

东北民主联军进驻东北后,先后对敌伪航政机关进行了接管。1946年4月28日,东北民主联军进驻哈尔滨,5月成立了松花江航务局。同年9月,松花江省政府将松花江航务局改称为松江航务局。

1946年8月7日,东北各省代表联席会议在哈尔滨第一中学礼堂开幕,会议于8月15日闭幕。会议讨论通过了关于东北民主建设的施政纲领,选举产生了东北解放区最高行政领导机构——东北各省行政

---

① 《新海军》,1946年第2期。
② 中国人民解放军历史资料丛书编审委员会:《八路军·文献》,解放军出版社,1994年,第1112页。

联合会办事处行政委员会,简称东北行政委员会。东北行政委员会下设交通部。1947年5月,松江航务局改组为东北航务局。1948年3月8日,吉林市解放,东北航务局接收丰满地区船舶,成立了吉林航务办事处。

1949年2月7日,经东北行政委员会交通部批准,将原驻哈尔滨的东北航务局改组为东北行政委员会交通部东北航政总局,由哈尔滨迁到沈阳。原东北航务局改称为哈尔滨航政局。

1949年4月,东北航政总局正式成立,总局下设哈尔滨、营口、安东(丹东)3个航政局和葫芦岛办事处。东北航政总局局址设在营口。东北航政总局辖区北起黑龙江、松花江、嫩江、乌苏里江,东至鸭绿江及辽东半岛两侧的黄、渤海沿岸,西至葫芦岛、山海关,南至复州湾的所有内河及沿海水运及港口。东北航政总局下属的各航政局,按区域划分管理范围,下设分支机构。东北航政总局是人民政权管理全东北水运事业的领导和管理机构,为东北地区的内河及北洋海区各港口水运事业的恢复和发展奠定了组织基础。5月,东北航政总局改称东北航务总局,同时将营口和安东航政局改称为营口港湾管理局和安东港湾管理局。

日本投降后,苏联红军解放并留驻旅大地区。1945年11月8日成立了大连市政府。同年12月成立了大连中苏自由港,由大港区、寺儿沟和甘井子等3处码头组成,由苏军代管。经中共大连市委和大连市政府与苏军大连警备司令部议定,进出大连中苏自由港的苏联船舶由苏方管理,中国和其他国籍的船舶由中方管理。1946年4月1日,大连市政府财政局船舶管理处正式成立。经过三次大调整,至1946年8月1日,船舶管理处由三股一室组成,即船舶管理股、总务股、航运股及秘书室。1946年10月,旅大行政联合办事处将黑嘴子、旅顺、金县等地的海口检查所、工商管理局贸易运输股及船舶管理处统编为大连海口管理处,该处下设船政科,船政科主要职责是船舶行政和安全管理及海员训练。

(二) 华北航务局

随着解放战争形势的发展,1948年5月9日,中共中央军委发出《关于改变华北、中原解放区组织、管辖境地及人选的决定》,宣布将晋察冀、晋冀鲁豫两解放区合并为华北解放区,两个中央局合并为中共中央华北局,两个军区合并为华北军区,两边区政府合并为华北联合行政委员会。华北联合行政委员会以董必武为主席,原晋冀鲁豫边区政府和晋察冀边区行政委员会的委员为成员。华北联合行政委员会下设7厅2处1院1行,即:民政厅、教育厅、财政厅、农业厅、工商厅、企业厅、交通厅、公安管理处、秘书处、法院和华北银行。为了尽快成立华北人民政府,晋冀鲁豫和晋察冀两边区参议会驻会参议员,于1948年6月26日在石家庄举行联席会议,会议通过了关于召开华北临时人民代表大会产生统一的华北人民政府的重要决议。1948年8月7日,华北临时人民代表大会在石家庄正式开幕,大会一致通过了《华北人民政府组织大纲》,选出了华北人民政府委员会,成立了华北人民政府,接受了华北局关于华北政府施政方针的建议,交由华北人民政府拟定具体办法付诸实施。

1948年9月22日,华北人民政府根据《华北人民政府组织大纲》第七条的规定,设立了政府工作机构。原交通厅升格为华北人民政府交通部,其职责是:主管全区铁路、公路、邮电、航运的建设管理及公私运输的指导奖进事宜。具体的事项有:铁路、公路、航路、邮电的筹建与管理;公营运输业的筹建与管理;指导与辅助私营运输业;道路、航路、车船制造的检查改进;交通团体的指导;其他有关交通工作。

1948年10月6日,华北人民政府交通部在石家庄正式成立,直辖各铁路局、华北邮电总局、华北公路总局及各汽车公司,此时还没有设立主管航政的机构。平津战役结束后,华北人民政府交通部接收了在天津的国民党政府航务机构,成立了华北航务局。1949年3月1日,华北航务局公布了《华北区战时船舶管理暂行办法》,华北航务局的成立使航务工作有了统一集中的领导。但是实际中的工作还处于恢复和小规模建设阶段,主要还是以天津港的工作为主。在海运方面,由于没有海轮,远洋业务无法办理,只能以近海航运为主,组织船舶搭客载货,运输军用物资支前以及抢修津浦路。1949年2月19日至3月14日间,共出动船只160艘,运轨8963根,枕木13360根,铁夹板3462块,共8190000斤。航务工作在艰难逐步发展,受到了交通部的肯定,被称作是在海运恢复前,"找到了努力的途径,开辟内河与近海船运"。①

1948年底,华北人民政府交通部在德州成立卫运河航运管理局。管理局下设航政管理科,主要负责船舶管理、船舶检丈、进出口登记、海事处理、纤道开发和河道清理等航政工作。1949年5月,卫运河航运管理局迁址天津,并改组为华北人民政府交通部内河航运管理局(简称华北内河局),下设德州、临清等航政办事处。

后来,中华人民共和国中央人民政府交通部就是在华北人民政府交通部的基础上成立的。

(三) 华东区航政管理机构

与东北和华北不同,华东区没有设立统一的人民政府。而华东区沿海大城市较多,这些城市在解放后最初是采取了军事管制委员会下设航政管理机构的模式。

烟台是八路军解放的第一个沿海港口城市。1945年8月15日,日本宣布无条件投降之时,烟台市已陷入八路军的三面包围之中,但盘踞在市内的日军拒不缴械。8月23日,八路军对烟台发起总攻,日军于次日凌晨由海上逃离,伪军则仍在负隅顽抗。24日拂晓,八路军胶东军分区司令员刘涌、副司令员于得水、东海独立团团长宫俊亭等人,率部分五路猛攻烟台城。同日烟台市宣告解放。烟台港自开放后至抗日战争爆发前,一直归东海关管辖。抗日战争时期,日本人成立芝罘港务局管理港口。八路军收复烟台后,在当时尚不具备重新建立专门的港口管理机构的条件。因此,解放烟台的部队在接收东海关时,恢复了海关对港口的行政管理权。

1946年6月,全面内战爆发后,国民党军队在战场上屡屡受挫,迫使其不得不改变策略,变全面进攻解放区为重点进攻陕甘宁边区和山东解放区,企图以此扭转败局。1947年9月底,为避敌锋芒保存实力,驻烟台的中共党、政、军机关主动撤离。10月1日,国民党军队进占烟台。

1948年10月16日,中国人民解放军顺利开进烟台,烟台第二次获得解放。此时,中共中央已经确定在新解放区域实行军事管制的模式。这个模式是东北局首先提出的。东北是最早解放的地区,城市接管工作中的问题也暴露得最早和最多。1948年6月10日,中共中央东北局针对在过去收复的城市中,曾发生违反党的政策和工商业政策的现象,为了把城市接管好,发出了《关于保护新收复城市的指示》,决定:"在新占领城市实行短期军事管理制度。在占领城市初期,必须由攻城部队直接最高指挥机关担任该城的军事管理,所有入城工作的地方党政机关及工作人员,一律听其指挥。为此,可以组织军事管理委员会,吸收地方党政负责人参加,将保护新占领城市的全部责任,交由军事管理机关负担"。中共中央高度重视这一经验,当即向各中央局、分局批转了这一文件,要求各地党的机关根据中共东北局所做出的关于保护新收城市的指示,"照此颁发同样的文件,并切实遵行"。从此,在各新解放的城市,开始实行军事管制制度,各航政机关在军事管制委员会领导下开展工作。

例如,上海市军事管制委员会以陈毅为主任、粟裕为副主任,直辖各部各委各处,航运方面由军事管制委员会财政经济接管委员会航运处负责。1949年6月1日,军事管制委员会财政经济接管委员会航运处发布航字第1号通告,公布了《战时船舶管理暂行办法》。6月14日,军事管制委员会财政经济接管委员会贸易处、航运处联合发布通告,公布了《对外籍轮船进出管理暂行办法》。7月17日,军事管制委

---

① 《华北人民政府交通部自成立以来工作总结报告》,河北省档案馆,586-1-252-1,1949年8月,第18页。

会财政经济接管委员会航运处航政局发布沪航二字第0317号文件,公布了《办理船舶产权登记轮船业设立登记及征收航政各种规费暂行办法》,其中丙款第一条中规定了船员请领考验证书手册相关规定。1949年8月,发布了《航运管理机关控制轮船协助邮运规则》(邮字第六号),规定轮船开航前一日应通知当地邮局,装运邮件,并领取邮局签发的证明书,航运管理机关才予放行,否则,不允许开航。

新中国成立后,中央决定在全国实行大行政区制。1949年12月2日,中央人民政府委员会第4次会议通过了对东北人民政府委员会和华东、中南、西北、西南军政委员会正副主席和委员的任命,这标志着东北人民政府和其他4个军政委员会的正式成立。华东区内的航政事务由华东军政委员会领导。

二、解放区海员在解放战争中的贡献

(一)抢运联合国善后救济总署发给解放区的物资

关于联合国善后救济总署发给的物资,按照1943年联总大会总决议第二项决议案的规定,凡联总所属的资源,无论在任何地方,"都将根据该地人口的相对需要公平地分配或分发,不得因种族、宗教或政治信仰不同而有所歧视"。此外,第七项决议案也强调,"任何时候,救济善后物资都不得被用作政治武器,同时,分配救济品时不得因种族、宗教或政治信仰而有所歧视。"这样,包括中共解放区在内的所有战争受害者都被赋予公平分享联总救助的权利。但当时国民党政府是国际社会公认的中央政府,在国际社会看来,解放区政府仅仅享有地方政府的法律地位。因此,联总和解放区的交往必须通过国民党政府;联总给予解放区的援助,也必须事先征得国民党政府同意,并由行总负责运送移交。

国民政府操纵了救济物资的分配,只分给了解放区很少一部分。截至1946年6月10日,解放区所得物资不过3300余吨,与联总运抵中国的66万吨物资相比,仅为二百分之一。即使是这一部分救济物资,国民政府还暗中作梗,尽量减少甚至阻挠善后救济物资运往解放区。内战全面爆发后,国民党干脆采用军事手段轰炸和抢劫善后救济物资。

1947年4月2日,国民党军飞机袭击石臼所港,扫射联总运送救济物资的"万善"号货轮,造成5名船员受伤,船和货物严重受损。与此同时,天津国民党军方也扣押了运送物资前往解放区的船队。攻击和阻难行动显然出于精心策划,并非意外的偶发事件。联总驻华办立即向行政院、总参谋部和行总提出抗议,要求对方给予满意答复。随后远东委员会第31次会议决定,如果国民政府不能保证救济物资的运输问题,则联总将退出中国。联总方面的抗议和决议对国民党政府形成重大压力。天津军事当局最后同意第一支开往沧县的船队于4月17日放行。4月23日,国民党军总参谋长陈诚上将代表蒋介石致函联总署长鲁克斯,对"万善"轮事件"深表"歉意,并辩解道:"自中共开始全国性'叛乱',迫使国民政府诉诸'戡乱'措施以来,他们一直在利用石臼所港进行经常性军事运输。中国飞行员由于心情紧张而未能验明船只身份,致使救济船遭受意外攻击,多名船员受伤,我们对此深表歉意。尽管这次行动确实不是故意的,肇事机组人员依然要因他们技术上的疏忽而受到处分。……蒋总统已指示行总给予每位受伤船员以合适的医疗照顾和帮助,并会同艾格顿将军安排合理的赔偿。"他还表示,国防部将同行总和艾格顿将军通过谈判,商定出一系列有效措施,"以便能获得密切的合作",避免再度发生不幸事件[①]。然而,这些所谓的"保证"是靠不住的,随后国民党飞机再度空袭惠民、羊角沟和烟台的联总人员及其运送物资的船只。

为了快速接收联总发给解放区的物资,广大民船船员发挥了重要作用。1947年3月26日,载运救济物资的"万美"号、"乐美"号、"万勇"号3艘轮船由上海到达山东解放区小清河河口外。解放区接收救济

[①] CC(47)65:"Ministry of National Defence Republic of China",15 May 1947.

物资委员会立刻派出 150 条帆船,突击抢运。国民党飞机紧跟着飞来轰炸、扫射,迫使卸舶工作时干时停。联办号召快卸、快运、快分配,争取船舶短时间多次往返。有时为了抢时间快卸,就把铁管之类掀入海中,待飞机走后再捞出来。夜间无飞机干扰,就连续奋战。这样,平均四五昼夜就可卸一只船。轮船上的船员们钦佩地称赞说,解放区的人力卸舶比上海的机械化卸舶还快还好。卸下来的物资马上分配,一部分立即转由小清河运至三岔河、陶唐口等港,再分送各解放区;一部分直接在羊角沟车运各地;暂时运不走的就在羊角沟卸存。4 月 13 日,货物全部卸完。5 月 29 日,"庆令"号、"万敬"号、"万慈"号、"美令"号 4 艘轮船到港。委员会组织了 212 条帆船卸舶,6 月 27 日卸完。接着"万庆"号、"万敬"号两艘轮船 7 月 9 日到达。委员会派出 113 只帆船卸船,原计划 7 月 17 日卸完,但因国民党军舰"永定"号配合飞机直接胁迫劫走了"万庆"号,仅卸了一船货物。这样,自春至秋 5 个多月,联总运到 9 船物资,卸了 8 船,共 1074 吨。这些物资分为救济物资、黄河复故救济物资、医药物资等项,计有汽车 84 辆、乳牛 50 头,拖拉机数十台以及衣服、布匹、木材、药品、救生衣、罐头、铁管、面粉、工农具、碎铜铁等。事后经过统计,从 1946 年 7 月至 1947 年 10 月,解放区共收到救济物资 10 万吨,其中 8 万余吨是通过山东沿海港口收到的①。

(二) 东北运兵抢占先机

日本投降前夕,1945 年 8 月 10 日、11 日,朱德总司令接连发出七道命令,命令各解放区抗日部队对日军展开全面反攻并受降。其中,第二号命令要求原东北军吕正操、张学思、万毅部和驻冀热辽边境的李运昌部立刻向东北和内蒙古地区进发,以"配合苏联红军进入中国境内作战,并准受日'满'敌伪军投降"。② 万毅部当时在山东,原定由陆路经河北到热河边境集结待命。

8 月 29 日,中央来电:"山东干部与部队如能由海道进入东三省活动,则越快越好。"③胶东军区马上组织成立了海运指挥部,动员了 30 余条轮船和 140 多只帆船,在龙口和栾家口运送部队。10 月 6 日,海运正式开始,部队共分三批乘船。到 11 月下旬,经过广大海员的连日奋战,山东军区领导机关部分干部、第 2、3、5、6 师、教导团和警备 3 旅,共数万人,全部海运东北。

此次海运历时 2 个月,除 1 只船损坏,渤海军区第 5 军分区副司令员石潇江等 30 余名同志不幸牺牲外,均安全到达目的地。万毅领导的部队渡海进入东北后与兄弟部队合编为东北野战军第一纵队,万毅任纵队司令员。这支部队在东北解放战争中,四战四平,三下江南,会战辽西,为东北解放做出了突出贡献。

(三) 解放战争中的支前活动

1.支援刘邓大军,抢渡黄河天险

1947 年,中国人民解放战争由战略防御转向战略进攻,为实施中央突破的伟大战略,将战争引向国民党统治区,毛泽东主席和中央军委决定晋冀鲁豫野战军主力强渡黄河,千里跃进大别山。

当时,野战军渡河中心地点选定在濮县和东阿之间的台前地带。为保障刘邓 12 万大军胜利渡河,是年 2 月冀鲁豫军区成立了黄河指挥部(也称河防指挥部),王化云和曾宪辉先后任司令员,郭英任政委,担负起建造船只、运送大军渡河的紧迫任务。指挥部下设政治处及作战、供给和船管等部门。黄河指挥部的任务,主要是征集船只和组织渡河水兵(又称支前船工)。很快征集到 184 艘船舶;水兵由各县委和县

---

① 王德春:《联合国善后救济总署与中国》,人民出版社,2004 年,第 278—279 页。
② 《朱德就吕正操等部向察哈尔等省进发问题发布第二号命令》,收于中国人民解放军历史资料丛书审编委员会:《八路军·文献》,解放军出版社,1994 年,第 1108 页。
③ 《中共中央关于迅速进入东北控制广大乡村的指示》,收于中国人民解放军历史资料丛书审编委员会:《八路军·文献》,解放军出版社,1994 年,第 1173 页。

政府负责,动员过去做过船工的人参军入伍,总共动员了3300多人,组成六个航运大队。6月30日晚,刘、邓大军开始渡河。黄河指挥部全力以赴,在南岸解放军预设部队的接应下,野战军主力一、二、三、六4个纵队共12万大军,分别从高村、李桥、孙口、张堂、林楼、张庄、位山、万桥、十里井等处以偷渡与强渡相结合的战术,一举突破黄河天险。在渡河战斗中,船工们士气高昂,各船争先立功,比划船速度,比摆渡次数。有的摆渡一趟需要15分钟,有的需要10分钟,最快者仅5分钟即可到达对岸;有的船一夜摆渡15趟、18趟,最多者达20趟。为了防止飞机轰炸,渡河一般是晚上进行,天亮即止,并将船只隐蔽起来。野战军主力渡河用了两个晚上,其他部队、民兵及各种物资渡河用了17个晚上。刘邓大军胜利渡过黄河,在国内外引起了强烈的震动。美国驻华大使司徒雷登称之为"六卅"事件。蒋介石更为紧张,于7月4日宣布全国进行"勘乱"总动员。

7月17日,刘邓首长亲自签发了嘉奖黄河各渡口船工令。嘉奖令称:"由于你们不顾敌军的炮火和蒋机的骚扰,不顾日夜的疲劳,积极协助我军渡过了大反攻的第一个大阻碍,完成了具有历史意义的渡河任务,使我们非常顺利地到达黄河南岸,以歼灭蒋伪军,收复失地,解救同胞,这是你们为祖国的独立和人民的解放立了大功。你们这种无比的积极性和热情,全体指战员莫不敬佩和感激。我们到达南岸后,先后收复了鄄城、巨野、曹县、郓城等地,消灭了蒋军曹福林部两个旅,这些胜利是和你们分不开的。为了慰问你们的辛劳,特犒劳你们每人猪肉一斤,并祝你们继续努力和健康!"后来刘伯承、陈毅在出席中共中央七届二中全会时,在大会上发言说:"孙口、李桥等黄河渡口的指战员和水兵同志们为革命立下了战功,要告诉全国总工会为他们请功。"台前水兵刘正祥被冀鲁豫军区授予"特等功臣"称号,颁发了银质奖章。

在整个解放战争中,黄河指挥部这支主要由船工组成的队伍,和冀鲁豫军民一起圆满完成了军运任务。据《平原日报》1949年10月15日报道,黄河指挥部在两年半时间里,共运送部队、担架民工、民兵、地方工作人员等643.2万名,汽车4336辆,炮车5527辆,大车(军运)41687辆,骡马26.1万匹,商民1590万人,大车(民运)62406辆,军粮1.2亿斤。① 全国解放后,这支队伍连同船只,都移交给了黄河水利委员会,组成黄河航运大队,为治理黄河发挥了重要的作用。

2.支援陈谢大军渡河南进,收复延安

在刘伯承、邓小平率晋冀鲁豫野战军主力南渡黄河,兵出鲁西南,转入外线作战的同时,中央军委打算以晋冀鲁豫野战军第4纵队在结束晋南反攻后,西渡黄河入陕北,分别配合陈粟野战军和西北我军彻底粉碎国民党军对山东、陕北的重点进攻。1947年5月4日,在晋南反攻即将胜利结束之际,中共中央致电刘伯承、邓小平、陈赓、谢富治、陈毅、粟裕并告彭德怀、习仲勋,确定"刘邓、陈粟两军任务是协力击破顾祝同系统""晋南(陈谢)陕北两军任务是协力击破胡宗南系统",要求"陈谢主力(四个旅)在现地工作待命,随时准备从下流或从上流渡河,受彭、习指挥,歼灭胡宗南及其他杂顽,收复延安,保卫陕甘宁,夺取大西北"。②

刘邓大军成功渡过黄河后,根据形势的变化,1947年7月19日,中央军委改变了原来的作战计划,将陈谢纵队的使用方向由原来渡河西进改为渡河南进,同时将参战部队的规模扩大,除了陈谢的晋冀鲁豫野战军第4纵队外,还包括了第9纵队、太岳军区第22旅和第38军组成为3个纵队和1个军的8万余人的集团行动。

1947年8月1日,在黄河北岸人民群众的大力支持下,我军利用半个月时间赶造了大小渡船60余只并准备了葫芦、油布包等大量渡河材料,并挑选和训练了随军渡河的船工、水手等需用人员。8月23日拂晓,我军在当地人民支持下,利用木船、葫芦、油布包,强渡、偷渡相结合,将敌东起洛阳、西迄陕州的

---

① 《山东航运史》,人民交通出版社,1993年,第300页。
② 中国人民解放军历史资料丛书编审委员会:《解放战争战略进攻回忆史料》,解放军出版社,1994年,第302页。

150公里的河防全线突破,斩断敌军唯一的横向战略动脉——陇海铁路,形成对敌陕北与中原战场的战略分割,使我顺利地迈出南进中原的第一步。随后部队南下伏牛山麓,创建了豫陕鄂根据地。

3.淮海战役中的水上支前运输

1948年9月济南解放后,人民解放军经过短期休整,于11月至翌年1月10日发起淮海战役。整个战役支前任务相当繁重,仅前线用粮就达21.7万吨。战时,公路桥梁均遭破坏,津浦铁路桥被炸毁,列车等其他设施也损坏严重。

在"一切为了前线胜利"的号召下,解放区和临近战区的人民群众,克服种种困难,从人力、物力、财力上支持子弟兵。除了铁路公路运输外,还征集8500余艘各式船舶,用于军运。

山东南运河,北起鲁西的东平、平阴等县,南至台儿庄,可通行木帆船。根据当时交通状况,淮海战役支前运输重点放到南运河水运上。山东省人民政府支前指挥部于1948年10月上旬派出28名干部,成立了运河指挥部,担负南运河支前运输的组织工作。指挥部下设调运、秘书、船管、护运、供给等科。还在济宁、微山等地成立了小船运输指挥站,配备干部74名。全区最初成立了9个航运中队,中队以下设排、班。每队皆由干部任队长。参加支前运输的船民最初为2500余人,又发展到5452人,最后达1万余人。船只也由1363只(载重量5000吨位)增加到2461只,载重量也有较大增长。码头装卸和搬运工编为4个搬运中队,共1.2万余人。

河南洛阳、郑州、开封、商丘及所有新解放的城市,新建立的政权基础还很薄弱。为了动员船只,利用一切通航河流向前线运送物资,1948年9月1日,中原军区发布了《关于禁止无价派差实行给价包运制度的命令》。命令中规定了"船只运费均按商价"。这些合理的政策,极大地调动了广大船民的积极性,保证了军事运输的顺利进行。

在江淮地区,1948年11月12日江淮军区、党委颁布《支援前线紧急动员令》后,解放区各县的船工、船民在规模空前的支前洪流中,出动船只积极运送兵员和军用物资。据不完全统计,仅沭阳、淮安、宿迁、泗阳四县及洪泽湖管理局支持淮海战役出动船只达1198只,人员6879人。①

4.支援平津战役,保存天津航产

平津战役战线长,参战人员多。我军参战部队100余万,脱产民工40多万,加上俘虏的敌军人员以及傅作义部队的改编人员,总计约200万人,后勤保障是个极大的问题。整个平津战役中,华北地区动员了大量的人力物力,组成了浩浩荡荡的支前大军,战胜各种困难,保障了战争的胜利。其中水运方面,共动用各种船只1800余艘,船工上万人。

天津港是北方的重要港口。塘沽的国民党军队在溃败前夕,进行了疯狂的掠夺和破坏,把新港码头的军火物资、通信器材和一切可以变卖的东西,都抢劫一空,装船运走。对于实在无法运走的物资及设备则准备销毁和破坏。因此,护港保船、迎接解放军成为天津码头工人和海员们的艰巨任务。他们采用多种手段,同国民党反动派展开了坚决斗争。

(1)拆卸零件,无法开航。船员们在开船之前设法把机器零件卸下,使船在国民党军队溃逃时无法开走。如1948年冬,由唐山败退到塘沽的交警总队将原轮船招商局拖轮"国通"号抓走,强迫船员拖带载有残兵败将的"二十一号"驳船。船员们为了不让敌人把船弄走,就把船机上的零件卸下,把小零件埋在煤舱里,大零件藏在陆地上,使船不能开动,国民党军队毫无办法。除"国通"号外,"国沧"号拖轮也是用这种办法保存下来的。

(2)制造故障,拒绝开船。"国津"号拖轮在国民党撤退之前还可以正常行驶。至国民党军队企图将其劫走时,该船轮机长即提出:"锅炉出了事故,漏汽需要放水,不然就会爆炸,不能开船"。国民党军队

---

① 《江苏航运史》(近代部分),人民交通出版社,1990年,第234页。

检查时,他们就故意放汽,使得敌人不得不放弃这条船。

(3)设法使船搁浅,不能启航。1948年底,原轮船招商局的驳船二号装有三百多吨出口碱面,停靠在东沽小码头。国民党官兵企图抢占逃跑,驳二号的船员在涨潮时便向浅滩绞缆,落潮时船就搁浅不能拖走,将船和船上的碱面均保存下来,解放后交给了人民解放军。

(4)同敌人在海上争夺船只。1948年冬,国民党残兵败将仓皇逃命,强行将驳三号等七八条船劫往大沽口,系在军舰后面准备拖往长山列岛,强迫船员与其一同前往,遭到船员强烈反对。船员们利用天黑风大,顺着缆绳爬上敌舰,解开缆绳,使驳船与军舰离开。当敌军发现时,因海上风浪很大,已无法再把驳船拖在一起。由于船员们团结一致,坚持斗争,经过两天两夜的斗争,使敌舰无计可施,只好狼狈离去。后由解放军派船将驳船拖回,船员得救,国家财产也回到了人民手中。

5. 突破长江天堑,保障渡江战役

根据中共中央军事委员会关于渡江作战意图和要求,第二、第三野战军在淮海战役结束后,即开始了渡江战役的各项准备工作。其中最重要一项工作就是"筹集船只,训练水手"。

1949年2月,总前委就作出决定:由各野战军派出以军政治部主任负责和团一级干部为主的先遣工作人员,进抵江北,着手筹集船只及其他准备工作。先遣人员进入预定渡江地段后,在地方党政机关密切配合下,深入江湖港汊,走村串户,宣传党的政策和人民解放军渡江的目的,摸清了船只和船工的情况。为了加强船只的筹集、管理和维修,各部队团以上领导机关分别成立了船舶管理委员会,设立了维修和调度船只的统一指挥机构。到渡江战役发起时,全军共筹集各型船只9400余条,并自制了部分机帆船,平均每个第一梯队军拥有大小船只500余条,一次可运送1万余人。当时摆在指挥员面前的主要难题,是如何把上万只船隐蔽好,防止国民党军飞机、军舰轰击;战斗打响前,又能把船只尽快送入长江,以达到战役发起的突然性。为此,各部队在地方党委的支持下,动员了上百万民工与部队团结奋战,挖掘、构筑了众多的船坞,以隐藏船只,并采取开渠灌水、掘堤引渡、拉船翻坝和陆地行舟等办法,保证了船只隐蔽入江。与此同时,各部队还抓紧训练水手,请有经验的船老大当指导,突击训练船工、渔民和部队水手,有计划地调集会驾船的干部战士,按照战斗需要分配到各个船上。按照船只性能、大小组成突击、火力、运输三种船队,按战斗序列分配给部队。并进行演习,既训练了技术、战术,又提高了部队乘船的适应能力。

渡江战役,我军百万雄师仅以木帆船为主要航渡工具,一举突破敌人苦心经营的长江防线,宣告了蒋家王朝的覆灭。数万船员在战役中发挥了重要作用①。当然,这也是和我军对船员采取的政策深得人心是密不可分的。1949年4月9日,刘伯承、张际春、李达向总前委发了《关于开展船工政治工作》的电文,提出了尊重船工、给予待遇、奖励慰劳、救护抚恤、赔偿损失等五条建议,这些措施大大激发了广大船员的支前积极性。

(四)恢复南北通航稳定社会秩序

1. 南北通航的历史背景

1949年初,中国人民的解放事业发展迅猛,人民解放军完成三大战役后直逼长江。1948年11月27日,国民政府行政院通过了《匪区海上交通经济封锁处理截获匪资办法》,对解放区及其港口、海岸进行严密封锁。南京国民党政府妄图凭借长江天险负隅顽抗,封锁南北水陆交通,禁止南北通航、通邮、通商、通汇等民间正常往来。这样一来就给上海国统区和华北解放区在经济上造成了日益严峻的形势。

上海是中国最大的工商业城市和南北往来贸易集散中心,一向依赖于北煤。南北海运中断,使本来

---

①根据第三野战军统计,渡江战役前三四个月内,筹集船只8000余艘,动员船工19000余人,加上第二野战军筹集的,所以实际参加渡江战役的船员应该超过2万人,另外利用船工还训练了数万部队水手和民兵水手。

就奄奄一息的民族工商企业陷入停产的绝境,人民生活极端困难。据统计,由于能源短缺,上海1948年底"剩余的三千家较大的工厂,开工率仅为平时的百分之二十"。1949年初,上海许多工厂企业"基础稍厚者已感不易支持,规模小者不得不纷纷停歇"。如面粉加工业的产品没有销路,只开工十分之一,卷烟、造纸、机器、化工、皮革、翻砂、炼钢等企业开工率更低。上海市煤炭奇缺,公用事业及600万居民燃料更有难乎为继之虑。1949年2月12日《申报》报道:由于投机商哄抬煤价,"自新春以来,疯狂疾升,各档均创空前高峰""各大小工厂及公用事业贫富市民无不遭受严重威胁"。另据《经济周报》记载:"过去开滦烟煤运沪成本每吨不到二万元,三月十九日上涨到每吨国产烟煤配价十三万零四百二十元,每吨进口烟煤配价二十七万三千二百二十元。这一天的烟煤黑市价格高达每吨三十五万元,还难以大量购得。"

与此同时,刚刚解放的华北地区,经济有待恢复,人民生活需要改善。由于南北通航被封锁,中国最大的开滦煤矿生产经营也陷入困境,出现了"现在之经济危机为开滦有史以来之未经"的局面。1947年,开滦煤炭产量为497.11万吨,其中经由秦皇岛港南运的煤量为129.54万吨;1948年,煤炭产量下降为427万吨,南运煤量相应下降为72.6万吨,是年后两个月基本上没有煤炭南运上海。1949年初,一方面开滦煤炭产量继续大幅度下降,加之北宁铁路运输不畅,国民党封锁海上运输,港口几乎无法装运煤炭出口,开滦煤炭积压高达120万吨;另一方面,开滦资方拖欠职工面粉已达50万袋之多,而上海面粉又不能运抵开滦。①

南北禁航也直接影响了航运业。北洋航线是我国内贸运输中的重要航线,常年经营此航线的轮船有数十艘,禁航以后航商损失惨重。在这种形势下,无论是国统区还是解放区,对如何尽快恢复南北通航、实现易货往来都极为关注。1949年1月22日,李宗仁就任中华民国代总统前就主张实行和谈,上海航运界也有利用和平谈判之机,恢复南北通航的想法。

而此时,香港的外国航商则密切注意着华北航运的真空。自国民政府收回航权、取消外商经营中国内贸航线后,原来在北洋航线占主要运力的英国太古轮船公司、怡和轮船公司不得不撤出。他们认为南北禁航是重返中国航线的契机,开始与中共方面协商通航问题,并散布消息:"华中华南之中国船舶如开往华北口岸时,将不许其驶返原出发地"。

2.国共及业界各方努力

1949年1月1日,由招商轮船股份有限公司、中兴轮船股份有限公司、益祥轮船股份有限公司、中国航运股份有限公司四个公司组织的海外联营处,向中华民国轮船商业同业公会联合会(简称"中国船联")②说明了通航华北的重要性。中国船联遂于1月11日派代表赴南京,分别向国民政府行政院、交通部、工商部详细解释。12日,通航请求获得行政院院长孙科的支持。

1月21日,中国商船驾驶员总会、中国航海驾驶员联合会、中国轮机师总会、中国船舶无线电员总会、淞汉区引水工会等五个高级船员团体举行紧急联席会议,通电蒋介石与毛泽东,电恳外国船舶"不得在本国两港埠间承运客货",请准中国商船行驶全国任何口岸,以维我航权的完整与一百数十万吨商船的生存。同日,蒋介石宣告"引退",李宗仁代理总统。1月23日,中国船联的具体通航方案获得国民政府行政院批准,行政院要求中国船联派代表北上与中共方面洽谈。

1月26日,中国船联理事长杜月笙、上海轮船业同业公会理事长魏文翰,致电北平市市长叶剑英并转毛泽东、周恩来,说明维护航权及恢复华北航运,攸关民族利益与民生经济,并表示拟即派代表赴北平,渴陈通航办法。同日,全国船联会召开会议,决定委派魏文翰、张庆相(轮船招商局天津分公司经理)、沈

---

① 当时因战争的关系,货币贬值严重,开滦煤矿职工的工资由货币工资和实物工资组成,实物工资主要是面粉,在物价飞涨的情况下,货币工资已没有实际意义,面粉是当时5万职工赖以生存的生活资料。
② 中华民国轮船商业同业公会联合会于1947年7月3日成立,并呈请国民政府将7月3日定为"航海节",获得批准,首任主席为杜月笙。

琪(船联会秘书长)等一行四人,准备飞往北平接洽通航事宜。但因为致中国共产党方面电报无法投递,退回原处,故暂缓去北平。

1月28日,船联会与开滦矿务局经过协商,准备用30万袋面粉交换10万吨煤,行政院以(38)五交字第2146号文批示:恢复华北航运事,原则上已获同意。2月1日,国民政府迫于上海救急,行政院在《致财政部代电》中,对南北恢复通航问题又作了较为明确的表示:即"经院会议决,准予试办",并据呈前情,"准先以唐山号及大上海号轮船两艘试办,除分电国防部转饬海军总司令部知照放行外,特检附原电(略),仰即转饬海关准予结关放行"。2月2日,五个高级船员团体发表《为促请完成华北通航宣言》,希望国民党政府"应无条件地允许国轮通航华北,以示尊重国权高于一党利益的雅量",希望中国共产党"应于国轮到达之处,加以保护"。

2月7日,杜月笙、魏文翰致电中共中央:"北平新华社范长江先生转叶剑英将军,并转毛泽东、周恩来先生勋鉴:本会为维护航权,繁荣经济,拟派船行驶华北,并拟派员趋前接洽,经以子有、子感两电奉达麾下。同时开滦矿务局与本会洽妥以煤十万吨南运,俾交换面粉三十万袋,由'大上海'、'唐山'两轮往返分运,随带邮件,正办理间,本日字林西报载英商太古公司之'湖南'号驶抵塘沽,并刊载消息:除谓'华中华南之中国船舶如开往华北口岸时,将不许其驶返原出发地'云。按恢复航运,发展生产,为我全民族一致之愿望,航业界及船员团体均愿以最大之热忱,恢复交通,以防止帝国主义之侵略,而保障整个民族利益,事关救济民生,维护航权,务恳赐复为祷!全国轮船业联合会理事长杜镛、上海轮船业公会理事长魏文瀚同叩。"

2月14日,毛泽东、周恩来复电杜、魏:"二月七日来电已悉。恢复华北、上海间航运以利生产的发展,极为重要。大上海、唐山两轮北驶并派员至华北接洽,极表欢迎,此间已嘱北平叶剑英市长、天津黄敬市长准备接待。英航天古公司湖南号驶抵塘沽,系属临时性质,并非事前洽定。所谓华中、华南中国船舶开往华北口岸,将不许其驶返原地,纯属报纸造谣,流言止于智者,先生等不应置信"。中国共产党旗帜鲜明地表明了对通航的态度和立场,上海航业界、工商界闻讯极为兴奋。

3.通航洽商经过

国统区的航商早已迫不及待,他们推选出北上通航谈判代表四人,分别是魏文翰(中国船联代表)、周启新(中国商船驾驶员总会代表)、姜克尼(中国轮机师总会代表)以及俞惠芳(中国航海驾驶员联合会代表,同时也是"大上海"号船长)。同时还拟就了《全国船联会恢复南北洋航运办法(草案)》分送国、共当局核示。

2月12日,四位代表随满载面粉的"大上海"号北上。因此时各界发给中共的三封电报,还未收到回复,代表们顾虑重重,不知道中共方面是什么态度。14日晚上,船上收到了毛泽东和周恩来的复电,代表们异常兴奋。18日,"大上海"号抵达秦皇岛港①,受到当地人民政府、开滦矿务总局及开滦秦皇岛经理处职员和驻港军代表的热情欢迎和接待。19日,代表们赴天津与黄敬市长会晤。21日,又与华北人民政府副主席薄一波、农业部部长宋邵文、北京市市长叶剑英等在北京举行会谈。3月2日,北上代表返津后继续会谈。临行前,天津工商界、航运界知名人士和开滦矿务总局高级职员等30余人,在天津开滦俱乐部为南来代表洽商成功举行招待会。此外,毛泽东、周恩来于2月22日在石家庄接见了以私人身份自南京来北平的颜惠庆、邵力子、章士钊、江庸等4人,就国共和平谈判以及南北通航、通邮诸问题,广泛地交换了意见。3月6日,全体北上代表由秦皇岛港乘"大上海"轮(第二次航程)返沪。

会谈开始后,双方首先确定了三个原则:第一,中国沿海各埠的水上运输,应由中国船舶负责;第二,

---

① "大上海"号航行途中还有个插曲,因为上海煤炭紧张,所以船在出发时仅仅预装了单程的航行用煤,但船行驶到山东半岛时,遇风受阻,耽误了航程,此时船上的燃煤已经不足开到秦皇岛,被迫返航,后来招商局派了拖驳船栽煤接应,才又开航。

中国的生产或富裕的港口,应以最直接省力的方法接济中国的消费港;第三,航行安全要充分注意。根据以上原则,经过南北双方反复磋商,上海航商界与华北解放区各口岸签订通航技术合作各项协议。据魏文翰3月18日写给交通部的报告称:北上代表同中共及华北人民政府各方面人士进行了广泛接触,并就双方关心的问题达成了协议。诸如航权之维护、物资交换等种类、秦皇岛以外港口之进出口货物和旅客之检查、航行之安全标志之设置、引水人员之配合、船员登岸之手续等,均详细地交换了意见。双方决定在天津成立全国轮船业联合会天津船舶统一调配委员会,负责华北各港口船舶进出口处理事宜;决定使用指定之电台,在沪为上海民航电台;对轮船进港之标志亦作了充分讨论;对中共颁布的《战时船舶管理暂行办法》表示理解等。① 另据周启新回忆说:谈判是成功的,薄一波对南北通航始终是支持的,对达成的各项协议,包括《恢复南北洋航运办法(草案)》《全国轮船业联合会天津船舶统一调配委员会组织简则》《上海与华北交换物资管理办法(草案)》《交换物资管理委员会组织规程(草案)》《设置航业专用电台办法(草案)》等,都表示赞同,中国共产党及华北人民政府,对上海人民生活、生产困难的缓解起了十分重要的作用。

中国船联理事长杜月笙,为转达和进一步阐明中共方面对全面恢复南北通航的诚意,于3月23日、30日两次将谈判达成的协议附件,提请国民党交通部航政司、行政院从速定案,同时,分呈国防部、交通部、财政部、经济部,副本分送中央银行、中央信托局、全国商联会、上海市商会、上海工业会等进行备案。

为进一步完成预订的"以煤换面"任务,自2月底起,除"大上海"和"唐山"轮继续往返秦申航线外,又有"南强"号、"华胜"号、"裕东"号、"永兴"号、"天平"号、"台安"号、"福祥"号和"海地"号(因当时"海地"号在外洋航线不及参加,改由"华利"号、"新康"号两轮代替)等9艘上海航业界船舶加入秦申航线运输。

秦皇岛与上海之间通航易货的顺利进行,以及恢复南北通航问题初步达成协议,实现了在战争暂时处于沉寂状态下国统区和解放区通航易货的共同愿望,极大地鼓舞了国统区人民。他们纷纷要求扩大南北物资交流的数量、范围,以全面实现南北正常往来。诚如上海纺织业资本家所说:南北物资交流,"已因粉、煤开其端,在工商业堪称柳暗花明又一村"。为此,上海新闻界各报都以大字标题和显著位置报道了开滦与上海间试办通航易货的消息,并在浦江开滦码头上以爆竹欢迎"大上海"号返沪。据当时合众社消息说:国共秦申之间通航成功,"可能成为共产中国与外界地区重开更多的一般性的交通的先声",为国共两党之间全面恢复通航、通邮、通商、通汇和人员正常往来,开辟了新途径。

4.南北通航再次中断

随着上海巨轮穿梭往返,北煤源源南运,上海的煤荒渐见好转,给处境岌岌可危的上海工商界带来了生机。3月17日,全国商会联合会及中华国产厂商联合会理事长王晓籁,致电李宗仁、何应钦与毛泽东、叶剑英,提出实行南北通商,使"货畅其流",对于安定团结的重要性。同日,国民党政府军事当局却颁发布告:凡给解放区或国统区偷运物资者,一经查获,船舶击沉,物资没收,人犯就地枪决。江防部队如有擅自私放物资渔利者,不论官兵,一律就地正法。

为了管理和促进南北通商及与香港等其他地区的贸易,华北人民政府于3月17日成立了对外贸易管理局,机构设于天津。同时为促进南北物资交流,便利人民汇兑,决定北平、天津与南京、上海、武汉及其他尚未解放的城市通汇,并颁布了《华北区区外汇兑暂行办法》。但国民党政府方面,对通汇根本"未作此准备"。

上海市工业会评议会3月22日开会,认为"华北通商为挽救当前上海工业危机唯一要图"。3月23

---

① 《航业界代表魏文瀚等关于赴平津洽商通航问题经过情形等报告》,中国第二历史档案馆编:《中华民国史档案资料汇编》,江苏古籍出版社,2000年,第五辑第三编《财政经济》(七),交通,第260—269页。

日全国船联会特邀各界举行会议,讨论南北物资交换问题,各工商业代表一致认为要挽救目前工商业危机,只有恢复南北通航通商。3月27日,上海市商会、市工业会及市轮船公司举行联席会议,通过《南北通商草案》,成立交换物资管理委员会,并派刘鸿生等赴南京,要求国民党政府迅速通过《南北通商草案》与《交换物资管理委员会组织章程》。上海市工业会还拟定了货运的种类:上海北运货物分纺织、食物、化工、机电、日用品五大类,华北南运货物分农产品、矿产品、林产畜产海产品、工业品及手工品四大类。

杜月笙以上海工业会理事长的名义,再次致电毛泽东、周恩来,呼吁南北通商刻不容缓。中国共产党方面很快就表示同意扩大南北交换物资的范围。王晓籁和杜月笙等还收到了华北人民政府外贸局负责人的复电,复电指出:"保护民族工商业,乃解放区既定政策。津沪往来物资,如能证明确系国货,当局已核准免征进口税,以利交流"。4月17日,随着"大生"轮返沪,以30万袋面粉交换10万吨煤的南北第一期粉煤易货合同额满,随即签订了第二期交换合同。合同规定,上海将继续运往秦皇岛面粉40万袋,换开滦煤10余万吨。同时,为适应扩大了的南北物资交流在运力方面的需求,上海航运界积极调配船舶共54艘,总吨数100938吨,投入上海与秦皇岛、天津之航线运输,并随时准备根据运量的增加,相应加派若干船只。

为了促进南北通商,上海市工业会、市商会、船联会决定成立南北易货联营处筹备委员会,杜月笙为主任委员。4月20日,国民党政府经济部长孙越崎在上海举行茶会,招待上海工商各界领袖,表示继续以南粉交换北煤,对南北易货,主张不必限制太严,由人民自由贸易。

正当全国人民翘首期盼和平能早日实现,"三通"能进一步扩大时,国民党政府拒绝在《国内和平协定》上签字,国共和谈破裂,国民党军方下令封锁长江南北航运,发现船只立予击沉。和谈破裂后,人民解放军百万雄师过大江。此时,刚刚恢复不久的秦皇岛与上海之间的通航易货以及进一步扩大南北物资交流计划,遂陷入中断。

截至1949年4月23日南京解放前夕,秦皇岛港先后接收派定的船舶共11艘,进出港90航次,共计接卸面粉299973袋,装出开滦煤炭11万多吨(其中往上海91932吨,往香港2万吨)。① 同时,为南北两地人民传递了数以万计的邮袋。仅2月28日,由"大上海"轮第二个航次捎往秦皇岛转发的邮件就达3600多袋。《商报》2月25日载:"华北及其他各地共邮件,均发往秦皇岛转达,同时兼收寄平津两地之商民挂快邮件及私人用之衣服小包裹邮件……"这一举措使国统区与解放区之间的通邮保持了一个相对稳定时期。南北通航易货的这段历史充分体现了中国共产党及解放区人民放眼全局、繁荣祖国经济、期望和平统一的真诚愿望,赢得了全国人民的一致赞扬。

三、香港海员在解放战争中的贡献②

解放战争期间,中国大地上的战事频发,陆上运输不畅,火车几乎陷于瘫痪,解放军的支前物资要靠海上运输,一方面是战争的需要,另一方面是恢复生产的需要。因此,中国共产党必须有一支自己的海上运输队伍,支援解放战争的物资供给。

(一)组建华夏航运公司

1948年,为有力支援解放战争的胜利,中央领导人任弼时致电曾山:"到华东局后,即电告大连,将一万二千两黄金拨交钱之光③之妻刘昂代收,速转已去香港的钱之光,以备急需"。这里的"急需"指的就是

---

①彭德清:《中国航海史》,人民交通出版社,1989年,第363页。
②华润(集团)有限公司:《红色华润》,中华书局,2010年,第4页。
③时任香港华润集团总公司董事长。

买船,建立运输船队。在当时的情况下,组建船队首先面临三个问题:一是买船,二是物色人选,三是公司的运作。钱之光与杨琳商量,派王兆勋着手物色人选,并负责购买轮船。为使轮船公司能够正常经营,经上报中央,轮船公司起名为华夏企业有限公司(Far East Enterprising CO. Inc.),隶属于华润公司①,王兆勋任经理。

此时,关于海员人选的问题,王兆勋最先想到了刘双恩。刘双恩1909年出生于福建泉州,1927年毕业于集美高级水产航海学校,1928—1946年为中国海关缉私驾驶员及海关分卡外勤,1946年加入共产党,回到集美高级水产航海职业学校教书,同时兼任共产党在厦门的工委书记。1948年10月,刘双恩接受了物色海员的任务后,秘密回到上海。他认识很多海员,并告知他们,要建立共产党自己的船队,需要他们到香港工作,马上搬家。经过他的一番努力,还在福建集美学校学生中陆续组织了一批海员,其中包括:白文爽、白金泉、白立新、白平民、陈双土、黄国昌、陈源深、林忠敬、周清东、张祥霖等。海员们先后抵达香港。11月初,刘双恩回到香港,又找到了周秉鉌、白开新,并聘请他们加入华润公司。刘双恩先后聘请了16人,加上他本人,共有海员17人。他们成为华润华夏公司的第一批航海人员,同时也是共产党领导的国际航运贸易的创始人。

与此同时,王兆勋从爱国商人刘浩清那里买到了一艘二手船,命名为"东方"号(Oriental),该船为3500吨客货两用船。船上人员如下:船长,刘双恩;报务员,刘志伟;大副,刘辛南;二副,陈嘉喜;三副,许新识。这样,华夏公司在1948年秋季诞生了。为了符合船舶国际航海惯例,满足通航要求,鉴于国内当时的实际情况,华夏公司注册为巴拿马国籍,"东方"号船挂巴拿马国旗。

购买"东方"号以后,华夏公司很快又购买了"Orbital"轮。之后,又在德国、美国、英国分别订购了几艘大轮船,其中有4艘是万吨巨轮。1949年下半年,香港运通公司(当时由共产党领导)的几艘小船也并入了华夏,专营沿海航线运输。

(二) 为解放战争做出特殊贡献

1.运送国内急需物资

1947年下半年,中共中央决定成立中国人民银行。为尽快统一解放区的货币流通,遏制国民党造成的通货膨胀,华润公司受中央领导委托,在香港购买了大量印钞纸,运往大连。华夏公司的第一艘船"东方"号(Oriental),经过修整,海员们经过短期培训后,于1949年2月,满载着印钞纸、桶装汽油及杂货,还有40位文化名人和归国华侨,开始了该船的首次航行。从香港驶往大连,要通过台湾海峡,该船先沿朝鲜西海岸航行,造成去朝鲜镇南浦的假象,到了镇南浦外海才转向大连。途中,夜间航行尽量灭灯,减少暴露目标的可能性。经过海员们紧张工作,船舶最后安全抵达大连。"东方"号的第一次航行,对于华润公司及其子公司华夏公司来说,具有划时代的意义,它不仅标志着华润公司拥有了自己的轮船,而且还标志着共产党拥有了自己的远航公司。那时,解放军还没有海军,这艘普通的客货两用船,还部分地承担了运送战略物资的任务。

此后,"东方"号轮船满载着解放区所需货物,不断地航行在香港——大连、香港——天津之间,一方面为刚刚解放的城市提供恢复生产所需的原材料,一方面为前线将士提供药品等战略物资,同时把国内出口物资运到香港。

2.护送民主人士北上

1948年9月,辽沈战役还在进行中。为了保证新政协会议顺利召开,周恩来等拟定了一份77人的民主人士名单,电告华润公司务必将他们安全地送至解放区。几经周折,名单上的民主人士都集中到了香

---

①1938年在香港创立的贸易商号,取名"联和行",创始人为杨琳。1947年改名为"华润公司",是共产党早期建立的一家大型国有企业。

港。为确保民主人士的安全,中央领导决定,将这些民主人士分批送往解放区。1948年9月13日,第一批民主人士乘坐由华润公司租用的苏联货船"波德瓦尔"号离开香港,奔赴解放区。首次成功护送民主人士北上,标志着党的统一战线工作取得巨大胜利。

当第二批运送工作一切准备就绪时,原计划再次使用"波德瓦尔"号护送民主人士的任务,却发生了意外,华润公司不得不紧急决定在香港另租一艘船来负责运送。王兆勋等负责租了一艘800吨的小轮船,原名"华中号",挂挪威国旗(该船后被共产党领导的运通公司买下)。第二批民主人士于1948年11月23日启航,包括:郭沫若、翦伯赞、许广平和儿子周海婴、马叙伦、陈其尤、沈志远、丘哲、朱明生、许宝驹、侯外庐、曹孟君、韩炼成、冯玉芳等。为缩短行程,轮船改在长山群岛抛锚,再用小船把人员运上岸,送到安东(今丹东)。东北局的负责同志前往迎接,并陪同北上哈尔滨。

第三批民主人士的护送船舶由"阿尔丹"号轮船承担,于1948年12月27日上午驶出香港。这批人士包括:李济深、朱蕴山、梅龚彬、邓初民、章乃器、施复亮、彭泽民、茅盾、王绍鏊、柳亚子、马寅初、洪深、孙起孟、吴茂荪、李民欣。"阿尔丹"号在海上逆风行驶,坏了一个引擎,走了12天,于1949年1月7日才到达大连,中共中央派东北领导到大连迎接。

第四批民主人士于1949年3月14日起航,这次租用的是挪威"Davikon"号轮船,此时天津战役已经结束,船舶直驶天津。3月24日船舶抵达天津,天津市长黄敬等前往迎接。1949年3月25日,毛泽东、朱德、刘少奇、周恩来、任弼时率中央机关及解放军总部人员从西柏坡抵达北平,在北平西苑机场举行阅兵式。检阅结束后,毛泽东就开始与民主人士一起商讨建立新中国的大事。

北平解放后,华润华夏公司的"东方"号等货轮,又多次满载着爱国华侨、文化名人驶向大连或刚刚解放的天津。在隆隆的炮火中,华润华夏公司先后把350多位民主人士和700多位文化名人及爱国华侨运回大陆,保证了新中国政治协商会议的顺利召开。许多民主人士、文化名人及爱国华侨在新中国诞生后担负起重要使命,为新中国的发展做出很大贡献。

3.开展贸易支前运输

据统计,从1948年9月到1949年新中国成立前,华润华夏公司用客货两用船护送了20批民主人士、文化名人及爱国华侨回国。但那一年,华润的轮船究竟运了多少物资,却无从统计。解放军打到哪里,华润公司就把物资运送到哪里。他们运送的物资包括战略物资,如前线需要的药品、军鞋、棉花、纱布、无线电器材等,也包括恢复生产用的原材料、工业设备、零部件、五金矿产等。

1948年11月,东北野战军在辽沈战役胜利后,紧接着再次开赴前线。11月22日,周恩来致电华北局和华东局:东北野战军近百万大军即将入关,华北及华东渤海区要准备相当一部分粮食供应。此时,南京、上海还在蒋介石的控制之下,国民党军队在败退时一路破坏,铁路干线几乎瘫痪,给粮食调集造成极大困难;而且,全国大部分地区还没解放,各解放区的粮食能保证自给自足都很难,实际上只有东北解放区还有部分粮食可以外运。

为此,华润华夏公司的轮船又担负起从东北运粮到关内的任务,他们从大连装船,把支前的粮食分别运到秦皇岛、烟台。让东北盛产的粮食、大豆、小麦等源源不断运往关内,配合当地政府的粮食征集工作,一则供解放军作用,一则也缓解了新解放区老百姓的吃粮问题。

华润的轮船随着解放军前进的步伐从北向南延伸。1947年11月到1948年9月,主要停泊朝鲜的罗津港;1948年11月辽沈战役后就增加了大连港;1949年1月15日天津解放,又增加了天津港;几乎同时,淮海战役结束,华润的轮船开到了青岛港。

1949年初,随着三大战役先后结束,党中央发出"打过长江去,解放全中国"的战斗号令。华润公司为了配合人民解放军准备南下渡江战役,在中国香港、东南亚和美、英等地区和国家,采买了大量救生圈、划子、软木、军鞋等。同时,华夏公司还从国外进口了若干油轮、油船,以及航运仪器和设备。在渡江战役中,很多战士的身上都有华润公司提供的装备。随着广州、海南岛的解放,华夏的轮船也跟随着不断运送各种物资到各地,包括钞票纸、钢丝绳、工业急需产品,还有火车头、粮食等等。

在解放战争期间,华润华夏公司所属轮船上的海员们为了有力支援前线、稳定解放区人民的生活,他们不辞劳苦、不怕牺牲,在特殊的环境下,一次次圆满地完成了艰苦的运输任务,为全国的解放做出了卓越的贡献。

第四节 高级海员教育培养的恢复发展

一、国立吴淞商船专科学校

1945年8月15日,中国人民经过浴血奋战,终于取得了抗日战争的伟大胜利。抗战的胜利,给教育的复苏带来了机遇,抗战期间迁入内地的大专院校纷纷复员。1943年并入重庆交通大学的国立重庆商船专科学校师生虽于1945年11月迁回上海,但学校并未复员,仍属于交通大学。

吴淞商船专科学校为我国最早的一所培养海运人才的专门学校,影响甚广,因迟迟未得复校,一时引起社会各界的极大关注。原吴淞商船专科学校校友和海运界有关人士为此奔走呼吁,以促复校成功。国民政府教育部终于在1946年2月决定恢复吴淞商船专科学校,定名为国立吴淞商船专科学校,同时组成复校筹备委员会筹备复校事宜。复校筹备委员会由交通部航政司司长高廷梓、轮船招商局理事长和行总上海分署署长刘鸿生、德侨管理委员会主任委员杨志雄、轮船招商局总经理徐学禹、民生公司总经理卢作孚、轮船招商局船埠修建工程委员会主任委员伍大名、汉口航政局局长王洸、教育部高等教育司司长周鸿往以及周均时、韦焕章、吴茂荪等人组成,以周均时为校长。

1946年2月,周均时接任吴淞商船专科学校校长后,即赴沪筹备复校事宜,在上海乍浦路439号设立筹备处。当时,复校的关键问题是校舍,原因是原吴淞商船专科学校校舍为战火全部毁坏,修复已无可能,而当时沪地房屋甚缺,又未能配得敌伪一流房屋。后来在有关方面的帮助下,学校租得东长治路505号前雷士德工学院为临时校舍,于8月1日迁入办公。至此,学校始得以着手聘定教授,添派职员,招收新生,准备开学。当时,吴淞商船专科学校的复校与一般院校的复员有所不同,原因是学校原班人马未曾归回。根据教育部的决定,原并入交大的三科仍由交大办理,其中驾驶、轮机两科办到各在校生毕业为止,本年交通大学招收的新生各40人划归吴淞商船专科学校。复校准备工作直到同年10月初才告结束。10月14日,国立吴淞商船专科学校于前雷士德工学院旧址正式开学。

吴淞商船专科学校再度复学后,以国民政府教育宗旨及施政方针之"教授应用科学,养成航海技术人才"为宗旨。在专业建设上,设航海、轮机两科,并增设了先修班。1948年秋,为满足当时航业界的发展和需要,又增设了高级短期电讯科及特设补习班。航海、轮机两科学制各为五年,其中在校修业三年,上船实习两年。先修班,为航海、轮机两科之预教班,学习年限仅为一年。高级短期电讯科及特设补习班,学习年限也是一年。这一时期,学生人数也较之重庆时期有很大发展。1946年复校之初,驾驶科189人,轮机科171人,先修班52人,总数412人,其中包括上海交大航海、轮机两专修科划归本校的新生80人。后由于学生成绩不及格及志趣改变等原因,部分学生离校,故学生数有所减少。到1949年6月,在校学生共有356人,比1946年减少56人,其中驾驶科150人,轮机科115人,电讯班46人,补习班45人。

二、辽海商船专科学校

1945年8月15日日本宣布无条件投降后,葫芦岛"国立高等船员养成所"教职员顷刻星散。当时学校正值暑假期间,学生放假回家,唯留护校的学生 6 名,以至于这 6 名学生离校后,学校空无一人,校产亦多被当地居民私分。1946 年春,国民政府于沈阳成立东北临时大学,召集原伪满洲国政权时期东北三省未毕业的高等学校学生入学就读,原高等船员养成所未毕业的学生虽有不少前往,但部分追求航海事业之心不泯的学生仍思念恢复商船学校,以遂未竟之志。不久,在原高等船员养成所第八期学生刘宝巨、闵中立等人的鼓动下,养成所未毕业的学生组成复校委员会,积极进行复校活动。

刘宝巨、闵中立等人被推选为代表并多次赴沈阳向国民政府当局请愿,要求当局恢复商船学校。与此同时,这些学生代表四处奔走游说,向当局及有关人士陈述恢复商船学校对兴国之利。他们的行动不仅深得航运界与有关人士的同情与支持,而且也打动了当局有关要员。经原高等船员养成所学生的再三要求与有关各界的支持,以及虑及未来东北地区海运事业发展的需要,1946 年 11 月 24 日国民政府决定于葫芦岛原国立高等船员养成所的旧址设立国立葫芦岛商船专科学校。国立葫芦岛商船专科学校成立的消息传出后,先行获知消息的原高等船员养成所的学生未及开学便先奔赴学校,参加建校的准备工作,并写信通知家居偏远、未获消息的同学迅速返校。

1947 年 4 月 14 日,国立葫芦岛商船专科学校正式开学。全校当时有教职工 30 余人。东北航政局局长、前东北商船学校校长王时泽为校长。1947 年 5 月 15 日,经国民政府教育部核准,国立葫芦岛商船专科学校改为国立辽海商船专科学校。国立辽海商船专科学校设航海、轮机两科,以培养海上商船运输专门人才为宗旨。学生在校期间除学习航海理论及技术技能外,还学习内河与东北沿海航运所需要的知识技能以及海军预备役军官应有的学识。学制五年,其中三年在校上课,两年实习。航海科学生的实习均在船上进行;轮机科两年实习,一年在船上,一年进船厂实习。学生毕业考试合格并实习满两年者,由学校发给毕业证书及甲种二副、二管轮船员证书。工作满两年以上者免试升职。

1947 年学校成立时,原葫芦岛"国立高等船员养成所"第七、八、九届学生 54 人前来复学。学校根据国民政府教育部的规定,对这些学生进行甄别考试之后,遂编为第一、二、三期学生。第一期 14 人,航海科 7 人,轮机科 7 人;第二期 20 人,航海科 11 人,轮机科 9 人;第三期 20 人,航海科 11 人,轮机科 9 人。1947 年暑期,学校首次招收新生,作为该校第四期学生,计 80 人,航海、轮机两科各 40 人;同时,本年学校还招收先修班学生 65 人。1948 年暑期,先修班学生结业后即转为该校第五期学生,计 67 人,其中航海科 37 人,轮机科 30 人。到 1949 年北平军事管制委员会接管学校时,共有在校学生五届计 201 人,其中航海科 106 人,轮机科 95 人。

1947 年,解放军在全国各主要战场转入战略反攻后,中国革命形势发生了根本变化。在东北,民主联军不仅控制了大部分农村,而且直接威胁到国民党军队所控制的各大城市。鉴于局势的发展,东北地区的高等学校纷纷迁到平津等地。国立辽海商船专科学校于 1948 年秋分三批经天津迁往北平,先以西单武衣库马鸿逵私宅为临时校舍,旋而迁入西单灵镜胡同万福麟私宅。此间,商船专科学校校长再度更换,聘派士福金为商船专科学校校长,原校长何正卓另有任用。10 月 20 日,士福金于万福麟私宅正式接任校长之职,教授端隽兼任教务主任,与此同时,学生正式开始上课。

1949 年 1 月 29 日,北平和平解放 2 月 10 日,北平军事管制委员会文教部接管了国立辽海商船专科学校,军代表开明等驻校。不久,开明宣布北平军事管制委员会的决定:国立辽海商船专科学校近日内迁回沈阳。1949 年 2 月 28 日,国立辽海商船专科学校师生携学校图书仪器,乘火车由北平动身,3 月 3 日抵达沈阳。再由东北行政委员会交通部接管,解散学校原机构,与东北邮电学校合并,成立东北交通专门学校。当时,并入交通专门学校的国立辽海商船专科学校师生为 193 人,其中学生 160 人,教师职员 33 人。在教职员中,有教授 6 人,副教授 9 人,讲师 1 人,助教 2 人,职员等 15 人。所并入的学生,其年级、专业及人数见表 8-4。

国立辽海商船专科学校学生并入东北交通专门学校情况一览表　　表8-4

学　科	一　年　级	二　年　级	三　年　级	四　年　级
航海科	37	29	11	11
轮机科	29	25	9	9

1949年8月初,东北行政委员会交通部决定将东北交通专门学校解散,分别成立东北商船专科学校和东北邮电高级职业学校,两校校舍均设于东北交通专门学校校舍之内。新成立的东北商船专科学校设航海、轮机两系,学校受东北人民政府教育部与东北航务总局双重领导,经费由东北人民政府财政部拨给。

东北商船专科学校于1949年8月10日开始业务学习,四年级(原辽海商船专科学校第二期)学生由东北航务总局安排所属轮船实习。当时实习船分两种,一种为航务总局所属海船,另一种为哈尔滨内河航运江船。因海轮吨位较小,大多学生愿意选择到江船实习。但当时海运人才极为缺乏,航务总局号召和鼓励学生到海船实习,规定凡到海船实习者,航海科为见习船长,轮机科为见习大车(轮机长)。经过动员,这批学生均到海船实习(除六名留校任教外),并成长为新中国第一批海运建设专门技术人才。

三、集美高级水产航海职业学校①

1945年夏,随着中国军队的战略大反攻,集美学校校董会就开始拟订复员计划。计划分为三期进行:①修复水产航海、商业、农林各校校舍,并将上述各校迁回集美;修理添置各校校具;修理学校码头并恢复厦集汽船交通;②修复高、初中及小学校舍,并迁回集美;修复科学馆、医院及电厂;整理并添置图书仪器;③重新建筑图书馆、大礼堂及小学校舍;造置航海实习船;安装自来水等。

1945年8月28日,集美高级水产航海职业学校校长陈维风偕本校教职员由安溪迁回集美,大部分校具器物也随同搬回。9月4日,在原址允恭楼开学。该学期招收70名新生,在校生达181名。至1946年秋,仅两年时间,全校就完成了复员计划的前两期工作,共修复大小楼房计三十几座,修理和添置校具三千多件,耗费八千余万元,同时学校抓紧添置各种教学设备。到1947年6月,学校拥有航用仪器27件,气象仪器20件,信号及索具几十件,船舶模型18件,渔具模型13种数十件,钓具模型68种72件,水产生物标本154种207件。在短短的两年内,各种设备已较充实,保证了教学需要。

集美高级水产航海职业学校在抗战中的毕业生有170多人,当时因海疆封锁,毕业生没有出海实习,毕业后大部分都改行另谋他业,业务也逐渐生疏。在抗战期间,全国绝大多数水产、航海学校都停办了,这方面人才产生断层现象。抗战胜利后,航路畅通,航运业繁荣,水产、航海人才奇缺,集美高级水产航海职业学校在抗战中培养出来的这些毕业生就成了宝贵人才。为了使他们能尽快重新熟悉荒废多年的学业,学校于1946年4月发函通知分散在各地各行业的战时毕业生,来校参加短期讲习班,回炉培训。该讲习班于6月1日开课至30日,持续了一个月,结业后由学校推荐到台湾、上海等地实习,这些毕业生后来都成为全国航运界的骨干。

1947年9月,集美高级水产航海职业学校分设航海、渔捞两科,打破了沿用27年的渔航混合设置,在专业设置上是一大改革。以前,在校学生渔航知识兼学,学制为三年,实际修业时间为二年半,至第三学年下学期即派往渔轮或商船实习。两科分设以后,渔捞科在校修业时间,仍定为二年半;航海科在校修业时间,则要修足三年,再行派外实习。

据不完全统计,1946—1949年毕业的集美高级水产航海职业学校校友,后来担任船长的有高十二组

---

① 本节主要内容来自于骆怀东:《集美航海学院校史》,厦门大学出版社,1990年。

的白瑶章、陈世庵、叶振明、林惠永、白春桃,高十三组的陈航、陈显逵、李海敖、谢风泽、黄长熙,高十四组的王硕卿、吴镜秋、吕大队、汪锦水、林瑞葵、高清渊、陆大洲,高十五组的林维棋(曾任中国最高级远洋客轮"耀华"号船长)、谢种玉、高榕季、陈建国,高十六组的郑执、林忠敬、叶文宗,高十七姐陈武博、黄士庭、吴振声,高十八组的刘根盛、江俊波,高十九组的李秉文、苏汀水等;担任教授的有高十九组的陈武据等;在海外的实业家有高十二组的庄雨露,高十五组的庄启明、谢聪明,高十八组的邱炯亮、骆家全,省水二组的林夏潮、陈文树等;成为厅级干部的有高十三组的李映华(张其华),高十七组的白开新,省水二组的林清安(林敬平)等。

四、广东省立高级水产职业学校

1945年8月15日,日本天皇宣告接受无条件投降。9月9日,日军在南京举行中国战区投降仪式,抗日战争胜利结束。学校遂于9月由坑尾头迁回汕尾,并正名广东省立汕尾高级水产职业学校。与此同时,广东省务会议决定在汕头设立海事专科学校,委派姚焕洲为校长,着即筹备设校招生,但仍兼任汕尾高级水产职业学校校长。汕尾高级水产职业学校专科教员林木屏、叶经华、柳永康,教务主任傅尚荣、图书馆员林裕芝等亦先后调海事专科学校任教和工作。

(一)学校战后的复员工作

学校迁汕尾后,1937年自建的校舍已遭破坏,乃租用民房"志盛楼"为临时校舍。是年秋季,只招收渔捞科高级第11届和养殖科第3届各一班,渔捞科初级班决定停办,停止招收新生,但尚未毕业的初级第九、第十届仍留校继续上课。本学期训导主任黄定方离校,由黄学庠继任(从此以后,训育主任改称训导主任)。

学校创建二载,抗日战争爆发,海域被禁,以至历届毕业生未能赴海上服务。抗战胜利后,学校与省内外各地渔航机构联络洽商,陆续介绍早期和应届结业学生实习。流散在外的历届毕业生亦先后于1946年春夏间前往沿海渔航业发达地区,分别在上海国营招商局、行政院善后救济总署上海渔业物资管理处及其广东分处、台湾分处、农林部中华水产公司、台湾水产公司、台湾水产实验所以及香港一些私营轮船公司登轮供职或实习。从此,东、南、黄、渤四海和各大洋逐渐成为学校毕业学生施展才干的广阔天地。

1946年春学科结业的渔捞科初级第九届学生,绝大多数于秋季升学渔捞科高12届,个别转科升读养殖第4届。11月,个别早期毕业生和即将结业的渔捞科高10届部分学生参加广东省政府公开考选赴日见习渔业技术人员考试。郭广才、何业普、陈汉全、林添洲、杨志学等五人,成绩及格被录取,并由考试委员会主任委员姚宝猷签发及格证明书,听候省府办理报送出国手续。后因故拖延,竟无一人成行。

1947年春节前后,渔捞科高10届和养殖科第2届结业学生分赴上海、台湾、香港等地实习,初级班学生多于秋季升学渔捞科高级第13届。此后,渔捞科初级班不复存在。7月,邓远帆赴福建集美高级水产航海职业学校任教,许君复亦受聘于基隆水产学校为渔捞科主任,本学年开始由张仲翼、叶子弼分别担任教务主任和训导主任。1947年秋季招生在广州、汕头、兴宁、香港四处设点。因初级班停办,渔捞科高级第13届收初级第10届毕业生和新生总数超过80人,分甲乙两班上课,养殖科第五届则仍招生一班。

是年秋季"丰庆"和"万福士"两轮先后在遮浪岛附近触礁沉没,船上救生艇为附近渔民拾获。本校原有实习船艇已于内迁期间损毁,故购买一艘,装备艇上用具,供学生操艇练习。同年,学校向善后救济总署广东分署申请并经核准,采用以工代赈办法,在汕尾郊区新寮附近购得旧鱼池一口,并于10月11日兴工修筑,以备学生养殖实习。但因时局影响,地方不宁,迟迟未能竣工。

本校施教方针不仅注重科学教育和术科操作实习,为提高学生体质,还积极开展体育运动。早在汕头期间,即曾举办万米长跑比赛,参加汕头市学生军训操演比赛时,就以体魄康强,动作敏捷准确见长,评分第一。迁公平后,每年举行水上运动会、越野比赛、爬山比赛等,从未稍辍。历年参加海丰运动会,篮球比赛所向无敌,排球常获亚军,田径选手更称强一时。1947年第15届全省运动会在广州举行,本校亦入选组队参加。

1948年春,叶子弼离校,训导主任由李汉明继任。其时学校以临时租用民房地方狭小,课室和办公地方尚不敷使用,学生寄宿更为困难,遂向嘉属商会预付三年租金,将该会所属嘉善学校装修为学生宿舍,可容纳学生百余人,暂时解困。

1948年6月6日,黄学庠上书教育厅长姚宝猷,汇报学校概况并提出添置实习船艇、设立测候所、重建校舍等要求和意见,申请拨款和给予物质援助。姚宝猷7月27日复函称:"关于增设实习船一事,本厅前奉教部批示广海区核拨一艘,当经转拨海事学校备用。嗣以不敷分配,再电请教部增拨两艘来粤,俾资分发各校学生实习,迄今未奉批复。将来如有拨到,自当妥为分配。贵校筹建校舍事,至希积极策动,计日成功。"没有落实具体的解决办法,对测候所的建设也未见提示,徒劳公文往返。

南京政府因法币大幅度贬值,于1948年8月发行金圆券,每元折合原法币三百万元,物价更加飞涨。8月17日,汕尾米价每斗(25司斤)金圆券1600万元,18日2000万元,19日2200万元,20日由2400万元暴涨至4000万元(即每司斤大米售价为金圆券160万元)20日下午,市民对通货恶性膨胀极度不满,掀起抢米风潮,当局惊慌失措。加上龟龄岛海匪骚扰,汕尾社会秩序纷乱,人心惶惶,学校处境更加困难,不少学生就此退学离校。秋季开学时,渔捞科高级13届因学生骤减,甲乙两班合成一班上课。

1948年秋季仍招收渔捞科高14届甲乙两班,养殖科第6届一个班。秋季开学时,改聘薛遐龄为教务主任,何达渊为训导主任。

1949年春季开学,新聘陈启贤为教务主任,黄作梅为训导主任。频频改聘主要负责人,为学校有史以来所罕见。而渔捞科高14届也因学生中途退学者多,甲乙两班合并为一班。

随着时局急剧变化,学校经费和师生口粮积欠数月,师生生活困窘。黄学庠于1949年4月22日上书教育厅长张建,汇报学校近况,请求"多予指导与援助,打破难关。"函中还说:"现已将12月份以前员工学生公粮全部清发。"4月才发放上年12月以前积欠口粮,当年一季度和今后口粮又如何供给,学校艰难困苦之状,不难设想。但张建5月6日复函则答以:"兹值四郊多垒,国难正殷,尚祈共体时艰,黾勉以赴。诸事可先求安定,徐图发展也。学校员工生活困苦,极为系念,顷正尽力所及洽请设法改善中。端复。"寥寥数语,一纸空言,无济于事。

1949年4月20日,历时20天的北平和平谈判终因南京政府最后拒绝在《国内和平协定》上签字宣告终止。21日,人民解放军在西起九江东北的湖口,东至江阴,长达五百余公里的战线上,强渡长江。形势急转直下,学校遵照教厅指示,学期提前于5月21日结束。同日,黄学庠电请教厅核准,赴广州述职,并谋求援助。

10月14日傍晚,人民解放军进入广州。黄学庠于10月13日夜乘船离穗往香港。紧接着海丰人民政府成立,县长兼汕尾军管会副主任刘夏帆(即刘子晏,本校渔捞科高级第六届肄业学生)即派何鼎元和吴勉(海事专科学校商船科轮机系第2届肄业学生)为军管代表进驻本校,以安定人心,加强管理,维护校产。接管时,由国文教师谢尚宏代表校方办理移交。接管后,由驻校军管代表何鼎元宣布本学期暂时停课,贯彻政府关于去留自由的政策,坚持留校师生有数十人。从此,学校更弦易撤,开始新的历程。

至1949年新中国解放,学校颠沛流离14载,培养了300余名渔捞和养殖方面的技术人才,其中有后来的新中国第一位远洋船长陈宏泽,出色的引航员麦润兴(原黄埔港务监督站站长),我国著名的淡水鱼类繁育专家钟麟,解放军武汉军区副政委、信阳陆军学院政委何镇浪将军,农业部渔业局局长卓友瞻,农业部水产司司长畲大奴,1948年底在济南战役中牺牲的第四野战军第三师师长黄显群,解放后海丰县第一任县长、广东省党校教授刘夏帆,海南省人大常委会副主任韩至中,广东省惠州市委书记柳锦州,香港领港会第一届主席李一飞等。

(二)成立广东省立海事专科学校

1944年6月6日,盟军15万人在诺曼底登陆,打开了通向反法西斯战争胜利之门。中国抗日战争胜利在望,光复河山,收回海权,指日可待。

1945春,根据国民政府教育部的规划,为培养恢复和发展沿海国民经济所急需的大量航运、水产人才,决定分别在适当地区设立海事专门学校,以适应在抗战胜利以后发展海上事业上的需要。广东省政府主席李汉魂即电召当时任广东省政府咨议兼广东省立汕尾高级水产职业学校校长的姚焕洲兼程至省府所在地的韶关,听取他关于创建广东省立海事专科学校的设想和规划,旋即委派姚氏为校长,负责进行筹划。是年秋,学校成立了以姚焕洲、苏旭升、黄学庠、黄定南、周了因等五人组成的海事教育设计小组,从事渔航业复员工作的研究,拟具筹办省立海事专科学校计划,由姚焕洲亲自带往韶关曲江,呈交教育厅转呈省务会议。

广东省立海事专科学校,是当时全国唯一一所既培训商船驾驶、轮机管理、造船、港务和管理,又培训水产捕捞、养殖、加工制造等各方面专门人才的综合性大专学校。择定汕头市中马路原日本人所建的西本愿寺小学为校址,于1945年10月间开课。开办初期,先招收渔捞(海洋捕捞)、航海驾驶、轮机等三系各一班,每班40人。当时,为了适应光复初期渔业及航运事业急速发展的需要,该校附设了海事深造班一班,招收原广东省立汕尾高级水产职业学校在抗战期间毕业而尚未就业的学生三十多人,进行短期培训,然后介绍到上海招商局、上海中华渔业公司、台湾省渔业公司、联合国救济总署上海渔业物资管理局等机构上船实习或供职。

姚焕洲后以两校分设两地、顾此失彼、领导困难为由,经报请于1946年2月委任黄学庠为汕尾高级水产职业学校代理校长兼教务主任。同年5月18日,经广东省政府第10届委员会第60次会议通过,提升黄学庠为本校校长。黄氏于6月1日接任,聘邓远帆为教务主任,许君复为训导主任,黄定南为事务主任。

1946年,学校迁到广州西村,更名为广东省立海事专科学校,并增招渔捞、航海驾驶、轮机及制造(水产品加工)等四个系一年级新生各一班,在校学生总共二百余人。1947年7月姚焕洲辞职,遗缺由徐沛接任。到1949年秋季,全校共有四个科系,一至五年级在校学生十个班共280余人。

先后在本校担任领导和教课的有本省知名的专家、学者和教授,如姚焕洲、徐沛、熊大仁、叶经华、赵却民、刘鸿、岑藻芬、邓柱燊、伍景英、胡应球、邓熙霖、潘炯华、高鸿藩、李擎友、柳永康、马小骥、程达群、李家栋等。

五、其他有关航海教育机构

整个近代时期,除了本文中介绍的四个高等航海教育机构外,我国高级海员还来源于各个水产学校、各海军学校、招商公学、交通大学航海科等。从高级海员的需求来看,当时我国高级海员的培养还远远满足不了需求。1947年,上海航政局对在本局新注册登记的高级船员的履历出身进行了统计,详情见表8-5。

1947年上海航政局新登记高级海员履历统计表

表 8-5

驾 驶 员			轮 机 员		
出身	人数	比例(%)	出身	人数	比例(%)
吴淞商船学校	110	10.56	吴淞商船学校	44	4.12
水产学校	86	8.25	水产学校	0	0
招商公学	29	2.78	招商公学	3	0.28
海军学校	18	1.73	海军学校	1	0.09
交大航海科	5	0.48	交大轮机科	9	0.84
经验	489	46.93	实习	368	34.46
水手	214	20.54	机工	635	59.46
舵工	84	8.06	水手	1	0.09
不详	7	0.67	不详	7	0.66
合计	1042	100	合计	1068	100

资料来源：交大航海学会编：《续办航海科特刊》，1947年，第12页。原资料中部分数据错误，笔者加以修正。

从上表可以看出，在上海航政局1947年新登记的高级海员中，受过专门教育培训的驾驶员所占比例为23.40%，不足四分之一；而轮机员情况更糟，仅为5.34%，绝大部分没有受过专业的教育培训。1947年我国培养高级海员的院校有六所，其在校人数分别为：国立交通大学航海科72人、国立吴淞商船专科学校驾驶科104人、国立葫芦岛商船专科学校134人、国立汉口海事职业学校驾驶科50人、广东省立海事专科学校90人和私立集美高级水产航海职业学校90人，合计为540人。其中招收高中毕业生的仅有国立交通大学和国立吴淞商船专科学校，其余则为招收初中毕业生。所以，近代中国的高等航海教育远远满足不了当时的社会需求。

纵观中国近代航海历史，中国海员在风起云涌的时代中，表现出了强烈的爱国激情和不畏强暴的豪情壮志，在与强权斗争中始终站在抗争队伍的最前列，在反帝反封建斗争、民族抗日战争和新中国解放战争中，都起到了重要作用。在这一时期，表现最为突出的是，中国海员代表着中国工人阶级第一个登上了政治历史舞台，最早代表中国政府出席国际会议接触国际规则，最早引进新思想新教育模式，他们是推动近代中国经济社会发展和保障国防安全的重要力量和战略资源。

大 事 记

1840 年以前

约距今 8000—7000 年前(原始社会新石器时代)

2002 年在对浙江萧山跨湖桥遗址的第三次发掘中,出土一艘独木舟及相关遗迹。经碳十四测定,该独木舟距今 8000—7000 年,是迄今世界上发现的年代最久的独木舟,说明至迟在那时中国最早的船员已经产生。

约前 21 世纪—前 771 年(夏、商、西周)

独木舟和桴筏逐渐演变为木板船或是木帆船,划桨、撑篙、牵引、驶帆等操船技术越来越复杂,靠一个人或几个人分饰多角的原始操作方式越来越困难,每项技术都需要有专人负责,于是,船员角色逐渐固化。

约前 21 世纪—约前 16 世纪(夏代)

产生了以航海为主要生存方式的滨海族群——东夷。帝芒时,曾"命九夷,狩于海,获大鱼";夏朝人还依靠夷人开始了海外经略和航行。

约前 16 世纪—前 1046 年(商代)

商朝统治者将航运作为立国大计之一,利用广泛,并使用航运作为征伐、迁徙、贸易等的途径之一;商代东海夷人的航海活动依旧活跃,沿海居民已经开始进行海外贸易。

前 1046—前 771 年(西周)

水上交通已经渗透到生产和生活的各个方面;与南方的"越裳"和东方的"倭国"之间的海上交通或已开展;东南沿海的越人逐渐形成"水行而山处,以舟为车,以楫为马"的航海习俗。

前 770—前 221 年(春秋战国)

我国古代的航海事业逐渐形成,出现了依海做强的海上强国和大规模的海上运输,远洋探险及贸易活动也比前代更为频繁。船员在角色固化的基础上逐渐有了职务分工,"棹"与"舳舻"技术职务名称出现。

前 549 年(襄公二十四年)

"楚子为舟师以伐吴","舟师"作为独立兵种自此而始。

前 323 年(楚怀王熊槐时期)

楚怀王赐给鄂地封君启的通关符节——鄂君启金节,实为水陆通关免税凭证,有"车节"和"舟节"两种。其"舟节"有铭文 165 字,规定使用船只的限额是 150 艘,以 3 艘为一组,编队以行,自鄂出发,一年往返一次,航区涉及今汉水、长江、湘江、资水、沅水、澧水等。

前 221—220 年(秦、汉)

沿海航线贯通,远洋航线开辟,漕运制度肇始,船员职业得以发展,人数大幅增加,职务分工进一步明确。

221—206 年(秦代)

徐福率船队东渡日本。

前 140—前 88 年(西汉汉武帝时期)

中国历史上记载的第一条印度洋远洋航线诞生。该航线以徐闻(今广东徐闻)、合浦(今广西合浦)或日南(今越南广治省)为出发点,到达印度沿海和斯里兰卡。因航货物以"杂缯"(各种丝绸织物)为主,并与陆路丝绸之路相对应,学术界称之为"海上丝绸之路"。

109—111 年(东汉永初三年至五年)

张伯路起义,义军几度跨渡渤海,来往于山东半岛和辽东半岛之间,表明汉代渤海海峡航路已经十分成熟。

238 年(魏景初二年)

六月,倭女王卑弥呼遣大夫难生米等来献"生口""班布",魏明帝诏封卑弥呼为"亲魏倭王",并赐给印绶以及金、珠、刀、铜镜以及各色丝绸织品。此后 10 年间,魏国与倭国之间共有 6 次使节往来,表明中日航路已经成熟。

230 年(吴黄龙二年)

孙权派遣将军卫温、诸葛直率万人船队航海寻找夷洲(通常认为是台湾岛)及亶洲。东吴船队横渡台湾海峡如愿到达夷洲,为正史上第一次关于台湾海峡两岸通航的明确记载。

约 226—231 年(约黄武五年至黄龙三年)

孙权遣使朱应、康泰远航南洋,历时一二十年。回国后,二人将航行经历与异域见闻分别撰成《扶南异物志》与《吴时外国传》,均散佚已久。

242 年(吴赤乌五年)

七月,孙权遣将军聂友、校尉陆凯率战舰 300 艘、士兵 3 万众,渡琼州海峡南下讨珠崖、儋耳,以加强对海南岛的经略。

399—411 年(东晋隆安三年至义熙七年)

孙恩、卢循海上大起义,前后坚持了 12 年,鼎盛时"舳舻千计,舟械甚盛",显示了民间航海力量的发展和壮大。

411 年(东晋义熙七年)

八月顷,法显由狮子国起程,搭乘商船回国。因遇到持续大风大浪的恶劣天气,商船在海上漂泊了一百多天后,驻泊"耶婆提国"。5 个月后,法显再次搭乘商船,向中国的广州航行。途中又遇不测风云,商船偏离正确航线,颠簸 3 个月左右,在中国长广郡界牢山(今山东崂山)靠岸。归国后,法显将其西游行止与东归历险经历记录下来,是为《佛国记》,又称《法显传》。

607 年(隋大业三年)

隋炀帝令羽骑尉朱宽入海求访异俗,在海师何蛮的导航下到达流求国(台湾岛),这是史载隋朝官方船队第一次航达台湾岛。此后隋朝船队又于 608 年(大业四年)和 610 年(大业六年)两次到达台湾岛。

670 年(唐咸亨元年)

为答谢日本遣使"贺平高丽",唐朝派出以郭务悰为首的 2000 人的庞大使团出使日本。

734 年(唐开元二十二年)

唐玄宗以裴耀卿为江淮、河南转运都使,管理河南和江淮地区漕务。裴耀卿主持漕运,3 年时间通过大运河从江淮向京师运粮七百万石。安史之乱后,唐王朝对江南漕运更为倚重,大运河遂成为连贯南北交通的动脉。

763 年(唐宝应二年)

刘晏主持漕政,以盐利招募船夫,分派将吏随船押运,"每船受千斛,十船为纲,每纲三百人,篙工五十,自扬州遣将部送至河阴",组织了一支由职业船员充当骨干的运输队伍,形成了以河师、水手、篙工组成的船员体系。同时,刘晏对漕法进一步改革,明确分段运输规定,"江船不入汴,汴船不入河,河船不入渭",使船员在各自熟悉的河段营运,提高了效率和安全性。

839—907 年(唐开成四年至唐天佑四年)

中国民间商船几乎垄断了中日航线,晚唐著名航海家张支信等人为中日经贸及文化交流上作出了卓越的贡献。

971 年(北宋开宝四年)

北宋政府于广州置市舶司,掌管岭南地区对外航海贸易。后又于杭州、明州分别置司,与广州市舶司并称"三司",对出海贸易船员进行管理是其职能之一。

978 年(北宋太平兴国三年)

于各路设转运司,俗称"漕司",主要负责"经度"各路财赋以及漕运事宜。

987 年(北宋雍熙四年)

五月,宋太宗遣内侍八人,分四纲各往海南诸蕃国,进行海外招商和贸易活动。

993 年(北宋淳化四年)

北宋政府正式设立发运司,其衙门设于真州。其后又屡罢而复置,宋仁宗皇佑年间才基本定型。江淮荆浙发运司的主要职责是,将东南各路转运司运抵真、扬、楚、泗以及淮甸转般仓的漕粮和财赋,统一经汴河运往京师。

1080 年(北宋元丰三年)

北宋政府制定了《市舶条法》,市舶司开始成为一个常设的专门机构,设官吏进行进出口业务及海员管理。

1091 年(北宋元佑六年)

政府在广南沿海的"广、惠、南恩、端、潮"等州县率先实行船户编籍与保甲制度,对沿海船户进行管理。

1123 年(北宋宣和五年)

徐兢随路允迪使团出使高丽。五月十六日,船队从明州起航,北上东渡,历时近一个月,于六月十三日入高丽王城(今开城)。完成使命后,于七月十三日返航,由于风涛不顺,历时 42 天,八月二十七日才抵达定海。

同年,因护佑路允迪使团有功,妈祖首获朝廷褒封,赐"顺济"庙额。至南宋景定三年(1262 年),妈祖连获朝廷褒封十余次,其信仰范围迅速超出福建向南北扩展,逐渐成为全国性航海保护神。

1164 年(南宋隆兴二年)

政府制定"饶税"奖惩政策,对于按照限期返回的赴海外贸易商船给予税收优惠,对超出限期者追究责罚。

1272 年(元至元九年)

亦黑迷失奉元世祖忽必烈之命,出使八罗孛国(今印度半岛西南部)。1275 年(至元十二年)再次出使该国,其国两度派使节随亦黑迷失来元朝贡献。元政府后又于 1284 年(至元二十一年)奉使僧加剌国(今斯里兰卡),1287 年(至元二十四年)奉使马八儿国(在今印度半岛东南海岸)。

1277 年(元至元十四年)

元朝首先于泉州设市舶司,继设庆元(今宁波)、上海、澉浦三地市舶司后,又增设广州、温州与杭州三处市舶司。元代市舶司机构与称谓变化不一,但其掌管航海贸易的基本职能始终未变。

1279 年(元至元十六年)

元世祖派广东招讨司达鲁花赤(督官)杨廷璧出使俱兰(今印度半岛西南)。后,杨廷璧又几次出使该国,南亚和东南亚10余个国家开始与元朝通好。

1282 年(元至元十九年)

伯颜"以为海运可行,于是请于朝廷,命上海总管罗璧、朱清、张瑄等,造平底海船六十艘,运粮四万六千余石,从海道至京师"。第一次海运漕粮获得成功。

1283 年(元至元二十年)

元政府置"海道运粮万户府",掌管漕粮海运。

1285 年(元至元二十二年)

元政府推出"官本船"赴海外贸易。

1293 年(元至元三十年)

元政府颁布《市舶则法二十三条》。根据该法,商船出海前要请"公验、公凭","公验开具本船财主某人、纲首某人、直库某人、梢工某人、杂事某人、部领等某人、人伴某人……","海商不请验、凭,擅自发舶船,并许诸人告捕,犯人断罪,船物没官"。"公凭""公验"相当于出海贸易许可证,其中对船员的有关规定实际上是出海登记制度。

1295 年(元成宗元贞元年)

六月,周达观奉命随使团出使真腊(今柬埔寨境内)。

1301 年(元大德五年)

杨枢率"官本船"赴西洋贸易,达波斯湾。

1330 年(元至顺元年)

汪大渊从泉州搭乘商船出海,1334 年(元统二年)夏秋返回;1337 年(元顺帝至元三年)冬,由泉州第二次出海,1345 年(至正五年)返回。汪大渊两次出海,足迹所达东亚、东南亚、南亚、西亚、印度洋与地中海广大区域的 100 多个国家和地区,为元代伟大航海家之一。第一次航海归来,汪大渊即撰写了纪实性著作,第二次归国后,又进行了重大修订,最终写成《岛夷志》。

1368 年(明洪武元年)

明代立国之初,为"防海御倭",明太祖朱元璋规定"片板不许入海"。同年,为往辽东运粮而兴办海运。

1372 年(明洪武五年)

明太祖遣行人杨载出使琉球,告以建国改元,琉球随即遣使入贡,中琉之间自此建立起封贡关系。在此后明清两代长达 500 余年的时间里,中国政府曾 23 次派使团赴琉球进行册封活动,由此形成了中琉间特殊的封贡贸易。

1405—1433 年(明永乐三年至宣德八年)

航海家郑和率船队七下西洋,遍航西太平洋与北印度洋的广阔水域,造访亚非几十个国家和地区,成就了中国乃至航海史上的壮举。

1511 年(明正德六年)

葡萄牙舰队强行闯关,标志着所谓的"朝贡贸易"事实上破产。

1523 年(明嘉靖二年)

日本使团在宁波发生"争贡之役",嘉靖帝震怒,遂罢市舶,原来合法的"朝贡贸易"也被禁止。

1555 年(明嘉靖三十四年)

汪直被处死,东南沿海最大的海商武装走私集团覆灭。

1567 年(明隆庆元年)

在福建巡抚都御使涂泽民等建言下,穆宗皇帝正式下令开海,明初以来的"海禁"政策至此告一段落。

1655 年(清顺治十二年)

为打击郑成功,清政府仿效明初颁布禁令"寸板不得下海"。次年,更详细的海禁政策出台。

1661 年(清顺治十八年)

郑成功进兵台湾,清政府即正式下令"迁海","沿海居民,以垣为界,三十里以外,悉墟其地"。康熙朝"迁海"令更严,造成滨海千里无人烟的荒凉景象,内外隔绝,商旅不通,对航海贸易造成灭绝性的破坏。

1684 年(清康熙二十三年)

收复台湾的第二年,康熙帝正式谕令"开禁",并阐明航海贸易之利。

1685 年(清康熙二十四年)

清廷于云台山、宁波、厦门、黄埔四地置江、浙、闽、粤四海关。经雍正至乾隆朝,又增设山海关与津海关。六大海关管理航海贸易的一切事务,包括海员管理。

1729 年(清雍正七年)

浙江总督李卫奏准江、浙、闽商船均可往南洋运米,以济米荒。

1731 年(清雍正九年)

为防止沿海居民出海为"盗匪",对出海人员增加了一项特别规定:"嗣后商、渔各船照票内,舵工、水手各年貌项下,将本人箕斗验明添注,均于进口、出口时按名查验,一有不符,即行根究"。

1826 年(清道光六年)

清政府开始第一次海漕尝试,雇民间沙船 1500 艘,当年运输两次,第一次用沙船 1000 余艘,于二月从上海出发沿海北上,十余日即达天津,四月二十六回空离津,五月二十二返回上海。第二次沙船数百艘,于六月五日起运离沪,亦顺利抵达天津。

1830 年(清道光十年)

最早到中国的蒸汽机船是英国船"福布斯"号(Forbes)。第一个登上"福布斯"号(Forbes)并参与工作的是广州的中国引水员。

1835 年(清道光十五年)

英国制定了《商船法》(Merchant Shipping Act),为了挑选一部分海员作为战时皇家海军人员的征召后备队,法案规定了商船海员的注册机制。

1840—1949 年

1840 年后(清道光二十年后)

鸦片战争以后,外国航运势力大举扩张中国航线,以致东南沿海许多大口岸,轮船排挤了中国传统木帆船,侵占了木帆船的航运业务,尤其是沿海贸易权的丧失,沉重地打击了中国帆船业。

1841 年(清道光二十一年)

6 月 7 日,英国殖民者宣布香港为自由港,免征各种关税,吸引各国在香港设立轮船公司,经营航运。

1843 年(清道光二十三年)

西方殖民者对中国航权的侵犯也包括了引水这一行业。如当年签订的《中英五口通商章程·海关税则》。其中关于"进出口雇用引水"一款的规定:"凡议准通商至广州、福州、厦门、宁波、上海等五处,每遇英商货船到口,准令引水即行带进;迨英商贸易输税全完,欲行回国,亦准引水随时带出,俾免滞延。至雇募引水工价若干,应按各口水程远近、平险,分别多寡,即由英国派出管事官秉公议定酌给。"这就是说,外国商船不必强制引水,可以自由雇募引航员,中国政府不得干涉。

1844 年(清道光二十四年)

7 月,中美《望厦条约》签订,"准合众国商船自雇引水,中国官员不得干涉"。

10 月,中法《黄埔条约》签订,"准佛兰西船驶进五口地方之处,就可自雇引水,不得阻止留难"。

年底,驻上海的英国领事首先向在上海的英国船员和退休船长颁发了上海港引航执照。美国、法国的领事也纷纷仿效英国领事的做法,为本国人签发引航执照。

是年,英国出台了新的商船法,新的法案要求,当英国海员离开英国港口时,需要领取一种注册票(Register Ticket),这种注册票类似于现在的海员服务簿。

1846 年(清道光二十六年)

由英国商人购买的中国三桅帆船"耆英"号(Keying,800 吨),12 月 6 日航行美国和英国,创下了中国帆船航行最远的纪录,每到一处都引起很大地轰动,成千上万的人上船参观。1848 年 3 月 28 日到达伦敦,"耆英"号在英国大受赞许,甚至被认为优于英国自己建造的帆船,吸引了包括维多利亚女王及许多王室成员在内的大量民众参观。"耆英"号的船员由中英两国海员组成,船长是英国人查尔斯·艾尔弗雷德·凯利特(Charles Alfred Kellett),另外有 12 名英国水手和 30 名中国水手。

1847 年(清道光二十七年)

中国与瑞典、挪威分别签订的通商条约,第二次鸦片战争期间签订的中英、中法、中美、中俄《天津条约》,以及 1861 年中国与德国签订的通商条约,都一一重申了条约中关于引水的规定,这些规定都是对中国航权的严重侵犯。

1852 年(清咸丰二年)

1 月 25 日,清廷批准了陆建瀛等人将来年苏州、松江、常州、镇江、太仓五府州漕白粮米,一律改为海运的建议。从此,江苏这五个州府的漕粮就改行海运了。

浙江巡抚黄宗汉于当年九月上疏,称"浙省漕务,帮疲县累,常年河运竭蹶不遑,舍海运别无他策"。获得批准,浙江成立专门负责办理漕粮海运一切事宜的机构——浙江海运总局,在天津、上海两地设立了分局。

1855 年(清咸丰五年)

中国东南沿海的海盗很猖獗,航速慢、船体小、干舷高度低的木帆船是海盗主要的劫掠对象。是年 4 月 11 日,江浙海运漕船在山东黑水洋石岛为海盗所劫,15 日又有漕船被劫。一个月后,一伙海盗船自奉天没沟营口驶入复州娘娘富海口,登岸抢掠货物,并将清军水师战船围截烧毁。

12 月 10 日,英美法三国领事联名公布了《上海港引航章程》,对引航资格的取得、引航员的考试和证书授予、引航员的职责、引航费率以及引航船等问题,都做了初步的规定。1859 年 12 月 23 日,三国领事又公布了一份《上海港外籍引航员管理章程》,除了继承 1855 年章程的基本精神外,又对成立引航员行业组织的有关问题作了补充规定。上海港出现了中国近代第一个专门性的引航员职业团体——"上海引水公司"。它由一些经过考试而产生的外籍引航员组成,在外国领事的监督下依照这两份规章自主运行。

1859 年(清咸丰九年)

5 月,两江总督兼各口通商大臣何桂清任命李泰国为"总管各口海关总税务司"。

1861 年(清咸丰十一年)

1 月,清政府设立总理各国事务衙门后,总理衙门大臣奕䜣又把海关事务划归总理衙门管辖,并进而把选募、考核、监督海关外员的权力和盘交给了李泰国。李泰国成为总管新关的第一任总税务司。

1865 年（清同治四年）

1 月 11 日，英国轮机工程师埃尔弗瑞德·霍尔特（Alfred Holt）在英国利物浦注册成立了专门经营远洋航运的海洋轮船公司（OSC）。该公司最早雇佣中国海员是通过中国买办在香港、上海等地招募华人上船工作，在该公司船上工作的普通船员大部分是中国海员。

1866 年（清同治五年）

12 月 30 日，清政府批准了左宗棠所奏的艺局章程。校址暂设在福州城内定光寺（又称白塔寺）、仙塔街。中国第一所新式教育的学堂——求是堂艺局诞生了（之后学堂迁至船政局所在地马尾，改称为"船政学堂"），这也是中国第一个专门培养近代造船与驾驶轮船人员的工业技术与军事技术学堂。

1867 年（清同治六年）

1 月 1 日，美国太平洋邮轮公司（Pacific Mail Steam Ship Company，PMSS）的"科罗拉多"号（Colorado）首航中国时，船上已有 6 名中国海员；10 月"大共和"号（Great Republic）首航中国时，船上有 26 名中国海员；12 月 4 日，"大共和"号（Great Republic）第二次航行时，船上的中国海员达到了 108 名。

4 月 26 日，赫德以海关总税务司署通令第三号令发布《中国引水章程》（Chinese Pilotage Regulations），宣布该章程从 1867 年 10 月 1 日开始试行。

10 月 3 日，总理衙门颁布了由曾国藩制定的《华商置用火轮夹板等项船只章程》。该章程虽然规定船长应用华人充当，但当时中国并无驾驶轮船的船长。

1868 年（清同治七年）

4 月，总税务司发布了建立船钞部（Marine Department）的通札，海关船钞部正式成立。随着业务的不断发展，该部的具体工作是查验船舶证书，指定航船的停泊地段，维持泊船界内航船的秩序，规定灯塔、浮标的限界，制定指示行船章程、海船免碰章程以及引水、检疫等工作，后来随着轮船管理制度的规范化，逐渐加入了海员管理工作的内容。关于船员管理的划分，基本上是往来通商口岸的中外船舶上的船员，由海关负责，往来内河或不通商口岸的船舶由常关负责。

1872 年（清同治十一年）

8 月 2 日，在洋务派官员推动下，总理各国事务衙门奏准清廷：船政不应停止，应由李鸿章、沈葆桢妥筹办理。

12 月 26 日，清廷批准李鸿章创办轮船招商局的奏折，标志着招商局的成立。轮船招商局也是中国近代创办最早的民族航运企业，对中国近现代民族航运业的发展做出了特殊贡献。

1875 年（清光绪元年）

郑观应最早提出创办高等商船学校，并于 1880 年提出了我国应该仿效外国，实行"船员考试发证制度"，这一理念在当时是极具前瞻性的。

1883 年（清光绪九年）

5 月 15 日，英国轮船"苏伊士"号（Suez）搭载了 890 名从香港招募的华工前往加拿大，船上的高级船员是英国人，机舱生火是印度人，甲板水手则是中国海员。到 1901 年殖民政府人口普查，在加拿大不列颠哥伦比亚省有 14885 名中国人。

1885 年（清光绪十一年）

广东人伦国材、罗初屏等人，在上海集资谋建"广顺源木轮快船公司"，然而却遭到了清政府的阻止。

1887 年（清光绪十三年）

9 月 18 日，轮船招商局的第一位中国江轮船长张慎之逝世，招商局所有船舶都降半旗致哀。

1891年（清光绪十七年）

加拿大太平洋铁路公司（CPR）用政府补贴订购了三艘新船："印度皇后"号（Empress of India）、"日本皇后"号（Empress of Japan）和"中国皇后"号（Empress of China），各5905吨，正式成立了加拿大太平洋轮船公司（Canadian Pacific Steamship Company，CPSC）。4月开始经营香港-上海-日本-温哥华航线，大约每月一次定期航行。这些船上大量使用了中国海员。

1894年（清光绪二十年）

6月3日，朝鲜政府因国内发生起义，国王命内务府参议成岐运携政府照会正式请求中国派兵。中国所派军队分三批渡海。

7月20日，清政府雇用英国商船"高升"号、"爱仁"号和"飞鲸"号，运送官兵2966人，前往朝鲜牙山。其中"高升"号于24日遭日军炮击沉没，船上1116名官兵死亡871名。该船共有78名船员，其中船长、大副、二副、三副、大车、二车、三车7名为英国人，舵工3名为菲律宾人，其余船员68名，多为广东、福建、浙江籍人，也有少数菲律宾人。死亡船员67人，包括5名英国人，1名菲律宾舵工，其余大部分为中国海员。

7月21—22日，轮船招商局先后用"海琛"号、"永清"号、"镇东"号、"图南"四艘轮船将8000名官兵分别由塘沽和旅顺运往安东，跨鸭绿江进入朝鲜。

1895（清光绪二十一年）

轮船招商局设立运漕股，专司漕运之事，为清政府承运了大量漕粮。

1897年（清光绪二十三年）

1月26日，盛宣怀获得朝廷批准，创办南洋公学。

1901年（清光绪二十七年）

清廷颁布停漕令，标志着中国历史上的漕运制度宣告结束。失业水手涌向大小码头、城乡各地，以"青帮"为组织进行活动。

1905年（清光绪三十一年）

4月12日，盛宣怀上奏朝廷将高等商务学堂移交商部接管（此时唐文治为商部左丞），获得批准。盛宣怀在奏折中建议将校名改为"高等实业学堂"。商部接管后改名为"上海高等实业学堂"。

1906年（清光绪三十二年）

11月6日，清政府成立邮传部，上海高等实业学堂划归邮传部管辖，改名为"邮传部高等实业学堂"。

1907年（清光绪三十三年）

8月1日，朝廷批准了军机处和邮传部一起上奏的《军机处邮传部会奏拟议邮传部官制折》，奏折中说明邮传部下设5个司，分别是船政司、路政司、电政司、邮政司和庶务司。其中船政司"掌全国船政，凡轮船应行考核调查及筹划扩充，并审议船律各项事件"。

根据资料显示，英国轮船雇佣中国海员（甲板水手）的工资是每月3英镑10先令，美国轮船上的中国海员一般是每月15美元。按照1907—1910年的汇率计算，大约为1海关两=3先令，3英镑10先令可以兑换23两多海关两（约36元），工作一年可得276两。相比当时其他劳动者或朝廷官员的收入要高出许多。

1909年（清宣统元年）

孙中山与"西伯利亚皇后"号（Empress of Siberia）货轮上的香港海员吴渭池等人商量，要求他们将一位重要的同盟会会员（陈其美）从日本护送出境，使其得以脱险。

本年，邮传部上海高等实业学堂船科诞生，是为我国第一个高等航海教育专业。

1911 年(清宣统三年)

4月16日盛宣怀正式上奏朝廷设立商船学校,当天获得批准。同年9月14日,邮传部高等商船学堂正式开学。

4月27日,黄兴率领革命党人在广州起义,起义人员用的枪支弹药是由陈炳生、吴渭池、苏兆征等与香港海员协助秘密运送。当时担任运输任务的都是来往于广州、香港、澳门的"广东""广西""哈德安""佛山""金门""河南""大利"号等外国轮船公司的船只。

10月10日,武昌起义爆发。革命军攻占武昌、汉口、汉阳三镇,成立湖北军政府。为支援革命党人的行动,外商轮船任职的现役海员们争先辞去职务,自筹经费购买短枪乘船赴沪,会合海员马伯麟、马福麟等20多人,合编为敢死队。11月17日,敢死队随同黄兴渡过襄河,进攻汉口,个个奋勇争先。经过激烈战斗,大部分队员壮烈牺牲。

1912 年(中华民国元年)

3月12日,北京政府国务院公布机构设置,交通部取代了晚清邮传部,主管全国交通事务。

8月21日,正式公布交通部官制,设路政司、邮政司、电政司和航政司四个司,其中航政司下设总务、航务、航业和港务四科。航政司对于船员方面仍旧采取监督形式,由海关直接管理。

本年,邮传部上海高等商船学堂由国民政府交通部直辖,更名为吴淞商船学校。

1913 年(中华民国二年)

12月22日,北京政府以"教令第四十二号"公布修改后的《交通部官制》,取消航政司,设立邮传局。

1914 年(中华民国三年)

第一次世界大战爆发。随着战争白热化,为了支持战争需要,参战国家开始征召大批商船为战争服务。大战中商船的巨大损失同时伴随着船员的大量伤亡,船员缺乏的现状促使外国商船大量雇佣中国海员。

1915 年(中华民国四年)

2月,获得美国国会通过的《海员法》(Seamen's Act),于11月4日由总统伍德罗·威尔逊(Woodrow Wilson)签署生效。

11月,蔡锷摆脱袁世凯暗探的监视,逃离北京,经天津转往日本,再绕道香港回云南发动"护国战争"。他所乘坐的客船,是由广东海员陈炳生等人周密安排的。

当年,湖南省设立全省水上警察厅。水上警察厅除自身业务外,还负责船舶检验发证等多项航运的组织与管理工作。

1916 年(中华民国五年)

9月19日,交通部以部令第一七〇号公布《交通部厅司分科章程》,其中航政司下设总务科、管理科、航业科和工程科四科,管理科掌管"关于船员及引水人试验事项"。

由9艘邮轮组成的"海员公益社"宣告成立。船员们为使公益社组织处于合法地位,改以"船员慈善会"的团体名称向香港当局登记注册。香港海员最早的合法组织"海员慈善会"正式成立,会址设立于香港中环干诺道中30号2楼,陈炳生被推选为会长。

1917 年(中华民国六年)

3月14日,北京政府决定与德国断绝外交关系,宣布接收在华德国租界,派员代理德国在华领事裁判权。

4月13日,海关总税务司发布第二六五六号通令,吊销在中国充当引水的德籍引航员的执照。

1918 年(中华民国七年)

10月,英国劳工部情报局局长菲兰从英国角度考虑提出了一份备忘录,主张在巴黎和会上成立一个专门研究劳工问题的委员会。

11月,第一次世界大战结束以后,参战国于1919年初在巴黎召开和平会议,签订和平条约。会上成立了由15个国家组成的劳工立法委员会,这是国际劳工组织的前身。

本年,轮船招商局的"飞鲸"和"海容"号参与了中国海外第一次撤侨行动。这是中国数千年历史中,执政者第一次在海外动用军事力量和调拨商船,以保护侨胞的利益和安全。

1919年(中华民国八年)

3月11日,北京政府公布了交通部组织专家制定的《交通部新订中国汽船舱面船员暨管机船员之资格及配额暂行章程》。

4月,中国代表团向巴黎和会提交了《中国希望条件说帖》,正式提出了中国希望废除外人在华特权。

5月28日,大总统批准了交通部制定的《航律委员会章程》。

6月,为声援北京学生的爱国运动,海员界上海的"均安水手公所"首先响应罢工,在这次运动中中国海员发挥了重要的作用。

12月23日,英国政府颁布了《外国人限制法案(修正案)》(The Aliens Restriction (Amendment) Act 1919)。

国际劳工组织于日内瓦成立。

1920年(中华民国九年)

2月,由爱国华侨陈嘉庚先生创办的集美学校水产科,把"开拓海洋,挽回海权"作为办学宗旨。为了加强学校管理,遵照陈嘉庚的意见,集美学校于1927年3月,进行学校体制的重大改变:各部改组为校,行政独立,高级水产航海部改为"福建私立集美高级水产航海学校"。

1921年(中华民国十年)

4月6日,中华海员工业联合总会在香港正式宣布成立。中华海员工业联合总会是中国海员工人的第一个工会组织,也是中国最早的产业工会组织之一。它的成立是中国现代产业工人运动崛起的先声,直接推动了中国第一次工人运动高潮的形成。

陈干青,吴淞商船学校毕业生,1921年任三北轮船公司"升利"号船长,成为中国历史上最早的远洋轮船船长。

马家骏,邮传部高等商船学堂第二期毕业生,任"肇兴""和兴"轮驾驶员,1928年7月升任轮船招商局图南轮船长,为轮船招商局海轮最早的中国船长。

1922年(中华民国十一年)

1月12日,因各轮船公司蔑视海员的正当要求,海员工会决定根据海员的要求和建议,用罢工手段来争取增加工资。在苏兆征等中共党员的领导下,香港海员首先宣布罢工。香港海员大罢工爆发,愤怒的海员纷纷离船罢工。历时56天的香港海员大罢工,最终取得了中国工人运动史上首个重大胜利。

4月10日,中国劳动组合书记部发出通告,邀请全国各工会派代表到广州,参加由中国共产党领导的、中国劳动组合书记部发起的第一次全国劳动大会。大会于5月1日至6日召开,与会代表173人,代表着12个城市、110多个工会、34万有组织的工人。代表中有共产党员,也有国民党员、无政府主义者以及无党派人士。

7月10日,交通部裁撤了航律委员会,申明所有未尽事宜归航政司继续办理。

8月5日,上海海员罢工开始。经过历时22天的罢工,至8月26日,长达数小时的谈判,轮船招商局终于被迫同意了海员提出的五项要求,双方正式签字,轮船招商局海员召开全体大会,宣布从当天12时起正式复工。上海海员的罢工最终取得了胜利。

8月27日,中华海员工业联合总会上海支部在西藏路宁波同乡会举行正式成立大会。中华海员工业联合总会和广州、汕头等支会,以及上海各工人团体代表到会祝贺。林伟民、钟莜明当选为正副主任,朱宝庭等当选为委员。当时会员有2700余人,之后发展到2万人。

9月,交通部向国务会议提出,现在航政事项均暂由海关兼管,而其他航务皆由海关监督呈请交通部核办或者由交通部命令海关监督遵办。

是年,海军部拟定了《海军军官充任商船职员服务证书暂行规则》,规定凡是海军军官,可以免除考试而直接由航政机关发给相应的证书。

交通部根据海军部的规则,颁布了《商船职员服务证书暂行细则》。

1923年(中华民国十二年)

北京政府在日内瓦设国际劳工事务局,任命萧继荣为局长。

1924年(中华民国十三年)

9月,苏浙战争爆发,轮船招商局在长江航线的货运被迫中断,该航线完全停航。

11月间,第二次直奉战争爆发,天津、营口各埠的班轮也全部停驶。

12月,"江大"号轮船被孙传芳征用。

本年,交通部制定了《商船职员服务证书暂行规则》,通令各轮船公司,一体遵照执行。

1925年(中华民国十四年)

6月4日,五卅惨案后,各界群众团体纷纷响应武汉工人罢工,中华海员工业联合总会宣布罢工;8日,上海海员宣布罢工声援;18日,香港和广州的海员宣布罢工。海员工会发出了罢工的命令,同时发电报给汕头、上海、天津等分会,以及南洋、日本、欧美等各国口岸通讯处和航行中的各轮船华籍海员,除需要维持国内内河交通的轮船外,所有以香港为起点和终点的各国轮船上的中国籍海员全部罢工。

7月1日,广州军政府改组为国民政府,12月,国民政府试图成立"引水事务特别局",将引水人的考选和管理权,从海关、领事团以及外国商会手中夺回来。

1926年(中华民国十五年)

1月5日,中国海员第一次全球代表大会在广东大学礼堂召开,来自世界各地的中国海员代表119人参会。

7月,军阀孙传芳为阻止北伐军东进,在南京将轮船招商局9艘江轮——"江安"号、"江顺"号、"江新"号、"江华"号、"江永"号、"江天"号、"江裕"号、"江大"号、"江靖"号全部扣留,充作军用。

10月10日,省港大罢工胜利结束。

10月16日,"江永"号被孙传芳用于自上海满载军火与士兵驶往九江,被潜入的国民革命军地下工作人员纵火爆炸,经燃烧一昼夜而沉没。船员仅25人生还,88人死亡,包括船长张沛英、领江朱德球以下所有高级船员和部分普通船员死亡;兵士民夫死亡约有一千人,仅三百余人获救。

11月14日,在上海总工会的支持下,轮船招商局海员开始罢工。

本年,北伐军攻克武汉,湖北省政务委员会成立航政局,颁布《湖北省航政局暂行职掌章程》,收回内港小轮航政管理权。从此结束了江汉关理船厅历时64年的管理湖北内港小轮的历史。

1919—1926年,国际劳工立法委员会大会共制定了关于海员问题的八个公约草案,提交各国审议。

1927年(中华民国十六年)

年初,广西省在梧州设立航政总局,隶属于广西省建设厅。1928年底,将航政局裁撤改为船舶征收处,由梧州中关统税局接收,1929年粤军入桂,恢复了广西航政局。

4月15日清晨,广东省政府主席李济深宣布广州戒严,派军队包围省港罢工委员会,解除省港罢工委员会纠察队的武装,搜查和封闭了中华海员工业联合总会、中华全国总工会广州办事处、省港罢工委员会、广州工代会等革命群众团体,并大肆逮捕共产党员、工人领袖和工人积极分子。

4月16日上午10时,国民党军队查抄了上海海员分会,逮捕了分会负责人梁润庵等14人。

4月18日,南京国民政府宣告成立。

4月30日,国民党中央执行委员会第85次会议议决成立轮船招商局整理委员会,对轮船招商局业务进行调查整理。

5月,南京国民政府任命王伯群担任交通部部长。

5月11日,南京政府外交部长伍朝枢发表了《国民政府将采取正当手续废除一切不平等条约之宣言》。

5月28日,港英当局第二次封闭了香港的中华海员工业联合总会。

7月20日,南京政府发布关税自主布告,宣布自本年9月1日起,将江苏、安徽、浙江、福建、广东、广西6省境内的各种通过税,全部裁撤,同时宣告关税自主,将进口货物改照国定税率征税。

7月以后,国民党内部派系纷争,经历了两次分合,最终才成立了"中华海员工会"。

8月12日,东北历史上第一所培养航业人才的专门学府——东北商船学校正式诞生。这是东北地区历史上第一所海运院校。

9月,冯骏任轮船招商局"江天"轮船长,是继张慎之后轮船招商局的又一位江轮船长。

10月,浙江省政府改组,设立浙江省建设厅,确定建设厅为分管全省航政的最高机关。

11月11日,国民政府公布了新修正的《交通部组织法》,将原来的邮电航政处改为邮政司和航政司,新列了航政司的八项管理职责,其中将原来的"关于监督造船、船舶及水上运输业事项",修订为"关于管理及监督造船、船舶、船员并其他一切航政事项"。这就表明了南京国民政府交通部要从海关手中收回航政管理权,自己直接管理。

1928年(中华民国十七年)

年初,湖北省建设厅鉴于航政委员会组织庞大无所建树,予以撤销,改在厅内设航政处。该年底,湖北省成立江防局。

4月11日,国民政府交通部公布了《交通部商船职员证书章程》。章程共计24条。

9月22日,海军部提出的候选人之一李高温被上海引水公会接纳为候选学徒,并于当年10月,取得了该港实习引水证书。1929年,他又取得了引水人证书,成为上海引水公会的正式成员。在引水行业的促动和政府的支持下,已经25年无中国引水人执业的上海港,复又迎来一位中国籍引水人。

11月7日,南京国民政府公布了第三次修订的《交通部组织法》,其中第五条规定:"交通部得置邮政总局航政总局于必要时并得置各委员会其组织另定之"。根据这一原则,12月20日,交通部以部令第四三二号公布了《交通部航政局组织通则》,交通部得以在各港口设立航政局,各航政局分三科,第二科掌管"关于船员引水之考核监督事项"。

1929年(中华民国十八年)

1月12日,国民政府批准成立了东北政务委员会。

6月,交通部商准四川省政府于7月在重庆成立川江航务管理处。这是四川省水上第一个航政和治安的专管机构。

7月17日,交通部公布了新的《船员证书章程》,章程共计12条。

9月1日,吴淞商船学校正式复校,定校名为"交通部吴淞商船专科学校",由交通部部长王伯群兼任校长,杨志雄任副校长,代理日常校务。

9月19日，上海航业公会给吴淞警备司令部熊式辉发表文章《为商轮时遭匪患高级船员拟备枪自卫应如何取得执照》。

10月，中国政府第一次派三方代表出席在日内瓦召开的第13次国际劳工大会(10月10日开幕,10月26日闭幕)，其中政府代表为驻瑞士公使吴凯声、驻法大使高鲁、船东代表陈干青，劳方代表梁德公和他的顾问吴求哲。

11月27日，海军部公布了《扬子江引港传习所章程》，第一条明确说明：海军部为筹备施行扬子江引港制特设立扬子江引港传习所，专任教授航术及指导吴淞水道航船引港职务。

12月20日，交通部以部令第四三二号公布了《交通部航政局组织通则》，通则规定交通部得以在各港口设立航政局，各航政局分三科,第二科掌管"关于船员引水之考核监督事项"。

12月23日，国府外长王正廷宣布明年外交大纲：收回航权、租界，撤退外兵，废除领事裁判权。

12月30日，由交通部与立法院两个部门的合作努力下，公布《海商法》《船舶法》《船舶登记法》。

本年，山东海员拒绝青岛海关任用日本人考核海员。

1930年(中华民国十九年)

2月13日，浙江省航政局正式成立。

12月15日，交通部制定的《航政局组织法》经国民政府立法院于1930年11月29日第119次会议通过后，1931年1月5日由行政院公布施行。

1931年(中华民国二十年)

1月23日，《航政局组织条例》以交通部呈字第13号文呈请行政院批准，行政院随后以四六三号训令公布施行。按照交通部第一三号呈文，"拟就上海、汉口、广州、天津、哈尔滨五重要港埠现行分设五局，各就地域范围分定管辖区域，即以上海局兼辖江浙皖各埠，汉口局兼辖湘鄂赣川各埠，广州局兼辖闽粤桂各埠；天津局兼辖直鲁辽东沿海各埠，哈尔滨局兼辖松黑两江各埠"，共在地方设立五大航政局，由于各种原因，实际只设立了天津、上海和汉口三个航政局。

3月5日，交通部公布了《引水人考试条例》。

3月7日，公布了《河海航行员考试条例》。

4月3日，国民政府行政院公布了《海员工会组织规则》和《民船船员工会组织规则》。

6月，交通部直属上海航政局成立，管辖江苏、浙江、安徽三省航政，在浙江设立下属机构，按《海商法》规定对船只进行检验、丈量、给照等管理工作。

6月，哈尔滨航政局正式成立，刚设立不久，即发生九一八事变，1932年2月被迫停办。

7月，交通部汉口航政局成立。

9月，汉口航政局接管长沙、岳州两关理船厅的航政事务。

9月18日，日本在中国发动了九一八事变。

10月1日，交通部部令第二〇〇号公布了《交通部海员管理暂行章程》。根据该章程第16条的规定："凡在中国商轮，充当船员之外籍人，亦应照章受检定"。

11月7日，广东港务管理局正式成立，接收海关理事厅事宜。

11月30日，马家骏船长驾驶"新铭"号轮船赴日接侨，12月13日返回上海。此次在横滨和神户两地共接回1225名旅日华侨。

是年，上海航业公会发起，由各船东合组"海上生命保险公司"，对船员的生命安全进行投保，保费初步定为船东承担一半，船员个人承担一半。

1932年(中华民国二十一年)

6月9日，交通部以一四四七号训令上海、汉口、天津航政局，决定制定《船员考绩规则》和《船员考绩表》，由各轮船船长负责对本船船员实行考核，年终由各轮船公司将考核表密送交通部航政司，作为以后船员升级的参考标准。

7月24日，交通部公布了《船员检定暂行章程实施细则》。

8月16日，交通部公布了《船员检定暂行章程》和《船员证书暂行章程》。其中《船员检定暂行章程》规定了50总吨以上的驾驶员和轮机员都必须实行检定；船员检定分原级检定与升级检定二种，以及这两种检定的具体规定。

10月5日，国民政府行政院发布第一九号训令，公布了《中华海员工会组织规则》，其第二条规定海员工会的名称为"中华海员工会"，第十二条规定中华海员工会的主管官署为交通部。

10月29日，国民政府立法院第208次会议，通过《国际海上人命安全公约》，定于1933年5月14日施行。

11月15日，国民政府颁布了《招商局收归国营令》，终于将航运业国有政策在轮船招商局付诸实施。

11月19日，中华海员特别党部筹备委员会在上海市党部三楼礼堂正式成立。

一二八事变爆发后，全国掀起了抵制日货的新一轮高潮，日本航运也深受影响，广大爱国华商不用日船运货，致使日本在华航运业遭受巨大损失。

1933年（中华民国二十二年）

1月19日，广东省发布政府指令建字第一七六号，"核准筹办航海讲习所"，"以为训育航海人才，收回外人航行权之准备"，决定自1933年1月1日起，将"全省船舶证照税饷收入，附加一成五厘"，为第一年开办航海讲习所费用，自1934年开始，每年附加一成，供航海讲习所常年经费。2月1日，广东省政府又发布建字第三〇四号文，公布了《航海讲习所组织章程》。

2月3日，交通部公布了新修订的《交通部商船职员证书章程》（交通部部令第五四号）。该章程规定，将驾驶员、轮机员一律按航区分为甲种证书（远洋）、乙种证书（近海及沿海）和丙种证书（江湖）三类。

2月，日本政府为了战时运输的需要，购买了上海挪威籍华伦轮船公司的"标伦"号轮船，计划将该轮由上海开往日本往华北运送军火，船上原有中国海员40余人，闻知此项消息，认为"运送敌国军火，以残杀祖国同胞，绝非爱国男儿所愿为"，一致决定，全体离船，自动解雇。

7月1日，东北水道局、滨江关港务部并入哈尔滨航政局，合并后的哈尔滨航政局设总务科、航务科及水路科等三科。

8月31日，轮船招商局船长黄慕宗，通过了天津港的考试，成为该港正式引水人，他也是第一个重返该港引水业的中国人。

9月20日，国民政府颁布了施行新的《引水管理暂行章程》。

10月24日，第一届船员检定开始在南京举行。

11月21日陇海路开始进行水陆联运，以后渐次按计划展开。到抗战爆发前，以国有铁路为基线，以国营轮船招商局为主体的全国水陆联运网络基本形成。

本年，民生公司在九一八事变纪念会上，提出各部门要提高抗日的精神，公司号召全体员工及其家庭：①不为日人服务；②不售与日人任何材料及食品；③不购日人货品；④不与亲日华人为友。

1934年（中华民国二十三年）

1月23日，交通部公布了《修正船员检定暂行章程》（交通部部令第十八号）及《修正船员检定暂行章程实施细则》（交通部部令第一九号）、《修正船员证书暂行章程》（交通部部令第二〇号）和《修正海员管理暂行章程》（交通部部令第二〇一号）。

4月9日，交通部公布了《未满五十总吨轮船船员检定暂行章程》（交通部部令第八五号）

4月13日,交通部公布了《轮船船员数额表》。

8月10日,交通部以第二六四一号文发布,将中国驾驶员联合会、中国航海驾驶员联义会合并改为"中国航海驾驶员联合会"。

1935年(中华民国二十四年)

3月26日,交通部将《修正船员检定暂行章程》《修正船员检定暂行章程实施细则》《修正海员管理暂行章程》整合为《船员检定章程》(交通部部令第五五号),通令公布,并且同时宣布废止上述三个章程,新的《船员检定章程》共分五章三十八条,对船员的资历、考试和证书做了详细规定。至此,我国50总吨以上轮船船员的管理章程得到了正式确立。

5月1日,中国航业合作社正式成立。

5月,香港当局修正了《商船则例》(Merchant Shipping Amendment Ordinance),并决定加入《海上人命安全公约》。

10月9日,国民政府公布了《造船奖励条例》。

11月,交通部命令上海航政局开办"低级船员补习班"。

12月12日,将《未满50总吨轮船船员检定暂行章程》修改为《未满200总吨轮船船员检定暂行章程》(交通部部令第二五二号)。

本年,国营轮船招商局首先出台了船员退休金制度。

广东省立水产专科学校开办。

1936年(中华民国二十五年)

1月2日,由中国轮机员联合会、船舶无线电员公益会、中国航海驾驶员联合会、中国商船驾驶员总会、焱盈总社、招商局均安会、北均安水手公所、怡和理货俱乐部以及航海杂志社等海员团体发起组织,正式举行"中国海员团体救国联合会"成立大会。

6月22日,国民党中央执行委员会民众训练部以第二八八二号指令,命令中华海员特别党部成立"中华海员特别党部海员职工教育计划委员会"。

7月11日,轮船招商局制定了《国营招商局轮船勤务生规则》,经交通部核准后部令公布。

8月4日,交通部发布航务字第八三一号文,委任姚伯龙为广州航政局新局长(系中央任命),筹备重新设立广州航政局。8月14日,广东省政府发布建字第一九号文,宣布将所属航政事务移交广州航政局,9月1日,交通部广州航政局正式成立。

9月1日,交通部广州航政局正式成立。按照交通部关于广州航政局管辖粤桂闽三省航政事务的原则,交通部航务字第一一二〇号发文,自当年11月1日起,厦门、福州两个直辖航政办事处,改名为交通部广州航政局厦门(福州)办事处。

9月24日,国民政府外交委员会和劳工法委员会召开了第四届第6次联席会议,对国际劳工委员会的8个公约草案交立法院审议,议决除了《便利海员受雇公约草案》和《船上移民检查从简公约草案》这两个公约暂缓批准外,其余6个公约全部批准。

10月2日,国民政府立法院第四届第74次会议审议了两个委员会的决议,决定将《便利海员受雇公约草案》《船上移民检查从简公约草案》和《关于船舶遇险或沉没之失业赔偿公约草案》3个公约暂缓批准。

12月9日,交通部公布了《促进航业合作办法》。

本年,交通部发文令各航政局敦促船上水手等普通海员向航政局申请领取《海员手册》。

1937年(中华民国二十六年)

1月26日,国民政府行政院发布第一号令,公布了《整理中华海员办法》。该令由蒋介石签发,共8

条,主要规定了本办法的适用范围为普通海员,海员没有交通部颁发的证书不得在船上工作,取消海员包工制等。

2月2日,经交通部核准,轮船招商局颁布了《国营招商局轮船员工服务规则》。

2月,轮船招商局制定了《招商局船员待遇章程》。

2月,伪满洲国交通部决定于哈尔滨开设培养航运专门技术人才的学府——交通部高等船员养成所。至此,高等船员养成所是继东北商船学校之后,东北地区商船教育的又一专门学校。

2月26日,国民政府以第三八五号指令公布了5个批准的国际海员公约。

3月,湖北省建设厅航政处与省内河航轮管理局、汉冶萍轮驳事务所和武昌机器厂合并,组建成湖北省航业局。

7月8日,日清轮船株式会社长江班轮的全体中国船员2000余人全部弃船罢航。

7月13日,国民政府军事委员会发出"执字第八七〇号"密令,共8项,其中一项要求交通部长兼军委会后勤部长俞飞鹏就如何在战时控制船舶等事宜核办具报。交通部据此拟定了《船舶战时控制计划》。

7月19日,航海联义会、中舱公所、商轮联益社、北均安水手公所、南均安水手联善会、焱盈南社、焱盈同兴会、航海舵工木匠互助会、招商轮船理货公所、怡和管事部、共济会、航海联益会、江海轮饭业互助社、新太古理货俱乐部、善政同业公所、中国船舶无线电员总会、中国航海驾驶员联合会、怡和理货俱乐部、天津水手公所、焱盈总社、中国轮机员联合会、招商局均安会、航海安施会、中国长江领江总会、外港理货互助会、小长江俱乐部、怡和后舱同益社、三北鸿安互助会、中华海员收回引水权运委会、中华海员俱乐部等30余家海员社团共同发起组织成立中华海员抗敌后援会。

7月22日,交通部公布了《国营招商局轮船员工薪级工资待遇办法》。

7月到1939年初,为了阻止日军的进攻,国民政府先后进行了8次大规模的沉船阻塞航道的行动,除了征用部分老旧军舰和木船外,大部分为商船。

8月11日,为保存民族航运业的有生力量,确保战时后方运输发挥重要作用,交通部密令国营轮船招商局六大江轮先驶入长江中游,再择机西迁川江。全体船员与参加试航的其他人员,不畏艰难险阻,以大无畏的精神和熟练的航行技术,穿越川江三峡天险,创造了几千吨级的巨型江轮航行川江的奇迹。

8月13日,淞沪会战爆发,随后上海、南京、杭州、镇江等城市相继失守。

8月13日,日军进攻上海,由于吴淞商船专科学校位于吴淞江边,校舍遭到炮火毁坏,随后学校又随政府西迁而被迫停办。

8月15日,香港海员工会正式宣告成立。李发任执行委员会主席,刘达潮任副主席,曾生任组织部长。

8月21日起的22天中,就有22艘外籍海轮因船员罢运而停留香港,不愿运载军用物资赴日而罢运的华侨海员和香港海员达593人。

9月1日,交通部令各家轮船公司组成航业联合办事处,所有航商必须加入联运,所有轮船悉由联合办事处调度。轮船招商局、三北、民生、大达、大通等航运企业据此在南京成立长江航业联合办事处,统一办理军公运输、客货运输事宜,交通部委派李景潞主持此事。

9月4日,日本货船"中国出口"号在美国西雅图靠泊后,全体中国海员31人全部离船弃职,由美国移民当局设法把他们送回国内。

9月至1939年4月国民政府被迫进行了三次大规模的战略抢运撤退,即上海、武汉、宜昌三次大撤退。这一撤退被著名爱国人士晏阳初先生誉为"中国实业的顿(敦)刻尔克"。

11月20日,国民政府通告中外,即日迁都重庆。

当年,发生了"广源"号事件和"政记六轮"事件。

1938年(中华民国二十七年)

1月1日,国民政府将交通部和铁道部正式合并。

1月3日,集美学校举行各校校务联席会议,决定各中等学校一律迁入安溪县城文庙临时校舍,合并办理,定名为"福建私立集美联合中学"。

2月至1944年12月,日军飞机对重庆及其周边地区进行了长期的无差别轰炸,使重庆人民的生命财产和重庆城市遭到空前浩劫,史称"重庆大轰炸"。

3月,第一批从香港回到广东的海员,在曾生的领导下,用仅有的13支枪组建了抗日游击队。后来分别发展壮大成威名卓著的东江纵队和珠江纵队,成为南粤敌后抗战的重要力量。

4月1日,交通部成立战时交通员工训练委员会,设立了交通技术人员训练所。

4月,在美国旧金山发生"广源"号事件,中国船员以高尚的爱国主义情怀,不但从日本人手中夺回了船舶,还制止了2000多吨废铁运送日本,避免日本制造武器残害我国同胞,还使日本因此损失25万多美元。

5月,在汉口成立了"汉宜湘引水管理委员会",加强对引水人员的管理。

5月,在香港发生"政记六轮"事件。

10月,广州沦陷,广东省政府北迁粤北连州,为了保证粤北省政府运输的需要,船员们先后开辟了韶关—岐岭—汕头、韶关—惠州—鲨鱼涌—九龙、韶关—沙坪—长沙三条水陆联运线,保证了粤北和粤东地区的物资供应,保障了战时运输的需要。

12月中旬,希腊货轮"市拜路士"号,为日本装运废铁。货轮由美国加州洛杉矶载运废铁5000余吨后,于16日开抵美国旧金山,停泊在45号码头,继续装运废铁。"市拜路士"号的中国船员许忠礼等3人,不但自己罢运离船,而且也动员希腊船员共同抵制,富有正义感的希腊船员,纷纷离船上岸。

12月21日,希腊轮"司皮腊斯"号到旧金山运废铁赴日。船上有中国海员3人,当悉知该轮是运载军事原料赴日之后,立即宣布罢工上岸。

1939年(中华民国二十八年)

年初,林锵云以十多位海员工人为骨干组织起顺德抗日游击队,后来分别发展壮大成威名卓著的东江纵队和珠江纵队,成为南粤敌后抗战的重要力量。

1月10日,集美学校遵照陈嘉庚"决将职业科移设大田"的电示,校务会议决定:水产航海、商业、农林各科,下届移设大田县,定名为"福建私立集美职业学校",调原联合中学的教务课主任叶维奏为职业学校校长。

2月7日,国民政府军事委员会传令嘉奖"民楷"号、"民政"号、"民勤"号等30艘轮船船员。

4月13日,希腊轮"依利吐"号华籍船员8人,随轮到美国,得知该轮装运废铁赴日后,全体离船。

6月,国民政府国防最高会议教育专门委员会决定于重庆恢复商船专科学校,定校名为"国立重庆商船专科学校",并建议由行政院拟定具体实施办法。8月,复校准备工作已基本就绪,校长宋建勋即由上海到重庆主持开学。1943年6月,国民政府下令将学校归并国立重庆交通大学。

11月27日,国立重庆商船专科学校于"江顺"号举行隆重开学典礼,盛况空前,轰动一时。

1940年(中华民国二十九年)

1月13日,"棠赛"号全体船员对于汉奸的诱惑,严词拒绝,于1月12日集体自动离船,并表示宁愿饿死也永不供敌利用。

2月,为了维护航行安全,加强船员的工作技能,交通部命令交通技术人员训练所设立"船员班",由汉口航政局分期抽调各轮船公司的船员进行技能培训。

5月,交通部命令船员检定考试重新交回交通部航政局办理。

12月7日,挪威商船"海特格"号(Hai Turg)在从曼谷航行新加坡途中,被日本军舰击沉,船上44名中国海员,全部遇难。

12月12日,"Hydra II"号在马尼拉附近被日本鱼雷击中,船上44名中国海员,仅6人被瑞典商船"哥伦比亚"号(Colombia)救起,38人遇难。

1941年(中华民国三十年)

2月23日,荷兰商船"格洛可可"号(Grookekerk)在从新西兰到美国途中被德国潜艇U-123击沉,船上34名中国船员全部遇难。

3月11日,美国会通过了《租借法案》,使得美国由一个中立国家正式转变成为一个反法西斯国家,用总统罗斯福的话来说,"美国必须成为民主制度的兵工厂!"

10月9日,国民政府对《交通部组织法》进行了修正公布,交通部下设6个署司,在原来4个司的基础上增加了铁道署和公路署。

12月8日,太平洋战争爆发后,英、美对日宣战,日本军事当局接管了上海引水公会,原有的英、美、荷兰籍引水人被开除出去,关进集中营,其余中立国的引水人可留下执业,但必须宣誓效忠于日本海军。

12月8日,日本偷袭美国太平洋舰队所在地珍珠港,几乎同时日本陆军和海军兵分多路,在不到半年内,侵占了香港、马来西亚、菲律宾、关岛、新加坡、缅甸、印度尼西亚等地,彻底摧垮了英国远东舰队。

太平洋战争爆发后,英美两国与中国结为同盟国。中国成为反法西斯阵线的重要成员,被称作世界四强(中、美、英、苏)之一。

太平洋战争爆发后,中国海员除了南下澳大利亚,还有一部分西进到了印度。1942年初,滞留在印度的海员大约有6000人。

本年,国民政府对冒着敌机轰炸危险完成军运任务的"民勤"号、"民熙"号、"民俭"号三轮传令给予嘉奖。

1942年(中华民国三十一年)

年初,因战事而滞留在澳大利亚的中国海员有2000人之多,他们中的大部分人被澳大利亚军事当局征召,编为澳军中国海员劳工营第7连。

4月24日,中英双方签订了《伦敦协议》(也称《中英政府关于英船或英管船雇佣中国海员之协定》)。

6月,国民政府委派林谋盛前往印度加尔各答,将海员组织为"中国留印海员战时工作队",林谋盛担任队长,主持海员训练工作。

8月29日,国民政府社会部制定了《中华海员工会国外分会组织准则》,经国民政府行政院核准后公布。

10月9日,为了表示对盟国的友好,英、美于同时声明放弃在华所享有的各种特权。

11月23日,英国边航(Ben Line)的轮船"贝洛蒙"号(Benlomond)从帕拉马里博(Paramaribo)驶往纽约的途中,被德国潜艇U-172击沉,船上共有54人,只潘濂独自一人乘坐救生筏绝地求生。历经133天的千辛万险,他终于1943年4月6日抵达巴西海岸,被渔民救下,英国国王乔治六世授予他大英帝国勋章。

12月10日,国民政府交通部公布了《抗战期间海外船员请领证书暂行办法》。

1943年(中华民国三十二年)

1月11日,英、美两国同中国分别签订中英、中美《新约》。此后,中国与其他国家签订类似新约,

1943 年 10 月与比利时、1943 年 11 月与挪威、1944 年 4 月与加拿大、1945 年 4 月与瑞典、1945 年 5 月与荷兰、1946 年 2 月与法国、1946 年 3 月与瑞士、1946 年 5 月与丹麦、1947 年 4 月与葡萄牙所签订的新约,均规定废除沿海贸易及内河航行权、引水权等治外法权。

2 月,在湛江电白县附近的海面上,发生了轰动一时的日籍轮船"三亚丸"上中国船员起义事件。

6 月,国民政府教育部下令将国立重庆商船专科学校归并国立重庆交通大学,自此交通大学有了驾驶、轮机和造船系。

9 月,美国将两艘自由轮租与国民政府,国民政府将这两艘船分别命名为"中山"号和"中正"号,划归中国邮船公司(China Mail Steamship Co.)所有。船上除船长和轮机长以外,大部分人员是从国内船员中选拔。其中"中正"号是二战期间唯一一艘被德国潜艇击沉的中国籍商船。

11 月 9 日,44 个国家代表在华盛顿签订《联合国善后救济总署协定》,决定成立联合国善后救济总署(United Nations Relief and Rehabilitation Administration,简称"联总"),负责处理第二次世界大战中受害国的善后救济工作。

本年,国民政府军委对"民康"号船长及全体船员颁发奖章、奖状等。

1944 年(中华民国三十三年)

2 月 5 日,成立了行政院抗战损失调查委员会。

4 月 1 日,成立全国引水管理委员会,最初归财政部管辖,1946 年 2 月由交通部接管。

8 月 13 日,英籍轮船"雷贝利"号被德国潜艇 U-862 号击沉,船长和 18 名船员以及一名炮手遇难。沈祖挺是幸存船员中级别最高的高级船员,大家一致推举他领导和指挥所有幸存的 35 名船员。这些船员历时 76 天,直到 10 月 27 日才被英国皇家海军护卫舰"Linaria"号救起。

1945 年(中华民国三十四年)

8 月 28 日,集美水产航海学校校长陈维风偕本校教职员由安溪迁回集美,大部分校具器物也随同搬回。

9 月 12 日,交通部以航字第一三三一五号指令发布了修订后的《接管敌伪船只办法》。

9 月,国民政府广州航政局恢复建制,仍设在广州,管理两广航政。1946 年 3 月,交通部又将福建省航政划归该局管辖。

9 月,交通部决定恢复航政局战前体制,长江航政由上海航政局和汉口航政局分管。

9 月,上海航政局在上海恢复办公,之后成立了南京办事处,掌管南京长江水域和安徽长江水域的航政。

9 月 28 日,《引水法》正式公布。

10 月 6 日,解放军胶东军区为接收日军投降,组织成立了海运指挥部,动员了三十几条轮船和一百四十多只帆船,在龙口和栾家口运送部队。到 11 月下旬,经过广大海员们的连日奋战,山东军区领导机关部分干部、第 2、3、5、6 师、教导团和警备 3 旅,数万人全部海运东北。

10 月,京沪区航业整理委员会成立。

10 月,天津航政局恢复设置。

10 月 31 日,中国驻英大使馆召集海员团体代表和英国轮船公司代表进行商谈,讨论有关战后遣返中国海员协议等事宜。

11 月 8 日,大连市政府成立。同年 12 月成立的大连中苏自由港,由大港区、寺儿沟和甘井子等 3 处码头组成,由苏军代管。

12 月,国民政府在重庆设立了"交通部全国船舶统一调配委员会",并在宜昌、汉口、南京等处设立办事处,统一组织船员和调配船舶。

12 月 11 日,公布了《引水人员登记办法》,规定了沿海和内河引水员的申请资格。

1946 年（中华民国三十五年）

1月8日，交通部根据实际情况，制定了《外国人所有小轮船驶内河规则》，以航船渝字第三四三号部令公布。

2月，国民政府教育部决定恢复吴淞商船学校，定名为"国立吴淞商船专科学校"，同时组成复校筹备委员会筹备复校事宜。

4月4日，国民政府行政院公布了《雇佣外籍引水人管理办法》。根据这项办法，战前曾在各港执业的外籍持证引水人，经过检复后，可暂在各港继续执业。

4月，天津航政局烟台办事处初始设于塘沽，1947年10月始移往烟台。烟台解放后，该处复迁返天津。秦皇岛办事处亦于1948年4月15日奉命裁撤。威海卫办事处设于葫芦岛，后移设于杨柳青，旋改驻塘沽，讫至1948年12月，塘沽解放。

4月28日，东北民主联军进驻哈尔滨，5月成立了松花江航务局，同年9月，松江省政府将松花江航务局，改称为松江航务局。

5月至1948年6月，民营公司从国外购船166艘，351549总吨。

6月6日，国际劳工组织在美国西雅图召开第28次会议，本次会议的主要议题是讨论海员的待遇问题。国民政府委派王雅伦、陈树、郑锡恩代表中国出席本次国际劳工大会。

6月7日，国民政府公布了新修订的《交通部组织法》，仍旧设立路政司、邮电司、航政司、材料司、财务司和总务司6个司。

8月5日，中、美两国政府在华盛顿签署《购买轮船贷款合约》，中方以260万美元，在美国购买轮船16艘。

8月，营口、葫芦岛相继收复，需要设置航政机构。东北行营派员在营口组设东北航政局，但只是设立了营口和葫芦岛两个航政办事处。

9月19日，交通部公布了《雇佣外籍船员暂行办法》。

9月21日，交通部以部航京字第九一一号训令下发《轮船船员配额表》。

9月25日，交通部颁布了《长江引水人申请船员检定办法》（交通部训令航字第一〇四七九号），规定自颁布之日起到1947年12月31日止。这期间长江引水可以申请船员证书，驾驶船舶。

9月28日，交通部正式公布《引水法》。1946年4月1日正式施行。

12月11日，交通部公布了《引水人员登记办法》。

1947 年（中华民国三十六年）

1月1日，中华海员总工会在上海正式成立，杨虎担任理事长。

1月7日，国民政府公布了《打捞沉船办法》，鼓励各公司对原有沉船进行打捞维修后加以利用。

3月26日，载运救济物资的"万美"号、"乐美"号、"万勇"号3艘轮船由上海到达山东解放区小清河河口外。解放区接收救济物资委员会立刻派出150条帆船，突击抢运。

4月2日，国民党军飞机袭击石臼所港，扫射联总运送救济物资的"万善"号货轮，造成5名船员受伤，船和货物严重受损。

5月15日，经国民政府教育部核准，国立葫芦岛商船专科学校改为"国立辽海商船专科学校"。

6月30日，解放军冀鲁豫军区成立了黄河指挥部，征集184艘船舶；动员过去做过船工的人参军入伍，总共动员了3300多人，组成6个航运大队。刘、邓大军开始渡河。

7月4日，上海外滩英国驻上海总领事馆举行了一个非常隆重的授勋仪式。英国总领事卢克登代表英国国王授予中国籍轮机长沈祖挺英帝国荣誉官佐勋章（O.B.E），以褒奖他在二战时的英勇事迹。

7月7日，交通部在南京召开全国航政会议。

7月15日,中、美两国政府在华盛顿签署《售购战时建造船舶合约》。

7月15日,中美双方在华盛顿签署《售让船舶合约》,中方向美方购战时建造的船舶159艘,美国则同意向中方出售船舶10艘。

7月16日,交通部又以部字第三〇八九八号指令公布了《未满200吨轮船引水人登记办法》。

8月1日,解放军在黄河北岸人民群众的大力支持下,利用半个月时间赶造了大小渡船60余只并准备了葫芦、油布包等大量渡河材料,同时挑选和训练了随军渡河的船工、水手等需用人员。

9月22日,交通部以部令航字第七五〇九号公布了《引水法实施细则》。

9月,中国商船驾驶员总会发起收回铜沙引水权的斗争。金月石、马家骏、秦铮如等18名船长呼吁组织上海铜沙引水公会,要求收回国家主权,不许外国引水员任意出入中国港口。

10月2日,马家骏船长成功地引领中国油轮股份公司的万吨级油轮"永洪"号出海开往伊朗。当时上海各报竞相报道此事,赞誉此举为"国人引水第一步,马家骏船长首开纪录"。

12月8日,中美在南京签订《转让海军船舰及装备之协定》,美国将总数不超过271艘的二战期间建造的海军舰艇转让给中国。

1948年(中华民国三十七年)

1月11日,轮船招商局"海康"号抵达横须贺港装载日本赔偿物资,1月16日装货完毕,共装运453箱,871.7吨,中午举行接收仪式后,开赴上海。

4月23日,各缔约国决定在英国伦敦召开第三次国际海上安全会议。中国代表团全体人员为,首席全权代表:驻英大使郑天锡;代表:陈粹昌、王世铨;专门委员:朱世夷、郑天杰;秘书长何思可,秘书赖恬昌;专员沈岳瑞。大会于1948年6月10日最终签订《1948年国际海上人命安全公约》,公约于1952年11月19日生效。

5月26日,"重庆号"巡洋舰由舰长邓兆祥率领,从英国朴次茅斯港启程,航行1万余海里,于8月20日驶抵上海。

7月7日,国民政府交通部在南京召开全国航政会议,出席者有全国航业界代表及航政局、港务局各领导等60余人,讨论分航务、船舶、海事、港务及航业政策等五组。

7月8日,中国商船驾驶员总会、中国轮机师总会、中国航海驾驶员联合会、中国船舶无线电员总会、武汉区引水公会联名发出通电,表示"全国船员一致反对开放京汉航权",通电指出"航权即国权,黄金有价,国权无价"。

8月30日,新组建成立的"复兴轮船公司"第一艘船"复新"号由中国海员驾驶,从美国抵达上海。

9月1日,解放军中原军区发布了《关于禁止无价派差实行给价包运制度的命令》,命令中规定了"船只运费均按商价"。这些合理的政策,极大地调动了广大船民的积极性,保证了军事运输的顺利进行。

9月,香港船王董浩云创办的中国航运公司所代理的船舶"天龙"号,10471吨,在上海港注册,挂中国国旗,船上船员全部是中国人,船长为陈青岩,至1949年4月止共绕地球航行两圈。

10月6日,解放区华北人民政府交通部在石家庄正式成立,直辖各铁路局、华北邮电总局、华北公路总局及各汽车公司,此时还没有设立主管航政的机构。

10月上旬,山东省人民政府支前指挥部成立了运河指挥部,派出28名干部,担负南运河支前运输的组织工作。

11月12日,江淮军区、党委颁布"支援前线紧急动员令"后,解放区各县的船工,船民在规模空前的支前洪流中,出动船只积极运送兵员和军用物资。

年底,解放区华北人民政府交通部在德州成立卫运河航运管理局。

整个平津战役中,华北地区动员了大量的人力物力,组成了浩浩荡荡的支前大军,其中水运方面,共动用各种船只1800余艘,船工上万人。

本年,上海航政局与海关经过协商和沟通,解雇白俄引水,中外两家引水公会合并,取名为"上海铜沙引水公会",划归上海航政局管理,同时规定今后不再增添外籍引水员,外籍引水退休后,由中国引水递补。至此,中国丧失了100多年的引水权终于全部收回。

本年,南京国民党政府妄图凭借长江天险负隅顽抗,封锁南北水陆交通,禁止南北通航、通邮、通商、通汇等民间正常往来,给上海国统区和华北解放区在经济上造成了日益严峻的形势。

1949年(中华民国三十八年)

年初,经各方努力,恢复了南北通航。

2月7日,经解放区东北行政委员会交通部批准,将原驻哈尔滨的东北航务局改组为东北行政委员会交通部东北航政总局,由哈尔滨迁到沈阳。原东北航务局改称为哈尔滨航政局。

2月至渡江战役发起时,解放军第二、第三野战军全军共筹集各型船只9400余艘,并自制了部分机帆船,平均每个第一梯队军拥有大小船只500余艘,一次可运送1万余人。

3月1日,解放区华北航务局公布了《华北区战时船舶管理暂行办法》。

4月,中华海员总工会由上海迁到广州,后又迁往台湾。

4月,解放区东北航政总局正式成立,总局下设哈尔滨、营口、安东(丹东)3个航政局和葫芦岛办事处。东北航政总局局址设在营口。

4月,轮船招商局"中102"坦克登陆舰海员配合国民党伞兵第三总队开往连云港起义。

5月28日,上海市军事管制委员会接管轮船招商局。

6月1日,上海解放军军事管制委员会财政经济接管委员会航运处发布航字第一号通告,公布了《战时船舶管理暂行办法》。

6月14日,上海解放军军事管制委员会财政经济接管委员会贸易处、航运处联合发布通告,公布了《对外籍轮船进出管理暂行办法》。

7月17日,上海解放军军事管制委员会财政经济接管委员会航运处航政局发布沪航字第〇三一七号文件,公布了《办理船舶产权登记轮船业设立登记及征收航政各种规费暂行办法》。

8月,上海解放军军事管制委员会财政经济接管委员会航运处航政局发布了《航运管理机关控制轮船协助邮运规则》(邮字第六号)。

附　录

一、国际公约

(一) 关于海上雇用儿童及青年强制体格检查公约[①]

国际联合会国际劳工组织之大会，经国际劳工局理事院之召集，于一九二一年十月二十五日在日内瓦举行第三届会议，并决议通过本届议事日程第八项之一部分关于海上雇用青年及儿童强制体格检查之数种提议，决定此项提议，应采取国际公约草案之方式。

依照凡尔赛和约第十三编及其他和约同样部分之规定，通过下列公约草案，备送国际劳工组织部之各会员国批准。

第一条　本公约所用之"船舶"一名词，包括所有航行于海上任何性质之船舶，不论其为公有或私有，但军舰除外。

第二条　十八岁以下之儿童或青年，受雇于任何船舶，须具有主管官署认许之医生所发之证明书，证明彼等体格适宜于海上工作，但该项船舶所雇用之全体员工，系属同一家庭者除外。

第三条　凡此等儿童或青年，继续被雇于海上在一年期间内，应重受该项体格检查，并于每一次检查后，另给证明书，证明彼等适宜该种工作，若一医生证明书在航程中途满期，则其效力应延至该次航程终结为止。

第四条　遇紧急情形时，十八岁以下之青年，未受本公约第二条及第三条所规定之检查，主管官署得准许其登航，惟常须规定该船驶抵第一个口岸时，应施该项检查。

第五条　依照凡尔赛和约之第十三编及其他和约同样部分之规定，本公约之正式批准，应通知国际联合会秘书长登记之。

第六条　本公约自国际劳工组织二会员国之批准，经秘书长登记之日起，发生效力。

本公约仅对于在秘书处登记批准之会员国发生拘束力，嗣后任何会员国自秘书处登记批准之日起，本公约对之应即发生效力。

第七条　国际劳工组织之二会员国登记批准于秘书处国际联合会之秘书长，应即通知书所有国际劳工组织之会员国，嗣后该组织之其他会员国续有登记批准时，该秘书长仍应依照前例，一律通知。

第八条　凡批准本公约之各会员国，允至迟不过一九二四年正月一日实施本公约第一、二、三、四各条之规定，如必要时，当采取相当手续，使此等规定发生效力。

第九条　凡批准本公约之国际劳工组织会员国，允依照凡尔赛和约第四百二十一条之条款，及其他和约之同条规定，施行本公约于其殖民地，属土，及被保护国。

第十条　凡批准本公约之会员国，自本公约初次发生效力之日起，满十年后，得通知国际联合会秘书长宣告解约，并请其登记，自秘书处登记之日起，满一年后，该项解约之宣告，方能发生效力。

第十一条　国际劳工局理事院至少十年一次，应将本公约之实施状况报告大会，并应考虑应否将修改或限制本公约之问题列入大会证事日程。

[①] 民国二十六年国民政府第三八五号指令公布。

第十二条 本公约以法文与英文本为准。

(二)关于海员雇用契约条件公约[①]

国际联合会国际劳工组织之大会,经国际劳工局理事院之召集,于一九二六年六月七日在日内瓦举行第九届会议,并决议通过本届议事日程第一项目关于海员雇佣契约条例之数种提议,并决定此项提议,应采取国际公约草案方式。

依照凡尔赛和约第十三章及其他和约同等部分之规定,于一九二六年六月二十四日通过下列公约草案,备送国际劳工组织各会员国批准。

第一条 本公约适用于在批准本公约之任何会员国内,所有登记之航海船舶,及其船主、船长、与海员。

本公约应不适用于:

军舰。

国有船舶之不经营商业者。

经营沿海贸易之船舶。

游乐艇。

"印度乡船"。

渔船。

登记之总吨数不满一百吨,或三百立方公尺之船舶,以及经营境内贸易之船舶,其吨数在国家法律于通过本公约时,特为该项贸易制定之特殊条例之限制之下者。

第二条 为施行本公约起见,下列各名词,应各含定义如左。

(一)"船舶"一名词,包括任何性质公有或私有,通常从事于航海事业者。

(二)"海员"一名词,包括所有被雇或受聘于船上,担任任何工作,而且在海员雇用契约内登记之人员,但船长领港,训练船舶之学生,有特别契约之学徒,海军人员,以及在政府常设机关之服务者皆当除外。

(三)"船长"一名词,包括指挥及主持之人员,但领港除外。

(四)"境内贸易船舶"一名词,专指商船之航行本国及一邻国口岸间,而处于国家法律规定之地理范围以内者。

第三条 海员雇用契约,应由船主或其他代表,及海员双方签字。在签字之前,应予海员及其顾问以审查雇用契约之相当便利。

海员签订契约,应照国家法律之规定,藉使主管官署有充分之监督。

若主管官署,证明该项契约会用书面呈核,并经船主或其他代表及海员双方之承认,前列各规定,应认为业已遵守。国家法律应有充分之规定,保证海员,对于契约之明了。

契约内不得具有违背国家法令,或本公约之条款。

国家法律,如视为保护船主及海员利益之必须,应规定其他关于订立及保证契约之手续。

第四条 按照国家法律,应采适宜办法,以保证雇用契约内,不至载有双方预先协定,规避由法庭审理之普通规则。

本条应不视为禁止交付仲裁机关处理。

第五条 每一海员应发给一详载其在船上工作之文件,该项文件之格式,应载之项目,及此等项目之

[①] 民国二十六年国民政府第三八五号指令公布。

应如何载列,均应由国家法律规定之。

上项文件,不得载有海员工作价值之估计及其工资。

第六条 雇用契约可规定一确定之时期,或一次航行之规定,如为国家所准许,亦可为不限期之规定。

雇用契约应明白记载双方之权利及义务。

下列各项,系为必须载明者。

(一)海员之姓名、生日或年龄及籍贯。

(二)契约订立之地点及日期。

(三)海员担任工作之船舶(单数或多数)之名称。

(四)船员之数目,以按照国家法律须登载者为限。

(五)拟定之航行,以订立契约时确定者为限。

(六)海员应尽之职务。

(七)海员应登船听候服务之日期及地点。以可能者为限。

(八)海员给养之标准,如国家法律另有规定者,不在此限。

(九)工资数目。

(十)契约之终止及其条例。

甲、如契约系有定期者,满期之日期。

乙、如契约为一次航行用者,航行目的之海口,及海员于到达之后,可以离职之时期。

丙、如契约系无定期者,双方取消契约应具之条例,及预告时期,惟船主之预告时期,不得较海员者为短促。

(十一)在同一船舶公司服务满一年之后,海员每年应享照支工资之假期,但以国家法律,有此种假期规定者为限。

(十二)其他项目,国家法律视为必需者。

第七条 如国家法律规定,船上应备有船员名册,则该项法律,亦应规定,将契约一并列入于名单之内,或作为附件,附录于后。

第八条 为使海员确悉其权利及义务之性质及其范围起见,国家法律应规定办法,将雇佣契约内之条例,张贴于船员易到之处,或采取其他适当方法,使海员能明了其工作之条件。

第九条 无定期间之契约定,无论船舶在装货或卸货之口岸,可由一方面声明终止之,惟必须依照契约内所规定之预告时期办理,而该预告时期,不得少于二十四小时,此种预告,应用书面行之,国家法律应规定预告之手续,以免双方对于此点,有所争执。

国家法律应规定特种情形,在该情形之下,预告手续,虽经合法施行,然仍不得终止契约。

第十条 凡契约不论订立为有定期间,无定期间,或限于一次之航行,遇有下列情形之一,即作为终止。

(一)双方之同意。

(二)海员之死亡。

(三)船舶之丧失,或失其航行之能力。

(四)国家法律或本公约所规定之任何原因。

第十一条 国家法律,应规定在何种情形之下,船主或船长得立即解雇海员。

第十二条 国家法律并应规定,在何种情形之下,海员可以要求立即解雇离船。

第十三条 如海员向船主或其代表,证实其可得船长或船副或司机之职位,或其他高于现有地位之职位,或因其受雇后发生之事项,使其脱离现职,有重大之利益时,得要求解约,但必须自觅一熟悉可靠之替人,经船主或其他代表之承诺,且须不因此而使船主增加费用,如遇上述情形,该海员薪工,应照算至其离职之时为止。

第十四条 不论因何种原因,致契约之终止或取消,均应载于依照第五条规定所发给于海员之文件,及船员名单之内,此项记载,经任何一方之要求,应由主管官应核证之。

海员除第五条规定之文件外,可向船主要求另给一凭证,证明其工作成绩,或是否已完成履行契约上应尽之义务。

第十五条 国家法律,应规定办法保证本公约各款之遵守。

第十六条 依照凡尔赛和约第十三章及其他和约同样部分之规定本公约之正式批准,应通知国际联合会秘书长登记之。

第十七条 本公约有国际劳工组织两会员国批准,经秘书处登记之日起,发生效力。

本公约仅对于经登记批准之会员国发生拘束力。嗣后任何会员国,将其批准案送请秘书处登记日起,本公约对之即发生效力。

第十八条 组织之会员国。嗣后其他会员国续有登记批准者,该秘书长仍应依照前例,一律通知。

第十九条 凡会员国之批准本公约者,依第十七条之规定,承允至迟不过一九二八年一月一日,实施本公约第一、二、三、四、五、六、七、八、九、十、十一、十二、十三、十四、十五各条之规定,并采取切要办法,使其能切实施行。

第二十条 凡国际劳工组织会员国之批准本公约者,承认依照凡尔赛和约第四百二十一条及其他和约同样条款之规定,推行本公约于其殖民地,属土,及被保护国。

第二十一条 凡批准本公约之会员国,自本公约初次发生效力之日起,满十年后,得通知国际联合会秘书长宣告解约,并请其登记,自秘书处登记之日起,满一年后,是项解约之宣告,方能发生效力。

第二十二条 国际劳工局理事院至少十年一次,应将本公约之实施状况,提出大会报告,并须考虑应否将本公约修正或更改之问题,列入大会议事日程。

第二十三条 本公约以法文与英文本为准。

(三)关于遣送海员回国公约①

国际联合会国际劳工组织之大会,经国际劳工局管理事院之召集,于一九二六年六月七日在日内瓦举行第九届会议,并决议通过本届议事日程第一项目关于遣送海员回国之数种提议,并决定此项提议,应采取国际公约草案之方式。

依照凡尔赛和约第十三编及其他和约同等部分之规定,于一九二六年六月二十三日通过下列公约草案,备送国际劳工组织各会员国批准。

第一条 本公约适用于批准本公约之各会员国内所有登记之航海船舶及其船主、船长与海员。

本公约应不适用于:

军舰。

国有船舶而不经营商业者。

经营沿海贸易之船舶。

游乐艇。

"印度乡船"。

---

① 民国二十六年国民政府第三八五号指令公布。

渔船。

登记之总吨数不满一百吨,或三百立方公尺之船舶。

经营"境内贸易之船舶",其吨数在国家法律于通过本公约时,特为该项贸易制定之特殊条例之限制之下者。

第二条 本公约所用之名词,其意义如下:

(一)"船舶"一名词,包括任何性质公有或私有,通常从事于航海事业者。

(二)"海员"一名词,包括所有一切雇佣或从事于船上任何工作而在海员雇佣契约上登记之人员,但船长、练习船上之学生,有特别契约之学徒,海军人员,以及其他人员,担任政府之永久职务者,旨当除外。

(三)"船长"一名词,包括指挥及主持船舶之任何人,但领港除外。

(四)"境内贸易船舶"一名词,专指船舶之经营贸易于一国,及一邻国口岸之间而处于国家法律所划定之地理范围内者。

第三条 凡海员在服务期间内,或在服务期满时,被送登陆,应送回其本国,或其受雇之口岸,或船舶开航之口岸,国家法律应订明必要之条款以规定之,并须决定何方负担遣送回国之费用。

如海员在船上得适宜之工作,而该船系向上述目的地之一航行时,该员应视为已被送回国。

海员如在其本国,或在其受雇之口岸,或在其邻近口岸,或在船只开航之口岸已登陆者,应视为被送回国。侨外海员受雇于其他国家,其享受被送回国之权利等情,应照国家法律之规定,如无此项法律时,雇佣契约之条款中规定之,以上数节之规定,然仍应适用于受雇于本国口岸之海员。

第四条 海员如因下列各项原因,以致留滞者,不得令其负担回国之费用。

(一)任何船上而受伤害者。

(二)船只遇难。

(三)非因其自己之故意行动及过失而得之疾病。

(四)解雇之缘由不能由海员负责者。

第五条 遣送海员回国之费用,应包括途中运输费、饮食及居住费,并应包括海员启程前之维持费。

海员被遣送回国时,如充船员之一,则在航程中所作之工作应得报酬。

第六条 登记船舶之政府机关,如遇适用本公约时,该机关应不论其海员之国籍,负责监督遣送任何船员回国之事宜,并遇必需时,须给海员之费用。

第七条 依凡尔赛和约第十三章及其他和约之间同等部分之规定,本公约之正式批准,应通知国际联合会秘书长登记之。

第八条 本公约自国际劳工组织两会员国批准,经秘书长登记日起,发生效力。

本公约仅对于已在秘书处登记批准之会员国有拘束力,嗣后凡任何会员国,自将批准案送请秘书处登记日起,本公约对之即生效力。

第九条 国际联合国秘书长于本公约经国际劳工组织两会员国之批准,在秘书处登记后,应即通知其他国际劳工组织之会员国,嗣后其他会员国续有批准登记时,该秘书长仍应依照前例,一律通知。

第十条 凡会员国批准本公约,承允至迟不过一九二八年正月一日即实行本公约之第一、二、三、四、五、六各条并采取相当办法,使前各项规定发生实效。

第十一条 凡国际劳工组织会员国批准本公约者,允照依照凡尔赛和约第四百二十一条,及其他和约之同等条款之规定,推行本公约于其殖民地,属土,及保护国。

第十二条 凡批准本公约之会员国,自本公约初次发生效力之日起,满十年后,得通知国际联合会秘书长宣告解约,并请其登记,自秘书处登记之日起,满一年后,是项解约之宣告,方能发生效力。

第十三条 国际劳工局理事院至少十年一次,应将本公约之实施状况,提出大会报告,并须考量应否将本公约修改或加以限止之问题,列入大会议事日程。

第十四条 本公约以法文与英文本为准。

二、国内法规

(一)引水人考试条例

民国二十年三月五日考试院公布同日施行

第一条 非依本条例之规定领有考试院引水执照者,不得为引水人。

第二条 应引水人考试者须具有左列资格:

一、中华民国人民;

二、在专门学校修航海之学得有证书者;

三、曾在指定引水区域内历练服务有成绩者;

四、品行端正身体健全无不良嗜好者。

第三条 前条第一款之规定于本条例施行日起二年以后实行之。

第四条 考试日期由考试院定之。

第五条 引水人考试科目如左:

甲、必试科目:

一、航海避碰章程;

二、检计罗盘差法;

三、海图上记载及船舶放洋划线计程;

四、国际航船各种信号;

五、行驶引水区域内之各处水道深度、灯法、浮标、锚位、码头所在地及本区内之特定航船章程;

六、引水区域内之潮汐;

乙、选试科目:

一、天文驾驶;

二、轮船构造要旨;

三、□武洛罗经用法;

四、水道测绘术;

五、海上气象观测。

以上选试科目任选一种

第六条 前条之考试科目以笔试、口试分别行之。

第七条 引水执照每两年应依体格及目力之检定换发一次。

第八条 引水人考试之典试规程由考试院定之。

第九条 本条例自公布之日施行。

(二)海员工会组织规则

民国二十年四月三日行政院公布同日施行

第一条 海员工会以增进智识技能、发展航运利益、维持改善劳务条件及生活为目的。

第二条 凡服务于以机器运转、在海上航行或在与海相通之水上航行商船之海员,集合一百人以上,得组织海员工会。

第三条 凡前条所称商船服务之海员除左列各款者外,均得为海员工会会员。

一、船长,代理船长,大、二、三、副;

二、轮机长,大、二、三、管轮;

三、无线电员;

四、医师;

五、引水人;

六、其他业务人员。

第四条 海员工会主管官署为所在地之省市县政府,最高监督机关为交通部。

第五条 凡航行于二个以上港埠之商船,其海员应加入该商船登记港埠之海员工会。

第六条 海员工会须设立于港埠或航业繁盛处,所在同一地点只准设立一个海员工会。

第七条 海员工会得以商船为单位设立海员工会分事务所,同一商船只准设立一个海员工会分事务所。

第八条 海员工会须冠以所在地之名称,其所属之分事务所须冠以该商船或该公司该轮局之名称。

第九条 海员工会之任务,除遵照工会法第十五条之规定外,须注意左列事项:

一、航海智识技能之增进;

二、航海危害之预防及救济;

三、客货载运之便捷;

四、旅客待遇之改善;

五、海员保险之促进;

六、其他关于航政航业之建议及咨询。

第一〇条 海员工会会员及职工,除遵照工会法第二十七条之规定外,并不得有左列各项行为:

一、封锁或扣留船舶;

二、航行中之罢工怠工;

三、妨碍船舶之航行;

四、擅取或毁损船货或工具;

五、加害于船舶业主或海员;

六、帮别斗争;

七、勒索旅客。

第一一条 海员工会除遵照本规则外,应准用工会法及工会法施行法各条之规定。

第一二条 本规则施行前已成立之海员工会,须于本规则施行后两个月内依本规则改组之。

第一三条 在本规则施行前,如于同一地点已有两个以上之海员工会时,自本规则施行之日起,两个月内须行合并。

第一四条 本规则自公布之日施行。

(三) 民船船员工会组织规则

民国二十年四月三日行政院公布同日施行

第一条 民船船员工会以谋智识技能及公共福利之增进为目的。

第二条　凡以橹、棹、帆、篷等为主要运转方法之民船,其服务之员工集合一百人以上,得组织民船船员工会。

第三条　民船船员工会主管官署为所在地之省市县政府,最高监督机关为交通部。

第四条　在同一区域之民船船员只得组织一个民船船员工会。

第五条　民船船员工会以民船之登记管辖区域为组织区域,在登记管辖区域未确定之地以县市为组织区域。

第六条　凡航行两个以上之县市间之民船船员欲加入工会时,须加入该船业主住所或居所所在县市之民船船员工会。

第七条　民船船员工会得于县市各乡镇设立民船船员工会分事务所。

第八条　民船船员工会分事务所须有一工会会员四十人以上始得组织。

第九条　民船船员工会须冠以所在县市之名称,其所属之分事务所须冠以该乡镇之名称。

第一〇条　民船船员工会,除遵照本规则外,应准用工会法及工会法施行法各条之规定。

第一一条　本规则施行前已成立之民船船员工会,须于本规则施行后两个月内依本规则改组之。

第一二条　本规则施行前在同一区域已有两个以上之民船船员工会,自本规则施行之日起两个月内须行合并。

第一三条　本规则自公布之日施行。

(四)中华海员工会组织规则[①]

第一条　中华海员工会以增进智识技能、发展航运利益、维持改善劳动条件及生活为宗旨。

第二条　中华海员工会之名称应为中华海员工会。

第三条　凡服务于以机器运转,在海上航行或在与海相通之水上航行商船,年满十六岁以上之海员,集合五十人以上者,得依照法定程序发起组织各地海员分会。有五个海员分会之发起,得组织中华海员工会。

第四条　中华海员工会之构成分子,依据第三条之规定,俱左列各项人员,不得为海员工会会员：

一、船长,代理船长,大、二、三副,但内河小轮之大副不在此限；

二、轮机长,大、二、三管轮,但内河小轮之老轨不在此项；

三、无线电员；

四、医师；

五、其他业务人员。

第五条　中华海员工会设于中国最繁盛之商埠,于各港埠或航业繁盛处所得组织分会,于各商埠或各该商船之公司轮局所在地组织支部,支部之下得划分小组,每组以会员五人至三十人为限。

第六条　中华海员工会设理事五人至九人,候补理事二人至四人,监事三人至五人,候补监事一人至二人,由各海员工会分会代表大会选举之。

第七条　海员工会分会设干事三人至五人,候补干事一人至二人,由该分会会员或代表大会选举之。

第八条　海员工会支部设干事一人至三人,由支部所属会员选举之。

第九条　海员工会小组设组长一人,由小组会员选举之。

第一〇条　中华海员工会理事、监事及分会干事任期为一年,支部干事、小组组长任期为六个月。

第一一条　中华海员工会以一个为限,在同一港埠只得设立一个分会,在同一商船或各该商船之公

[①] 民国二十一年十月五日行政院令第一九号公布,民国二十二年七月一日施行。

司轮局所在地只得设立一个支部。

第一二条 中华海员工会之最高主管官署为交通部,海员工会所属之分会支部以其所在地之省市县政府为管辖机关。

第一三条 各地海员工会分会须冠以所在地之名称,其所属之支部须冠以该商船或该轮局之名称。

第一四条 商船航经各港埠,其海员应受当地海员工会分会之指导,当地海员工会分会亦应尽其维护之职责。

第一五条 中华海员工会之任务,除遵照工会法第十五条第二项至十一三项之规定外,须注意左列事项:

一、航海智识技能之增进;

二、航海危害之预防及救济;

三、客货载运之便捷;

四、旅客待遇之改善;

五、海员保险之促进;

六、其他关于航政航业之建议及咨询。

第一六条 中华海员工会会员及职工,除遵照工会法第十六条第二十三条第四项第二十七条之规定外,并不得有左列各项之行为:

一、封锁或扣留船舶;

二、擅取或毁损船货或属具;

三、加害于船舶业主或海员;

四、帮别斗争;

五、勒索旅客。

第一七条 中华海员工会除遵照本规则外,应准用工会法及工会法施行法各条之规定。

第一八条 本规则由行政院公布,其实施日期由行政院以院令定之。

(五)交通部商船职员证书章程

民国二十二年二月三日交通部公布

第一条 本章程所称之商船职员,系指在商船服务之驾驶及轮机两种船员而言。

第二条 商船驾驶及轮机职员分左列各级:

一、驾驶员:甲、船长;乙、大副;丙、二副;丁、三副。

二、轮机员:甲、轮机长;乙、大管轮;丙、二管轮;丁、三管轮。

第三条 商船各级职员,须呈请交通部考验合格,给予证书使得服务。

第四条 商船职员证书分左列三种:

一、甲种证书:发给航行远洋商船职员者;

二、乙种证书:发给航行近海及沿海商船职员者;

三、丙种证书:发给航行江湖商船职员者。

前项证书内,凡船员职务及谙习某条航海线或某种机器,须分别标明,以资区别。

第五条 凡在国内外大学或专门学校学习商船,学得有驾驶或轮机机械等科毕业证书,并在商船上实习或曾充职务者,得应商船专门考试。

商船职员考试章程另定之。

第六条 在商船职员考试未举行以前,凡得有前条之毕业证书,已在商船上充当职员,取具本公司或本管船长证明书,依照本章程第十三条至第十五条之规定,呈请交通部审核,合于下列资格之一者,得暂行发给本章程第四条所列相当船员证书:

一、在商船上继续服务已满九年,并曾充船长满一年以上者,得给予船长证书。

二、在商船上继续服务已满六年,并曾充大副满一年以上者,得给予大副证书。

三、在商船上继续服务已满四年,并曾充二副满一年以上者,得给予二副证书。

四、在商船上继续服务已满二年,并曾充三副满一年以上者,得给予三副证书。

五、在商船上继续服务已满九年,并曾充轮机长满一年以上者,得给予轮机长证书。

六、在商船上继续服务已满六年,并曾充大管轮满一年以上者,得给予大管轮证书。

七、在商船上继续服务已满四年,并曾充二管轮满一年以上者,得给予二管轮证书。

八、在商船上继续服务已满二年,并曾充三管轮满一年以上者,得给予三管轮证书。

前项服务年限之计算,除充任第二条所列之各船员应按年月计算外,其充任舵工、火夫长、铜匠、铁匠等职务之年限超过二年以上者,概作二年计算,实习期间亦同。

有前条毕业证书而未充商船职员者,得在商船上实习,俟满前项年限后,再请发给船员证书。

船长、轮机长以下各级船员,领有证书曾充证书上所载职务满二年,执有服务证书者,得按照本章程第十三条至第十五条之规定,呈请核发高一级之证书,但大副、大管轮须服务满三年者,方得升级。

第七条 在本章程未公布以前,已在商船上充当职员,而无本章程第五条之毕业证书者,经本公司或本管船长具书证明,其服务成绩呈部审核时,得比照本章程第六条所定之服务年限及其职务,暂行发给相当之船员证书。

前项审核有必要时,得由部派员面试。

第八条 领有甲种船员证书者,得充乙种或丙种同级之职务;领有乙种证书者,得充丙种同级或甲种低一级之职务;领有丙种证书者,得充甲种低二级或乙种低一级之职务。若所充低一级或二级之职务,继续不断满两年以上者,得改换甲种或乙种证书,至领有甲种证书。而服务于近海及沿海之轮船届升级时,只能请换乙种证书。领有乙种证书,而服务于江湖轮船届升级时,只能领丙种证书。

第九条 非商船学校或程度相当之学校出身者,不得领甲种船长或轮机长证书。

第十条 在二百吨以下轮船服务之船员请领证书者,由交通部查核该轮所行驶之航线,酌量核发低一级或二级之证书,以示限制。

第十一条 在本章程未公布以前,已领有船员证书者,应依照本章程第十三条至第十五条之规定,呈请交通部审核,合格者换给新证书第七条第二项之规定,本条亦适用。

第十二条 凡充当船长、轮机长者,年龄须满二十八岁以上,其余船员须满二十岁以上。

第十三条 凡请领商船职员证书者,须备最近二寸半身像片两张,亲赴交通部指定之医生处检查体格,证明下列各项,并由医生于像片上签字为证:

一、身体健全者;

二、目光良好、无色盲病者;

三、耳听聪明者;

四、神经病者;

五、不吸鸦片者。

第十四条 凡请领商船职员证书者,须开具详细履历,声明谙习某条航线或某种机器,并呈验学校毕业证书、在商船服务证明书(该证明书须粘贴本人二寸半身像片一张,于去职时或升调时由本轮船长或公司负责人签具,除盖私章外,并加盖本轮或公司图记至像片上,亦须骑盖该项图记)、检查体格证明书及医生签字之像片两张。

第十五条 凡请领商船职员证书者,须缴左列证书费,并随缴印花税费二元:

甲:船长、轮机长,各四十元。

乙:大副、大管轮,各三十元。

丙:二副、二管轮,各二十元。

丁:三副、三管轮,各十元。

第十六条 凡为商船职员出具证明书者,须照第十四条规定亲笔署名盖章,并加盖公司或轮船图记,方为有效。如证明事件有虚伪、捏冒,经查明属实后,本部得没收船员所缴之证书、印花各费,并提交法庭以伪证论罪。

第十七条 自本章程公布之日起六个月内,凡服务于中国商船之驾驶、轮机两种职员,无论其已否领取外国船员证书,均须向交通部请领船员证书。

第十八条 凡行驶内河不满二十吨商船之职员,得不适用本章程之规定。

第十九条 中国海军军官愿在商船服务者,须由海军最高长官将履历及各种证明文件,咨送交通部审核,合格者给予相当船员证书,其办法仍依本章程之规定。

第二十条 商船职员领得证书后,应各顺次装挂于该商轮显明之处。

第二十一条 商船职员证书,如有涂改、假冒者,经人指告查明属实后应即取销其证书,并课以比照证书费十倍之罚金。

第二十二条 商船职员证书如有遗失时,应即登报声明作废,并须取具本公司或本管船长之证明书,将遗失实情呈报交通部审核补给,并须缴纳本章第十五条所定证书费二分之一。

证书毁损请补给者亦同。

第二十三条 商船职员证书有效期间为五年,期满后请换新证书时,仍依本章程之规定办理,但证书费缴定额二分之一。

第二十四条 商船职员犯下列各项之一者,交通部得取销或收回其证书,但收回之期间最长不得过三年:

一、商船职员经法庭证实,或别种证明,因不应为而为或因为而不为,致破坏船舶及损失生命财产者,即取销其证书。

二、商船职员经法庭证实,或别种证明,因酒醉狂暴或其他失当行为,或才力不能胜任,致发生撞碰及搁浅等情事者,按其情节轻重,取销或收回其证书。

三、商船职员自行夹带或贿纵他人私带违禁物品,或有其他犯罪行为者,即取销或收回其证书。

四、商船职员经法庭判决受刑事处分,褫夺公权尚未复权者,即取销或收回其证书。

前项收回证书,交通部得按其情形宣告,收回之期间于期满后,得由本人呈请发还证书。

第二十五条 前条船员证书取销或收回后,交通部得酌量情形改给低一级或低二级之船员证书。

第二十六条 本章程如有未尽事宜,得由交通部随时修正之。

第二十七条 本章程自公布之日施行。

后 记

《中国海员史》(古、近代部分)历时5年终于付梓,这是中国海员文化建设的标志性成果之一,为本书付出艰辛劳动的全体编纂人员都甚感欣慰。白驹过隙,倏忽五载,从茫然无措的零起点到如今专家审定的成稿,每一个编写人员都如释重负并感慨万千。

2012年4月,受交通运输部海事局委托,广东海事局承担了《中国海员史》的编写工作。在各级领导的关心和支持下,当年6月,广东海事局即成立了《中国海员史》编写委员会和编写办公室。2013年3月,广东海事局抽调专职人员,正式启动编写工作。为确保史书的编写质量,7月与大连海事大学航海历史与文化研究中心合作,共同组成编写组。

丰富而翔实的史料是史书编写成功的第一要素。为尽可能多地获取第一手资料,编写组先后到全国各有关单位和机构走访调研,包括相关政府部门、港航企业、航海院校、海员工会以及涉海文博机构等。编写组的调研活动得到各方的积极配合,所到之处均给予热情支持和协助,使本书编写工作顺利开局。

资料调研的同时,编写工作也稳步推进。从2013年下半年起,在《中国海员史》编写委员会和广东海事局的组织下,由航运企业、海事管理部门、高等院校、海员工会、出版单位等方面的顾问和专家组成专家评审组,对编写大纲和阶段性成果进行多次评审,指出问题,提出修改意见和建议。

为提高编写质量,编写组又先后走访了多名专家和领导,包括原中国远洋运输(集团)总公司副总经理卓东明先生、中国著名海商法学家、航运专家朱曾杰先生、原交通部部长钱永昌先生、原交通部水运司司长张奇先生、原交通部海事局书记孙继先生、中国海员建设工会原副主席朱临庆先生、中国交通报报社原社长李育平先生、上海航海学会秘书长桑德林先生、广州航学会原会长李景森先生、广州海顺船务公司原党委书记、副总经理孙波先生、原广东省海员工会领导黄河先生、复旦大学教授沈关宝先生、原武汉长江航运局黄振亚先生、南海石油联合服务总公司船舶公司原总船长吴昌世先生、原广州海上安全监督局船员李代文先生、香港朱仲平先生等,诚恳征求意见和建议。

在编写组的辛勤劳动和社会各界的无私帮助下,2017年3月,书稿经过多次审核修订最终成稿,并通过了专家评审。尽管必然存在着这样或那样的不足,但有幸作为为中国海员职业群体书写历史的开路者,我们有理由感到些许自豪和欣慰。

付梓之际,编写组全体人员对于给予本书编写工作以大力支持的交通运输部海事局、各直属海事局以及基层海事机构等单位的领导和相关部门,各地文博机构和高等院校,以及业界专家、学者、相关人士等致以深深的谢意!

《中国海员史》编写组
2017年4月